经以致世
继往开来

贺教育部

人文社科项目

成果出版

李忠林
辛卯小春八

教育部哲学社会科学研究重大课题攻关项目

转轨经济中的反行政性垄断与促进竞争政策研究

THE RESEARCH ON ANTI-ADMINISTRATIVE MONOPOLY AND PROMOTING COMPETITION POLICY IN TRANSITION ECONOMY

于良春 等著

经济科学出版社
Economic Science Press

图书在版编目（CIP）数据

转轨经济中的反行政性垄断与促进竞争政策研究/于良春等著. —北京：经济科学出版社，2011.8

教育部哲学社会科学研究重大课题攻关项目

ISBN 978-7-5141-0361-8

Ⅰ.①转… Ⅱ.①于… Ⅲ.①行政干预-市场经济-研究-中国 ②市场竞争-经济政策-研究-中国 Ⅳ.①D922.104②F123.16

中国版本图书馆 CIP 数据核字（2011）第 018527 号

责任编辑：段小青
责任校对：杨　海　郑淑艳
版式设计：代小卫
技术编辑：邱　天

转轨经济中的反行政性垄断与促进竞争政策研究
于良春　等著
经济科学出版社出版、发行　新华书店经销
社址：北京市海淀区阜成路甲 28 号　邮编：100142
总编部电话：88191217　发行部电话：88191540
网址：www.esp.com.cn
电子邮件：esp@esp.com.cn
北京中科印刷有限公司印装
787×1092　16 开　35.75 印张　670000 字
2011 年 8 月第 1 版　2011 年 8 月第 1 次印刷
ISBN 978-7-5141-0361-8　定价：90.00 元
（图书出现印装问题，本社负责调换）
（版权所有　翻印必究）

课题组主要成员

(按姓氏笔画为序)

余东华　张　伟

编审委员会成员

主　任　孔和平　罗志荣
委　员　郭兆旭　吕　萍　唐俊南　安　远
　　　　文远怀　张　虹　谢　锐　解　丹

总　序

哲学社会科学是人们认识世界、改造世界的重要工具，是推动历史发展和社会进步的重要力量。哲学社会科学的研究能力和成果，是综合国力的重要组成部分，哲学社会科学的发展水平，体现着一个国家和民族的思维能力、精神状态和文明素质。一个民族要屹立于世界民族之林，不能没有哲学社会科学的熏陶和滋养；一个国家要在国际综合国力竞争中赢得优势，不能没有包括哲学社会科学在内的"软实力"的强大和支撑。

近年来，党和国家高度重视哲学社会科学的繁荣发展。江泽民同志多次强调哲学社会科学在建设中国特色社会主义事业中的重要作用，提出哲学社会科学与自然科学"四个同样重要"、"五个高度重视"、"两个不可替代"等重要思想论断。党的十六大以来，以胡锦涛同志为总书记的党中央始终坚持把哲学社会科学放在十分重要的战略位置，就繁荣发展哲学社会科学做出了一系列重大部署，采取了一系列重大举措。2004年，中共中央下发《关于进一步繁荣发展哲学社会科学的意见》，明确了新世纪繁荣发展哲学社会科学的指导方针、总体目标和主要任务。党的十七大报告明确指出："繁荣发展哲学社会科学，推进学科体系、学术观点、科研方法创新，鼓励哲学社会科学界为党和人民事业发挥思想库作用，推动我国哲学社会科学优秀成果和优秀人才走向世界。"这是党中央在新的历史时期、新的历史阶段为全面建设小康社会，加快推进社会主义现代化建设，实现中华民族伟大复兴提出的重大战略目标和任务，为进一步繁荣发展哲学社会科学指明了方向，提供了根本保证和强大动力。

高校是我国哲学社会科学事业的主力军。改革开放以来，在党中央的坚强领导下，高校哲学社会科学抓住前所未有的发展机遇，紧紧围绕党和国家工作大局，坚持正确的政治方向，贯彻"双百"方针，以发展为主题，以改革为动力，以理论创新为主导，以方法创新为突破口，发扬理论联系实际学风，弘扬求真务实精神，立足创新、提高质量，高校哲学社会科学事业实现了跨越式发展，呈现空前繁荣的发展局面。广大高校哲学社会科学工作者以饱满的热情积极参与马克思主义理论研究和建设工程，大力推进具有中国特色、中国风格、中国气派的哲学社会科学学科体系和教材体系建设，为推进马克思主义中国化，推动理论创新，服务党和国家的政策决策，为弘扬优秀传统文化，培育民族精神，为培养社会主义合格建设者和可靠接班人，做出了不可磨灭的重要贡献。

自 2003 年始，教育部正式启动了哲学社会科学研究重大课题攻关项目计划。这是教育部促进高校哲学社会科学繁荣发展的一项重大举措，也是教育部实施"高校哲学社会科学繁荣计划"的一项重要内容。重大攻关项目采取招投标的组织方式，按照"公平竞争，择优立项，严格管理，铸造精品"的要求进行，每年评审立项约 40 个项目，每个项目资助 30 万~80 万元。项目研究实行首席专家负责制，鼓励跨学科、跨学校、跨地区的联合研究，鼓励吸收国内外专家共同参加课题组研究工作。几年来，重大攻关项目以解决国家经济建设和社会发展过程中具有前瞻性、战略性、全局性的重大理论和实际问题为主攻方向，以提升为党和政府咨询决策服务能力和推动哲学社会科学发展为战略目标，集合高校优秀研究团队和顶尖人才，团结协作，联合攻关，产出了一批标志性研究成果，壮大了科研人才队伍，有效提升了高校哲学社会科学整体实力。国务委员刘延东同志为此做出重要批示，指出重大攻关项目有效调动各方面的积极性，产生了一批重要成果，影响广泛，成效显著；要总结经验，再接再厉，紧密服务国家需求，更好地优化资源，突出重点，多出精品，多出人才，为经济社会发展做出新的贡献。这个重要批示，既充分肯定了重大攻关项目取得的优异成绩，又对重大攻关项目提出了明确的指导意见和殷切希望。

作为教育部社科研究项目的重中之重，我们始终秉持以管理创新服务学术创新的理念，坚持科学管理、民主管理、依法管理，切实增强服务意识，不断创新管理模式，健全管理制度，加强对重大攻关项目的选题遴选、评审立项、组织开题、中期检查到最终成果鉴定的全过程管理，逐渐探索并形成一套成熟的、符合学术研究规律的管理办法，努力将重大攻关项目打造成学术精品工程。我们将项目最终成果汇编成"教育部哲学社会科学研究重大课题攻关项目成果文库"统一组织出版。经济科学出版社倾全社之力，精心组织编辑力量，努力铸造出版精品。国学大师季羡林先生欣然题词："经时济世　继往开来——贺教育部重大攻关项目成果出版"；欧阳中石先生题写了"教育部哲学社会科学研究重大课题攻关项目"的书名，充分体现了他们对繁荣发展高校哲学社会科学的深切勉励和由衷期望。

创新是哲学社会科学研究的灵魂，是推动高校哲学社会科学研究不断深化的不竭动力。我们正处在一个伟大的时代，建设有中国特色的哲学社会科学是历史的呼唤，时代的强音，是推进中国特色社会主义事业的迫切要求。我们要不断增强使命感和责任感，立足新实践，适应新要求，始终坚持以马克思主义为指导，深入贯彻落实科学发展观，以构建具有中国特色社会主义哲学社会科学为己任，振奋精神，开拓进取，以改革创新精神，大力推进高校哲学社会科学繁荣发展，为全面建设小康社会，构建社会主义和谐社会，促进社会主义文化大发展大繁荣贡献更大的力量。

教育部社会科学司

前 言

2006年12月，我们承担了教育部哲学社会科学研究重大课题攻关项目"转轨经济中的反行政性垄断与促进竞争政策研究"（项目批准号：06JZD0015）。3年来，我们以攻关课题研究为平台，围绕中国的行政性垄断问题开展了深入系统的研究，取得了一系列学术成果，产生了良好的社会影响。同时，以行政性垄断问题研究为切入点，课题组对中国反垄断领域的其他重大理论与现实问题也进行了研究，并组织和参与了一系列重大学术活动。2007年11月，以"反行政性垄断与促进竞争政策研究"为主题，我们发起并召开了首届"反垄断与规制经济学研究"国际学术研讨会。随后，这一会议成为国内较有影响的连续性学术研讨会，第二届和第三届分别于2008年11月和2009年12月在浙江财经学院和江西财经大学召开，推动了国内反垄断问题研究的发展。以课题研究成果为基础，课题组主要成员先后多次参加商务部反垄断局主持召开的专家咨询会议，针对中国竞争政策的制定、经营者集中的审查与评估、行政性垄断的规制等问题建言献策，并提交了课题研究成果和咨询报告，供国务院反垄断委员会在制定相关政策时参考。

改革开放以来，中国的市场化程度不断加深，资源配置方式逐步由指令性和指导性计划向市场机制转变，资源配置效率大幅度提高，初步建立起了社会主义市场经济体制，国民经济实现了长期较快发展。然而，中国的市场化进程是一个渐进深化的转轨过程，目前经济的总体市场化水平仍然偏低，各行业、各区域内部市场化程度仍不平衡，市场运行的法制化程度不高，制度环境有待进一步改善，中国仍将在较长一段时间内处于经济转型和体制转轨时期。在这一时期，行政权力仍在一些产业和区域内部的市场进入、产品定价等方面发挥着重要作用，行政部门运用公共权力对市场竞争进行限制和排斥的行为仍然存在，行政性垄断仍然是制约经济发展的重要因素之一。作为转轨经济过程中的一种特殊现象，行政性垄断往往依靠公共权力来获取产业的独占地位或达到区域市场封锁的目的，往往造成资源配置扭曲、社会福利损失、收入分配不均以及地方保护和区域市场分割等。由于行政性垄断相对集中于国有经济比重较高的领域，特别是一些涉及国家经济安全、公共利益及国民经济命脉的行业领域，反行政性垄断需要与国有企业改革和国有资产管理等问题结合起来统筹考虑、逐步推进。打破行政性垄断，形成有序竞争的全国统一大市场，是当前乃至未来一段时间内中国经济改革重要而艰巨的任务。

由于行政性垄断已经构成转轨经济时期的一种结构性特征，它的形成及维持并不是由微观经济主体通过价格竞争或非价格竞争从而取得相应的市场势力而实现的，因此经典的产业组织理论难以对这一问题展开深入的分析。借鉴哈佛学派的 SCP 分析范式，我们构造了 ISCP 分析框架，将制度因素引入产业组织问题的研究中。根据这一研究设计，我们为行业性行政垄断及地区性行政垄断问题提供了一个统一的理论基础及分析框架，以此为基础建立起一个完整的理论和方法体系以及一套相对稳定的测度指标体系，对我国国内市场的行政性垄断进行测度和辨识，准确把握转型时期我国行政性垄断的动态演进和发展趋势；在理论分析的基础上，从资源配置的微观效率、产业效率、宏观效率等方面对行政性垄断导致的社会福利损失和资源配置效率进行实证分析和度量；最后，提出打破行政性垄断、建立全国统一市场的政策建议，为转轨时期反行政性垄断与促进竞争提供系统的改革思路和配套措施，为有关法律的实施提供经济学理论和方法的支持。

行政性垄断的概念在 20 世纪 80 年代就被提出，但学术界一直没有能够展开深入的研究，其中的主要原因在于中国三十年来的高速经济增长所带来的福利的普遍提高掩盖了行政性垄断问题的重要性；同时，由市场竞争而产生的民营经济主体还难以具备进入规模经济性较强产业领域的能力。这使得行政性垄断所带来的损失广泛地分散在经济系统中，而数量众多的参与人由于集体行动的困难，最终导致没有形成对行政性垄断问题的充分关注。随着市场经济体制建设的深入，行政性垄断由于其有悖于市场经济机制的要求而引起了重视，特别是行政性垄断已经构成我国构建成熟的社会主义市场经济体制、形成健康的市场竞争机制的重要障碍，这一点在反复酝酿十五年才得以出台的《中华人民共和国反垄断法》中体现了出来。行政性垄断问题是计划经济体制向市场经济体制转轨过程中所出现的特定现象，具有历史形成的制度背景及体制基础，因此对这一问题的研究必须将制度以及制度变迁的影响考虑进来。通过分析我们发现，在渐进式改革的总体思路下，一蹴而就或者在极短的时间内完全地解决行政性垄断问题并不现实，行政性垄断问题的解决必将引起利益的重新调整，由此将引发制度基础的剧烈变动。这种对经济系统的大规模冲击所造成的后果可能会超出改革方案设计的控制，并使经济系统表现出大起大落的特征，不利于长期稳健增长的目标。而且从竞争政策设计的角度来说，反行政性垄断法律或法规的出台也要建立在对行政性垄断所造成的反竞争效应进行仔细衡量的基础上。由此对行政性垄断问题的研究中最为迫切的一点是了解行政性垄断在不同行业、不同地区存在的程度如何，行政性垄断又对资源配置效率的结果产生了什么样的影响。对这些问题的了解能够为反行政性垄断问题的解决提供一个轻重缓急的选择，而且能够将反行政性垄断纳入到《反垄断法》的框架下。此外，我们设想如果能够对不同行业、不同地区的行政性垄断程度进行排序，则可以按照先难后易或先易后难的顺序对特定行业内行政性垄断问题进行解决。因为我们认为对某一特定行业行政性垄断问题的解决会在整个经济体制内产生示范效应，在整个经济系统中建立起一种反行政性垄断、构建健康、适度竞争环境的信念，而这正是制度实现变迁的关键。对于地区性行政性垄断来说，各地区之间行政性垄断程度存在的不同与不同地区之间在政策设计方面的微观差异联系在一起，可以使我们了解地区性行政性垄断强化的制度因素，并由此可以寻找解决地区性行政性垄断的方案。为了实现这一目标，我们需要一个能够对不同行业、不同地区中行政性垄断强度进行测算的指标体系，课题组首次根据ISCP分析框架构建了一个较为规范的行政性垄断分析范式和一套相对稳定的行政性垄断测度指标体系，对转型时期中国的行政性垄断程度进行了实证测度。应该指出的是，对行政性垄断的测度是一个对制度性现象进行计量的问题，而这无论是在理论层面还是在技术层面上都是一个较难处理的问题，尤其是行政性垄断所涉及的一些无法用变量进行替代和验证的软信息，使得研究难以直接对行政性垄断进行测量。为了解决这一难题，我们构建了转型时期中国行政性垄断指数，用于分析和测度行政性垄断程度。在行业性行政垄断测度方面，我们首先使用二维分析法和综合加权排序法对行政性垄断行业进行了判定，选择了需要重点研究的行业；然后从制度、结构、行为、绩效等四个方面设计了测度行业性行政垄断程度的指标体系；最后对电力、电信、石油和铁路等代表性行业进行了实证测度。在地区性行政垄断测度方面，我们围绕转型时期中国地区性行政垄断指数的构建，根据指标体系设计的基本框架和基本原则，设置了转型时期中国地区性行政垄断程度测度的三级指标体系，在此基础上计算了 1985~2006 年 28 个省市区的地区性行政垄断指数。

在获得了对行政性垄断强度进行判断的基础上，理论研究及实际工作更为感兴趣的一个问题是行政性垄断究竟在资源配置方面造成了多大规模的损失。对这一问题的研究构成了本课题研究的一个重要突破与创新，因为如果不能在一个完整的框架下对行政性垄断进行分析并在此基础上对行政性垄断的效率影响做出实证测度，我们就无法说明是否应当限制行政性垄断以及应该在何种程度上限制行政性垄断。更进一步，对这个问题的研究也将为提出转轨经济中打破行政性垄断的政策建议提供理论支撑。为了能够得到有说服力的结果，我们将行政性垄断对资源配置的影响分解为微观、产业及宏观三个不同的层面进行分析，以便更加细致全面地测度说明行政性垄断对资源配置效率的影响。为与行政性垄断强度测算部分相对应，我们同样选择了电力、电信、石油和铁路行业作为样本行业，分析了行业性行政垄断对资源配置效率的影响。对地区性行政垄断的效率损失，我们采用了同样的分析思路进行了测算。研究结果显示，无论是在微观层面上，还是在产业以及宏观层面上，行业性行政垄断均造成了巨大的效率损失，而且跨期考察发现，这一损失额占 GDP 比重有不断增长的趋势。同时，分析还显示行政性垄断强度与行政性垄断造成的效率损失之间并不存在简单的线性正相关关系。而地区性行政垄断不仅扭曲了资源配置，降低了资源配置效率，还表现在市场非一体化、商品供给减少与商品价格上升对消费者剩余的影响上。更进一步，地区性行政垄断扭曲了要素价格，使得经济增长表现为资本过度深化的粗放型经济增长方式，这会延缓技术效率和技术进步速度的提高。地区性行政垄断阻碍了生产要素在全国范围内的流动，使得要素回报不能最大化，导致社会储蓄和资本积累的减缓，这都将降低人均收入向稳态水平的收敛速度并导致地区收入差距的扩大。

目前反行政性垄断不仅构成进一步释放市场机制活力、促进经济平稳快速增长的要求，也成为了解决收入差距、为中小企业创造较好发展环境的迫切需要。在这方面，学术界长期存在的一种观点认为，应尽快地引入产权改革及在垄断行业中引入竞争机制，例如通过对垄断厂商进行分拆并在分拆后的厂商之间创造出某种类似于市场机制下的竞争过程，但已有的垄断行业内的改革实践却证明这种方式并没有取得改革方案设计者的预期目标。我们对这一问题的观点是，由于行政性垄断产生及维持行政性垄断的根本原因在于公共权力对市场竞争的排斥及限制，因此，打破行政性垄断的出路仍在于使用与排斥和限制竞争的权力相匹配的权力来进行解决，简单地说，也即只有权力才能够制约权力的滥用。

放松产业进入、对在位垄断厂商进行横向分拆，特别是彻底实现政企分离，这些措施能够使行政性垄断问题得到明显的缓解。以往的研究对这些措施也多有讨论，但我们认为关键的环节在于这些措施实施的共时性方面，也就是说这些措施的实施应在相对较短的时间内同时进行，否则将会导致行政性垄断问题转变为隐性的利益集团之间的相互串谋。同时，鉴于目前行业性行政垄断问题较为严重，我们认为私有化并不是解决行政性垄断问题的一个好的方法，因为由于行政性垄断所导致的信息方面的不透明将有可能导致国有资产的流失以及市场势力过于强大的私有垄断厂商的出现。总之，我们认为在解决行业性行政垄断方面，由公共权力推动的、渐进式市场化的方案更具备可操作性。

中国的竞争政策体系正在逐步形成和完善过程之中，需要理论界深入研究，提出适合中国国情的竞争理论和政策建议。反行政性垄断问题研究只是我们对中国反垄断问题研究的一个开始，在后续研究工作中，我们将逐步推广和应用课题研究中形成的行之有效的理论、方法和模型，拓展研究领域，继续深化中国的反垄断与规制经济学研究。

于良春

摘　要

改革开放以来，中国的市场化程度不断加深，资源配置方式逐步由指令性和指导性计划向市场机制转变，资源配置效率大幅度提高，初步建立起了社会主义市场经济体制，国民经济实现了长期较快发展。然而，中国的市场化进程是一个渐进深化的转轨过程，目前经济的总体市场化水平仍然偏低，各行业、各区域内部市场化程度仍不平衡，市场运行的法制化程度不高，制度环境有待进一步改善，中国仍将在较长一段时间内处于经济转型和体制转轨时期。在这一时期，行政权力仍在一些产业和区域内的市场进入、产品定价等方面发挥着重要作用，行政部门运用公共权力对市场竞争进行限制和排斥的行为仍然存在，行政性垄断仍然是制约经济发展的重要因素之一。作为转轨经济中的一种特殊现象，行政性垄断通常依靠公共权力来获取产业的独占地位或达到区域市场封锁的目的，往往造成资源配置扭曲、社会福利损失、收入分配不均以及地方保护和区域市场分割等。由于行政性垄断相对集中于国有经济比重较高的领域，特别是一些涉及国家经济安全、公共利益及国民经济命脉的行业领域，反行政性垄断需要与国有企业改革和国有资产管理等问题结合起来统筹考虑、逐步推进。打破行政性垄断，形成有序竞争的全国统一大市场，是当前乃至未来一段时间内中国经济改革的重要而艰巨的任务。

在本项研究中，我们首先对行政性垄断的内涵和外延进行科学界定，深入分析行政性垄断的形成原因、维持机制和表现形式；然后构建转轨经济中行政性垄断研究的ISCP分析框架，并以ISCP分析框架为基础，研究提出测度和辨识行政性垄断的理论依据、基本思路和分析方法，建立起一个完整的理论和方法体系以及一套相对稳定的测度指标体系，对我国国内市场的行政性垄断进行测度和辨识，准确把握转轨时期我国行政性垄断的动态演进和发展趋势；在理论分析的基础上，从资源配置的微观效率、产业效率、宏观效率等方面对行政性垄断导致的社会福利损失和资源配置效率进行实证分析和度量；最后，提出打破行政性垄断、建立全国统一市场的政策建议，为转轨时期反行政性垄断与促进竞争提供系统的改革思路和配套措施，为有关法律的实施提供经济学理论和方法的支持。根据以上思路，我们重点研究了以下问题：

一是行政性垄断的理论界定。对行政性垄断进行科学合理的理论界定，是整项研究的基础性工作和出发点，涉及研究领域的界定及研究思路的确立。自20世纪80年代末提出行政性垄断概念之后，学术界从不同角度、不同层次对行政性垄断进行了界定，但对行政性垄断的分析更多的是依靠经济学的直觉和经验，未能系统界定行政性垄断的科学内涵和本质。在本项研究中，我们在对竞争和垄断理论进行回顾以及吸收和借鉴已有学术成果的基础上，分析自然垄断、经济性垄断和行政性垄断在形成原因、表现形式和资源配置效应上的区别，对行政性垄断概念进行界定和分类，并分析转轨经济中行政性垄断的主要表现形式。我们认为，行政性垄断是政府机构运用公共权力对市场竞争的限制或排斥，行政性垄断在现实的经济实践中表现出了多种形式，其根本的目的在于限制竞争者的进入以及维护在位厂商的垄断价格及利润。按照行政权力作用的范围和方向，可以将行政性垄断分为地区性行政垄断和行业性行政垄断。

二是行政性垄断程度的测度。这是本项研究的重大创新和重要突破之一。我们在理论界首次提出ISCP分析框架，并以此为理论依据构建了一个较为规范的行政性垄断分析范式和一套相对稳定的行政性垄断测度指标体系，对转轨时期中国的行政性垄断程度进行了实证测度。对行政性垄断的测量是一个对制度性现象进行计量的问题，而这无论是在理论层面还是在技术层面上都是一个较难处理的问题。尤其是行政性垄断所涉及的一些无法用变量进行替代和验证的软信息，使得研究者难以直接对行政性垄断进行测量，只能根据行政性垄断的定义所确定的范围，在找到行政性垄断的表现特征以及所造成结果的角度上来对行政性垄断程度进行间接判断。为了解决这一难题，在本课题中，我们创造性地构建了 ISCP 研究框架，并以此框架为基础提出了行政性垄断测度的基本思路和理论基础，明确了设计行政性垄断测度指标体系的基本原则和测度行政性垄断的主要方法，构建了转轨时期中国行政性垄断指数，用于分析和测量行政性垄断程度。在行业性行政垄断测度方面，我们首先使用二维分析法和综合加权排序法对行政性垄断行业进行了判定，选择了需要重点研究的行业；然后从制度、结构、行为、绩效等四个方面设计了测度行业性行政垄断程度的指标体系；最后对电力、电信、石油和铁路行业进行了实证测度。在地区性行政垄断测度方面，我们围绕转轨时期中国地区性行政垄断指数的构建，根据指标体系设计的基本框架和基本原则，设置了转轨时期中国地区性行政垄断程度测度的三级指标体系。转轨时期中国地区性行政垄断指数由 4 个一级指标、19 个二级指标和 49 个三级指标构成。在对 49 个三级指标进行具体说明和明确测算方法的基础上，我们使用 28 个省市区的 1985～2006 年的面板数据，首先测算出各省市区的 49 个三级指标，然后根据相应权重计算出 19 个二级指标，最后汇总计算了 4 个一级指标。在此基础上，计算了 1985～2006 年 28 个省市区的地区性行政垄断指数。

　　三是实证分析行政性垄断对资源配置效率的影响。这也是本项研究实现的重大突破和重要创新。我们以 ISCP 分析框架为基本依据，结合行业属性和地区特点，引入行政性垄断因素拓展了资源配置效率分析的理论框架，构建了相应的测度指标体系，对行政性垄断的资源配置效应进行了实证研究。从经济学研究的成本收益分析传统来看，对行政性垄断问题分析的关键在于确定行政性垄断所导致的福利损失。这是因为，如果不能在一个完整的框架下对行政性垄断进行分析并在此基础上对行政性垄断的效率影响做出实证测度，我们就无法说明是否应当限制行政性垄断以及应该在何种程度上限制行政性垄断。更进一步，对这个问题的研究也将为提出转轨经济中打破行政性垄断的政策建议提供理论支撑。首先，我们分析了行业性行政垄断对资源配置效率的影响。为了能够全面地反映行政性垄断对资源配置效率的影响，我们设置了微观效率、产业效率以及宏观效率三个一级指标。在此基础上，我们将上述三个层面分解为相应的二级指标，在每个二级指标下又分设了不同的三级指标，以便更加细致全面地测度说明行政性垄断对资源配置效率的影响。在实证分析中，我们选择了电力、电信、石油和铁路行业作为测算行政性垄断对资源配置效率影响的案例，分别测算行业性行政垄断对这四个产业的影响。其次，我们分析了地区性行政垄断对资源配置效率的影响。我们首先分析了地区性行政垄断对资源配置效率的一般影响，然后从微观效率、产业效率和宏观效率三个层面实证分析了地区性行政垄断对资源配置效率的具体影响程度以及行政性垄断对于宏观经济运行产生的影响及其作用机制。地区性行政垄断不仅扭曲了资源配置，降低了资源配置效率，还表现在市场非一体化、商品供给减少与商品价格上升对消费者剩余的影响上。更进一步，地区性行政垄断扭曲了要素价格，使得经济增长表现为资本的过度深化的粗放型经济增长方式，这会延缓技术效率和技术进步速度的提高。地区性行政垄断阻碍了生产要素在全国范围内的流动，使得要素回报不能最大化，导致社会储蓄和资本积累的减缓，这都将降低人均收入向稳态水平的收敛速度并导致地区收入差距的扩大。

四是行政性垄断的形成原因及维持机制。我们从制度、体制、分权式改革、地区本位论等方面分析转型时期中国国内市场行政性垄断形成的深层次原因和形成机制，丰富了行政性垄断理论，并为制定打破行政性垄断、建立统一市场的对策建议提供了理论依据。作为转轨经济中的一种特定制度现象，行政性垄断的产生及维持很明显与转轨经济条件下的制度环境有着密切的联系。一般来说，将行政性垄断归因为计划经济时代所造成的制度惯性是一种合理的解释，但如果需要得到行政性垄断解决的正确方案的话，对行政性垄断的形成及维持机制的微观分析就成为必要。我们在将行政性垄断的参与主体进行确认的基础上，使用现代经济学的规范分析工具对行政性垄断的形成原因及维持机制进行了研究。从理论上分析了行政性垄断程度的决定及影响因素，通过构建各参与主体的效用函数，采用博弈理论模型分析了行政性垄断产生并维持的过程，应用新比较经济学范式分析了行业性行政垄断的作用机制。在地区性行政垄断的形成原因与机制的研究中，我们首先从四个方面分析现有地方政府竞争框架下的地区性行政垄断的形成原因：（1）地方政府竞争制度设计不合理是导致地区性行政垄断的最根本原因；（2）地方政府竞争目标和政绩考核方式的缺陷是导致地区性行政垄断的现实原因；（3）地方政府竞争手段和政府职能定位的不准确是导致地区性行政垄断的直接原因；（4）地方政府竞争协调机制的缺失导致地区性行政垄断难以在短期内消弭。然后，我们以地方政府限制资本跨区域流动这一典型现象为例，通过模型推演分析了地区性行政垄断的形成机制：一是地方政府同质，存在制度软约束情形下由"囚徒困境"引发的地区性行政垄断；二是两个竞争的地方政府之间存在差异造成的竞争不公平而内生出的制度软约束和"弱势地区"的地区性行政垄断；三是两个地方政府之间存在差异，由于内生地区性行政垄断所产生的竞争效应而引起的地区性行政垄断的扩散，这种地区性行政垄断成为示范效应下形成的地区性行政垄断。

五是打破行政性垄断的政策建议。我们针对转轨经济中行政性垄断的形成原因、维持机制和现实表现，在理论分析和实证研究的基础上提出了系统化的、具有较强可操作性的反行政性垄断与促进竞争的政策建议。我们认为行政性垄断问题的解决与改革和转轨过程的推进是一致的，即便在制度环境没有发生重大变化的情形下，仍可能通过微观层面上的改进在解决行政性垄断问题上取得突破。从集体行动理论的视角看，由于产生及维持的根本原因在于公共权力对市场竞争的排斥及限制，因此打破行政性垄断的出路仍在于使用与排斥和限制竞争的权力相匹配的权力来进行解决，简单地说，也即只有权力才能够制约权力的滥用。在本研究中，首先，我们从打破行业性行政垄断的视角，分析了转轨制度特征及对市场竞争的影响，以电信行业为例分析了打破行业性行政垄断、促进有效竞争的可能性与现实性，并提出了打破行业性行政垄断的具体政策建议。然后，我们从改革现行地方政府竞争制度安排、建立区域协商合作机制、改革地方政府的考核和激励机制、合理定位政府与市场关系、建立有效的约束机制、推进政府制度改革等方面提出了打破地区性行政垄断、建立全国统一大市场的政策建议。

Abstract

Since the reform and opening up, China has continuously deepened market-oriented mode of resource allocation by moving from central plan to market mechanism, which greatly improved the efficiency of resource allocation. China has established a socialistic market economic system, and achieved long-term economic growth. However, the process of China's reform is a gradually transitional process. The overall level of marketization is still low. Unbalanced developments exist across industries and regions. Legal system and institutions need further improvement. Over a long period, China will be continuously in the stage of economic transformation and institutional transition. During this period, the administrative power plays an important role on market access and product pricing in certain industries and regions. By using public power, administrative agencies restrict market competition and practice exclusion; administrative monopoly is still an important constraint on economic development. As a special phenomenon in transitional economy, administrative monopoly relies on public power to practice industry exclusion or blockade to regional markets, which often result to resource allocation distortion, social welfare loss, unequal income distribution, regional protection, as well as market segmentation and so on. Since administrative monopoly is concentrated in areas of relatively high proportion of state-owned economy, especially those related to national economic security, public interests and the economic lifeline of industries, the process of anti-administrative monopoly needs to be considered with state-owned enterprise reform, state-owned asset management and other issues. Breaking administrative monopoly in order to form a unified national market is an important and difficult task in China's economic reform for now and the future.

In this study, we first explored the connotation and extension of administrative monopoly. We gave scientific definitions and did an in-depth analysis of the cause of formation, maintenance mechanisms and the performance of administrative monopoly. After this, we established ISCP analytical framework of administrative monopoly studies for transitional economy. Based on this ISCP framework, we refined the proposed measure and identified the theoretical basis of administrative monopoly, basic ideas and analysis methods. We established a complete system of theory and methodology, as well as a relatively stable measure of index system for China's domestic administrative monopoly, which accurately grasped the dynamic evolutional trend of China's administrative monopoly in the transition period. Based on theoretical analysis, we empirically measured social welfare loss and efficiency of resource allocation which caused by administrative monopoly from the aspects of micro-efficiency, industrial efficiency and macro-efficiency. Finally, we delivered policy suggestions for breaking administrative monopolies and establishment of a unified national market. These recommendations provided both theoretical and practical supports for relevant reform ideas and legal reform. Based on the above ideas, we focused on the following issues:

First, the theoretical definition of administrative monopoly. A scientific and reasonable definition for administrative monopoly is the basis of the study and the starting point of our works. It involves the definition of research area and the establishment of ideas. Since emergence of the concept of administrative monopoly, scholars defined it from different angles and at different levels. However, most analysis of administrative monopoly relied on intuition and experience, which could not define the scientific content and essence systemically. In this study, based on existing academic achievements and the classical theory of competition and monopoly, we analyzed the differences of natural monopoly, economic monopoly and administrative monopoly on the formation causes, performances and effects on the allocation of resources, classified the concept of administrative monopoly, and analyzed the main performances of administrative monopoly in transitional economies. We believe that administrative monopoly is the use of public power to restrict or exclude competition in the market by administrative agencies. In reality, administrative monopoly has various forms. Its fundamental purpose is to restrict the entry of competitors and to maintain monopoly price and profit. According to the scope and direction of public powers, administrative monopolies can be divided into regional administrative monopoly and industrial administrative monopoly.

Second, the measure of the degree of administrative monopoly. This is a major innovation in this study, and one of the important breakthroughs. We proposed ISCP analytical framework, and used it as the theoretical basis to build a relatively standardized analytical paradigm and a relatively stable measure of index system of administrative monopoly for empirical measure of the degree of China's administrative monopoly in the transitional period. The measure of administrative monopoly is to measure institutional issues, which is difficult at both the theoretical level and the technical level. Particularly, the measure involves a number of variables that can not be replaced and verified. This makes it difficult to measure administrative monopoly directly. Only possible practice is to find performance characteristics and measure administrative monopoly indirectly. In order to solve this problem, in this study, we created ISCP framework and, based on this framework, proposed the basic idea and theoretical basis for the measure of administrative monopoly. We also designed the basic principles of administrative monopoly index system and the primary method to measure administrative monopoly. To measure industrial administrative monopoly, we first used two-dimensional analysis and the method of weighted ranking synthesis on the judgment of administrative monopoly industries to select objective industries. Then we designed industry-level measurement indicators from four aspects: institution, structure, behavior and performance. Finally, we empirically measured four industries: electricity, telecommunication, oil and railway. When measuring regional administrative monopoly, we focused on the establishment of administrative monopoly index. According to the basic framework and principles of indicators system, we set three-level indicators to measure the degree of regional administrative monopoly. The index has 4 first-level indicators, 19 second-level indicators, and 49 third-level indicators. After clarified the 49 third-level indicators and the measurement method, we use panel data of 28 provinces from 1985 to 2006. We first measured the 49 third-level indicators for all provinces, then based on weighted value calculated the 19 second-level indicators, finally summarized the 4 first-level indicators. Based on these, we calculated the index of regional administrative monopoly for 28 provinces from 1985 to 2006.

Third, empirical analysis of administrative monopoly on the effects of resource allocation efficiency. This is also a major breakthrough and an important innovation in the study. Based on ISCP analytical framework and combined with industrial/regional characteristics, our research introduced administrative monopoly elements to resource allocation efficiency analysis, which expanded the theoretical framework, and also constructed the corresponding measure index system of administrative monopoly resource allocation, which enabled empirical studies. From the perspective of traditional cost-benefit analysis, the key problem of administrative monopoly analysis is to identify the welfare loss caused by administrative monopoly. This is because, if not analyze administrative monopoly in a complete framework and make empirical measure administrative monopoly impacts on this basis, we could not conclude whether there should be restrictions on administrative monopoly, and to what extent should restrict administrative monopoly. Furthermore, the study of this issue also provided theoretical supports to policy recommendations of breaking administrative monopoly. First, we analyzed the effects of industrial administrative monopoly on the efficiency of resource allocation. In order to fully reflect the effects of administrative monopoly on the efficiency of resource allocation, we have set up three first-level indicators: micro-efficiency, industrial efficiency and macro-efficiency. On this basis, for a more detailed and comprehensive description of effects of administrative monopoly on resource allocation efficiency, we broke the corresponding first-level indicators into second-level indicators, and then broke second-level indicators into third-level indicators. In the empirical analysis, we choose electricity, telecommunication, oil, and railway industries as research cases to measure resource allocation effects of administrative monopoly. Second, we analyzed the effects of regional administrative monopoly on the efficiency of resource allocation. We first analyzed the general effects of regional administrative monopoly on resource allocation efficiency, and then empirical analyzed the effects of regional administrative monopoly on resource allocation efficiency and macroeconomic operation and its mechanism from the aspects of micro-level efficiency, industrial efficiency and macro-level efficiency. Regional administrative monopoly not only distorts the allocation of resources, reduced the resource allocation efficiency, it also leads to market non-integration, reduces the supply of goods and increases commodity prices. Further, since regional administrative monopoly distorts factor prices, it makes economic growth in capital extensive deepening, which will delay the technical efficiency improvement and the speed of technological progress. Regional administrative monopoly impedes production factors flow across the country. That makes factor return can not be maximized and leads to social savings and capital accumulation slowed, which will reduce the level of per capita income convergence to the steady-state and led to regional income disparity expansion.

Fourth, the reasons of formation and maintain mechanisms for administrative monopoly. We analyze deep-rooted causes of administrative monopoly formation and its mechanism in transitional period from the aspects of institution, structure, decentralized reform, regional-based theory, which enriched the theory of administrative monopoly, and provided theoretical basis for the policy of breaking administrative monopoly and establishment of a unified national market. As a special phenomenon of transitional economy, creation and maintenance of administrative monopoly have a clear linkage with the institutional environment under transition. In general, a reasonable explanation is that administrative monopoly is caused by institutional inertia attributed to planned economy. However, if one needs to resolve administrative monopoly by the right approach, micro-analysis to mechanism becomes necessary. Confirming the main participation of administrative monopoly, we used modern economic methods and normative analysis tools to research reasons of formation and the maintenance mechanism for administrative monopoly. From the theoretical analysis, determinate and influencing factors of the administrative monopoly degree were found. By constructing utility functions for each participant, we used game theory model to analyze the process of administrative monopoly creation and maintenance, and applied the new paradigm of comparative economics to analyze practical mechanism of industrial administrative monopoly. In the research of regional administration monopoly, we first analyzed reasons of formation for administrative monopoly under the existing competition framework of regional governments from the four aspects: (1) Irrational design of regional governments competition system is the fundamental cause of administrative monopoly; (2) Defects on the objectives of regional governments competition and performance evaluation method are of the practical reasons of administrative monopoly; (3) Inaccurate role of regional governments and method of competition are the direct causes of administrative monopoly; (4) The lack of coordination mechanisms for regional competition makes administrative monopoly difficult to be eliminated in short term. Then, by using the governments' restrictions on cross-regional capital flows as an example, we analyzed the formation mechanism of a regional administrative monopoly: First, regional governments are homogenous. There is a systemic soft constraint that causes "prisoner's dilemma" therefore leads to regional administrative monopoly; Second, the differences between two competing regional governments result to unfair competition and then lead to regional administrative monopoly of "disadvantaged areas"; Third, due to the competition effect arising from endogenous regional administrative monopoly, monopoly spreads amongst regions and creates a demonstration effect to strengthen regional administrative monopoly.

Finally, policy recommendations to break administrative monopoly. We focused on the causes of formation, the maintaining mechanism and actual performances of administrative monopoly in transitional economy. On the basis of theoretical analysis and empirical research, we provided systematic and practical policy recommendations for anti-administrative monopoly and promoting competition. We believe that the solution to administrative monopoly problems is consistent with the process of reform and transition. Even in the circumstances where institutional environment does not undergo major change, the administrative monopoly problem still can be breakthrough by micro-level improvement. According to the collective action theory, since the fundamental reason of producing and maintaining administrative monopoly is to use public power excluding or restricting market, the method of breaking administrative monopoly is to empower an anti-monopoly policy that can match the power of administrative monopoly. Simply to say, only the power is able to restrict the exercise of power. In this study, first of all, we analyzed the effects of the characteristics of transitional system to market competition from the perspective of breaking industrial administrative monopoly, and the possibility and reality of promoting effective competition in telecommunication. Then we proposed specific policy recommendations for breaking industrial administrative monopoly. After that, we delivered our policy recommendations of breaking regional administrative monopolies and establishment of a unified national market from the perspectives of reforming existing institutional arrangements for regional competition, establishment of regional consultation and cooperation mechanisms, reform of assessment and incentive mechanism for regional governments, defining a reasonable relationship between government and the market, establishment of an effective restraint mechanism, and promoting the reform of administrative system.

目 录

第一章 导言　1

第一节　研究的背景与意义　1
第二节　基本思路与主要研究方法　3
第三节　重要创新、主要突破和基本内容　5

第二章 行政性垄断的界定与分类　16

第一节　竞争、垄断与行政性垄断　16
第二节　行政性垄断的理论分析　23
第三节　行政性垄断的分类　32
第四节　转轨经济中行政性垄断的主要表现形式　33

第三章 行政性垄断测度的理论与方法　44

第一节　行政性垄断测度的基本思路与理论基础　44
第二节　指标体系设计的基本原则　47
第三节　行业性行政垄断的测度方法　49
第四节　地区性行政垄断的测度方法　54

第四章 行业性行政垄断的测度　70

第一节　行政性垄断行业的界定　70
第二节　行业性行政垄断测度的指标体系　76
第三节　典型行业中的行政性垄断程度测算　85
第四节　小结　136

第五章 地区性行政垄断的测度　138

第一节　地区性行政垄断指数构建与指标体系设计　138

第二节 指标说明及测算方法 140
第三节 地区性行政垄断程度测算 146
第四节 转型时期中国地区性行政垄断指数：1985～2006年 175
第五节 横向比较与纵向比较 190
第六节 小结 194

第六章 行业性行政垄断与资源配置效率 197

第一节 效率分析指标的分解与说明 197
第二节 电力行业内行政性垄断对资源配置效率的影响 199
第三节 电信行业内行政性垄断对资源配置效率的影响 223
第四节 石油行业内行政性垄断对资源配置效率的影响 239
第五节 铁路行业内行政性垄断对资源配置效率的影响 255

第七章 地区性行政垄断与资源配置效率 270

第一节 地区性行政垄断对资源配置效率影响的一般分析 270
第二节 地区性行政垄断与资源配置的微观效率 272
第三节 地区性行政垄断与资源配置的产业效率 282
第四节 地区性行政垄断与资源配置的宏观效率 294
第五节 地区性行政垄断与宏观经济运行 306

第八章 行政性垄断的形成原因及维持机制 355

第一节 行政性垄断产生的特殊背景 355
第二节 行业性行政垄断的形成原因与机制 358
第三节 地区性行政垄断的形成原因与机制 373

第九章 反行政性垄断与促进竞争政策分析 411

第一节 转轨制度特征及其对市场竞争的影响 412
第二节 打破行业性行政垄断的政策建议 419
第三节 打破地区性行政垄断的政策建议 427

附表 地区性行政垄断测度研究 458

参考文献 510

后记 537

Contents

Chapter 1　Introduction　1

　　1. Background and Significance　1

　　2. Basic Ideas and Main Methods　3

　　3. Important Innovations, Main Breakthroughs and Basic Contents　5

Chapter 2　Definition and Classification of Administrative Monopoly　16

　　1. Competition, Monopoly and Administrative Monopoly　16

　　2. Theoretical Analysis of Administrative Monopoly　23

　　3. Classification of Administrative Monopoly　32

　　4. Principal Performance of Administrative Monopoly in Transition Economy　33

Chapter 3　Theory and Method of Administrative Monopoly Measurement　44

　　1. Basic Ideas and Theoretical Basis for Administrative Monopoly Measurement　44

　　2. Principles of Designing the Index System　47

　　3. Method of Industrial Administrative Monopoly Measurement　49

4. Method of Regional Administrative Monopoly Measurement   54

Chapter 4   Measure of Industrial Administrative Monopoly   70

1. Definition of Industrial Administrative Monopoly   70
2. Index System of Industrial Administrative Monopoly Measurement   76
3. Measure of Administrative Monopoly Degree in Typical Industries   85
4. Chapter Summary   136

Chapter 5   Measure of Regional Administrative Monopoly   138

1. Design of Regional Administrative Monopoly Index System   138
2. Index Instruction and Calculation Approach   140
3. Measure of Regional Administrative Monopoly Degree   146
4. Regional Administrative Monopoly Index in Transitional China: 1985 – 2006   175
5. Transverse and Longitudinal Comparison   190
6. Chapter Summary   194

Chapter 6   Industrial Administrative Monopoly and Efficiency of Resource Allocation   197

1. Decomposition and Description of Indicators for Efficiency Analysis   197
2. The Effects of Administrative Monopoly on Resource Allocation Efficiency Within Electricity Industry   199
3. The Effects of Administrative Monopoly on Resource Allocation Efficiency Within Telecommunication Industry   223

4. The Effects of Administrative Monopoly on Resource Allocation Efficiency Within Oil Industry   239

5. The Effects of Administrative Monopoly on Resource Allocation Efficiency Within Railway Industry   255

Chapter 7　Regional Administrative Monopoly and Efficiency of Resource Allocation   270

1. A General Analysis of Regional Administrative Monopoly's Impacts on Resource Allocation Efficiency   270
2. Regional Administrative Monopoly and the Micro-Efficiency of Resource Allocation   272
3. Regional Administrative Monopoly and the Industrial-Efficiency of Resource Allocation   282
4. Regional Administrative Monopoly and the Macro-Efficiency of Resource Allocation   294
5. Regional Administrative Monopoly and Macroeconomics   306

Chapter 8　Cause of Formation and Maintenance Mechanism for Administrative Monopoly   355

1. Special Background of Administrative Monopolies Creation   355
2. Cause of Formation and Maintenance Mechanism for Industrial Administrative Monopoly   358
3. Cause of Formation and Maintenance Mechanism for Regional Administrative Monopoly   373

Chapter 9　Policy Analysis of Anti-Administrative Monopoly and Promoting Competition   411

1. Institutional Characteristics of Transition and Their Impacts on Competition   412

2. Policy Recommendations to Break Industrial Administrative Monopoly　419
  3. Policy Recommendations to Break Regional Administrative Monopoly　427

Appendix　458

References　510

Postscript　537

第一章

导　言

第一节　研究的背景与意义

1978年开始的改革开放，标志着中国进入了由计划经济向市场经济转轨的转型时期。30年来，中国首创的"摸着石头过河"式的改革逐步解放了社会生产力，取得了辉煌的成就，各项社会事业快速发展，社会保障体系初步建立；有中国特色社会主义市场经济体系逐步形成，市场在资源配置中的基础性作用基本确立。然而，也要清醒地认识到，伴随着经济快速增长的是资源环境代价过大，城乡、区域、经济社会发展仍然不平衡，制约中国经济长期、持续发展的制度性、体制性因素仍然存在，社会中的一些累积性矛盾没有得到很好解决，改革和发展的任务仍很艰巨[①]。中国将在较长一段时间内处于经济和体制的转型时期，经济转轨的主要任务涉及经济体制向市场经济的转型、企业制度向现代公司制度的转型、增长方式向集约型转型[②]。在经济转轨时期，"看得见的手"与"看不见的手"在经济活动中的相互交错，产生了一系列特殊的经济现象和问题。行

---

① 胡锦涛：《高举中国特色社会主义伟大旗帜，为夺取全面建设小康社会新胜利而奋斗——在中国共产党第十七次全国代表大会上的报告》，人民出版社2007年版。

② 洪银兴：《市场秩序和规范》，上海三联书店、上海人民出版社2007年版。

政性垄断就是这一时期出现的、政府力量影响和限制市场力量发挥作用的典型经济现象。行政性垄断的危害性很大，它阻碍商品和要素在全国范围内跨行业、跨区域的自由流动，削弱了市场机制优化资源配置的有效性，不利于发挥地区比较优势和形成专业化分工，也不利于获得规模效益，往往导致重复建设、投资效率低下、地区经济结构趋同、收入分配差距扩大等问题，还是市场无序竞争的主要根源之一[①]。进入20世纪90年代以后，保护本地市场和行业部门利益的具体措施已经由一些"硬性"的分割形式和保护措施（如全面禁止产品进入），发展到"以软为主"、"软硬兼施"的地步。这里的所谓"软"指的是隐蔽的行政和技术壁垒，包括行政部门的采购政策、发牌程序甚至是环保措施等无形保护和干预。这种具有隐蔽性的行政性垄断行为更具危害性。当前，我国正处于建立和完善社会主义市场经济体制、建设社会主义和谐社会的重要时期。市场和谐是经济和谐的重要内容，而经济和谐又是社会和谐的基础和保障。行政性垄断往往破坏公平竞争、扰乱正常市场秩序，不利于全国统一大市场的形成；损害消费者利益、导致收入分配不公，降低资源配置效率和社会福利水平；引致政府失灵和权力异化、滋生设租寻租和贪污腐败现象；并且与世贸规则相冲突，容易引起贸易摩擦。中国正处于由计划经济体制向社会主义市场经济体制过渡的转轨时期，政府及其相关部门利用行政权力限制、排斥市场竞争的行政性垄断现象仍然比较普遍，打破行政性垄断、形成全国统一大市场是现阶段中国反垄断和经济体制改革的一项艰巨任务，也是建设社会主义和谐社会的一项重要内容。

近年来，中央政府明确提出要打破行政性垄断和地区封锁，建立统一、开放、竞争、有序的市场体系，为此中央政府采取了一系列措施，治理改革开放以来出现的地区市场分割和行业性行政垄断问题，努力建立符合社会主义市场经济发展要求的统一大市场。但是，国内统一市场的发展状况不尽如人意，来自"条条"和"块块"的市场壁垒仍然在相当程度上存在，打破藩篱、实现真正意义上的国内统一市场仍然是中国现阶段经济体制改革的重要任务。在经过中国政府多年持续的市场化趋向改革以及消除行政性垄断行为的努力之后，中国的行政性垄断状况如何？中国政府致力于打破行政性垄断的政策和努力是否有效？现阶段行政性垄断的方法和手段呈现何种特征？行政性垄断对于资源配置的扭曲效应到底有多大？如何改革和完善打破行政性垄断的政策措施？今后政策的着力点应该放在哪些方面？完整而准确地回答这些问题是本项研究的主要目标和任务。这不仅有助于澄清人们在行政性垄断方面的认识，而且有助于科学地制定打破行政性垄断的政策措施，对于加快中国市场化改革进程，形成和完善中国竞争政策体

---

① 于良春：《反行政性垄断与竞争政策前沿问题研究》，经济科学出版社2008年版。

系，具有重要的现实意义。

垄断与竞争是市场经济中并行的市场状态，也是经济学研究的永恒主题之一。然而，古典经济学和新古典经济学研究的主要是经济性垄断和自然垄断，现代经济学开始涉足行政性垄断，但是相对于经济性垄断和自然垄断而言，行政性垄断的研究相对滞后，理论认识也存在较大分歧。其中的原因主要在于，第一，在主流经济学中，反对政府干预市场的古典经济学和新古典经济学传统以及将政府作为"守夜人"的暗含假定，使得经济学家在研究垄断问题时未能充分关注政府力量所引致的垄断；第二，行政性垄断主要发生在转轨经济中，特殊的制度环境使得这一垄断现象更为纷繁复杂；第三，一方面转轨经济国家值得研究的重大经济问题十分繁多，另一方面转轨经济国家的经济学科起步较晚，并且相对落后，使得行政性垄断问题未能得到系统和深入的研究；而发达资本主义国家的经济学家研究转轨经济问题又受到环境、资料等因素的制约。在转型经济中，垄断现象更多地与行政力量相关联，行政性垄断现象较为普遍，而行政性垄断理论研究的滞后性严重影响了政策的制定和实施。基于以上原因，我们通过深入而系统的基础性研究，深化对行政性垄断的认识，构建并逐步拓展行政性垄断的分析框架，丰富和完善对行政性垄断程度的测度方法，研究行政性垄断的资源配置效应，分析行政性垄断对于市场秩序和规范的影响机制，研究提出打破行政性垄断、完善市场体系的竞争政策，具有较强的理论创新价值。

第二节 基本思路与主要研究方法

本项研究的基本思路是，首先对行政性垄断的内涵和外延进行科学界定，深入分析行政性垄断的形成原因和表现形式；然后研究提出测度和辨识行政性垄断的实证分析方法，建立起一个完整的理论和方法体系以及一套相对稳定的测度指标体系，对我国国内市场的行政性垄断进行测度和辨识，准确把握转型时期我国行政性垄断的动态演进和发展趋势；在理论分析的基础上，从资源配置的微观效率、产业效率、宏观效率和社会福利状况等四个方面对行政性垄断导致的社会福利损失和资源配置效率进行分析度量；最后，提出打破行政性垄断、建立全国统一市场的政策建议，为转轨时期反行政性垄断与促进竞争提供系统的改革思路与配套措施，为有关法律的实施提供经济学理论和方法的支持。

根据以上思路，本项研究的重点内容包括：第一，行政性垄断的概念界定、形成原因与表现形式；第二，行政性垄断的测度方法与实证测度；第三，转型时期中国行政性垄断的动态演进与发展趋势；第四，具体行业的行政性垄断程度及其变动趋势实证研究；第五，行政性垄断对资源配置效率影响分析；第六，打破行政性垄断、建立全国统一市场的对策分析。本项研究拟突破的难点内容包括：一是行政性垄断的测度与辨识方面，在借鉴、吸收、整合已有实证分析方法的基础上，根据行政性垄断的特殊属性构建新的实证分析方法，实现测度方法的创新；构建行政性垄断和市场分割的测度指标体系，既有利于正确地测算、认识和把握行政性垄断和市场分割程度及其变化趋势，又能够保证测度和辨识的有效性，为国家制定打破行政性垄断、形成有序竞争的市场体系提供决策依据。二是行政性垄断对资源配置效率影响分析方面，运用产业经济学、制度经济学、区域经济学的相关理论构建规范分析的理论模型，从理论上深入研究行政性垄断对资源配置效率的影响；从资源配置的微观效率、产业效率、宏观效率和社会福利状况等方面全方位、多角度实证考察行政性垄断对资源配置效率的影响，为政府决策提供可资信赖的依据。三是行政性垄断形成机制与形成原因分析。综合应用多学科分析方法，从制度、市场、技术等多维度分析转型时期中国行政性垄断形成的原因和机制。

我们以理论研究为先导，主要采取实证研究方法。从理论研究方面看，综合运用产业组织学、制度经济学的研究方法构建理论分析模型，并运用系统的理论演绎分析方法，分析行政性垄断的形成原因、影响因素和对资源配置的作用机制；从实证分析方面看，在对文献和数据分析的同时，进行大量的问卷调查和实地调查研究，采集典型行业和典型地区的相关数据，通过计量分析，获取可资信赖的研究结论。在测度行政性垄断程度时，具体采用的实证分析方法包括生产法、贸易法、价格法、经济周期法和问卷调查法等多种方法。生产法是从生产领域测度行政性垄断和市场分割的程度，通过分析各省、市、自治区制造业产出结构、生产效率、地区间产业结构、专业化分工程度和重要产品的资本边际产出的差异来测度行政性垄断和市场分割程度。贸易法是从流通和贸易领域测度行政性垄断和市场分割程度，主要是通过运用引力模型与边界效应模型分析各地区间的贸易量、贸易强度和贸易结构来考察行政性垄断和市场分割状况。价格法是用商品价格作为衡量市场整合程度的工具，通过各地区之间商品价格的差异来考察行政性垄断和市场分割状况。经济周期法主要是通过测算各地区的经济周期的相关程度来考察市场分割状况。以上研究方法在市场保护程度的度量、解释变量的选取和定义以及计量模型的构建等方面均存在着一些有待改进之处，例如从单一方法看，指标过于简单、未能剔除干扰因素的影响、所选取的指标与行政性垄断程度的相关性不强、变量之间的因果关系混乱等，这样就难免会出现自相矛盾的结论。我们构建了ISCP分析框架，并以此为理论基础和基本依据整合已有的研究方法，以贸易法和价格法为主，构建实证分析的指标体系，多角度、多层次对行政性垄断和市场分割程度进行测量。同时，为了弥补行政性垄断易观察、评价，而不易用一到两个指标直接度量的缺陷，我们采用问卷调查法，将行政性垄断和市场分割分解细化为便于回答的具体问题，对不同类型的经济主体进行抽样调查，以获得能够进行实证分析的数据。在实际研究中，我们根据具体采用的实证分析方法，对相关指标体系进行调整和改进，尽量使每一类实证分析方法对应一套相对稳定的指标体系。这样有利于我们逐步建立行政性垄断研究的数据库，对行政性垄断问题进行长期跟踪研究。

第三节　重要创新、主要突破和基本内容

在三年的研究周期内，课题组开展了大量实地调研和多次大型问卷调查，获取了大量一手资料和原始数据，并以集中攻关、分组研究和个人突破相结合的形式开展了卓有成效的研究，发表了一系列阶段性成果。从总体上看，本项研究的重要创新和突破包括以下四个方面：

一、在理论上首次提出 ISCP 分析框架，并以此为理论依据构建了一个较为规范的行政性垄断分析范式和一套相对稳定的行政性垄断测度指标体系，对转轨时期中国的行政性垄断程度进行了实证测度

本课题将制度和制度变迁因素引入对行政性垄断的分析中，明确将行政性垄断作为模型设定的内生变量，讨论其与市场竞争主体之间的相互影响。这是理论界将制度及制度变迁理论引入产业组织理论进行分析的一次尝试。制度变迁理论已经越来越重视经济制度变迁与政治制度变迁之间的关联，而且也认识到任何一种经济制度都是与政治制度相互嵌入并通过这种嵌入而影响市场中的交易主体。我们将行政性垄断定义为政府机构运用公共权力对市场竞争的限制及排斥，正是考虑了转轨经济中微观主体参与产业竞争博弈的同时受到的政治以及经济约束。延续着这一思路，我们针对转轨经济中行政性垄断的特殊属性构建了 ISCP 分析框架。其中，I（Institution）表示行政性垄断得以形成和持续的制度性因素，S（Structure）表示反映行政性垄断程度的市场结构、产权结构等结构类因素，C

（Conduct）表示政府和厂商的行政性垄断行为，而 P（Performance）表示具有行政性垄断特征的绩效，包括微观、产业和宏观层面的效率。在这一框架下，我们可以明确地研究制度因素对产业结构、市场结构等结构类因素的影响，同时也能够研究产业结构的改变对制度环境影响的反馈机制，这使得 ISCP 研究框架立足于新制度经济学的研究基础上，并结合产业组织理论的研究传统具备了很强的可操作性。这一分析框架可以对具备行政性垄断特征的厂商进行诺思意义上的政治企业家分析，并将行政性垄断厂商的制度特征及产业特征拟合为一个可测算的行政性垄断指数。在 ISCP 分析框架下，我们不仅对行政性垄断的维持机制进行了深入的讨论，而且使用这个框架讨论了不同产业、不同区域内行政性垄断的变迁及变迁的动力机制。这一研究也可以使我们对不同产业、不同地区的行政性垄断进行比较研究，通过不同产业、不同地区内管制制度与产业结构、行为特征的反馈分析，为我们所设计的 ISCP 研究框架提供了证据支持。以 ISCP 分析框架为理论基础和基本思路，我们从制度、结构、行为、绩效四个维度构建测度行政性垄断程度的三级指标体系，采用省域面板数据和行业数据对转型时期中国的行政性垄断状况进行较为全面系统的测度，并分析转型时期中国的行政性垄断程度的演变轨迹和行政性垄断程度的区域与行业差异。

在行业性行政垄断程度的测度方面，我们在 ISCP 分析框架下对具备行业性行政垄断特征的典型行业内行政性垄断程度进行了实际测算，并将各行业的测算结果均反映在一个统一设计的行政性垄断指数中。据我们所知，这是国内外首次大规模使用产业数据及调查数据对行业性行政垄断程度的测算研究，这一结果为学术界及政策制定者提供了一个关于特定行业行政性垄断存在及存在程度的判断。为了能够迅速地辨别出具备行政性垄断特征的行业并挑选出典型性行业进行详细的分析，我们给出了一个由 5 个客观指标构成的判断标准，并提供了二维分析法、综合加权排序法以及主成分分析排名法进行补充，在此基础上，我们选择了电力、电信、石油、铁路作为典型行业进行研究。在具体的测算中，我们设计了面向所有行业的行政性垄断程度判断的指标体系，这一指标体系由制度类指标、结构类指标、行为类指标及绩效类指标构成了一级指标，在各一级指标下又分别设计了能够刻画行业性行政垄断的二级指标及三级指标。为将四个一级指标拟合为一个直观的指数，课题组通过调查问卷表广泛地寻求学术界、产业界、政府的观点，在大量调查的基础上采用专家打分方法和主成分分析法对四个一级指标的权重进行赋值，这使得最终的测算结果具备较强的权威性。测算结果显示出典型行业内的垄断厂商所具有的制度特征实质性地影响着经济特征；此外，不同行业间行政性垄断程度的跨期分析显示，如果我们由市场结构为起点进行考察的话，那么市场结构的变化最终也会导致厂商所处制度环境的改变。这些结果一方面为我们所提出的ISCP分析框架给出了实证证据支持，另一方面，将有代表性并可测算的制度因素与产业因素结合起来进行行政性垄断指数的研究也为产业竞争分析提供了一种可供借鉴的方法。从实践的角度来看，基于ISCP研究框架而进行的行政性垄断程度测算为转轨国家的竞争政策设计提供了一个类似于门槛值的指标，在《反垄断法》的实施中可以承担相应的甄别功能。

在地区性行政垄断程度的测度方面，我们以ISCP分析框架为理论依据构建了转轨时期中国地区性行政垄断指数，设置了测度这一指数的三级指标体系。转轨时期中国地区性行政垄断指数由4个一级指标，19个二级指标，49个三级指标构成。4个一级指标分别是制度类指标、结构类指标、行为类指标和绩效类指标。其中，制度类指标中包括地区分权程度、晋升激励强度、地方发展水平、政府规模指数等4个二级指标，财政支出的分权水平、财政收入的分权水平等13个三级指标。结构类指标中包括国有经济比重、财政收入比重、政府消费比重、省际贸易强度、市场分割度、省际劳动力流动指数、省际产业相似度系数、产业区位商指数、产品进入率指数、资源流出率指数等10个二级指标，国有经济产值比重、政府财政收入占GDP的比重等14个三级指标。行为类指标中包括政府行为、企业谋利行为、企业自主权等3个二级指标，政府壁垒性行为、政府补贴性行为等16个三级指标。绩效类指标中包括企业绩效和产业绩效2个二级指标，净资产贡献率、产业技术进步率等6个三级指标。在调研和收集大量数据的基础上，我们首先测算出各省市区的49个三级指标，然后根据相应权重计算出19个二级指标，最后汇总计算了4个一级指标。在此基础上，结合专家建议和主成分分析的结果，确定了4个一级指标的权重，分别计算了1985年、1992年、1997年、2000～2006年共10年28个省市区的地区性行政垄断指数和全国的地区性行政垄断程度指数。地区性行政垄断指数是一个由众多指标构成的复合型的指标，从制度、结构、行为、绩效等方面反映了行政力量对于市场竞争的影响。从理论价值上说，转轨时期中国地区性行政垄断指数的测算可以成为学术研究中的一项基础性工作，为相关理论研究提供了基础工具和基本手段，可以丰富和深化垄断与竞争理论的研究。从实践价值上说，转轨时期中国地区性行政垄断指数的编制和测算为判断各省市区的地区性行政垄断程度及其动态演进提供了客观依据，为竞争政策和区域发展政策的制定提供了参考。地区性行政垄断指数作为一个评价体系，还能够用于分析各地区在体制改革、经济转型、市场化进程和区域政策效果等方面的差异，以及造成地区差异的原因。

二、以 ISCP 分析框架为基本依据，结合具体行业属性和地区特点，引入行政性垄断因素拓展了资源配置效率分析的理论框架，构建了相应的测度指标体系，对行政性垄断的资源配置效应进行了实证研究

行政性垄断是一种行政力量干预市场竞争的行为，影响资源配置，导致地区产业同构，阻碍技术创新。我们以 ISCP 分析框架为基本理论依据，构建了相应的测度指标体系，将行政性垄断因素引入产业和地区经济效率分析，分别从产业和地区两个维度对行政性垄断的资源配置效应进行了实证分析，测度了行政性垄断可能导致的效率损失。

针对行业性行政垄断所造成的效率损失，我们系统地考虑了行政性垄断在各个层面及方向上可能的影响并进行了相应的计算，这与以往研究文献中经常采用的单角度分析形成了明显的差异。在将行业性行政垄断的影响分解为微观效率、产业效率及宏观效率的基础上，我们在行业行政性垄断程度判断的基础上，以 ISCP 分析框架为理论依据，根据行业特征构建了具体的测度指标体系，对电力、电信、石油及铁路四个典型行业中行政性垄断所造成的效率损失进行了研究。应该指出的是，由于各行业间存在着明显的产业特征方面的差异，这种差异在效率损失指标的选取上也应有所体现，我们在具体分析中注意到了这一点。这使得各行业的效率损失之间难以进行横向比较，但却能够对某一特定行业的效率损失在时间序列上进行考察和比较。例如，对综合电力产业各层面的效率损失占 GDP 的百分比进行历史分析可以发现，电力行业内的行政性垄断所造成的效率损失持续下降，这与单角度或单产业环节的考察给出的结果并不相同，由此我们可以分析在 ISCP 框架内导致这一结果出现的关键因素。从应用角度来看，我们所提供的行业性行政垄断效率分析的实证结果既可以作为《反垄断法》执法的依据也可以作为相关行业特定厂商的抗辩依据，因为最终的效率表现构成了参与反垄断过程各方关注的核心问题。此外，从理论研究角度来看，效率损失的测算也使 ISCP 研究框架具备了完备性，使得通过我们提供的结果考察产业组织领域内制度、制度变迁与经济绩效之间的关系成为可能。由此，我们首次系统地回答了在渐进式转轨过程中市场设计应特别注意的制度变量与经济变量之间的权衡问题，根据我们的测算结果，如果不注意市场化进程中行业性行政垄断带来的效率损失的时序变化的话，那么所提供的相应政策体系也将难以与整个转轨背景相容，这将导致政策设计的失败。

在地区层面，我们从地区性行政垄断对资源配置的微观效率、产业效率、宏观效率以及对宏观经济运行的影响等方面进行了实证分析。在地区性行政垄断对资源配置的微观效率的影响方面,我们通过实证分析发现,地区性行政垄断造成企业层面的损失约占国内生产总值的 3.66%。这意味着我国 GDP 增长的潜力仍然较大,即使在不考虑生产要素投入的前提下,消除地区性行政垄断带来的制度红利也能拉动 GDP 较快增长。在地区性行政垄断对资源配置的产业效率的影响方面,我们以食品行业和烟草行业为例进行了实证分析。结果表明,追求要素价格扭曲租金和地方保护的地区性行政垄断导致了行业过度竞争及其效率损失,无论是地方保护取消前还是地方保护取消后,过度竞争的效率损失均可归结为成本效率的损失。要避免这种经济转轨过程中特有的过度竞争现象,必须消除地区性行政垄断。在地区性行政垄断对资源配置的宏观效率的影响方面,我们利用 1999~2006 年制造业数据进行了实证测算。结果表明,地区性行政垄断造成的宏观成本效率损失上、下限在 1999~2001 年均呈现下降趋势,2002~2006 年基本呈现上升趋势,说明近年来地区性行政垄断在经历下降后又有所抬头;以 2006 年为例,维持现有产出,消除地区性行政垄断可使制造业部门减少 11.8%~29.2% 的投入。这说明地区性行政垄断造成了巨大的效率损失和资源浪费。我们测算的地区性行政垄断导致的宏观成本效率损失,仅仅反映了资源配置静态效率的损失。实际上地区性行政垄断导致了中国粗放型经济增长方式的形成和锁定,延缓了技术效率提高和技术进步速度,阻碍了生产要素在全国范围内的流动,使得要素回报不能最大化,导致社会储蓄和资本积累的减缓,这还将降低人均收入向稳态水平的收敛速度。在对地区性行政垄断对宏观经济运行的影响分析中,我们首先更新了传统的对地区性行政垄断的理解和看法,提出了"追求价格租金"的地区性行政垄断和"扭曲要素价格"的地区性行政垄断这两个内涵更丰富和完善的概念,并深入系统地分析了地区性行政垄断对产业同构、过度竞争、重复建设、规模经济、技术进步和粗放型经济增长方式等诸多宏观经济现象的影响与作用机制,发现了一些新颖而有趣的经济现象。例如,产业同构的传递性和路径依赖,不同行业的省际规模效率呈现先上升后下降的变动趋势,改革开放以后的技术进步呈现了一个双峰、上升然后下降的变动趋势等。对于这些新问题、新现象,我们都提出了基于地区性行政垄断的解释和理解,比如地区性行政垄断对产业同构传递的媒介作用、扭曲要素价格所导致的"虚假的规模报酬递增"和"虚假的技术进步"、地方保护所导致的"规模不经济"和"粗放型经济增长方式"的长期锁定等。

三、从制度、体制、分权式改革、地区本位论等方面分析转轨时期中国国内市场行政性垄断形成的深层次原因和形成机制，丰富了行政性垄断理论，并为制定打破行政性垄断、建立统一市场的对策建议提供了理论依据

作为转轨经济中的一种特定制度现象，行政性垄断的产生及维持很明显与转轨经济条件下的制度环境有着密切的联系。一般来说，将行政性垄断归因为计划经济时代所造成的制度惯性是一种合理的解释，但如果得到行政性垄断解决的正确方案的话，对行政性垄断的形成及维持机制的微观分析就成为必要。我们以 ISCP 框架为基本思路，分析了行政性垄断形成的制度基础、根本原因和现实条件，并建立了理论模型分析了行政性垄断的形成原因和维持机制。

在行业性行政垄断的形成机制方面，我们首先从体制转轨、经济运行、政绩观、行政传统等方面行政性垄断产生的特殊背景，然后运用博弈均衡的分析方法对行政性垄断的形成和维持进行了分析。我们认为，行政性垄断作为一种制度安排，它是由一系列合约组合而成，这些合约包括控制、扶持、激励、承诺多个维度，通过协调行政部门、在位的垄断厂商、潜在进入者以及消费者多个主体的关系以提高整个垄断产业的绩效。其中，行政部门处于中心地位，它通过利用行政权力配置资源，这是与新中国建立之初实行高度集中的计划经济体制紧密相联的。在社会经济基础极度落后的条件下，行政权力对企业生产经营活动实行全面的计划控制，对关系国计民生的基础设施和公共事业领域实行控制或扶持政策，这些曾经对于促进我国工业化进程起到了不可估量的作用。随着市场经济改革的推进，在特定的经济及政治环境下，行政性垄断在竞争性几乎不存在或竞争无效的垄断产业中建立了一种类似市场竞争的制度机制，试图限制与引导这些垄断企业的经济决策，消除各种非效率现象，以提高社会的总体福利。通过博弈分析，我们发现，行政性垄断是否产生，最终取决于政府的成本收益比较，即政府供给行政性垄断给自身带来的收益大于消费者反抗带来的负收益时，行政性垄断会存在。一般来讲，当政府完全为公共利益的代表时，政府不存在自身利益，自然不会产生行政性垄断；当政府为理性人政府时，政府有了自身利益，就有机会产生行政性垄断。由此可以得到一个重要结论，消费者给予政府的压力，不是与消费者总的福利损失成正比，而是与社会福利净损失成正比；这是因为消费者只能以社会福利净损失为限给予政府压力，而这种压力一方面来自消费者自身，另一方面可能主要是靠社会系统的呼吁——社会呼吁往往只是持中立立场，强调政府应该减少社会福利净损失，但是客观上却起到了为消费者呐喊的效果。

　　在地区性行政垄断形成机制方面，我们以现有地方政府之间的竞争为研究视角，从四个方面进行了分析：第一，地方政府竞争制度设计不合理是导致地区性行政垄断的最根本原因。现行的财税制度下财政的事权与财权不对称、转移支付体系不健全、预算外收入膨胀和财政收支的不透明使得地方政府之间的同质性较差，难以保证竞争起点的公平合理。同时在我国现行体制下地方政府掌握着大量的资源，如土地、税收优惠政策、预算外收入、隐性举债等，预算的软约束难以保证地方政府独立承担经济发展的成本，出现了"届别机会主义"等现象。第二，地方政府竞争目标和政绩考核方式的缺陷是导致地区性行政垄断的现实原因。应该说地方政府的目标还有权力租金的最大化，但这不是我们考察的重点。我们侧重考察现行政绩考核制度与地区性行政垄断之间的关系。我们首先回顾了中国政绩考核的历史和特点，然后指出了 GDP 导向政绩考核与地区性行政垄断的关系。实证部分我们利用我们前期测算的地区性行政垄断指数，检验了地区性行政垄断形成的 GDP 导向政绩激励动机，结果表明一定程度的地区性行政垄断有利于当地经济的增长，但随着地区性行政垄断程度的进一步提高，经济增长就会受到损害。第三，地方政府竞争手段和政府职能定位的不准确是导致地区性行政垄断的直接原因。我们回顾了西方国家政府职能演变的历史，并合理定位了转轨时期中国地方政府经济职能，指出现有地方政府经济职能的不合理导致了地区性行政垄断的产生。地方政府经济职能的不合理主要体现在三个方面：地方政府经济职能的越位、缺位和错位。第四，地方政府竞争协调机制和区域协商合作机制的缺失导致地区性行政垄断难以在短期内消弭。我们回顾了西方国家包括美国和欧盟协调地区竞争机制的经验以及我国区域竞争协调合作的现状，指出我国地区竞争协调主要存在三方面的问题：一是缺乏中央政府的宏观总体的参与和指导，没有发挥立法协调和执法协调的作用；二是行政协议制度化和法制化程度不高，行政协调务虚而不务实；三是没有发挥市场中介组织等市场协调的作用。以地方政府竞争为纽带和视角的分析，实际上涉及了导致地区性行政垄断的各种成因和机制。我们首先从不同角度分析了地方政府竞争对地区性行政垄断的形成与加剧所产生的影响，然后，通过对我国市场化改革历程的回顾和总结，提出了增长型政府竞争这一新的分析框架。在这个框架下，我们系统阐述了增长型政府竞争框架下地方政府所面临的动力机制和约束机制，提出了地方政府所面临的两个层次的区域异质性，其中，第二层次的区域异质性即禀赋差异是地区性行政垄断产生的根源，第一层次的区域异质性，即增长型政府竞争制度共生性约束条件的差异导致地区性行政垄断不断加剧，并最终发展成为能够实现区域经济增长和地方政府官员个人利益联合最大化的增长型政府竞争的个体理性均衡，同时也是政府行政权力渗透到社会经济生活的方方面面的地区性行政垄断的典型表现形式——分割的准市场经济，这也是存在路径依赖条件下中国市场化改革未来的一种选择。

四、针对转轨经济中行政性垄断的形成原因、维持机制和现实表现，在理论分析和实证研究的基础上提出了系统化、具有较强可操作性的反行政性垄断与促进竞争的政策建议

在打破行业性行政垄断方面，我们分析了转轨制度特征及对市场竞争的影响，以电信行业为例分析了打破行业性行政垄断、促进有效竞争的可能性与现实性，并提出了打破行业性行政垄断的具体政策建议。基于ISCP研究框架，我们给出了反行业性行政垄断的政策体系设计，对如何解决行政性垄断问题，通过行政性垄断形成及维持原因的不同分析会得到不同的结果。我们采用利益集团之间的一个博弈模型及新比较经济学下的一般均衡模型对转轨经济条件下行业性行政垄断的形成及维持进行了研究，这两项研究使我们能够同时从制度的供给—需求的角度以及转轨条件下参与人的策略互动来考察行政性垄断的形成及维持，并构建了行业性行政垄断作为一种制度现象存在的微观基础。对行业性行政垄断形成及维持原因的详细讨论能自然地给出反行政性垄断的政策体系，其中政企分离及垄断厂商的结构性分拆成为政策设计中的两个重心，虽然这两点已经被许多次地提起，但我们根据ISCP研究框架由转轨经济条件下参与人同时参与政治领域及经济领域博弈的分析将这两点重新整合在一起，并特别强调政企分离及垄断厂商的结构性分拆作为构成一个完整政策设计的互补性，并由此认为这两项核心性方案应同时实施的必要性。

在打破地区性行政垄断方面，我们从地方政府竞争的制度安排、区域协商合作机制、地方政府的考核激励机制、政府职能定位、企业改革、政府的监督约束机制建设等方面提出打破地区性行政垄断、建立全国统一大市场的相关政策建议。改革现行地方政府竞争制度安排包括，改革现行的财税制度，实现各地方政府所掌握财力的平衡和透明，限制地方政府的流动性创造能力，硬化地方政府的预算约束。从区域协商合作的角度研究地区性行政垄断的产生并提出政策建议是本项研究的亮点之一。我们认为一个有效的跨区域协商合作机制需要包括三个组成部分：具体负责协商合作的组织机制；能够鼓励所有区域都参加的动力机制；能够约束参加者机会主义行为的约束机制。最后，我们提出了消除地区性行政垄断和继续深入推进市场化改革的一个初步的治理框架，即应该分三步走：第一步，通过系统性的改革消除地方政府所面临的第一层次意义上的地区异质性，从

而限制、削弱地区性行政垄断，改变准市场经济状态，建立区域内的真正的市场经济；第二步，通过构建一揽子地方政府协商合作机制，来避免和利用第二层次意义上的地区异质性，从而彻底消除地区性行政垄断，构建全国性的统一大市场；第三步，推行民主政治和法治，结束政府主导市场化这一次优选择的历史使命，最终形成一个政府与市场保持距离型的真正的市场经济，从而完成市场化改革的任务。

  本项研究的主要内容是在全面把握行政性垄断的特殊属性、形成原因和表现形式的基础上，研究提出测度和辨识行政性垄断的实证方法和指标体系，构建研究和分析行政性垄断问题的基本框架，运用这些方法和框架对转型时期中国国内市场的行政性垄断进行测度和辨识，测量行政性垄断对资源配置效率的影响，提出打破行政性垄断、建立统一市场的政策措施和对策建议。根据以上思路，本项研究共包括以下九章内容。

  第一章导言部分。本章主要是分析课题研究的背景，提出研究的理论价值和实践意义，明确研究的重点、难点和突破点，并对整个研究工作进行了初步规划和设计。

  第二章行政性垄断的界定与分类。在对竞争和垄断理论进行简要回顾的基础上，分析了自然垄断、经济性垄断和行政性垄断在形成原因、表现形式和资源配置效应上的区别。对20世纪80年代中后期以来学术界从不同视角、不同层次对转轨经济中的行政性垄断所做的理论界定进行了综述，在此基础上对行政性垄断概念进行了界定和分类，并分析了转轨经济中行政性垄断的主要表现形式。

  第三章行政性垄断测度的理论与方法。在本章中，我们提出了行政性垄断测度的基本思路和理论基础，明确了设计行政性垄断测度指标体系的基本原则和测度行政性垄断的主要方法。对行政性垄断的测度是一个对制度性现象进行计量的问题，而这无论是在理论层面还是在技术层面上都是一个比较难以处理的问题。尤其是行政性垄断所涉及的一些无法用变量进行替代和验证的软信息，使得人们难以直接对行政性垄断进行测量，只能根据行政性垄断的定义所确定的范围，在真正找到行政性垄断的表现特征以及所造成结果的角度上来对行政性垄断程度进行一种间接的测算。为了解决这一难题，在本课题中，我们构建了ISCP研究框架，并以此框架为基础构建转轨时期中国行政性垄断指数，用于分析和测量行政性垄断程度。

  第四章行业性行政垄断的测度。首先，我们使用二维分析法和综合加权排序法对行政性垄断行业进行了判定，选择了需要重点研究的行业。然后，我们从制度、结构、行为、绩效等四个方面设计了测度行业性行政垄断程度的指标体系。最后，我们对电力、电信、石油和铁路等典型行业进行了实证测度。

第五章地区性行政垄断的测度。本章中，围绕转轨时期中国地区性行政垄断指数的构建，根据指标体系设计的基本框架和基本原则，我们设置了转轨时期中国地区性行政垄断程度测度的三级指标体系，即转轨时期中国地区性行政垄断指数由4个一级指标、19个二级指标和49个三级指标构成。在对49个三级指标进行具体说明和明确测算方法的基础上，我们使用28个省市区的1985～2006年的面板数据，首先测算出各省市区的49个三级指标，然后根据相应权重计算出19个二级指标，最后汇总计算了4个一级指标。在此基础上，计算了1985～2006年28个省市区的地区性行政垄断指数。

第六章行业性行政垄断与资源配置效率。本章主要分析了行业性行政垄断对资源配置效率的影响。为了能够全面地反映行政性垄断对资源配置效率的影响，我们设置了微观效率、产业效率以及宏观效率三个一级指标，在此基础上，我们将上述三个层面分解为相应的二级指标，在每个二级指标项下我们又分设了不同的三级指标，以便更加细致地说明问题。在实证分析中，我们选择了电力、电信、石油以及铁路行业作为测算行政性垄断对资源配置效率影响的样本，分别测算行业性行政垄断对这四个产业的影响。

第七章地区性行政垄断与资源配置效率。本章主要分析了地区性行政垄断对资源配置效率的影响。我们首先分析了地区性行政垄断对资源配置效率的一般影响，然后从微观效率、产业效率和宏观效率三个层面实证分析了地区性行政垄断对资源配置效率的具体影响程度以及行政性垄断对于宏观经济运行产生的影响。地区性行政垄断不仅扭曲了资源配置，降低了资源配置效率，还表现在市场非一体化、商品供给减少与商品价格上升对消费者剩余的影响上。更进一步，地区性行政垄断扭曲了要素价格，使得经济增长表现为资本的过度深化的粗放型经济增长方式，这会延缓技术效率提高和技术进步速度。地区性行政垄断阻碍了生产要素在全国范围内的流动，使得要素回报不能最大化，导致社会储蓄和资本积累的减缓，这都将降低人均收入向稳态水平的收敛速度和地区收入差距的扩大。

第八章行政性垄断的形成原因及维持机制。我国行政性垄断产生的根本原因是当前仍在进行的由高度集权的计划经济体制向市场经济体制的转轨。我们从理论上分析了行政性垄断程度的决定及影响因素，通过构建各参与主体的效用函数，采用博弈理论模型分析了行政性垄断产生并维持的过程，应用新比较经济学范式分析了行业性行政垄断的作用机制。在地区性行政垄断的形成原因与机制分析中，我们首先从四个方面分析现有地方政府竞争框架下的地区性行政垄断的形成原因：第一，地方政府竞争制度设计不合理是导致地区性行政垄断的最根本原因；第二，地方政府竞争目标和政绩考核方式的缺陷是导致地区性行政垄断的现实原因；第三，地方政府竞争手段和政府职能定位的不准确是导致地区性行政垄断的直接原因；第四，地方政府竞争协调机制的缺失导致地区性行政垄断难以在短期内消弭。然后，我们以地方政府限制资本跨区域流动这一典型现象为例，通过模型推演分析了地区性行政垄断的形成机制：一是地方政府同质，存在制度软约束情形下由"囚徒困境"引发的地区性行政垄断；二是两个竞争的地方政府之间存在差异造成的竞争不公平而内生出的制度软约束和"弱势地区"的地区性行政垄断；三是两个地方政府之间存在差异，由于内生地区性行政垄断所产生的竞争效应而引起的地区性行政垄断的扩散，这种地区性行政垄断成为示范效应下形成的地区性行政垄断。最后，在委托代理理论框架下，从转轨经济的两个重要主体——中央政府和地方政府博弈的角度，对地区性行政垄断的形成机制以及地区性行政垄断导致国内市场分割的机理进行分析。

第九章反行政性垄断与促进竞争政策分析。首先，我们从打破行业性行政垄断的视角，分析了转轨制度特征及对市场竞争的影响，以电信行业为例分析了打破行业性行政垄断、促进有效竞争的可能性与现实性，并提出了打破行业性行政垄断的具体政策建议。然后，我们从改革现行地方政府竞争制度安排、建立区域协商合作机制、改革地方政府的考核和激励机制、合理定位政府与市场关系、建立有效的约束机制、推进政府制度改革等方面提出了打破地区性行政垄断、建立全国统一大市场的政策建议。

第二章

行政性垄断的界定与分类

第一节 竞争、垄断与行政性垄断

垄断和竞争是经济学领域中的一个古老而又充满活力的话题，也是市场经济中的一对此消彼长、相互继起的矛盾体。在自由竞争的市场经济中，通过竞争追求规模经济是企业成长的必由之路，而规模经济的获得又会逐渐增强企业市场势力，最终导致垄断，出现所谓的"马歇尔冲突"。所以，可以说市场竞争孕育了垄断，是垄断之"源"；而垄断的产生又会妨碍自由竞争，是竞争之"敌"。垄断和竞争的相互关系与相互影响一直是经济学领域备受关注的理论命题，也是贯穿整个经济学理论的两条主线。关于竞争的经济学含义及其在市场体系内的作用机制，自斯密以来经济学界已有充分研究，取得了许多共识。而古典经济学对垄断的研究不多，并且在不多的论述中主要分析垄断的负面效应；在新古典经济学框架内仍然将垄断当作竞争的对立面在理论层面进行讨论，没有将实际生活中出现的垄断现象纳入理论体系进行系统研究；当代经济学开始系统研究垄断问题，但是对垄断的认识存在分歧，各流派之间争论颇大。在新古典经济学中，完全信息以及完全竞争的假设使得经济学家很少关注在经济现实中大量存在的垄断行为。经济学所表现出来的令人难以理解的对垄断忽视的原因大约来自两个方面，首先，古典经济学所推崇的完全竞争导致社会福利最大化的思想在经济学家的头脑中根深蒂固，一般均衡理论的最终确立奠定了新古典经济学在社会科学中的地位，但一般均衡理论中所隐含的参与人众多的假设使这一理论难以对只存在少数参与主体的垄断行为进行深入分析，只有当适合对少数参与人的行为互动进行正式分析的工具出现之后，经济学才真正具备了对垄断问题进行理论刻画的工具。也就是说，新古典经济学所研究的更多是一种单人决策问题，而对垄断问题的研究，特别是寡头垄断问题的研究更多地需要考虑参与人之间的策略互动，这只有在博弈论的框架下才能够进行研究。其次，大工业的发展产生了大量的兼并行为，最终导致在很多领域内产业寡头的形成，几个主要的厂商主导了某个产业内的竞争。无论是在阻止新厂商进入或为产品定价方面，几个厂商都能够形成某些公开的或私下的协议，而这些行为都是反竞争的，即便在反垄断法的约束下，寡头厂商也能够通过行为选择促使某种默契协议的实施，所有这些都为经济学提供了新的研究对象。

在新古典经济学视角下，垄断力量的存在与运行是一种反市场竞争的行为。以生产者集中、垄断产品定价及产业进入壁垒为主要特征的垄断行为在以下两个方面对经济系统产生着福利影响：第一，建立在对需求曲线及边际成本曲线估计基础上所衡量的福利损失；在供给方面，垄断力量将使垄断厂商以高于竞争性厂商的成本进行生产从而造成成本扭曲。我们可以认为这两种损失均发生在没有制度性因素左右的经济系统中，无论是经典的哈佛学派的分析范式还是基于博弈论的策略互动分析都对这种情形进行了深入的分析，并取得了诸多有说服力的实证结果。但是，一个十分自然的问题是，在社会经济生活中取得成功并享有巨大影响力的垄断厂商是否会有动力寻求对垄断力量的保护？正如奥地利学派所认为的那样，如果政府能够以某种方式承认垄断厂商的垄断地位，并伙同垄断厂商一起积极地维护垄断力量的存在，那么垄断厂商自然乐意去主动地寻求这种政治上的保护。毕竟与激烈，有时甚至是残酷的市场竞争相比，来自政府的干涉将缓和垄断厂商所受到的来自其他厂商的威胁，并能够长期地确保在位垄断厂商的主导地位。但很明显，得到政府的保护也并非是没有代价的，厂商的这一行为被经济学家们定义为寻租，这也正是始于波斯纳（Posner, 1975）[1] 的研究所特别强调的垄断力量所造成的第二种福利损失。第二，厂商为了获得或保持垄断地位，要进行战略性支出及管理性支出。战略性支出的例子如获得专利的研究与开发成本或积累各种形式的资本并设立进入壁垒。管理性支出则包括面向公众及其议员的贿赂和宣传成本，以及对付反托拉斯指控的法律防卫成本（Tirole, 1988）[2]。寻租

---

[1] Richard A. Posner. *Antitrust Law*. The University of Chicago Press, 2001.
[2] Tirole, J. *The Theory of Industrial Organization*. The MIT Press, 1988.

行为将在更大的范围内造成福利损失，例如我们现在已经知道租金耗散理论认为厂商为获得租金的总支出等于租金的总数，而花费在寻租上的资金却是非生产性的，如果寻租的结果是压制了正常的竞争过程的话，那么这些资金甚至可以看作是反生产性的。简单地说，从整个经济系统来看，人们耗费了大把的金钱却得到一个使我们的福利水平更低的结果。

经济学对垄断力量的批判倾向自亚当·斯密时代就存在了。在成熟的市场经济体系中，也一直存在着反对垄断厂商与政府结盟的声音——产业与行政权力的结合往往在特定的政治背景下以一种保护公众利益的面目出现——在拉詹和津加莱斯（2004）[1]的著作中他们系统性地将这种结合称作关联资本主义，并深入分析了产业利益集团与政治利益集团的联盟对经济系统带来的冲击。但在经济学分析的文献中，我们很少能够见到对以下情形的完整分析，也即行政权力在产业中系统性、结构性的存在，并超越竞争的力量以或明或暗的方式对资源配置实施决定性的影响，以此来实现市场份额的控制地位。更为重要的是，在转轨经济系统中行政权力在产业中的运行逐渐不再以直接的行政命令或粗暴的直接管制的方式出现，它采取了更为迂回微妙，但却往往是产业无法拒绝的方式进行。例如对产业的控制可以通过人事上的调整而实现，由于在很多产业内主要厂商的产权为国有性质，政府作为厂商最大股东的面目出现，这种调整既具有市场经济运行的合法性，又难以为产业所抗拒。简单地说，行政性垄断的运行逐渐地更具策略互动性质。理论分析缺乏的原因显而易见：在成熟市场经济体制下不存在行政性垄断得以维持的土壤，因为市场经济体制的一个核心特征就是权力的分散，而行政性垄断的特征恰恰在于资源与权力的集中；在计划经济体制下同样也不存在行政性垄断存在的理由，因为计划经济体制以详尽的行政命令代替了竞争，在整个经济体系内也就不存在限制和排斥竞争的行为。虽然行政性垄断继承了计划经济体制的某些特征和运行方式，但在一个介于市场经济体制和计划经济体制的制度环境下，它发展出了具备自己鲜明特色，但却又难以使用目前成熟的经济学理论进行详细刻画的特征。

垄断是特定经济主体为了实现特定目的通过构筑市场壁垒从而对目标市场所作的一种排他性控制状态（戚聿东，1999）[2]。垄断有垄断结构和垄断行为之分，行为意义上的垄断是指在市场交易中，少数当事人或经济组织（极端情况是只有一个经济主体），凭借自身的经济优势或超经济优势，对商品生产、商品价格、商品数量以及市场供求状态实行排他性控制，以牟取长期稳定超额利润的经

---

[1] [美]拉詹和津加莱斯，余江译：《从资本家手中拯救资本主义》，中信出版社2004年版。
[2] 戚聿东：《中国现代垄断经济研究》，经济科学出版社1999年版。

济行为。结构意义上的垄断,是指某一目标市场上只有一家或少数几家厂商占有大部分市场份额的状态,是一种具有较高市场集中度的市场结构。为了分析的方便,我们根据垄断的形成原因,将垄断分为自然垄断、经济性垄断和行政性垄断三种类型。由于在西方市场经济国家中行政性垄断现象较少,因而西方经济学研究的主要是经济性垄断和自然垄断现象。与西方市场经济国家不同,从计划经济体制中延续而来的中国垄断性行业中,由市场竞争形成的经济性垄断较少,而行政性垄断十分普遍,即使是所谓的自然垄断行业,也带有较强的行政性垄断色彩。因此,研究中国现阶段的垄断现象,应以行政性垄断为重点[①]。

一、自然垄断

自然垄断是指在某些特殊的产业,由于技术上和经济上的原因所形成的垄断现象。自然垄断的形成主要是由于某些基础设施行业(主要是网络性产业)具有规模经济和范围经济特性,由一家或少数几家企业生产或经营具有成本合理性。传统的自然垄断理论主要是从规模经济的角度来说明自然垄断的经济特征。该理论认为,引起自然垄断的原因在于规模经济的存在,因而当总产量对应于平均成本曲线向下倾斜的一段时,由一个企业单独生产比由多个企业共同生产更有效率(林木西等,2004)[②]。20世纪80年代以后,自然垄断理论有了新的发展。一些学者认为,规模经济既不是自然垄断存在的必要条件,也不是自然垄断存在的充分条件,成本的弱增性是自然垄断最基本的特征[③]。在多产品条件下,自然垄断的成本弱增性主要表现为范围经济,即联合生产的效率。随着鲍默尔等(Baumol et al., 1982)[④]的可竞争市场理论的出现,自然垄断理论又出现了新的变化。可竞争市场理论认为,即使是在寡头垄断或完全垄断市场结构中,任何超额利润都会吸引潜在进入者以同样的成本与垄断企业分割市场份额与利润。垄断企业只能制定超额利润为零的可维持价格,以防止潜在进入者与其发生竞争。同时,垄断者必须不断消除生产的低效率和管理的低效率,降低生产与管理成本,保持对潜在进入者的竞争优势。按照可竞争理论,即使是在自然垄断产业,只要保持潜在竞争的威胁,放松政府管制,消除进入市场的行政性壁垒,放松管制是更为有效的办法。由于可竞争理论的假设条件比较苛刻,现实中难以得到满足,

---

① 余东华:《双重转型下的中国产业组织优化研究》,经济管理出版社2009年版。
② 林木西、和军:《自然垄断行业所有制改革研究》,载《经济社会体制比较》2004年第2期。
③ Panzar, J. C., *Technological Determinants of Firm and Industry Structure*, in R. Schmalensee and R. D. Willig, eds., *Handbook of Industrial Organization*, Vol. 2. Amsterdam: North-Holland, 1989.
④ Baumol, W. J. *Contestable Markets and the Theory of Industry Structure*. Harcourt College Pub, 1982.

因而完全取消自然垄断产业中的政府管制也是不现实的。但是，可竞争市场理论告诉我们，自然垄断产业除了能够获得规模经济和范围经济以外，保持一定的竞争压力，也能够迫使垄断企业提高生产和管理效率。

一般而言，规模经济、范围经济、成本弱增性、资产专用性、沉没成本以及网络经济效应是自然垄断的经济特征。根据这些经济特性的差异，自然垄断可以分为强自然垄断和弱自然垄断两种①。强自然垄断性行业的规模经济效应和范围经济效应显著，存在巨大的沉没成本，一般不会发生潜在竞争者进入。弱自然垄断性行业中仍然存在成本弱增性，但是由于市场容量的扩大和需求弹性的改变，政府适当放松进入管制、引入竞争能够促进垄断企业提高效率、改进服务。随着技术进步、需求扩大和市场扩张，自然垄断的边界是动态变化的，强自然垄断可能转化为弱自然垄断，弱自然垄断可能消失。随着自然垄断性的演变，自然垄断性行业也将出现分化。一些行业在一定时期内虽具有自然垄断的特征，但随着经济特征的变化和自然垄断性的减弱，可能成为竞争性行业或经济性垄断行业；一些行业内部不同环节的业务出现分化，某些业务不再具有自然垄断性，也就是说，同一个行业内，某些仍然具有自然垄断性的环节可以继续保持垄断，某些不再具有自然垄断性的环节应该引入竞争。

二、经济性垄断

经济性垄断是指在市场竞争中少数企业凭借自身的成本、质量和品牌优势通过资本积聚和资本集中而形成的垄断。经济性垄断及其效率问题是经济学界争论较多的一个领域。古典经济学和新古典经济学一直对垄断持批判态度，认为市场机制这只"看不见的手"是最有效的资源配置方式，而垄断厂商的产量低于竞争情况下的产量且会带来"哈伯格三角"的净社会福利损失，是帕累托低效率。美国哈佛学派的著名学者谢佩德的观点具有一定的代表性，他认为垄断必将带来市场势力，"市场势力所产生的经济损失和社会损失是重大的，它在资源有效利用方面所造成的损失，即内部低效率、资源配置不合理和外部影响合起来高达国民收入的5%"②。因此，他们主张以垄断结构为指向进行反垄断治理。但

---

① 对自然垄断企业而言，如果市场需求曲线相交于边际成本曲线最低点的左边，边际成本曲线位于平均成本曲线的下方，这种情况称为强自然垄断。当需求曲线相交于边际成本曲线的最低点，边际成本与平均成本相等，这种情形成为弱自然垄断Ⅰ；当需求曲线相交于边际成本曲线的上升区间（包括成本弱增性的范围），边际成本大于平均成本，这种情形成为弱自然垄断Ⅱ。参见于良春：《自然垄断与政府规制》，经济科学出版社2003年版。

② ［英］威廉·谢佩德，易家祥译：《市场势力与经济福利导论》，商务印书馆1980年版。

是，正如德姆塞茨所指出的，西方主流经济学"在古典和新古典著作中，对垄断的考察缺乏专门的论据，而这些论据是经济学家理解对价格在长期均衡中的协调作用进行研究的关键。如果短期的摩擦和无知在这一研究中对他们来说是无意义的，那么具有短期现象所有特征的垄断肯定也激不起他们的兴趣。它们对竞争的崇拜不允许这些作者们认为垄断在通常解决问题时是重要的"[1]。随着非主流经济学的兴起和实践对理论的冲击，特别是新经济的出现和经济全球化的发展，经济学界对垄断的研究逐步深入，对垄断效率的看法逐步发生变化。以熊彼特、德姆塞茨、哈耶克等为代表的经济学家认为竞争并不是十全十美，垄断的存在具有较强的合理性和科学性，他们主张反垄断的重点应放在垄断行为上，而不是垄断结构[2]。熊彼特（1999）[3] 从创新的角度论述了垄断的效率，他认为高集中度的市场结构和大规模的企业有利于推进技术创新。德姆塞茨（Demsetz，1987）[4] 在论述垄断与效率的关系时指出，垄断企业的市场份额占据统治地位，是因为它们有更高的效率，由集中水平导致的市场势力与垄断企业较高的效率是密切相关的，一个大企业在该部门的市场份额较大，效率较高，该企业必然依据其效率高的优势，获取比其他企业更高的利润，从而进一步巩固其市场势力和地位。哈耶克认为垄断与竞争之间存在辩证关系，"竞争与垄断相连时，竞争才达到最佳状态"，"垄断企业是在激烈的市场竞争中获胜而留下的最有效率的企业"[5]。即使是提出"马歇尔冲突"[6] 的主流经济学大师马歇尔本人，到了晚年对垄断的看法也发生了变化，他在《工业与贸易》一书中指出，"虽然垄断与竞争在理想上可以完全分开，但在实际上它们是按不易觉察的程度相互渗透：几乎在一切竞争企业中都有某种垄断因素的存在，而几乎一切具有实际意义的现代垄断企业均系在不确定的情况下维持其权力，如果它们忽略了直接和间接竞争的可能性，它们将很快失去权力"[7]。

经济性垄断是社会化大生产和科技进步过程中资本积聚和资本集中的必然产物和市场优胜劣汰的必然结果，是由竞争衍生的垄断，它的存在具有一定的经济

---

[1] [美]德姆塞茨，陈郁译：《竞争的经济、法律和政治维度》，上海三联书店1992年版。

[2] 这与产业组织理论中芝加哥学派的政策主张是一致的，这种政策主张对西方国家的反垄断政策影响十分明显。

[3] [美]熊彼特，吴良健译：《资本主义、社会主义与民主》，商务印书馆1999年版。

[4] Demsetz, Harold. *Market Power, Competition and Antitrust Policy*. Richard D. Irvin Inc. Homeword Illinois, 1987.

[5] Hayek, F. A., 1982, *The Constitution of Liberty*. New York, P. 84.

[6] 马歇尔在《经济学原理》中指出，垄断与竞争彼此是截然对立而不能相容的，企业要么走竞争而舍弃规模经济、垄断之路，要么走规模经济、垄断之路而舍弃竞争之道。后人将这种规模经济与市场竞争之间的两难选择称作"马歇尔冲突"。

[7] 转引自胡寄窗：《1870年以来的西方经济学说》，经济科学出版社1996年版。

合理性。经济性垄断的资源配置效应具有双重性,一方面它在侵占消费者剩余、X非效率等方面可能降低资源配置效率;另一方面,经济性垄断在提高生产效率、节约交易费用、促进技术创新等方面对于资源配置效率的提高具有促进作用①。对于一个国家而言,经济性垄断的形成的过程就是市场集中度提高和规模经济获得的过程,对于增强产业竞争能力,参与国际竞争具有重要意义。在知识经济时代,通过技术专利形式获得的垄断,能够促进产业技术进步,更好地实现规模经济和范围经济(冯丽、李海舰,2003)②。因此,可以说经济性垄断是一个中性概念,它的经济绩效和福利状况,应该联系具体产业和具体环境进行分析。在知识经济时代,垄断与竞争的界限也变得比较模糊,垄断性行业中也能够存在有效竞争的市场结构,竞争行业中也存在垄断行为。因此,在一个比较成熟的市场经济中,竞争与垄断往往是相伴相生,垄断因竞争而起,垄断也不能消灭竞争。在新经济时代,垄断、竞争、合作已经构成了市场结构的三维空间(姜春海、李怀,2003;杜传忠,2004)③,垄断与竞争一样,也是市场经济中市场结构的基本形态。

三、行政性垄断

行政性垄断是政府机构运用公共权力对市场竞争的限制或排斥(于良春,2008)④。目前中国的行政性垄断包括地区性行政垄断和行业性行政垄断两种,是计划经济时代中国"条条块块"权力格局和管理模式造就和维护的行政化垄断,也被称作超经济垄断(宋则,2001;高尚全等,2003)⑤。地区性行政垄断,是与产品生产与销售的地方封锁、地方保护主义相联系的;行业性行政垄断是某一行业的企业借助于本行业的管理特权和实际控制力量,抢占市场资源与销售份额,排斥他人的进入与竞争,操纵价格以牟取暴利的垄断。这种以行政力量干预资源配置的行政性垄断在发展初期有其存在的必要性和必然性,特别是基础领域的垄断性行业在发展初期投资额度大,建设周期长,回报率低,投资回收慢,需要国家投资建设,由政府部门管理。但是发展到一定阶段以后,特别是在市场经济条件下,行政性垄断的效率损失与社会危害逐渐显现,成为阻碍产业发展甚至经济发展的瓶颈

---

① 戚聿东:《中国垄断经济研究》,经济科学出版社1999年版。
② 冯丽、李海舰:《从竞争范式到垄断范式》,载《中国工业经济》2003年第9期。
③ 姜春海、李怀:《自然垄断理论述评》,载《当代经济研究》2003年第5期。杜传忠:《产业组织演进中的企业合作——兼论新经济条件下的产业组织合作范式》,载《中国工业经济》2004年第6期。
④ 于良春:《反行政性垄断与促进竞争政策前沿问题研究》,经济科学出版社2008年版。
⑤ 宋则:《反垄断理论研究》,载《经济学家》2001年第1期。高尚全、尹竹:《加快推进垄断行业改革》,载《管理世界》2003年第10期。

环节。行政性垄断往往能够在市场交易中营造、复制和异化出某种非市场因素，破坏市场机制的资源配置功能和效率以及公平、公开、公正的市场规则。行政性垄断不利于市场竞争的展开，也不利于规模经济的成长和经济性垄断的形成。

由于形成原因和进入壁垒的差异，自然垄断、经济性垄断、行政性垄断与竞争的关系也不一样。自然垄断不是一种人为的安排，而是经济发展中特殊产业"自然演化"而成，同时随着经济技术条件的变化，自然垄断性行业可能"自然演化"为非垄断性行业。按照鲍默尔等（Baumol et al., 1982）的可竞争理论，自然垄断产业也不能完全排斥竞争，要面临顾客的竞争、潜在竞争者的竞争、替代品生产者的竞争以及供应商的竞争[①]。经济性垄断是由市场竞争所引起，更不能排斥竞争。在市场活动中，只要有垄断利润，就会有竞争者进入，就会有竞争存在。也就是说，在竞争中成长起来的垄断并没有消除竞争，它改变的只是竞争的形式，而不是竞争本身。要维持垄断，厂商必须不断地进行产品技术升级、经营观念和管理模式的创新等，稍有松懈，垄断地位就会受到竞争者的威胁。迈克尔·波特（2005）认为，无论是自然垄断，还是经济性垄断，一个企业的市场行为始终面临五种竞争力量，即新的竞争对手入侵；替代品的威胁；客户的讨价还价能力；供应商的讨价还价能力；现有竞争对手之间的竞争[②]。这就是说，在市场经济中，垄断与竞争是相伴相生的。但是行政性垄断有所不同，这种形式的垄断可以凭借国家的强制力量阻止其他厂商的进入，彻底地排斥竞争。只要潜在竞争者不能获得经营许可，垄断者就不会面临任何竞争压力，可以安享垄断利润，缺乏技术创新、经营变革、降低成本和提高效率的动力。因此，行政性垄断不仅不具有存在的经济合理性，而且相对于自然垄断和经济性垄断而言，效率更低、危害更大。

第二节　行政性垄断的理论分析

自 20 世纪 80 年代中后期提出行政性垄断的范畴以来，学术界从不同视角、不同层次对转轨经济中的行政性垄断进行了理论界定，然而各种界定之间存在较大分歧，对行政性垄断的实质把握不一，对行政性垄断的主体、合法性和危害性的认识存在一定差异。有些学者用现象描述替代概念界定，认为行政性垄断是

[①] Baumol, W. J., J. Panzar and R. Willig, 1982, *Contestable Markets and the Theory of Market Structure*, New York: Harcourt, Brace & Jovanovic.
[②] [美]迈克尔·波特，陈小悦译：《竞争战略》，华夏出版社 2005 年版。

"因行政权力侵蚀供求关系而形成的一种以强卖为特征的卖方垄断市场"①。有些学者将中国的行政性垄断等同于计划和行政命令,认为行政性垄断是"通过行政手段和具有严格等级制的行政组织维持的垄断"②。有些学者从法学视角对行政性垄断进行了界定,认为行政性垄断是"滥用行政权力的非法行为"③。有些学者将行政性垄断界定的比较宽泛,认为与行政权力相关的一切垄断(包括国家垄断)都是行政性垄断④,行政性垄断主体包括所有与公权力相关的垄断行为的实施者⑤。有些学者将行政性垄断分为合法行政性垄断和非法行政性垄断,认为行政性垄断是"由政府限制竞争的法令和政策导致的法定垄断",可能增强效率,也可能损害效率⑥。有些学者将行政性垄断等同于滥用行政权力,认为行政性垄断是"行政主体在法定权限范围内,随意行使拥有的行政职权造成危害后果的行政行为"⑦。王保树(1998)对行政性垄断的早期界定进行归类,列举并分析了五种不同的行政性垄断概念⑧。石淑华(2006)在王保树的基础上对2000年以来出现的新的概念界定和解释进行了归纳整理,列举了具有代表性的六种行政性垄断的概念界定⑨。

对同一概念出现不同的理论界定,反映了不同学者对行政性垄断的不同认识和研究中的不同侧重点。目前,关于这一概念的争论主要集中在以下几个方面:第一,对行政性垄断主体的争论。行政性垄断的行为主体是国家经济主管部门、地方政府还是企业,不同的学者认识不一。王保树(1988)等法学家将国家垄断排除在行政性垄断之外,胡鞍钢(2001)、胡汝银(1988)等经济学家认为行政性垄断应该包括国家垄断⑩。第二,关于行政性垄断效应的争论。行政性垄断限制了市场竞争,影响资源配置,这一点学术界基本达成了共识。但是,行政性垄断是否必然导致效率损失,地方政府之间的竞争是否导致市场机制的扭曲,影响市场竞争的行政性垄断行为是否必然应该受到规制等,还存在较多争论。第

---

① 张凤林:《论行政性垄断》,载《辽宁大学学报》(哲学社会科学版)1994年第2期。
② 王保树:《论反垄断法对行政性垄断的规制》,载《中国社会科学院研究生院学报》1998年第5期。
③ 曹士兵:《反垄断法研究》,法律出版社1996年版。
④ 胡鞍钢:《在社会主义市场经济体制下反行政性垄断也是反腐败》,载《经济参考报》2001年7月11日;胡汝银:《竞争与垄断:社会主义微观经济分析》,上海三联书店、上海人民出版社1988年版;杨兰品:《中国行政性垄断问题研究》,经济科学出版社2006年版。
⑤ 张瑞萍:《反垄断法理论与实践探索》,吉林大学出版社1998年版。
⑥ 王晓晔:《反垄断法与市场经济》,法律出版社1998年版。
⑦ 王青云等:《行政法律行为》,群众出版社1992年版。
⑧ 王保树:《论反垄断法对行政性垄断的规制》,载《中国社会科学院研究生院学报》1998年第5期。
⑨ 石淑华:《行政性垄断的经济学分析》,社会科学文献出版社2006年版。
⑩ 王保树:《行政垄断如何终结》,载《中国社会科学院研究生院学报》1988年第5期。胡鞍钢:《反垄断:一场深刻的社会经济变革》,载《中国改革》2001年第7期。胡汝银:《竞争与垄断——社会主义微观经济分析》,上海三联书店1988年版。

三，对行政性垄断手段的争论。一些学者认为，行政性垄断是凭借行政权力而形成的垄断，其采取的是通过行政手段滥用行政权力。更多的学者认为，行政性垄断是行政权力和市场力量相互交织而形成的垄断，其采取的手段不仅仅是行政手段，也包括市场手段。尤其是进入新世纪以后，行政性垄断的手段更趋隐蔽，更加多样化。第四，对行政性垄断的范围争论。部分学者认为，行政性垄断主要存在于特定的行业和领域（主要指竞争性行业和领域），自然垄断产业内没有行政性垄断。部分学者认为，只要是凭借行政权力限制、消除和控制市场竞争的行为都是行政性垄断，存在于包括竞争性行业在内的众多行业和领域。还有一部分学者认为，中国没有纯粹的经济垄断和自然垄断产业，行政性垄断广泛存在，渗透到经济生活的方方面面。第五，对行政性垄断成因的争论[①]。第六，对行政性垄断合法性的争论。曹士兵（1996）、郑鹏程（2002）等认为，行政性垄断是滥用行政权力的非法行为，应当坚决取缔。张瑞萍（1998）、张维迎和盛洪（2001）等认为，行政性垄断有合法行政性垄断和非法行政性垄断之分，行政性垄断不能以是否违法为前提[②]。第七，关于行政性垄断是垄断状态还是垄断行为的争论。种明钊（1997）认为行政性垄断是"地方政府、政府经济主管部门或其他政府职能部门或者具有某些政府管理职能的行政性公司，凭借行政权力排斥、限制或妨碍市场竞争的行为"[③]。刘剑文等（1996）认为行政性垄断是"竞争者凭借国家经济主管机关或地方政府滥用行政权力所形成的强大力量或控制性安排，使自己在一定的经济领域内控制或支配市场、限制或排除竞争的状态"[④]。漆多俊（1997）认为行政性垄断是"凭借政府行政机关或其授权单位所拥有的行政权力，滥施行政行为，而使某些企业得以实现垄断和限制竞争的一种状态和行为"[⑤]。

对行政性垄断概念的界定涉及研究的领域、范围和侧重点以及研究思路的确立。对一个概念的准确把握需要明确概念内涵和外延，而对概念内涵的把握更为重要。为了避免将精力过多地集中于概念表述的争论上，我们重点关注行政性垄断的内涵，将行政性垄断的内涵界定为：政府机构运用公共权力对市场竞争的限制或排斥。这一界定有利于拓展研究视野，并且能够最为简练地突出行政性垄断的本质特征。行政性垄断是凭借公共权力形成的垄断，也就是运用非经济的强制力量，排除竞争对手，保持对市场的排他性独占，或者也可以理解为公共权力对

---

① 关于行政性垄断成因的争论，将在后文中详细阐述。
② 以上观点根据以下资料整理：王晓晔：《反垄断法与市场经济》，法律出版社 1998 年版；季晓南：《中国反垄断法研究》，人民法院出版社 2001 年版；杨兰品：《中国行政性垄断问题研究》，经济科学出版社 2006 年版。
③ 种明钊：《竞争法》，法律出版社 1997 年版。
④ 刘剑文等：《竞争法要论》，武汉大学出版社 1996 年版。
⑤ 漆多俊：《中国反垄断立法问题研究》，载《法学评论》1997 年第 4 期。

垄断厂商的选择以及对市场结构的设计。这一界定既指出了行政性垄断的主体、实施的条件和前提，也表明行政性垄断的手段和范围。行政性垄断的主体是行政机关和法律法规授权的具有管理公共事务职能的组织，包括行业主管部门、地方政府和行业协会等组织。行政性垄断实施的条件和前提是公共权力的存在，实施行政性垄断的手段是滥用行政权力、干预市场竞争。在这一定义下，我们可以对范围广泛的行政性垄断现象进行研究，逐步明确行政性垄断的外延。同时，随着研究的深入，我们将对行政性垄断的概念逐步地进行精炼。例如，在行业性行政垄断的框架下，我们将对政府宏观调控、自然垄断产业规制与行政性垄断进行区分。经济宏观调控和自然垄断产业规制包括以明确的法律、法规或行政命令等手段对经济系统进行干预，这两者也许可以被看作法定垄断的范畴。在表现形式上，宏观调控与自然垄断产业规制会与行政性垄断同样表现出公共权力对资源配置的干预，因此行政性垄断往往会与产业规制、国家经济安全等名目纠缠在一起。为了能够将行政性垄断与自然垄断产业规制区别开来，在研究中我们将通过以下三个步骤来进行判断：第一，证实市场失灵确实已经发生（特别注重一般均衡框架下的考察）；第二，确定规制能否减少不合理的资源配置，或者面对相似的制度、技术及信息约束时能否矫正市场的失灵；第三，证明规制政策的潜在收益是否足够弥补行政成本，判断规制是否可能成为导致无效配置的市场干预。对于某个特定的产业，如果以上三个条件均能够得到满足，则我们可以认为需要对这一产业进行规制；如果实证结果不能通过相关检验，但却存在公共权力对这一产业的干预证据的话，则可以判断在这一产业领域内存在行政性垄断。随着经济环境、制度环境的改变，对行政性垄断概念的描述和界定也将进行动态调整。因为宏观政策环境的变化将使行政性垄断的操作方式变得更加隐蔽，已经形成的既得利益集团将会采取更加难以观测到的手段来攫取制度租金。我们将在广泛研究的基础上对行政性垄断概念进行更为准确的界定。另外，在实际研究中，我们将区别行政性垄断与行政性垄断行为的区别，行政性垄断本身可能与行政权力较多地交织在一起，而行政性垄断行为是行政性权力的滥用，反行政性垄断主要是反行政性垄断行为。

由于行政性垄断是政府机构运用公共权力对市场竞争的限制或排斥，因此在这个研究领域内政府与市场之间的关系成为一种非常自然的考察对象，这同时也是自《国富论》发表以来经济学一直非常关注的一个主题。在近期的研究中，安德烈·施弗莱和罗伯特·维什尼（2004）[①]对经济学看待政府的视角进行了一

[①] [美]安德烈·施弗莱和罗伯特·维什尼，赵红军译：《掠夺之手——政府病及其治疗》，中信出版社 2004 年版。

个全面的研究。第一种有关政府的是自由放任（laissez faire）观点，也就是"看不见的手"模型，该模型的出发点是市场运转良好，无需任何政府。政府需要执行一些市场经济赖以运行所必需的基本职能，比如提供法律、秩序和国防。除了提供这些有限的公共产品之外，政府的干预越少越好。这个模型的追随者很少探询真实经济中存在大量政府干预的原因是什么，也不关注那些能够遏制政府的改革举措。在实际的经济运行中，人们发现了大量"看不见的手"模型难以进行解释的现象，经济学家们将这些现象称作市场失灵。为了纠正市场失灵，国家干预主义在第二次世界大战之后大规模兴起，这种干预主义思潮建立在政府的扶持之手的政府模型之上。根据扶持之手的模型，不受约束的自由市场会导致诸多弊端，例如垄断定价、外部性、信贷配给等，扶持之手构成了凯恩斯主义以及政府规制经济学的一个理论基础。在这两个模型的基础上，他们认为应当将政府也看作一个理性的经济人，政府也有自己的效用函数，尤其是构成政府的政治家们在很大程度上所追求的目标并不是社会福利的最大化，而是自己私利的最大化。因此，他们认为应该公正地看待政治，并把政治过程看成是政府行为的决定因素，在这个基础上，他们提出了看待政府的第三种观点，也即"掠夺之手"模型。与"看不见的手"模型相同，"掠夺之手"模型对政府也持有怀疑态度，但安德烈·施弗莱和罗伯特·维什尼认为"掠夺之手"模型能够更加准确地描述政府在实际上的所作所为，并因此在设计改革方案时也更具建设性。在这三种看待政府的观点中，"看不见的手"模型影响力最大，在讨论政府与市场之间的关系时，经常为经济学家及其他专业领域内的学者们不断地引用，但遗憾的是，这个模型只构成了经济学刻画政府行为的一个标尺，也就是说，它只是一个规范模型。一个明显的例子是随着经济的不断增长，各国政府的规模以及政府的构成部门也在不断地膨胀，这显然难以用经济系统内参与人的就业偏好以及风险偏好来进行完全的解释。与实际接近更为密切的是"扶持之手"模型以及"掠夺之手"模型，这两个模型之间最重要的差别在于对政府动机的行为假设有较大的分歧，"扶持之手"假设了一个父爱主义的政府，而"掠夺之手"则假设政府是一个追求自己私利的理性人。我们的观点认为政府与厂商、消费者一样构成了经济系统的一部分，他们的行为假设与"掠夺之手"的假设相同，但政府在追求自己私利的过程中必须要考虑自己的行为所带来的后果，也就是说政府在做出自己的决策选择时也要考虑其他参与人的策略互动，在利益权衡基础上所做出的选择最终的结果可能表现为一只"扶持之手"，也有可能表现为一只"掠夺之手"。虽然享有政治垄断权的政府有很大的冲动利用手中的权力进行设租及寻租，但博弈进行时期的约束将有效地限制政府的这一行为，此外，如果政府在某个时期内通过良好的制度设计使经济能够维持高速、稳健增长的话，则我们很难想象政府为什么不充当"扶持之手"。关于政府的这三个观点,尤其是"掠夺之手"的观点可以使我们理解在其他国家政府运用公共权力对市场中合意竞争的限制和排斥,但我们也将说明这些观点难以解释在转轨经济国家中行政性垄断存在和维持的原因。一般来说,目前在成熟的市场经济国家中不再存在普遍的行政性垄断问题,一个直接的证据就是目前世界上大约有 90 个国家和地区制定了竞争政策法案,其中多数是 20 世纪 90 年代以来制定的(金碚,2005)①,除中国于 2008 年颁布的《反垄断法》中有明确的对行政性垄断进行规制的条款之外,在这些竞争政策法案中并不存在针对行政性垄断问题的规定。即便如此,出于对运用行政权力以危害市场竞争的一种防范,仍有一些国家通过其他形式的立法来限制可能会出现的行政性垄断问题。例如美国在 1984 年通过了《地方政府反垄断法》,这部法律加上美国联邦最高法院的判例,将市政机关也包含在反垄断法所管辖的范围之内,从而在制度上堵住了行政性垄断出现的根源,在其他国家的反垄断立法中,很少存在关于反行政性垄断的内容。

在经济学刚刚成为一门独立学科的时候,垄断,特别是政府利用权力谋求垄断已经引起了经济学家们的关注。在《国富论》中,亚当·斯密写道②:

> 垄断者使市场存货经常不足,从而使有效需求永远不能得到充分供给。这样,他们就能以大大超过自然价格的市价出卖他们的商品,而他们的报酬,无论是工资或是利润,都大大超过其自然率……垄断价格,在各个时期,都是可能得到的最高价格。反之,自然价格或自由竞争的价格,虽不是在各个时期,但在长期间内,却是可能有的最低价格。垄断价格,在各个时期,都是能向买者榨取的最高价格,或者是想象中买者愿支付的最高价格,而自然价格或自由竞争的价格,却是卖者一般能接受的最低价格,也就是他能够继续营业的最低价格。

早期经典作家对垄断的论述与今天我们所见到的现代经济学对垄断的刻画并没有什么不同之处。在《国富论》中,亚当·斯密对垄断产生的根源也做了比较详细的描述,特别是记录了当时英国国王利用国家的权力垄断市场的过程。当时英国政府针对呢绒制品颁布了相关的法令,对本国的产品进行贸易保护,这造成了英国与其他国家国际贸易方面的壁垒。可以说,这是行政权力对形成地区性自由市场的一次干预。即便是现在,仍存在着很多的国家通过与这一法令相类似的法案对市场竞争机制进行压制,例如美国 2003 年通过了对本国钢铁企业进行救助的法案,

---

① 金碚:《竞争秩序与竞争政策》,社会科学文献出版社 2005 年版。
② [英]亚当·斯密,唐日松译:《国富论》,华夏出版社 2005 年版。

其实质与表现形式与英国国王的做法没有什么很大的差异。这构成了我们所研究的行政性垄断问题的一个部分，但严格来说，对这一问题的研究更多的是国际经济学所涉足的领域，而且更多的时候牵扯到了国际协调的问题。

随着重商主义被经济学理论及实践所否定之后，行政性垄断在主要资本主义国家的舞台上也在逐渐消失。在1936年之后，国家对市场运行的干预主要被称作凯恩斯主义，但这样的干预往往是针对特定的环境所采取的临时性措施，带有行政性垄断色彩的国家干预并不构成成熟市场经济体制系统性、结构性的特征。政府对市场竞争的干预并不是这些经济系统在刚刚形成时就确定下来的，它们同样经历了一个长期的试验过程，我们可以通过英国铁路的建设来观察政府对市场竞争机制形成的影响。在几乎所有的现代工业国家中，英国是唯一把铁路企业交由私人企业来经营的国家（Philip Sidney Bagwell，1988）[①]，在最初发展的几十年中，英国政府采用了自由放任的原则，没有对铁路产业进行干预，但随着1836~1837年间铁路的迅速建设，在铁路产业中开始出现一系列的问题，例如英国国内铁路分布不均，铁路建设质量存在着很大的问题，铁路公司很少考虑应承担的普遍服务的原则等。在这种情形下，英国政府开始对铁路产业进行规制，相继出台了西摩尔条例、格莱斯顿补充条例。而在1921年，英国政府则通过法律将已经走向垄断的铁路产业进一步合并为四个垄断组织，形成了铁路托拉斯，这四个垄断组织控制了全国铁路运输的95%，但大规模的国有化带来了企业运行效率低下、竞争力下降等国有企业通常具有的特点。政府利用公共权力完成了重要产业内的集中，这在上个世纪很长一段时间内成为一个重要的现象（见表2-1）。

表2-1　　　　1977年主要资本主义国家国有企业在重要经济部门中的比重

单位：%

	邮电	无线电广播通讯	电力	煤气	煤炭	铁路运输	航空	钢铁	汽车	造船
英国	100	100	100	100	100	100	75	75	50	100
法国	100	100	100	100	100	100	75	75	50	—
联邦德国	100	100	75	50	50	100	100	—	25	25
意大利	100	100	75	100		100	100	75	25	75
美国	100	—	25	—		25	—	—	—	—
日本	100	100				75	75	—	—	—
加拿大	100	25	100			75	75			

资料来源：杨兰品、张秀生（2005）转引自 *Economist*，1978年12月30日。

[①] Philip Sidney Bagwell. *The transport revolution from 1770*. London：Routledge，1988.

这些国家对重要产业部门的国有化无论其出发点是什么，最终在相关产业内实际上形成了垄断，高的市场集中度并不是通过市场中的竞争所形成的，而是通过国家的强制力形成的，国有化的过程严重地抑制了市场中企业间的竞争，最终导致了整个经济系统内活力的丧失。因此在 1979～1997 年，英国开始分批对国有企业进行了私有化，铁路产业也在其中，铁路私有化在英国私有化的整体过程中具有比较特殊的意义，成效也比较显著。在国有化后，英国铁路公司长期投入不足，设备老化，服务质量每况愈下，以致造成长期严重亏损的局面，使政府不堪重负。为摆脱日益沉重的财政负担，英国政府于 1992 年 7 月发布了有关铁路系统私有化的白皮书，试图通过私有化将此包袱甩给私有部门。在这个过程中，深受垄断之苦的英国政府及民众最为关心的一点是如何防止由公共权力促成的垄断转换为由私人控制的产业垄断。通过私有化，英国政府解决了公共权力的垄断问题，在这之后，对铁路产业的规制则成为另外一个问题了。从英国铁路行业的改革来看，英国社会的组织结构实际上包括国会、政府、非政府法定机构、企业和行业协会等组织，各种组织代表了自己应代表的利益群体的利益，在相互的权利制衡中有利于满足各个社会阶层的利益主体的要求，这一点对我们解决转轨经济中的行政性垄断问题也有很强的借鉴意义。

对于成熟市场经济国家中出现的以公共利益为名，借助公共权力对市场竞争进行直接干预的动机，美国在大萧条时期的国家工业复兴法中有一段话可以作为这一动机的注脚，罗斯福（Roosevelt, 1933）[1]写到，企业需要通过合作来提高工资和就业，但是，在此时要进行这样的合作，最大的障碍之一来自于我们的反垄断法。反垄断法是用来约束恶意的价格垄断行为，当然应该继续保留下去，以确保从前的不公平竞争不会再回来。但是在政府的认可和指导下，私人企业可以就保证公平竞争达成协议和规范，以服务于公众的利益。这段拗口表述的意思是说政府可以对工业卡特尔进行保护，依照这一精神在美国产业中的一个例子是关于美国汽车货物运输业的联邦规定（Rajan and Zingales, 2003）[2]。美国于 1935 年制定了《汽车运输法案》，其目的是"维护有序、可靠的运输系统，减少重复服务，降低企业经营的不稳定性，最终保护公众的利益"。这项法案规定汽车运输业不受反垄断法限制，还要求所有跨州的汽车运输企业向州际贸易委员会报告费率标准，州际贸易委员会有权确定最低标准，制止价格战。还有，州际贸易委员会有权审批营业许可证，可以限制进入。州际贸易委员会的政策之一是，如果某条道路已经有一家运输商提供了足够的服务，就不再授予新的许可，换句话

---

[1] Roosevelt, F. D. *Public Papers and Addresses*. New York：Russel & Russel, 1933.

[2] Raghuram Rajan and Luigi Zingales. *The Emergence of Strong Property Rights：Speculation from history*, NBER Working Papers 9478, National Bureau of Economic Research, Inc, 2003.

说，希望新加入的企业有责任证明现有的企业做得很糟糕，而不是说自己可以比原来的企业做得更好。在这样的规则下，利益集团得到了相应的利润水平，其中许可证的价格构成了企业运营年收入的15%~20%（Denis A. Breen，1977）[①]。公共权力对市场的大规模干预促成了关联资本主义的兴起，但即便有了这样的结论，我们也难以得出成熟市场经济国家中公共权力对市场竞争的限制和排斥与转轨经济国家中的行政性垄断构成了同一概念。这是因为在成熟市场经济国家中，对某一产业的管制往往是利益集团自己争取来的，不同利益集团间的讨价还价导致了对不同产业不同的规制方案。但在转轨经济国家中，存在不同的政治环境，现代经济学对政治过程的刻画很大程度上也不再适用于转轨经济国家，这使得转轨经济国家中的行政性垄断出现了与成熟市场经济国家不同的特征。

此外，在其他的产业领域内，我们也能够见到在很多国家中存在着的行政性垄断现象，例如很多国家对某些商品实行过专卖制度，并延续了很长的一段时间。目前，全世界有70多个国家和地区都对烟草实行专卖制度，法国早在1811年就成立了烟草种植、加工和销售垄断公司，1860年又在财政部设立了国家烟草加工管理总局，负责对全国烟草制品的生产经营实行专卖管理，下达全国的卷烟生产、销售计划，并通过许可证制度进行管理。经营卷烟要由专卖局发给许可证，无许可证者不能经营。从1970年起，政策有一些变化，但法国对本土的烟草加工仍实行国家垄断的体制。另外，还有专利制度，全世界170多个国家中已有140多个建立了专利制度，专利制度已成为各国普遍采用的保护发明创造的有效措施。技术的垄断虽然不利于经济的发展，但没有对技术的保护就无法促进技术进步，所以大多数国家不仅允许对专利技术的垄断，还以法律的手段予以保护，发达国家更是如此。虽然很多成熟市场经济国家中也存在着范围不同的行政性垄断，但很多具有临时性特点，成熟市场经济国家的行政性垄断的前提和基础是市场竞争。政府对市场活动以及市场主体活动的干预始终以发挥市场机制作用为前提。因而其行政性垄断一般是在社会的特殊时期，为了具体的目标而实施的临时性和强制性措施。政府比较突出的对市场竞争的禁止、限制，往往是在特殊时期为应对和解决特殊问题所采取的临时性政策。如在经济危机期间或在战争期间，政府对经济实行全面干预就包括了对市场竞争的禁止和限制。

随着经济状况的变化、自由主义思潮的影响和技术革新对市场结构的改变，成熟市场经济国家的行政性垄断已受到一定程度的限制。如在自然垄断产业和公

[①] Denis A. Breen. *The Monopoly Value of Household-Goods Carrier Operating*, *Journal of Law and Economics*, 1977.

共产业方面，发达国家日益放松进入管制，并鼓励引入竞争，使得原来的自然垄断行业日益转向竞争性行业，在某些产业已在逐步取消保护。其次，发达国家三权分立的权力制衡机制、司法独立和舆论自由，加上社会民众的法制观念、民主意识，使政府以行政权力干预竞争的行为受到了限制。

第三节 行政性垄断的分类

关于行政性垄断的分类标准、分类方法和具体分类，目前学术界的认识还比较零乱，没有统一的、比较权威的分类标准。杨兰品（2006）、石淑华（2006）[①]对已有的行政性垄断分类进行归纳和总结。杨兰品（2006）提出了行政性垄断分类的三种视角：首先，从垄断行为是否合法的角度讲行政性垄断分为合法的行政性垄断和违法的行政性垄断；其次，从垄断的合理性的角度将行政性垄断分为合理的行政性垄断和不合理的行政性垄断；最后，从垄断主体实施行政性垄断的空间范围的角度将行政性垄断分为国内地区性行政垄断和国际性行政性垄断。石淑华（2006）归纳了行政性垄断分类的五种标准，并按照这五种标准对行政性垄断进行了分类：第一，以行政权力为标准，根据行政权力作用的范围和方向将行政性垄断分为横向地方性行政垄断和纵向的行业性行政垄断；根据行政性垄断存在的形态，将行政性垄断分为组织型行政性垄断和个体型行政性垄断；根据行政权力形成的方式将行政性垄断分为越权型行政性垄断和不当型行政性垄断；根据行政权力的载体将行政性垄断分为职权型行政性垄断和授权型行政性垄断。第二，以行政机构与企业的联合状况为标准，根据行政机构与企业联合的方式将行政性垄断分为政企合一型行政性垄断和政企同盟型行政性垄断；根据行政机构与企业在联合中的地位将行政性垄断分为显性行政性垄断和隐性行政性垄断；根据行政机构与企业联合的态度将行政性垄断分为直接的行政性垄断和间接的行政性垄断。第三，以行政力量和市场力量的相对强弱程度为标准，将行政性垄断分为高度行政性垄断、中度行政性垄断和低度行政性垄断。第四，以政治壁垒的形态为标准，将行政性垄断分为立法性行政性垄断和规范性行政性垄断。第五，以宏观经济环境为标准，将行政性垄断分为短缺型行政性垄断和过剩型行政性垄断。以上分类标准和分类方法体现了行政性

---

① 杨兰品：《中国行政垄断问题研究》，经济科学出版社2006年版；石淑华：《行政垄断的经济学分析》，社会科学文献出版社2006年版。

垄断的多维特征，较为全面地反映了行政性垄断与行政权力的关系。不过，以上分类没有体现行政性垄断的层次性，并且较容易将行政性垄断与行政行为本身混淆起来。

在已有研究成果的基础上，我们按照行政权力作用的范围和方向，将行政性垄断分为地区性行政垄断和行业性行政垄断。这样的分类便于我们将研究的重点集中在具有产业特征的指标上面，但我们并不认为这样的分类确定性地划分出了两类互不相干的研究题目，因为正如我们将在报告中所提到的，地区性行政垄断也同样会影响某些具备行政性垄断特征的厂商的行为，这一点在电力产业内表现得特别突出。我们认为，按照行政力量对市场竞争限制的程度，行政垄断可以分为强行政垄断和弱行政垄断；按照行政权力行使的特点，可以将地区性和行业性行政垄断分别相应的分为职权型、授权型和立法型等；按照行政权力存在的形式，上述形态的行政性垄断分为直接型、间接型等。

对行政性垄断进行科学分类的关键是把握最能反映行政性垄断实质的特点，而行政性垄断最本质、最一般的东西就在于行政权力与企业经营相结合，对市场竞争进行限制或排斥。所以，用行政性垄断中行政权力的辐射范围和辐射方向的不同作为行政性垄断一级分类的依据应该是比较理想的选择。在后面的工作中，我们将按照地区性行政垄断和行业性行政垄断两条主线对行政性垄断进行研究。实际经济生活中，行业性行政垄断与地区性行政垄断并不是截然分开的，二者存在交叉的领域。在研究中，要对行业性行政垄断与地区性行政垄断并存的混合型行政性垄断现象进行理论和实证分析。

第四节 转轨经济中行政性垄断的主要表现形式

一、行业性行政垄断的表现形式

在表现形式上，宏观调控与自然垄断产业规制会与行政性垄断同样表现出公共权力对资源配置的干预，因此行政性垄断往往会与产业规制、国家经济安全等现象纠缠在一起。如同厂商在市场竞争中所表现出的诸多策略行为一样，行政性垄断的主体为达到相应的目的也采取了数量众多的行为。一项转轨经济条件下对竞争政策的系统性研究需要持续地收集商业案例并进行归纳和研究，目前已经有研究者根据直观的判断对行业性行政垄断的表现形式进行了初步的总结。戚聿东、张宇燕（2007）[①]认为，行政性垄断起源于中国经济转轨时期特殊的条块分割体制，我国作为传统的高度集权的国家，历来存在着国家政权对市场的强大干预，但这种干预实际上是由各个主管部门和地方政府分别行使的，企业隶属于不同的行政主管部门和地方政府。部门和地方政府在各自利益的驱使下，分别加强对企业的行政干预，企业间的竞争实质上已经变成了部门间和地方政府之间的竞争。特别是改革开放以来，随着中央部门权力向地方政府的倾斜，地方政府的行政权力增大。在地方利益的驱使下，地方政府对企业的干预强化，地方保护主义盛行，从而产生了一种机制极为奇特的行政性垄断行为。

在产业竞争中的行政性垄断主要存在着以下几种表现形式：第一，公开"设租"，进行不公平竞争。经济学中的寻租是指那些借助于政府的力量，来追求自身经济利益的非生产性活动。设租无非就是社会利益集团用不正当手段让别人为自己设立相应的经济利益，使自己无偿占有。另外，某些行政主管机关为了获得利益，故意封锁不利于自己的信息。有的部门对法律法规、中央政策（例如禁止乱收费、乱摊派），不仅不做积极的宣传，贯彻执行，反而拦截封锁，拖延抵制，为自己垄断经济事务提供方便，从中渔利。第二，运用权力，乱收费用，增加交易成本。众所周知，目前我国的税收制度尚不健全，税种繁多，税率不一，亟待加以规范。然而，由于行政性垄断势力急剧膨胀，各级各类专业主管部门，行政化行业和地区主管机关运用权力，巧立名目，收取巨额管理费用，且透明度不高，随意性强，收费范围越来越多，以至造成"费大于税"的混乱、失控局面，直接增加了生产经营单位的经营成本和市场交易成本。第三，协助企业向政府寻租。在计划经济下，行政主管机关作为各级政府的下设职能部门，直接组织各行各业的经济活动，其宏观管理职能和国有企业所有者的职能是合一的。在向市场经济转轨过程中，两者在法律上已经分开，所有者职能划归国有资产管理部门，但原主管机关仍然抓住其下属国有企业的经营权特别是组织任命大权不放，在改革上偏向自己的"嫡系部队"。同时，帮助更多的非国有企业向政府寻求优惠政策，主管机关的一些官员则私下充当它们与政府的"经纪人"。第四，通过立法"给自己授权"，将部门利益合法化。行政权力对于法制的干扰，在执法方面主要是地方保护主义；而在立法方面主要是部门保护主义。众所周知，我国现阶段的立法任务极其繁重，而部门行政权力又十分强大，所以根据我国的立法惯例和程序，全国人大、地方人大立法往往通过行政主管机关来起草，正式法律又常常需要大量行政法规加以具体化，法律几乎陷于行政机关里里外外

[①] 戚聿东、张航燕：《中国行政垄断的表现、成因及其资源配置效应》，载《反行政性垄断与促进竞争政策前沿问题研究》，于良春主编，经济科学出版社2007年版。

的包围中。在这种情况下，行业主管机关有足够的机会将部门利益巧妙地塞入各项法律和法规，使部门利益合法化。因此，在中国部门参与立法设计的积极性历来十分高涨，并常常出现部门之间为争夺立法参与权而发生的种种矛盾现象。第五，运用行政性垄断制造贸易摩擦。短缺产品是行政性垄断的天然物质基础，借此衍生出的垄断，是依托资源优势，霸占财路。20 世纪 90 年代初，为了使地方经济优势在全国范围内尽可能得到优化配置，中央政府对当时紧俏农产品实行必要的统一价格或调控价格，但是，许多产区的行政机关为了地方利益最大化，总是以各种借口，对外地企业统一价格或调控价格之外实行"价外加价"，作为组织原料供应的地方保护价。这种行政性的地方价格垄断使各地大型加工企业经济效益受到极大抑制，无力参与市场竞争。与此同时，当地小企业却拥有本地"低价政策"的保护。高物耗、低水平生产，导致规模不经济，资源浪费。更有甚者，有的地方行政机关利用产品短缺之势，指令本地企业大量向农民收购，垄断资源，囤积居奇，同时以高价对外销售，直接导致产销区之间的贸易摩擦。

行政性垄断在现实的经济实践中表现出了多种形式，其根本的目的在于限制竞争者的进入以及维护在位厂商的垄断价格及利润。例如 2005 年 9 月，信息产业部发布的通知要求，除中国电信在广东深圳、江西上饶和中国网通在吉林长春、山东泰安能够进行 PC-Phone 方式 IP 电话商用试验外，任何单位和个人都不得从事网络电话业务。信息产业部的通知就是一种行政性限制市场准入行为，为了中国电信和中国网通在网络电话业务中获得垄断地位，排除其他六大电信运营商及数千家在灰色地带经营形形色色"网络电话"的公司竞争。现实中，有一些像 Skype 软件等的网络电话一直在优惠着消费者，信息产业部的通知直接封杀了 Skype 软件的生存空间。市场经济是开放的经济，只要是符合一定条件的经营者都可以进入，但是信息产业部的通知却以实验的名义来强行阻止其他运营商及网络电话公司进入网络电话领域，严重扰乱了市场的公平竞争秩序。庞大且处于高度垄断的通信市场是我国所剩不多的几大暴利行业之一。电信运营商凭借国家投资建立起来的通信网络，凭借先天性的行政性垄断占有着通信市场这块独一无二绝不容许他人觊觎的暴利的奶酪。尽管时下的电信运营市场内部也已形成了一定的竞争机制，并且正在逼迫电信运营商对于价格进行相应的调整来吸引顾客，扩大市场份额，但是，这些竞争仍处于高度行政性垄断的市场环境中，价格或优惠业务的推出充其量只是一种相对妥协而已。此外，2007 年年初，信息产业部和发改委在北京消协以及各大门户网站的呼吁和努力下，决定采取漫游费听证调查，并发布了调查问卷。同时，发改委承诺，限制最高漫游费的规定将在 2007 年底出台。然而，信息产业部、国家发展改革委员会在 2008 年 2 月 13 日才颁布降低移动电话国内漫游通话费上限标准的通知。通知规定，移动电话国内漫游通话费，主叫上限标准降为每分钟0.6元，被叫上限标准降为每分钟0.4元。占用国内长途线路不再另行加收国内长途通话费。漫游费一直是消费者与电信运营商之间有关降低手机资费这场漫长拉锯战的一个焦点。可以肯定的是，漫游成本是很低的，这在专家中几乎是个共识。我们看到，国内电信行业，虽然有移动、电信、网通、联通、吉通、铁通等企业在竞争，但本质上却是一种行业和部门垄断。

由此我们可以归纳出行业性行政垄断的表现形式。一般来说，具备行政性垄断特征的厂商或相关的行政部门会采取下面的一些措施来保证行政性垄断的实施。第一，政府部门设置不适当的行政进入壁垒。在市场失灵，即通常认为不适合市场竞争的领域，政府往往选择设置一些进入壁垒，达到限制竞争的目的。然而，现实中，在很多市场没有失灵的领域内，政府也会存在一些行政进入壁垒，此时这些进入壁垒是不必要的，可认为是行政性垄断的一种表现。以自然垄断性产业为例，自然垄断产业的业务一般具有垄断性业务和可竞争性业务之分，自然垄断产业内的可竞争性业务领域不具有成本弱增性特征，并不属于市场失灵的范畴，因而政府的进入规制政策并不必要；然而现实中这些业务领域的市场进入往往也被政府部门严格控制，造成了行政权力对竞争的不适当的限制和排斥，从而形成行政性垄断。这种不适当的行政进入壁垒，大多以法律、法规条文的形式出现，对竞争的限制力度相当强。第二，规制机构低效率的规制行为。在某些不适合市场竞争的领域，政府在设置一些进入壁垒的同时，往往也会伴随着其他一些规制政策，以消除缺乏竞争可能带来的不良后果。此时，如果这些规制政策缺乏效率，造成了对垄断的放纵，也可认为是行政性垄断的一种表现。仍以自然垄断性产业为例，在自然垄断业务领域，政府进行进入规制，造成了垄断的市场结构。与此同时，政府还要进行相应的价格规制，以保证获得垄断地位的企业按照边际成本或者平均成本原则定价，防止垄断定价带来的不良后果；现实中，由于政企之间的信息不对称以及可能的政企利益同盟，使得规制机构的类似价格规制等规制行为效率相当低下，根本无法对垄断后果进行很好的控制，从而成为行政性垄断的重要表现形式。另外，值得指出的是，这一点和行政进入壁垒有着很强的相互关系：行政进入壁垒是否适当，一方面取决于是否存在市场失灵，另一方面也要看配套的规制政策是否有效，如果理论上不存在一个有效的配套规制政策，那么即使市场失灵，行政进入壁垒也可认为是不适当的。第三，行政性垄断企业运用其市场支配地位的垄断行为。在企业主体层面，如果企业的垄断市场地位是由行政性进入壁垒获得，而不是市场竞争的结果，那么，此时企业如果存在运用其市场支配地位的垄断行为，则可认为是行政性垄断的一种表现。通过行政性进入壁垒获得市场支配力地位的经营者运用市场支配地位的行为，与通过市场竞争获得市场支配力地位的经营者的行为也具有很大的不同。一般来说，由行政性垄断保证的市场支配地位在运用市场势力方面会更为直接，更为大胆。我们认为，虽然行政性垄断在产业内有诸多的表现形式，但从本质上讲同市场垄断及自然垄断厂商行为的表现形式是相类似的，不同的只是采用了行政权力进行干涉以达到相应的目标。因此，我们可以直接借用反垄断经济学的研究成果将行政性垄断的表现形式归纳为对市场准入的限制以及产品定价两个方面。为了实现市场的独占或通过产品价格的调整以攫取更大份额的垄断租金，行政性垄断的主体往往会采用部门通知、行业标准的颁布等形式对竞争对手进行打击或变相地对价格水平进行调整。此外，如果说行政性垄断的表现形式有一个直观的感觉的话，那就是产业内相关信息的模糊性，这些信息包括产品的价格结构及价格水平、比较详细的财务报表、是否存在着交叉补贴等。

二、地区性行政垄断的表现形式

区域市场分割是地区性行政垄断在状态上的表现。计划经济时期，我国绝大部分生产资料和生活资料的生产和销售由中央各部委在全国统一调拨，全国市场实际上是以省为单位的相对独立的市场。改革开放以来，我国推行各种改革措施，逐步建立市场经济，但是市场分割问题却一直未能有效解决。20世纪80年代以来，我国地方保护和区域市场分割主要表现在产品市场、劳动力市场、资本市场以及产权市场等方面。

1. 产品市场的保护与分割

这里的"产品"包括原料、原材料和产成品，而产品市场分割主要是由地方政府运用行政手段保证本地企业生产所需原料、原材料和保护本地产品的市场地位所引起的。具体来说产品市场的保护和分割主要表现为以下几个方面：一是限制本地优势资源流出。20世纪80年代中期，由于国内价格仍带有指令性的特点，而指令性价格对原料、原材料和农产品价格定价偏低，加之在经济体制改革的推动下和乡镇企业、民营企业的带动下，各地加工业发展迅速，全国出现原料和原材料需求热。所以，各地为了保障本地企业生产顺利进行，纷纷以行政区划为边界竖起"篱笆墙"，出台各项措施限制本地优势资源流出，并与其他省份展开原料、原材料争夺战，一时间各种"资源大战"纷纷展开。二是阻止外地产品进入。随着加工业的快速发展，我国逐渐由卖方市场转向买方市场，各种商品变得丰富起来，甚至出现结构性过剩现象。这样，与本地企业利益关系密切的各地政府自然担当起保护本地产品市场的重任。为了为本地产品争得市场，各地政府又竖起"市场藩篱"，以发布规定、通告和通知等形式明确阻止外地产品的进入,以给本地产品提供垄断的市场环境。三是对本地商业机构经销外地产品进行限制。除了上述对产品的直接限制,地方政府还对产品的流通渠道进行限制。一旦发现本地商业机构经销受到限制的外地产品,就会罚款甚至没收。有些地方政府开列采购目录,将产品分为禁止从外地购进和限制从外地购进,对外地产品实施类似于许可证方式的管理①。四是影响价格机制的有效运行。商品的价格应该是以供求为基础的,在本地销售的外地商品的价格应该是供求决定的价格加上运输费用和合理的税费。但是由于地方市场分割,地方政府直接干预价格形成机制,一方面对本地产品进行补贴以降低本地产品价格,另一方面设置不合理的税费人为提高外地产品的价格。在这种"内外有别"的价格机制下,外地产品竞争力被削弱,难以与本地产品展开公平竞争。五是为本地产品和外地产品设立不平等的竞争环境。除了对价格机制的干预,地方政府还通过非价格手段来影响竞争机制。例如,规定采购本地产品的总额或比重,必须保证完成本地产品的销售数量,然后才考虑使用外地产品;地方政府利用经济手段对本地产品实行地方补贴,而对外地产品实行价格限制;对外地产品的销售数量和销售范围进行限制,以工商质检手段排斥外地产品,设置行政审批障碍等,增加外地企业的运营负担。六是以发布文件、规定、通知等形式,明确规定在本行政区内消费或销售本地产品。一些地区甚至硬性规定以本地产品作为招待用产品或直接抵发财政供养人员的工资。

2. 劳动力市场的保护与分割

劳动力市场是市场经济体制的重要组成部分,由市场机制对劳动力要素的流动进行配置有利于人力资源的充分运用。但是,在我国的转轨经济中,劳动力的自由流动受到限制,劳动力市场实际上处于分割状态,不仅存在着劳动力地区转移上的障碍,还存在着劳动力报酬上的显著差别。具体说来,由地区性行政垄断导致的我国劳动力市场分割表现为以下两个方面:一是地区间劳动力市场分割。这主要是指各地方政府为了解决本地区的就业问题,对本地劳动力市场的保护行为以及由此产生的歧视外地务工人员的行为。例如,对外地务工人员在本地就业的岗位设置限制,提出过高的学历要求、资质要求,征收不合理的费用,增加聘用外地劳动力的行政手续和行政费用,严格规定外地劳动力从事的行业、职业范围,等等。二是同工不同酬,即同等劳动却不能获得同等报酬。这种分割不只体现在货币收入上,还体现在福利待遇等非货币收入上。此外,地区间居民收入差别也大于国民生产总值的差距,这表明居民收入的地区差异非常大。由地区性行

---

① 李善同等:《中国国内地方保护的调查报告——基于企业抽样调查的分析》,载《经济研究参考》2004年第6期。

政垄断导致的劳动力市场分割为劳动力在地区间的流动人为地设置了诸多障碍，增大了流动的费用，阻碍了劳动力在不同地区不同市场之间以技术水平和供求关系为基础的自由流动，不利于劳动力要素在地区之间的有效配置。而由于劳动力市场分割所引起的地区间收入差距也为社会带来了不和谐的音符和不稳定的因素。

3. 资本市场的保护与分割

资本市场分割是指由于对资本进出的限制而产生的资本不能按照收益率来进行配置的情况。行政性分权改革赋予地方政府一定的"投融资权限"，地方政府都有一定的行政审批投资项目的权力，也就产生了地方政府运用这种权力干扰资本市场、干预投资行为的可能。由于投资是带动经济发展的重要方式，为了促进本地经济发展，一方面，地方政府作为经济利益主体有天然的内在投资冲动，都不遗余力地扩大投资；另一方面，鉴于企业的实际地方所有制，对于本地国有企业或国有控股企业，地方政府往往用直接干预的方法对产业结构调整加以限制，或通过银行对企业投融资活动加以影响，还禁止其资本流出，要求国有企业在资产重组、并购扩张中选择本地企业而非外地企业；再者，对于非国有企业和外资，地方政府则通过政策优惠、谈判、让步等办法将其留在本地或在本地增加投资。资本市场分割阻碍了资本在全社会的自由流动，降低了资源配置效率，影响了企业的正常生产经营和决策，不利于产业结构的自我调整和优化，最终保护了落后的生产力，增加了社会负担。

4. 产权市场的保护与分割[①]

产权市场主要包括证券市场和产权交易市场等。经过近 20 年的发展，中国证券市场仍然是相对独立、非统一的市场，地方政府和中央政府管理部门都可以干预证券发行和流通，地方保护问题仍然较为严重。一是地方政府和企业竞相追逐上市指标，把上市指标当作筹资手段甚至扶贫解困的手段，造成很多企业把股市当作"取款机"和"圈钱"场所，而忽视对自身行为的规范。二是地方政府对本地企业在股票交易市场上的违规行为予以纵容和包庇，以维护本地企业利益。有些地方政府仍以本地所属的上市股份公司的行政上级身份凌驾于董事会之上，干预企业经营，甚至动用行政力量对上市公司进行重组。三是产权交易市场上的企业兼并和企业转让仍由行政力量主导，地方政府干预太多，企业跨地区、跨行业、跨所有制的兼并困难重重，"拉郎配"、"劫富济贫"式的兼并仍然广泛存在。

---

① 本部分内容参考了陈东琪、温银泉：《打破地方市场分割》，中国计划出版社 2002 年版；石淑华：《行政性垄断的经济学分析》，社会科学文献出版社 2006 年版。

5. 阻碍市场整合

阻碍市场整合是地区性行政垄断在行为上的表现。市场内在地具有一体化的趋势,如果不人为设置藩篱,在竞争力量的作用下,市场会逐渐实现一体化。在我国国内市场一体化的进程中,来自于地方政府和行业部门的分割市场的力量也是动态变化的,其表现形式随时间不断变化。作为影响国内市场整合的最关键的因素,我们有必要对其做进一步研究,重点分析导致国内市场分割的主要手段及市场分割的表现形式等相关内容。产品市场的分割是地方政府利用公共权力对竞争进行限制或排斥的行为,为保护本地产品和企业,地方政府借助行政手段阻碍或限制外地产品进入本地市场,从而造成国内市场的人为分割。在市场分割现象产生的初期,地方政府采取一些硬性措施,如全面禁止或限制性地禁止流入或流出。随着社会主义市场机制的完善、各项相关法律法规的出台,国内市场分割的形式逐步发展至隐蔽的"软"措施,如技术壁垒、质量监督等。地方政府采用的市场分割手段不断变化,概括而言,也即政府明文许可的地区封锁行为越来越少,但各种隐性的地区封锁却日益突出,尤其是内外有别的歧视性执法,正在成为地区封锁新的重要表现形式。综合来看,采用的手段总体分为两大类:设置流出壁垒和流入壁垒。流出壁垒是指地方政府为保证本地生产需要,限制原材料等产品流出本地市场的行政性垄断行为;流入壁垒则是指地方政府通过行政手段,设置进入壁垒,限制或阻碍外地产品流入本地市场的行为。其中,流出壁垒的表现形式为:控制本地产品,尤其是较为稀缺的产品的流出数量[①]。近年来,随着物资的相对丰富,地方政府设置流出壁垒,限制本地资源流向外地市场的行为有所收敛,但是依然存在[②]。流入壁垒的表现形式不断变化和增加,涉及的产品种类也不断扩大,其表现形式也日趋隐蔽,大致可以分为以下几类:一是控制外地产品的销售数量。该分割手段主要包括完全禁止和数量限制。第一,地方政府限定或者变相限定单位或者个人经营、购买、使用其指定的经营者提供的商品[③]。

[①] 国家计委宏观经济研究院课题组在调查中发现,烤烟产地的政府一般都向烟农提供化肥、种子等方面的贷款补贴,提供种植方面的技术指导。为保证财源不外流,在收购烤烟时,当地将会出动大批公安、工商税务人员,设置关卡,限制烟叶外流。或者将烟叶划分等级,较高等级的烟叶留在本地,较差的销售给其他省份。一般来说,地方政府设置流出壁垒时,其手段较为传统,一是统一收购,以防外流;二是通过行政手段,拖延相应的审批手续;三是在路口设置关卡。

[②] 2007年5月,在云南省第十届人民代表大会常务委员会第二十九次会议上,省国土资源厅厅长在其报告中指出,目前仍有一些地方政府不认真研究矿产资源勘查开发的自然规律和经济规律,对矿产资源勘查开发急功近利,短期行为较为普遍;对统一市场的建设问题在认识上有抵触,人为地分割、封闭市场,追求在行政辖区内建立"小而全"的矿业产业链,缺乏全局意识。

[③] 国务院发展研究中心"中国统一市场建设"课题组在调研中发现,地方政府直接开列采购目录,将产品分为禁止从外地购进和限制从外地购进,对外地产品实施类似于许可证方式的管理。或者规定企业采购本地产品的总额,保证本地产品的销售数量后,再考虑使用外地产品,等等。

例如，2005年5月13日，某省政府下发的关于支持当地汽车集团公司发展的意见，具有明显的市场分割倾向，"县以上行政单位，经批准购买汽车的，要按规定的标准首选一汽汽车"、"省直机关及所属各单位购车和报废更新车辆时，必须购买一汽汽车"。四川、安徽等地区，为了提高本地酒厂的效益，地方政府规定政府各个部门宴请时必须使用当地生产的白酒。很多地方政府采用红头文件的方式为本地产品的销售"保驾护航"，从2004年6月到2005年12月，商务部、监察部、国务院法制办、财政部、交通部、税务总局、质检总局7部局联手，清理出含有地区封锁内容的文件达308件①。第二，采用"技术壁垒"或质量监督的方法。技术壁垒是国际贸易中常见的非关税壁垒形式，在区际贸易中这种做法也较为普遍，地方政府对外地产品规定与本地同类产品不同的技术要求、检验标准、认证制度、卫生检疫检验制度、环保要求，或者对外地产品采取重复检验、重复认证等歧视性技术措施。地方政府的这种行为会增加外地产品的经济负担，提高其销售成本，进而抬高产品价格，降低产品在本地市场的竞争力。此外，复杂的检验、认证或审批手续，可能导致外地产品损坏或错过最佳的销售时间，从而限制了外地产品的进入。第三，采取专门针对外地产品的行政许可，以许可证的形式限制外地产品进入②。如汽车、摩托车的生产地对外地车不给上牌照。举例来说，2004年6月份，国务院7部委联合发文，要求"彻底清理在市场经济活动中实行地区封锁的相关文件"，而福建省晋江市在7月份发文，对该市流动人口购买摩托车作出规定，购买本市生产的摩托车的给予上牌照，购买其他厂家则不予上牌照③。第四，在道路、车站、港口、航空港或者在行政区域边界设置关卡或者收费站，对进出本地的产品进行不合规范的检查和收费，增加其交易成本，限制进出本地市场的产品的数量。二是价格限制④。地方政府以各种名义对外地产品设定歧视性收费项目、实行歧视性收费标准或者规定歧视性的价格，各类收费方式大大地提高了外地产品在本地市场的交易费用，产品价格也相应提高。例如，2002年底，一瓶在北京只卖1.5元的燕京啤酒，在四川省的售价高达8元。

在区域市场整合的三个阶段中，产品市场分割的具体表现形式也有所不同。在第一阶段，市场分割以原材料市场分割为主，地方政府限制本地原材料流出本地，各地间的"资源大战"频频发生，如"羊毛大战"、"棉花大战"、"蚕茧大

---

① 资料来源：http://news.sina.com.cn/o/2006-01-03/10527883526s.shtml。
② 参见《中华人民共和国反垄断法》第三十三条。
③ 资料来源：http://finance.sina.com.cn/g/20040924/07031045485.shtm。
④ 国家计委宏观经济研究院课题组在调查中发现，汽车是最为典型的案例。据不完全统计，针对汽车的各种税费达200多种，地方政府对外地车辆采取限制性、歧视性收费的具体名目繁多。如不给外地车辆上牌照，对购买指定车辆的单位或个人，减免各种地方性税收等。

战"、"生猪大战"等，这主要是由于改革开放初期，地方政府通过中央政府的"分权放利"获得一定的自主权，发展地区经济的积极性大大提高。同时，农产品价格低于工业品价格，原材料价格低于加工业产品的价格，即所谓的剪刀差价格。这使得加工行业存在较大的利润空间，在这种双重利润的诱导下，地方政府纷纷上马"短、平、快"的项目，并大力发展加工行业。各地区追求财政收入的前提下，忽略地区比较优势，盲目布局，导致了区域产业同构、原材料供给与产能严重失衡等不利于经济发展的现象。在原材料严重短缺的情况下，各地区为了保证本地企业拥有足够的原材料，借助行政手段争夺资源，一方面明令禁止本地农副产品和工业原材料流出本地，另一方面则设法从外地争夺资源，逐步形成了以"原料大战"为基本特征的区域市场分割。第二阶段，原材料等物质相对丰富，各地区因盲目生产与布局，出现了产能过剩的问题，卖方市场逐渐转变为买方市场，各地从争夺原料转向争夺最终产品市场。为保护本地市场不被外地产品侵占，保护本地产品的市场占有率，地方政府采取各种行政性垄断行为封锁本地市场。尤其是那些经济发展相对落后的地区，更倾向于借助市场封锁手段保护本地不具竞争优势的企业。地区封锁行为一旦实施，必将遭到其他地区的报复行为，因此一般产品市场趋向分割。第三阶段，地区封锁行为有所收敛，区域市场分割程度有所下降，此时不同行业的市场分割程度有所不同，传统和耐用消费品行业的市场整合度较以往有所提高，电子信息、医药等高新技术行业的市场因地区间的重复建设，表现出较慢的整合速度。

在中国区域经济发展过程中，国内市场分割、重复建设、区域产业同构等经济现象严重阻碍了区域间的协调发展，损害了地区间的分工利益，对国民经济运行产生了极为不利的影响。市场分割与产业同构互为因果，在区域经济发展中形成恶性循环，进一步阻碍了国内统一市场的建立。臧跃茹（2000）① 认为地方政府在生产资源配置上，无视国家产业政策和生产力的合理布局，是区域市场分割的一种重要表现。改革开放以来，地方政府逐步成为独立的利益主体，为了促进当地经济发展、提高居民收入及政府财政收入，地方政府具有较高的投资热情，但这种热情仅限于辖区之内。于是，地方政府追求自身局部的近期利益，忽略自身的比较优势和地区间的专业化分工协作，竞相投资于成本低、见效快、价高利大的项目，建立自成一体的工业体系，导致一轮又一轮的重复建设，这种重复建设行为使地区间产业结构趋同现象日益突出，并进一步加深了区域间的经济冲突。从改革开放初期至现在，中国工业经历了四次重复建设的高峰：第一次，在20 世纪 80 年代初期，各地区的重复建设主要集中于原材料的加工业，这个时期

---

① 臧跃茹：《关于打破地方市场分割问题的研究》，载《改革》2000 年第 6 期。

出现了大量的小棉纺厂等，后来逐步延伸至自行车、缝纫机、手表等基本生活用品的生产加工；第二次是80年代中后期，各地区的重复建设扩展至耐用消费品行业，如：彩电、冰箱、洗衣机、空调、VCD/DVD等。据有关数据显示，至80年代末，全国范围内，有28个省（市）建有汽车装配厂，27个省（市）生产电视机，26个省生产洗衣机，23个省引入了电冰箱的生产线。第三次区域重复建设出现在90年代初期，主要集中在汽车、电子、机械、石化等行业，该轮重复建设导致90年代中后期全国范围内的经济过热，市场需求不足，企业纷纷展开恶性的价格竞争，新的市场分割现象出现。以汽车行业为例，90年代各地争上汽车项目，"散、乱、差"成了我国汽车业的一个基本特点。1999年，被国家列入在"十五"规划中限制投资目录的汽车生产企业有122家，集中度低、规模小、生产成本高。当时汽车年生产能力已达240万辆以上，但实际上1/3的产能过剩[①]。第四次地区重复建设高峰出现在2000年以后，以电子信息、生物医药工程、新材料为代表的高新项目成为各地区竞相投资的重点，这些产业均表现出高投入、高回报、高风险的特点。中国的"硅谷"至少有数十家，仅仅长三角地区，就有上海、杭州、苏州三个不同称呼的"硅谷"[②]。此外，进入新世纪之后，低水平的重复建设也有所抬头，电解铝、平板玻璃、小水泥、小火电等重复建设严重，产能过剩，造成大量的资源浪费。

---

① 新华网：http://www.xinhuanet.com/。
② 中国城市发展研究会网站：http://www.chinacity.org.cn/jingyan/22441_2.html。

第三章

行政性垄断测度的理论与方法

第一节 行政性垄断测度的基本思路与理论基础

对行政性垄断的测度是一个对制度性现象进行计量的问题，而这无论是在理论层面还是在技术层面上都是一个比较难以处理的问题。尤其是行政性垄断所涉及的一些无法用变量进行替代和验证的软信息，使得人们难以直接对行政性垄断进行测量，只能根据行政性垄断的定义所确定的范围，在真正找到行政性垄断的表现特征以及所造成结果的角度上来对行政性垄断程度进行一种间接的测算。为了解决这一难题，在本课题中，我们借鉴产业组织理论的 SCP 范式构建了 ISCP 研究框架（见图 3-1），并以此框架为基础构建转轨时期中国地区性行政垄断指数，用于分析和测量行政性垄断程度。不过，ISCP 研究框架同产业组织理论的 SCP 范式的研究标准具有较大差异。

I（制度）→ S 产权结构 市场结构 → C（行为）→ P（绩效）

图 3-1 ISCP 分析框架

将制度与结构、行为及绩效作为并列的因素进行考察使这一研究框架具备较强的弹性，能够使课题同时兼顾对行政性垄断形成原因及运行机理的理论研究以及形成可操作的指标体系的实证研究。由这一分析框架可以看到，制度性因素作为行政性垄断的一个重要特征在传导机制中起着决定性作用，正是转轨经济所形成的特定政治、经济环境决定了某些产业内的市场特征。按照我们的理解，影响行政性垄断运行机制的最重要的制度性特征在于行政部门与产业之间人事上的关联，我们可以借鉴社会学中的社会嵌入模型来解释这一现象，如果将政府部门与产业看作两个特定利益集团的话，那么社会嵌入模型能够很好地说明这两个利益集团是如何通过人事上的流转与联结而实现利益共同体的。在这里，我们没有再去深究国有企业的性质、产权的特性或产权约束等众多理论性问题，因为这样的思考势必将研究引向以往对这些问题的讨论所遇到的困境。此外，单纯从行政性垄断的角度来看，利益集团间策略性互动的分析能够迅速地使课题研究了解行政权力限制和排斥市场竞争的过程。例如对利益集团间互嵌的分析能够使我们分析产业中进入壁垒的形成，这种进入壁垒不同于产业组织理论中对由契约形成的壁垒、沉没成本所形成的壁垒，或者由价格所形成的进入壁垒的研究。行政性垄断所形成的进入壁垒往往带有经济性力量难以突破的性质，人事上的流转使利益集团间的联盟变得组织成本更低，联盟的效率大大提高。另外，我们在这里所讨论的嵌入模型不仅仅是一个串谋问题——虽然对组织中串谋问题的研究思路能够提供一些方法论上的支持。对行政性垄断制度特征的刻画在反垄断经济学中似乎反映为旋转门现象，但我们认为旋转门现象也只是行政性垄断制度特征的一个方面，虽然以旋转门来表示利益集团间的嵌入在理论上略显肤浅，但它明显的优点在于在数据及资料获取上非常便利，因此在研究的第一阶段我们将使用这一指标来反映行政性垄断的制度特征。

在行政性垄断的 ISCP 分析框架中，I（Institution）表示行政性垄断得以形成和持续的制度性因素，S（Structure）表示反映行政性垄断程度的市场结构、产权结构等结构类因素，C（Conduct）表示政府和厂商的行政性垄断行为，而 P（Performance）表示具有行政性垄断特征产业的绩效，包括微观、产业和宏观层面的效率。

如图 3-1 所示，转轨经济的制度环境决定了产业内特定的产权结构及市场结构，这种结构不同于成熟市场国家对基础产业国有化后形成的产业结构，转轨经济系统中的基础产业体现出了强烈的国有产权特征，它不但排斥私有化倾向，而且也对自由化保持着敏感的警惕性。这使产业内厂商形成了一个类似于私人俱乐部性质的小圈子，行政权力一方面保护着俱乐部整体的利益，另一方面协调着俱乐部内部成员间的利益分配。这种结构特征决定了产业内厂商的行为，按照我们的分析，厂商行为具有很明显的租金耗散性质，厂商将大量的精力花费在了寻租过程中，而寻租所带来的成本则又通过行政权力转嫁到经济系统中其他参与主体身上。在行政性垄断下,厂商的行为信息具有很强的模糊性,因为严格的信息披露将使厂商利益操作的空间大大减小,这也是我们在数据及资料收集中遇到很大困难的一个地方。厂商的行为将会对绩效产生影响,不同的行为方式对厂商效率的影响也是不同的,在课题设计的目标下,我们期望能够衡量行政性垄断对产业和厂商绩效的影响程度。

以上我们说明的是 ISCP 研究框架在研究行政性垄断产生及运行机制方面的应用,此外,ISCP 研究框架在形成一个反映行政性垄断程度及效率影响的指标体系方面同样具有操作上的便利性。因为如果我们分别从制度、结构、行为、绩效的角度来观察的话,也能够获得对行政性垄断问题的某种结论,为能更为全面地反映行政性垄断对产业的影响,我们可以同时考察这四个方面并将结论拟合在一起以形成相对全面的指标。当然我们并不是说这四个方面就完完全全地描述了行政性垄断的所有特征,但我们却认为这四个方面能够反映行政性垄断最为重要的特征,图 3-2 具体地描述了我们的这一思路。

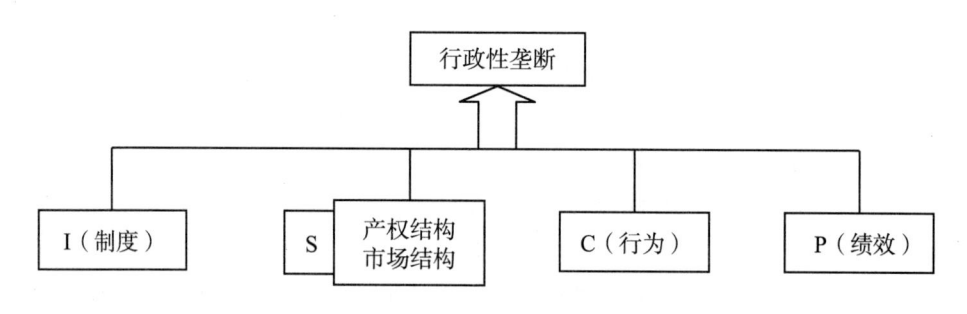

图 3-2 行政性垄断指标体系的形成

如图 3-2 所示,在 ISCP 研究框架下,我们考虑设置以下几大类指标,以形成行政性垄断程度测量的指标体系:制度指标、结构指标、行为指标以及绩效指标。在研究过程中,我们以这四个指标为基础构造一个行政性垄断指数并进行测量,然后将实际数据进行返回测试,并修正和细化各类指标,经过几次反复,逐步形成完善的指标体系。对这几类指标来说,也许不同的指标对不同行业的行政性垄断的测算具有不同的代表意义,我们可以赋予不同类别指标不同的权重。此外,每一类指标内的参数也将赋予不同的权重,并最终将不同测算单位的参数都转化为分值的形式来对不同领域内的行政性垄断程度进行度量。各指标赋权的依据来自于两个方面:一是专家测评,我们在一定范围征求了部分本领域专家的意见,对不同类型指标的权重进行了问卷调查;二是主成分分析,在研究过程中我们通过对下一级指标进行了主成分分析得到其相应权重。在综合考虑两个方面因素的基础上,我们确定了各指标的权重。

第二节　指标体系设计的基本原则

在实证研究中，指标体系的设计往往是与研究方法的选取相联系的，不同的研究方法选择的指标体系不尽相同。但无论选择什么研究方法，在设计和选择行政性垄断测度指标体系时都需要考虑以下因素：行政性垄断的形成原因、表现形式、影响因素以及行政性垄断的危害程度、资源配置的效率损失等。总的原则是，构建和设计行政性垄断的测度指标体系要有利于正确地测算、认识和把握行政性垄断程度及其变化趋势，保证测度和辨识的有效性，能够为国家制定打破行政性垄断、形成有序竞争的市场体系提供决策依据。具体设计原则包括：

一、客观性和可操作性相结合的原则

行政性垄断的测度指标体系应能准确地反映行政性垄断的实际程度、变动趋势和影响因素，能够为国家制定打破行政性垄断、促进有效竞争、形成规范有序的市场体系提供客观的决策依据。为此，要科学地选取测度指标及权数，采用科学合理的评价方法，尽量减少人为因素干扰，缩小误差，使测度结果客观、真实，从而保证指标具有客观性和权威性。所谓客观性是指选择的指标必须具有理论依据，能够真实反映行政性垄断程度；所谓权威性是指标设计在名称、含义、内容、时空和计算范围、计量单位和计算方法等方面必须科学明确，没有歧义。在保证客观性原则的基础上，测度指标的设计应坚持可操作性原则，主要包括以下几方面：第一，设计指标的含义、范围要明确，指标所采用的基础数据要具有可获得性，并且保持相对稳定，以便于进行测度与辨识；第二，各项指标能够量化，定量指标数据应保证真实、可靠和有效，而定性指标应尽量通过专家间接赋值或测算转化为定量数据；第三，测度指标不宜过多过杂，应尽量简化，有利于工作层面的执行，保证测度和辨识的可操作性。

二、代表性和可比性相结合的原则

测度指标的代表性有两层含义：第一，要准确辨识行政性垄断，并对行政性垄断行为进行有效监控，就要确保行政性垄断的测度指标体系中的各指标能在某一方面或某一环节上具有一定的代表性，足以评测行政性垄断的现状和危害程

度；第二，随着社会主义市场经济体制的逐步完善，行政性垄断行为越来越隐蔽，因而测度指标的设计难以做到面面俱到，这就要求应重点选择和设计能够反映行政性垄断程度及其变动趋势的核心指标，保证测度指标的代表性。在代表性原则的基础上，必须明确各评价指标的含义、统计口径、时间、地点和适用范围，以确保指标的可比性，因为评价的实质就是比较，而只有具有可比性的指标，才能提供准确的比较信息资料，才能发挥评价指标体系的作用。测度指标的可比性包括两个方面：一是评价指标应该在不同的时间或空间范围上具有可比性；二是在不同时期和不同地区之间进行比较时，一般采用相对数、比例数、指数和平均数等进行比较才具有可比性。也就是说，指标体系要有利于行政性垄断的横向和纵向比较。

三、系统性和政策导向性相结合的原则

为了解决测度和辨识中的偏误问题，可以同时采取多种方法对行政性垄断进行测度，因而要求行政性垄断的测度指标要具有系统性，能够形成相互补充、相互印证的指标体系。同时，建立行政性垄断的测度评价指标体系的目的在于衡量目前我国行政性垄断的现状和发展趋势，寻找影响行政性垄断的因素，度量行政性垄断对资源配置效率的影响程度，从而为政府制定反垄断政策、打破行政性垄断提供决策依据，因而测度指标的设立要能够体现政策导向性。

四、定性和定量相结合的原则

行政性垄断是一个抽象的概念，在行政性垄断测度指标的设计时应该考虑将定性分析和定量统计相结合，设定相应指标。这是因为：一方面，如果只有统计数据而不了解行政性垄断的政治经济学性质，就不可能很好地进行成因分析和政策设计与评估；另一方面，如果只有描述性的政治经济分析，没有过硬的统计指标和数据，也不能很好地进行实证研究。定性指标的评价比较全面，但人为因素较多，因此对定性指标要明确其含义，并按照某种标准对其赋值，使其能够恰如其分地反映指标的性质；定量指标评价比较客观，人为因素较少，数据来源较稳定；但无论是定性指标还是定量指标都必须有明确的概念和确切的计算方法。在评价指标的建立中，要遵循相对值指标优于绝对值指标，客观指标优于主观评价指标的优先顺序。

五、静态和动态相结合的原则

行政性垄断的测度不仅仅是对过去与当前现状的评价，还应研究未来的发展趋势。行政性垄断的测度是一个动态的积累过程，对整个经济社会的影响具有滞后性特征。因此，在设计测度指标体系时就应考虑到指标体系的发展问题，既要有反映行政性垄断程度的现实指标，又要有反映行政性垄断变动趋势的过程指标，做到动、静结合。此外，随着时间的推移，适应于一定时期的评价指标或评价指标体系需要进行相应的修改、补充和更新，以便于对行政性垄断进行动态跟踪研究。

第三节 行业性行政垄断的测度方法

在以往的研究中，虽然大多数经济学家都认识到行政性垄断是我国竞争政策设计及实施中的一个非常重要的问题，但是到目前为止，对行政性垄断的分析基本停留在定性分析的范围内，只有较少的文献对行政性垄断的程度及构成的福利影响进行了初步估算。在本章中，我们将提出对行政性垄断进行系统测算的理论基础、基本方法和指标体系。

一、对垄断及行政性垄断测度的回顾

主流的经济学文献所关注的主要是经济系统中的自然垄断以及寡头垄断，在对寡头垄断企业的分析中，早期的经济学研究一般通过对市场结构的分析来测算市场中垄断企业的垄断程度，这也构成了早期哈佛学派对存在垄断的市场的考虑。哈佛学派认为市场结构是影响企业行为并最终决定市场绩效的主要因素，也就是说，除了那些规模经济显著的行业，在一个行业内，高市场集中度往往与高利润率呈现正相关关系，这种高垄断利润是大企业行使市场支配地位或寡头合谋的结果。因此，高市场集中度会产生较差的市场绩效，市场集中度和企业市场份额成为判断市场竞争状况的重要依据。在高市场集中度下，企业之间的横向并购会增加市场集中度，这有利于企业之间的寡头合谋。寡头相互依赖理论认为，由于并购提高了市场集中度，在寡头市场上企业之间认识到彼此之间策略的相互依赖性，因此倾向于采取心照不宣的协调行动，这将为企业带来垄断利润，但却会损害市场上的竞争，并降低资源配置效率。这种将市场结构作为分析的核心并以

此来对企业的垄断程度进行估计的方法受到了后期发展起来的芝加哥学派的批评。在对市场机制，特别是市场的自我修复能力给予充分肯定的基础上，芝加哥学派认为高市场集中度是市场竞争的结果，高市场集中度是与企业高效率相一致的，是对整个社会有好处的。因此，不应以市场结构来简单地判断是否存在垄断，显然，这一判断是对哈佛学派结构主义的一个主要的批评。但给予市场完全的信任显然无法解释垄断力量在经济系统中长期存在的原因，针对芝加哥学派的一些观点，于 20 世纪 80 年代发展起来的后芝加哥学派提出了相应的质疑。他们指出，市场份额和市场集中度可以提供关于竞争状况的大量信息，而且新的实证证据支持了哈佛学派坚持的市场集中度与产业内竞争和定价有密切关联的观点。现实市场中相关企业的数量是有限的，企业之间存在着策略性的相互作用，企业是博弈的参与人而不是单纯的价格接受者。企业之间的限制竞争行为不仅仅是将竞争对手逐出市场，还包括使竞争对手的生产和销售成本上升，以削弱其参与市场竞争的能力。因此，市场结构是企业之间策略性互动的内生结果，而不是外生给定的。在现代经济学对垄断程度的考察中，制度要素并没有被纳入进来，其原因我们已经在第二部分给出了相关的说明。但经济学中对垄断程度进行判断方法的演进却能够为我们提供对转轨经济中行政性垄断进行测算的方法论上的参考，也就是说，虽然哈佛学派的结构主义在对垄断的存在程度进行判断方面受到了质疑。但随着经济学计量方法的发展以及数据获得范围的提升，新的实证结果支持了以下观点，也即在对市场中的垄断程度进行判断这一领域中，建立在复杂的策略互动模型基础上的分析与结构主义的分析结果并不存在着系统性差异。这一结论能够使我们考虑采用结构主义的思想来对行政性垄断程度测算方法进行设计，因为即便在不考虑制度因素的情形下，市场中垄断势力的存在是要具有一定的市场结构基础的，这一点可以由下面简单的经济学分析来进行说明。

假设我们研究企业 i 在某一市场上的市场支配地位，假设市场上各企业就产量展开竞争，生产同质的产品，在这种情形下只存在一个市场价格 p，设企业的边际成本 c_i 保持不变，企业 i 的利润函数为：

$$\pi_i = p(Q)q_i - c_i q_i$$

其中 $Q = q_i + \sum_{j \neq i} q_j$，表示行业的总产出，$q_i$ 及 q_j 分别表示企业 i 的产出和其任一竞争对手 j 的产出。在已知竞争对手产出的情况下，企业 i 利润最大化的一阶条件为：

$$\frac{\partial \pi_i}{\partial q_i} = p(Q) + \frac{dp(Q)}{dq_i} q_i - c_i = 0$$

市场上的均衡价格 p^* 可以通过联立所有企业的一阶条件来确定。在均衡价格上，企业 i 的一阶条件可整理为：

$$p^*(Q) - c_i = -\frac{dp}{dQ}\frac{dQ}{dq_i}q_i$$

在均衡下,企业 i 竞争对手的产量水平是既定的,因此,$dQ/dq_i = 1$,对上式进行整理可以得到:

$$\frac{p^* - c_i}{p^*} = -\frac{dp}{dQ}\frac{Q}{p^*}\frac{q_i}{Q}$$

也即:

$$L_i = \frac{m_i}{\varepsilon}$$

在上式中,L_i 为代表企业 i 所具备市场支配地位的勒纳指数,m_i 表示企业 i 的市场份额,而 $\varepsilon = -(dQ/Q)/(dp/p)$ 为市场需求的价格弹性,由上式可以发现企业的市场支配地位与企业的市场份额之间的关系,特别地,假设产品的市场需求的价格弹性保持不变的话,企业市场份额的提高将直接导致其市场支配地位的提升。在这一模型的基础上,我们可以考虑如果企业的市场份额以及其他方面的结构性指标是由公共权力来进行保证,而不是由市场中的竞争所形成的话,那么在这一模型所得到的结论仍然会成立。

目前文献中对行政性垄断程度的判断很多是通过行政性垄断对经济系统的影响来进行估计的,例如在胡鞍钢(2000)[①] 的分析中,他利用寻租理论计算了 20 世纪 90 年代后半期中国部分垄断行业因垄断定价而造成的社会福利损失,在胡鞍钢、过勇(2002)[②] 的分析中,根据统计数据,他们计算了部分垄断行业在 1998~2001 年收入的各类非法费用,这些结果构成了过勇和胡鞍钢(2003)所称的腐败性行政性垄断程度的判断基础(见表 3-1、表 3-2)。

表 3-1　　1995~1998/1999 年中国部分垄断行业的租金估算

垄断行业	租金额(年)	占 GDP 比重(%)
电力行业	560 亿~1 120 亿元	0.75~1.50
交通运输邮电业	740 亿~900 亿元	1.00~1.20
邮电通信业	215 亿~325 亿元	0.29~0.43
民航业	75 亿~100 亿元	0.10~0.13
医疗机构	75 亿~100 亿元	0.10~0.13
合计	1 300 亿~2 020 亿元	1.70~2.70

注:按现价计算;GDP 按 75 000 亿元计算。

资料来源:过勇、胡鞍钢:《行政垄断、寻租与腐败》,《经济社会体制比较》2003 年第 2 期。

---

① 胡鞍钢:《腐败:中国最大的社会污染》,载《中国改革》2001 年第 4 期。
② 胡鞍钢、过勇:《从垄断市场到竞争市场:深刻的社会变革》,载《改革》2002 年第 1 期。

表 3-2　　　　　　　中国部分垄断行业非法收入估算

垄断行业	年份	非法收入（亿元）	占 GDP 比重（%）
电力行业违法收取资费	1998~1999	27.4	
居民生活用电同价减轻农民负担	2001	350	0.37
电信行业违法收取资费	1998~1999	21.7	
打击医药购销不正之风减轻患者负担	2001	101	0.11
价格收费违法案件	2001	31.5	0.03
合计		530	0.60

资料来源：过勇、胡鞍钢：《行政垄断、寻租与腐败》，载《经济社会体制比较》2003 年第 2 期。

作为转轨经济系统中所存在的一种特定制度性现象，行政性垄断一方面表现出公共权力对市场竞争的排斥和限制，另一方面，这些排斥和限制行为最终表现的领域仍是市场。因此，对行政性垄断程度以及行政性垄断所造成的福利影响的分析必须同时将这两方面考虑进来。

二、行业性行政垄断的测度方法

由上述对垄断及行政垄断进行测度的简单回顾可以发现，在成熟市场国家中由于不存在行政垄断的现象，因此现代经济学所提供的衡量垄断程度的工具基本建立在市场势力的基础上；另一方面，在转轨经济国家中，研究者已经注意到行政垄断作为制度性现象的存在，但在对行政垄断程度进行测度时则缺乏合适的工具，这导致在对行政垄断程度进行测度时往往使用行政垄断可能造成的损失来进行替代。在这个过程中，以往的研究更多的是对垄断性行业进行寻租的成本进行了大体的估计，这样的处理面临着三个方面的风险。首先，特定产业中行政垄断的存在程度较高可能并不必然产生较大的损失，先验地作出这样的判断并不具备相应的理论基础；其次，由于存在行政垄断特征的厂商均为国有厂商，因此垄断厂商的寻租也并不必然体现为消费者福利的下降——如果存在一个转移支付体系对消费者进行补偿的话，而且从较为长远的视角来看，如果垄断性厂商依靠行政垄断进行过高的收费的目的在于进行技术升级或扩大产业规模从而实现较高的动态效率实现的话，那么我们也很难说部分行政垄断所带来的损失是不合理的。最后，行政垄断程度的测度本质上属于实证分析，而如果单纯以福利损失来进行替代的话，那么得到的结果可能并不具有说服力。

在以往的研究中，经济学家已经认识到制度及制度变迁对于产业竞争的影响。梯若尔（Tirole，1988）[1] 就明确指出组织理论与产业组织理论的交叉是未来

---

[1] Tirole, J. *The Theory of Industrial Organization.* The MIT Press, 1988.

若干年理论研究最令人感兴趣的领域之一,我们对行政垄断在特定行业中存在程度测度的研究正是基于这一思路而进行。总的来说,本课题将制度、制度变迁引入对行政垄断的分析中,明确地将行业性行政垄断作为模型设定的内生变量,并讨论它与参与市场竞争主体之间的相互影响,这是一次将制度及制度变迁理论引入产业组织理论的尝试。制度变迁理论已经越来越重视经济制度变迁与政治制度变迁之间的关联,而且也认识到任何一种经济制度都是与政治制度相互嵌入并通过这种嵌入而影响着市场中的交易主体。本课题在对行政垄断的研究中将转轨经济中相关主体参与行业竞争博弈时受到的政治及经济约束考虑进来,对行业性行政垄断的维持机制进行了说明。在这一基础上,我们提出了研究行业性行政垄断问题的 ISCP 分析框架。在这一框架下,我们可以更好地研究制度因素对市场结构的影响,同时也能够研究市场结构的改变对制度环境影响的反馈机制,这使得 ISCP 研究框架立足于新制度经济学的研究基础上,并结合产业组织理论的研究传统具备了很强的可操作性。对于行业性行政垄断来说,在理论及应用层面特别令人感兴趣的两个问题是,不同行业内行政垄断强度变化的趋势以及行政垄断到底造成了什么样的影响。本课题在所设计的 ISCP 框架内系统地回答了这两个问题。但应当指出的是,由于本课题对行业性行政垄断进行的是全面考察,与从单个角度进行的研究相比,各行业由于产业特征方面的明显差异,我们无法使用同样一个指标对行政垄断所造成的效率损失进行横向比较,但却能够对某一特定行业的效率损失在时间序列上进行纵向的考察和比较。

总的来说,本课题对行业性行政垄断程度测度的研究属于实证产业组织领域,但与以往不同的是在测度过程中将制度作为与结构、行为、绩效变量相平行的变量进行考虑,这样的设计保证了能够全面反映特定产业中行政垄断的特殊属性。需要注意的是,虽然本课题所构造的测度体系中制度、结构、行为、绩效四个方面的指标可以进行单独的检验,但这四个方面的变量是相互影响着的。例如即便结构指标不变,但不同的制度环境下垄断厂商能够采取的行为模式也会出现很大的差异,而在结构及行为均保持不变的情形下,垄断厂商的绩效表现也可能会导致制度指标的变化,一个很明显的例子是当国有垄断厂商得不到足够投资导致绩效恶化的条件下会放松私人资本或外资的进入,而这最终将使垄断厂商的制度指标发生较大改变。不同指标之间的这种相互作用以及特定指标的改变对行政垄断程度的影响会出现与 SCP 框架相类似的内生性问题,本课题解决的思路是在一个统一的框架下对行业性行政垄断的产生原因及传导机制进行解释,在这个基础上对行业性行政垄断程度进行实际测度时不再考虑不同指标之间的相互影响问题。在构造出 ISCP 框架下的指标体系后,一个实际的问题是如何对不同指标赋予权重,这个问题是无法由理论分析来进行解决的,理论分析只能指出制度及结构指标可能会在决定行政垄断程度中起到更大的作用,但具体的数值是难以给出的。为了解决这个问题,课题组采用调查问卷的形式并进行了主成分分析,这使得测度的结果似乎带有一定的主观性,但如果将统一的权重水平应用于不同行业进行测度并进行比较时,最终所得到的行业之间的比较则成为一个客观的事实。特别地,如果选取一个特定的行业作为基准的话,那么我们就能够应用这一指标体系对所有行业内行政垄断存在程度进行排序,这将最大限度地消除由调查问卷等方式确定指标权重中的主观性。

第四节 地区性行政垄断的测度方法

地区性行政垄断是地方政府利用行政权力对竞争的限制或排斥,其主要表现形式是地方保护和由此而导致的市场分割。很多学者也将地区性行政垄断直接称为地方保护或市场分割。从现有文献看,对地方保护的形成原因、表现形式、危害程度等方面的定性研究较多,而对地方保护程度的测量和地方保护对资源配置扭曲程度的定量研究相对较少。在为数不多的实证研究中,关于中国国内市场地区性行政垄断程度及趋势的研究也没有能够取得一致的结论,杨(Young,2000)、庞塞特(Poncet,2002,2003,2005)、郑毓盛和李崇高(2003)等学者认为改革开放以来中国国内的地区性行政垄断程度是趋于上升的[1],即国内市场一体化的程度在下降;而更多的学者持反对意见,诺顿(Naughton,1999)、白重恩等(2004)、李善同等(2004,2006)、陆铭和陈钊(2006)等学者认为虽然中国国内市场还存在着地区性行政垄断现象,但地区性行政垄断的程度却是趋于下降的,中国国内市场处于不断整合之中[2]。对同一问题的不同实证研究,之所以出现不一样甚至完全相反的结论,主要原因在于不同研究所采用的方法不

---

[1] Young, A. *The Razor's Edge: Distortions and Incremental Reform in China*. Quarterly Journal of Economics, 2000, 115: 1091 – 1135; Poncet, S. *Domestic Market Fragmentation and Economic Growth*. 2002, Working Paper, CERDI, Universite de Clermont-Ferrand; Poncet, S. *Measuring Chinese Domestic and International Integration*. China Economic Review, 2003, 14: 1 – 21. Poncet, S. *A Fragmented China: Measure and Determinants of Chinese Domestic Market Disintegration*. Review of International Economics, 2005, 13 (3): 409 – 430. 郑毓盛和李崇高:《中国地方分割的效率损失》,载《中国社会科学》2003 年第 1 期。

[2] Barry Naughton. *How Much Can Regional Integration Do to Unify China's Markets?* 1999, Conference for Research on Economic Development and Policy Research, Stanford University, November 18 – 20. 白重恩、杜颖娟、陶志刚、仝月婷:《地方保护主义及产业地区集中度的决定因素和变动趋势》,载《经济研究》2004 年第 4 期;李善同等:《中国国内地方保护问题的调查与分析》,载《经济研究》2004 年第 11 期;李善同、刘云中、陈波:《中国国内地方保护问题的调查与分析——基于企业问卷调查的研究》,载《经济学报》,2006 年第 1 卷第 2 辑;陆铭、陈钊:《中国区域经济发展中的市场整合与工业集聚》,上海三联书店、上海人民出版社 2006 年版。

同，设定的变量和选取的数据不同。完全相左的研究结论降低了对这一问题研究的可信度和决策参考价值，因而有必要对已有的研究方法进行回顾和反思，以形成取长补短、相互印证的方法论体系。本节中我们通过对已有文献进行梳理和回顾，整理和归纳出测度与辨识地区性行政垄断的实证分析方法，并分别对各种方法的优点和缺陷以及运用相关方法所作的实证研究进行简要评述，为实证分析方法的创新和形成方法论体系提供一个基础性的前期工作。

一、地区性行政垄断的测度方法

准确地测量地方保护程度是研究地方保护的重要一环。地方保护难以直接度量，在实证研究中往往是通过分析市场分割程度、市场整合程度或市场一体化程度来测度和辨识地方保护。在研究、归纳和整理的基础上，我们将测度与辨识地区性行政垄断的实证研究方法分为五大类，即生产法、贸易法、价格法、经济周期法和调查问卷法。

1. 生产法

生产法是从生产领域测度地区性行政垄断的程度，通过分析各省、市、自治区制造业产出结构、生产效率、地区间产业结构、专业化分工程度和重要产品的资本边际产出的差异来测度地区性行政垄断程度。如果经济结构、产业结构的差异缩小，则认为区域专业化分工程度下降、地区性行政垄断程度加大。运用生产法测度与辨识地区性行政垄断的具体方法包括：

（1）区域经济结构的测度与比较。用各省、市、自治区三次产业的产出份额来表示各个地区的经济结构及其专业化程度，具体公式为：

$$S = \frac{1}{nJ} \sum_{i=1}^{n} \sum_{j=1}^{J} |S_{ij} - S_{ic}|$$

式中，S 是表示区域经济结构及其专业化程度的指数，S_{ij} 是第 j 个省份的第 i 个产业部门的产出，S_{ic} 是第 i 个产业部门在全国总产出中所占的份额，n 和 J 分别是产业部门和省的个数。该指数实际上度量的是各省的产业部门产出份额偏离全国份额的平均离差，而全国的产出份额由各省、市、自治区和各产业部门产出份额计算得来。S 越大，表示区域经济结构的专业化程度上升，地区性行政垄断的程度下降。反之，地区性行政垄断的程度上升。

杨（Young, 2000）[1] 应用以上方法测度和比较了 1978～1997 年中国各省、

---

[1] Young, A. The Razor's Edge: Distortions and Incremental Reform in China, Quarterly Journal of Economics, 2000, 115: 1091–1135.

市、自治区的 GDP 结构和制造业的产出结构及其变动，发现了区域经济结构的趋同趋势，而各地的商品零售价格、农产品收购价格以及劳动生产率差异有随着时间扩大的趋势。因而杨认为改革开放以后中国地区性行政垄断程度在加大。杨提出的假说引起广泛争论，引发了关于中国改革与市场一体化程度问题的讨论，吸引了一大批学者参与研究和反驳，使得我们对这一问题的认识更加接近事实的本来面目。

（2）技术效率的分解与度量。技术效率（Technical Efficiency）是一个与生产可能性曲线相关的概念，可以用来测度地区性行政垄断产生的资源配置扭曲的效率损失。市场分割本质上是对产业结构和市场配置功能的扭曲，产业结构扭曲的结果是产业的实际产出受到抑制从而达不到生产可能性边界（生产可能性前沿）。技术效率可以从产出的角度进行测算，描述投入不变条件下实际产出水平与生产可能性前沿的相对距离；也可以从投入的角度进行测算，描述产出不变条件下实际投入水平与生产前沿的相对距离。全国某一产业的整体技术效率为宏观技术效率，计算公式为：

$$T_g = \max_\theta \{\theta : (\bar{X}, \theta\bar{Y}) \in T_p\}$$

其中 T_p 为各省产业技术集合，$\bar{X} = \left(\sum_{i=1}^{N} x_i\right)/N$，$\bar{Y} = \left(\sum_{i=1}^{N} y_i\right)/N$。$x_i$ 为各省的投入水平，y_i 为各省的产出水平，N 为某产业分布的省份数。影响宏观技术效率的因素可以分解为三个部分，即省内的技术效率、产出结构的配置效率和省际要素配置效率。郑毓盛和李崇高（2003）[①] 认为，后两个因素可以看作是地方保护和区域市场分割的产物，因而可以用作测度与辨识地区性行政垄断。下面分别介绍影响宏观技术效率三大因素的度量方法。

各省的省内技术效率（ATE）等于各省最高可能生产量的影子收入的总和（即 $R^{TE} = \sum_{i=1}^{N} F(x_i^0, y_i^0) \cdot P^* y_i^0$）除以全国实际产量的影子收入（即 $R^0 = P^* Y^0$），即：

$$ATE = \frac{R^{TE}}{R^0} = \frac{\sum_{i=1}^{N} F(x_i^0, y_i^0) \cdot P^* y_i^0}{P^* Y_i^0}$$

将各省作为一个独立的生产单位的效率定位为 $AE = \frac{tr_i}{F(x_i^0, y_i^0) \cdot P^* y_i^0}$，其中 $tr_i = \max_u \{P^* \cdot u : (x_i^0, u) \in T_P\}$，则各省最高的影子收入的总和就是 $R^{AE} = \sum_{i=1}^{N} tr_i$。因此，省内产出结构的配置效率（AAE）为：

[①] 郑毓盛、李崇高：《中国地方分割的效率损失》，载《中国社会科学》2003 年第 1 期。

$$AAE = \frac{R^{AE}}{R^{TE}} = \sum_{i=1}^{N} \frac{F(x_i^0, y_i^0) \cdot P^* \cdot y_i^0}{R^{TE}} \cdot \frac{tr_i}{F(x_i^0, y_i^0) \cdot P^* \cdot y_i^0} = \sum_{i=1}^{N} \Gamma_i \cdot AE$$

$$\text{其中 } \Gamma_i = \frac{F(x_i^0, y_i^0) \cdot P^* \cdot y_i^0}{R^{TE}}$$

省际要素配置效率（RE）即省际要素分配不合理所造成的效率损失，全国生产的低效率程度中除去上面所测度第一和第二个因素导致的低效率后便是由于要素调配不合理所造成，这部分等于：

$$RE = \frac{H(X^0, Y^0)(P \cdot Y^0)}{R^{AE}}$$

上式中，$H(X^0, Y^0)$ 是全国的宏观技术效率，它等于 T_g。当资源在省际之间合理分配时，RE 就等于1。如果 RE 大于1，则说明通过重组资源可以提高全国总产出水平。

郑毓盛和李崇高（2003）从生产可能性前沿出发，通过衡量地区性行政垄断导致的产出损失来度量地方保护程度[①]。在实证研究中，他们运用数据包络分析方法先测算中国的整体技术效率，再将之分解，检视其中究竟有多少是因为省内技术效率不理想所造成，有多少是因为地区之间的分割引致要素不合理配置和产出结构不合理所造成。分析结果显示，省内技术效率的改善无法弥补由产业结构扭曲和省际要素配置失调带来的效率损失，市场保护和区域分割的效率损失有加大的趋向。钟昌标（2005）以烟草业和石化工业为例实证分析了市场分割所导致的效率损失[②]。测算结果认为这两个产业中由于地区性行政垄断存在而导致的效率损失比较明显，烟草业的效率损失约为25.6%，石化工业约为15%。这就是说，只要打破地方保护、消除市场分割，理论上烟草行业无需增加投入就可以提高产值25.6%，石化工业可以提高15%。

（3）区域专业化分工程度的测度。区域专业化分工程度可以用来表示市场一体化状况，区位商、胡佛（Hoover，1936）地区化系数和区域行业专业化系数等度量区域专业化分工程度的指标，可以用来测度与辨识地区性行政垄断。区域专业化分工程度越高，则地区性行政垄断程度越低，反之则地区性行政垄断程度越高。

（i）区位商与胡佛地区化系数。度量区域行业专业化程度最简单和最常用的指标是区位商（Location Quotient，LQ），它反映的是特定区域在特定行业的专业化程度，具体计算公式为：

[①] 郑毓盛、李崇高：《中国地方分割的效率损失》，载《中国社会科学》2003年第1期。
[②] 钟昌标：《转型期中国市场分割对国际竞争力的影响研究》，上海人民出版社2005年版。

$$LQ_{ij} = \frac{Output_{ij}/Output_j}{Output_i/Output}$$

其中，$Output_{ij}$ 是行业 i 在地区 j 的产出，$Output_j$ 是地区 j 所有行业的总产出，$Output_i$ 是全国范围行业 i 的总产出，$Output$ 是全国所有行业总产出。如果 LQ_{ij} 大于 1，那么就说明行业 i 在地区 j 总产出中所占的比例比其在工业总产出中所占的比例大，即地区 j 内行业 i 的专业化程度较高。

作为测度区域专业化分工程度的指标，胡佛地区化系数是一种基于产出的行业综合区位商，它反映的是某地区各行业的实际分布与各行业均匀分布情况的差异程度。具体计算方法是，将地区 j 所有行业 i=1，2，…，n 的区位商按照降序进行排列，可以得到该地区 n 个行业的一个序列组合。然后基于此序列可以计算出地区 j 内各行业产出的累计百分比（$Output_{ij}/Output_j$），并绘制在 y 坐标轴上；计算所有地区各行业产出的累积百分比（$Output_i/Output$），并绘制在 x 坐标轴上，由此构建地区 j 的行业专业化曲线。比较行业专业化曲线和 45°直线偏离情况就可以判断胡佛地区化系数的大小。由 45°直线和行业专业化曲线所围成区域面积与曲线所在三角形面积的比值就是胡佛地区化系数，其取值范围是[0，1]，取值越大表示区域行业专业化程度越高。

路江涌和陶志刚（2006）计算了中国 1998 年和 2003 年东、中、西部地区 29 个制造业大类行业的区位商及其变化情况和 1998～2003 年各省市的胡佛地区化系数，发现中国东部和中、西部之间存在明显的区域行业专业化分工，但中部和西部之间的分工不明显；各省市区域行业专业化的整体趋势有所加强，但胡佛地区化系数与区域整体经济发展程度负相关[①]。这是因为胡佛地区化系数的一个重要局限在于它没有考虑各区域企业的集中度。如果某区域内只有很少几个企业且规模分布不均，那么这个区域的行业专业化程度自然就会很高；而如果某区域内的企业数量很多，那么这个区域的行业专业化程度自然就会较低。

（ii）区域行业专业化系数。为了弥补胡佛地区化系数的局限，路江涌和陶志刚（2006）借鉴埃里森和格拉泽（*Ellison and Glaeser*，1997）[②] 构建的调整行业中企业集中度后的区域集中度系数 γ_i 和 γ_i^c 系数，构建了用来测度区域行业专业化分工程度的区域行业专业化系数 β_r 和 β_i^c 系数。

系数 β_r 用来测度调整了区域内企业集中度后的行业专业化程度。对于区域 r 来说，系数 β_r 的计算公式为：

[①] 路江涌、陶志刚：《区域专业化分工与区域间行业同构——中国区域经济结构的实证分析》，载《经济学报》2006 年第 1 卷第 2 辑。

[②] Ellison, G. and Glaeser, E. Geographic Concentration in U. S. Manufacturing Industries: A Dartboard Approach. *Journal of Political Economy*. 1997，105（5）.

$$\beta_r = \frac{G_r - \left(1 - \sum_i x_i^2\right) H_r}{\left(1 - \sum_i x_i^2\right) H_r}$$

上式中，G_r 是区域 r 内 i 个行业的基尼系数，$G_r = \sum_i (x_i - s_i)^2$，$x_i$ 是全国范围行业 i 总产值占全国所有行业总产值的比例，s_i 是区域 r 内行业 i 的产值占区域 r 总产值的比例；H_r 是区域 r 的赫芬达尔系数，$H_r = \sum z_i^2$，其中 z_i 是企业 i 的产值占区域 r（包括 1，…，i 个企业）总产值的比例。系数 β_r 可以被粗略地看作是 G_r 和 H_r 的差，β_r 大于 0 说明区域 r 的行业专业化程度超过了区域 r 内企业集中度，也就是说现实中区域行业专业化程度超出了随机选择行业可能产生的区域行业专业化程度。

系数 β_l^c 用来衡量大区域内各小区域行业专业化的趋同程度，即区域间的行业同构程度。大区域 l 的行业专业化程度（G_l）可以分解为三个组成部分，分别是大区域 l 中企业集中度（H_l）、小区域 r 内的行业专业化程度（β_r）和大区域 l 内小区域间的行业专业化程度（即同构程度，β_l^c）。对于某一大区域 l 来说，β_l^c 的计算公式如下：

$$\beta_l^c = \frac{\left[G_l \Big/ \left(1 - \sum_i x_i^2\right)\right] - H_l - \sum_{r=1}^l \omega_r^2 \beta_r (1 - H_r)}{1 - \sum_{r=1}^l \omega_r^2}$$

上式中，l 代表大区域，r 代表大区域内的小区域，i 代表行业；$G_l = \sum_i (x_i - s_i)^2$，它代表大区域 l 的行业专业化程度；$\beta_r$ 是小区域 r 的 β_r 系数，ω_r 是小区域 r 在所属大区域 l 内所占的产值比例；H_r 代表小区域 r 的赫芬达尔系数，H_l 是大区域 l 中 r 个小区域的赫芬达尔系数的加权平均，计算公式为 $H_l = \sum_r \omega_r^2 H_r$。$\beta_l^c$ 系数大于 0 表示同一区域内的各小区域间存在的行业同构程度比在各区域随机分配各行业所产生的同构程度高，并且 β_l^c 系数越高则表示行业同构程度越高。

路江涌和陶志刚（2006）按省、市、县三级行政区域和 2、3、4 三级代码行业，分别计算了中国 1998~2003 年的 β_r 系数及其变动情况，发现各地的行业专业化程度整体上有所提高，但某些区域的行业专业化程度小于该地区随机选择行业可能产生的区域行业专业化程度[1]。路江涌和陶志刚（2006）还利用系数

---

[1] 路江涌、陶志刚：《区域专业化分工与区域间行业同构——中国区域经济结构的实证分析》，载《经济学报》，2006 年第 1 卷第 2 辑。

β_i^c 计算了 1998~2003 年各省级区域内部市级区域之间和各省及区域内部县级区域之间 4 位数代码行业的同构程度，发现整体上省级内部市（县）区域的行业同构程度有上升趋势。

运用生产法测度地区性行政垄断程度，简单直观，数据的可获得性较好，但是生产法仅凭经济结构数据分析区域经济的市场分割问题，具有一定的局限性。这是因为：①目前理论上缺乏衡量各省份生产结构的标准，同时中国各省、市、自治区市场结构的趋同可能是快速的工业化进程本身造成的；②区域生产结构的变化可能意味着中国正在逐步摆脱计划经济下区域分工的不合理模式，而并非是受地区性行政垄断的影响；③以结果来测度原因往往带来推理上的逻辑矛盾，这也是测度与辨识地区性行政垄断中的一个比较普遍的问题。

2. 贸易法

贸易法是从流通和贸易领域测度地区性行政垄断程度，主要是通过运用引力模型与边界效应模型分析各地区间的贸易量、贸易强度和贸易结构来考察地区性行政垄断状况。如果地区间贸易流量下降、边界效应上升，则认为地区性行政垄断程度加大。

贸易法是利用省际间贸易流量的变化研究区域市场的整合状况，贸易流量及其影响因素的常用估算方法包括引力模型法和边界效应法两种。

（1）引力模型法。引力模型（Gravity Model）最早用于国与国之间贸易量的影响因素的测算，用于一国内部省际之间时主要是从本省 GDP、外省 GDP 和两省之间的距离等因素来计算两地的贸易流量。引力模型的简化形式为：

$$M = \beta_1 + \beta_2 Y_M + \beta_3 Y_X + \beta_4 d + \sum_i \gamma_i D_i + \varepsilon$$

上式中所有变量都以对数形式表示，M 表示双边贸易流量，Y_M 和 Y_X 分别表示进口地区和出口地区的 GDP，d 表示两省省会城市之间的距离，ε 表示残差项。D_i 是表示具体省份之间非标准贸易强度的工具变量，经过模型估计，如果其系数 γ 大于 0，就表示省份之间的贸易量大于标准水平（标准值的大小由相应省份的经济规模和距离决定）；相反，如果系数为负，则意味着贸易流量没有达到正常水平，存在地区性行政垄断等因素的影响。

诺顿（Naughton, 1999）运用引力模型的方法通过比较 1987~1992 年中国省际工业品的贸易流量，发现流量不但有所增长，而且制造业内部各行业间的贸易占据了主导地位，这个趋势和全国市场一体化是相协调的。因而，诺顿认为 1987~1992 年中国国内市场的地区性行政垄断程度是趋于下降的[①]。

---

① Naughton, Barry, *How Much Can Regional Integration Do to Unify China's Markets?* 1999, Conference for Research on Economic Development and Policy Research, Stanford University.

（2）边界效应法。边界效应（Border Effect）是指在一体化区域中存在行政区之间的差距，而这种差距变动趋势与一体化趋势相反，但小于一体化的趋势。边界效应法主要是从不同地区之间的跨境商品贸易流来分析区域间贸易情况，根据对外省的消费对本地消费的替代，并对地理位置、相对价格和生产力水平等因素进行调整，来比较跨省的贸易是否受到抑制，受到抑制和阻碍越大，边界效应就越大，跨境贸易就越难进行。边界效应的估算方程是一种实证研究中的应用模型，根据研究目的和研究对象的差异，其形式和所含变量也有所不同。在贸易流量分析中较为常用的边界效应估算方程①为：

$$\ln \frac{m_{ij}}{m_{ii}} = \ln \frac{v_j}{v_i} - \delta(\sigma-1)\ln \frac{d_{ij}}{d_{ii}} - \sigma \frac{p_j}{p_i} - (\sigma-1)[\beta_i + \ln(1+u)] + e_{ij}$$

$$e_{ij} = (\sigma-1)(\varepsilon_{ij} - \varepsilon_{ii})$$

上式中，m_{ij} 表示省份 i 和省份 j 之间的贸易量，m_{ii} 表示省份 i 内部贸易量；v_i 和 v_j 分别表示省份 i 和省份 j 的产量；d_{ij} 和 d_{ii} 分别表示省份 i 与省份 j 之间的距离和省份 i 内部贸易的平均距离；p_i 和 p_j 分别表示省份 i 的消费者给予本省和外省份 j 的商品价格；哑变量 u 表示贸易壁垒，当 i＝j（省内贸易）为 0，i≠j 时（跨境贸易）为正；β_i 表示省内偏好，即相对于来自外省份 j 而言省份 i 的消费者对本省商品的偏好程度，可以通过本省消费者购买本省和外省商品的分布情况测算；σ 为本省商品和入境商品之间的替代弹性，ε 为服从正态分布的误差项；δ 为距离变量的估计参数；负常数项 $-(\sigma-1)[\beta_i + \ln(1+u)]$ 测量了总的边界效应，它代表了实际观察到的贸易量和模型所预测的在无贸易壁垒情况下的贸易量之间的偏差。

庞塞特（Poncet，2002，2003）运用边界效应法分析了 1992～1997 年中国国内市场一体化程度和贸易壁垒的演化。实证分析的结果表明，尽管国内市场的贸易流量在不断上升，但上升幅度远远落后于国外进口的增长②。从各省份贸易流量的构成分析，省级贸易比重的下降为省内和国际商品比重所补偿，国际经济一体化与各省自给自足倾向合力将国内市场推向非一体化，在此期间省际贸易的边界效应明显上升，地区性行政垄断程度有提高的趋势。

贸易法的缺陷在于，第一，区域间贸易流量受多种因素的影响，贸易流量的增大很有可能是由规模经济所导致的，而此时区际贸易壁垒并没有削弱，区际市

---

① 边界效应估算方程的详细推导，请参见 Head and Mayer（2000）和 Poncet（2002，2003）。Head, Keith and Thierry Mayer. Non-Europe: *The Magnitude and Causes of Market Fragmentation in the EU*, Weltwirtschaftliches Archiv 2000, 136: 284-314.

② Poncet, S., *Domestic Market Fragmentation and Economic Growth*, 2002, Working Paper, CERDI, Universite de Clermont-Ferrand. Poncet, S. *Measuring Chinese Domestic and International Integration*, China Economic Review, 2003, 14: 1-21.

场整合程度没有明显变化；第二，在度量区域市场化程度时，贸易法主要考虑的是产品市场，仅仅考虑产品市场的整合程度，而忽视劳动力和资本市场是不完整的；第三，区际间的贸易量极其容易受到商品替代弹性的影响，如果两地间的商品替代弹性很高，则微小的价格调整也会带来贸易流量的大幅变动。

3. 价格法

价格法是用商品价格作为衡量市场整合程度的工具，通过各地区之间商品价格的差异来考察地区性行政垄断状况。如果商品价格的变异系数和边界效应缩小或者价格在统计上存在趋同现象，则市场的一体化程度提高，地区性行政垄断程度下降。

运用价格法测度与辨识地区性行政垄断的具体方法包括相关分析法、协整分析法和相对价格法。相关分析法和协整分析法的经济学原理比较简单，只要能够获得相关价格数据，就可以利用计量软件进行实证分析。这里仅简单介绍以"一价定律"（Law of One Price）和"冰川成本模型"（Model of Iceberg Cost）为理论基础的相对价格法。"冰川成本模型"的核心思想是以交易成本的存在解释两地间"一价定律"的失效。该模型表明，由于交易成本的存在，两地间的价格 P_i 与 P_j 最终不可能完全相等，既可以同升同降，也可以一升一降，只要相对价格 P_i/P_j 的取值不超过一定的区间，均可认为两地之间的市场是整合的。商品在两地间运输会损耗成本，即"冰川成本"。后来，"冰川成本"也泛指各种交易成本导致的商品损耗。如果令该损耗的大小为每单位价格的一个固定比例 c $(0 < c < 1)$，那么只有满足条件 $P_i(1-c) > P_j$ 或者 $P_j(1-c) > P_i$ 时，套利行为才有利可图，两地会进行该种商品的贸易。当上述条件不满足时，商品的相对价格 P_i/P_j 将在无套利区间 $[1-c, 1/(1-c)]$ 内波动。所以，即使两地之间市场完全整合，没有地区性行政垄断，相对价格也不会趋近于 1，而可能有一个活动范围。也就是说，即使与 P_i 与 P_j 的运动方向不同或者运动幅度不同，市场仍然有可能是整合的。

实证研究中运用"冰川成本模型"中相对价格的运动规律进行计量检验有两种具体方法。第一种方法是对相对价格 P_i 与 P_j 的时间序列进行单位根检验。若不能拒绝 P_i 与 P_j 服从单位根运动的原假设，则表明方程 $P_{it}/P_{jt} = bP_{it-1}/P_{jt-1} + e_t$，有 $b=1$ 这说明序列 P_{it}/P_{jt} 为非稳定的随机过程，其方差随着时间的推移而不断扩大，反映了两地间存在地区性行政垄断，每一次意外冲击都将对 P_i/P_j 造成永久性影响，使相对价格无法回到无套利区间 $[1-c, 1/(1-c)]$。反之，拒绝单位根假设则表明相对价格 P_i/P_j 的方差为固定值，其变动幅度有限，冲击只是暂时的，长期内相对价格将恢复到无套利区间。运用"冰川成本模型"中相对价格的运动规律进行计量检验的第二种方法是，以相对价格的方差 $Var(P_i/P_j)$

作为市场一体化程度的动态指标，观察其变动情况。如果方差 $Var(P_i/P_j)$ 随时间变化而趋于缩小收窄，则反映出相对价格波动的范围在缩小，"冰川成本" cP 降低，无套利区间 $[1-c, 1/(1-c)]$ 在缩窄，两地间的贸易壁垒有所削弱，地区性行政垄断程度下降，阻碍市场整合的因素减少，市场整合程度提高。

在应用价格法对中国国内市场整合程度进行实证分析方面，喻闻和黄季焜（1998）运用协整方法测算了 1988~1995 年中国大米市场的整合程度，认为中国大米市场的整合程度显著提高，粮食市场正朝着一体化方向发展[1]。吴（Wu, 2001）同样使用价格数据和协整分析方法研究了中国主要农产品市场整合程度，结果表明，中国主要农产品的国内市场在长期内将走向一体化[2]。范和魏（Fan and Wei, 2003）对中国分商品类别的相对价格时间序列进行了单位根检验，结果验证了中国国内的市场价格有收敛的趋势，渐进式改革推进了市场的一体化[3]。陆铭和陈钊（2006）沿着帕斯利和魏（Parsley and Wei, 1996, 2000, 2001）的研究路径，采用相对价格方差的分析工具对中国国内 1985~2001 年 9 类商品的市场整合程度进行了实证研究[4]。他们将相邻省份的价格指数数据转化为市场整合程度的动态指标，使用时间、地点、商品种类 3 维面板数据求出相邻省份的相对价格方差的时间序列数据，验证了全国相对价格方差的收敛性，进而判断改革开放以来区域间商品市场的割据并非愈演愈烈，国内商品市场的一体化程度正在逐步得到提高。

价格法的优点在于商品价格变动中包含的信息较多，既可以考察产品市场的整合程度，也可以考察要素市场的整合程度，并且数据相对齐全，便于计量分析。价格法的主要缺陷包括：首先，按照"冰川成本模型"，相对价格在无套利区间内波动，市场仍然有可能是整合的，所以价格波动标准差和协整法难以准确地反映市场整合程度；其次，以"冰川成本模型"为基础的价格法能够测度市场价格的收敛趋势，但不能准确描述收敛过程中的阶段性特征。最后，影响价格波动的不仅仅包括地区性行政垄断的因素，在实证分析中很难准确界定出相对价格方差变化幅度中有多少是来自于地区性行政垄断。

4. 经济周期法

经济周期法最早是应用于最优货币区理论中，考察经济周期的同步性与区域

---

[1] 喻闻、黄季焜：《从大米市场整合程度看中国粮食市场改革》，载《经济研究》1998 年第 3 期。

[2] Wu, Laping. *Integration of China's Major Agricultural Product Market*, Paper presented to the 3rd International Conference on Chinese Economy, CERDI, Clermont-Ferrand, France, 2001.

[3] Fan, C. Simon and Xiang dong Wei. *The Law of One Price：Evidence from the Transitional Economy of China*, working paper, Lingnan University, 2003.

[4] 陆铭、陈钊：《中国区域经济发展中的市场整合与工业集聚》，上海三联书店、上海人民出版社 2006 年版。

内货币政策的实施。穆迪和王（Mody and Wang, 1997）、唐（Tang, 1998）和许（Xu, 2002）将经济周期法应用于中国国内市场的一体化程度研究①，主要是通过测算各地区的经济周期的相关程度来考察市场分割状况，如果相关程度高，则市场一体化的程度高，地区性行政垄断的程度就小。许（Xu, 2002）利用商业周期模型来检验中国省际市场的一体化程度，他利用一个误差构成模型（Error-Components Model）把每个省份的部门实际经济增长分解为国家宏观影响、部门自身生产率的提高和本省份对该部门的影响。经济周期法的估算模型为：

$$y(i, j, t) = h(i) + g(i, j) + b(t) + f(i, t) + m(j, t) + u(i, j, t)$$

该模型表示 j 省 i 部门在 t 时的实际产出增长率可以分解为以上各组成部分之和。部门 i=1, 2, 3 分别表示农业、工业和服务业；j 表示可以获得数据的省份，t 表示可以获得数据的年份；$y(i, j, t)$ 表示 j 省份的 i 产业部门在 t 时的实际产出增长率，$h(i)$ 表示产业部门 i 的固定效应，$g(i, j)$ 表示具体产业部门 i 和省份 j 之间不随时间变化的效应，$b(t)$ 表示纯时间效应，$f(i, t)$ 表示固定产业效应和时间之间的交互作用，$m(j, t)$ 表示固定省份效应和时间之间的交互作用，$u(i, j, t)$ 是 j 省份的 i 产业部门在 t 时的特殊干扰项，它被假定为一个独立的服从正态分布的随机变量。在使用该模型进行长期跨省份估算时受控制的组成部分是 $h(i)$ 和 $g(i, j)$ 两项，而短期分析的组成部分包括 $b(t)$、$f(i, t)$ 和 $u(i, j, t)$，它包含了以年为频率的普通商业周期、产业部门和省份的影响效应。

许（Xu, 2002）运用以上估算模型对 1991～1998 年中国 29 个省市的三大产业部门的相关数据进行了实证分析。结果表明，虽然在短期内各省份的影响可以解释 35% 的省际实际产出变动，但是在长期内部门固定影响成为产出波动的主要因素；中国区域市场一体化尽管还不够充分，但是正朝着有利的方向发展，地区性行政垄断的程度趋于下降。

通过测算各地区经济周期的相关程度来考察经济波动的同步性具有较强的说服力，但是在转型经济中由于引起经济周期非同步性变化的因素很多，地区性行政垄断只是其中之一，以经济周期的非同步性来测度和辨识地区性行政垄断，有时难免会出现偏误。

5. 问卷调查法

以上研究方法在很大程度上依赖于各省份的产出数据或部分行业的贸易和价

---

① Mody, A., & Wang, F. *Explaining Industrial Growth in Coastal China: Economic Reforms and What else? World Bank Economic Review*, 1997, 11, 293 – 325. Tang, K. K. *Economic Integration of the Chinese Provinces: A Business Cycle Approach, Journal of Economic Integration*, 1998, 13: 549 – 570. Xu, Xinpeng. *Have the Chinese Provinces Become Integrated under Reform? China Economic Review*, 2002, 13. 116 – 133.

格数据去推断、测度和辨识地方保护与市场分割。即使这些数据是准确的，由于这些数据中不仅包含着地区性行政垄断的信息，而且包含着其他因素，准确界定出属于地区性行政垄断所引致的变量变化程度具有一定的难度。因此，通过问卷调查的方法直接获得关于地方保护的第一手资料和相关数据，可能更能接近事实真相，更具有说服力。问卷调查法的关键在于调查问卷的设计，需要事先了解地区性行政垄断的具体表现形式、手段、方法和影响，将地区性行政垄断及其影响因素等细化为具体问题，列出主要问题的备选答案，并给受访对象留有补充余地。然后按照区域、行业等均匀分布的要求确定受访对象，分类进行抽样调查，通过对调查问卷的筛选、分析和处理，估算地区性行政垄断的程度及其变化趋势。

2003年，国务院发展研究中心发展战略和区域经济研究部课题组分别设计了针对企业和非企业的调查问卷，运用调查问卷法对地区性行政垄断问题进行了研究[①]。针对企业的调查问卷包括企业基本情况、企业市场营销及竞争能力状况、企业经营环境评价、贸易障碍评价、限制产品进入市场的方式、限制生产或销售机构进入的方式以及对中央和地方政府消除地方保护的努力程度的评价等七大类问题；针对非企业的调查问卷包括填表人的基本情况、地方保护的总体情况、本地产业的竞争能力、限制产品进入市场的方式、限制生产或销售机构进入的方式等五大类问题。通过对调查问卷的分析发现，中国国内地方保护虽然已有很大程度的减轻，但依然存在，而且其手段、方式、内容和对象发生了深刻的演变。随着中国经济逐步由短缺过渡到相对过剩的状态，地方保护的内容由保护当地资源为主转变为以保护当地市场为主，保护手段由直接的硬性的规定为主转变为间接的隐形的手段为主，保护范围从产品市场逐渐扩大到了要素市场。当前，地方保护仍然是影响企业生产经营活动的重要因素之一，消除地方保护将有利于促进企业的有序竞争。

针对中国目前是否还广泛地存在地方保护及其形式和手段等问题的讨论，向企业和其他单位发放问卷，就市场分割和地方保护问题进行抽样调查，可以得到关于地方保护的第一手资料，有助于全面了解地方保护形式和手段，有助于分析地方保护产生的消极影响，有助于提出针对性较强的消除地方保护的政策措施。不过，调查问卷法的研究周期较长，所需经费较大，并且需要受访者的积极配合，而这些又是目前中国学术研究中所难以保障的。

---

① 李善同、侯永志、刘云中、陈波：《中国国内地方保护问题的调查与分析》，载《经济研究》2004年第11期。

二、地区性行政垄断影响因素的量化与测度

在研究地区性行政垄断的文献资料中，有大量定性研究文献对地区性行政垄断的形成原因和影响因素进行了描述性分析，少有实证分析。即使是实证研究，也是到最近几年，才开始对影响地区性行政垄断的因素进行定量分析，尝试在模型中量化这些影响因素，并进行测度和回归分析。

白重恩等（2004）[1] 将胡佛地方专业化系数作为被解释变量，将行业利税率、国有企业的产出比重作为地方保护程度的代理变量，验证了地方保护、规模经济以及产业集聚与专业化程度之间的负相关关系，认为地方保护主义是导致市场分割的原因。在后续研究中，白重恩等（2006）又将资源禀赋、收入水平、开放程度的变化等经济因素和中央与地方行政关联的紧密度等行政整合因素引入模型分析，得出了类似的实证结果[2]。平新乔（2004）运用联立方程模型验证了政府实施地区性行政垄断的动机与效果。在影响因素的量化与测度上，我们通过柯布－道格拉斯生产函数估算了资本和劳动的边际生产率，假定某部门的劳动和资本的边际生产率越高，则该部门的国有资本控制度或垄断程度就越高；用每个企业拥有的平均就业量和平均资本量作为规模和规模报酬变量；用国家绝对控股企业数占该行业全部企业数的比率、国家绝对控股企业的就业人数占该行业全部就业人数的比率、国家绝对控股企业的实收资本量占该行业全部实收资本总量的比率、国家绝对控股企业销售收入占该行业销售总收入的比率和国家绝对控股企业的主营业务收入占该行业主营业务总收入的比率等5个指标作为政府保护力度的变量；用人均销售收入、人均主营业务收入、人均资本、人均销售量、外资与私人资本进入度、每单位资本利润、每单位资本产值、每单位资本主营业务收入等8个指标作为政府保护政策的效应变量，进行了实证分析[3]。计量分析结果表明，地方政府的国有资本控制权与对应产业的边际劳动生产率显著正相关，政府实行市场分割有着极强的物质利益驱动；政府的控制程度越高、垄断程度越强，资源配置的效率就越低。林毅夫等（2004）认为，中国目前的地区性行政垄断在一定程度上是改革开放前重工业优先发展的赶超战略的后果[4]。为了验证"赶

---

[1] 白重恩等：《地方保护主义及产业地区集中度的决定因素和变动趋势》，载《经济研究》2004年第4期。
[2] 白重恩、陶志刚、仝月婷：《影响中国各地区生产专业化程度的经济及行政整合的因素》，载《经济学报》2006年第1卷第2辑。
[3] 平心乔：《政府保护的动机与效果——一个实证分析》，载《财贸经济》2004年第5期。
[4] 林毅夫、刘培林：《地方保护和市场分割：从发展战略的角度考察》，北京大学中国经济研究中心工作论文，2004年，No. C2004015。

超特征越强的省份，地区性行政垄断就越严重"的假说，他们用樊纲等（2003）①估算的商品市场发育程度和要素市场发育程度指标加权综合形成了度量地区性行政垄断的指标，并用这个指标作为因变量，用度量发展战略特征的技术选择指数（TCI）作为解释变量，进行了简单的最小二乘估计，发现 TCI 越高的省份，其市场一体化指数越低，地区性行政垄断程度越高。庞塞特（Poncet，2005）运用"引力模型"（Head and Mayer，2000）从 1992 年和 1997 年中国省际、省内贸易量比重中分解出"边界效应"，并将其作为国内市场整合的指标；将财政预算占 GDP 的比重、政府消费、失业率等作为影响地区性行政垄断的因素纳入回归方程。回归分析的结果显示，解决失业率问题、政府对市场的干预等地方保护政策均加剧市场分割程度②。陆铭和陈钊（2006）利用国内 1985~2001 年商品零售价格指数构造出度量中国地区间市场分割程度的指标，将经济开放、就业压力、政府消费的相对规模、不同地区的技术差异、地理距离和市场化改革所处的阶段等作为地区性行政垄断的影响因素，将进出口总额占 GDP 的比重（外贸依存度）、政府消费占 GDP 的比重、国有企业职工人数占职工总人数的比例、某省份劳动力人均 GDP 与相邻省份平均劳动力人均 GDP 的比率（技术差距变量）等 4 个指标作为与政府行为相关的影响因素，将本省份与相邻省份间的平均面积和以 1994 年为界的时间哑变量（1994 年以前取 0，1994 年以后取 1）作为控制变量，进行了计量分析。通过计量分析验证了经济开放对国内市场整合的影响是非线性的，经济开放最终能够促进国内市场一体化进程，就业压力和政府消费的相对规模是加剧市场分割的因素③。

以上研究在对地区性行政垄断影响因素的量化与测度上进行了有益的探讨，相对于定性研究而言，既简单明了，也具有较强的说服力。现有实证研究在地区性行政垄断影响因素的量化和测度方面的不足之处主要在于，首先，在影响因素的确定和选择上不够全面，没有形成相对稳定的指标体系。现有研究在影响因素的选择上主要考虑的是研究者的研究意图以及量化和测度的便利性，解释变量的选择稍显简单，这样容易引起估计结果的遗漏变量偏误。其次，在实证研究中，刻画地区性行政垄断的指标是否能够准确地反映地区性行政垄断的信息也值得斟酌。例如，有些研究中选择专业化程度和利税率高低指标来度量地区性行政垄断程度就值得商榷。正如上文所指出的，转型时期影响地区专业化程度的因素很

---

① 樊纲、王小鲁：《中国市场化指数：各地区市场化相对进程报告（2001）》，经济科学出版社 2003 年版。

② Poncet, S. *A Fragmented China*: *Measure and Determinants of Chinese Domestic Market Disintegration*, *Review of International Economics*, 2005, 13 (3)：409 – 430.

③ 陆铭、陈钊：《中国区域经济发展中的市场整合与工业集聚》，上海三联书店、上海人民出版社 2006 年版。

多，地区性行政垄断只是其中之一；地方保护的对象不仅仅是利税率高的行业，一些劳动密集型的低利税率行业往往也受到地方政府的保护。

三、地区性行政垄断测度方法的整合、改进与创新

地方保护与市场分割妨碍了全国统一市场的形成，降低了区域资源的配置效率，扭曲了经济运行机制，扰乱了市场价格信号，影响了宏观经济政策的有效实施。打破地区性行政垄断，加快市场整合进程，形成有序竞争的全国统一大市场，是当前反行政性垄断的重要任务。测度和辨识地方保护与市场分割，不仅是判断国内市场是越来越一体化还是越来越分割的重要环节，而且是制定打破地区性行政垄断的政策的重要决策依据。已有的测度与辨识地区性行政垄断的方法各有所长，同时这些研究方法在市场保护程度的度量、解释变量的选取和定义以及计量模型的构建等方面均存在着一些有待改进之处：或是指标过于简单、遗漏变量导致出现偏差，或是未能剔除干扰因素的影响、所选取的指标与地方保护程度的相关性不强、变量之间的因果关系混乱等，这样就难免会出现相互矛盾的结论。在实证研究中需要整合已有的研究方法，借鉴相关学科的计量分析方法，构建实证分析的方法论体系和指标体系，多角度、多层次对地区性行政垄断程度进行测量。同时，为了弥补地方保护易观察、评价，而不易用一到两个指标去直接度量的缺陷，采用问卷调查法，将地区性行政垄断分解细化为便于回答的具体问题，对不同类型的经济主体进行抽样调查，以获得能够进行实证分析的数据，也是一种较好的选择。

从现有实证研究成果看，由于对中国国内地区性行政垄断问题的测度和辨识需要有反映各省之间联系的数据，这些数据中有些需要估计，有些很难获得。要找到一个具有一致性的反映地区性行政垄断程度的指标，并且这一指标能够与可能的解释变量相匹配，为进一步的计量回归分析提供基础，难度很大。不同的研究由于数据来源和估计方法的不同，从而导致研究结论大相径庭。中国是一个处于转轨时期的发展中大国，地区与地区之间的经济发展水平差距很大，政策和制度背景比较复杂，迅速发展和经历结构变化的经济体的区域市场和专业化有着复杂多样的结果，因而评价中国内部市场一体化进程是一项纷繁复杂的任务。任何理论和方法在应用于分析中国问题时，都需要慎之又慎，只基于一种观点或一种方法而不认真考虑中国特殊因素的实证研究结果，很容易出现偏误，从而失去其代表性和应用价值。要保证实证研究结果的科学性、客观性和权威性，需要整合已有的研究方法，积极进行方法创新，形成方法论体系，使各种实证分析方法之间相互补充、互为印证。

在本项研究中,我们针对转轨时期中国行政性垄断的特殊属性构建了 ISCP 分析框架,并根据 ISCP 分析框架设计了测度地区性行政垄断程度的指标体系,构建地区性行政垄断指数,对转轨时期中国地区性行政垄断程度进行综合测度和比较研究。在实证测度中,我们将综合采用以上研究方法并在借鉴已有方法的基础上进行整合、改进和创新,对构成地区性行政垄断指数的具体指标进行测度①。转轨时期中国地区性行政垄断指数由三级指标体系构成,包括 4 个一级指标、19 个二级指标和 49 个三级指标,从制度、结构、行为、绩效等方面反映了行政力量对于市场竞争的影响。在 49 个三级指标中既有定量指标,也有定性指标。为了能够纳入统一的分析框架中,我们采用了制度因素和定向问题定量化的方法,将制度属性和定性问题转化为可以量化的指标,进行测度分析。在研究的第一阶段,我们构造了相对简单的地区性行政垄断指数并进行测量,然后将实际数据进行返回测试,并修正和细化各类指标,经过几次反复,逐步形成完善的指标体系,最终测算出转轨时期中国地区性行政垄断程度指数。三级指标体系中,不同的指标对不同地区的行政垄断的测算具有不同的代表意义,在调查研究的基础上,我们赋予不同类别指标不同的权重。此外,每一类指标内的参数也赋予不同的权重,并最终将不同测算单位的参数都转化为分值的形式来对不同地区的行政垄断程度进行度量。各指标赋权的依据来自于两个方面:一是专家测评。我们征求了本领域专家的意见,对不同类型指标的权重进行了问卷调查;二是主成分分析。在研究过程中我们通过对下一级指标进行主成分分析得到其相应权重。在综合考虑两个方面因素的基础上,确定各指标的权重。

---

① 在 49 个三级指标的测度中,综合使用了生产法、贸易法、价格法、经济周期法和问卷调查法。每个具体指标的测度方法,参见第五章。

第四章

行业性行政垄断的测度

第一节 行政性垄断行业的界定

研究中国行业性行政垄断问题，首先需要面对就是行政性垄断行业的判定问题——在众多的国民经济行业当中，到底哪些行业可以被判定为行政性垄断行业，其行政性垄断的程度又有多大？由于目前还没有一个科学、客观且准确地对行业性行政垄断程度进行测量的公认标准，令人信服地回答这一问题并不容易。

《中华人民共和国反垄断法》第一章第七条规定："国有经济占控制地位的关系国民经济命脉和国家安全的行业以及依法实行专营的行业，国家对其经营者的合法经营活动予以保护，并对经营者的经营行为及其商品和服务的价格依法实施监管和调控，维护消费者利益，促进技术进步"。这一条款主要包含两个要点：一是对部分国有经济占控制地位的关系国民经济命脉和国家安全的行业以及依法实行专营的行业，国家对其经营者的合法经营活动予以保护，这就意味着国家认可并保障很大一部分垄断性行业企业的垄断地位，《反垄断法》对于这部分行业的企业垄断给予豁免；二是国家对经营者的经营行为以及商品和服务的价格依法实施监管和调控，维护消费者利益，这主要意味着国家有义务对豁免的垄断性行业的企业进行有效的价格规制，以保障消费者的利益。

对上述两个要点的影响进行引申研究，我们得到图4-1。涉及市场竞争失灵、国民经济命脉、国家安全等因素的行业，国家通过行政性进入壁垒维护垄断者的垄断地位，这直接导致了较高的行业国有化比重与较高的行业集中度；在这二者的联合影响下，企业的垄断行为尤其是垄断定价行为得以滋生，从而导致较高的行业利润率。与此同时，为了维护消费者利益，在设置行政性进入壁垒的情况下，往往伴随着政府的种种价格规制措施，其目的就是为了消除垄断利润，从而降低行业利润率；但是由于信息不对称及规制俘获等原因，其实际效果大打折扣。下面我们在图 4-1 分析的基础上，探索出对行业性行政垄断程度进行测度的体系和方法，进而完成行政性垄断行业的判定工作。

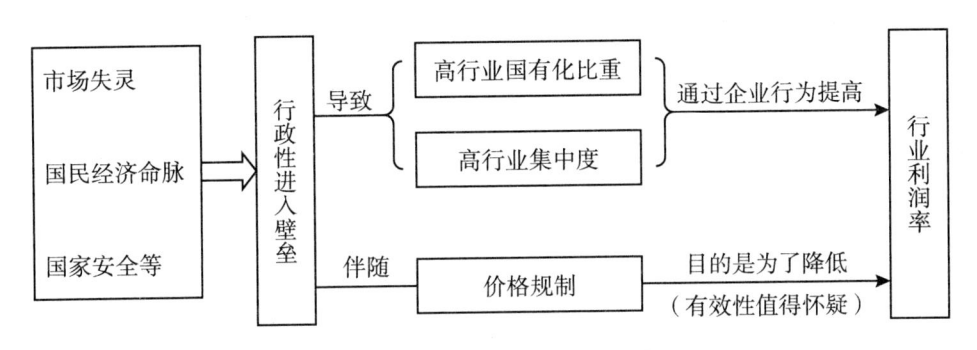

图 4-1 行业性行政垄断示意图

一、行政性垄断程度测度指标及数据选取

在产业组织理论中，进入壁垒是形成垄断势力的根本原因，这里，我们要对行业性行政垄断程度进行测度，实际上就是对图 4-1 中行政性进入壁垒进行测度；由于对行政性进入壁垒直接进行测度存在很多困难，所以人们一般从其对市场结构、企业行为及经济绩效等影响中来对其进行间接测度。于良春等(2007)[①] 提出用 ISCP 框架的综合指标体系来衡量行业性行政垄断程度，这个方法从制度、结构、行为与绩效四个一级指标方面对行政性垄断程度进行测度，每个一级指标下面又包含很多二级和三级指标，其优点是比较细化，适合对重点行业进行研究。但是如果用这种方法进行行政性垄断行业的判定，有一个问题需要解决——此指标体系中包含的很多分指标难以在各个行业之间进行有效的比较，不具有一致性。为了解决这个问题，我们从其整个指标体系中选择了五个相对成熟且能量化的指标来代表行政性垄断程度：国有化比重、行业集中度、是否具有

---

① 于良春等：《转轨时期中国反行政垄断与促进竞争政策研究》，山东大学反垄断与促进竞争政策研究中心工作论文，2007，No. 2007001。

明显价格规制、垄断行为程度及产业利润率。

1. 国有化比重

一般来讲，行政性进入壁垒的存在，会导致非国有经济较难进入，国有经济比重较大；因此，行业性行政垄断程度可以从行业的国有化比重上得到一定的体现（金玉国，2001）①。为了方便，这里可以用行业内国有经济总产值比重具体计算国有化比重，用 G_n 表示。

2. 行业集中度

一般来讲，行政性进入壁垒越高，市场结构就越是集中；行政性垄断行业在满足国有化比重的相关条件的同时，一般还应该有较高的市场集中度。行业集中度是最简单易行、也是最常用的衡量市场集中度的计算指标，它是指规模最大的前几位企业的有关数值 X（销售额、增加值、资产额等）占整个行业的份额，计算公式为 $CR_n = \sum_{i=1}^{n} X_i / \sum_{i=1}^{全部} X_i$。具体计算时，n 我们取 4，计算主营业务收入数额的 CR_4，以此来表示行业集中率。

3. 是否具有明显价格规制

行政性进入壁垒的存在，往往伴随着政府的价格规制等其他规制措施；尽管这些措施的存在是为了消除行政性进入壁垒可能造成的不良后果，但是，作为一个衡量指标，它却可以反映出一个行业的行政性进入壁垒的存在情况。一般来说，一个行业如果存在较明显的价格规制，那么这个行业的行政性进入壁垒就很强，行政性垄断程度也就很强；而如果不存在较明显的价格规制，结论相反。具体的，用 PR 表示是否具有明显价格规制，PR = 1 表示存在，而 PR = 0 则表示不存在。

4. 垄断行为程度

行政性进入壁垒导致行业内垄断企业具有很大的市场支配力，在没有外部约束的条件下，企业往往会产生很多滥用其市场支配力的垄断行为；这种垄断行为，可以作为对行政性垄断程度测度的一个指标。这个指标用来衡量行政性垄断存在很大的困难，因为垄断行为程度一直以来缺乏一个量度的方法，为了解决这个问题，我们做了一个对各行业垄断行为程度的调查。

通过对 40 多位反垄断与规制方面的国内专家以及 432 位山东境内普通消费者的问卷调查，我们得到 37 个工业行业和电信、铁路、邮政、航空、银行等 5 个重要第三产业的"滥用市场支配地位"垄断行为程度的量化指标——每个行业的垄断行为程度，我们提供严重、中等、较弱或无三个单选选项，严重定为 2 分、中等为 1 分、较轻或无为 0 分；假设有 n 个被调查者接受调查，则每个行业的最高分为 2n 分，最低为 0 分；现在我们假定一个行业的选择较轻或无的有 n_1

---

① 金玉国：《行业所有制垄断与行业劳动力价格》，载《山西财经大学学报》2001 年第 3 期。

个被调查者,选择中等的有 n_2 个调查者,严重的有 n_3 个调查者,则 $n_1 + n_2 + n_3 = n$,这个行业的得分为 $n_2 + 2n_3$;将每个的行业的得分 $n_2 + 2n_3$ 除以最高可能得分 $2n$,即 $(n_2 + 2n_3)/2n$,以此作为该行业的垄断行为程度的最终得分,得分区间为(0,100%),我们用 ACT 来表示垄断行为指标(见表4-1)。

表4-1　　2007年行业行政性垄断程度测定的指标数据

行业名称	G_n(%)	CR_4(%)	PR	ACT(%)	R(%)
煤炭开采和洗选业	66.04	14.67	0	54.905	9.58
石油和天然气开采业	98.90	45.36	1	87.165	47.31
黑色金属矿采选业	18.35	6.29	0	42.605	12.42
有色金属矿采选业	38.78	17.27	0	48.775	21.27
非金属矿采选业	19.91	6.72	0	29.735	7.67
农副食品加工业	8.25	4.76	0	5.415	4.36
食品制造业	12.42	7.13	0	8.645	5.79
饮料制造业	22.93	14.52	0	25.615	7.70
烟草制品业	99.34	29.15	1	74.49	14.49
纺织业	5.88	5.41	0	7.315	3.68
纺织服装、鞋、帽制造业	1.81	6.36	0	5.36	4.44
皮革、毛皮、羽毛(绒)及其制品业	0.67	4.18	0	6.91	4.30
木材加工及木、竹、藤、棕、草制品业	7.56	5.95	0	8.6	4.83
家具制造业	3.66	5.72	0	9.4	4.57
造纸及纸制品业	10.09	8.75	0	14.21	5.21
印刷业和记录媒介的复制	17.50	3.135	0	16.73	6.78
文教体育用品制造业	1.98	4.72	0	6.295	3.26
石油加工、炼焦及核燃料加工业	75.59	14.33	1	70.195	-2.06
化工原料及化学制品制造业	29.13	5.75	0	29.585	5.57
医药制造业	19.85	7.28	0	39.56	7.42
化学纤维制造业	20.49	15.88	0	24.585	2.17
橡胶制品业	14.21	12.10	0	23.67	4.20
塑料制品业	4.64	2.69	0	6.225	4.25
非金属矿物制品业	11.47	2.24	0	14.755	5.28
黑色金属冶炼及压延加工业	43.13	11.95	0	46.445	5.38
有色金属冶炼及压延加工业	33.44	7.82	0	43.705	6.78
金属制品业	7.08	2.93	0	14.41	4.62
通用设备制造业	21.51	4.38	0	24.92	6.10
专用设备制造业	26.33	5.17	0	34.805	6.02
交通运输设备制造业	50.17	9.80	0	43.205	4.92

续表

行业名称	G_n（%）	CR_4（%）	PR	ACT（%）	R（%）
电气机械及器材制造业	10.81	11.15	0	22.66	4.63
通信设备、计算机及其他电子设备制造业	7.68	11.69	0	18.32	3.44
仪器仪表及文化、办公用机械制造业	9.33	9.07	0	17.475	5.74
工艺品及其他制造业	5.74	3.04	0	7.545	4.87
电力、热力的生产和供应业	90.00	20.28	1	81.09	7.84
燃气生产和供应业	54.72	12.54	1	70.87	4.07
水的生产和供应业	69.52	8.504	1	75.475	3.39
电信和其他信息传输服务业	60.04	97.61	1	85.23	20.78
邮政业	95.95	84.16	1	83.59	-12.43
铁路运输业	94.01	64.18	1	87.94	2.92
航空运输业	50.23	80.34	1	73.275	27.35
银行业	52.90	70.08	1	62.165	11.22

资料来源：根据《中国统计年鉴》(2007)、《中国工业统计年鉴》(2007)、《中国大型工业企业年鉴》(2007)、《中国经济年鉴》(2007)、中国 500 强网站以及课题组调查数据计算整理得到，其中非工业行业 G_n 采用国有人数比重计算，邮政业 CR_4 用 CR_1 替代。

5. 产业利润率

由于市场支配力必然影响经济绩效，因而也可以从经济绩效角度来衡量市场支配力，但是行政性垄断行业大多为国有经济占主导的行业，这会对绩效产生一个负影响（刘小玄，2003）[①]，再加上其他因素的影响，行政性垄断程度较高的产业的经济绩效未必一定高。从这个意义上讲，用经济绩效来度量行政性垄断程度可能会存在很大的问题，稳妥起见，这里我们当作一个附加指标。具体的，我们主要用产业利润率指标 R 来表示经济绩效。

二、实际测度及行政性垄断行业的判定

上一部分中，我们选取了五个指标用来间接测度行政性进入壁垒程度。从理论上分析，这五个指标之间具有高度的相关性，都可以在一定程度上反映出行政性进入壁垒的强度，但是每个指标又有很大的不同，单独使用不可避免地会具有片面性；为了解决这个问题，我们尝试综合使用这些指标构建测度体系，以达到对行业行政性垄断程度更加科学、准确地衡量。

---

① 刘小玄：《中国转轨过程中的产权和市场——关于市场、产权、行为和绩效的分析》，上海三联书店 2003 年版。

我们尝试用表 4-1 中所列的都可以在一定程度上反映行政性进入壁垒程度的五个指标,进行行政性垄断程度的测度工作。由于指标较多,主观赋权重困难较大,而且各个指标之间存在高度的相关性,所以我们采用主成分分析的方法,对指标进行处理,计算主成分值对行政性垄断程度进行测度。

运用 SPSS 软件,我们得到表 4-2 的方差分解主成分分析表以及表 4-3 的初始因子载荷矩阵。从表 4-2 中可以得知,提取 5 个主成分的累计方差贡献率是 100%,但是前两个就达到 87.786%,因此我们这里只提取两个主成分进行排名测算。从表 4-3 中得知,第一主成分上国有化比重、行业集中度、是否具有明显价格规制以及垄断行为程度都有较高载荷,说明第一主成分基本反映了这些指标的信息,而第二主成分上产业利润率有较高载荷,则主要反映这个我们认为和行政性垄断程度关系最不密切的附加指标的信息。

表 4-2　　　　　　　　方差分解主成分分析表

Total Variance Explained

Component	Initial Eigenvalues			Extraction Sums of Squared Loadings		
	Total	% of Variance	Cumulative %	Total	% of Variance	Cumulative %
1	3.528	70.551	70.551	3.528	70.551	70.551
2	0.862	17.234	87.786	0.862	17.234	87.786
3	0.420	8.399	96.185	0.420	8.399	96.185
4	0.146	2.922	99.107	0.146	2.922	99.107
5	0.045	0.893	100.000	0.045	0.893	100.000

Extraction Method: Principal Component Analysis.

表 4-3　　　　　　　　初始因子载荷矩阵

Component Matrix[a]

	Component				
	1	2	3	4	5
G_n	0.926	-0.162	-0.283	-0.138	0.135
CR_4	0.826	-0.002	0.554	-0.097	0.021
r	0.443	0.894	-0.068	0.026	0.010
rg	0.930	-0.171	-0.005	0.324	0.008
act	0.962	-0.089	-0.167	-0.110	-0.161

Extraction Method: Principal Component Analysis.

a. 5 components extracted.

将表 4-2 中的数据进行标准化处理,得到的数据用 ZG_n、ZCR_4、ZPR、ZACT、ZR 来表示;根据主成分的计算公式:

$$F1 = (0.926ZG_n + 0.826ZCR_4 + 0.443ZR + 0.930ZRG + 0.962ZACT)/SQRT(3.528)$$
$$F2 = (-0.162ZG_n - 0.002ZCR_4 + 0.894ZR - 0.171ZRG - 0.089ZACT)/SQRT(0.862)$$
$$F = (3.528\ F1 + 0.862\ F2)/4.39$$

其中 SQRT 表示对括号内的数取平方根。通过计算，我们可以获得第一主成分 F1、第二主成分 F2 以及综合主成分 F 值；表 4-4 给出了综合主成分值排前 11 位的行业，判定为行政性垄断行业。

表 4-4　　　　　　　　综合主成分值

行业名称	F1	排名	F2	排名	综合 F	排名
石油和天然气开采业	4.353762	1	3.509123	1	4.187913	1
电信和其他信息传输服务业	3.930814	2	0.829041	4	3.321764	2
航空运输业	3.417903	4	1.645761	2	3.069934	3
铁路运输业	3.440857	3	-1.32274	40	2.505499	4
烟草制品业	2.955377	6	-0.03793	27	2.367625	5
银行业	2.63877	7	-0.09425	32	2.102127	6
邮政业	3.341849	5	-2.99924	42	2.096742	7
电力、热力的生产和供应业	2.588886	8	-0.73456	37	1.93631	8
水的生产和供应业	1.826253	9	-1.08482	39	1.254648	9
燃气生产和供应业	1.596375	11	-0.91088	38	1.104061	10
石油加工、炼焦及核燃料加工业	1.785525	10	-1.69778	41	1.10156	11

从表 4-4 可以看出，在转轨时期石油和天然气开采业、电信和其他信息传输服务业、航空运输业、铁路运输业、烟草制品业、银行业、邮政业、电力及热力的生产和供应业的行政性垄断程度较高。综合考虑各行业对国民经济的影响程度、社会关注程度、数据和资料可获得性等因素，我们将选择电力、电信、石油、铁路四大行业作为行业性行政垄断的典型行业进行测度研究。

第二节　行业性行政垄断测度的指标体系

在研究样本确定之后，我们根据 ISCP 研究框架对制度、结构、行为及绩效指标进行详细分解以期形成一个能够系统全面反映行业性行政垄断在不同产业内存在程度的指标体系。在上一节，我们利用几个简单的指标对所有产业进行了粗略的分析，更为细致的研究需要我们设置不同层次的指标并能够厘清各指标在反映行政性垄断程度方面所占的权重。此外，一个面向所有产业领域的指标体系应包括尽可能多的指标，因为在不同的产业中一些细微的指标存在着差异。

为对不同行业内行政垄断的强度进行测算，我们需要设计一个适用于各行业的指标体系，根据指标体系设计的基本框架和基本原则，我们设置了转型时期中国行业性行政垄断程度测度的三级指标体系，这一指标体系由4个一级指标、13个二级指标及31个三级指标构成，能够覆盖行业性行政垄断的各个特征。其中一级指标分别为制度指标、结构指标、行为指标以及绩效指标，其中制度指标由行业主管部门、限制和排斥竞争的法律、法规及其数量、进入壁垒、价格规制以及旋转门现象5个二级指标构成；结构指标包括产权结构、市场结构及产业一体化程度3个二级指标；行为指标包括厂商利用行政垄断的谋利行为以及厂商经营活动的自主权2个二级指标；绩效指标由配置效率、生产效率及厂商提供的服务质量3个二级指标构成，下面我们介绍反映各一级指标的指标设计。

一、制度指标

对行政性垄断程度进行测算的第一类指标由刻画导致行政性垄断的制度环境指标构成。在制度指标下，行业主管部门、限制与排斥竞争的法律法规及数量、进入壁垒、价格规制指标以及旋转门现象构成了支撑制度指标的二级指标。而行业主管部门设置状况、行业主管部门对所属行业的管理权限、行业主管部门对所属行业的管理方式构成了支撑行业主管部门的三级指标；对外资开放程度、资质要求、进入限制、进入管制的方式等构成支撑进入壁垒的三级指标；价格制定中政府参与方式、价格制定中政府参与程度构成了支撑价格规制的三级指标；旋转门现象则由垄断产业对主管部门的影响力及主管部门对垄断产业的影响力两个三级指标所构成，下面我们对各指标进行详细的说明。

1. 行业主管部门

行业主管部门是指按照国家有关规定，负责对所属行业经营者进行管理的行政部门，对不同的产业来说，行业主管部门的设置分为垂直管理、综合管理以及无主管部门三种不同的形式。垂直管理是我国政府管理中的一大特色，而且在行政体制改革中作为中央对地方进行调控的重要手段有不断被强化的趋势。我国目前比较重要的政府职能部门，主要包括履行经济管理和市场监管职能的部门，如海关、工商、税务、烟草、交通、盐业的中央或者省级以下机关多数实行垂直管理。

（1）行业主管部门对所属行业的管理权限主要涉及投资、生产规划、人事任免等方面。例如对于电力行业来说，国家发改委负责研究提出电力发展战略，研究拟定电力发展规划并负责组织电力建设项目的核准工作，研究提出电力产业发展政策，指导电力行业技术法规和技术标准的拟定，研究提出电力体制改革的建议，组织指导电力行业的资源节约与综合利用，负责电价综合管理工作。国务院国有资产监督管理委员会则负责中央电力企业国有资产的监督与管理。地方政府投资主管部门按照权限，负责组织有关的电力建设项目的核准工作。

（2）行业主管部门对所属行业的管理方式主要有指令性、指导性、无作为三种方式。其中指令性计划是由国家下达的带有强制性质的，执行单位必须保证完成计划，它是实行计划管理的一种形式，在计划经济体制下运用较广，而在建立市场经济体制过程中，指令性计划的作用和范围逐步缩小。

2. 限制和排斥竞争的法律、法规及其数量

对这一指标的考虑主要在于要同时考虑是否存在以及存在的数量，因为我们认为限制和排斥竞争法律法规的数量表示了公共权力对市场竞争的干预程度。对于行业的法律法规，应分环节进行梳理，例如在电力产业中，输电及配电属于自然垄断领域，相应的法律法规的规定在计入行政性垄断时需要剥离开。

3. 进入壁垒指标

由哈佛学派出发引出的一个著名的进入壁垒模型是垄断限价模型，但案例分析认为在我国行政性垄断行业中很少存在哈佛学派所认定的进入壁垒形式，因此报告采纳芝加哥学派的观点，由非经济因素中寻找进入壁垒的形式，这一点构成了转轨经济中行政性垄断与成熟市场国家中反垄断判断的一个不同。对进入壁垒指标的测算我们设计了对外资开放程度、投资限制、资质要求及进入管制的方式四个方面。其中对外资开放程度主要考虑是否允许外资进入产业的网络建设以及是否允许外资进入生产环节两个部分；而投资限制则主要考虑是否允许民间资本进入产业的网络建设以及是否允许民间资本进入生产环节；资质要求由业务许可证、施工或质量标准、从业经验等限制构成。在测算资质要求与行政性垄断间的关系时应注意是否存在限制私人资本进入的条款，因为在某些领域外资企业具备相应的资质要求但也不允许进入，如果存在这样的条款应看作为更强的行政性垄断在维持着在位垄断厂商之间的合谋；进入管制的方式主要由审批或行政许可、核准、备案等方式。行政许可作为一种行政管理制度，是行政机关在管理经济事务和社会事务中的一种事先控制手段，通常称它为行政审批。审批的形式多种多样，通过审批，有的得到一个许可证，有的得到一本执照，有的盖上印章或贴上许可标记。因此，行政许可是对各种行政审批活动的一种抽象和概括。它可以定义为：行政机关根据公民、法人和其他组织的申请，经依法审查，准予其从事特定活动的一种行政行为。《国务院关于投资体制改革的决定》（2004）中规定，对于企业不使用政府投资建设的项目，一律不再实行审批制，区别不同情况实行核准制和备案制。其中，政府仅对重大项目和限制类项目从维护社会公共利益角度进行核准，其他项目无论规模大小，均改为备案制。

4. 价格规制指标

在这一指标中我们主要考虑行政性垄断行业中各类产品及服务价格制定中的政府参与方式与程度，对这一指标，费率结构的设计透明性和其他利益集团参与度以及产品及服务价格形成方式构成了三级指标。产品及服务价格形成方式主要有政府定价、政府指导价、市场定价三种。政府定价是指由政府价格主管部门或者其他有关部门，按照定价权限和范围制定的价格。政府定价是政府直接制定价格的行为，这种行为是经济体制转轨时期价格形成的重要方式。在市场经济体制下，政府定价仍然在经济生活中发挥着重要的作用，在制定极少数资源稀缺、自然垄断和公用性、公益性等关系国计民生的重要生产资料价格和居民生活消费价格时仍应采用政府定价的形式。在市场经济条件下，完全垄断应采用政府定价。政府定价具有强制性，属于行政定价性质。凡由政府制定的商品和服务价格，不经价格主管部门批准，任何单位和个人都无权变动。政府定价的主要程序包括：受理建议、调查、论证或听证、审查、决策、公告、跟踪调查和定期审价。而政府指导价则是指依照《中华人民共和国价格法》规定，由政府价格主管部门或者其他有关部门，按照定价权限和范围规定基准价及其浮动幅度，指导经营者制定的价格。

5. 旋转门现象

一般将企业与政府之间的人员流动称作旋转门现象，在报告中我们主要考虑行业主管部门中由垄断产业进入的人数占全部高层管理人数的比例、行业主管部门中由垄断产业进入的员工的权力分布、行业主管部门进入垄断产业的高层人数所占比例及权力分布三个指标来进行刻画。

二、结构指标

在结构指标下，我们设计了产权结构以及市场结构来进行描述。产权结构表示了企业与公共权力部门的关联程度，而市场结构则能够传达企业在市场上控制力的信息。其中产权结构指标又可以细化为产权集中度以及行业国有化比重等三级指标；而市场结构可以细化为市场集中度以及产业一体化程度两个指标。

1. 产权结构

（1）产权集中度。产权集中度指的是行业内规模最大的前 n 家国有企业所占的市场份额，它体现了行业中国有产权的市场控制力，因此它是反映行业性行政垄断的重要指标。用国有企业中前几位（前 1、4 或 8）的企业的产值占全行业产值的比重测量，具体地，主要采用前四位的国有企业产值比重测算。工业总产值是以货币形式表现的，工业企业在一定时期内生产的工业最终产品或提供工业性劳务活动的总价值量，表明工业企业工业生产总规模和总水平，反映的是生产总成果，并不说明经营状况的好坏和经济效益。企业是否增收，主要看利润总额的增长。利润总额是企业在报告期内实现的利润。它集中反映企业生产经营活动各方面的效益，是企业最终的财务成果。一般来说，国有企业中国有股比例越高，政府对选择经营者的参与程度就越高。政府对选择经营者的参与程度越高，国有企业经营者决策的出发点依从于企业外部国有产权代理人的权力的可能性就越高。政府对选择经营者的参与程度越高，国有企业经营者竞争的主领域是政府关系的可能性就越高。国有企业中国有股比例越高，国有企业冗员比例就越高（刘磊，刘益，黄燕，2004）[①]，下面的表4-5是对以上论点计量检验的结果。

表4-5　　　　　　　　　计量检验结果

判定	具体描述	相关系数 S. Estimate	显著性水平 P-Value	结果
H1	国有股比例⇨政府对选择经营者的参与程度	0.011	0.000	支持
H2	政府对选择经营者的参与程度⇨经营者决策的出发点依从于企业外部国有产权代理人的权力	0.156	0.001	支持
H3	政府对选择经营者的参与程度⇨经营者竞争的主要领域是政府关系	0.029	0.381	不支持
H4	国有股比例⇨冗员比例	-0.010	0.046	支持

注：$p<0.05$ 即说明相关性显著。
资料来源：刘磊，刘益，黄燕（2004）。

在考虑产权集中度指标时，以下几个方面需要给予特别的关注。第一，国有产权主体对垄断厂商行政性垄断保护的可能性，这一点可以由以往关于国有企业存在目标的讨论作为理论支撑，由这一点取最大份额国有产权主体进行计算。第二，垄断厂商之间的交叉持股，这将导致垄断厂商在共同维护垄断利益时有很强的激励。第三，同一垄断厂商内的不同国有产权主体之间的关系，对这一问题进行考虑的出发点是只有权力才能够制约权力的运用，因此若不同产权主体属于同一个利益集团与属于不同的利益集团将对厂商的行为产生不同的影响。在考虑诸多因素的基础上，我们设计了对产权集中度进行测算的指标 CR_{pr}。

[①] 刘磊、刘益、黄燕：《国有股比例、经营者选择及冗员间关系的经验证据与国有企业的治理失效》，载《管理世界》2004年第6期。

$$CR_{pr} = \sum_{i=1}^{n} \left(\frac{S_{im}}{S_i}\right)^2 e^{\lambda_i + \rho_i}, \ i = 1, \cdots, 5, \ \lambda_i, \rho_i \in [0, 1]$$

其中 CR_{pr} 为产权集中度，S_{im} 为第 i 个垄断厂商第一大国有股东所占总股本份额，S_i 为第 i 个垄断厂商总股本份额，λ_i 为在计算的 5 个垄断厂商中是否存在交叉持股现象，若存在，则计算交叉持股比例。ρ_i 为第 i 个垄断厂商构成绝对控制权的不同产权主体间的关联系数。

（2）行业的国有化比重。行业国有化比重指的是行业内国有经济所占的市场份额，它也是反映行政性垄断行业产权结构的重要指标，这一指标可以使用行业内国有经济所占比率（资产、产值）或使用行业内国有单位人数占行业全部从业人数的比重来进行测算。对于不同的行业及行业内不同的环节，也许使用的计算方法会出现差异，在使用时需要注意资本密集型或劳动密集型等不同的产业特征以期获得准确的测算。

2. 市场结构

（1）市场集中度。市场集中度是指某一产业市场中卖方或买方的数量及其在市场上所占的份额，它是反映市场垄断和集中程度的基本概念和指标，一般使用该产业或市场较大的企业、消费者所占市场份额的大小来表示。如果产业内企业规模大、数量少，大企业所占有的市场份额高，其对市场价格的影响也大，容易形成对市场的垄断；反之，产业内企业规模小、数量多，企业之间的竞争程度也就越激烈，经常使用的两个测算市场集中度的指标是产业集中度以及赫芬达尔—赫希曼指数。产业集中度是最常用、最简单易行的绝对集中度的衡量指标，它是指产业内规模最大的前几位企业的有关数值 X 占整个市场或产业的份额，X 可以为产值、产量、销售额、销售量、职工人数、资产总额等。产业集中度的计算公式如下：

$$CR_n = \frac{\sum_{i=1}^{n} X_i}{\sum_{i=1}^{N} X_i}$$

其中，CR_n 表示产业中规模最大的前几位企业的市场集中度，X_i 为产业中第 i 个企业的产值、产量、销售额、职工人数、资产总额等，n 为产业内要统计的大规模企业数量，N 表示产业内全部企业数量。计算公式中 n 的取值可以根据计算的需要来确定，通常是以 n = 4 或 n = 8 的指标份额来计算，分别以 CR_4 和 CR_8 来表示。由于这一指标的测算相对比较容易，而且又能较好地反映产业内企业集中的状况，因此是使用较为广泛地反映市场结构的指标。

赫芬达尔—赫希曼指数是反映市场集中度的综合指标，它是某特定产业市场上所有企业的市场份额的平方和，其计算公式为：

$$HHI = \sum_{i=1}^{n} \left(\frac{X_i}{X}\right)^2 = \sum_{i=1}^{n} S_i^2$$

其中 HHI 表示赫芬达尔—赫希曼指数，X 表示产业市场的总规模，X_i 表示产业内第 i 个企业的规模，$S_i = X_i/X$ 表示产业中第 i 个企业的市场份额，n 为产业内的企业数量。

（2）产业一体化程度。一体化经营是行政性垄断行业排斥和限制竞争的重要手段，因此，特定行业产业一体化程度的高低也是反映该行业行政性垄断程度高低的重要市场结构指标。一般来讲，一个行业的产业一体化程度越高，该行业的行政性垄断程度往往也越高，产业一体化主要包括水平一体化和垂直一体化两种模式。其中垂直一体化指一个企业控制了两个以上的生产或销售环节的现象，垂直一体化可以通过扩大自身的生产规模，增加自身的生产环节来实现，也可以通过垂直兼并上游原材料供应企业或下游的产品购买企业来实现，完全的垂直一体化包括产品的生产和销售等各个阶段。对一体化程度的测算存在两类方法，第一类方法由策略型控制的角度进行，例如关系专用性投资、上下游厂商之间的重复互动而产生的相互锁定、关系型契约等，而且如果存在上下游厂商之间的相互持股也能够对一体化程度进行定性的判断。第二类方法使用投入产出直接进行测算。马迪根（Maddigan，1981）建议垂直一体化指数应满足两个标准：它必须有经济学理论的基础；其次，应该是可测量的。根据马迪根提出的方法，垂直一体化程度可以由以下公式进行计算：

$$VIC_k = 1 - \frac{1}{\left(1 + \sum_{i=2}^{n} c_{i1}^2\right)\left(1 + \sum_{i=1, i \neq 2}^{n} c_{i2}^2\right) \cdots \left(1 + \sum_{i=1}^{n-1} c_{in}^2\right) \left(1 + \sum_{j=2}^{n} d_{1j}^2\right)\left(1 + \sum_{j=1, j \neq 2}^{n} d_{2j}^2\right) \cdots \left(1 + \sum_{j=1}^{n-1} d_{nj}^2\right)}$$

式中，$c_{ij} = a_{s(i)s(j)}$，$d_{ij} = b_{s(i)s(j)}$；

s(i) = 由厂商 k 所运营的产业中的部门，标记为 i；i = 1，…，n(n≤r)；

c_{ij} = 产业 s(i) 对产业 s(j) 净产出价值贡献的百分比；

d_{ij} = 产业 s(i) 净产出作为产业 s(j) 的投入价值的百分比；i，j = 1，…，n。

三、行为指标

在行为类指标中，我们主要考虑了企业利用行政性垄断的谋利行为以及企业经营活动自主权两个方面。如上所述，行政性垄断的行为和表现一般会采用多种形式，但这些方式都可以被划分为两大类，一类是企业主动的行为，而另一类则是行业主管部门主动的行为。在企业利用行政性垄断的谋利行为中，我们考虑搭售、合谋、歧视性定价、研发费用、服务质量作为三级指标对这些谋利行为来进行刻画；同时，我们对企业经营活动的自主权考虑了生产、投资、定价、销售、人事、分配、资产处置等三级指标，并期望这些指标能够描述行政性垄断所产生的行为。

行为性指标更多的是对行政性垄断的存在导致企业及政府行为的异化进行判断，并依据行政性垄断行为实践的便利程度，及所造成的对竞争的排斥进行专家打分式的判断。搭配销售是指经营者利用其经济和技术的优势地位，违背顾客的意愿，在向顾客供应一种商品或服务的同时，又要求其购买另一种商品或服务。捆绑销售就是将可分离的产品或服务捆在一起向买方出售。在策略性行为中，捆绑销售的目的是实施价格歧视，若能成功实施捆绑销售，则企业可比其竞争对手获得更多优势，但捆绑销售存在风险，程度因企业策略及产业结构不同而各异。对过度生产投资的分析主要有斯宾塞模型以及迪克西特模型，斯宾塞模型指的是过度生产能力投资是一种有效的进入遏制策略，之所以如此，主要是因为在位厂商的过度生产能力投资是一种不可逆的事先承诺。该结论是建立在严格的假定基础之上的，即潜在进入厂商预期在位厂商对于进入的反应是将产出维持在进入前的生产能力水平，而不管这种生产能力水平的高低。迪克西特模型则是在纳什博弈规则下，在位厂商维持过度生产能力投资的假定是不可置信的，但是，在位厂商的不可改变的投资承诺在进入遏制中的作用，可以通过有利于在位厂商的方式改变进入后博弈的初始状态而实现。在位厂商作为斯塔克尔伯格领导者，它可以通过对生产能力投资的选择，把均衡维持在有利于自己的水平，在位厂商没有必要维持过度生产能力。歧视性定价指同一种产品或服务，对不同的消费者索取不同的价格。

四、绩效指标

对于绩效指标，我们设置了配置效率、生产效率以及服务质量三个二级指标来进行描述，配置效率是考察资源的组合和配置是否达到最优的指标，我们将从投资缺口、供需缺口和职工收入与社会平均收入之比三个方面来说明这一指标。行政性垄断行业普遍存在配置效率低下的现象，一个行业的行政性垄断程度越高，其配置效率也越低。对配置效率我们采用投资缺口、供需缺口、职工收入与社会平均收入之比三个三级指标来表示，其中投资缺口主要用于反映行政性垄断行业的投资是否能够满足行业发展的需求；供需缺口主要是反映行政性垄断行业所提供的产品或服务能否满足国民经济发展的需求；职工收入与社会平均收入之比反映了行业性行政垄断造成的行业间收入分配扭曲程度。

生产效率指标主要由劳动生产率、要素利用率、产业利润率、全要素生产率等构成。劳动生产率可以用单位时间内所生产的产品的数量来表示,也可以用生产单位产品所耗费的劳动时间来表示,单位时间内生产的产品数量越多,劳动生产率就越高,反之,则越低;生产单位产品所需要的劳动时间越少,劳动生产率就越高,反之,则越低。实物劳动生产率是指根据某种产品实物量计算的平均每一职工在单位时间内生产的产品数量,这是通过产品实物来反映劳动者在生产中的劳动效率指标,我国目前有全员实物劳动生产率和工人实物劳动生产率两个指标。其计算公式为:

$$全员实物劳动生产率 = \frac{产品产量}{全部职工平均人数}$$

全员劳动生产率是指根据产品价值量指标计算的平均每一个职工在单位时间内的产品生产量。它是考核企业经济活动的重要指标,是企业生产技术水平、经营管理水平、职工技术熟练程度和劳动积极性的综合表现。其计算公式为:

$$全员劳动生产率 = \frac{工业总产值}{全部职工平均人数}$$

全要素生产率是衡量单位总投入的总产量的生产率指标。即总产量与全部要素投入量之比。全要素生产率的增长率常常被视为科技进步的指标。全要素生产率的来源包括技术进步、组织创新、专业化和生产创新等。产出增长率超出要素投入增长率的部分为全要素生产率(TFP,也称总和要素生产率)增长率。全部要素的生产率(TFP)无法从总产量中直接计算出来,故只能采取间接的办法。全要素生产率是用来衡量生产效率的指标,它有三个来源:一是效率的改善;二是技术进步;三是规模效应。在计算上它是除去劳动、资本、土地等要素投入之后的"余值",由于"余值"还包括没有识别带来增长的因素和概念上的差异以及度量上的误差,它只能相对衡量效益改善和技术进步的程度。

测算行政性垄断程度的指标体系所面临的另外一个重要的问题是各指标之间权重关系的设置,指标权重的设置将直接影响最终的测算结果。通过对 ISCP 研究框架的分析,我们认为应对制度、结构、行为、绩效四个指标设置分量不同的权重水平,其中制度指标与行为指标应赋予较高的权重水平,因为制度指标体现了行政性垄断最为本质的特征,而在行政性垄断下无论是厂商的行为还是政府部门的行为都体现出与市场竞争环境下不同的模式,毕竟公共权力的运行方式与市场力量的运行方式存在着很大的差别。而结构与绩效指标在所有类型的垄断结构中都有类似的指标进行衡量,所体现出的产业组织特征更为明显,因此赋予相对较小的权重。由此,在专家评分和主成分分析的基础上我们将制度及行为指标的权重设定为 30%，而将结构及绩效指标的权重设定为 20%，则我们可以使用以下式子来表示行业性行政垄断的程度①。

行政垄断程度 = 30% 制度指标 + 20% 结构指标 + 30% 行为指标 + 20% 绩效指标

对于一级指标下的二级指标以及二级指标下的三级指标，我们则加权平均地赋予各指标相同的权重水平。

第三节 典型行业中的行政性垄断程度测算

在前文中，我们通过具有代表性的指标对存在行政性垄断的行业进行了初步的判断。在下面的分析中，我们将从行业代表性及数据的可获得性两个角度从被判断为具备行政性垄断的行业中选取电力、电信、石油及铁路四个行业进行较为深入的实证分析。

一、电力行业

电力行业按照产业链的上下游关系可分为四个环节：发电环节、输电环节、配电环节和售电环节。根据本课题对行政垄断的定义，电力行业的行政性垄断就是政府机构运用公共权力对电力行业市场竞争的限制或排斥。目前对中国电力行业行政性垄断的研究文献来自法学、经济学以及电力工程等不同学科领域，研究尚处于初始阶段。相关研究文献的一个共同特点是从整个产业的角度对电力行业的行政性垄断现象进行了描述性的定性分析，认为在电力行业中行业性行政垄断和地方性行政垄断交织并存、形成复杂的行政性垄断割据状态，行业性行政垄断表现在整个电力行业处于行政性垄断之下，排斥或限制其他非国有资本进入该行业；地方性行政性垄断表现为地方保护，各省自求平衡、划省而治，网际间电力交易或交换很少。但目前已有的关于中国电力行业行政性垄断的研究在以下三个

---

① 对于各指标权重的确定，我们主要采用了专家打分及主成分分析相结合的方法。专家打分主要来自两个途径，一是 2007 年 11 月，我们在山东大学召开的"反行政垄断与促进竞争政策国际研讨会"上通过调查问卷的形式征求了 50 余名反垄断与规制领域的国内外专家的意见。二是通过信函进行调查研究，2007 年 12 月至 2008 年 5 月，我们先后发出专家调查函 76 份，回收有效问卷 52 份。通过对专家建议的统计，得到的赋值为：制度指标 0.3，结构指标 0.2，行为指标 0.3，绩效指标 0.2。另一方面，通过主成分分析的方法所得到的各指标权重为：制度指标 0.27603，结构指标 0.26152，行为指标 0.31196，绩效指标 0.15049。应该说这两个结果非常接近，也符合我们之前的分析，在这个基础上，我们确定了各指标的最终权重水平。

方面存在不足：一是现有研究从整个产业的角度对电力行业的行政性垄断进行研究，没有区分电力行业不同环节，但电力行业各环节具有不同的自然垄断性和可竞争性，行政性垄断的表现和程度不同，从整个电力行业的视角进行研究不够准确和恰当；二是目前的研究主要是从整个产业的角度对电力行业行政性垄断采用描述性的定性分析，而尚缺乏定量的研究对电力行业行政性垄断进行测度；三是现有文献在电力行业行政性垄断对资源配置效率影响方面尚缺乏系统深入的研究。在下文中，我们将对电力行业分环节的行政性垄断程度分别进行定性分析和定量测度，从而对电力行业的行政性垄断有更加深入准确的观察和判断。

1. 电力行业行政性垄断分析

（1）发电环节的行政性垄断分析。发电市场的行政性垄断表现形式是行业性行政垄断与地方性行政性垄断交织并存，行业性行政垄断具体表现为发电项目审批制下的国有产权垄断，地方性行政性垄断则具体表现为地方保护导致的省间壁垒。根据产业组织理论 SCP 分析范式来分析发电市场，可能会得出发电市场具有合意的产业组织结构的结论。2002 年的电力改革，把原国家电力公司拆分重组，新组建了国家和南方两大电网公司、五大发电集团和四大辅业集团，五大发电集团为中国华能集团、中国大唐集团、中国华电集团、中国国电集团、中国电力投资集团。这五家发电集团资产规模、资产质量相当，地域分布均衡，其装机容量列全国前 5 位，从发电厂商数量和规模分布来看，厂商数量多，每一家的市场份额都不占主导，属于竞争性的市场结构，从制度性进入壁垒来看，根据《中华人民共和国电力法》（以下简称《电力法》）第一章总则的第三条规定："国家鼓励、引导国内外的经济组织和个人依法投资开发电源，兴办电力生产企业。"在《电力法》中，将电力企业区分为电力建设企业、电力生产企业和电网经营企业，电力生产企业即是发电企业，电力法允许各种性质的资本进入发电业务；但发电投资仍实行计划控制，发电项目实行项目审批制，电价制订、电量分配、上网小时数等需要政府审批，是典型的行政性垄断。

2004 年出台的《国务院关于投资体制改革的决定》关于电力项目的审批规定为："水电站在主要河流上建设的项目和总装机容量 25 万千瓦及以上项目由国务院投资主管部门核准，其余项目由地方政府投资主管部门核准；抽水蓄能电站由国务院投资主管部门核准；火电站由国务院投资主管部门核准；热电站燃煤项目由国务院投资主管部门核准，其余项目由地方政府投资主管部门核准。风电站总装机容量 5 万千瓦及以上项目由国务院投资主管部门核准，其余项目由地方政府投资主管部门核准；核电站由国务院核准；电网工程 330 千伏及以上电压等级的电网工程由国务院投资主管部门核准，其余项目由地方政府投资主管部门核准。"根据这一规定可以看出，发电投资项目审批权主要集中在在中央政府，而地方政府也有一定的项目审批权。在该文件出台以前，大中型电力建设项目由国家计委审批，小型电力建设项目可由省计委审批。而从该文件看，2004年后所有火电项目都由国务院投资主管部门批准，国务院上收了投资审批权限，但是地方政府仍然有一定的项目审批权，例如在非主要河流建设的25万千瓦以下的小水电项目、非燃煤的热电站，5万千瓦以下的风电站，电网工程除了330千伏及以上电压等级的电网工程由国务院投资主管部门核准外，其余项目由地方政府投资主管部门核准。在《电力法》中作出了对电价审批的法律规定，《电力法》将电价区分为上网电价、互供电价、销售电价以及集资办电加收费用，并粗略划分了定价审批权限，"但没有具体解决中央政府、地方政府、电力企业三方面对电价定价的权限和职责，各级政府都有一定范围和一定程度的定价和加价权"（于良春等，2003）①。例如，上网电价在《电力法》第三十八条规定："跨省、自治区、直辖市电网和省级电网内的上网电价，由电力生产企业和电网经营企业协商提出方案，报国务院物价行政主管部门核准。独立电网内的上网电价，由电力生产企业和电网经营企业协商提出方案，报有管理权的物价行政主管部门核准。地方投资的电力生产企业所生产的电力，属于在省内各地区形成独立电网的或者自发自用的，其电价可以由省、自治区、直辖市人民政府管理。"互供电价在《电力法》第三十九条规定："跨省、自治区、直辖市电网和独立电网之间、省级电网和独立电网之间的互供电价，由双方协商提出方案，报国务院物价行政主管部门或者其授权的部门核准。独立电网与独立电网之间的互供电价，由双方协商提出方案，报有管理权的物价行政主管部门核准。"销售电价在《电力法》第四十条规定："跨省、自治区、直辖市电网和省级电网的销售电价，由电网经营企业提出方案，报国务院物价行政主管部门或者其授权的部门核准。独立电网的销售电价，由电网经营企业提出方案，报有管理权的物价行政主管部门核准。"地方集资办电在电中加收费用的，在《电力法》第四十四条规定："地方集资办电在电中加收费用的，由省、自治区、直辖市人民政府依照国务院有关规定制定办法。"

　　从以上关于电价的法律法规中可知电价制订与审批等主要由中央政府负责，而地方政府也拥有价外加价、价外收费权。总之，无论是电力投资项目审批、电价制订与审批等主要由中央政府负责，而地方政府也拥有自己的项目审批权、核定上网电价权、对用户销售电价权。

　　从产权结构来看，中央政府在1985年放松发电侧进入管制、鼓励多家办电后，对于可行的建设项目，各方资金都可以进入，但是经过多年的电力投资体制改革，虽然电力行业的投资出现了中外合资、外资、民营资本等多元投资主体，

---

① 于良春等：《自然垄断与政府规制——基本理论与政策分析》，经济科学出版社2003年版。

但仍是以国有资本为主体，其中包括中央国有资本和地方国有资本，而民营资本和外资只占极少部分。根据《电力监管年度报告（2007）》，截至 2007 年底，全国 6 000 千瓦及以上各类发电企业 4 000 余家，国有及国有控股企业约占 90%。其中，华能、大唐、国电、华电、中电投等中央直属五大发电集团约占装机总量的 41.98%；国家开发投资公司、神华集团有限责任公司、中国长江三峡工程开发总公司、华润电力控股有限公司、中国核电集团公司、中国广东核电集团有限公司等其他中央发电企业约占装机总量的 10.97%；地方发电企业占总装机容量的 41%；民营及外资企业占总装机容量的 6.05%。因此发电环节国有资产仍占据发电市场的主导地位，国有及国有控股企业约占 90%，分别属于中央国企和地方国企，在行政审批面前，中央企业具有优先权，其次是地方国企，民营资本获得审批成功的可能性最小，非国有产权相对于国有产权仍然面临更高的行业进入壁垒。同时电力行业长期实行的以"省为实体"的管理体制以及地方政府拥有的审批权限也促进了地方保护。中国电力行业在 1987 年开始实行"政企分开、省为实体、联合电网、统一调度、集资办电"和因地制宜的方针，将原有的大区电业管理局改为联合电力公司，将省电力工业局改为省电力公司，使其成为具有法人地位的独立核算、自负盈亏的实体。地方投资控股的电厂为地方政府带来了经济效益，为追求本地利益，一方面，地方政府大上那些达不到规模经济、高耗能、高污染的小火电机组；另一方面，在电力供大于求时，让自己投资或贷款担保的本地电厂优先上网，即使外地电厂具有成本上和环保上的比较优势，也弃之不用，人为设置阻碍电力资源的跨地区流动的壁垒，导致地方割据与地方封锁，网际间的交换电量很少。例如华南地区水电丰富并且具有成本优势，但在电力供大于求时，却被广东弃之不用，地方保护的另一表现是在电力供不应求时，电力富余的省份不愿将电力调出本省，而优先满足本地的产业需求，而有些具有低成本电力的省份并不情愿将自己的低成本电力卖给外省，而是优先用来支持本地高耗能产业的发展，发电环节的地方保护表现形式复杂，归结起来主要表现为省间壁垒，中央政府在 2002 年 4 月 12 日出台了《电力体制改革方案》，将中国的电网资产进行重组，成立国家电网公司和中国南方电网公司，由国家电网公司负责组建华北（含山东）、东北（含内蒙古东部）、西北、华东（含福建）和华中（含重庆、四川）五个区域电网有限责任公司或股份有限公司，西藏电力企业由国家电网公司代管，南方电网公司由广东、海南和原国家电力公司在云南、贵州、广西的电网资产组成，按各方面拥有的电网净资产比例，由控股方负责组建南方电网公司。这次改革将原来的 10 个省级独立电网除西藏外（广东、海南、云南、贵州、广西、山东、福建、重庆、四川）分别并入国家电网公司的 5 个区域电网公司和中国南方电网公司，这一改革打破了"省为实体"的管理体制，对抑制地方保护、降低省间壁垒、推进全国联网和优化电力资源配置创造了一个有利条件，但效果如何有待检验。

（2）输配电环节的行政性垄断分析。输配电环节就其本质来说表现为行业性的行政性垄断。从法律法规的规定来看，《电力法》虽然允许经济组织介入发电业务，但在输配电和售电环节仍实行严格的进入规制，不允许民营资本进入，根据2004年出台的《国务院关于投资体制改革的决定》关于电力项目的审批规定，高电压等级（330千伏及以上电压等级）和低电压等级的电网建设分别由中央和地方政府投资主管部门核准；销售电价以及电网间互供电价制订等都需要政府审批。在行政进入壁垒的准入控制下，导致我国输电环节垄断的市场结构。目前我国输配售环节一体化垄断经营，全国从事省级输电业务的企业有31家，跨省（区）输电业务的企业7家。由国家电网公司和南方电网公司分区域垄断经营，分别约占全国电网的80%和20%。从市场结构来看，虽然我国存在着两个电网企业，但二者之间并不存在竞争，而是在各自的市场内都是完全垄断的企业。

目前我国供电企业在配电和售电业务环节上一体化经营，两大电网公司约占县级售电量的89%，每一个供电地区法律规定只有一家供电企业，根据《电力供应与使用条例》第二章第八条以及《电力法》第四章第二十五条：“供电营业区的划分，应当考虑电网的结构和供电合理性等因素。一个供电营业区内只设立一个供电营业机构。”由此可以判断在电力配电业务环节是一种完全垄断的市场结构。

从产权结构来看，由于我国的法律法规只允许国有资本进入输配电环节，不允许非国有资本进入这一市场，导致输配电环节完全国有化的产权结构。虽然电力行业的输电网具有自然垄断性，不能重复建设，但这并不意味着应该只有一家企业进入这个市场，更不意味着只有国有资本，进而只有一家国有公司独家垄断这一市场。输配电环节的完全垄断是以技术上的自然垄断为名行产权上的行政性垄断之实，表现为行业性的行政性垄断。

（3）售电环节中的行政性垄断分析。我国售电市场行政性垄断表现为行业性的行政性垄断，现阶段我国售电环节由供电企业一家独卖，销售电力的同时提供维修抢修、报装接电等供电服务，政府对于销售电价实行管制。售电业务不具有自然垄断性，但目前售电业务与具有自然垄断性的配电业务暂不分离，根据1996年颁布执行的《电力供应与使用条例》第十条：“并网运行的电力生产企业按照并网协议运行后，送入电网的电力、电量由供电营业机构统一经销。”同时《电力法》规定每个地区由一家供电企业经营，这导致售电环节完全垄断的市场结构，任何一家电网公司下属机构或者独立供电企业对最终用户是完全垄断的，这种垄断虽然合法，但并不合理，从产权结构来说，售电业务主要由国有资本垄断。

2. 电力行业行政性垄断程度测度

（1）制度指标。第一，行业主管部门设置状况。由这项指标可以考察我国电力行业管理体制的演化过程，1997年之前，电力行业政企不分，主管部门一直为电力工业部，对电力行业进行垂直对口管理，电力工业部对电力行业的管理权限很强，负责投资、生产规划及人事任免等，管理方式为指令性。1997～1998年，国家撤销电力工业部，组建国家电力公司，电力工业实行了政企分开。另外组建了国家经贸委电力司，原电力部拥有的行政管理职能移交国家经贸委，由国家经贸委及各省经贸委负责政府管电职能，在中央层面实现政企分离，但中央有关部委收回了项目审批权和电价定价权，国家电力公司成为国务院直属企业，下属五大集团，七个省公司，两个直属集团公司。2002年底，电力行业进行进一步的深化改革，将原国家电力公司管理的资产按照发电和电网两类业务划分，分别组建了两大电网公司、五大发电集团和四大辅业集团。中央层面的电力企业实现了厂网分开，并在发电侧初步形成了竞争的局面。目前我国的电力行业形成了由国务院及地方政府综合管理部门进行行政管理、国家电力监管委员会进行依法监管、行业协会作为电力企事业单位的行业性组织，发挥其在政府、社会的桥梁作用的体制。

在电力行业的管理体制中，国家发改委的管理职责与权限为：负责研究提出电力发展战略；研究拟定电力发展规划并负责组织电力建设项目的核准工作；研究提出电力行业发展政策；指导电力行业技术法规和技术标准的拟定；研究提出电力体制改革的建议；组织指导电力行业的资源节约与综合利用，负责电价综合管理工作（《中国电力行业年度发展报告2006》)[①]。其中国务院国有资产监督管理委员会的管理职责与权限为负责中央电力企业国有资产的监督与管理。同时，国家电监会按照国务院授权，行使行政执法职能，按照法律、法规统一履行全国电力监管职责。其监管职责主要有：建立统一的电力监管体系，对国家电监会的派出机构实行垂直领导；研究提出电力监管法律法规的制定或修改建议，制定电力监管规章，制定电力市场运营规则；参与国家电力发展规划的制定，拟定电力市场发展规划和区域电力市场设置方案，审定电力市场运营模式和电力调度机构设立方案；监管电力市场运行，规范电力市场秩序，维护公平竞争。监管输电、供电和非竞争性发电业务；参与电力技术安全、定额和质量标准的制定并监督检查，颁发和管理电力业务许可证，协同环保部门对电力行业执行环保政策、法规和标准进行监督检查；根据市场情况，向政府价格主管部门提供调整电价建议，监督检查有关电价，监督各项辅助服务收费标准；依法对电力市场、电力企业违

---

① 中国电力企业联合会：《中国电力行业年度发展报告2006》，中国电力企业联合会2006年版。

法违规行为进行调查，处理电力市场纠纷；负责监督电力社会普遍服务政策的实施，研究提出调整电力社会普遍服务政策的建议；负责电力市场统计和信息发布；按照国务院的部署，组织实施电力体制改革方案，提出深化改革的建议；负责电力安全生产工作（《中国电力行业年度发展报告2006》）。此外，电力行业还组建了电力行业协会，它是电力企事业单位、电力行业组织自愿参加的、自律性的全国性行业协会组织。中电联的职责与权限是：为会员服务，依法维护会员权益；制定并监督执行行业约规，建立行业自律机制，根据行业约规实施行业自律管理，维护行业秩序；组织开展行业环保与自愿节约、职业技能鉴定、教育培训、科技成果的评审以及电力标准化与电力建设定额、电力可靠性管理等工作；根据主管单位授权，接受政府部门和有关机构委托，负责行业统计工作和行业信息发布。

我们根据行业中行政垄断的强度，依次分别对行政垄断特征强、较强、一般、较弱、无的状况赋值为100%～0%。由以上资料可以看出，在1997年之前，除了独立电厂，电力行业发电、输电、配电和售电的各个环节由主管部门对企业垂直对口管理，行政垄断特征强，因此赋值100%；行业主管部门对所属行业的管理权限强，赋值100%；管理方式为指令性，赋值100%；而目前电力行业发输配售的各个环节，主管部门为综合管理部门，赋值50%，行业主管部门对所属行业的管理权限较强，赋值75%；管理方式为指导性，赋值75%。

第二，限制和排斥竞争的法律、法规及法律法规的数量。在发电环节不存在限制竞争的法律法规，因此赋值为0，而在输配售电环节存在限制竞争的法律法规，且超过两项以上，赋值100%。在已经颁布的与电力行业相关的法律法规和行政命令中，有许多条款带有行政性垄断色彩，如1996年颁布执行的《电力供应与使用条例》第二章第八条以及《电力法》第四章第二十五条规定，供电营业区的划分，应当考虑电网的结构和供电合理性等因素，一个供电营业区内只设立一个供电营业机构。而《电力供应与使用条例》第十条规定，并网运行的电力生产企业按照并网协议运行后，送入电网的电力、电量由供电营业机构统一经销。

第三，进入壁垒。外资在电力方面的投资受到限制，如《国家电力公司关于外商投资电力项目的若干规定》及1997年3月20日《电政法》第九条规定，外商独立投资经营，成立外商独资企业，但核电项目和25万千瓦及以上水力发电项目除外。而第十一条又规定，在中外合资、合作建设、经营核电站和总装机25万千瓦及以上水电站，应由中方国有资产占控股或主导地位。在对内资方面，在输电、配电和售电环节法律禁止民营资本进入，在发电环节法律虽不禁止民营资本进入，但在项目审批制下民营资本很难进入。政府部门在鼓励民营企业发展壮大方面有时会出现执行不力的局面,甚至出台自相矛盾的公共政策。例如在2005年底出台"非公经济36条"不久,国务院国资委又出台了《关于推进国有资本调整和国有企业重组的指导意见》的文件,明确国有经济对包括电网电力在内的七大行业保持绝对控制力,而绝对的控制力则是以公共权力强制实现产业内的垄断。因此,在输配售电环节由于不对外资开放,进入壁垒较高,故赋值100%,发电领域对外资开放,但受到限制,赋值75%。由于输电、配电和售电环节采用审批制,因此赋值100%,发电采用审批制,但外资和民营资本受歧视,赋值75%。

第四,价格规制指标。在费率结构的设计透明性和其他利益集团参与度方面,没有其他的利益主体能够参与进来,因此赋值100%。而在产品及服务价格形成方式方面,输配售电环节完全由政府定价,赋值100%;发电环节在2002年之前,除了少数试点省区外,基本上由政府定价,赋值100%;在2002年之后实现了"厂网分开",发电环节引入了非常有限的竞争,实行部分电量竞价上网,故赋值75%。

第五,旋转门现象。据公开资料显示,历年来,电力监管的主要成员均来自被监管的行业中,电力行业主管部门中(包括电力工业部、国家电力监管委员会、中国电力企业联合会等)的高层成员很多是由垄断产业进入的,一方面,这样的安排可以使监管机构对受监管的电力企业的成本、运营等方面的信息有较为充分的了解;但另一方面,这样的安排也容易导致监管机构与被监管企业在利益共享方面更容易地达成一致,因为来自被监管行业的监管者与企业间形成串谋的组织成本被大大降低了。从行政性垄断的角度来看,这有可能导致监管机构使用公共权力为在位的垄断电力厂商限制竞争对手,从而维护行政性垄断的收益。

另一方面,从电力行业主管部门进入垄断产业的高层管理人数及权力分布的情况,垄断产业的高层管理人员大多数来自行业主管部门的官员,这一描述的重要性在于,旋转门更关注的正是这一方面,未来去企业谋利的预期有可能使行业主管部门的人员在任期内作出有利于企业的政策选择。因此电力行业旋转门现象比较严重,赋值75%。

(2) 结构指标。第一,产权结构。在表4-6中,我们计算了2004年规模以上国有控股企业占规模以上工业企业的比重,由这些结果可以看到,在电力行业中,国有化比重非常高,而且产权集中度也同样非常高。

第二,市场结构。由于电力行业于2002年启动了厂网分离的改革措施,因此报告分别对厂网分离前后的市场结构给出相关描述。通过表4-7我们可以看出,以装机容量作为市场份额的比较依据,在厂网分离前,中国电力市场上国家电力公司占有绝对的市场垄断地位,其所属的各集团公司及省公司占有的市场份额为98.35%,而独立发电商仅仅占有1.25%的市场份额,其他地方电网的发电企业市场份额总和才只有0.4%(张新华,2004)。

表4-6　　　2004年规模以上国有控股企业占规模以上工业企业的比重

	资产总额	工业总产值
电力生产(%)	78.19	75.27
电力供应(%)	99.12	99.05

资料来源:课题组根据《中国经济普查年鉴2004》整理计算。

表4-7　　　　　　2000年中国电力行业的市场结构

公司类别	公司名称	装机容量(万千瓦)	发电量(亿千瓦小时)	市场份额(%)
全国		31 932.09	13 684.82	100
国家电力公司	华东公司	5 666.33	2 596.30	17.74
	南方公司	5 138.67	2 224.72	16.09
	华中公司	4 556.06	1 796.50	14.27
	华北公司	4 276.91	2 108.37	13.39
	东北公司	3 786.21	1 538.45	11.86
	山东省电力公司	1 961.25	988.02	6.14
	西北公司	1 922.06	801.05	6.02
	四川省电力公司	1 593.24	510.48	4.99
	福建省电力公司	1 041.53	402.90	3.26
	华能国际	870	421.60	2.72
	重庆市电力公司	306.15	133.81	0.96
	乌鲁木齐电力系统	271.77	134.70	0.85
	藏中电力系统	18.09	3.26	0.06
	小计	31 408.27	13 670.16	98.35
独立发电商	北京大唐	(465)	(223.29)	
	国华电力	400	—	1.25
地方电网总和		123.82	—	0.4

资料来源:转引自张新华(2004),《电力市场中发电市场结构与企业竞价行为研究》,2004年重庆大学博士论文。—表示缺乏相应的数据。北京大唐属于华北电力集团控股的独立发电企业,所以用括号表示。

2002年12月29日,国务院正式批复了《发电资产重组划分方案》,组建了5家发电集团公司,即中国华能集团公司、中国大唐集团公司、中国华电集团公司、中国国电集团公司和中国电力投资集团公司,同时成立国家电网公司与中国南方电网有限公司，以及其他四家辅业公司。随着这一改革的进行，我国发电产业的市场结构就发生了根本性的变化。五大发电集团可控装机容量为 16 273 万千瓦，原国家计委关于发电资产的转划原则是使 5 家发电集团公司的资产规模、质量大致相当，地域分布基本合理，在各区域电力市场中的份额均不超过 20%。平均可控容量约为 3 200 万千瓦，权益容量在 2 000 万千瓦左右。具体如表 4 – 8 和表 4 – 9 所示。

表 4 – 8　　　　　　　　　中国发电市场结构表

	可控容量（万千瓦）	占全国容量（%）
五大发电集团	16 273	50.96
国家电网公司调峰、调频电厂	1 968	6.16
南方电网公司调峰、调频电厂	372	1.16
国家电网公司代管、代售发电资产	870	2.73
划转给其他辅业集团公司发电资产	920	2.88
长江电力股份有限公司（葛洲坝）	271.5	0.85
混合产权发电资产	10 733.5	33.61
原不属于国电的发电资产	524	1.65
合计	31 932	100

中国华能集团公司是目前我国最大的发电公司，但其所占市场份额也仅为 11.89%，相对于厂网分离改革以前的状况，发电市场结构集中度显著下降，呈现出有效竞争的市场结构，如表 4 – 9 所示。

表 4 – 9　　　　　厂网分开前后发电市场的市场集中度

	2002 年厂网分开前	2002 年厂网分开后	
	CR_1	CR_1	CR_5
发电市场（%）	98.35	11.89	50.96

资料来源：张新华（2004）。

在输配售环节，目前我国实行一体化垄断经营，目前全国从事省级输电业务的企业 31 家，跨省（区）输电业务的企业 7 家。由国家电网公司和南方电网公司分区域垄断经营，分别占全国电网的 80% 和 20%。从市场结构来看，虽然我国存在两个电网企业，但二者之间并不存在竞争，在各自的市场内都是完全垄断的企业。

目前我国供电企业在配电和售电两个业务环节一体化经营，在全国 3 211 家地、县级供电企业中，国家电网公司、南方电网公司直供直属的 1 196 家，控股或代管的 1 353 家，地方独立的 662 家。两大电网公司约占县级售电量的 89%，每一个供电地区法律规定只有一家供电企业，根据《电力供应与使用条例》第二章第八条以及《电力法》第四章第二十五条的规定，供电营业区的划分，应当考虑电网的结构和供电合理性等因素。一个供电营业区内只设立一个供电营业机构，是完全垄断的市场结构（见表4-10）。

表4-10　　　　　　　　　输配售环节的市场集中度

	2002年厂网分离前（CR_2）（%）	2002年厂网分离后（CR_2）（%）
输电	100	100
配电	100	100
售电	89	89

在产业一体化程度方面，在2002年之前，电力行业发电、输电、配电、售电垂直一体化经营，产业一体化程度很高，赋值100%；而2002年之后，发电已经从电网分离，产业一体化程度低，赋值0；但输配售环节仍一体化经营，产业一体化程度较高赋值75%。

（3）行为指标。第一，企业利用行政性垄断的谋利行为。目前，在国有资本为主导的电力企业产权结构中，出现了电力职工大量持股企业。电力职工持股企业，往往以全系统持股的形式出现，掌握垄断权力的电网管理层及职工成为股东直接引致了关联交易机会。职工持股企业依靠与电网公司特殊的利益纽带向发电环节渗透，将原本由国家、行业获得的垄断利益向少数个人集中。2003~2006年期间，缺电引发了新一轮的电力投资热潮。在这些投资中，电力职工持股企业占这些新增发电项目中的很大一部分，因为这些企业与电力公司有着特殊的利益关系，从立项到融资，再到建设过程，都得到了当地电力公司的支持（王建明、赵卓，2007）①。从2007年6月至2008年6月底的一年中，电力行业共查结商业贿赂案件222件，涉案金额6 579.26万元，涉及298人。20世纪80年代后国家开征了电力建设基金（2分/度），但各级地方政府又层层加码，2002年原国家计委查出电力价格违规金额27.4亿元（周鲁霞、蒋志敏，2006）②。这些例子说明企业利用行政性垄断的谋利行为并没有随着市场化改革而缓和，因此赋值为75%。

第二，企业经营活动的自主权。对企业的生产、投资、定价、销售、人事、分配、资产处置等都受到政府直接或间接的行政干预，企业经营活动的自主权很小。由于企业国有股权一股独大，即使名义上政企分开，但企业并没有建立起有

---

① 王建明、赵卓：《我国电力产业扩展的产业组织分析》，载《经济问题》2007年第11期。
② 周鲁霞、蒋志敏：《基于行政垄断的中国电力产业安全研究》，载《管理现代化》2006年第8期。

效的现代公司治理结构，企业经营活动的自主权很小，因此赋值为75%。

（4）绩效指标。第一，配置效率。在配置效率下，我们考虑了电力行业中的投资、供求、收入作为三级指标来进行测算。

就电力行业而言，年度固定资产投资应该和电力的余缺相匹配，并且应具有一定的预见性。根据《电力报告》的分析，改革开放以来，缺电最为严重的年份是1986年，当年缺装机容量25%，缺电量20%；1994年时缺装机容量15%，缺电量10%；1997年下半年开始，我国首次实现了电力供需平衡，全国所有的电网都进入过剩；2000年底，电力供需平衡略有过剩；2002年再次出现了缺电，电力供应能力增长继续低于用电增长，如表4-11所示。

表4-11　　　　　　1988~2003年电力行业供求余缺情况

年份	固定资产投资额（亿元）	增长率 x	发电量（亿千瓦时）	增长率 y	y-x	电力余缺情况
2003	4 089.12	1.72	19 105.75	1.16	-0.55	
2002	2 381.11	0.98	16 404.70	1.11	0.14	缺电
2001	2 436.86	0.91	14 716.57	1.09	0.18	
2000	2 679.18	1.47	13 556.00	1.09	-0.38	平衡
1999	1 822.84	1.07	12 393.00	1.06	-0.01	
1998	1 705.93	0.89	11 662.00	1.03	0.14	
1997	1 923.96	2.32	11 344.70	1.05	-1.27	过剩
1996	827.93	0.51	10 800.20	1.07	0.56	
1995	1 631.51	1.23	10 077.30	1.09	-0.14	
1994	1 330.16	1.11	9 280.80	1.11	0.00	缺电
1993	1 201.21	2.14	8 382.60	1.11	-1.03	
1992	561.54	1.91	7 539.40	1.11	-0.80	
1991	293.31	1.08	6 775.50	1.09	0.01	
1990	271.19	1.15	6 212.00	1.06	-0.09	
1989	235.13	1.46	5 848.10	1.07	-0.38	
1988	161.52	1.33	5 452.10	1.10	-0.23	

资料来源：课题组根据历年《中国统计年鉴》整理。

由于发电设备的利用小时是可变的，故发电量的多少反映了电力需求的状况。从表4-11的计算结果可以看出，电力投资的反应是适应性的，即本年的投资增速是上一年电力需求增速的被动反映，没有预见性。具体地，当y-x是正数时（即电力需求的增速快于当年投资的增速），下一年的投资倾向于高增长（即x值较大）。若将投资行为分为三类——滞后型、适应型和预见型，分别赋值100%、50%和0，则电力行业的赋值为50%，由此我们设投资指标的赋值为 50%。

中国各年份的电力余缺差别很大，但总体来看，缺电始终是我国经济社会发展的重要制约因素。据中国电力企业联合会报告，2005 年我国装机容量电力缺口为 2 000 万~2 500 万千瓦，而当年全国平均的发电设备利用小时为 5 091 小时，据此可以计算出电力电量缺口等于装机容量缺口乘以发电设备利用小时数 = 2 500×5 091 = 1 272.75×104 万千瓦时 ≈ 1 272.75 亿千瓦时，占全社会用电量的比重为 0.05。据《电力监管年度报告 2006》，2006 年全国尖峰负荷最大电力缺口为 1 000 万千瓦左右，相应的电力缺口占全社会用电量的比重为 0.02。缺电的成因是多方面的，如气候等，但主要原因应是电力行业不合理的行政性垄断所伴生的不合理的投资结构和电价结构引起的，因此，可对其赋值 100%。

根据 2004 年的中国经济普查年鉴，全国平均人均工资福利之和 1.6561 万元，电力生产环节人均工资福利之和为 2.9708 万元，是全国平均数的 1.7939 倍；电力供应环节人均工资福利之和 3.3986 万元，是全国平均数的 2.052 倍。2006 年，全国平均工资为 21 001 元，其中电力、热力的生产和供应业平均工资为 31 179 元，是全国平均数的 1.4846 倍，职工的工资收入和福利收入比社会平均收入显著的高，这种不合理的高工资收入造成了资源配置效率的降低和企业生产成本的增加，可为其赋值 100%。

第二，生产效率。根据 2006 年《中国工业经济统计年鉴》，在电力、热力的生产和供应企业的主要经济指标中，工业增加值为 6 912.46 亿元，平均职工人数为 259.11 万人，因此劳动生产率 = 6 912.46 亿元/259.11 万人年 = 26.678 万元/人年，这一指标与国内港澳台和私营企业及国外发达国家电力行业相比，劳动生产率较低，因此我们赋值为 75%。从全要素生产率来看，电力行业全要素生产率进步缓慢，因此赋值也为 75%。

第三，服务质量。电力行业中的服务质量我们考虑了供电可靠性以及消费者选择权两个方面。从供电可靠性来看，以 2006 年为例，全国电力系统及电力设备安全运行可靠性较高，运行状况平稳[①]，可为其赋值 25%，而消费者没有选择权，赋值为 100%。

3. 电力行业行政性垄断的动态演变趋势

对输配售电环节来说，从新中国成立一直到现在，政府对市场准入的控制一直丝毫没有放松，虽然 1997~1998 年实现了名义上的政企分离，2002 年的中国电力体制改革将原国家电力公司的输配售电环节拆分为两家电网公司，但是制度性进入壁垒丝毫没有降低，原来的全国范围内的完全垄断变成局部地区的完全垄

---

① 数据来自《中国电力监管年度报告 2006》。

断,因此输配售电环节一直维持较高程度的行政性垄断,并没有弱化的趋势。对发电环节,1985年后政府在法律法规上放松了市场进入,但在审批制下民营企业面临歧视,几乎很难进入,中央政府和各级地方政府形成了"条块分割"行政性垄断格局,在2002年启动的"厂网分开、竞争上网"的电力体制改革,在发电环节的上网电价和上网电量的决定方面引入了非常有限的市场竞争,发电环节的行政性垄断程度有所降低,随着"厂网分开、竞争上网"的市场化改革逐步深化,发电环节的行政性垄断程度朝向减弱的方向演化。

因此从上面的测度和分析来看,电力行业的垄断本质上是行政性垄断,是以自然垄断为名行行政垄断之实。发电环节的行政性垄断程度较高,但随着改革稍微有所减弱,而在输配售电环节行政性垄断一直很高且没有弱化的趋势。

将以上分指标的测度结果经过加权平均综合,具体方法为是将一级指标经过以下算式进行加权平均综合,行政性垄断程度 = 30% 制度指标 + 20% 结构指标 + 30% 行为指标 + 20% 绩效指标,对于一级指标下的二级指标以及二级指标下的三级指标,则加权平均地赋予各指标相同的权重水平,由此得到电力行业各个环节综合的行政性垄断程度。在表4-12中我们列出了电力行业各个环节的行政性垄断程度。

表4-12 电力行业各个环节行政性垄断程度

	2002年前	2002年后
发电环节行政性垄断程度(%)	72.1	61.3
输电环节行政性垄断程度(%)	78.1	78.1
配电环节行政性垄断程度(%)	78.1	78.1
售电环节行政性垄断程度(%)	78.1	78.1

二、电信行业

1. 电信行业行政垄断分析

长期以来,我国对电信行业一直实施严格的政府管制政策,电信主要业务在1994年中国联通成立之前一直是由中央政府的有关部门(原邮电部)或中央级国有企业(原中国电信)垄断经营,政府既是管制政策的制定者和监督者,又是具体业务的实际经营者,这就决定了中国电信行业的垄断性质是一种典型的行政性垄断。而中国联通公司也是在政府的倡导下才得以成立,中国联通的成长也是在政府的"看护"和不对称管制下才得以实现的。1999~2000年,中国电信行业的市场结构变化非常大,在中央政府的强力主导下,原中国电信分解为中国电信和中国移动,同年成立了中国卫星通信集团和吉通通信公司;2002年又对中国电信集团进行分拆,成立新的中国电信和中国网通,到该年年底,中国电信市场已有六家基本电信公司；2008年5月，为了使电信企业间更好的竞争，又将六家电信公司合并为三家全业务电信公司。从表面上看，我国的电信行业正在打破垄断、形成竞争，然而仔细分析我们可以发现，这些改革重组都是由政府一手操办的，如果单纯依靠市场的自发力量，这些变化是不会发生的。现在各大电信公司都有自己的业务范围，然而这些业务的划分是由政府来划定的，没有政府的特许，电信公司不能跨越自己的业务范围。另外，从价格的制定上来看，尽管现在各大电信公司都有很大的自主权，但仍然是在执行政府的指导价，只是在一个规定的范围内浮动，而且当价格战激烈爆发时，政府仍然可以动用行政力量进行干预。这一系列的事例中从侧面反映出，政府的直接行政管制，是促使电信市场发生变化的主导力量，中国电信市场的垄断实质上仍属于行政性垄断的性质。

2. 电信行业行政性垄断程度测算

（1）制度指标。电信行业的行业主管部门为信息产业部、国家广电总局等，在1992~1998年之前则为邮电部。在电信行业内，存在着对竞争有着直接影响的法律法规，例如《电信条例》规定，电信业务经营者在经营过程中，变更经营主体、业务范围或者停止经营的，应当提前90日向原发证机关提出申请，并办理相应手续；停止经营的，还应当按照国家有关规定做好善后工作。经批准经营电信业务的，应当依法取得电信业务经营许可证，向企业登记机关办理登记手续。专用电信网运营单位在所在地区经营电信业务的，应当依照本条例规定的条件和程序提出申请，经批准取得电信业务经营许可证，并依照前款规定办理登记手续。我国现行的外资进入国内电信市场的准入制度规定体现在2000年9月25日的《中华人民共和国电信条例》、《中外合资经营企业法》与2001年12月11日的《外商投资电信企业管理规定》中。根据其规定，外商投资电信企业必须以中外合资经营形式；外商投资电信企业的注册资本根据业务范围不同而有所不同；投资比例方面，经营基础电信业务的合资企业外方出资最终不得超过49%，经营增值电信业务的最终不得超过50%；法规还要求经营基础电信业务的外方主要投资者（指在外方全体投资者中出资最多且占全体外方投资者出资总额30%以上的出资人）须具有以下条件：第一，具备法人资格；第二，在注册的国家或地区取得基础电信业务经营许可证；第三，有与从事经营活动相适应的资金和专业人员；第四，有从事基础电信业务的良好业绩和运营经验；第五，经营增值电信业务的外方主要投资者应具有电信业务的良好业绩和运营经验。结合电信行业发展轨迹可以看到，这一产业中重要的结构调整都是在行政力量的操作下完成的，按照我们所设计的指标体系对电信行业中行政性垄断的制度指标在2002~2004年间赋值为85%。

（2）结构指标。第一，产权结构。①产权集中度。由于2008年电信业重组,因此本部分测算数据是 2008 年前的电信业产权集中度。根据第二节中给出的产权集中度测算公式 $CR_{pr} = \sum_{i=1}^{n} \left(\frac{S_{im}}{S_i}\right)^2 e^{\lambda_i + \rho_i}$,计算结果列于表 4 - 13 最后一列。根据测算结果可以看到国有股权占据绝对控制地位,一股独大现象严重,因此赋值为 100%。

表 4 - 13　　　　2005~2007 年电信运营商第一大国有
股东股本份额占总股本比例　　　　　　单位:%

年份	中国移动	中国联通	中国电信	中国网通	中国铁通	产权集中度 CR_{pr}
2005	75.07	69.32	70.89	70.49	100	501.79
2006	74.57	61.74	70.89	70.49	100	484.18
2007	74.33	60.74	70.89	70.49	100	481.57

资料来源:课题组根据各电信运营商年度报告整理。备注:由于数据的可得性,我们只搜集了 2005~2007 年的数据。

②产权主体间的关联性。产权主体间的关联性主要考察产业内在位厂商发展的历史,即产权主体间的历史关系,我国电信行业的发展历史如图 4 - 2 所示:

由图 4 - 2 可以发现,在电信行业领域内,各电信企业间的产权主体关联性较强,因此可以赋值为 100%。

③行业国有化比重。电信行业国有化比重的测算我们选择根据从业人数中国有单位所占比例进行衡量,测算的结果如表 4 - 14 所示,根据这一数据,我们对我国电信行业的行业国有化比重取值为 70%。

第二,市场结构。对市场结构,我们用企业销售额来进行测算(见表 4 - 15),采用的指标为产业集中度。

表 4 - 16 显示的是电信行业市场集中度水平,结果显示电信行业市场集中度水平较高,因此我们赋分为 100%。根据以上结果,电信行业在 2002~2007 年间的结构指标经加权平均后得到的分值均为 95%。

(3)行为指标。第一,企业利用行政性垄断的谋利行为。垄断定价行为是垄断企业的最重要的垄断行为,电信企业也不例外。电信企业利用其具有的市场控制力收取高于成本的价格,从而攫取高额利润。据统计,只是中国移动一家公司一天的利润就可以达到 2 亿元,而整个电信通信业 2005 年的利润更是高达 1 143.6 亿元;另外,陈凯(2002)在《中美电信竞争力比较》一书中利用购买力平价对中美本地电话资费差异的比较当中,其中通话费一项中国就是美国的 2.5 倍,即使考虑中美电信业生产效率的差异,中国电信业获取的超额利润也是惊人的[①]。诚然，造成电信业如此高额利润的原因有很多，但是垄断高价肯定是其中相当重要的一个因素。下面，通过对电信企业存在的明显的不公平收费的阐述分析来观察电信企业的垄断定价。

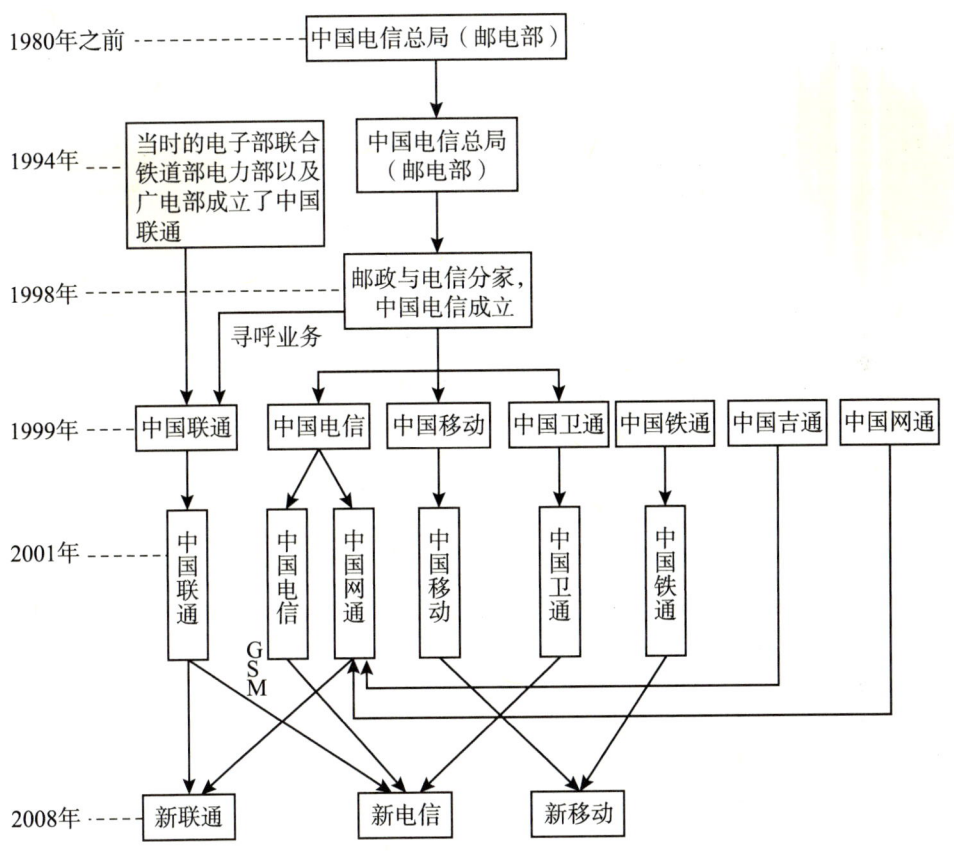

图 4-2　我国电信行业发展历史（2008 年重组之前）

表 4-14　　　　　　　　　电信行业人数

年份	电信行业全部从业人员（万人）	国有单位人数（万人）	国有化比重（％）
2002	111.4	94.9	0.8519
2003	81.3	60.4	0.7429
2004	85.9	62.2	0.7241
2005	89.6	56.5	0.6306
2006	106.9	62.6	0.5856

资料来源：国家统计局网站 2003~2007 年统计年鉴。说明：2002 年数据是"邮电通信业"人数，其他年份数据是"电信和其他信息传输服务业"人数。

---

① 陈凯：《中美电信竞争力比较》，人民邮电出版社 2002 年版。

表 4-15　　　　　　　　　业务收入　　　　　　　　单位：亿元

年份	总收入	移动	联通	电信	网通	铁通	卫通
2007	7 280.1	3 569.6	1 004.67	1 786.6	840.1	166	—
2006	6 483.8	2 953.58	804.8	1 701.22	869.21	155	—
2005	5 799	2 430.41	761.1	1 625.29	858.6	130	—
2004	5 188	1 923.81	707.39	1 612.1	649.2	100	—
2003	4 610	1 586.04	597.98	1 515.5	599	80	—
2002	4 116	1 285.06	394.78	1 409.1	544.4	57.3	—

资料来源：课题组根据中国工业及信息化网站、国家统计局网站、各运营商门户网站整理。

表 4-16　　　　　　　电信行业市场集中度

年份	CR_1（%）	CR_4（%）
2002	0.312	0.883
2003	0.344	0.932
2004	0.371	0.943
2005	0.419	0.979
2006	0.456	0.976
2007	0.490	0.989

手机漫游，在技术上成本很低，几乎为零，但是现实中漫游费却很高，一般都在本地通话费的三倍以上，这是电信行业存在的典型的利用垄断地位进行不公平收费的例证；当然，手机漫游费牵涉到各地电信运营商的利益分配问题，解决起来可能也不会很容易，但是这无法改变漫游费作为不公平收费的事实。手机双向收费问题是除漫游费以外另外一个民众高度关注的电信业收费问题。关于手机双向收费是否具有合理性的争论由来已久，但是近期限制甚至取消双向收费的声音逐渐占据了主导，而实际上全国很多地区都已经以被叫包月等形式变相实现了单项收费。在呼叫方费用不变的情况下，双向收费显然会给电信企业带来大量的利润增加，因此，应该看作不公平收费的重要表现形式。选号费，顾名思义，就是选取号码所需的费用。由于电话号码和手机号码都是用一系列的数字表示的，而由于迷信等原因，带8的或6的往往比带4的更受人们欢迎，而电信企业往往就利用人们这种心理收取选号费，数额从数百元到数万元不等，有的甚至高达百万元。选号费的收取，显然应该视作不公平收费。这里我们只列举这三项，其他诸如过高的月租费等不逐一论述。总之，电信企业就是通过诸如此类的不公平收费攫取着高额的垄断利润。

企业是否可以进行歧视性定价取决于市场是否可以进行分割，在单一收费标准情况下，电信业务市场是无法分割的，因而电信企业也就无法进行歧视性定价。但是，电信企业通过推出不同的业务品牌及不同的套餐资费（如中移动的三大品牌——全球通、神州行、动感地带及各自的细分套餐），人为进行市场分割，使得实现歧视性定价成为可能。当然，歧视性定价会使需求弹性高者获得一定好处，而使需求弹性低者利益受损，但是对于电信企业来讲，却可以获取更多的利润。

电信服务一般都有一个最低消费额，即使用不到某一额度而也收取同样的费用。如短信包月费，一个月10元包150条，即使你只发了一条短信，也是收取10元钱；再如打18元送18元，一个月如果没有打满18元，最低也收取18元的费用等。此外，电信业里的企业搭售行为可以分为两大类：一类是实物搭售，一类是业务搭售。第一类实物搭售，就是电信企业在提供服务时搭售相关实物商品，主要是电信终端设备如电话、手机甚至电脑等；第二类是业务搭售，就是提供基本电信业务服务时强制提供其他收费业务，如来电显示、彩铃等服务的搭售等。接入资费可以分两种情况，一种是主导电信业务厂商对其他电信业务厂商的网络接入进行一个比较高的收费，从而打击对手的市场竞争力，巩固自己的垄断地位。如中国联通的固话服务一直就存在着网络接入困难的情况；再如网间电信资费高于网内电信资费（如移动内部短信一条0.1元，而发联通则0.15元）实际上也是一种变相的接入资费，只不过这种接入资费由消费者承担，但是对于居于主导地位的移动来讲，可以很大程度上打击联通的竞争力。另一种是针对消费者的接入资费，如电话的初装费等。一个竞争充分的市场，消费者可以低成本甚至无成本的在不同企业之间进行变化选择，而电信业市场显然不符合这种条件，电信业存在着很大的转换成本。电信业内的转换成本既包括选择不同服务商时要支付的实际成本，也包括不愿意改变号码等心理成本。综合考虑，可以认定目前电信业内存在着相当繁多和严重的企业利用行政性垄断的谋利行为。

由于电信行业历史上经历了多次重组，因此我们按照时间段来进行考察。在1980年以前，国家对电话资费实施严格的规制，电信业基本不赢利甚至亏损，电信业务的经营者同时又是作为政府部门的邮电部，不存在强烈的谋利的动机，因此，这段时间企业谋利行为的程度较弱，赋值为30%。1980～1994年，1980年开始允许邮电部征收电话初装费，当时的收费标准是：企业1 000～2 000元/部，行政事业单位500～1 000元/部，1990年更是提高到3 000～5 000元/部，收费相当之高。当然，电话初装费的收取一定程度上缓解了电信行业的固定资产投资不足等问题，不能单纯视作不公平接入收费，但是电信服务高价低质是公众的普遍反映，因此，这段时间的企业谋利程度我们仍然认定为较强，赋值为100%。1994～1998年，1994年中国联通成立，一定程度的市场竞争格局形成，有效地遏制了中国电信的垄断谋利行为，这段时间的企业谋利行为程度出现一定程度的降低，赋值为65%。1998年至今，1998年中国电信实现了政企分开，作为独立赢利主体的电信企业开始存在，企业谋利动机增加，但是随后1999年和2002年两次大的电信业的分拆重组使得市场竞争更加激烈，企业利用行政性垄断的谋利行为客观上受到一定限制，因此这段时间仍然赋值为65%。

第二，企业经营活动的自主权。从生产角度来看，电信企业的生产过程其实就是一个提供服务的过程，在1998年后政企分开的大背景下，企业享有相当大程度上的生产自主权。《电信条例》规定："电信业务经营者应当按照国家规定的电信服务标准向电信用户提供服务。电信业务经营者提供服务的种类、范围、资费标准和时限，应当向社会公布，并报省、自治区、直辖市电信管理机构备案。"由此可见，电信企业的生产自主权很大，只需备案即可，因此赋值为30%，而在1998年前，政企尚未分开，可赋值100%。由投资看，1994年以前，电信业投资权统一掌握在邮电部手中，赋值为100%。1994～1998年，1994年中国联通的成立一定程度上使得电信业务的投资权有所放松，但是此时还不存在企业层面的竞争，而主要是政府相关部门间的博弈，因此仍然赋值为100%。1998年以后，政企分开，对于已经存在的电信企业来讲，企业的投资具有比较大的自主权，但是由于电信业务许可制度的存在，投资成立新的电信业务经营者，尤其是基础电信业务经营者存在很多苛刻的条件，而且还需向原信息产业部相关部门报批，企业的投资自主权几乎被完全剥夺，综合考虑，我们赋值为65%。在定价方面，《电信条例》规定："电信资费分为市场调节价、政府指导价和政府定价。基础电信业务资费实行政府定价、政府指导价或者市场调节价；增值电信业务资费实行市场调节价或者政府指导价。市场竞争充分的电信业务，电信资费实行市场调节价。实行政府定价、政府指导价和市场调节价的电信资费分类管理目录，由国务院信息产业主管部门经征求国务院价格主管部门意见制定并公布施行。"由此可见，对于行政性垄断存在比较严重的基础电信业务资费来讲，为了实现基于成本的定价原则，政府定价和政府指导价的比例要更大一些。此项赋值为100%。电信资费的定价权，企业自始至终都没有获得很大的自主权，因此纵向时间上可以一直赋值为100%。在销售方面，电信企业的销售自主权和生产自主权相似，因为对于电信企业来讲，提供服务的过程既是一个生产的过程，同时也是一个销售的过程，因此自1998年后，这里也赋值为65%，而在1998年前，政企尚未分开，可赋值100%。人事方面，大型央企领导人的任命权在国务院，属于典型的行政任命，电信企业也是如此，而且很多企业领导人具有政府官员背景。但是企业内的中下级人员的人事权自主性要高很多，因此，企业的人事自主权这里暂赋值为65%。分配方面，电信业务经营者多为国有企业或国有控股企业,按道理来讲,分配权应该在国资委。但是实际情况是电信企业大多存在较严重的内部人控制现象,利润分配严重向内部员工工资福利倾斜,从这个意义上讲,电信企业存在很大程度上的分配自主权,似乎应该赋值小些。但是这种自主权却又是不合理的,而且是行政性垄断行业的一个很大的问题所在,为此,这里赋值100%似乎更符合衡量行政性垄断程度的本意所在。在资产处置上,国有资产的处置权属于国资委,企业自主权不大,赋值为100%。

(4)绩效指标。第一,配置效率。在投资方面,选取的指标数值按电信行业的固定资产投资占电信收入的比重,一般该比例在30%~50%,但电信要实现起飞,该比例应达到50%以上。1999年拆分中国电信,原中国电信拆分成新中国电信、中国移动和中国卫星通讯公司等三家公司,寻呼业务并入中国联通公司,受拆分影响,1999年的投资占收入的比重下降,但也不低于50%。2001年12月11日,信息产业部再次对现有电信企业进行重组,此时形成了"5+1"的格局。固定资产投资占收入的比重列于表4-17中。

表4-17　　　　电信行业固定资产投资占收入比重　　　　单位:%

1998年	1999年	2000年	2001年	2002年	2003年	2004年	2005年	2006年	2007年
65.35	50.68	69.45	64.13	49.44	48.05	41.18	35.06	33.73	31.32

由收入看,我们选取电信行业平均工资/社会平均工资和工资最高的行业/社会平均工资来确定电信行业由于行政性垄断造成的收入不平等程度。将工资最高的行业/社会平均工资看作行政性垄断程度较高,将较低的行业/社会平均工资看作是没有或较低的行政性垄断程度。具体数据如表4-18所示。

表4-18　　　　　　　电信行业收入水平及得分

指标	1998年	1999年	2000年	2001年	2002年	2003年	2004年	2005年	2006年
电信行业平均工资/社会平均工资	1.74	1.73	1.75	1.84	1.9	2.17	2.01	2.01	1.92
工资最高的行业/社会平均工资	2.33	2.36	3.02	2.77	2.47	3.03	3.15	3.07	4.07
赋值(%)	70	69	58	65	74	72	65	66	53

第二,生产效率。我们选取了电信普及率以及产业利润率两个方面来描述电信行业内的生产效率。对于生产效率指标,具体到电信行业我们考察了普及率与产业利润率两个方面。普及率越高,生产效率越高,其中行政性垄断的干预就越少;反之亦然。这里我们选取我国的固定电话普及率和移动电话普及率,将他们

分别与世界最高水平比较,来确定相应时期我国行政性垄断的程度。得到的结果见表4-19。

表4-19 电信服务普及率

		1995年	2000年	2001年	2002年	2003年	2004年
固话普及率 (部/每千人)	我国	33.78	114.7	141.82	167.31	203.93	241.05
	世界最高	680.9	758.6	755.23	737.24	767.42	708.07
	赋值(%)	97	90	87	85	82	77
移动电话普及率 (部/每千人)	我国	3.01	67.52	113.87	160.89	209.53	258.32
	世界最高	227.38	817.31	916.29	964.67	1 080.27	1 183.95
	赋值(%)	99	94	92	89	87	85
加权赋值(%)		98	92	90	87	85	81

电信行业具有较高的投资利润率,属于高利润行业,一般认为该行业的高利润是由垄断尤其是行政性垄断造成的。所以,根据其高投资利润率,我们将其取值为100%,见表4-20。

表4-20 电信行业投资利润率　　　　　　　　　　单位:%

指标	2001年	2002年	2003年	2004年	2005年	2006年
电信行业投资利润率	21.28	37.65	33.54	43.59	61.86	56.33
同期贷款利润率	5.85	5.39	5.31	5.36	5.58	5.86

第三,服务质量。服务质量选择的指标是电信服务质量用户满意度指数(TCSI)。2001年信息产业部率先建立我国电信用户满意指数测评模型,简称TCSI,包括满意度、忠诚度、用户抱怨、预期质量、感知质量、感知价值、感知公平、品牌印象等八大指标,以及质量特性分析,用户改进要求等方面内容,目前已经建立起信息产业部和各省通信管理局两级测评信息,每年一度对国内电信行业主要电信业务进行全面测评,以便从用户角度对电信服务质量进行整体评价,并为企业提供改进服务的意见。我们先求出用户不满意程度(用100%表示用户满意度),再将完全的不满意看成100%,完全的满意看成0,得出结果如表4-21所示。

表4-21 电信行业服务质量

指标	1998年	1999年	2000年	2001年	2002年	2003年	2004年	2005年	2006年	2007年
用户满意度	—	75.9	—	76.9	77.6	76.4	76.3	77	77.9	78.1
赋值(%)	—	49	—	49	48	49	49	49	48	48

同样，按照 ISCP 研究框架所对应的指标体系对以上指标进行加权处理，并根据数据的可得性我们计算了 2002～2004 年间电信行业内的行政性垄断程度，得到的结果分别为 79.03%，78.83%，以及 78.43%，结果显示在这三年中电信行业行政性垄断程度并没有得到明显的改善。

三、石油行业

石油行业是国民经济发展的基础性产业，在国民经济和社会发展中具有不可替代的作用，对国家安全、综合国力和人民生活水平的提高有着直接的影响，此外，石油行业是关系到国家经济命脉的战略性产业。对石油行业行政性垄断程度进行测量，是一个重要但是难以处理的问题。由于石油行业各个环节发展水平、发展阶段和历程不同，行政性垄断产生作用的程度也有所不同。本研究因数据采集等原因主要涉及石油行业中两个典型环节：上游开采领域以及石油炼化领域。在上游开采领域，石油既有一般商品的属性，又是一种关系国家经济安全的特殊的战略物质。作为一般商品，石油上游行业应当向所有投资者开放市场，允许并鼓励公平竞争。作为特殊的战略物资，政府应当从维护国家利益的高度，对石油上游开采市场进行监管。炼化领域，作为石油供应链上的一个生产加工环节，它应属于竞争性领域，引入竞争，才能充分发挥市场机制的调节作用。

1. 石油行业行政性垄断分析

石油行业在经济发展中具有举足轻重的作用，我国关于石油行业的法律体系仍具有明显的计划经济时代的方式和特点。关于石油行业立法的目的不是规范各市场主体行为，而是出于保护国家和国有公司的利益。特别是在市场结构和组织形态方面，石油行业仍维持国有企业市场垄断、国家控制价格这样一种状态。从世界石油行业发展过程来看，生产集中度越来越高，生产规模越来越向超大型化方向发展的趋势已十分明显。1998 年我国石油行业的行业组织进行了大调整，完成了石油天然气工业上、中、下游一体化，勘测开发、加工生产、销售一体的行业重组。中国石油天然气集团、中国石油化工集团、海洋石油总公司三家石油公司形成了对我国石油石化行业的寡头垄断。重组后的中国石油天然气集团和中国石油化工集团进入世界 500 强企业之列。但是，我国三大石油公司主要是由行政手段组成的大型企业集团，组建之后，由于国家石油价格没有真正放开，企业之间没有展开真正意义上的市场竞争，行政性垄断影响着石油行业的市场结构、资源配置效率、市场绩效。

石油行业存在行政性垄断是石油行业在经济转轨时期的显著特征，也是备受学术界关注的焦点问题。深入分析行政性垄断对石油行业的影响，特别是从纵向分析石油行业的原油开采和炼油环节，客观、公允地分析行政性垄断的表现及对经济发展的影响，不仅是重新认识石油行业性质、市场结构的前提，而且对于总结多年来石油行业规制绩效与确定石油行业下一步的规制具有重要意义。

（1）石油行业垄断性质分析。随着技术进步和规制理论的发展，学术界对石油行业的垄断性质及如何对其规制的认识发生了变化。对石油行业垄断性质的争论，有两种观点。一种观点认为石油行业是自然垄断行业，持这种观点的学者是基于石油行业的规模经济效应、范围经济效应、石油是稀缺资源且分布不均以及石油的安全性等因素，认为石油行业是具有自然垄断性质的行业，寡占型的市场结构有利于提高石油行业组织效率，可以避免一般企业对石油行业的盲目进入，保护石油资源，所以，主张石油行业应提高进入壁垒，加强垄断。

另一种观点则认为石油行业是行政性垄断行业。于良春根据行政性垄断在经济转轨时期明显的特点将行政性垄断定义为：行政性垄断是政府机构运用公共权力对市场竞争的限制或排斥。在石油行业，政府以国家安全和整顿市场的名义将石油行业中的开采环节和炼制环节都纳入到中石油、中石化、中海油等大集团势力范围，具有明显的行政性垄断特点。

为了更深入、细致地分析石油行业的垄断性质，我们按照石油行业的纵向关联阶段进行研究。石油行业链围绕石油的转化与利用，通过技术及服务联系，由所有具有连续追加价值关系的相关行业形成。我们按照行业链的上下游关系将石油行业分为五个环节：上游开采领域；石油炼化；原油批发市场；成品油批发、零售市场；原油及成品油运输。对石油行业垄断性质进行分析，是一个重要但是难以处理的问题。由于石油行业各个环节发展水平、发展阶段和历程不同，垄断产生的原因、发生作用的程度也有所不同。在石油开采环节，具有较强的规模经济效应，需要巨大资金投入和抗风险能力，而且，资产沉没成本较高，具有自然垄断的特点；石油炼化环节，也是资本密集型的领域，企业的盈利能力以及竞争水平与规模紧密相连，目前我国石油炼化领域亏损与我国炼油企业装置规模普遍偏小不无关系，石油炼化环节具有自然垄断的某些特征，但是，由于石油炼化领域一直以来处于中石油、中海油和中石化三大企业垄断控制的状态，较小的炼油企业的原油受三大企业制约，只能在其任务完不成的情况下得到转包业务，石油炼化环节的垄断带有浓郁的行政性垄断色彩；在原油批发环节以及成品油批发与零售环节政府采取市场准入制度，有较严格的审批制度，属于行政性垄断的范畴。在石油运输环节，市场的进入壁垒是很高的，由于石油的特殊性，对运输投入、技术都有较高的要求，具有明显的自然垄断与行政性垄断特点。

石油行业既不是纯粹的自然垄断性行业，也不是纯粹的行政性垄断行业。石油行业的具体业务环节来看，一部分业务具有自然垄断性的特点，但由于经济转轨时期，政府对市场准入的限制，对三大国有企业在政策上的支持力度使整个石油行业成为了有自然垄断性质的行政性垄断行业，而随着市场经济的推进，在石油行业链中那些具有行政性垄断特点的业务环节逐渐制约了石油行业的进一步发展。

（2）在石油行业行政性垄断存在的理论依据。行政性垄断是基于政府行政干预而形成的垄断，通过限制进入、歧视性待遇等具体方式来实现其垄断目的，但政府在石油行业实施行政性垄断的目的不单纯是为了垄断收益。石油行业行政性垄断是历史的产物。我国长期实行苏联模式的计划经济体制和高度的国有化，在公共服务领域和主要基础设施部门早已形成根深蒂固的行政性垄断，它们依靠行政资源，以国家名义占有和瓜分属于全社会的资源，导致垄断部门的少量从业人员占有惊人的经济资源。

新中国成立后，我国逐步形成了高度集中的计划经济体制。这种体制下，国家运用指令性计划直接掌握和控制各种经济资源，国有经济几乎垄断了所有的生产和贸易领域。政府设置石油部对石油行业行使宏观管理职能。20世纪80年代以来，随着经济体制改革和法制建设的深入，石油行业融入了越来越多的市场化成分，市场竞争出现在石油行业的不同环节。我国政府对石油行业的制度改革推进较为慎重，石油行业体制改革的目标不是打破行政性垄断，而更多的是改进国有企业的经营机制，扩大企业的自主权。在石油行业初步实现了政企分开、政资分开，新组建的公司与相应的行业管理机构脱钩，政府管理职能基本移交至其他相关的政府部门。1998年，国务院机构改革精简了很多与计划经济相关的部门，将其转变为国家经贸委下属机构，削弱了政府的大多行业管理职能。中国石油天然气集团公司和中国石油化工集团公司由兼有行业行政管理职能的国家公司，转变为真正意义上的企业实体，成为兼具三任于一身的国有投资公司、国家授权投资的机构、国家控股公司的大型石油公司，是自主经营、自负盈亏、自我发展、自我约束的法人实体。中国石油天然气总公司、中国石油化工总公司和海洋石油总公司实现公司重组，成为上下游一体化的公司集团，不再承担政府职能。2003年成立了国有资产监督管理委员会，代表国务院履行出资人职责。然而，从现实情况看，行政性垄断并没有呈现趋于弱化的趋势，在石油行业的某些企业，行政性垄断甚至得到进一步强化。例如在成品油销售环节，国务院要求整顿加油站建设，要求严格准入制度，对于未经批准的，不属于中石油、中石化的加油站，要么关闭，要么被中石油、中石化强行收购、控股。

石油行业行政性垄断源于现行的法律存在缺陷。多年来，竞争法律制度滞后导致对行政性垄断缺乏有效的法律规制，现有法律体系无法对行政性垄断实施有效制约。一方面反行政垄断法规数量少，体系不完整，而且位阶低，缺乏权威性，难以适应反行政性垄断的需要。《反垄断法》的重点是反经济垄断，而非行政性垄断；另一方面，责任性规范缺乏或规定责任过轻，导致制裁不力，缺乏应有的威慑力。

1988年，石油工业部撤销后，中石油、中石化和中海油三大企业实际上获得了各自领域的部分行业管理权。1999年5月，国务院办公厅发布了《关于清理整顿小炼油厂和规范原油成品油流通秩序的意见》。该文件规定，国内各炼油厂生产的成品油要全部交由中石油、中石化的批发企业经营，其他企业不得批发经营，各炼油厂一律不得自销。确定了中石油、中石化在成品油批发市场不可动摇的地位。

2003年，铁道部《铁运函150号令》规定，没有中石油和中石化两大集团同意盖章，各铁路局不准受理成品油运输业务。2004年，国家发改委文件规定，乙醇汽油只能由中石油和中石化两大公司负责生产供应，中石油、中石化的垄断地位进一步巩固。

在2005年国务院发布鼓励非公经济发展的《意见》后，当年6月，商务部出台的《成品油批发企业管理技术规范（征求意见稿）》，旨在整肃成品油市场，该意见稿要求成品油批发企业必须"从事2年以上成品油零售经营业务，并拥有30座以上自有或控股加油站"。据全国工商联石油商会的初步调查，80%以上的民营油企达不到上述标准。政府部门以政府规章、法规性文件和行业政策等保护和维持三大国有企业垄断地位。

在石油行业进入管制方面也有诸多的法律法规。在石油开采环节，我国法律明确规定中华人民共和国对外合作开采海洋石油资源的业务，由中国海洋石油总公司全面负责。中国海洋石油总公司是具有法人资格的国家公司，享有在对外合作海区内进行石油勘探、开发、生产和销售的专营权。中国石油天然气集团公司、中国石油化工集团公司负责对外合作开采陆上石油资源的经营业务；负责与外国企业谈判、签订、执行合作开采陆上石油资源的合同；在国务院批准的对外合作开采陆上石油资源的区域内享有与外国企业合作进行石油勘探、开发、生产的专营权。在原油以及成品油销售方面实施严格的进入审批制。申请原油销售、仓储经营资格的企业，应当向所在地省级人民政府商务主管部门提出申请，省级人民政府商务主管部门审查后，将初步审查意见及申请材料上报商务部，由商务部决定是否给予原油销售、仓储许可。申请从事成品油批发、仓储经营资格的企业，应当向所在地省级人民政府商务主管部门提出申请，省级人民政府商务主管部门审查后，将初步审查意见及申请材料上报商务部，由商务部决定是否给予成品油批发、仓储经营许可。到目前为止，行政审批的改革难以突破"合法性"外衣，行政部门对国有垄断企业的支持仍然可以通过法律法规来实现。

2008年8月1日实施的《反垄断法》第五章针对行政性垄断有相关规定，行政机关不得滥用行政权力，制定含有排除、限制竞争内容的规定。反垄断法规定，行政机关和法律、法规授权的具有管理公共事务职能的组织不得滥用行政权力，强制经营者从事本法规定的垄断行为。反垄断法规定，行政机关和法律、法规授权的具有管理公共事务职能的组织滥用行政权力，实施排除、限制竞争行为的，由上级机关责令改正；对直接负责的主管人员和其他责任人员依法给予处分。反垄断执法机构可以向有关上级机关提出依法处理的建议。对上述行为的处理另有规定的，依照其规定处理。

反垄断法对于控制行政垄断来说，有效性十分有限。这些法律条文没有设置控制行政垄断的专门机构，反行政性垄断机构设置不合理，缺乏一个强有力的反垄断主管机构和一套有效的执行程序，可操作性不强。而且，法律条文大都没有对相应的行政垄断设置法律责任，有些虽然设置了某种形式的法律责任但操作性都不强，对法律责任的规定也欠缺应有的制裁力度，能否改变或如何改变行政垄断的现状就再无规定。另外，由于我国缺乏监督法律，在监督主体、监督程序、监督手段等方面没有法律依据，从而导致监督缺失。

我国在石油行业初步实现了政企分开，行政垄断的问题得到一定程度的解决。但是，造成我国石油行业行政垄断的体制性根源仍没有消除，行政限制准入、行政审批过多等问题还没有从根本上解决。

2. 石油行业行政性垄断程度测算

（1）上游石油开采领域行政性垄断的测量。第一，制度指标。石油开采业主管部门的设置状况、行业主管部门对石油开采业的管理权限及管理方式的测量涉及我国石油行业宏观管理体制演化过程。在1980年前，我国由石油部对石油行业实施宏观管理职能。此时实施的垂直管理，管理权限非常广泛，管理方式是指令式。在1980~1982年，成立国家能源委，负责石油、煤炭、电力三个部，这个阶段能源委对石油行业实施的是综合管理，管理权限较广，管理方式较为复杂。在1982~1988年，撤销国家能源委，恢复1980年前的宏观管理方式，由石油部对石油行业全权宏观管理。1988~1993年石油部被撤销，成立能源部。并相继成立石油天然气总公司、石油集团。此时能源部对石油、煤炭、电力等行业实施统一管理，属于综合管理，石油天然气总公司、石油集团虽然是企业，但承担着一定的行政职能，如人事任免等，能源部对石油行业的管理权限中等，管理方式是指导性的。1993~2001年能源部被撤销，组建国家石油化学工业局，隶属国家经贸委，但石油天然气总公司、石油集团仍执行部分行业管理职能，政府对石油行业管理力度减轻。此时实施的垂直管理，管理权限较广泛，管理方式是指导性的。2001~2003年国家石油化学工业局被撤销，宏观管理机构一度缺失。此时石油行业无主管部门，主管部门对石油行业的管理权限弱，管理方式是无作为的。2003~2005年国家成立能源局，能源局对石油行业的管理属于综合管理，管理权限中等，管理方式是指导性的。2005年至今国务院成立了能源工作领导小组，对石油行业进行统筹规划。政府对石油行业的管理职能分散在不同的专门管理部门。主要包括发改委、建设部、国家安全生产监督管理局、商务部、国家环保总局、国家税务总局。能源工作领导小组对石油行业的管理属于综合管理，管理权限弱，管理方式是指导性的。

2007年6月发布《中华人民共和国对外合作开采海洋石油资源条例》。该条例规定：中华人民共和国石油工业部是对外合作开采海洋石油资源的政府主管部门，依据国家确定的合作海区、面积，决定合作方式，划分合作区块；依据国家长期经济计划制订同外国企业合作开采海洋石油资源的规划；制订对外合作开采海洋石油资源的业务政策和审批海上油（气）田的总体开发方案。外国合作者在执行石油合同中，应当使用适用而先进的技术和经营管理经验，并有义务向中国一方执行石油合同的有关人员（以下称中方人员）转让技术，传授经验；在石油作业中必须优先雇用中方人员，逐步扩大中方人员的比例，并应对中方人员有计划地进行培训。2007年9月第二次修订《中华人民共和国对外合作开采陆上石油资源条例》。该条例明确规定：中方石油公司在国务院批准的对外合作开采陆上石油资源的区域内，按划分的合作区块，通过招标或者谈判，与外国企业签订合作开采陆上石油资源合同。该合同经中华人民共和国商务部批准后，方为成立。中方石油公司也可以在国务院批准的合作开采陆上石油资源的区域内，与外国企业签订除前款规定以外的其他合作合同。该合同必须向中华人民共和国商务部备案。

从进入壁垒的情况来看，中方石油公司与外国企业合作开采陆上石油资源必须订立合同，除法律、法规另有规定或者合同另有约定外，应当由签订合同的外国企业单独投资进行勘探，负责勘探作业，并承担勘探风险；发现有商业开采价值的油（气）田后，由外国合同者与中方石油公司共同投资合作开发；外国合同者并应承担开发作业和生产作业，直至中方石油公司按照合同约定接替生产作业为止。外国合同者在中华人民共和国境内销售其应得的石油，一般由中方石油公司收购，也可以采取合同双方约定的其他方式销售，但是不得违反国家有关在中华人民共和国境内销售石油产品的规定。中方石油公司在国务院批准的对外合作开采陆上石油资源的区域内，按划分的合作区块，通过招标或者谈判，与外国企业签订合作开采陆上石油资源合同。该合同经中华人民共和国对外贸易经济合作部批准后，方为成立。中华人民共和国对外合作开采海洋石油资源的业务，由中国海洋石油总公司全面负责。中国海洋石油总公司是具有法人资格的国家公司，享有在对外合作海区内进行石油勘探、开发、生产和销售的专营权。中国海洋石油总公司根据工作需要，可以设立地区公司、专业公司、驻外代表机构，执行总公司交付的任务。中国石油天然气集团公司、中国石油化工集团公司负责对外合作开采陆上石油资源的经营业务；负责与外国企业谈判、签订、执行合作开采陆上石油资源的合同；在国务院批准的对外合作开采陆上石油资源的区域内享有与外国企业合作进行石油勘探、开发、生产的专营权。从石油行业实行的进入管制的方式来看，石油行业主要实施进入审批制。

在定价方面，新中国成立以后，在计划经济体制下，我国原油价格一直由政府统一制订和管理，随着经济体制从计划经济不断向社会主义市场经济转变，我国原油价格也在相应地发生变化。主要经历了以下几个时期：1982 年以前为完全计划价格体制阶段，原油价格由政府制定、调整，并严格执行。1982～1994 年，为双轨制阶段，在实行 1 亿吨原油产量包干的基础上，超产原油按当时的国际油价出售，即开始原油价格的双轨制，与国际市场不接轨。1994～1998 年，为并轨阶段，鉴于国内石油、成品油市场秩序混乱，政府对原油、成品油流通体制进行了改革。成品油出厂价格实行计划内外价格"并轨"，全国统一实行国家定价。此时的价格仍然是政府定价，只不过价格并轨而已。1998 年 6 月至 2001 年 10 月为与国际市场价格水平接轨阶段。《原油、成品油价格改革方案》确定了国内原油和成品油价格与国际市场相关油品价格直接挂钩的联动机制，同时决定国内原油价格从当年 6 月 1 日起与国际油价接轨、成品油从 6 月 5 日起执行新价，并实行新的价格机制和流通体制。方案实施后原油立即随着国际市场价格的变化而浮动。2008 年 12 月 19 日国产陆上原油价格继续实行与国际市场直接接轨，中石油和中石化按照新加坡市场不同品质原油上个月的平均离岸价，按月确定原油基准价。综上所述，石油行业价格体制演变经历了三个阶段。1978～1994 年，实施价格"双轨制"，超产加价，完全是政府定价。1994～1998 年，论质定价。由国家掌握原油价格，合并原油计划价格和市场价格，由国家根据不同油田的具体情况将原油价格分为二档五类价格。这种情况也是由政府定价。1998 年至今与国际油价接轨，改变定价机制，属于以指导价格为主。

石油行业中的旋转门现象可以用石油行业高层进出主管部门比例来说明，如表 4-22 所示。

由这些资料可以看出，石油行业高层来自行业主管部门以及由行业主管部门进入三大石油公司高层的比例近年来徘徊在 30% 左右，石油行业存在旋转门现象。

第二，结构指标。产权集中度用来反映行业内最大规模垄断厂商的组织能力、市场控制力及对行政机构的影响力。

产业集中度的测算结果表示在表 4-23 中，由结果可以看到，在石油开采行业市场集中度较高。在石油开采领域有较高的进入壁垒，必须经国务院和地矿主管部门的批准同意，才可进入石油开采领域。国土资源部有关人士表示，现在不要说民营企业，就是其他一些中央大企业，比如想进军石油领域的中化集团，也没有通过相关的审批，高进入壁垒导致石油开采领域高的市场集中度。

表4-22　　　　　　　　石油行业高层进出主管部门比例　　　　　　单位：%

年份	2006	2009
中石油股份	50	42.1
中石化股份	58.3	40
中海油总公司	0.00	6.25
平均值	36.1	29.45

资料来源：2006年和2009年《中国石油天然气股份有限公司年报》、《中国石油化工股份有限公司年报》、《中国海洋石油总公司年报》。

表4-23　　　　　　　1989~2007年中国各石油集团原油产量及市场集中度　　　　单位：万吨、%

年份	全国	中石油	中石化	中海油	延长石油	新星石油	上海石油	其他	CR_1	CR_2	CR_4	HHI
1989	13 764	13 597	—						98.79			9 758.81
1990	13 831	13 614.5	—	126.5					98.43	99.35		9 690.222
1991	14 099	13 647.2	—	241.4					96.80	98.51		9 372.304
1992	14 210	13 725.7	—	387.4					96.59	99.32		9 337.415
1993	14 400.4	13 912.4	—	463.5				24.5	96.61	99.83		9 344.085
1994	14 607.2	13 837	—	647.7	63.2			59.3	94.73	99.16	99.59	8 993.102
1995	14 879.2	13 907.7	—	841.6	73.5			56.4	93.47	99.13	99.62	8 769.018
1996	15 729.1	14 053.5	—	1 501	88			86.6	89.35	98.89	99.45	8 074.289
1997	16 034.4	14 215	—	1 620	107.3	62	—	30.1	88.65	98.76	99.81	7 962.054
1998	16 025.6	10 583.4	3 531.7	1 631.9	162.6	62.8			66.04	88.08	99.28	4 951.905
1999	15 878.6	10 494.8	3 456.5	1 617.4	211.9	98			66.09	87.86	99.38	4 948.191
2000	16 086	10 359	3 724	1 757	246				64.40	87.55	100.00	4 804.618
2001	16 317.2	10 339.2	3 783.9	1 822	316.4		58.9		63.36	86.55	99.66	4 681.299
2002	16 886.6	10 366.1	3 789.1	2 098.6	380.2		47.3	205.2	61.39	83.83	98.50	4 431.495
2003	16 983.1	10 401.5	3 804.8	2 185.9	552.9		38		61.25	83.65	99.78	4 429.303
2004	17 499.2	10 455.1	3 851.6	2 439.7	720.9		31.9		59.75	81.76	99.82	4 265.431
2005	18 142.2	10 595.4	3 919.5	2 763.8	838.5		25.3		58.40	80.01	99.86	4 130.981
2006	18 476.6	10 663.6	4 016.7	2 782	926		24.7		57.71	79.45	99.52	4 055.371
2007	18 596.2	10 764.6	4 102.5	2 675.9	1 031.7		21.6		57.89	79.95	99.88	4 075.318

注：本表采用的是全国国内原油产量，未计算进口量，原因在于石油的进口长期被中化集团和三大集团把持，加入之后对计算结果不会有重大影响，由于每个公司的进口量数据不连续所以未加入。石油的出口量由于自20世纪90年代以来相对于产量很小所以也忽略不计。

资料来源：课题组根据《国际石油经济》1994年、1998年、2004年、2006年、2008年数据统计，历年《中国统计年鉴》，中石化、中石油、中海油集团及公司年报，延长石油公司网站，大陕北网资料数据整理得出。

从产业一体化程度来看，石油行业上下游一体化程度高。1998年7月25日，国家经济贸易委员会文件明确指出："中国石油天然气集团公司和中国石油化工集团公司是国家在原中国石油天然气总公司及中国石油化工总公司基础上组建的石油石化企业，经国务院同意进行国家授权投资的机构和国家控股公司的试点。两大集团公司组建后，对全资企业、控股企业、参股企业要按照《中华人民共和国公司法》进行规范。石油集团公司对有关企业的有关国有资产行使出资人权利，对有关企业中国家投资形成的国有资产依法经营、管理和监督，并相应承担国有资产保值增值责任。"据该文件，中国石油天然气集团公司和中国石油化工集团公司由兼有行业行政管理职能的国家公司，转变为真正意义上的企业实体，成为兼具三任于一身的国有投资公司、国家授权投资的机构、国家控股公司的大型石油公司，是自主经营、自负盈亏、自我发展、自我约束的法人实体。中国石油天然气总公司、中国石油化工总公司和海洋石油总公司实现公司重组，成为上下游一体化的公司集团。

第三，行为指标。在石油开采行业存在明显的利用行政性垄断牟利的行为。例如在石油开采领域，虽然国家有明确规定，对于开采的油田，若有一年以上的闲置，则收回其开采权。现在中石油拥有大量未动用的"低品位"资源储量，但是一方面自己不忍心交给别人，另一方面别人开采也没有明确的法律政策框架，多数只能是暂时放在那里。虽然法律规定对于登记勘探开采的区块，如果超过一定年限后，如不延续，就要收回到国土资源部，但这方面的管理对中石油这样的国家公司来说，事实上是非常宽松的，并没有严格执行。被中石油、中石化废弃的"低品位"的油田资源，却在法律、法规上禁止民营企业进入开采废弃油田，在石油行业称之为"灰色地带"，在民企采油与法律的根本矛盾之下，民营企业、地方政府与中石油、中石化之间，近几年不断演绎着形形色色的规模或大或小的冲突，成为石油行业一个引人注目的现象。不仅如此，由于这个"灰色地带"资源的稀缺性和法律的缺位，又使得民营资本挖空心思找关系来获得区块，这无形中造成了不公平的竞争，滋生腐败，甚至可能引起国有资源的流失。1997年1月1日，国家重新修订颁布《矿产资源法》，废止了原石油工业部发布的《石油及天然气勘查、开采登记管理暂行办法》中"持有石油、天然气许可证的企业，可以划一部分采区承包给其他单位"的内容。此后一系列文件的指向非常明显：不论是勘探还是开采，都必须经国务院和地矿主管部门的批准同意。国土资源部有关人士表示，现在不要说民营企业，就是其他一些中央大企业，比如想进军石油领域的中化集团，也没有通过相关的审批。所以现在以各种方式进入石油开采的民营企业，都属于"非法"。所以近几年，国土资源部组织了300多人的油气督察员队伍，在全国各地检查，那些明目张胆开采原油的无资质企业，也经常会被查处。不过，据圈内人透露，许多和国家油田公司合作的民营企业伪装得比较巧妙，遇到检查时，就说自己只是工程施工队伍。油田在工程施工方面是完全放开的。所以，这些民营企业一般很难被国土资源部的督察员发现。这样，明确规定的政策禁区就被民营企业以及与他们合作的油田公司绕了过去，使法律法规陷入了尴尬。这就是行政性垄断引起的一些中石油、中石化牟利行为。

目前，中石油、中石化、中海油的生产、投资、销售、人事、分配、定价、资产处置等都有能源工作领导小组下属的七个石油行业企业的主管部门指导性干预。三大石油公司的领导任命、人事安排、原油定价、资产处理等三大石油公司没有拥有绝对的自主权。以价格制定为例，原油价格的制定由中石油和中石化按照新加坡市场不同品质原油上个月的平均离岸价，按月确定原油基准价。另外，中石油和中石化根据运输费用、原油的品质差异和市场供需情况，进行升水和贴水谈判。如果中石油和中石化不能就升水和贴水的数额达成一致，国家发改委将出面协调。石油开采行业内企业经营活动的自主权有限。

第四，绩效指标。首先看供需缺口，目前以油气为主要燃料和原材料的工业部门的产值约占全国工业总产值的 1/6。近年来我国 GDP 持续保持 7% 以上的增长速度，且由于环境保护的原因国家降低了煤炭的消耗比重而增大了石油在一次能源中的份额，我国对石油天然气的需求逐年加大，原油需求自 20 世纪 90 年代以来以年均 5.77% 的速度增长。受国内石油行业产能制约，我国从 1993 年起便成为了石油净进口国，目前我国每年进口石油的数量约占全国石油消费总量的 1/3，2000 年我国石油净进口量已超过 6 000 万吨；而且由于在未来 15 年内，我国国民经济仍将以 7% 左右的速度发展，而原油需求将以 4% 左右的速度增加，预计 2005 年原油需求将达到 2.4 亿吨左右，而同期国内原油产量增长速度只有 2% 左右，大大低于原油需求增长速度，国内原油供需缺口将继续逐年加大。石油行业之所以存在如此大的供需缺口与石油行业存在行政性垄断密不可分。此指标显示石油行业行政性垄断程度强。石油行业职工收入/社会平均收入，是测算行政性垄断带来的结果的指标之一。此外，我们还可以计算自市场经济体制改革以来，或者自 1992 年以来各行业职工收入的环比增加情况来反映这一指标。因为我们可以认为市场经济体制改革以前所有的行业均处于行政性垄断之下，课题所研究行业的职工收入在改革之前应与其他行业处于相同的水平之上。石油行业职工收入与社会竞争行业收入之比以及石油行业职工收入与全国平均收入之比来说明石油行业行政性垄断程度。报告选择农、林、牧、渔业作为竞争行业，从表 4-24 中可以看出，石油行业的职工收入是农、林、牧、渔业职工收入的 3 倍左右，行政性垄断造成行业间收入不平等程度相当高。

表 4-24　　石油开采行业与农、林、牧、渔业职工收入比较

年份	石油行业（元/年）	农、林、牧、渔业（元/年）	石油行业/农、林、牧、渔业（%）
1998	12 673.5	4 528	2.799
1999	144 440.32	4 832	2.988
2000	16 096.2	5 184	3.105
2001	18 596.84	5 741	3.239
2002	19 610.26	6 398	3.065
2003	21 891.2	6 969	3.141
2004	25 311	7 611	3.326
2005	30 732.74	8 309	3.699
2006	34 312.35	9 430	3.639
2007	39 160.26	11 086	3.532

资料来源：课题组根据相关年份《中国统计年鉴》、《中国劳动统计年鉴》计算整理得出。

报告对石油行业的生产效率的描述从全员劳动生产率、要素使用效率两个方面来进行。全员劳动生产率是工业增加值与全部从业人员平均人数之比。虽然我国石油行业的全员劳动生产率近几年呈不断上升趋势，但平均水平仍不足日本全行业全员劳动生产率的 1/10。要素使用效率主要包括劳动使用效率、资本使用效率，劳动使用效率自 2000 年来一直处于较低水平，这是由于石油行业三大公司人员过多造成的。资本使用率一直徘徊在 20% 以下，远远低于全国平均水平。表 4-25 给出了中国石油化工股份有限公司 2001~2006 年度周转率情况。

表 4-25　　中国石油化工股份有限公司周转率

年份	存货周转率	应收账款周转率	资产周转率	固定资产周转率
2001	10.39	54.93	1.69	2.54
2002	5.56	29.81	0.89	1.31
2003	7.19	41.82	1.10	1.58
2004	8.44	62.04	1.39	1.99
2005	8.74	65.80	1.63	2.40
2006	9.67	69.36	1.87	2.76

资料来源：课题组根据 CCER 金融数据库整理。

（2）石油炼化领域行政性垄断程度。第一，制度指标。从行业主管部门来说，石油炼化领域的情形与上游原油勘探开采领域中的情形相同。从石油炼化领域中限制和排斥竞争的法律法规方面来看，1999 年 5 月国家经贸委等部门下发了《关于清理整顿小炼油厂和规范原油成品油流通秩序的意见》（以下简称《意见》），其中对炼油厂的规模进行了限定，要求新建炼油厂必须大于 800 万吨；对区域布局进行

了限定，一般是在缺油的地方建设；赋予中石化、中石油整合地方炼厂的权力；对进出口贸易和石油的分配进行管理；对中外合作规定了中方必须相对控股。山东地方炼厂较多，民营加油站大多从地方炼厂采购成品油。不过随着《意见》的下发，地方炼厂的命运再次被收紧。《意见》规定，地方炼厂（具备批发资格的除外）所产成品油要严格执行交中石油、中石化集中批发。目前的原油价格－炼厂价格－批发价格－零售价格这一价格链条中，零售价采取政府指导的中准价，而批发价和炼厂价则由两大石油巨头自行定制，这在事实上形成了两大石油巨头的行业垄断。

从进入壁垒角度看，目前允许外资与中国炼厂合作建炼厂，但是有条件限制，要求外方必须技术先进、要求中方相对控股。其次，对石油行业的进入有规模、资金方面的限制，但没有明确规定民营资本不能够进入。资质方面，原则上没有限制私人资本的条款，但是规模要求及要求中石化、中石油整合地方炼厂、原油的计划分配、成品油的销售等状况实际上几乎是限制私人炼油。申请成品油批发经营资格的企业，应当具备下列条件，申请主体应具有中国企业法人资格，且注册资本不低于3 000万元人民币。申请主体是中国企业法人分支机构的，其法人应具有成品油批发经营资格。申请成品油仓储经营资格的企业，应当具备下列条件，申请主体应具有中国企业法人资格，且注册资本不低于1 000万元人民币。申请成品油经营资格的企业，应当提交相关文件，外商投资企业还应提交《中华人民共和国外商投资企业批准证书》。对于三大集团外的企业进入炼油市场是核准，即使地方炼厂扩大炼油能力也需经发改委同意。

在定价方面，1998年受东南亚金融危机的影响，国际原油价格跌至10年来的最低点。在这一年里，国际油市低迷、国内油市不振，成品油走私也对国内市场造成了很大的冲击。在这种情况下，为稳定国内市场，实现国内原油、成品油价格与国际市场的接轨，国家出台了《原油、成品油价格改革方案》（以下简称《方案》）。该《方案》规定对汽油、柴油零售价格实行政府指导价；国家计委制定并公布不同销售地区（以省、自治区、直辖市为单位）汽油和柴油（标准品）零售中准价；汽油、柴油零售中准价制定的原则是：以国际市场（新加坡）汽油、柴油进口完税成本（离岸价加海上运保费、关税、消费税、增值税、港口费等）为基础，加上按合理流向计算的从炼厂经中转配送到各加油站的运杂费，再加上批发企业和零售企业的经营差率计算得出；当新加坡市场汽油、柴油交易价格累计变动幅度超过5%时，由国家计委调整汽油、柴油的零售中准价；石油天然气集团公司和石化集团公司在上下5%的幅度内制定具体的零售价格；非标准品按照国家规定的汽油、柴油品质比率自行确定零售价；汽油、柴油销售由两大集团公司统一组织配送到基层零售单位，实行城乡统一价格，原则上一省一价；两个集团公司系统外的加油站，包括外资加油站，都要按照集团公司规定的零售价代销石油公司的成品油；汽油、柴油的出厂价格、批发价格、批零差率由两大集团公司自主制定，报国家计委备案。《方案》确定了国内原油和成品油价格与国际市场相关油品价格直接挂钩的联动机制，同时决定国内原油价格从当年6月1日起与国际油价接轨、成品油从6月5日起执行新价，并实行新的价格机制和流通体制。《方案》实施后原油立即随着国际市场价格的变化而浮动，成品油则直到2000年6月才开始逐月与国际市场价格联动。2000年6月1日前汽油和柴油的零售指导价很少进行调整。自2000年6月1日起，国家计委开始每月审定和公布汽油和柴油的零售指导价，以使中国汽油、柴油零售指导价的变动能够更为密切地反映当时的国际市场价格。

2001年10月～2006年，在国家发改委公布的零售中准价上下8%范围之内制定汽油和柴油的零售价（但2006年3月26日以后，供渔业船用柴油价格按当年公布的零售基准价执行，暂不上浮）。这种零售中准价在每个省级的销售区域是各不相同的。自2001年10月～2006年初，国家发改委不时地公布汽油和柴油的零售中准价，该价格是以新加坡、鹿特丹、纽约汽油和柴油平均离岸价格的加权平均加上运输费用和税收为基础制定的。通常只有在加权平均价格的波动幅度超过此前公布的零售中准价8%时才进行调整。中石化、中石油根据其汽油和柴油的零售价格并按照国家发改委要求的不少于其零售价格4.5%的折扣制定批发价。

2006年3月26日，经国务院批准，国家出台了石油综合配套调价方案。在坚持与国际市场接轨的前提下，建立了既反映国际市场石油价格变化，又考虑国内市场供求、生产成本和社会各方面承受能力等因素的成品油价格形成机制。同时建立起石油企业内部上下游利益调节机制，相关行业的价格联动机制，对部分困难群体和公益性行业给予补贴的机制，以及石油企业涨价收入财政调节机制等四个配套机制。从2006年开始政府准备采取原油成本定价法，但是一直没有实施。2008年12月19日，国务院正式采用"原油成本定价法"，同时规定2009年1月1日起开征燃油税，国产陆上原油价格继续实行与国际市场直接接轨。国内成品油价格继续与国际市场有控制地间接接轨。成品油定价既要反映国际市场石油价格变化和企业生产成本，又要考虑国内市场供求关系；既要反映石油资源稀缺程度，促进资源节约和环境保护，又要兼顾社会各方面承受能力。

国内成品油出厂价格以国际市场原油价格为基础，加国内平均加工成本、税金和适当利润确定。当国际市场原油一段时间内平均价格变化超过一定水平时，相应调整国内成品油价格。汽、柴油价格继续实行政府定价和政府指导价。一是汽、柴油零售实行最高零售价格。最高零售价格由出厂价格和流通环节差价构成。适当缩小出厂到零售之间流通环节差价。二是汽、柴油批发实行最高批发价格。三是对符合资质的民营批发企业汽、柴油供应价格，合理核定其批发价格与零售价格价差。四是供军队、新疆生产建设兵团和国家储备用汽、柴油供应价格,按国家核定的出厂价格执行。五是合理核定供铁路、交通等专项部门用汽、柴油供应价格。六是上述差价由国家发展改革委根据实际情况适时调整。在国际市场原油价格持续上涨或剧烈波动时,继续对汽、柴油价格进行适当调控,以减轻其对国内市场的影响。航空煤油等其他成品油价格继续按现行办法管理。液化气改为实行最高出厂价格管理。国家发展改革委根据上述完善后的成品油价格形成机制,另行制定石油价格管理办法。此外,在旋转门现象方面,石油炼化领域的情形与上游原油勘探开采领域中的情形相同。

第二,结构指标。表4-26表示了石油炼化产业国有控股企业占规模以上企业的比重,以此来表示这个领域中的产权结构。表4-27及表4-28则分别给出了石油炼化产业中的市场集中度以及原油加工市场集中度。在产业一体化程度方面,石油炼化领域的情形与上游原油勘探开采领域中的情形相同。

表4-26　　2006年石油加工、炼焦及核燃料加工工业国有控股企业占规模以上企业的比重

项目	企业数	工业总产值	资产总计	固定资产净值	全部从业人员数
国有及规模以上民营	2 160	15 149.04	7 584.78	3 130.59	76.79
国有及控股	221	11 450.48	4 935.66	2 105.97	38
国有占比(%)	10.23	75.59	65.07	67.27	49.49

资料来源:《中国统计年鉴》2007。

表4-27　　2002~2005年中国炼油行业市场集中度(炼厂层面)　　单位:%

年份	2000	2001	2002	2003	2004	2005
CR_4	0.1793	0.1768	0.1736	0.1773	0.1841	0.1802
CR_8	0.3006	0.2995	0.3004	0.3093	0.3125	0.3172

资料来源:课题组根据相关年份公司年鉴计算整理得出。

表4-28　　2006年原油加工市场集中度(集团层面)　　单位:万吨

年份	2006	2005
全国原油加工量	32 245.2	30 086.24
中石化原油加工量	15 650.56	14 879.5
中石油+中化原油加工量	11 586.9	11 060.6
延长石油原油加工量	1 000	1 000
CR_4(%)	87.57	89.54

资料来源:课题组根据2006年相关公司年报计算整理得出。

第三，行为指标。炼化企业的原油来源绝大部分来自中石油、中石化、中海油或通过中石油、中石化、中海油以及中石油、中石化控股的企业从国外进口。两大集团在2006年底囤积成品油，利用行政性垄断优势提高成品油价格。2007年，两集团经常不向民营加油站供油，导致民营加油站不得不关门。两集团动辄不向地方炼油企业提供原油，导致地方炼厂无油可炼，开工率严重不足，很多企业不得不进口燃料油加工。在对外停批的同时，两集团的部分成品油批发单位背后高价向某些民营加油站销售成品油。油荒时候，很多地方出现了农民砸毁当地两集团加油站的事件，原因在于两集团的加油站把油存起来供应大客户，不向农民提供柴油。这些都是歧视性定价的表现。2008年下半年，两集团由于石油期货导致巨大损失，于是向发改委申请维持远高于国外成品油的价格以弥补损失。

在石油炼化领域，对企业的生产、投资、定价、销售、人事、分配、资产处置等政府都采取指导的策略。目前，中石油、中石化、中海油的生产、投资、销售、人事、分配、定价、资产处置等都有能源工作领导小组下属的七个石油行业企业的主管部门指导性干预。三大石油公司的领导任命、人事安排、原油定价、资产处理等三大石油公司没有拥有绝对的自主权。例如，镇海炼化主管部门中石化代表国家持有该公司75%的股权，一方面，按照《公司章程》的有关规定行使股东权力，直接任命公司董事会成员和部分监事会成员；另一方面，又以国家行业主管的身份对公司执行国家政策情况进行监督，对公司的重大经营项目进行决策，甚至参与企业的生产经营计划，从部分原料供给、产品产量、销售渠道与价格，到公司工资总额的发放等，均由中石化下达具体的计划指标。镇海炼化在这些方面，改制前后没有发生什么变化。这种直接干预企业的行为，造成企业难以在平等基础上与国内外同行业企业进行竞争。

第四，绩效指标。本课题将通过投资、供需缺口和职工收入与竞争行业收入之比几个方面来说明石油炼化领域中的行政性垄断程度，我们设定一个行业的行政性垄断程度越高，其配置效率也越低。从表4-29可以看出石油加工行业的投资一直高于GDP增长率，而且考虑到全国有122家炼油厂，一直以来并没有出现成品油短缺现象（只有2006年、2007年、2008年出现且主要是因为价格限制），所以可以认为炼油行业并没有出现像电力、铁路那样的投资不足（见表4-30）。

表4-29　　2003~2006年石油炼化行业投资增长率与GDP增长率

年份	石油及炼焦加工业（亿元）	增长率（%）	GDP（亿元）	GDP增长率（%）
2003	322.04		135 174.0	
2004	637.91	198.08	159 586.7	118.06
2005	801.29	125.61	184 739.1	115.76
2006	939.29	117.22	211 808.0	114.65

石油炼化领域的供需缺口的计算根据国家统计局历年的成品油需求量来进行计算。

表 4-30　　　　　　　　历年成品油需求量

年份	GDP（亿元）	汽油（万吨）	柴油（万吨）	成品油（万吨）
1980	4 545.6	998.6	1 663.2	9 187.424
1984	7 208.1	1 199.7	1 752.7	12 144.45
1985	9 016.0	1 396.3	1 939.4	14 336.74
1986	10 275.2	1 500.2	2 116.7	15 878.08
1987	12 058.6	1 624.3	2 314.0	17 983.92
1988	15 042.8	1 789.9	2 575.2	21 395.92
1989	16 992.3	1 853.6	2 748	23 582.92
1990	18 667.8	1 899.5	2 691.7	25 249.02
1991	21 781.5	2 209.5	2 895.9	28 877.9
1992	26 923.5	2 509.8	3 373	34 798.28
1993	—	—	—	—
1994	48 197.9	2 696.7	3 803	56 691.56
1995	60 793.7	2 909.6	4 321.4	70 019.73
1996	71 176.6	3 182.4	4 691.7	81 046.69
1997	78 973.0	3 312.0	5 291.2	89 573.23
1998	84 402.3	3 328.6	5 282.8	95 011.68
1999	89 677.1	3 380.73	6 231.63	101 288.4
2000	99 214.6	3 504.93	6 774.29	111 493.8
2001	109 655.2	3 597.75	7 108.41	122 362.3
2002	120 332.7	3 749.70	7 667.89	133 752.3
2003	135 822.8	4 072.02	8 409.76	150 307.5
2004	159 878.3	4 695.76	9 895.16	176 473.3
2005	183 867.9	4 853.30	10 972.46	201 698.6
2006	210 871.0	5 241.73	11 835.94	229 954.7

为了进行推算，我们去掉 2006 年的数据，得到新的方程：

汽油：$y = 0.0201x + 1473.9$；$R_2 = 0.948$；

柴油：$y = 0.0503x + 1585.7$；$R_2 = 0.9912$；

成品油：$y = 1.0705x + 5045.6$；$R_2 = 1$；

表4-31　　　　　汽油理论需求量与实际消费量的缺口　　　　单位：万吨

年份	理论消费量	实际消费量	缺口（理论-实际）	缺口占实际的比（%）
2005	5 169.64	4 853.30	316.34	6.52
2006	5 712.41	5 241.73	470.67	8.98

表4-32　　　　　柴油的理论需求量与实际消费量的缺口　　　　单位：万吨

年份	理论消费量	实际消费量	缺口（理论-实际）	缺口占实际的比（%）
2005	10 834.25	10 972.46	-138.20	-1.26
2006	12 192.51	11 835.94	356.58	3.01

表4-33　　　　　成品油理论需求量与实际消费量的缺口　　　　单位：万吨

年份	理论消费量	实际消费量	缺口（理论-实际）	缺口占实际的比（%）
2005	201 876.17	201 698.64	177.53	0.09
2006	230 783.00	229 954.66	828.34	0.36

表4-34　　　　汽、柴油的理论需求量与实际消费量的缺口率　　　　单位：万吨

年份	汽油			柴油		
	理论消费量	实际产量	缺口率（%）	理论消费量	实际产量	缺口率（%）
2005	5 169.64	5 409.22	-4.63	10 834.25	11 079.42	-2.26
2006	5 712.41	5 594.76	2.06	12 192.51	11 655.54	4.40

从表4-31至表4-34可以看出汽、柴油的缺口率并不是很大，而且主要是由于价格限制导致的，与炼厂的行政性垄断没有很大关系，实际上，由于炼油是一项非常高利润的行业，所以地方政府、私人都很有积极性去建设炼油厂，而且实际上已建设了大量的炼油厂。

对石油炼化产业的收入水平，我们可以由中石油、中石化的财务报表得到相关信息，可以看到，石油炼油行业职工平均收入高于全国平均水平（见表4-35）。

表4-35　　　　　2006年石油行业与全国职工收入情况　　　　单位：元/年

项目	合计	国有单位	城镇集体单位	其他单位
全国总计	21 001	22 112	13 014	20 755
企业平均	20 555	22 246	12 547	20 756
石油加工、炼焦及核燃料加工业	28 596	27 624	14 751	30 286
石油加工/全国平均	1.36	1.25	1.13	1.46
中石化中石油平均	58 959			
两集团/全国	2.81			

对石油炼化产业领域的劳动生产率等表示生产效率的指标,报告在表4-36、表4-37中给出了计算及说明。

表4-36　　　　2006年石油炼油行业劳动生产率

项目	员工数（人）	炼油能力（万吨）	汽、柴、煤油总产量（万吨）	总产值（万元）	炼油能力/员工数（万吨/人）	全员实物劳动生产率（万吨/人）	全员劳动生产率（万元/人）
中石油炼油	72 706	11 587	7 487.8	54 329 900	0.15937	0.1030	747.25
中石化炼油	81 352	15 651	9 461.7	58 036 200	0.19238	0.1163	713.40
石油加工业	542 000			151 490 400			279.50

注:(1)数据计算时不包含临时工;(2)行业总产值只考虑国有及规模以上企业;(3)由于统计口径问题,石油加工业实际上采用的是统计年鉴上石油加工、炼焦、核燃料加工行业的数据。

表4-37　　　　2001～2006年中国石油化工股份公司周转率　　　　单位:%

年份	存货周转率	应收账款周转率	资产周转率	固定资产周转率
2001	10.39143637	54.92636708	1.68943696	2.537472591
2002	5.558353618	29.80728209	0.8897977	1.313004121
2003	7.192315826	41.81527513	1.099914578	1.575331112
2004	8.438745601	62.04117647	1.389241839	1.994455269
2005	8.743624635	65.80327734	1.629760986	2.40050166
2006	9.671870621	69.35655003	1.873479314	2.763688749

资料来源:课题组根据CCER数据库整理。

表4-38　　　　1999～2006年石油炼油行业装置负荷率　　　　单位:%

年份	1999	2000	2001	2002	2003	2004	2005	2006
中石化	67.70	81	77.90	79.30	87.80	93.43	94.01	94.28
中石油	—	78.10	81.20	79.10	82.20	88.30	90.60	95.90

资料来源:课题组根据相关年份相关公司年鉴整理得出。

根据表4-38显示的2005年、2006年炼厂的装置利用率都在90%以上,与国际先进公司类似,但是地方炼厂开工率大多不足,2006年约为50%左右(根据瑞姆资讯),开工不足的原因是缺少原料油以及成品油价格低;2003年以前两大集团的炼厂开工率低的原因是当时国内炼油能力过剩,地方炼厂开工率较高;现在是两大集团炼厂开工率高,地方炼厂开工率低。

对于石油炼化产业来说,产业利润率由于国家限价而导致在一个比较低的水平上,而劳动使用效率自 2000 年来一直处于较低水平,这是由于石油行业三大公司人员过多造成的,而资本使用率一直徘徊在 20% 以下,远远低于全国平均水平(见表 4-39)。按照行政性垄断测量体系中不同指标重要性的差异,在专家评分的基础上,我们分别赋予制度指标、结构指标、行为指标、绩效指标的权重为 30%、30%、20%、20%。对石油行业石油开采环节、炼油环节行政性垄断程度加权测算的结果分别为 91.25%、62.13%。

表 4-39　　　　2005～2006 年石油炼油行业销售利润率　　　单位:亿元

年份	2006			2005		
项目	营业额	利润	利润率(%)	营业额	利润	利润率(%)
中石油(炼油与销售)	5 432.99	-291.64	-5.37	4 284.94	-198.1	-4.62
中石化(炼油)	5 804	-253	-4.36	4 841	-35	-0.72

资料来源:课题组根据相关年份相关公司年报计算整理得出。

四、铁路运输业

1. 铁路运输业行政性垄断分析

新中国成立以后,我国铁路运输业仿效苏联建立了高度集中统一的计划经济管理模式。从 20 世纪 70 年代末、80 年代初开始,我国铁路运输业进行了一系列的改革。20 世纪 80 年代初,我国铁路运输业开始实施"放权让利"改革,扩大了各铁路局和铁路分局的经营自主权,并通过实行利润留成制度和"利改税"加大了利润分成向铁路局倾斜的力度。20 世纪 80 年代中期开始,我国铁路运输业实施了"经济承包"改革,铁道部实行了全行业"投入产出、以路建路"的经济责任承包制,即"大包干"制度。十四届三中全会以后,我国铁路运输业开始了建立现代企业制度的探索。从 1993 年开始,铁道部先后开始对铁路局和铁路分局进行了公司制改造,并在各铁路局推行资产经营责任制,明确了其市场主体地位和法人代表资格。2000 年,昆明等直管站段铁路局以及广铁集团开始模拟客运公司运营,铁路工业等五大集团公司与铁道部脱钩。2001 年,铁道部提出了"网运分离"方案,但该方案最终被决策层搁置。2003 年上半年,铁道部又提出"网运合一、区域竞争"的改革思路,也没能得到国务院的批准;2003 年下半年,铁道部又提出了"跨越式发展"的总体思想,开始全面进行主辅分离和组建三大专业货运公司的基础性改革。2004 年,铁道部着手对内部路网和运输企业的优质资产进行股份制改造,以为其早日上市做准备。2005 年,铁道部宣布撤销铁路分局，减少管理层次，由原来的四级管理体制变为三级管理模式。另外，铁道部还于当年正式对外宣布，对国内非公有资本开放铁路建设、铁路运输、铁路运输制造和铁路多元经营领域，此后，非国有铁路也取得了一定的发展。在铁路运输业的改革过程中，各铁路局和铁路分局的权力在增大，其在收入分配中所占的比例也在提高；行业内的路网分割状态有所改善，竞争程度略有提高。但是，我们也应该注意到，各铁路局的日常经营活动依旧是接受铁道部的直接管理和领导的，并没有真正获得独立的市场主体地位，非国有铁路也受到铁道部的间接控制。因此，上述改革措施虽然具有非常重要的意义，但实际上并没有真正冲破传统计划经济体制的束缚，整个行业的政企合一的管理体制依旧岿然不动，行业的行政性垄断状况仍然没有得到根本性的改变。

2. 铁路运输业行政性垄断程度的测算

（1）制度指标。第一，行业主管部门。长期以来，全国铁路工作都是由国务院主管部门——铁道部主管，因此，我国铁路运输业的主管部门设置状况为单一部门管理，其该项指标的得分应为100%。行业主管部门对所属行业的管理权限越大，该部门越有可能运用公共权力限制和排斥竞争，该行业的行政性垄断程度也就越高。根据《中华人民共和国铁路法》的规定，由国务院铁路主管部门"对国家铁路实行高度集中、统一指挥的运输管理体制，对地方铁路、专用铁路和铁路专用线进行指导、协调、监督和帮助"，因此，铁道部对铁路运输业的管理权限非常大，其该项指标的得分也应为100%。从铁路行业的行业主管部门对所属行业的管理方式来看，1983年9月，铁道部发出《铁道部计划体制改革的初步方案》和具体实施办法、调整计划的几项规定以及改革统计工作的意见等4个文件，自此之后，我国铁路运输业一直实行指令性计划与指导性计划相结合的制度，考虑到上述情况，我们铁路运输业该项指标的得分设为75%。

第二，限制与排斥竞争的法律法规。一个行业限制和排斥竞争的法律法规的数量越多，往往表明该行业的行政性垄断程度越强。就铁路运输业而言，由于《铁路法》（1990年颁布）、《国务院批转国家计委、铁道部关于发展中央和地方合资建设铁路意见的通知》（1992年颁布）和《外商投资铁路货物运输业审批与管理暂行办法》（2000年颁布）等法律法规中均规定有明显的限制和排斥竞争的条款，因此该行业存在两项以上限制和排斥竞争的法律法规，其该项指标的得分为75%。

一个行业行政性垄断程度的高低不仅体现在该行业限制与排斥竞争的法律法规的数量上，还体现在这些法律法规对竞争的限制与排斥的程度上。《铁路法》规定，由国务院铁路主管部门（铁道部）"对地方铁路、专用铁路和铁路专用线进行指导、协调、监督和帮助"，"地方铁路运输的物资需要经由国家铁路运输的，其运输计划应当纳入国家铁路的运输计划"，"地方铁路、专用铁路、铁路专用线的建设计划必须符合全国铁路发展规划，并征得国务院铁路主管部门或者国务院铁路主管部门授权的机构的同意"；《国务院批转国家计委、铁道部关于发展中央和地方合资建设铁路意见的通知》规定，"合资铁路是全国铁路网的重要组成部分，铁道部要行使行业管理职能，加强统一归口管理，切实做好指导、协调、帮助和监督工作"，"铁路运输具有高度集中、统一指挥的特点，合资铁路的接轨、过轨、排空、接重、运量分配、设备维修等，由铁道部门同合资铁路公司制定计划，共同落实"，"与合资铁路相关的通路，由铁道部门统筹规划，统一安排建设"。由此可见，铁路运输业的相关法律法规对竞争形成了很强的限制，因此应对该项指标赋予100%的得分。

第三，进入壁垒。资本要求是指行业主管部门对潜在进入企业进入某个行业所需的最低注册资本做出的要求，这一要求越高，对潜在进入企业的限制程度也就越高，其能够反映的行政性垄断程度也就越高。《外商投资铁路货物运输业审批与管理暂行办法》中规定的中外合营铁路货运公司应符合的条件之一就是，"注册资本额应满足从事业务的需要，最少不得低于2 500万美元"。上述规定表明，我国铁路运输业对潜在进入企业的资本要求相当高但该规定有可能是出于行业发展安全需要的考虑，所以应赋予该指标75%的得分。资质要求是指行业主管部门对潜在进入企业的从业经验等资格条件做出的要求，要求越高，潜在进入企业越难以进入，其可能反映的行政性垄断程度也可能就越高。《外商投资铁路货物运输业审批与管理暂行办法》规定，"设立中外合营铁路货运公司，外国主要投资者应是从事货运业务10年以上的货物运输公司，并具备较强的资金实力和良好的经营业绩。中方主要投资者应是从事货运业务10年以上的铁路运输企业。在中国政府规定期限内，中方投资股比不低于51%"。这表明，我国铁路运输业对潜在进入企业的资质要求非常高，但考虑该规定也包含行业发展安全需要的成分，我们对该项指标赋予75%的得分。对进入管制，《外商投资铁路货物运输业审批与管理暂行办法》也同样做了规定，"中华人民共和国对外贸易经济合作部（以下简称外经贸部）和中华人民共和国铁道部（以下简称铁道部）负责中外合营铁路货运公司的审批"。这表明，我国政府对外商投资铁路货物运输业实行的是审批制的进入管制方式，因此应对该项指标赋予100%的得分。

第四，价格规制。目前，我国政府参与定价的方式主要有三种：政府定价、政府指导价和市场定价，政府在这三种方式中参与定价的程度由高到低。根据铁路法的规定，"国家铁路的旅客票价率和货物、包裹、行李的运价率由国务院铁路主管部门拟订，报国务院批准。国家铁路的旅客、货物运输杂费的收费项目和收费标准由国务院铁路主管部门规定。国家铁路的特定运营线的运价率、特定货物的运价率和临时运营线的运价率,由国务院铁路主管部门商得国务院物价主管部门同意后规定。地方铁路的旅客票价率、货物运价率和旅客、货物运输杂费的收费项目和收费标准,由省、自治区、直辖市人民政府物价主管部门会同国务院铁路主管部门授权的机构规定。兼办公共旅客、货物运输营业的专用铁路的旅客票价率、货物运价率和旅客、货物运输杂费的收费项目和收费标准,以及铁路专用线共用的收费标准,由省、自治区、直辖市人民政府物价主管部门规定。"从上述规定可以看出,我国铁路运输业的定价方式基本属于政府定价,应对其赋予100%的得分。

其他利益集团参与定价程度的高低也是衡量定价行政性垄断程度的重要指标,其他利益集团参与定价的程度越低证明定价的行政性垄断程度越高。从上述《铁路法》有关铁路运输业定价的规定来看,其他利益集团基本上无法参与铁路运输业的客运、货运定价。虽然原国家计委曾于2002年首次就社会关注的春运铁路客运涨价问题举行过全国听证会,但此次听证会只不过是形式而已,最终以春运期间铁路客运涨价的结果收场;而且,自此之后,2003~2006年的春运火车票价上涨再未举行听证会,2002年的听证会成为"一劳永逸"式的听证。综合考虑上述情况,我们可以看出,在我国铁路运输业的定价过程中,其他利益集团的参与程度是非常低的,因此其该项指标的得分应为100%。

第五,旋转门现象。旋转门现象是行业性行政垄断之下普遍存在的一种现象,是指行业主管部门与所属行业的人员相互进入对方领域任职的一种现象,它也是反映行业性行政垄断的一项重要指标。我们可以从垄断行业对主管部门的影响力和主管部门对垄断行业的影响力两个方面来考察这一指标。

垄断行业对主管部门的影响力是指垄断行业进入主管部门任职的人数及其权力分布。就铁路运输业而言,由该行业进入铁道部任职的人数众多,而且大都担任要职,例如,目前铁道部部级干部中,有85%的干部由铁道部主管的铁路公司升任。基于上述情况,铁路运输业该项指标的得分应为100%。

主管部门对垄断行业的影响力是指主管部门进入垄断行业任职的人数及权力分布。就铁路运输业而言,由铁道部进入所属行业任职的人数较多,而且大都担任要职。由于无法搜集到铁路运输主管部门进入铁路运输业任职的人员的全部资料,我们姑且赋予铁路运输业的该项指标75%的得分。

(2)结构指标。在铁路行业内我们同样由产权结构及市场结构两个方面来进行刻画,其中产权结构指标是反映行政性垄断行业中国有产权与非国有产权的比例和相互关系的指标,它又可以细化为产权集中度和行业国有化比重两个三级指标,报告使用1992~2006年铁路运输业中这两项指标的算术平均值来反映其产权结构。

产权集中度指的是行业内规模最大的前n家国有企业的相关指标数值（如产出量）在整个行业中所占的份额，它体现了行业中国有产权的市场控制力及其对行政部门的影响力大小，因此它是反映行业性行政垄断的重要指标。就铁路运输业而言，由于目前我国铁路主要由国家铁路、地方铁路和合资铁路三个部分构成，我们只能以国家铁路的客运量和货运量在整个铁路运输业中的占比情况来说明这一指标。表4-40是根据《中国统计年鉴》（1993~2007年）提供的数据计算而得的1992~2006年国家铁路客、货运量的占比情况。从中可以看出，国家铁路的客、货运量占比有了一定程度的下降，但却仍维持在80%以上的高位，各年的算术平均值达到了92.5%。

表4-40　　　　1992~2007年国家铁路货运量占比情况　　　　单位：%

年份	1992	1993	1994	1995	1996	1997	1998	1999
国铁货运量占比	96.63	96.31	96.36	96.08	94.60	94.11	93.38	93.84
年份	2000	2001	2002	2003	2004	2005	2006	2007
国铁货运量占比	92.99	92.76	91.52	90.34	87.47	86.09	85.15	83.50

资料来源：课题组根据《中国统计年鉴》1993~2008年各期整理。

行业国有化比重指的是行业内国有经济的相关指标值在整个行业中所占的份额，它同样是反映行政性垄断行业产权结构的重要指标。具体到铁路运输业，我们将以国家铁路机车拥有量在整个行业中的占比情况说明该指标。表4-41是根据《中国统计年鉴》（1993~2008年）提供的数据计算而得的1992~2007年国家铁路机车拥有量占比情况。从中可以看出，1992~2007年国家铁路机车拥有量的占比均在90%以上，各年的算术平均值达到了96.1%。

表4-41　　　　1992~2007年国家铁路机车拥有量占比情况　　　　单位：%

年份	1992	1993	1994	1995	1996	1997	1998	1999
国铁机车拥有量占比	97.35	97.40	97.41	97.44	97.54	97.38	97.52	97.59
年份	2000	2001	2002	2003	2004	2005	2006	2007
国铁机车拥有量占比	94.88	94.92	94.59	94.71	94.38	94.70	94.97	94.56

资料来源：《中国统计年鉴》1993~2008年各期。

市场结构指标是用来反映行政性垄断行业中的市场垄断势力大小的指标，我们将从市场集中度和产业一体化程度两个方面来深入考察这一指标，并用1992~2007年铁路运输业这两项指标的算术平均值来反映其市场结构。考虑到铁路运输业的特殊情况，我们将以国家铁路的营业里程占整个行业的比重（CR_1）来描述其市场集中度。表4-42是根据《中国交通年鉴》（2008年）提供的数据计算而得的 1992~2007 年国家铁路年末营业里程占比情况。从表中可以看出，国家铁路的年末营业里程占比虽然在不断下降，但截至 2007 年仍然维持在 80% 以上的高位，各年的算术平均值达到了 85.9%。

表 4-42　　1992~2007 年国家铁路年末营业里程占比情况　　　单位：%

年份	1992	1993	1994	1995	1996	1997	1998	1999
国铁年末营业里程占比	92.25	91.81	91.53	87.22	87.37	87.27	86.75	85.91
年份	2000	2001	2002	2003	2004	2005	2006	2007
国铁年末营业里程占比	85.44	84.31	82.75	82.74	81.99	82.38	82.34	81.54

资料来源：《中国交通年鉴》（2008）。

一体化经营是行政性垄断行业排斥和限制竞争的重要手段，因而一个行业产业一体化程度的高低也是反映该行业行政性垄断程度高低的重要市场结构指标。一般来讲，一个行业的产业一体化程度越高，该行业的行政性垄断程度往往也越高。具体到我国的铁路运输业，由于长期按照"上下一体化"（路网、客运、货运一体化）的经营模式进行运营，其 1992~2007 年的产业一体化程度均为 100%，因此，其各年产业一体化程度的算术平均值也为 100%。

（3）行为指标。行政性垄断的市场结构决定了其市场行为，而这种市场行为又进一步强化了行政性垄断的市场结构，因此行政性垄断行业所表现出的排斥和限制竞争的行为也是反映一个行业行政性垄断程度高低的重要指标。以下我们将从企业利用行政性垄断谋利的行为和企业的经营活动自主权两个方面来分析行业性行政垄断的市场行为。

第一，企业利用行政性垄断谋利的行为。在行政性垄断行业中，企业往往借助其获得的行政性垄断地位谋求其所代表的利益集团的个别私利，因此，企业利用行政性垄断谋利的行为是非常典型的反映行业性行政垄断的行为指标之一。以下我们将结合铁路运输业的具体情况，分析该行业存在的企业利用行政性垄断谋利的行为。

所谓搭售，又称捆绑销售，是指经营者利用其经济和技术的优势地位，违背顾客的意愿，在向顾客供应一种商品或服务（给卖品）的同时，又要求其购买另一种商品或服务（搭卖品）。就铁路运输业而言，其最为明显的搭售行为就是在旅客购买车票时收取"铁路旅客意外伤害强制保险"。按照 1951 年国家政务院财政经济委员会制定出台的《铁路旅客意外伤害强制保险条例》的规定，"旅客之保险费，包括于票价之内，一律按基本票价 2% 收费"。时至今日，该项规定依然有效。这种行为其实就是铁路部门利用其行政性垄断地位强制旅客购买的一种特殊搭售行为，因此在铁路运输业中是存在搭售行为的，但强制收取意外伤害保险有考虑旅客乘车安全的成分，我们赋予铁路运输业该项指标75%的得分。歧视性定价，是指同一种产品或服务对不同的消费者群收取不同的价格。具体到铁路运输业，铁路部门对儿童、学生和革命伤残军人施行的购票优惠措施，虽然更多的是出于对特殊人群进行关怀和照顾的考虑，但在实质上却构成了对普通乘客的价格歧视。综合考虑上述情况，铁路运输业该项指标的得分应为50%。接入收费是指不同网络之间互联互通时，网络的所有者对接入者所收取的费用。铁路运输业的接入收费主要表现在非国铁在接入国铁路网时所发生的费用支出上。纪志耿（2005）的研究表明，作为路网垄断运营商的国铁为了维护自己的利益，经常采用提高接入收费的方法提高民营铁路的运营成本，迫使其退出竞争性服务领域①。上述研究表明，铁路运输业中确实存在国铁对非国铁实行接入收费的行为，铁路运输业该项指标的得分为100%。腐败是在行政性垄断行业中存在的又一利用其获得的垄断势力谋求私利的行为。具体到铁路运输业，近年来，铁路系统内的腐败大案要案时有发生，涉案金额也甚为庞大。例如，原武汉铁路分局副局长刘志祥利用职务之便贪污受贿3 000余万元；兰州铁路局原总会计师张宁利用职务之便贪污受贿2 300余万元，等等。这些大案要案的出现说明铁路系统内部存在着较为严重的腐败问题，因此，铁路运输业该项指标的得分应为75%。

第二，企业的经营活动自主权。企业的经营活动自主权指标反映的是企业在生产经营活动中是否具有自主决策的权力。一般而言，行政性垄断行业中的企业往往缺乏经营自主权，因此，企业的经营活动自主权越小，一个行业行政性垄断程度往往也越高；企业的经营活动自主权越大，行业的行政性垄断程度往往越低。以下我们将从投资、生产、定价、销售、人事、分配和资产处置几方面考察铁路运输业企业的经营活动自主权指标。根据《铁道部铁路企业转换经营机制实施办法》的规定，铁路运输企业享有生产经营决策权、产品和劳务定价权、产品销售权、物资采购权、进出口权、投资决策权、留用资金支配权、资产处置权、联营和兼并权、劳动用工权、人事管理权、工资和奖金分配权、内部机构设置权以及拒绝摊派权；但是，该《实施办法》同时重申了《铁路法》有关铁路主管部门的规定，即"国务院铁路主管部门（以下简称铁道部）对国家铁路实行高度集中、统一指挥的运输管理体制"，并规定铁路运输业自主决定调整生产经营范围的前提是保证完成指令性产品生产。这说明，虽然从表面上看铁路运输企业拥有广泛的经营活动自主权，但实际上我国铁路运输业仍然实行的是"政企合一"的经营管理体制，铁道部既作为行政主管部门行使政府职能，同时又

---

① 纪志耿：《我国铁路民营化过程中的障碍分析》，载《铁道运输与经济》2005年第3期。

以一个大型企业的身份向国家承包经营，铁路运输企业拥有的经营活动自主权很小。综合考虑上述情况，我们将反映铁路运输企业经营活动自主权的三级指标——投资、生产、定价、销售、人事、分配和资产处置均赋予75%的得分。

（4）绩效指标。市场绩效是在一定的制度环境和市场结构中由一定的市场行为所形成的经济成果，它表明的是在特定的制度环境、市场结构和市场行为条件下市场运行的效果，因此，它是最能直观反映行业性行政垄断的重要指标。以下我们将通过配置效率、生产效率和服务质量三个二级指标来分析铁路运输业的市场绩效。

第一，配置效率。配置效率是考察资源的组合和配置是否达到最优的指标，我们将从投资缺口、供需缺口和职工收入与社会平均收入之比三个方面来说明这一指标。行政性垄断行业普遍存在配置效率低下的现象，一个行业的行政性垄断程度越高，其配置效率也越低。投资缺口指标主要用于反映行政性垄断行业的投资是否能够满足行业发展的需求。具体到铁路运输行业，根据李保知和罗国维（1990）、杨爱新（2003）、支春红（2006）等提供的数据，"八五"、"九五"、"十五"和"十一五"期间，我国铁路建设每年都存在几百亿元的巨额资金缺口[①]。这说明我国铁路运输业的投资远不能满足行业发展的需求，因此铁路运输业该项指标的得分应为100%。供需缺口指标主要是反映行政性垄断行业所提供的产品或服务能否满足国民经济发展需求的指标，以下我们将以货运为例来说明铁路运输业的供需缺口。参照于良春和彭恒文（2005）[②] 提供的测算铁路货运理论值的方法，我们根据《中国统计年鉴》（1993～2008年）提供的数据，计算了1992～2007年我国铁路货运的理论值，并用理论值减去实际值，得出各年的铁路货运供需缺口，进而用供需缺口除以理论值得到铁路货运缺口率，计算结果如表4－43所示。从表4－43可以看出，我国铁路货运供需缺口率由1992年的7%扩大到了1999年的39%，虽然从2000年开始缺口率开始不断收缩，但到2007年铁路货运仍存在将近34.47%的缺口。这说明我国铁路运输业长期存在数额巨大的供需缺口，铁路运输业的提供的产品和服务远不能满足国民经济发展的需求，因此应该赋予铁路运输业该项指标100%的得分。

---

① 李保知、罗国维：《多渠道筹集资金加快铁路发展速度》，载《开发研究》1990年第5期；杨爱新：《游击"铁路线"》，载《中国投资》2003年第8期；支春红：《对我国铁路建设融资模式的思考》，载《铁道运输与经济》2006年第6期。

② 于良春、彭恒文：《中国铁路运输供需缺口及相关产业组织政策分析》，载《中国工业经济》2005年第4期。

表4-43 1992~2007年我国铁路运输业货运供需缺口情况   单位: %

年份	1992	1993	1994	1995	1996	1997	1998	1999
供需缺口率	6.87	12.88	20.16	24.36	27.78	31.55	37.94	39
年份	2000	2001	2002	2003	2004	2005	2006	2007
供需缺口率	38.58	36.47	36.66	36.57	34.62	34.22	34.56	34.47

资料来源：课题组根据《中国统计年鉴》1993~2007年各期提供的相关数据整理计算而得。

职工收入与社会平均收入之比是用于衡量行业性行政垄断造成的行业间收入分配扭曲程度的指标，以下我们将用铁路运输业职工平均工资水平与全国职工平均工资水平之比来说明铁路运输业的这一指标。根据《中国统计年鉴》(1993~2008年) 提供的数据，我们计算了1992~2007年我国铁路运输业职工平均工资水平与全国职工平均工资水平之比，计算结果如表4-44所示。表4-44显示，1992~2007年，我国铁路运输业职工平均工资水平与全国职工平均工资水平之比均大于1。这说明我国铁路运输业的收入水平明显高于社会平均收入水平，铁路运输业的行政性垄断造成的行业间收入分配的扭曲程度相当高，因此其该项指标的得分应该是100%。

表4-44 1992~2007年铁路运输业职工平均工资水平与社会职工平均工资水平之比

年份	1992	1993	1994	1995	1996	1997	1998	1999
职工平均工资比	1.45	1.56	1.59	1.26	1.66	1.72	1.54	1.51
年份	2000	2001	2002	2003	2004	2005	2006	2007
职工平均工资比	1.49	1.39	1.34	1.29	1.29	1.32	1.36	1.32

资料来源：《中国统计年鉴》1993~2008年各期。

第二，生产效率。生产效率考察的是生产要素的产出效果的指标，这里我们将从劳动生产率、全要素生产率、产业利润率和要素利用率四个方面来说明这一指标。按照哈佛学派的理论，企业的垄断程度越高，其获得的超额利润越高，它就越没有动力发展生产，其劳动生产率、要素利用率和全要素生产率也就越低。但是，受行政性垄断的影响，铁路运输业在生产效率方面却表现出两点特殊性：首先，由于长期奉行国家制定的"低运价"政策，加之自身经营管理不善，其产业利润率往往很低，甚至是负数；其次，由于长期存在巨额的供需缺口，铁路运输业不得不提高要素利用率来满足计划生产的需要，因此其要素利用率往往很高。因此，铁路运输业的劳动生产率、全要素生产率和行业利润率越低、要素利用率越高，证明其行政性垄断程度越高。

行业利润率是反映行业一定时期利润水平的相对指标。营业利润率（销售收入利润率）是描述行业利润率的常用指标，它是指企业的营业利润和销售收入的比率，以下我们将用该指标来说明铁路运输业的利润率情况。根据《中国统计年鉴》（1993～2008年）提供的数据，我们计算了1992～2007年我国铁路运输业的营业利润率，计算结果如表4-45所示。

表4-45　　　　1992～2007年铁路运输业营业利润率情况　　　　单位：%

年份	1992	1993	1994	1995	1996	1997	1998	1999
营业利润率	12.37	2.32	-4.99	-10.14	-1.83	-3.10	0.03	2.72
年份	2000	2001	2002	2003	2004	2005	2006	2007
营业利润率	3.08	1.58	1.74	1.25	2.70	4.25	2.92	4.69

资料来源：《中国统计年鉴》1993～2008年各期。

从表4-45我们可以看出，除1992年以外，我国铁路运输业其他各年的利润率很低，甚至有的年份因为出现了不同程度的亏损而使得利润率变为负值。这种现象是铁路运输业长期执行国家的"低运价"政策的结果，也是该行业高度行政性垄断的突出反映，因此，铁路运输业该项指标的得分应为100%。

要素利用率是用于反映行业内部生产要素是否得到充分利用的指标。以下我们将利用货车载重力利用率来说明铁路运输业的要素利用率情况。根据《中国统计年鉴》（1993～2008年）提供的数据，我们得到了1992～2007年我国铁路运输业的货车载重力利用率，如表4-46所示。从表4-46我们可看出，我国铁路运输业的货车载重力利用率非常高，各年均在95%以上。这说明由于我国铁路运输业供需缺口相当大，为了满足行政性垄断下计划生产的需要，铁路运输业只能保持对现有生产要素非常高的利用率，而这种生产要素的高利用率也间接反映了铁路运输业的高行政性垄断程度，因此其该项指标的得分应为100%。

表4-46　　　1992～2007年铁路运输业货车载重力利用率情况　　　单位：%

年份	1992	1993	1994	1995	1996	1997	1998	1999
货车载重力利用率	97.4	97.4	97.4	97.6	98.3	96.5	96.6	96.8
年份	2000	2001	2002	2003	2004	2005	2006	2007
货车载重力利用率	97.1	97.3	96.7	96.5	98	98.7	99.2	99.2

资料来源：《中国统计年鉴》1993～2008年各期。

劳动生产率是用于反映每一个劳动者在单位时间内创造的劳动成果的指标。为了便于同国外同行业数据进行比较，这里我们将用按实物量计算的劳动生产率来说明我国铁路运输业的该项指标。根据《中国统计年鉴》（1993～2008年）

和铁道统计公报（1998~2007年）提供的数据，我们得到了1992~2007年我国铁路运输业按实物量计算的劳动生产率，计算结果如表4-47所示。表4-47显示，近年来，我国铁路运输业的劳动生产率有了大幅度的提高；但是，我们也应该看到，其劳动生产率与发达国家尚存在很大的差距。2007年，我国铁路运输业的实物劳动生产率达到了198.1万换算吨公里/人，而根据世界银行网站提供的数据，美国铁路运输业1997年的劳动生产率就达到了1 128万换算吨公里/人，两者之间的差距非常明显。综合考虑我国铁路运输业劳动生产率大幅提高以及其与发达国家存在的较大差距，因此我们将其该指标的得分评定为75%。

表4-47　　1992~2007年铁路运输业实物劳动生产率情况

单位：万换算吨公里/人

年份	1992	1993	1994	1995	1996	1997	1998	1999
实物劳动生产率	69.44	70.37	73.22	73.53	74.32	75.31	98.2	106.4
年份	2000	2001	2002	2003	2004	2005	2006	2007
实物劳动生产率	115.5	129.7	138.5	145.2	162.6	176	182.2	198.1

资料来源：《中国统计年鉴》1993~2008年各期及《铁道统计公报》1998~2007年各期。

全要素生产率是用于反映资本、劳动等所有投入要素的综合产出效率的指标。按照新古典经济增长理论的解释，全要素生产率是衡量技术进步的重要指标。由于铁路电气化里程是铁路运输业技术进步的重要体现，这里我们将采用铁路电气化里程占全部营业里程的比重作为全要素生产率的替代指标来评价我国铁路运输业的技术进步程度。根据《中国统计年鉴》（1993~2008年）提供的数据，我们计算了1992~2007年我国铁路运输业的铁路电气化里程占比，计算结果如表4-48所示。表4-48显示，我国铁路运输业的铁路电气化里程占比在总体趋势上是保持增长的势头的，但增长的速度较为缓慢。综合考虑上述情况，我们将铁路运输业该项指标的得分定为50%。

表4-48　　1992~2007年铁路电气化里程占比情况

单位：%

年份	1992	1993	1994	1995	1996	1997	1998	1999
铁路电气化里程占比	16	17	17	18	18	21	23	24
年份	2000	2001	2002	2003	2004	2005	2006	2007
铁路电气化里程占比	25	29	29	30	30	31	37	38

资料来源：《中国统计年鉴》1993~2008年各期。

服务质量指标考察的是一个行业向顾客提供的服务的优劣程度，它也是反映行政性垄断行业市场绩效的重要指标。一个行业的行政性垄断程度越高，消费者对其产品或服务作出选择的余地越小,该行业提供的服务质量往往也越差。

具体到铁路运输业,我们将从旅客运输服务和货物运输服务两个方面来考察其服务质量。吴烨和姚加林(1998)从旅客和货物的送达速度、运输的附加费用、方便旅客和货主、服务态度以及运输延伸服务的范围和质量几个方面分析了我国铁路运输业的服务质量,认为我国铁路运输业服务质量不高①;马海涛和姚濬(2000)从思想观念和管理体制两个方面分析了我国铁路旅客运输服务质量存在的问题,并提出了提高客运服务质量的对策②;许培英(2005)认为,我国铁路货运质量存在的问题有:服务意识不强、服务不到位且不方便、服务不透明、运输时效性差、货运经营模式单一且营销网络建设滞后、现行货物运输行车组织体制与市场需求特性不适应、运能紧张不能满足货主需求、存在不合理收费现象③。上述研究表明,我国铁路运输业的旅客运输服务和货物运输服务中存在诸多问题,提供的服务质量较差,因此旅客运输服务和货物运输服务两项指标的得分均为100%。

以上我们结合我国铁路运输业的相关资料,运用打分法得出了该行业各项具体指标的测度结果。下面我们将对上述各项指标的测度结果进行汇总,以得出1992~2007年我国铁路运输业的总体行政性垄断程度。在汇总过程中,我们将分别对每个二级指标项下的各项三级指标值进行简单算术平均得出各项二级指标的推算值;然后,再分别对每个一级指标项下的各项二级指标值进行简单算术平均得出各项二级指标的推算值;最后,考虑各项一级指标在反映行业性行政垄断中的重要程度,分别赋予制度指标、结构指标、行为指标和绩效指标30%、20%、30%和20%的权重,对各项一级指标进行加权平均,得出我国铁路运输业的总体行政性垄断程度为87.8%。以上情况说明,我国铁路运输业的行政性垄断程度相当高,今后其反行政性垄断的任务相当艰巨。

第四节 小 结

在本章中,我们使用基于ISCP研究框架下所构建的指标体系对电力、电信、石油及铁路行业分别测算了相应的行政性垄断程度。在一个统一的框架下运用多指标所进行的测算能够降低单个指标测算不准确所带来的影响,能够保证测算过

---

① 吴烨、姚加林:《应改善铁路运输服务质量的现状》,载《铁道运营技术》1998年第3期。
② 马海涛、姚濬:《铁路旅客运输服务质量浅析》,载《铁道运输与经济》2000年第5期。
③ 许培英:《我国铁路货物运输服务质量的研究及分析》,载《中国铁路》2005年第2期。

程不至于出现系统性的偏差。更为重要的是，在这个框架下，我们能够对不同的产业中的行政性垄断程度进行排序，应该说，这才是指标体系最为重要的作用所在。测算的结果显示在铁路行业中行政性垄断程度最高，这也符合我们的直观印象。这一现象出现的重要原因在于在铁路行业内只存在一家垄断厂商，独特的产业结构使得在这一行业中厂商获得了更强的讨价还价能力——无论是对于行业主管部门，还是对消费者来说，这种能力使厂商能够实施其他产业内厂商所难以运用的行政性垄断行为。对于这种现象，我们可以将其称为结构性行政性垄断，以区别于在其他行业内所存在的行政性垄断。这种行政性垄断离计划经济体制更近，离市场经济体制则更远。另外，我们可以发现，在铁路行业内的行政性垄断程度随时间的推进并没有发生可以观测到的变化，这一点与电力产业的发电环节或者电信产业中的行政性垄断不同。由这一点我们也可以大体地推测出什么样的力量能够遏止行政性垄断的发展，在电力产业的发电环节及电信产业中最为明显地一点是参与的厂商数量发生了变化，即便是在行政性垄断下的双寡头市场结构，也能够明显地使行业内行政性垄断程度降低。

第五章

地区性行政垄断的测度

第一节 地区性行政垄断指数构建与指标体系设计

围绕转型时期中国地区性行政垄断指数的构建，根据指标体系设计的基本框架和基本原则，我们设置了转型时期中国地区性行政垄断程度测度的三级指标体系。转型时期中国地区性行政垄断指数由4个一级指标，19个二级指标，49个三级指标构成。4个一级指标分别是制度类指标、结构类指标、行为类指标和绩效类指标。其中，制度类指标中包括地区分权程度、晋升激励强度、地方发展水平、政府规模指数等4个二级指标，财政支出的分权水平、财政收入的分权水平等13个三级指标。结构类指标中包括国有经济比重、财政收入比重、政府消费比重、省际贸易强度、市场分割度、省际劳动力流动指数、省际产业相似度系数、产业区位商指数、产品进入率指数、资源流出率指数等10个二级指标，国有经济产值比重、政府财政收入占GDP的比重等14个三级指标。行为类指标中包括政府行为、企业谋利行为、企业自主权等3个二级指标，政府壁垒性行为、政府补贴性行为等16个三级指标。绩效类指标中包括企业绩效和产业绩效2个二级指标，净资产贡献率、产业技术进步率等6个三级指标。在确定各指标的权重时，我们采取了主成分分析与专家打分相结合的方法①。具体情况参见表 5-1。

表 5-1　　　　　　　地区性行政垄断的测度指标体系

一级指标	权重	二级指标	权重	三级指标
制度类指标	0.275	地区分权程度	0.25	财政支出的分权水平
				财政收入的分权水平
				人均财政支出分权度
				人均财政收入分权度
				优惠政策因素
				特区、试验区等因素
		晋升激励强度	0.25	地方领导晋升速度
				地方领导晋升比例
				政绩评价机制
		地方发展水平	0.25	人均 GDP 指数
		政府规模指数	0.25	公务员和财政供养人数占总就业人数比重
				政府支出占 GDP 的比重
				行政管理费用支出占政府支出的比重
结构类指标	0.225	国有经济比重	0.1	产值
				就业
				投资
				利税
		财政收入比重	0.1	地方财政占地域财政的比重
				政府财政收入占 GDP 的比重
		政府消费比重	0.1	政府购买支出占全部最终消费的比重
		省际贸易强度	0.1	省际贸易强度指数
		省际劳动力流动指数	0.1	省际劳动力流动指数
		市场分割度	0.1	市场分割度

---

① 关于各指标权重的确定，我们采用了专家赋分和主成分分析相结合的方法。专家赋分主要来自于两个途径：一是学术会议现场调查。2007 年 11 月 18~19 日，我们在山东大学召开的"反行政性垄断与促进竞争政策国际研讨会上"通过问卷调查的形式征求了 50 多名反垄断和规制领域的国内外专家的意见。二是信函调查。2007 年 12 月~2008 年 5 月，我们先后发出了专家调查函 76 份，回收有效问卷 52 份。通过统计分析，专家建议赋权情况为，制度类指标 0.3，结构类指标 0.2，行为类指标 0.3，绩效类指标 0.2。通过主成分分析，各指标的权重情况为，制度类指标 0.27603，结构类指标 0.26152，行为类指标 0.31196，绩效类指标 0.15049。在综合专家意见和主成分分析结果的基础上，我们确定了各指标的权重。

续表

一级指标	权重	二级指标	权重	三级指标
结构类指标	0.225	省际产业相似度	0.1	省际产业相似度系数
		产业区位商指数	0.1	产业区位商指数
		产品进入率指数	0.1	产品进入率指数
		资源流出率指数	0.1	资源流出率指数
行为类指标	0.315	政府行为	0.3	壁垒性行为
				补贴性行为
				强制类行为
				歧视性行为
				限制性行为
				干扰性行为
				谋利性行为
		企业谋利行为	0.3	定价行为
				广告行为
				合谋行为
				寻租行为
		企业自主权	0.3	生产
				投资
				销售
				人事
				分配与资产处置
		其他影响公平竞争行为	0.1	
绩效类指标	0.185	企业绩效	0.5	净资产贡献率
				规模经济
				劳动生产率
		产业绩效	0.5	产业技术进步率
				规模效率
				产业集聚度

表5-1中的指标体系包括14个定性指标、25个定量指标。对于定性指标，我们将尽量选取代理变量进行测度，保证测度的科学性和客观性。

第二节 指标说明及测算方法

在这里，我们简要说明转型时期中国地区性行政垄断指数的构成指标体系和计算方法，具体的计算过程和部分定性指标的赋分方法，我们将在后面的测算过程中进行具体介绍。

一、制度类指标

目前，我们采用了四个方面的指标来衡量地区性行政垄断中的制度类因素。

1. 地区分权程度

测度地区分权程度时需要考虑的因素包括优惠政策，财政权、税收权、投融资权限及其他地方自主权，例如该区域内是否存在经济特区、实验区、沿海开放城市，各区域财政分权度排序比较。具体指标包括：

（1）财政支出的分权水平＝（地方政府的财政总支出－中央政府对地方政府的转移支付）/（全国财政总支出－政府间的转移支付）。

（2）财政收入的分权水平＝（地方政府的财政总收入－中央政府对地方政府的转移支付）/（全国财政总收入－政府间的转移支付）。

（3）人均财政支出分权度＝人均省级财政支出/（人均省级财政支出＋全国人均中央支出）。

（4）人均财政收入分权度＝人均省级财政收入/（人均省级财政收入＋全国人均中央收入）。

2. 晋升激励强度

衡量标准包括，地方领导晋升速度、地方领导晋升比例，政绩评价机制，参考指标为 GDP 三年平均增长率指标。

3. 地方发展水平（逆指标）

衡量标准包括，人均 GDP 指数（人均 GDP/全国人均 GDP）。

4. 政府规模指数

衡量标准包括，公务员和财政供养人数占总就业人数比重，政府支出占 GDP 的比重，行政管理费用支出占政府支出的比重。

二、结构类指标

1. 国有经济比重

衡量标准包括投资、就业、利税、产值的国有比重。指标计算方法为：

（1）产值：国有经济创造的 GDP/各省的 GDP。

（2）就业：国有经济就业人数/各省的就业人数。

（3）投资：国有经济固定投资规模/各省的总固定投资规模。

（4）利税：国有企业缴纳税收/各省国税总收入。

2. 财政收入比重

衡量标准包括，地方财政占地域财政的比重，政府财政收入占 GDP 的比重。

3. 政府消费比重

衡量标准包括，政府购买支出占全部最终消费的比重。

4. 产品国内市场占有率

衡量标准包括，本地主要产品的国内市场占有率、外销比例等。我们用国内市场潜能指标来考察本地主要产品的国内市场占有率和市场竞争力。国内市场潜能，反映其他地区对本区产品的吸收能力。吸收能力越小，地方政府分割市场、区域内消化产品的激励越强。该指标计算采用了哈里斯（Harris，1954）的定义①：某一地区所面临的潜在的市场容量是一个空间加权平均值，该指标与本地区及其他地区的收入呈正比，与其他地区到该地区的距离呈反比。我们取本省区地理半径的 2/3 作为内部距离（Redding and Venables，2004）②，即 $D_{ii} = \frac{2}{3}\sqrt{S_i/\pi}$，（$S_i$ 为第 i 省的陆地面积），则第 i 省区的国内市场潜能 DMP_i 为：

$$DMP_i = \sum_{j \neq i}(GDP_j/D_{ij} + GDP_i/D_{ii})$$

其中 GDP_j 为第 j 省的国内生产总值，D_{ij} 为 i、j 两省省会城市间的公路距离。

5. 省际贸易强度③

我们首先测算省域之间的贸易强度，然后进行排序比较。省际贸易强度定义为省际产品的流通量与两省产品总产出的比值，计算公式为：

$$M_{ij} = \frac{D_{ij} + D_{ji}}{Y} \times 100\%$$

其中 M_{ij} 为地区 i 和地区 j 之间制造业的贸易强度；D_{ij} 为地区 i 输出到地区 j 的制造业的产品数；D_{ji} 为地区 j 输出到地区 i 的制造业的产品数；Y 为地区 i 和地区 j 制造业总产出。对于 D_{ij} 和 D_{ji}，现有公开的统计资料中并没有直接反映它们的数据，只有借助区位商指数的演变形式进行估算。

---

① Harris. S. E. Interregional Competition：*With Particular Reference to North-South Competition Interregional Competition*：*With Particular Reference to North-South Competition. The American Economic Review*，Vol. 44，No. 2，Papers and Proceedings of the Sixty-sixth Annual Meeting of the American Economic Association，May，1954，pp. 367 - 380.

② Redding，Stephen and Venables，Anthony J.，*Economic geography and international inequality*，*Journal of International Economics*，Elsevier，Vol. 62 (1)，pp. 53 - 82，2004，January.

③ 省际贸易强度指标的测算方法和测算公式引用了王志华和陈圻（2007）在《长三角省际贸易强度与制造业同构的关系分析》一文提出的近似衡量地区间贸易壁垒强度的方法。在省际贸易强度指标的实际测度中，课题组还参考了 McCallum（1995）、Naughton（1999）、Poncet（2003，2004）等人的方法。

$$LQ_{ik} = \frac{Y_{ik}/Y_i}{Y_k/Y}$$

上式中，LQ_{ik} 为地区 i 中 k 产业的区位商；Y_{ik} 为地区 i 中 k 产业的产出；Y_i 为地区 i 中制造业的产出；Y_k 为地区 i 和地区 j 中 k 产业的产出；Y 为地区 i 和地区 j 制造业总产出。

假定当某地某一产业的产出占该地区总产出的比重高于背景区域的平均比重时，则可以近似地认为该产业所提供的产品在满足了本地需求后还有剩余，可用于输出，因而成为了该地区的专业化部门。那么，地区 i 输出到地区 j 的产品的数量为：

$$D_{ij} = \sum_{k=1}^{n} \left[1 - \frac{1}{\max(LQ_{ik}, 1)} \right] \times Y_{ik}$$

6. 市场分割度

我们首先计算出各省域的市场分割度，然后进行排序比较。该指标借助帕斯利和魏（Parsley and Wei, 2001）的方法，以相对价格的波动反映区域间市场分割程度的变化①。相对价格法包括三个指数的计算，一是相对价格差异 $|\Delta Q_{ijt}^k|$，二是价格差异残差 Δq_{ijt}^k，三为相对价格方差 $V(\Delta q_{ijt}^k)$，反映市场分割度。

$$|\Delta Q_{ijt}^k| = |\ln(P_{it}^k/P_{jt}^k) - \ln(P_{it-1}^k/P_{jt-1}^k)| = |\ln(P_{it}^k/P_{it-1}^k) - \ln(P_{jt}^k/P_{jt-1}^k)|$$

$$\Delta q_{ijt}^k = |\Delta Q_{ijt}^k| - \hat{\beta} \cdot \overline{|\Delta Q_t^k|}$$

其中，i、j 代表不同的省（市），t 代表年度，k 代表某一类商品，$\overline{\Delta Q_t^k}$ 为不同区域对某年某类商品的均值。我们最终计算市场分割度 $V(\Delta q_{ijt}^k)$，即对同年、同一区域对的 Δq_{ijt}^k 求方差。

7. 省际劳动力流动指数

计算省域之间劳动力流入与流出的比例，然后进行排序比较。

8. 省际产业相似度系数（区域专业化分工程度）

计算各省之间的产业相似度系数后进行排序比较。

$$S_{ij} = \sum_{k=1}^{n}(X_{ik}X_{jk}) \Big/ \sqrt{\sum_{i=1}^{n} X_{ik}^2 \sum_{j=1}^{n} X_{jk}^2}$$

该系数是 1979 年由联合国工业发展组织国际工业研究中心提出。其中，S_{ij} 为工业结构相似系数，i、j 代表两个相比较的地区；n 代表工业行业数；X_{ik} 代表地区 i 中第 k 行业占整个工业的比重；X_{jk} 代表地区 j 中第 k 行业占整个工业的比重。系数越大，相似程度越高。

---

① Parsley, David C. and Shang jin Wei, *Limiting Currency Volatility to Stimulate Goods Market Integration: A Price Approach*, 2001, NBER Working Paper 8468.

9. 产业区位商指数

计算各省之间的产业区位商后进行排序比较。区位商的计算公式为：

$$LQ_{ik} = \frac{Y_{ik}/Y_i}{Y_k/Y}$$

上式中，LQ_{ik} 为地区 i 中 k 产业的区位商；Y_{ik} 为地区 i 中 k 产业的产出；Y_i 为地区 i 中制造业的产出；Y_k 为地区 i 和地区 j 中 k 产业的产出；Y 为地区 i 和地区 j 制造业总产出。

10. 产品进入率指数

计算各省之间的产品进入壁垒指数后进行排序比较。也可以代表性产品为例进行测算。计算公式为：

产品进入率指数＝进入产品销售总额/本省零售商品销售总额

11. 资源流出率指数

计算各省之间的资源流出壁垒指数进行排序比较。也可以代表性资源为例进行测算。计算公式为：

资源流出率指数＝年流出资源数量/本省资源年产量

三、行为类指标

1. 政府行为

政府行为指标中包含的三级指标有：

（1）壁垒性行为。

（2）补贴性行为。

（3）强制性行为（强制购买程度、强制银行贷款、政府采购市场化指数，如本地产品/全部购买产品）。

（4）歧视性行为（歧视性收费、歧视性价格、歧视性技术要求及检验标准、歧视性审批许可手段、招投标中的歧视性资质要求及评审标准）。

（5）限制性行为（数量控制、价格控制、无形限制、劳动要素流动限制、资本要素及技术要素流动限制）。

（6）干扰性行为（达标、检查评比等）。

（7）谋利性行为（例如拉郎配等）。

2. 企业行为

主要是指企业利用行政性垄断的谋利行为（找出各个地区企业的行为，例如定价、广告、合谋、寻租行为），包括4个三级指标。

3. 企业经营活动的自主权

主要是指企业在生产、投资、定价、销售、人事、分配、资产处置等方面的自主权情况,包括5个三级指标。

四、绩效类指标

1. 企业绩效

(1) 净资产贡献率。衡量标准包括计算省域内净资产贡献率并进行排序比较。

(2) 规模经济。衡量标准包括该地区代表性行业内的主要企业的规模经济实现程度,排序比较。

(3) 劳动生产率。衡量标准包括计算省域内企业加权平均劳动生产率并进行排序比较。

2. 产业绩效

(1) 产业技术进步率。衡量标准包括计算省域产业技术进步率并进行排序比较,可以通过 DEA—曼彻斯特指数来进行测算。

首先需要确定投入和产出指标,使用地区的生产总值作为产出指标,使用固定资产存量和从业人数作为投入指标,数据主要来源于《新中国五十五年统计资料汇编》、《中国国内生产总值核算历史资料:1952~1995》、《中国统计年鉴》(1983~2005年历年)、《全国各省、自治区、直辖市历史统计资料汇编 1949~1989年》。数据的处理:对于所有的地区生产总值以 1978 年作为基年进行平减,而对于固定资产存量的计算和处理则是最为关键的,首先将历年的固定资本形成额折算为 1978 年的不变价,然后估算 1978 年的资本存量,可以采用 Keller 建议的方法①,即假设起始年份以前资本存量的常态增长率和实质的资本形成量平均增长率都为 g,因而 $K_{1978} = I_{1978}/(g+\delta)$。其中 g 以 1978~2005 年固定资本形成量的平均增长率代替,δ 为折旧率,我们设 $\delta = 5\%$。然后采用永续存量法对各年的资本存量进行估算,那么 $K_t = (1-\delta)K_{t-1} + I_t$,其中 $K_0 = K_{1978}$。

(2) 规模效率。衡量标准包括,计算省域规模效率并进行排序比较,可以通过 VRS 的 DEA 模型(CCGSS 的 DEA 模型)来进行测算。使用产业技术进步率指标计算中已经处理的数据通过 VRS 的 DEA 模型即可获得规模效率值。

(3) 产业集聚度。计算省域内代表性产业的集聚程度并进行排序比较。埃里森和格拉泽(Ellison and Glaeser, 1997)行业集聚度 γ_i 计算方法如下②:

---

① Wolfgang Keller, *Do Trade Patterns and Technology Flows Affect Productivity Growth? World Bank Review*, 14 (1), 2000, pp. 17–47.

② Glenn Ellison, Edward L. Glaeser, *Geographic Concentration in U. S. Manufacturing Industries: A Dartboard Approach*, *The Journal of Political Economy*, Vol. 105, No. 5, Oct., 1997, pp. 889–927.

假设某一经济体（国家或地区）的某一产业内有 N 个企业，且将该经济体划分为 M 个地理区域，这 N 个企业分布于 M 个区域之中。则行业集聚度 γ_i 计算公式为：

$$\gamma_i = \frac{G_i - \left(1 - \sum_r x_r^2\right) H_i}{\left(1 - \sum_r x_r^2\right)(1 - H_i)}$$

$$\gamma_i = \frac{\sum_r (x_r - s_r)^2 - \left(1 - \sum_r x_r^2\right) \sum_i z_i^2}{\left(1 - \sum_r x_r^2\right)\left(1 - \sum_i z_i^2\right)}$$

其中 G_i 是行业 i 在 r 个区域内的基尼系数，$G_i = \sum_r (x_r - s_r)^2$，$x_r$ 是区域 r 所有行业就业人员数占全国所有行业就业人员数的比例，s_r 是行业 i 在区域 r 的就业人员数占该行业全国就业人员数的比例，H_i 是行业 i 的赫芬达尔系数，$H_i = \sum_i z_i^2$，z_i 是企业 i 的就业人员数占行业 i 就业人员数的比例。

考虑到数据的可获得性等问题，在实际测度中，部分指标我们将采取选择代理变量的方式进行测度，部分指标我们将采取问卷调查的方式进行主观打分，部分指标只作为测算过程中的参考值。

第三节 地区性行政垄断程度测算

在本部分中，我们将首先测算出 49 个三级指标，然后根据相应权重计算出 19 个二级指标，最后汇总计算 4 个一级指标。这三级指标本身就能够反映出转型时期中国地区性行政垄断程度。为了更好地进行比较分析，在下一部分中，我们将计算转型时期中国地区性行政垄断指数。

一、制度类指标

在经济转型时期，中国政治经济体制的特殊性决定了测度地区性行政垄断程度时必须首先考虑制度因素，并且在测量地方行政性垄断的指标体系中，制度类指标应该占有比较大的权重。

1. 地区分权程度指标

中国的改革是以分权为主要路径的，正是分权使地方政府逐渐地具备了发展的能力和动力。分权既增强了地方发展区域经济的自主性,也使地方政府之间形成了一种相互竞争的机制。因而,在全国统一市场基本形成之前,地方政府之间的竞争在某种程度上代替了市场竞争,在资源配置中发挥着较大作用。改革开放初期,市场竞争机制还不足以推动经济增长时,地方政府之间的竞争机制弥补了这种不足,使我国经济发展保持了强劲动力,在某种程度上可以说是一个有积极作用的次优选择。这是一种中国特色的"双重竞争"机制。在分权改革的早期,这种竞争带有较浓的行政色彩,因而大量出现了运用行政权力进行地方封锁、区域割据的现象,导致地区性行政垄断的出现。

  大量的地方保护主义政策和重复建设的产生有两个基本的条件(陆铭、陈钊,2006)[①],首先,经济较落后地区在区域间分工中所获得的收益较低;其次,在分权的结构和投资体制下,地方政府有能力制定地方的所谓"发展战略",有能力、有动机对相关的产业投资。在地方政府管理经济的自主权逐渐加大后,只要让政府间相互竞争承担赶超任务,或者地方政府处于自身原因发动赶超,地区性行政垄断就是不可避免的。地区间的竞争造成了这样一种现象,在"排位赛"的评价机制下,参与人只关心自己与竞争者的相对位次(周黎安,2004)[②],只要在考核中比对手排位靠前,就能实现在竞争中的自我甄别。考虑以上因素,我们从地区分权因素中遴选出 5 个三级指标,用来测量地方分权程度,这 5 个三级指标分别是财政支出的分权水平、财政收入的分权水平、人均财政支出分权度、人均财政收入分权度和优惠政策因素。

  (1) 财政支出的分权水平。财政支出的分权水平 =(地方政府的财政总支出 - 中央政府对地方政府的转移支付)/(全国财政总支出 - 政府间的转移支付)。从计算结果看(见附表 5 - 1),各省的这一指标具有逐年增大的趋势,且这一指标基本上都是大于零的。但各省的这一指标都比较小,说明各省的财政支出的一大部分还是要依靠中央的转移支付。

  (2) 财政收入的分权水平。财政收入的分权水平 =(地方政府的财政总收入 - 中央政府对地方政府的转移支付)/(全国财政总收入—政府间的转移支付)。从测算结果看(见附表 5 - 2),财政收入的分权水平这一指标有很多省份的很多年份的数值都是负值,这表明有的省的地方财政总收入要小于中央政府对该地方政府的转移支付,说明虽然随着分权制改革的进行,地方政府的财权越来越大,但财权还是比较集中于中央。发达省份的这一指标值大都大于零,与不发达省份

  [①] 陆铭、陈钊:《中国区域经济发展中的市场整合与工业集聚》,上海三联书店、上海人民出版社 2006 年版。
  [②] 周黎安:《晋升博弈中政府官员的激励与合作——兼论我国地方保护主义和重复建设问题长期存在的原因》,载《经济研究》2004 年第 6 期。

的区别还是比较明显的,在财权上发达省份与不发达省份有一定的差别。

(3) 人均财政支出分权度。人均财政支出分权度 = 人均省级财政支出/(人均省级财政支出 + 全国人均中央支出)。从我们测算的结果看(见附表 5 – 3),人均财政支出分权度这一指标具有先逐年变小,再逐年变大的趋势,各省的这一指标基本上都在 2000 年达到最小。这一指标越大,说明人均省级财政支出高于全国人均中央支出的部分越大。总体上看,经济较发达的省份也具有较大的人均财政支出分权度,但是不是很明显。

(4) 人均财政收入分权度。人均财政收入分权度 = 人均省级财政收入/(人均省级财政收入 + 全国人均中央收入)。从计算结果看(见附表 5 – 4),人均财政收入分权度指标小于人均财政支出分权度指标,说明对各省来说,人均财政收入高于全国人均中央收入的部分要小于人均省级财政支出高于全国人均中央支出的部分。与人均财政支出分权度一样,经济较发达的省份也具有较大的人均财政支出分权度。

(5) 优惠政策及特区试验区因素。按照有优惠政策及国家级特区及开发区加分的标准计算。其中,直辖市加 0.4 分,省区内每设一处特区及国家级开发区加 0.2 分,为了比较方便,按照最高分取 1,在 (0,1) 区间内对分数进行均匀处理。计算结果如附表 5 – 5 所示。

(6) 地区分权程度指数。按照财政支出的分权水平、财政收入的分权水平、人均财政支出的分权度、人均财政收入的分权度各取 0.225 的权重,优惠政策及特区试验区因素取 0.1 的权重加权计算了 1997~2005 年度地区分权程度指数。优惠政策及特区试验区因素由于存在主观打分的因素,可能会导致地区分权程度的地区差异人为放大,故所取权重较低。另外,优惠政策及特区试验区因素各年度得分并不存在差异。地区分权程度指数如附表 5 – 6 所示。

2. 晋升激励指标

(1) 理论依据。地方官员的晋升激励是地区性行政垄断产生的重要原因。政府官员追求个人利益的最大化通过最大化其政治控制权收益的方式进行。在当前的政治激励体制中,晋升是最重要的激励。晋升的衡量指标中,经济发展或者说是 GDP 的增长占了很大比重。为了显示政绩,在政治锦标赛取得领先地位,就要在任期内实现经济的快速增长。为了规避风险,政府官员的产业投资决策往往与其他地区政府官员的决策雷同。产业同构就成为了不可避免的结果。由于同一产业在原料市场和产品市场上的竞争性,以地方保护主义为表现的地区性行政垄断就产生了。

(2) 晋升激励指标说明。选择各省级行政区(省、直辖市、自治区)的党的领导和最高行政长官即省委书记和省长的政治任免晋升作为研究对象。撤职降

级取 -1 分，停职（包括退休、免职、到同级政协、人大任职，这在中国意味着退出党政决策一线）取零分，普通平级调动取 1 分，鼓励性平级调动（包括到中央任职和调往财政贡献更大的省区）取 2 分，晋升取 3 分。为体现与经济发展速度的关系，分数乘以经济表现系数，经济表现系数为该省区 GDP 增长率与全国增长率的比值。具体计算方法为取省委书记和省长的晋升表现总分，分数再乘以经济表现系数。由于各地区及时期之间得分差异很大，为减少数据的偏度，将所得结果再取以 10 为底的对数。结果见附表 5-7。时间跨度以 5 年（党政一届任期）为单位，分别取 1985～1990 年，1990～1995 年，1995～2000 年，2001～2006 年这 4 个时间段进行研究。

经济表现系数反映的是地方经济发展的速度与全国平均水平的相对值。根据周黎安（2004）[①] 的研究，就全国范围而言，地方党政官员的升迁与经济发展速度存在正相关关系。经济发展速度快会对官员升迁产生积极影响的假定成立。晋升激励强度赋分情况见附表 5-7 所示。

（3）地方发展水平。地方经济发展水平可用人均 GDP 指数来衡量。人均 GDP 指数由中宏产业数据库中的分省人均 GDP 和各地区人均 GDP 直接计算而来。而一般认为，经济发展水平与该地行政性垄断的程度反方向变化，经济发展水平越高，市场化程度越高，需要行政手段保持竞争优势的动机越弱。容易发现东部地区呈经济发展水平和速度上升趋势而中西部地区呈下降趋势，说明地方经济差距拉大，而行政性垄断的程度也差别较大，这与直观经验吻合。地方发展水平指标见附表 5-8a 和附表 5-8b 所示。

（4）政府规模指数。政府规模与地方行政性垄断有密切关系。一般说政府规模越大，越倾向于搞行政性垄断。我们通过公务员和财政供养人数占就业人数比重、政府支出占 GDP 的比重和行政管理费用占政府支出比重来反映政府规模的大小。

第一，公务员和财政供养人数占总就业人数比例。计算方法：公务员和财政供养人数/就业人数 2003 年以前由统计年鉴中国家机关、社会团体人数指标与就业人数相除而得；2003 年以后由公共管理和社会服务人数与就业人数相除而得。两指标统计口径基本一致。计算结果见附表 5-9a 和附表 5-9b。

第二，政府支出占 GDP 的比重。政府支出与 GDP 的比值这一指标的统计数据来源于统计年鉴。从我们计算的结果看，近年来各地区该指标大幅度下降，说明政府的规模逐渐下降（见附表 5-10a 和附表 5-10b）。

---

① 周黎安：《晋升博弈中政府官员的激励与合作——兼论我国地方保护主义和重复建设问题长期存在的原因》，载《经济研究》2004 年第 6 期。

第三，行政管理费用占政府支出的比重。行政管理费用与 GDP 的比值这一指标由中宏产业数据库中的两指标上下相除计算而得。从测算结果看，全国大部分地区该指标呈下降趋势，说明这个影响因素使地区性行政垄断出现下降趋势（见附表 5 – 11a 和附表 5 – 11b）。

（5）政府规模指数汇总。由于三个分指标都较小，为了使得政府规模指数大小与晋升激励、地方发展水平和地区分权程度的数值大小相匹配。我们取三个分指标即公务员和财政供养人数占就业人数比重、政府支出占 GDP 的比重和行政管理费用占政府支出比重的总和来反映政府规模大小。计算结果见附表 5 – 12a 和附表 5 – 12b 所示。

3. 制度类指标综合指数

计算方法是，按照地区分权程度、地方发展水平、政府规模指数各取 0.3 的权重，晋升激励取 0.1 的权重加权计算。1985~1996 年的地区分权程度按照 1997 年的计入，2006 年按 2005 年的计入。其中地方发展水平为逆指标，一般而言，经济发展水平落后的地区越倾向于实施行政性垄断。我们取其倒数计入指数。在官员晋升因素中，地区经济发展作为政绩的一部分会影响官员晋升，但是不是唯一的因素甚至不是最重要的因素。在现实中，官员晋升受多种因素影响，评价标准也是多元的，因此将晋升激励指标权重降低到 10%。计算结果见表 5 – 2a 和表 5 – 2b。

表 5 – 2a 　　　　　地区性行政垄断制度性指标

	1985 年	1992 年	1993 年	1994 年	1995 年	1996 年	1997 年	1998 年
北京	0.311296	0.360939	0.375131	0.396376	0.343304	0.302656	0.302367	0.301282
天津	0.402335	0.367436	0.376598	0.37251	0.369559	0.450129	0.448655	0.446787
河北	0.513645	0.519804	0.533354	0.551351	0.528094	0.463977	0.452457	0.450061
山西	0.493795	0.59268	0.636482	0.695397	0.684665	0.581714	0.568567	0.566723
内蒙古	0.607359	0.57375	0.60814	0.616906	0.624958	0.577478	0.579633	0.573181
辽宁	0.411009	0.399716	0.396934	0.410671	0.429119	0.463278	0.460039	0.456545
吉林	0.562978	0.535447	0.557152	0.555092	0.565056	0.648414	0.660657	0.655914
黑龙江	0.42148	0.391755	0.600596	0.439457	0.42088	1.002509	1.096233	1.161554
上海	0.361946	0.340464	0.343361	0.342513	0.341722	0.446824	0.443312	0.445853
江苏	0.496227	0.476309	0.470588	0.490222	0.452467	0.452906	0.447843	0.443772
浙江	0.484833	0.647256	0.641781	0.626048	0.591574	0.583001	0.579575	0.576341
安徽	0.640382	0.620152	0.64021	0.620427	0.603286	0.600639	0.581602	0.582998
福建	0.655226	0.525086	0.513395	0.504502	0.468756	0.510602	0.502887	0.494616
江西	0.609606	0.670652	0.716614	0.724759	0.699638	0.68126	0.673876	0.669193
山东	0.546757	0.494346	0.519965	0.514517	0.500413	0.578469	0.575113	0.570336

续表

	1985 年	1992 年	1993 年	1994 年	1995 年	1996 年	1997 年	1998 年
河南	0.657099	0.644971	0.677083	0.681918	0.642973	0.657217	0.647552	0.646277
湖北	0.471123	0.545065	0.567529	0.57776	0.571108	0.478164	0.464926	0.470452
湖南	0.664972	0.578204	0.611301	0.615226	0.596447	0.662726	0.656263	0.652412
广东	0.550141	0.420384	0.422793	0.435372	0.426345	0.480579	0.48065	0.481733
广西	0.74855	0.607346	0.620004	0.621127	0.593925	0.607503	0.625861	0.644621
四川	0.678272	0.621604	0.667357	0.660306	0.662152	0.689357	0.669388	0.671733
贵州	0.842305	0.808893	0.894741	0.9368	0.948302	1.001724	1.016799	1.03474
云南	0.744295	0.596083	0.650087	0.661186	0.665392	0.641547	0.648731	0.641929
陕西	0.639088	0.602057	0.653616	0.699075	0.709591	0.680427	0.68194	0.688754
甘肃	0.681178	0.644264	0.73671	0.785435	0.806733	0.750161	0.763574	0.745704
青海	0.658204	0.558451	0.59501	0.620924	0.618894	0.648201	0.649686	0.647846
宁夏	0.67933	0.562523	0.606985	0.612811	0.608378	0.620725	0.635818	0.645454
新疆	0.605355	0.501717	0.536444	0.549396	0.534652	0.590641	0.567182	0.569847
全国	0.576385	0.54312	0.577499	0.582789	0.571728	0.601887	0.62896	0.604881

资料来源：根据课题组研究成果计算整理。

表 5 – 2b 　　　　　　地区性行政垄断制度性指标

	1999 年	2000 年	2001 年	2002 年	2003 年	2004 年	2005 年	2006 年
北京	0.303438	0.296785	0.390737	0.379456	0.38257	0.387621	0.400938	0.399537
天津	0.442322	0.430071	0.324511	0.319583	0.319912	0.320383	0.34058	0.335533
河北	0.443233	0.428021	0.491532	0.494631	0.490526	0.481861	0.499178	0.497086
山西	0.616571	0.603807	0.691892	0.674275	0.649813	0.640724	0.603025	0.610428
内蒙古	0.571091	0.549528	0.641893	0.630034	0.602274	0.586823	0.550057	0.516689
辽宁	0.450927	0.431566	0.41744	0.42021	0.431588	0.443162	0.465408	0.460021
吉林	0.64891	0.632028	0.514276	0.514502	0.525825	0.527612	0.537942	0.524744
黑龙江	0.427665	0.404654	0.485739	0.48995	0.491828	0.488419	0.537582	0.54573
上海	0.445669	0.43955	0.310112	0.310862	0.314092	0.316145	0.360121	0.354248
江苏	0.361936	0.354287	0.455169	0.454869	0.454776	0.456138	0.460718	0.454878
浙江	0.349144	0.341005	0.434664	0.427604	0.420203	0.41821	0.427746	0.423893
安徽	0.598835	0.610158	0.666461	0.661483	0.670084	0.66765	0.706869	0.706585
福建	0.489777	0.479882	0.453755	0.44896	0.454593	0.459231	0.488469	0.487288
江西	0.671701	0.677659	0.643302	0.636563	0.636801	0.620482	0.64685	0.647466
山东	0.564322	0.55028	0.482197	0.47883	0.475727	0.46441	0.469585	0.458309
河南	0.649629	0.626355	0.641426	0.651419	0.639146	0.617189	0.620209	0.608773
湖北	0.472836	0.451411	0.522415	0.537028	0.551653	0.561391	0.607196	0.601085
湖南	0.660154	0.636907	0.632149	0.642434	0.641385	0.634181	0.662287	0.662997
广东	0.485482	0.480422	0.462962	0.459279	0.456467	0.456015	0.427269	0.447441

续表

	1999 年	2000 年	2001 年	2002 年	2003 年	2004 年	2005 年	2006 年
广西	0.662107	0.674976	0.715359	0.71729	0.701513	0.690502	0.687558	0.674218
四川	0.687617	0.682327	0.693248	0.695649	0.707216	0.676513	0.717084	0.709191
贵州	1.0288	1.027304	1.039491	1.049683	1.050637	1.066525	1.086513	1.083948
云南	0.656099	0.660052	0.682547	0.69683	0.724234	0.721407	0.749898	0.751218
陕西	0.683058	0.657008	0.705105	0.68499	0.688414	0.68194	0.663985	0.63234
甘肃	0.745376	0.748675	0.832475	0.844395	0.855503	0.852045	0.839363	0.827449
青海	0.643851	0.619674	0.709889	0.698332	0.709306	0.70894	0.746486	0.733406
宁夏	0.64631	0.632915	0.707097	0.702357	0.704236	0.70925	0.693159	0.686179
新疆	0.572673	0.533501	0.520664	0.53801	0.527729	0.542437	1.084936	0.561277
全国	0.570698	0.559315	0.581018	0.580697	0.581359	0.578472	0.610024	0.585784

资料来源：根据课题组研究成果计算整理。

从计算结果可以看出（表 5-2a 和表 5-2b），省级区域内的行政性垄断自 20 世纪 80 年代末开始增强，整个 90 年代垄断程度逐渐增强，到 90 年代中后期达到顶峰，到进入 2000 年后开始逐渐减弱，如图 5-1 所示。

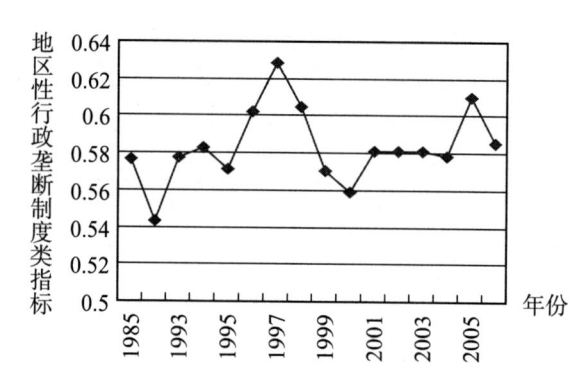

图 5-1 转型时期中国地区性行政垄断指数中制度类指标变动轨迹

二、结构类指标

1. 结构类二级指标测算及说明

（1）国有经济比重。地区性行政垄断与国有经济的比重密切相关。银温泉、才婉茹（2001）[①] 指出，在行政性分权体制下，地方企业主要是国有企业与地方政府有着千丝万缕的联系，为发展本地企业，地方政府常常越位阻击其他区域企

[①] 银温泉、才婉茹：《我国地方市场分割的成因和对策》，载《经济研究》2001 年第 6 期。

业生产的产品进入本地市场。白重恩等（2004）① 运用对数据集的动态估计方法，发现在利税较高以及国有化程度较高的产业，地方保护更趋严重。因此，利用区域国有经济的比重指标测度地区性行政垄断具有较强的说服力。国有经济比重采用3个三级指标来衡量，包括国有经济的就业比重、投资比重和产值比重。在测算三级指标的基础上，我们根据相应权重计算出国有经济比重指数，作为测度地区性行政垄断的一个二级指标。我们共计算了1985年，1992～2006年共16年28个省（市、区）的数据，不包括西藏、海南，重庆市的数据并入四川（见附表5-13a，附表5-13b）。

（2）财政收入比重。一方面，政府的财政收入越多，可支配的资源也就越多，地方政府实施地区性行政垄断的力量也就越大；另一方面，地区性行政垄断给地方政府带来的收益之一就是财政收入的增加。李善同等（2004）② 的调查研究显示，对经济增长和财政贡献大的行业被保护的力度也强，地方保护的直接目的是为了地方经济增长和地方财力的增强，所以，高的财政收入与地区性行政垄断存在着一定的双向互动关系。政府财政收入比重采用政府的财政收入占GDP的比重来衡量。共计算了1985年，1992～2006年28个省（市、区）的数据，不包括西藏、海南，重庆市的数据并入四川（见附表5-14a，附表5-14b）。

（3）政府消费比重。政府消费反映了政府所支配的购买力，是地方政府干预市场的重要手段和形式之一。一般来讲，行使地区性行政垄断这种策略性行为的地方政府会使政府的购买力流向本地企业，从而扭曲本地企业与外地企业之间的公平竞争，形成对本地企业的地方保护。我们采用政府消费占最终消费的比重来对这一指标加以衡量。共计算了1985年，1992～2006年28个省（市、区）的数据，不包括西藏、海南，重庆市的数据并入四川（见附表5-15a，附表5-15b）。

（4）产业结构相似度指标。地区性行政垄断对区域产业结构，尤其是省际产业结构有重大影响，是促进区域产业结构趋同的重要因素（于良春等，2008）③。我们采用产业结构相似度系数来对区域产业同构进行衡量：

$$S_{ij} = \sum_{k=1}^{n}(X_{ik}X_{jk}) \bigg/ \sqrt{\sum_{k=1}^{n}X_{ik}^2 \sum_{j=1}^{n}X_{jk}^2}$$

其中，S_{ij}为产业结构相似系数，i、j代表两个相比较的地区；n代表工业行业数；X_{ik}代表地区i中，第k行业占整个工业的比重；X_{jk}代表地区j中，第k行业

---

① 白重恩等：《地方保护主义及产业地区集中度的决定因素和变动趋势》，载《经济研究》2000年第4期。
② 李善同等：《中国国内地方保护问题的调查与分析》，载《经济研究》2004年第11期。
③ 于良春等：《地区行政垄断与区域产业同构互动关系分析——基于省际的面板数据》，载《中国工业经济》2008年第6期。

占整个工业的比重，该系数是 1979 年由联合国工业发展组织国际工业研究中心提出。在这里，为了方便起见，以全国的数据作为标准，计算各省与全国的产业结构相似系数，即 28 个省（市、区）与全国 1985 年，1992~1995 年，1997 年，1999~2003 年，2005~2006 年的产业结构相似系数，不包括西藏、海南、重庆市的数据并入四川（见表 5-16a，表 5-16b）。

（5）市场分割度指标。市场分割度是测度地区性行政垄断程度的直接指标，较好地反映了区域间市场的壁垒。我们采用价格指数法计算各省的市场分割度。首先计算相对价格的绝对值 $|\Delta Q_{ijt}^k|$，$|\Delta Q_{ijt}^k| = \ln\left(\frac{P_{it}^k}{P_{jt}^k}\right) - \ln\left(\frac{P_{it-1}^k}{P_{jt-1}^k}\right)$；然后采用去均值方法消除与特定商品相联系的固定效应，具体方法为先求给定年份 t，给定商品种类 k 的 $|\Delta Q_{ijt}^k|$ 在 378 对省际之间的平均值，再用 $|\Delta Q_{ijt}^k|$ 减去该平均值，得到消除固定效应之后的价格变动部分 q_{ijt}^k；最后，再计算 q_{ijt}^k 的方差，其中，i、j 表示地区。我们测算了 1985 年，1992~2006 年 28 个省的市场分割度，不包括西藏、海南、重庆市的数据（见附表 5-17a，附表 5-17b）。以上数据均来自相应年份的《中国统计年鉴》。

（6）地区区位商指标。区位商反映了一个地区某一行业的专业化水平，该指标是地区性行政垄断的逆指标，地区性行政垄断程度越高，则专业化水平越低，从而区位商越小。若区位商大于 1，则专业化水平高于全国水平，小于 1，则低于全国的专业化水平。在计算了各地区分行业的区位商之后，我们采用了简单算术平均法将各行业的区位商综合成一个统一的指标，如果该指标较高，则说明该地区的总体的专业化水平较高，反之，则较低。我们计算了 28 个省 1985 年，1992~1995 年，1997 年，1999~2003 年，2005~2006 年的地区区位商，不包括西藏、海南，重庆市的数据并入四川（见附表 5-18a，附表 5-18b）。以上数据除 1985 年来自《中国统计年鉴》外，其他各年数据来自相应的《中国工业经济统计年鉴》。

2. 结构类指标汇总及说明

最后，我们计算了 1985 年，1992~2006 年共 16 年 28 个省的结构类指标，不包括海南、西藏，重庆市的数据并入四川省（见表 5-3a、表 5-3b）。对于省级产业结构相似度指标和区位商指标在 1996 年、1998 年及 2004 年的数据使用插值法填补，具体的方法为使用前后两年数据的算术平均值作为当年数据的代替值，另外，对于逆指标采用其倒数将其变为反映地区性行政垄断程度的正指标，最后采用六大二级指标的算术平均值计算得出结构类指标的数值。

表 5 – 3a 结构类指标（1985 年、1992 ~ 1998 年）

年份	1985	1992	1993	1994	1995	1996	1997	1998
北京	0.5512	0.4879	0.5068	0.5013	0.4287	0.4239	0.4295	0.4447
天津	0.5174	0.4993	0.4958	0.4771	0.4246	0.4383	0.4520	0.4663
河北	0.4437	0.4519	0.4071	0.4178	0.4287	0.4250	0.4270	0.3753
山西	0.4845	0.4095	0.4172	0.3930	0.4113	0.4118	0.4213	0.3682
内蒙古	0.4247	0.4133	0.4379	0.4152	0.3900	0.3847	0.3845	0.3789
辽宁	0.4966	0.4825	0.4749	0.4487	0.4421	0.4473	0.4570	0.3642
吉林	0.4465	0.4053	0.4131	0.4060	0.3714	0.3574	0.3519	0.3713
黑龙江	0.4194	0.3644	0.3832	0.3568	0.3333	0.3327	0.3347	0.3338
上海	0.5738	0.4820	0.4940	0.4644	0.4067	0.3969	0.3929	0.4188
江苏	0.4877	0.4552	0.4374	0.4253	0.4196	0.4133	0.4121	0.4166
浙江	0.4691	0.4227	0.3816	0.3958	0.4670	0.4762	0.4912	0.4521
安徽	0.4809	0.4431	0.4361	0.4034	0.4165	0.4003	0.3812	0.3745
福建	0.4385	0.3872	0.3611	0.3588	0.3828	0.3900	0.3961	0.4186
江西	0.4220	0.4535	0.4219	0.4076	0.4038	0.3964	0.3957	0.4028
山东	0.4635	0.4632	0.4361	0.4258	0.4456	0.4377	0.4206	0.4093
河南	0.4913	0.4798	0.4470	0.4330	0.4659	0.4464	0.4300	0.3968
湖北	0.4825	0.4658	0.4812	0.4606	0.4687	0.4594	0.4500	0.4255
湖南	0.4247	0.4281	0.4383	0.4164	0.4241	0.4265	0.4395	0.4235
广东	0.4399	0.4024	0.3921	0.3724	0.3696	0.3710	0.3763	0.3999
广西	0.4393	0.4430	0.4076	0.3957	0.4028	0.4064	0.4155	0.3772
四川	0.4511	0.4475	0.4607	0.4404	0.4404	0.4281	0.4185	0.4146
贵州	0.4814	0.4166	0.4398	0.4035	0.3652	0.3597	0.3564	0.3627
云南	0.4296	0.3602	0.3666	0.3126	0.2871	0.2888	0.2934	0.2982
陕西	0.5087	0.4670	0.4782	0.4563	0.4301	0.4274	0.4166	0.4099
甘肃	0.4693	0.4826	0.4524	0.4269	0.3957	0.3770	0.3707	0.3713
青海	0.4461	0.4471	0.4692	0.4380	0.3758	0.3669	0.3573	0.3518
宁夏	—	0.4610	0.4989	0.4378	0.3868	0.3827	0.3760	0.3768
新疆	0.4672	0.4298	0.4233	0.4248	0.3766	0.3722	0.3637	0.3638
全国	0.4685	0.4411	0.4378	0.4184	0.4057	0.4016	0.4004	0.3917

资料来源：根据课题组研究成果计算整理。

表 5-3b　　　　　　　　结构类指标（1999~2006 年）

年份	1999	2000	2001	2002	2003	2004	2005	2006
北京	0.4951	0.4930	0.6053	0.4954	0.5023	0.4857	0.4855	0.4715
天津	0.4916	0.4958	0.4430	0.4940	0.5003	0.5096	0.4744	0.4635
河北	0.3768	0.3747	0.3802	0.3545	0.3490	0.3495	0.3718	0.3602
山西	0.3745	0.3713	0.4269	0.3487	0.3375	0.3300	0.3627	0.3542
内蒙古	0.4093	0.4010	0.4978	0.3860	0.3621	0.3479	0.3765	0.3500
辽宁	0.3230	0.4484	0.5227	0.2812	0.4183	0.4000	0.4242	0.4102
吉林	0.4321	0.4328	0.5694	0.4318	0.4364	0.4132	0.3885	0.3729
黑龙江	0.3634	0.3702	0.4799	0.3487	0.3399	0.3171	0.3558	0.3513
上海	0.4586	0.4545	0.4890	0.4687	0.4766	0.4639	0.4777	0.4689
江苏	0.4340	0.4316	0.3576	0.4316	0.4364	0.4353	0.4293	0.4238
浙江	0.4376	0.4419	0.3129	0.4382	0.4080	0.4034	0.3874	0.3890
安徽	0.3990	0.3987	0.4599	0.3974	0.3928	0.3780	0.3988	0.3921
福建	0.4611	0.4561	0.3917	0.4577	0.4551	0.4366	0.4178	0.3976
江西	0.4239	0.4141	0.5136	0.4061	0.3915	0.3587	0.3713	0.3617
山东	0.4082	0.4018	0.3800	0.3989	0.3932	0.3859	0.3894	0.3886
河南	0.3864	0.3823	0.4022	0.3728	0.3604	0.3511	0.3546	0.3499
湖北	0.4275	0.4223	0.4895	0.4139	0.4120	0.3882	0.4067	0.4022
湖南	0.4006	0.4006	0.4580	0.3983	0.3913	0.3710	0.3647	0.3613
广东	0.4476	0.4510	0.3575	0.4538	0.4577	0.4478	0.4232	0.4186
广西	0.3714	0.3671	0.4294	0.3940	0.3919	0.3829	0.3920	0.3897
四川	0.4213	0.4055	0.4584	0.4072	0.3975	0.3948	0.4166	0.4257
贵州	0.3900	0.3843	0.5002	0.3948	0.3858	0.3725	0.3858	0.3628
云南	0.3144	0.3102	0.4032	0.3145	0.3086	0.2843	0.3118	0.3104
陕西	0.4246	0.4150	0.5020	0.3915	0.3798	0.3453	0.3600	0.3626
甘肃	0.3865	0.3980	0.4726	0.3661	0.3555	0.3556	0.3874	0.3847
青海	0.3587	0.3641	0.4520	0.3360	0.3368	0.3159	0.3418	0.3490
宁夏	0.3761	0.3812	0.4736	0.3768	0.3643	0.3725	0.4039	0.4025
新疆	0.3884	0.4057	0.5242	0.3807	0.3773	0.3581	0.3332	0.3549
全国	0.4065	0.4098	0.4555	0.3978	0.3971	0.3841	0.3926	0.3868

资料来源：根据课题组研究成果计算整理。

从地区性行政垄断的结构类指标看，1985~1997 年中国的地区性行政垄断程度是趋于下降的，1998~2001 年地区性行政垄断程度有了较快上升，2001 年以后，地区性行政垄断程度又急剧下降（见图 5-2）。我们认为，这种变化轨迹与中国加入 WTO 是紧密相关的。从横向比较看，天津、北京、上海等经济比较发达的省市地区性行政垄断程度反而较高，而经济相对比较落后的省市地区性行政垄断程度反而较低，这与人们的通常看法是不完全一致的（见表 5-4）。

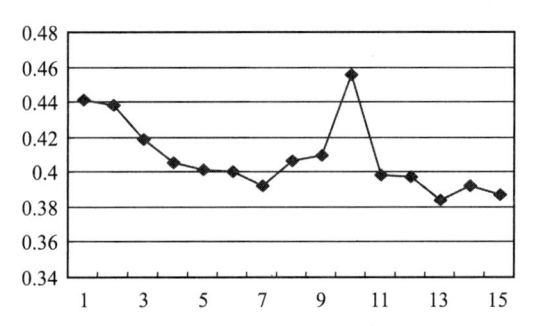

图 5-2　地区性行政垄断指数中结构类指标的变化趋势（1992～2006 年全国平均）

表 5-4　地区性行政垄断结构类指标排序变化（升序）

	1985 年		1992 年		1997 年		2001 年		2006 年
黑龙江	0.4194	云南	0.3602	云南	0.2934	浙江	0.3129	云南	0.3104
江西	0.4220	黑龙江	0.3644	黑龙江	0.3347	广东	0.3575	青海	0.3490
湖南	0.4247	福建	0.3872	吉林	0.3519	江苏	0.3576	河南	0.3499
内蒙古	0.4247	广东	0.4024	贵州	0.3564	山东	0.3800	内蒙古	0.3500
云南	0.4296	吉林	0.4053	青海	0.3573	河北	0.3802	黑龙江	0.3513
福建	0.4385	山西	0.4095	新疆	0.3637	福建	0.3917	山西	0.3542
广西	0.4393	内蒙古	0.4133	甘肃	0.3707	河南	0.4022	新疆	0.3549
广东	0.4399	贵州	0.4166	宁夏	0.3760	云南	0.4032	河北	0.3602
河北	0.4437	浙江	0.4227	广东	0.3763	山西	0.4269	湖南	0.3613
青海	0.4461	湖南	0.4281	安徽	0.3812	广西	0.4294	江西	0.3617
吉林	0.4465	新疆	0.4298	内蒙古	0.3845	天津	0.4430	陕西	0.3626
四川	0.4511	广西	0.4430	上海	0.3929	青海	0.4520	贵州	0.3628
山东	0.4635	安徽	0.4431	江西	0.3957	湖南	0.4580	吉林	0.3729
新疆	0.4672	青海	0.4471	福建	0.3961	四川	0.4584	甘肃	0.3847
浙江	0.4691	四川	0.4475	江苏	0.4121	安徽	0.4599	山东	0.3886
甘肃	0.4693	河北	0.4519	广西	0.4155	甘肃	0.4726	浙江	0.3890
安徽	0.4809	江西	0.4535	陕西	0.4166	宁夏	0.4736	广西	0.3897
贵州	0.4814	江苏	0.4552	四川	0.4185	黑龙江	0.4799	安徽	0.3921
湖北	0.4825	宁夏	0.4610	山东	0.4206	上海	0.4890	福建	0.3976
山西	0.4845	山东	0.4632	山西	0.4213	湖北	0.4895	湖北	0.4022
江苏	0.4877	湖北	0.4658	河北	0.4270	内蒙古	0.4978	宁夏	0.4025
河南	0.4913	陕西	0.4670	北京	0.4295	贵州	0.5002	辽宁	0.4102
辽宁	0.4966	河南	0.4798	河南	0.4300	陕西	0.5020	广东	0.4186
陕西	0.5087	上海	0.4820	湖南	0.4395	江西	0.5136	江苏	0.4238
天津	0.5174	辽宁	0.4825	湖北	0.4500	辽宁	0.5227	四川	0.4257
北京	0.5512	甘肃	0.4826	天津	0.4520	新疆	0.5242	天津	0.4635
上海	0.5738	北京	0.4879	辽宁	0.4570	吉林	0.5694	上海	0.4689
		天津	0.4993	浙江	0.4912	北京	0.6053	北京	0.4715

资料来源：根据课题组研究成果计算整理。

三、行为类指标

行为类指标包括政府行为、企业行为、企业自主权等 3 个二级指标,壁垒性行为等 15 个三级指标。

1. 行为类指标的赋分方法

由于行为类指标中三级指标大多属于定性指标,带有较强的主观性,难以直接量化,所以在测度过程中我们将采取选择能够说明和表征我们所要研究问题的代理变量,在计算代理变量客观数值的基础上,划分区间按照 0~5 予以赋分,最大限度地保证测度的客观性和科学性。在赋分过程中我们参照樊纲等(2003)计算中国市场化指数的方法[①],根据代理变量计算结果,以 0~5 为区间计算各地区的指标取值。对于正指标,第 i 个省份得分为:

$$\frac{V_i - V_{min}}{V_{max} - V_{min}} \times 5$$

其中,V_i 表示某个地区第 i 个指标的原始数据,V_{max} 是与所有 30 个地区第 i 个指标相对应的年度数据中数值最大的一个,V_{min} 则是最小的一个。对于负指标,第 i 个省份得分为:$\frac{V_{max} - V_i}{V_{max} - V_{min}} \times 5$。我们的数据包含 1997~2008 年所有年份的数据,个别年份出现的特殊情况,我们将加以说明。由于 1985 年、1992 年的相关数据无法获取,也没有上市公司的相关数据,我们暂且未能测算。

2. 二级指标测算与赋分

(1) 政府行为类指标。第一,谋利性行为指标(正指标):用预算外收入占财政收入比例表示,比例越高,地方政府牟利动机越强。就资金使用和支配的自主权而言,预算外收入远大于预算内收入,这导致地方政府具有将资金列为预算外资金的强烈动机。地方政府为了基础设施建设和弥补收支缺口,以及预算外资金的使用方便性,有极强的增加预算外资金的冲动。因此,预算外资金占财政收入比重能够较好地反映地方政府谋利性行为的强度。我们根据各地区预算外资金占财政收入比重的排序情况,采用上文介绍的赋分方法对政府谋利行为进行了赋分,具体情况见附表 5-19。

第二,歧视性行为指标(正指标)。在这里,我们用目的地进出口占地区生产总值的比例来表示,比例越高,歧视性行为越少。黄亚生(2006)指出,外

---

① 樊纲、王小鲁:《中国市场化指数:各地区市场化相对进程报告(2001)》,经济科学出版社 2003 年版。

源性经济比重高一方面反映了中国内生型经济发展赖以生存的契约和制度基础不完善，但另一方面又对中国转型路径有较强的修正作用：越来越多的外资企业股权结构从合资、合作逐步转化为独资，这就是企业治理价值最大化对中国制度信心增加的明证。我们可以认为，外向型经济越发达的地区，制度基础设施建设越快，民营经济配套水平也较快，对企业的歧视行为越少。

为什么不用私营经济发展水平来测度歧视性行为？这就是新苏南模式和温州模式竞争的利弊分析。尽管浙江的私营经济发展水平高，但外地企业根本进入不了本地市场，对一个高度依赖私营经济的经济发达地区，如温州，对"外资"的依赖往往不够强烈，资源的缺乏反而可能导致政府在电力、煤、水等基础性生产资料方面向本地企业倾斜。私营经济能提高总量水平，但在经济结构提升、制度完善方面的"溢出效应"不够显著。根据各地区目的地进出口占地区生产总值的比例的大小，我们对政府歧视行为进行了赋分（见附表5-20）。

第三，补贴性行为指标（正指标）。我们选择的代理变量是（科三费+挖潜改造）/财政支出这一指标。

地方政府在扶持补贴企业时，必须以一定的科目入账，事实上，科三费和挖潜改造占政府补贴的比重非常高，最能反映地方政府对企业的补贴强度。比例越高，补贴强度越大。通过测算各地区（科三费+挖潜改造）/财政支出这一指标，我们对政府补贴行为进行了赋分（见附表5-21）。

第四，限制性行为指标（正指标）。我们用技术市场成交额占地区生产总值比例表示，比例越高，限制越少。格雷夫（Greif, 1994）指出[①]，市场化程度越高的地区，政府限制越少，非人格化交易越频繁，人格化交易和市场网络越健全。企业组织形态内生于外部治理环境，因此，不管什么时候，都会有特殊的企业所有制结构和股权结构，如20世纪80~90年代的乡镇企业，现在的合资企业逐步转为外商独资企业。这种次优选择是可能发生的，每个地方都可能产生优秀的企业，但大规模的市场交易只能在市场化程度高的地区发生。同时，市场化程度高的地区，市场中介组织越发达。因此，科技市场发育程度能够表明政府限制性行为强度。如果政府限制较多，市场交易往往受到影响，技术市场成交额较小。由于不能找到全部中介市场的数据，我们选用具有代表性的技术市场成交额来代替，至少，政府对高科技交易市场的干预应该是更有典型意义。通过计算各省市技术市场成交额占地区生产总值的比例，我们对政府限制类行为进行了赋分（见附表5-22）。

[①] Avner Greif. *On the Political Foundations of the Late Medieval Commercial Revolution*: *Genoa During the Twelfth and the Thirteenth Centuries*. The Journal of Economic History, Vol. 54, No. 2, Papers Presented at the Fifty-Third Annual Meeting of the Economic History Association, Jun., 1994, pp. 271-287.

第五，政府行为类指标分类汇总。在计算三级指标的基础上，我们根据权重计算了政府行为指标的赋分，见表5-5。

表5-5　　　　　　　　政府行为赋分

年份	1997	1998	1999	2000	2001	2002	2003	2004	2005	2006
北京	2.16	1.34	1.36	1.14	0.73	1.07	0.99	0.97	1.23	1.155
天津	3.11	2.68	2.75	2.79	2.88	2.74	2.67	2.48	2.25	2.27
河北	3.53	3.54	3.22	3.21	3.32	3.09	3.32	3.57	3.21	3.10
山西	3.58	3.66	3.73	3.28	3.79	3.77	3.46	3.33	2.84	2.69
内蒙古	3.01	2.97	2.75	2.83	2.94	2.96	3.14	3.22	3.21	2.97
辽宁	3.68	3.547	3.36	3.09	3.01	2.88	3.01	3.21	2.86	2.88
吉林	3.22	3.43	3.02	3.01	3.30	3.31	3.29	3.57	3.30	3.09
黑龙江	3.72	3.45	3.05	2.97	3.04	2.91	3.10	3.55	3.43	3.22
上海	3.09	2.92	2.79	2.99	2.427	2.26	2.09	2.12	2.06	2.08
江苏	4.14	4.04	3.74	3.75	3.84	3.53	3.35	3.22	2.59	2.66
浙江	4.54	4.38	4.06	3.61	3.62	3.62	3.52	3.75	3.08	3.15
安徽	3.58	3.75	3.54	3.20	3.35	3.19	3.36	3.46	3.04	3.02
福建	3.62	3.37	3.46	3.25	3.31	3.38	3.48	3.61	3.28	3.62
江西	3.79	3.73	3.48	3.22	3.87	3.69	3.82	3.86	3.51	3.45
山东	3.56	3.68	3.61	3.55	3.47	3.29	3.32	3.44	3.06	3.03
河南	3.65	3.69	3.63	3.24	3.71	3.48	3.56	3.65	3.39	3.32
湖北	3.05	3.05	2.96	2.93	3.11	3.01	3.33	3.58	3.18	3.07
湖南	3.89	3.81	3.82	3.13	3.85	3.59	3.77	3.79	3.28	3.23
广东	1.86	1.94	1.88	2.02	1.66	1.90	2.01	2.37	1.98	2.09
广西	3.73	3.82	3.56	3.15	3.31	3.30	3.52	3.62	3.29	3.25
海南	2.43	2.27	2.08	1.45	2.41	2.52	2.86	2.65	2.64	2.62
重庆	3.88	3.59	3.04	2.76	3.23	2.82	2.79	2.81	2.85	2.74
四川	4.01	4.08	3.85	4.14	3.85	3.51	3.59	3.55	3.15	3.14
贵州	3.17	3.17	2.97	3.01	2.98	3.16	3.25	3.30	3.02	3.01
云南	2.95	2.92	2.72	2.84	2.80	2.89	3.08	2.85	2.89	2.81
西藏	1.53	1.51	1.21	1.22	1.31	1.36	1.47	1.50	1.41	1.44
陕西	2.85	3.05	3.05	2.902	3.31	3.13	3.32	3.49	3.75	3.68
甘肃	2.92	2.99	3.04	3.04	3.51	3.46	3.56	3.49	3.03	3.03
青海	2.73	2.81	2.85	1.53	2.97	2.78	3.19	3.17	2.86	2.70
宁夏	3.24	3.14	3.39	3.22	3.34	3.42	3.70	3.54	3.15	3.02
新疆	3.27	3.22	3.14	2.73	3.22	2.89	2.84	2.92	2.79	2.79
全国	3.28	3.21	3.07	2.88	3.08	3.00	3.09	3.15	2.89	2.85

资料来源：课题组计算整理。

(2) 企业谋利指标。第一，企业定价（负指标）。企业定价行为是指生产和经营企业在国家规定的有关权限范围内，按照价值规律、供求规律的要求，自主制定商品价格和劳务收费标准的行为。企业定价是一种有一定约束的自由定价行为，这种定价行为既受国家的宏观调控，又充分反映商品生产和经营者的意志和愿望。

市场调节下的企业定价属于自由价格，按买卖双方在具体价格确定中的作用可分为单方面的企业定价和买卖双方的协商议价两种。单方面的企业定价是指价格由买卖双方中的某一方来确定，而另一方可以不接受，但又不能直接改变对方确定的价格。买卖双方的协商议价，是买主与卖主之间通过讨价还价确定的价格。

根据以上对企业定价的定义，本指标选取的代理变量为2002～2006年各地区工业品出厂价格指数（记为 L）和 2002～2006 年各地区 GDP 指数（记为 M），以 $|M-L|$ 来衡量两者之间的变动幅度，如果指标的绝对值的算数平均越高，说明企业的定价（L）和整个市场的需求能力（M）背离的越大，企业的定价行为不明显，反之同理。由于1999年以前的中国统计年鉴没有各地区工业品出厂价格指数，所以选取了1999～2006年的数据。企业定价行为赋分情况见附表 5-23 所示。

第二，广告行为（正指标）。由于不能找到各个企业的准确广告费用数据，此指标的代理变量选择了深市和沪市的 CCER 所有上市公司财务数据库（沪市）1994～2006 年中的主营业务成本（M）和营业费用（L），以 L/M 代替指标，再按 1～5 打分。

如果指标分数越高，说明该企业的广告行为越明显。营业费用包括企业在销售商品过程中发生的费用：运输费、装卸费、包装费、保险费、展览费和广告费、工资及福利费、业务费等以及在运输途中的合理损耗和入库前的挑选整理费。考虑到在1998年以前的营业费用占比明显偏小，且许多省市没有上市公司，所以选取了1998～2006年的数据。企业广告行为赋分情况见附表 5-24 所示。

第三，合谋行为（正指标）。由于此指标主观性太强，难于寻求合适的代理变量来表示。因此课题组采取在百度搜索企业合谋相关关键字得到的结果来作为打分的参考。采用高级搜索，把企业合谋设定为整体关键字，**为必须包含的关键字（**为各地区名称）。得分越高说明企业的合谋行为越明显。由于计算方法还需要进一步完善，企业合谋行为的赋分暂时尚未列出。

第四，寻租行为（负指标）。斯蒂格利茨（Stigliz，2002）在《经济学》解释为："那些通过某一行业获得垄断地位或维持垄断地位来获得或保持现存租金的行为成为寻租。"对寻租指标我们用三资企业的成本费用利润率表示。企业的寻租行为越多，企业所花费在寻租行为的成本就越大，寻租能给企业带来的利润就会相对减少。

成本费用利润率：反映企业投入的生产成本及费用的经济效益，同时也反映企业降低成本所取得的经济效益。计算公式为：

$$成本费用利润率（\%）=\frac{利润总额}{成本费用总额}\times100\%$$

公式中成本费用总额为产品销售成本、销售费用、管理费用、财务费用之和。由于1999年之前的三资企业的成本费用利润率没有统计，所以选取1999~2006年的数据。企业寻租行为赋分情况见附表5-25所示。

第五，企业行为指标汇总。在三级指标赋分的基础上，我们根据相应权重测算了企业行为二级指标的赋分，如表5-6所示。

表5-6　　　　　　　　企业行为的赋分

年份	1997	1998	1999	2000	2001	2002	2003	2004	2005	2006
北京	1.67	1.62	1.63	1.99	2.16	2.22	2.71	1.97	2.77	2.37
天津	1.91	1.89	1.93	2.11	2.14	2.5	3.26	2.65	3.35	3.11
河北	2.97	2.96	2.97	4.27	3.98	3.89	5.11	4.63	3.71	2.91
山西	3.18	3.18	3.19	3.81	3.43	4.01	4.23	4.01	4.41	3.04
内蒙古	1.89	1.86	1.87	3.30	3.11	2.43	2.82	1.81	2.56	2.31
辽宁	2.48	2.51	2.48	3.07	2.79	2.52	3.26	3.49	4.84	3.123
吉林	2.56	2.52	2.57	3.87	2.68	2.24	3.85	3.61	4.81	3.69
黑龙江	4.21	4.23	4.21	2.83	2.79	3.11	4.17	3.69	3.87	4.31
上海	1.48	1.46	1.43	3.23	1.88	1.71	2.91	2.48	2.97	2.71
江苏	2.19	2.19	2.13	2.29	3.24	2.90	3.51	3.67	3.55	3.10
浙江	2.41	2.39	2.41	3.45	3.11	2.43	3.26	3.34	3.79	3.56
安徽	2.05	2.05	2.05	3.38	3.07	2.72	3.88	3.46	3.65	3.11
福建	1.94	1.94	1.97	3.02	3.08	2.39	3.04	2.64	3.09	2.22
江西	1.74	1.74	1.75	3.99	3.12	2.57	3.25	3.33	3.74	4.11
山东	2.61	2.62	2.60	4.23	4.82	3.51	4.32	4.39	4.28	3.92
河南	2.01	2.07	2.04	3.85	3.21	3.30	4.02	3.96	3.87	3.80
湖北	3.21	3.27	3.26	3.90	3.91	3.90	4.33	3.91	3.57	3.07
湖南	2.42	2.42	2.43	3.67	2.88	2.71	3.44	2.95	3.81	3.27
广东	3.31	3.32	3.36	3.71	3.79	2.71	3.26	3.38	3.93	3.63
广西	1.97	1.93	1.97	4.09	3.21	2.14	3.11	3.77	3.81	4.43
海南	2.41	2.43	2.40	4.01	3.04	3.86	4.29	2.92	4.04	4.21
重庆	2.29	2.23	2.29	2.96	2.52	1.99	2.70	2.84	3.62	3.65
四川	3.43	3.41	3.47	4.22	3.82	3.25	4.19	4.25	5.25	3.74
贵州	4.31	4.32	4.35	4.31	3.86	3.31	3.61	3.52	3.73	3.29

续表

年份	1997	1998	1999	2000	2001	2002	2003	2004	2005	2006
云南	2.53	2.53	2.55	3.13	2.47	1.98	3.19	2.86	3.66	2.69
西藏	1.43	1.43	1.48	2.23	1.95	2.27	1.65	2.36	2.30	2.33
陕西	1.41	1.43	1.40	3.45	2.09	1.67	3.01	3.17	4.57	4.82
甘肃	2.58	2.53	2.59	4.04	3.02	3.41	4.17	4.12	3.97	3.99
青海	2.37	2.37	2.33	3.22	2.34	1.75	2.78	3.15	3.64	2.81
宁夏	2.15	2.15	2.18	3.22	3.07	2.30	2.69	4.01	3.58	2.79
新疆	1.88	1.86	1.88	1.83	3.03	2.19	3.31	2.57	3.48	3.19
全国	2.42	2.41	2.43	3.38	2.95	2.71	3.43	3.32	3.68	3.33

资料来源：课题组根据相关资料计算整理。

（3）企业自主权指标。根据夏立军、陈信元（2007）[①] 对国有上市公司的计量分析，市场化程度越高的地区，私营企业提供的税收和就业比重往往较高，政治目标淡化，政府控制国有企业的动机越弱，同时，这些地区的市场化竞争更加激烈，经营和维持国有企业所需的专门知识和人力资本水平也越高，控制难度加大。因此，经济发达地区的地方政府控制国有企业经营的机会成本非常高。李涛（2005）[②] 指出，和绩效差的国企相比，经营绩效好的国有企业，政府管制的程度相对较低，而寻租的动机较强。所以，发达地区以及绩效好的国有企业的投资、生产、销售自主权往往更高，市场化程度落后的地区，政府的政治诉求往往必须通过国有企业来完成，因此，西部地区的国有企业往往有很多"政策性负担"，企业经营自主权往往较低。

各地区的中小型私营企业经营的自主权都相差不大，而对于国有企业及规模以上企业，政府往往都会加以"引导"。国有企业和大型企业的自主权是衡量一个地区企业自主权最好的指标。因此，用国有企业及规模以上企业的经济效益指标往往能测度企业自主权。

我们用的是国有及规模以上企业的相关数据。生产行为自主权用流动资产周转次数作为打分依据，投资行为自主权用成本费用利润率作为打分依据，销售行为自主权用产品销售率作为打分依据。企业生产行为自主权赋分情况见附表5-26所示，企业投资自主权赋分见附表5-27所示，企业销售自主权赋分见附表5-28所示。企业自主权指标汇总分值见附表5-29所示。

[①] 夏立军、陈信元：《市场化进程、国企改革策略与公司治理结构的内生决定》，载《经济研究》2007年第7期。

[②] 李涛：《国有股权、经营风险、预算软约束与公司绩效——中国上市公司的实证发现》，载《经济研究》2005年第7期。

3. 行为类指标测算与汇总

我们根据已经测算的二级指标，按照相应权重测算了行为类指标（见表 5-7a 和表 5-7b）。

表 5-7a　　　　行为类指标汇总表（1997~2001 年）

年份	1997	1998	1999	2000	2001	2002	2003	2004	2005	2006
北京	1.67	1.62	1.63	1.99	2.16	2.22	2.71	1.97	2.77	2.37
天津	1.91	1.89	1.93	2.11	2.14	2.5	3.26	2.65	3.35	3.11
河北	2.97	2.96	2.97	4.27	3.98	3.89	5.11	4.63	3.71	2.91
山西	3.18	3.18	3.19	3.81	3.43	4.01	4.23	4.01	4.41	3.04
内蒙古	1.89	1.86	1.87	3.30	3.11	2.43	2.82	1.81	2.56	2.31
辽宁	2.48	2.51	2.48	3.07	2.79	2.52	3.26	3.49	4.84	3.123
吉林	2.56	2.52	2.57	3.87	2.68	2.24	3.85	3.61	4.81	3.69
黑龙江	4.21	4.23	4.21	2.83	2.79	3.11	4.17	3.69	3.87	4.31
上海	1.48	1.46	1.43	3.23	1.88	1.71	2.91	2.48	2.97	2.71
江苏	2.19	2.19	2.13	2.29	3.24	2.90	3.51	3.67	3.55	3.10
浙江	2.41	2.39	2.41	3.45	3.11	2.43	3.26	3.34	3.79	3.56
安徽	2.05	2.05	2.05	3.38	3.07	2.72	3.88	3.46	3.65	3.11
福建	1.94	1.94	1.97	3.02	3.08	2.39	3.04	2.64	3.09	2.22
江西	1.74	1.74	1.75	3.99	3.12	2.57	3.25	3.33	3.74	4.11
山东	2.61	2.62	2.60	4.23	4.82	3.51	4.32	4.39	4.28	3.92
河南	2.01	2.07	2.04	3.85	3.21	3.30	4.02	3.96	3.87	3.80
湖北	3.21	3.27	3.26	3.90	3.91	3.90	4.33	3.91	3.57	3.07
湖南	2.42	2.42	2.43	3.67	2.88	2.71	3.44	2.95	3.81	3.27
广东	3.31	3.32	3.36	3.71	3.79	2.71	3.26	3.38	3.93	3.63
广西	1.97	1.93	1.97	4.09	3.21	2.14	3.11	3.77	3.81	4.43
海南	2.41	2.43	2.40	4.01	3.04	3.86	4.29	2.92	4.04	4.21
重庆	2.29	2.23	2.29	2.96	2.52	1.99	2.70	2.84	3.62	3.65
四川	3.43	3.41	3.47	4.22	3.82	3.25	4.19	4.25	5.25	3.74
贵州	4.31	4.32	4.35	4.31	3.86	3.31	3.61	3.52	3.73	3.29
云南	2.53	2.53	2.55	3.13	2.47	1.98	3.19	2.86	3.66	2.69
西藏	1.43	1.43	1.48	2.23	1.95	2.27	1.65	2.36	2.36	2.33
陕西	1.41	1.43	1.40	3.45	2.09	1.67	3.01	3.17	4.57	4.82
甘肃	2.58	2.53	2.59	4.04	3.02	3.41	4.17	4.12	3.97	3.99
青海	2.37	2.37	2.33	2.34	1.75	2.78	3.15	3.64	2.81	
宁夏	2.15	2.15	2.18	3.22	3.07	2.30	2.69	4.01	3.58	2.79
新疆	1.88	1.86	1.88	1.83	3.03	2.19	3.31	2.57	3.48	3.19
全国	2.42	2.41	2.43	3.38	2.95	2.71	3.43	3.32	3.68	3.33

资料来源：课题组根据上文表格数据计算整理。

表 5-7b　　　　　行为类指标汇总表（2002~2006 年）

年份	2002	2003	2004	2005	2006
北京	1.866256	2.286011	2.144116	2.564057	2.109855
天津	2.743968	3.090982	2.643631	2.805584	2.763970
河北	3.373216	3.999613	4.13101	3.681066	3.23172
山西	4.231743	4.146903	4.165836	4.081663	3.384673
内蒙古	3.177807	3.385336	3.244901	3.473996	3.112605
辽宁	3.164038	3.550356	3.715366	3.993833	3.377536
吉林	3.239406	3.858006	3.89398	4.19195	3.947283
黑龙江	2.949509	3.374043	3.634223	3.60993	3.3503
上海	2.239426	2.642177	2.700867	2.909991	2.698798
江苏	3.44943	3.65403	3.69166	3.379046	3.109967
浙江	3.310789	3.698473	3.929283	3.821126	3.700193
安徽	3.263924	3.749953	3.859756	3.702583	3.41297
福建	3.156791	3.571696	3.70509	3.733713	3.584846
江西	3.70397	3.998756	4.007513	3.944001	3.818983
山东	3.3564	3.755126	3.879663	3.640576	3.36834
河南	3.56815	3.888753	4.00869	3.79652	3.4995
湖北	3.532263	3.96153	4.1307	3.835613	3.44674
湖南	3.352273	3.66188	3.707533	3.670213	3.268255
广东	2.466989	2.961739	3.249200	3.279708	3.12526
广西	3.280281	3.765066	4.011996	3.89855	4.18074
海南	3.278284	3.962303	3.169846	3.57204	3.635696
重庆	3.024317	3.304706	3.296129	3.616793	3.456333
四川	3.61016	4.079793	4.178503	4.243583	3.73285
贵州	4.005883	4.034963	4.099746	4.051473	3.714006
云南	2.816056	3.367166	3.201179	3.531433	3.170490
西藏	2.409895	2.162741	2.704776	2.043599	2.325479
陕西	3.010172	3.68648	3.841193	4.362466	4.214666
甘肃	3.9735	4.237726	4.179493	3.863683	3.798756
青海	2.782120	3.80129	3.767973	3.63888	3.230342
宁夏	3.493476	4.059813	4.196393	3.907223	3.681596
新疆	2.610155	3.173861	2.809152	2.974498	2.701418
全国	3.175505	3.576493	3.60966	3.607076	3.359813

资料来源：课题组根据上文表格数据计算整理。

行为类指标的测算主要采取的方法是，根据指标的政治经济学含义合理选择代理变量，然后根据代理变量的大小进行相应赋分，在赋分的基础上测算出指标值。由于赋分值的范围选择为 0~5，所以行为类指标值相对于其他一级指标而言较大。为了便于统一测算，我们将在计算地区性行政垄断指数时对行为类指标进行相应缩减。1997~2006 年，行为类指标的变动轨迹如图 5-3 所示。

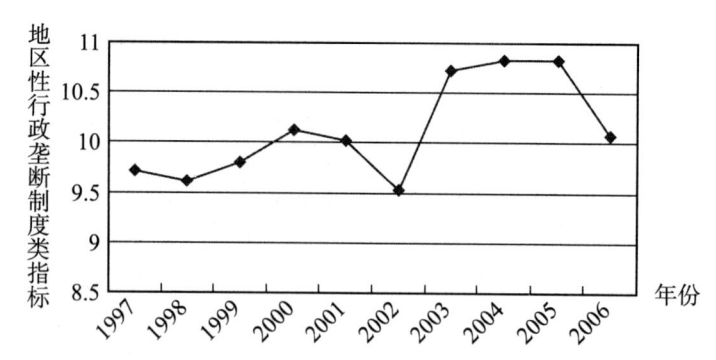

图 5-3 转型时期中国地区性行政垄断指数中行为类指标变动轨迹

四、绩效类指标

绩效类指标包括企业绩效和产业绩效 2 个二级指标，净资产贡献率、规模效率等 6 个三级指标。

1. 企业绩效类指标

（1）净资产利润率。第一，指标含义。净资产利润率指主营业务净利润与企业净资产（即所有者权益或股东权益）的比率，衡量企业的盈利能力。

第二，数据来源。此处数据由 1996~2006 年 CCER 一般上市公司财务数据库（深市）、1994~2006 年 CCER 一般上市公司财务数据库（沪市）直接获得。由于研究的总体容量较为庞大，因此随机选取各地区代表性行业的部分上市公司为样本，为保证相同地区该指标时间上的可比性，后一年选取的样本均以上一年的样本为参照。将入选企业按归属地划分至每个省份，并将各企业 1996~2006 年的净资产利润率逐年按地区简单平均，得到该地区企业的净资产利润。

第三，计算结果。具体的计算结果总结在附表 5-30a、5-30b、5-31 中。其中附表 5-30 为 1994~2006 年间，各省、市、自治区平均的企业净资产利润率。通过对每年各省、市、自治区的企业净资产利润率简单算术平均，可以发现全国企业平均净资产利润率的变化趋势。13 年间，全国企业平均净资产利润率波动幅度较大，在 2002 年达到最低，2004 年又攀至最高点，在随后的两年内呈现较大幅度的下降趋势。

1994 年、1995 年两年中，部分省份尚无上市公司。在相关数据缺乏的情况下，将 1994 年、1995 年从样本中剔出，做折线图逐年对比 28 个省份的企业净资产盈利率。如图 5-4 所示。从图中可以看出，除江西在 2002 年、2005 年，湖南在 2004 年，陕西在 2006 年，企业净资产利润率出现了较大的波动，大部分省、市、自治区的企业净资产利润率在 1996~2006 年间波动不大。

附表 5-31 将各省、市、自治区企业净资产利润率按升序进行了排列，以对比同一年份中各地区代表性企业资产的盈利能力。排序结果证明，同一年份中各省、市、自治区企业净资产利润率的排序波动较大，无明显变动规律。

（2）规模效率。第一，指标含义及计算方法。该地区代表性行业内的主要企业的规模经济实现程度。使用 DEAP2.1 软件中的 VRS 方法即可测算出企业的规模效率水平，但需要确定各企业投入产出指标。把每一个企业看作一个生产决策单位，对规模报酬不变（CRS）和规模报酬可变（VRS）模型下的技术效率指标进行测算，当两者出现数值上的差异时，认为此生产决策单位存在规模非效率，用规模报酬不变的数值除以规模报酬可变的数值得到规模效率指数。在所考察的生产决策单位中，有一个生产决策单位是最有效的，其余生产决策单位与其相比得到规模效率指标。

第二，数据来源。由于数据缺乏，此处仅选取 2005 年、2006 年全国 28 个省、市、自治区制造业中的大型企业数据进行企业规模效率的研究，为了保证数据的口径一致，将重庆、西藏和海南三地的数据删除。所需相关数据是大型工业企业的主营业务收入、资产总额和从业人员数。此处数据由 2006 年《中国工业经济统计年鉴》、2007 年《中国大型工业企业统计年鉴》直接或整理获得。由于研究的总体样本量过大，我们随机选取代表性行业中的大型企业入样进行研究，并将入样企业按归属地划分至每个省份，并将各企业 2005 年、2006 年的规模效率逐年按地区简单平均，得到该地区企业的规模效率。

第三，计算结果。计算结果见图 5-4、附表 5-32、附表 5-33 所示。

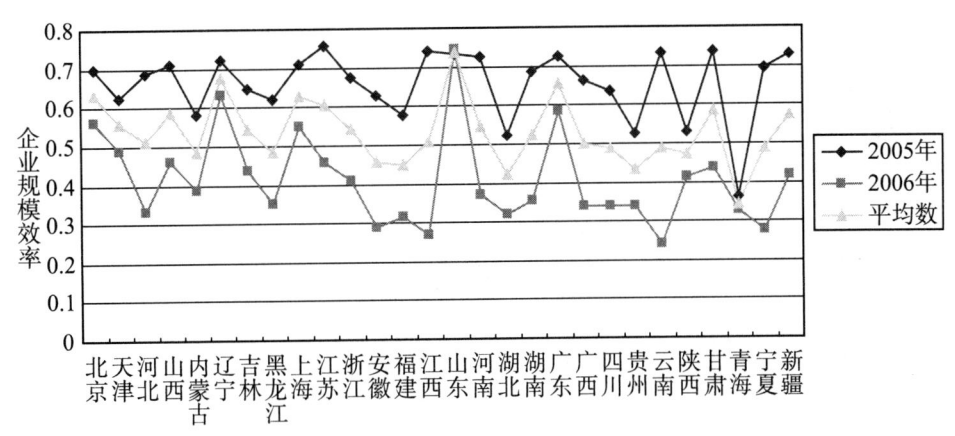

图 5-4　2005~2006 年各省、市、自治区企业规模效率对比

第四，相关分析。附表5-32为2005年、2006年两年间，各省、市、自治区代表性行业主要企业的规模效率。图5-4反映出2005年、2006年各省、市、自治区企业规模效率的对比情况。通过对每年各省、市、自治区主要企业的规模效率进行简单算术平均，可以发现两年内各省、市、自治区企业平均规模效率的相对位次。总体而言，各省、市、自治区在2005年的企业规模效率高于2006年。在2005~2006年两年内，山东、辽宁和广东三省的平均企业规模效率最高。

附表5-33为2005~2006年各省、市、自治区企业规模效率排序情况，相对于2005年的排名情况，2006年的排名有了较大改变，呈现一定的规律性：企业规模效率较高的省份多集中于东部发达地区，如北京、上海、广东等地；企业规模效率较低的省份多集中于中、西部地区，如江西、云南、宁夏等地。

（3）劳动生产率。第一，指标含义。该指标能够反映企业的生产效率和劳动投入的经济效益。计算公式通常为：工业增加值/企业平均从业人数。由于企业层面的工业增加值数据难以获得，我们以企业主营业务收入代替工业增加值，计算各企业主营业务收入与企业平均从业人数的比值，以此反映企业的生产效率。

第二，数据来源。由于数据缺乏，我们仅选取2005年、2006年全国28个省市制造业中的大型企业数据进行企业劳动生产率的研究，为了保证数据的口径一致，将重庆、西藏和海南三地的数据删除。所需相关数据是大型工业企业的主营业务收入和从业人员数。此处数据由2006年《中国工业经济统计年鉴》、2007年《中国大型工业企业统计年鉴》直接或整理获得。研究的总体样本量过大，我们随机选取代表性行业中的大型企业入样进行研究，并将入样企业按归属地划分至每个省份，并将各企业2005年、2006年的劳动生产率逐年按地区简单平均，得到该地区企业的劳动生产率。

第三，计算结果。计算结果见附表5-34、图5-5、附表5-35所示。

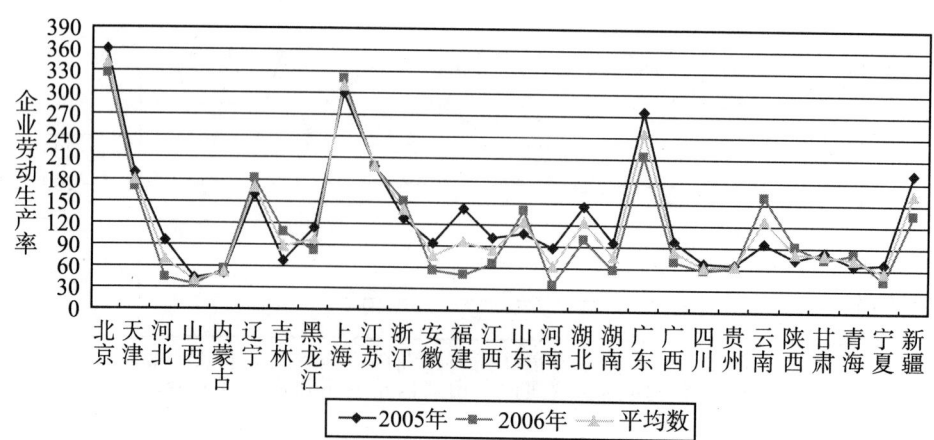

图5-5 2005~2006年各省、市、自治区企业劳动生产率对比

第四，相关分析。附表5-34为2005年、2006年两年间，各省、市、自治区代表性行业主要企业的劳动生产率。图5-5反映出2005～2006年各省、市、自治区企业劳动生产率的对比情况。通过对每年各省、市、自治区主要企业的规模效率进行简单算术平均，可以发现两年内各省、市、自治区企业平均劳动生产率的相对位次。总体而言，各省、市、自治区企业的平均劳动生产率波动较大。在2005～2006年两年内，北京、上海和广东三省企业的平均劳动生产率最高。

附表5-35为2005～2006年各省、市、自治区企业劳动生产率排序情况，2006年的排名情况与2005年基本保持一致，中、西部地区企业的劳动生产率较低，山西省企业的劳动生产率在两年之内都处于最低；东部地区企业的劳动生产率较高，北京、上海、广东和江苏的企业劳动生产率在两年内都位于最高行列。

（4）企业绩效指标汇总。企业劳动生产率与企业净资产利润率、企业规模效率量纲不同，在此将企业劳动生产率指标作标准化处理，消除量纲后，与企业净资产利润率、企业规模效率进行简单算术平均，以三项指标的均值表征各地区的企业绩效水平。由于我们仅获得2005年、2006年各地区企业规模效率、劳动生产率的相关数据，因此在此处汇总时，只汇总2005年、2006年两年的企业绩效。结果如图5-6、表5-8所示。

图5-6是28个省、市、自治区企业在2005年、2006年的绩效及两年内平均绩效的对比图，从该图可以发现：相对于2005年，28个地区的企业绩效在2006年略有下降，但变化幅度不大，发展趋势较为稳定。将各省、市、自治区企业绩效按升序排名后发现：在2005年、2006年两年内，地区间的差异均比较明显，其中，北京、上海、江西、广东四省的企业绩效最高，山西、河南和陕西的企业绩效最低（如表5-8所示）。

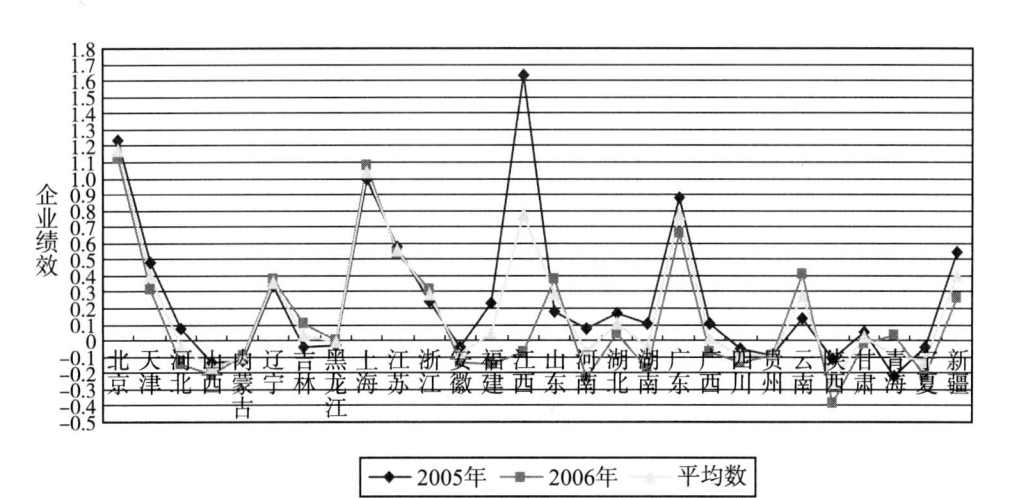

图5-6 2005～2006年各省、市、自治区企业绩效对比

表5-8　　　　2005~2006年各省、市、自治区企业绩效排名（升序）

	2005年		2006年			2005年		2006年	
1	青海	-0.21836354	陕西	-0.38259	15	湖南	0.10438	黑龙江	0.0061
2	山西	-0.12990566	河南	-0.22509	16	云南	0.1357	青海	0.0325
3	内蒙古	-0.12160907	宁夏	-0.21526	17	湖北	0.16669	湖北	0.0447
4	陕西	-0.10955138	山西	-0.20319	18	山东	0.18085	吉林	0.1035
5	贵州	-0.0937006	湖南	-0.17921	19	福建	0.23614	新疆	0.2585
6	四川	-0.05381515	福建	-0.14525	20	浙江	0.24217	天津	0.3136
7	吉林	-0.04260195	河北	-0.1427	21	辽宁	0.33781	浙江	0.3158
8	安徽	-0.03712161	四川	-0.13456	22	天津	0.48697	辽宁	0.373
9	宁夏	-0.03515786	安徽	-0.13031	23	新疆	0.54133	山东	0.3811
10	黑龙江	-0.0327557	贵州	-0.09026	24	江苏	0.57755	云南	0.4087
11	甘肃	0.058844125	内蒙古	-0.08881	25	广东	0.8777	江苏	0.5321
12	河北	0.072092316	江西	-0.07272	26	上海	0.99855	广东	0.6638
13	河南	0.076495948	广西	-0.07193	27	北京	1.23215	上海	1.0777
14	广西	0.103310797	甘肃	-0.01516	28	江西	1.62938	北京	1.1233

资料来源：课题组根据相关资料计算整理。

2. 产业绩效类指标

（1）产业技术进步率。第一，指标含义及计算方法。随着我国改革开放的推进，我国各地区通过引进技术和推动科技进步，逐步推进产业结构的升级，提高各行业的技术水平。但是，各地推动技术进步的步伐是否一致，技术进步对各省生产率提高的影响有多大，还无从得知。如何得到各地区的产业技术进步率呢？数据包络法 DEA 为我们提供了一种简便可行的方法，我们利用 DEA 计算曼奎斯特指数，DEAP 软件可以将其分解为相对技术效率指数和技术进步指数。

测算产业技术进步率，首先需要计算 DEA，把每一个省看作一个生产决策单位，运用由法若等（Färe et al., 1994）[①] 改造的 DEA 方法构造每一个时期中国的生产最佳实践前沿面。把每一个省的生产同最佳实践前沿面进行比较，从而对效率变化和技术进步进行测度。曼奎斯特指数可以分解为技术进步的变化、规模效率变化指数、要素可处置度变化指数和纯技术效率变化指数。

第二，数据来源。我们选取全国28个省市的1992年、1994年、1997年、2000~2006年工业和建筑业数据进行产业技术进步率的研究，为了保证数据的口径一致，将重庆、西藏和海南三地的数据删除。大多数年份的工业包括食品加

---

① Rolf Färe, Shawna Grosskopf, Mary Norris, Zhongyang Zhang. *Productivity Growth, Technical Progress, and Efficiency Change in Industrialized Countries. The American Economic Review*, Vol. 84, No. 1, Mar., 1994, pp. 66-83.

工业、食品制造业、饮料制造业、烟草制造业、纺织业、造纸及纸制品业、石油加工及炼焦业、化学原料及化学制品制造业、医药制造业、化学纤维制品业、非金属矿物制品业、黑色金属冶炼及压延加工业、有色金属冶炼及压延加工业、金属制品业、普通机械制造业、专用设备制造业、交通运输设备制造业、电气机械及器材制造业、电子及通信设备制造业、仪器仪表文化办公机械制造业、电力蒸汽热水生产供应业 21 个行业①。所有数据取自 1991~1995 年、1998 年、2001~2007 年《中国工业经济统计年鉴》，产出数据为各地区行业工业总产值和建筑业总产值，分别以 1990 年为基期的工业品出厂价格指数②和建筑工程投资价格指数平减，投入采用固定资产净值年均余额③和平均从业人数，其中固定资产净值年均余额用 1990 年为基期的固定资产投资价格指数平减。由于缺少 1997 年和 2005 年的《中国工业经济统计年鉴》，1996 年和 2004 年相关数据借助插补法整理得到。

第三，计算结果。计算结果总结在附表 5 - 36 及附表 5 - 37 中。由计算结果可以发现，各省、市、自治区的产业技术进步率在各年呈现出较大的波动性，而且各个省、市、自治区之间的技术进步差异较大。1992 年和 1994 年的产业技术进步率处于较高水平，此后几年产业技术进步速度有所减缓。至 2002 年，产业技术进步速度加快，达到最高。2002 年以后各省、市、自治区技术进步率保持稳定发展，除 2006 年略有下降外，各年差别不大，每年各省、市、自治区之间的波动程度也有所减小。

附表 5 - 36 是对我国各省、市、自治区工业和建筑业产业技术进步率的降序排列，从数值上看，各省、市、自治区每年产业技术进步率的差别不大。从位次上可以看到的一大特点是某些省、市、自治区历年位次差别较大，表明相关省份在技术进步方面的跳跃性和非连贯性。西部地区各省份位次的年度差别最大，东部地区次之，中部地区变化幅度最小。

（2）规模效率。第一，指标说明。测算规模效率，首先需要计算 DEA（Multi-Stage），此指数也是把每一个省看作一个生产决策单位，对规模报酬不变（CRS）和规模报酬可变（VRS）模型下的技术效率指标进行测算，当两者出现数值上的差异时，认为这一生产决策单位存在规模非效率，用规模报酬不变的数值除以规模报酬可变的数值得到规模效率指数。在所考察的生产决策单位中，有

---

① 1992 年缺少食品加工业、有色金属冶炼及压延加工业，有机械工业而未区分普通机械制造业和专用设备制造业；2005 年和 2006 年加入纺织服装、鞋、帽制造业。
② 1996 年之前的工业品出厂价格指数统计不完全，考虑到此指数与商品零售价格指数比较相近，缺少的数据用各省当年商品零售价格指数代替。
③ 1991 年、1992 年、1999 年、2000 年只有固定资产净值，鉴于历年固定资产净值和固定资产净值年均余额差别不大，我们直接以当年固定资产净值代替固定资产净值年均余额。

一个生产决策单位是最有效的,其余生产决策单位与其相比得到规模效率指标。

第二,数据来源。我们选取全国 28 个省、市、自治区的 1985 年、1992 年、1994 年、1997 年、2000~2006 年工业和建筑业数据进行规模效率的研究,为了保证数据的口径一致,将重庆、西藏和海南三地的数据删除。所有数据取自 1986 年《中国统计年鉴》和 1991~1995 年、1998 年、2001~2004 年、2006 年、2007 年《中国工业经济统计年鉴》,各投入产出数据的来源及处理方法与产业技术进步率的数据来源及处理方法一致。

第三,计算结果。计算结果显示在附表 5 - 38 中。由计算结果可以看出,除个别省份外,各省、市、自治区规模效率指数历年变化不大,但规模效率指数在各省份表现出一定差别,且呈现出梯度性,总体来看东部省份的规模效率指数高于中部,中部省份的规模效率指数高于西部。

附表 5 - 38 对 1985~2006 年中国各省、市、自治区工业和建筑业规模效率进行降序排列,可以看到规模效率最高的接近 1,而最低的不足 0.4。浙江省一直居于前五位,这与其快速、全面发展的民营经济不无关系。从此表的排序中可以看出,历年排名前 10 位的,东部地区的省份分别有 3~7 个,中部地区有 2~6 个,西部地区有 1~2 个。东部地区各省份的规模优势非常明显地可以显现出来。

(3) 产业集聚度。第一,指标含义。第 i 地区某产业的集聚度即是该地区该产业一定时期内的增长速度/全国同一产业同一时期的增长速度。增长速度 = (某产业 t 年的工业总产值 - 同一产业 t - 1 年的工业总产值)/同一产业 t - 1 年的工业总产值。计算结果 >1,说明该产业在该地区呈现集聚趋势;计算结果 <1,说明相对于全国的发展水平,该产业在该地区呈现萎缩趋势。

第二,数据来源。我们选取全国 29 个省市的 1992 年、1994 年、1997 年、2000~2006 年制造业(包括食品加工业、食品制造业、饮料制造业、烟草制造业、纺织业、造纸及纸制品业、石油加工及炼焦业、化学原料及化学制品制造业、医药制造业、化学纤维制品业、非金属矿物制品业、黑色金属冶炼及压延加工业、有色金属冶炼及压延加工业、金属制品业、普通机械制造业、专用设备制造业、交通运输设备制造业、电气机械及器材制造业、电子及通信设备制造业、仪器仪表文化办公机械制造业 20 个行业)数据进行产业集聚度的研究,为保证数据的口径一致,将重庆、西藏两地数据删除。此处数据由 1992~1995 年、1998 年、2001~2007 年《中国工业经济统计年鉴》,1992~1996 年、1998 年、2001~2007 年《中国统计年鉴》直接获得,其中 1996 年、2004 年相关数据借助插补法整理得到。

第三,计算结果。计算结果如附表 5 - 39 所示,由计算结果来看,各省市的产业集聚度总体呈现上升趋势，但在 1997 年、2002 年、2004 年、2006 年出现较大波动，地区之间的差异也较大，其他几年的变动则相对较为平稳。其中，以 1997 年四川、2000 年青海和海南、2002 年宁夏和贵州、2003 年内蒙古、2004 年甘肃和新疆、2006 年海南和贵州产业集聚度的变化最为明显。

附表 5-39 是各省、市、自治区产业集聚度按升序排列后的情况，对比同一年份中各地区产业的地理集中程度。根据排序结果可以发现，同年中各地区产业集聚度的差异呈阶梯状分布，在同一阶梯内，地区产业集聚度相差不多。2000 年以前，产业集聚程度较高的省份多集中于东部发达地区，2001~2006 年，中、西部地区部分省份的产业集聚度呈明显上升趋势，其集聚度位于 29 个省份的前列。

第四，各地区产业绩效汇总。对各省、市、自治区的产业技术进步率、规模效率以及产业集聚度进行简单算术平均，得到的均值即为各地区的产业绩效水平，结果总结在表 5-9 中。

表 5-9　　　各省、市、自治区产业绩效排序（升序）

	1992 年		1994 年		1997 年		2000 年		2001 年
黑龙江	0.808932	宁夏	0.790574	四川	-0.09277	青海	0.416356	青海	0.536232
新疆	0.82469	青海	0.798318	广西	0.543316	新疆	0.800397	湖北	0.908464
北京	0.838773	吉林	0.817223	青海	0.580705	安徽	0.834925	天津	0.917551
青海	0.850813	四川	0.854351	甘肃	0.679386	黑龙江	0.84893	上海	0.923148
吉林	0.862379	黑龙江	0.877648	天津	0.693213	宁夏	0.849624	宁夏	0.93569
山西	0.862965	内蒙古	0.88456	辽宁	0.721937	云南	0.869281	贵州	0.955118
内蒙古	0.865069	山西	0.88681	吉林	0.743739	广西	0.871573	吉林	0.960211
宁夏	0.877974	贵州	0.894297	江西	0.74554	湖北	0.872376	黑龙江	0.963273
贵州	0.885842	新疆	0.906852	北京	0.773167	陕西	0.87725	山西	0.97272
辽宁	0.901986	甘肃	0.909883	内蒙古	0.780942	内蒙古	0.888619	福建	0.985156
湖北	0.910314	广东	0.9236	上海	0.799045	天津	0.913047	广西	0.985661
甘肃	0.919143	湖南	0.93034	宁夏	0.807749	河南	0.927973	河北	0.987132
天津	0.926655	天津	0.935595	贵州	0.832724	江西	0.939903	广东	1.011537
湖南	0.934396	陕西	0.94206	江苏	0.8805	上海	0.941233	安徽	1.019041
四川	0.95254	福建	0.961117	黑龙江	0.882035	四川	0.966511	江苏	1.036047
上海	0.960198	河北	0.981045	山西	0.885137	广东	0.989013	浙江	1.037427
安徽	0.976836	辽宁	1.011124	云南	0.928534	辽宁	0.992164	湖南	1.051117
福建	0.9945	上海	1.021412	浙江	0.954046	河北	1.011864	四川	1.053522
陕西	1.00168	江西	1.040875	湖南	0.958045	山东	1.01705	辽宁	1.066571
江西	1.017193	浙江	1.057987	陕西	0.981256	山东	1.04144	北京	1.098688
河南	1.037861	云南	1.065202	河北	1.056042	湖南	1.063106	云南	1.105198

续表

	1992 年		1994 年		1997 年		2000 年		2001 年
广西	1.078891	河南	1.070887	河南	1.117955	江苏	1.096706	江西	1.127016
云南	1.079724	广西	1.076558	广东	1.120703	北京	1.099683	河南	1.144081
河北	1.103152	湖北	1.076594	新疆	1.128551	福建	1.157591	内蒙古	1.159369
山东	1.107363	安徽	1.099162	山东	1.154186	吉林	1.19637	山东	1.170956
浙江	1.116534	江苏	1.113771	福建	1.193393	甘肃	1.249678	陕西	1.207173
广东	1.152287	北京	1.181896	安徽	1.220907	浙江	1.304559	甘肃	2.208847
江苏	1.194468	山东	1.245478	湖北	1.243557	贵州	1.471473	新疆	3.98326
	2002 年		2003 年		2004 年		2005 年		2006 年
吉林	0.835137	吉林	0.778159	青海	0.754447	青海	0.747405	黑龙江	0.810063
青海	0.84167	甘肃	0.830168	湖北	0.904009	新疆	0.926275	宁夏	0.826706
新疆	0.863025	新疆	0.834028	天津	0.908824	天津	0.968548	贵州	0.838528
湖北	0.882038	湖北	0.845003	上海	0.915436	甘肃	0.968743	北京	0.840172
河南	0.898458	黑龙江	0.859545	宁夏	0.920361	宁夏	0.969594	上海	0.875524
黑龙江	0.903389	陕西	0.878931	吉林	0.942287	吉林	0.971676	新疆	0.892771
甘肃	0.909006	云南	0.897831	山西	0.963099	湖北	0.986683	甘肃	0.894134
上海	0.916007	广西	0.921624	黑龙江	0.966364	广西	0.992802	河北	0.966139
内蒙古	0.916533	安徽	0.943326	广西	0.967509	云南	1.002954	云南	0.975248
广东	0.939404	河南	0.945553	贵州	0.967518	黑龙江	1.0044	陕西	0.978175
广西	0.95387	天津	0.953646	福建	0.973959	上海	1.006868	湖南	0.987521
江西	0.960623	河北	0.954145	河北	0.982253	贵州	1.008839	天津	0.989925
辽宁	0.971027	辽宁	0.973621	广东	1.007689	北京	1.011756	山东	0.992208
云南	0.986167	北京	0.977695	安徽	1.013178	四川	1.017331	湖北	1.000789
河北	1.009589	山西	0.977877	浙江	1.026609	河北	1.040885	福建	1.008267
江苏	1.038558	上海	1.010327	江苏	1.033411	安徽	1.045036	广东	1.012613
北京	1.084527	广东	1.022014	四川	1.045068	山西	1.055114	浙江	1.018297
湖南	1.121484	江苏	1.03673	湖南	1.049572	湖南	1.060342	江苏	1.025056
福建	1.131301	湖南	1.048568	辽宁	1.059904	福建	1.067263	山西	1.034301
山西	1.146258	江西	1.064499	云南	1.096554	广东	1.068209	安徽	1.053105
山东	1.185459	青海	1.070995	北京	1.100491	浙江	1.082862	吉林	1.079771
陕西	1.210125	山东	1.091688	江西	1.124849	辽宁	1.088289	广西	1.084667
安徽	1.237335	四川	1.096454	内蒙古	1.148146	江苏	1.090066	四川	1.089087
浙江	1.2476	宁夏	1.101296	河南	1.150884	陕西	1.09866	辽宁	1.090391
四川	1.396709	浙江	1.120981	山东	1.154047	河南	1.123695	河南	1.124086
天津	1.399474	福建	1.145768	陕西	1.203749	内蒙古	1.131504	内蒙古	1.170866
贵州	1.579063	贵州	1.350323	甘肃	2.179953	山东	1.139406	江西	1.175486
宁夏	2.252708	内蒙古	1.923621	新疆	3.950828	江西	1.171457	青海	1.387308

资料来源：课题组根据相关资料计算整理。

从计算结果可以看出，各省、市、自治区的产业绩效在 10 年间有所提高，但幅度不大。地区之间的产业绩效存在一定的差异，但并非十分明显。平均而言，江苏、浙江、广东三省的产业绩效提高稳定，且位于全国最高水平。内蒙古、四川、贵州、甘肃、宁夏、新疆六地产业绩效在 10 年内有较大的波动，在同年内与其他地区的产业绩效水平有较大的差异。整体而言，各地区的产业绩效在 1997 年、2002 年、2004 年三年中波动最为明显。

表 5-9 是各省、市、自治区产业绩效按升序排列后的情况，对比同一年份中各地区产业绩效的发展趋势。根据排序结果可以发现，同年中各地区的产业绩效呈三个阶梯排列，阶梯之内以及阶梯之间差异并不大。

3. 绩效类指标汇总

由于数据的不可获得，1985 年、1992 年、1994 年的绩效类指标无法直接汇总，为保证课题研究的统一性，将 1985 年各地区的产业规模效率，1992 年、1994 年各地区的产业绩效水平表征当年各地区的绩效水平。1997 年、2000～2004 年各地的绩效水平由各地企业净资产利润率与各地产业绩效水平分别按权重 0.5、0.5 加权平均得到。2005 年、2006 年各地的绩效水平由各地企业绩效水平与各地产业绩效水平分别按权重 0.5、0.5 加权平均得到。最后将上述年份逐年进行平均，所得结果即为当年全国的平均绩效水平。

第四节　转型时期中国地区性行政垄断指数：1985～2006 年

根据第五部分的测算结果，我们可以计算出转型时期中国地区性行政垄断指数。这一指数由 4 个一级指标、19 个二级指标、49 个三级指标构成。在第五部分中，我们已经测算出了三级指标，并根据权重分别计算出了二级指标和一级指标。结合专家建议和主成分分析的结果，我们确定了 4 个一级指标的权重。其中，制度类指标的权重为 0.275，结构类指标的权重为 0.225，行为类指标的权重为 0.315，绩效类指标的权重为 0.185。由于 4 个一级指标在计算方法上存在差异，在汇总地区性行政垄断指数时，在不影响测度的信度和效度的基础上对行为类指标进行了统一标准的折算。1985～2006 年，绩效类指标的变动情况如图 5-7 所示。我们分别计算了 1985 年、1992 年、1997 年、2000～2006 年共 10 年的地区性行政垄断指数，见表 5-10～表 5-20 所示。

表 5-10　各地区绩效类指标测度结果（1985 年、1992 年、1994 年、1997 年、2000～2006 年）

	1985 年	1992 年	1994 年	1997 年	2000 年	2001 年	2002 年	2003 年	2004 年	2005 年	2006 年
北京	0.902929	0.838773	1.181896	0.419668	0.589561	0.599123	0.580879	0.516668	0.568416	1.121952	0.981715
天津	0.917143	0.926655	0.935595	0.412166	0.511205	0.494605	0.694597	0.476653	0.491094	0.727761	0.651765
河北	0.924714	1.103152	0.981045	0.582097	0.548727	0.527209	0.523022	0.496165	0.510047	0.556489	0.411717
山西	0.902231	0.862965	0.88681	0.508136	0.550868	0.515424	0.59446	0.506863	0.513904	0.462604	0.415554
内蒙古	0.841308	0.865069	0.88456	0.459071	0.483907	0.601457	0.487058	0.985599	0.570559	0.504947	0.541026
辽宁	0.792929	0.901986	1.011124	0.409613	0.538104	0.536072	0.499202	0.516298	0.545737	0.713048	0.731695
吉林	0.924786	0.862379	0.817223	0.375513	0.638586	0.498742	0.394166	0.387532	0.487114	0.464537	0.591644
黑龙江	0.876143	0.808932	0.877648	0.495458	0.449339	0.478944	0.413555	0.287779	0.486254	0.485822	0.408057
上海	0.9095	0.960198	1.021412	0.443356	0.466149	0.487609	0.491117	0.522978	0.49664	1.002711	0.976595
江苏	0.902786	1.194468	1.113771	0.519515	0.597668	0.542153	0.496973	0.542279	0.540914	0.833806	0.778565
浙江	0.973786	1.116534	1.057987	0.545797	0.705821	0.553382	0.655109	0.586951	0.544654	0.662518	0.667068
安徽	0.948714	0.976836	1.099162	0.670451	0.453384	0.52167	0.630842	0.485901	0.43907	0.503957	0.461399
福建	0.947692	0.9945	0.961117	0.648575	0.579928	0.49659	0.575268	0.589102	0.496371	0.651703	0.431509
江西	0.893786	1.017193	1.040875	0.427317	0.507461	0.554869	-0.38007	0.587293	0.535332	1.400417	0.551383
山东	0.858286	1.107363	1.245478	0.651107	0.546427	0.614057	0.713618	0.582819	0.615021	0.660126	0.686651
河南	0.903714	1.037861	1.070887	0.587841	0.518258	0.524589	-0.0105	0.505987	0.620999	0.600095	0.449501

续表

	1985年	1992年	1994年	1997年	2000年	2001年	2002年	2003年	2004年	2005年	2006年
湖北	0.908786	0.910314	1.076594	0.686628	0.367482	0.444543	0.39585	0.424029	0.466994	0.576687	0.522743
湖南	0.930929	0.934396	0.93034	0.571627	0.513065	0.55935	0.576697	0.546855	0.716489	0.582359	0.404158
广东	0.868786	1.152287	0.9236	0.596484	0.493629	0.382552	0.480435	0.569426	0.553804	0.972957	0.838228
广西	0.852786	1.078891	1.076558	0.304391	0.481957	0.53023	0.504367	0.449091	0.520383	0.548057	0.506366
四川	0.749429	0.95254	0.854351	0.02788	0.501709	0.4915	0.697953	0.577191	0.699753	0.481758	0.477265
贵州	0.756615	0.885842	0.894297	0.473708	0.76496	0.502571	0.786658	0.704428	0.503463	0.457569	0.374136
云南	0.819	1.079724	1.065202	0.510369	0.454172	0.173637	0.582278	0.456581	0.400583	0.569327	0.691982
陕西	0.929923	1.00168	0.94206	0.555023	0.470944	0.595545	0.513486	0.502937	0.621815	0.494554	0.29779
甘肃	0.807857	0.919143	0.909883	0.385119	0.66504	1.105393	0.463787	0.376074	0.998906	0.513794	0.439488
青海	0.483538	0.850813	0.798318	0.331384	0.263991	0.306974	0.409486	0.560165	0.34951	0.264521	0.709908
宁夏	0.515615	0.877974	0.790574	0.458538	0.454913	0.503876	1.125992	0.572311	0.373102	0.467218	0.305725
新疆	0.693231	0.82469	0.906852	0.632101	2.041377	0.47058	0.464337	1.992813	0.374971	0.733803	0.575626
全国	0.847748	0.965827	0.976972	0.488891	0.577094	0.521902	0.512879	0.582456	0.644354	0.643396	0.567116

资料来源：课题组根据相关资料计算整理。

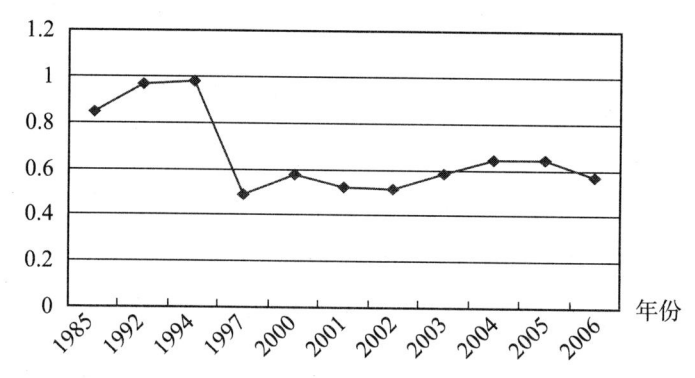

图 5-7 转型时期中国地区性行政垄断指数中绩效类指标的变化轨迹

表 5-11 　　　　　　　　1985 年地区性行政垄断指数

地区	行政性垄断指数	制度类指标	结构类指标	行为类指标	绩效类指标
北京	0.52885061	0.311296	0.5512	2.836013	0.902929
天津	0.5714136	0.402335	0.5174	3.211853	0.917143
河北	0.6135687	0.513645	0.4437	3.642988	0.924714
山西	0.641068	0.493795	0.4845	4.227124	0.902231
内蒙古	0.6145735	0.607359	0.4247	3.513024	0.841308
辽宁	0.5832238	0.411009	0.4966	3.961085	0.792929
吉林	0.6510974	0.562978	0.4465	4.077388	0.924786
黑龙江	0.610159	0.42148	0.4194	4.404047	0.876143
上海	0.5620098	0.361946	0.5738	3.073844	0.909501
江苏	0.6239157	0.496227	0.4877	3.861774	0.902786
浙江	0.6431064	0.484833	0.4691	4.099594	0.973786
安徽	0.6720843	0.640382	0.4809	3.804841	0.948714
福建	0.6547396	0.655226	0.4385	3.547715	0.947692
江西	0.6477174	0.609606	0.4220	3.954479	0.893786
山东	0.6097981	0.546757	0.4635	3.557132	0.858286
河南	0.6604895	0.657099	0.4913	3.614844	0.903714
湖北	0.6097471	0.471123	0.4825	3.728491	0.908786
湖南	0.6718592	0.664972	0.4247	3.945918	0.930929
广东	0.5837546	0.550141	0.4399	3.077944	0.868786
广西	0.6809586	0.74855	0.4393	3.881891	0.852786
四川	0.6756060	0.678272	0.4511	4.549385	0.749429
贵州	0.7377467	0.842305	0.4814	4.655926	0.756615
云南	0.6369313	0.744295	0.4296	3.214174	0.819001
陕西	0.6596745	0.639088	0.5087	3.533794	0.929923

续表

地区	行政性垄断指数	制度类指标	结构类指标	行为类指标	绩效类指标
甘肃	0.6598336	0.681178	0.4693	3.922526	0.807857
青海	0.5828952	0.658204	0.4461	3.911891	0.483538
宁夏	0.6107228	0.67933	—	3.962762	0.515615
新疆	0.5987348	0.605355	0.4672	3.628276	0.693231
全国	0.6269322	0.576385	0.4685	3.740532	0.847748

资料来源：根据课题组研究成果计算整理。

表5－12　　　　　　　　1992年地区性行政垄断指数

地区	行政性垄断指数	制度类指标	结构类指标	行为类指标	绩效类指标
北京	0.48988412	0.360939	0.4879	2.583729	0.838773
天津	0.530858135	0.367436	0.4993	3.009696	0.926655
河北	0.62437585	0.519804	0.4519	3.498317	1.103152
山西	0.61951215	0.59268	0.4095	4.160337	0.862965
内蒙古	0.57859485	0.57375	0.4133	3.351023	0.865069
辽宁	0.5704592	0.399716	0.4825	3.858827	0.901986
吉林	0.59374855	0.535447	0.4053	3.990637	0.862379
黑龙江	0.54843115	0.391755	0.3644	4.36085	0.808932
上海	0.51897661	0.340464	0.4820	2.853285	0.960198
江苏	0.6414086	0.476309	0.4552	3.746273	1.194468
浙江	0.68273475	0.647256	0.4227	4.015803	1.116534
安徽	0.6357114	0.620152	0.4431	3.681747	0.976836
福建	0.5864311	0.525086	0.3872	3.39034	0.9945
江西	0.6686445	0.670652	0.4535	3.85134	1.017193
山东	0.615462	0.494346	0.4632	3.401013	1.107363
河南	0.6530124	0.644971	0.4798	3.46642	1.037861
湖北	0.6005272	0.545065	0.4658	3.59522	0.910314
湖南	0.61883405	0.578204	0.4281	3.841637	0.934396
广东	0.565659615	0.420384	0.4024	2.857934	1.152287
广西	0.6561903	0.607346	0.4430	3.769073	1.078891
四川	0.6701397	0.621604	0.4475	4.525567	0.95254
贵州	0.7122404	0.808893	0.4166	4.646313	0.885842
云南	0.602364295	0.596083	0.3602	3.012324	1.079724
陕西	0.62620845	0.602057	0.4670	3.374563	1.00168
甘肃	0.6453085	0.644264	0.4826	3.815127	0.919143
青海	0.5982562	0.558451	0.4471	3.803073	0.850813
宁夏	0.6102844	0.562523	0.4610	3.860727	0.877974
新疆	0.5580869	0.501717	0.4298	3.48164	0.82469
全国	0.6067204	0.54312	0.4411	3.608867	0.965827

资料来源：根据课题组研究成果计算整理。

表 5-13　　　　　　　　1997 年地区性行政垄断指数

地区	行政性垄断指数	制度类指标	结构类指标	行为类指标	绩效类指标
北京	0.48988412	0.360939	0.4879	2.583729	0.838773
天津	0.530858135	0.367436	0.4993	3.009696	0.926655
河北	0.62437585	0.519804	0.4519	3.498317	1.103152
山西	0.61951215	0.59268	0.4095	4.160337	0.862965
内蒙古	0.57859485	0.57375	0.4133	3.351023	0.865069
辽宁	0.5704592	0.399716	0.4825	3.858827	0.901986
吉林	0.59374855	0.535447	0.4053	3.990637	0.862379
黑龙江	0.54843115	0.391755	0.3644	4.36085	0.808932
上海	0.51897661	0.340464	0.4820	2.853285	0.960198
江苏	0.6414086	0.476309	0.4552	3.746273	1.194468
浙江	0.68273475	0.647256	0.4227	4.015803	1.116534
安徽	0.6357114	0.620152	0.4431	3.681747	0.976836
福建	0.5864311	0.525086	0.3872	3.39034	0.9945
江西	0.6686445	0.670652	0.4535	3.85134	1.017193
山东	0.615462	0.494346	0.4632	3.401013	1.107363
河南	0.6530124	0.644971	0.4798	3.46642	1.037861
湖北	0.6005272	0.545065	0.4658	3.59522	0.910314
湖南	0.61883405	0.578204	0.4281	3.841637	0.934396
广东	0.565659615	0.420384	0.4024	2.857934	1.152287
广西	0.6561903	0.607346	0.4430	3.769073	1.078891
四川	0.6701397	0.621604	0.4475	4.525567	0.95254
贵州	0.7122404	0.808893	0.4166	4.646313	0.885842
云南	0.602364295	0.596083	0.3602	3.012324	1.079724
陕西	0.62620845	0.602057	0.4670	3.374563	1.00168
甘肃	0.6453085	0.644264	0.4826	3.815127	0.919143
青海	0.5982562	0.558451	0.4471	3.803073	0.850813
宁夏	0.6102844	0.562523	0.4610	3.860727	0.877974
新疆	0.5580869	0.501717	0.4298	3.48164	0.82469
全国	0.6067204	0.54312	0.4411	3.608867	0.965827

资料来源：根据课题组研究成果计算整理。

表 5-14　　　　　　　　2000 年地区性行政垄断指数

地区	行政性垄断指数	制度类指标	结构类指标	行为类指标	绩效类指标
北京	0.40426564	0.296785	0.4930	2.193732	0.589561
天津	0.45210131	0.430071	0.4958	2.703978	0.511205
河北	0.4783611	0.428021	0.3747	3.672653	0.548727
山西	0.54491375	0.603807	0.3713	3.98529	0.550868
内蒙古	0.49180296	0.549528	0.4010	3.332514	0.483907
辽宁	0.47826295	0.431566	0.4484	3.366496	0.538104
吉林	0.56460145	0.632028	0.4328	3.571463	0.638586
黑龙江	0.407185	0.404654	0.3702	2.708466	0.449339
上海	0.45804474	0.43955	0.4545	3.156665	0.466149
江苏	0.4650554	0.354287	0.4316	3.398126	0.597668
浙江	0.4951687	0.341005	0.4419	3.6294	0.705821
安徽	0.51001335	0.610158	0.3987	3.47887	0.453384
福建	0.50262715	0.479882	0.4561	3.36571	0.579928
江西	0.56214585	0.677659	0.4141	3.878576	0.507461
山东	0.5208694	0.55028	0.4018	3.692001	0.546427
河南	0.53150295	0.626355	0.3823	3.632996	0.518258
湖北	0.4452445	0.451411	0.4223	3.374773	0.367482
湖南	0.53205255	0.636907	0.4006	3.51661	0.513065
广东	0.46258553	0.480422	0.4510	2.878514	0.493629
广西	0.5384208	0.674976	0.3671	3.69148	0.481957
四川	0.580881	0.682327	0.4055	3.254115	0.501709
贵州	0.71973595	1.027304	0.3843	3.158188	0.76496
云南	0.49170757	0.660052	0.3102	4.32758	0.454172
陕西	0.53541235	0.657008	0.4150	4.037616	0.470944
甘肃	0.62108215	0.748675	0.3980	3.129279	0.66504
青海	0.44584855	0.619674	0.3641	2.449511	0.263991
宁夏	0.52662845	0.632915	0.3812	3.58047	0.454913
新疆	0.768505715	0.533501	0.4057	4.086036	2.041377
全国	0.51708295	0.559315	0.4098	2.98507	0.577094

资料来源：根据课题组研究成果计算整理。

表 5-15　　　　　　　　2001 年地区性行政垄断指数

地区	行政性垄断指数	制度类指标	结构类指标	行为类指标	绩效类指标
北京	0.438132785	0.390737	0.6053	1.778379	0.599123
天津	0.412007625	0.324511	0.4430	2.82518	0.494605
河北	0.4906498	0.491532	0.3802	3.59352	0.527209
山西	0.57914655	0.691892	0.4269	4.069203	0.515424
内蒙古	0.5636937	0.641893	0.4978	3.361653	0.601457
辽宁	0.48619098	0.41744	0.5227	3.315657	0.536072
吉林	0.52283975	0.514276	0.5694	3.442856	0.498742
黑龙江	0.46421929	0.485739	0.4799	2.816195	0.478944
上海	0.39969035	0.310112	0.4890	2.47411	0.487609
江苏	0.48245695	0.455169	0.3576	3.687903	0.542153
浙江	0.45985495	0.434664	0.3129	3.471096	0.553382
安徽	0.5515011	0.666461	0.4599	3.449973	0.52167
福建	0.4658305	0.453755	0.3917	3.3788	0.49659
江西	0.5828579	0.643302	0.5136	3.914966	0.554869
山东	0.51453065	0.482197	0.3800	3.801336	0.614057
河南	0.5432872	0.641526	0.4022	3.677813	0.524589
湖北	0.5042608	0.522415	0.4895	3.571726	0.444543
湖南	0.5570521	0.632149	0.4580	3.643053	0.55935
广东	0.40685562	0.462962	0.3575	2.665702	0.382552
广西	0.567439	0.715359	0.4294	3.575673	0.53023
四川	0.58000055	0.693248	0.4584	3.25597	0.4915
贵州	0.6892173	1.039491	0.5002	3.38681	0.502571
云南	0.45253788	0.682547	0.4032	4.04547	0.173637
陕西	0.580834535	0.705105	0.5020	3.92924	0.595545
甘肃	0.7369405	0.832475	0.4726	2.942364	1.105393
青海	0.504672695	0.709889	0.4520	2.435872	0.306974
宁夏	0.57536525	0.707097	0.4736	3.328756	0.503876
新疆	0.496749425	0.520664	0.5242	3.81332	0.47058
全国	0.520225	0.581018	0.4555	3.109137	0.521902

资料来源：根据课题组研究成果计算整理。

表 5-16　　2002 年地区性行政垄断指数

地区	行政性垄断指数	制度类指标	结构类指标	行为类指标	绩效类指标
北京	0.41307412	0.379456	0.4954	1.866256	0.580879
天津	0.45707286	0.319583	0.4940	2.743968	0.694597
河北	0.47568845	0.494631	0.3545	3.373216	0.523022
山西	0.58134295	0.674275	0.3487	4.231743	0.59446
内蒙古	0.506623115	0.630034	0.3860	3.177807	0.487058
辽宁	0.42452514	0.42021	0.2812	3.164038	0.499202
吉林	0.46531707	0.514502	0.4318	3.239406	0.394166
黑龙江	0.432163935	0.48995	0.3487	2.949509	0.413555
上海	0.3859962	0.310862	0.4687	2.239426	0.491117
江苏	0.47739965	0.454869	0.4316	3.44943	0.496973
浙江	0.49592852	0.427604	0.4382	3.310789	0.655109
安徽	0.550969895	0.661483	0.3974	3.263924	0.630842
福建	0.483337225	0.44896	0.4577	3.156791	0.575268
江西	0.36285355	0.636563	0.4061	3.70397	-0.38007
山东	0.5171906	0.47883	0.3989	3.3564	0.713618
河南	0.42845245	0.651419	0.3728	3.56815	-0.0105
湖北	0.48201025	0.537028	0.4139	3.532263	0.39585
湖南	0.5385819	0.642434	0.3983	3.352273	0.576697
广东	0.435645235	0.459279	0.4538	2.466989	0.480435
广西	0.542473045	0.71729	0.3940	3.280281	0.504367
四川	0.5921825	0.695649	0.4072	3.278284	0.697953
贵州	0.73146125	1.049683	0.3948	3.024317	0.786658
云南	0.515127135	0.69683	0.3145	3.61016	0.582278
陕西	0.52195194	0.68499	0.3915	4.005883	0.513486
甘肃	0.5981034	0.844395	0.3661	2.816056	0.463787
青海	0.48379223	0.698332	0.3360	2.409895	0.409486
宁夏	0.66847195	0.702537	0.3768	3.010172	1.125992
新疆	0.447867405	0.53801	0.3807	3.9735	0.464337
全国	0.499242625	0.580697	0.3978	2.782120	0.512879

资料来源：根据课题组研究成果计算整理。

表 5-17　　2003 年地区性行政垄断指数

地区	行政性垄断指数	制度类指标	结构类指标	行为类指标	绩效类指标
北京	0.42143511	0.38257	0.5023	2.286011	0.516668
天津	0.43045842	0.319912	0.5003	3.090982	0.476653
河北	0.4961734	0.490526	0.3490	3.999613	0.496165
山西	0.55042715	0.649813	0.3375	4.146903	0.506863
内蒙古	0.60256215	0.602274	0.3621	3.385336	0.985599
辽宁	0.47616205	0.431588	0.4183	3.550356	0.516298
吉林	0.4961442	0.525825	0.4364	3.858006	0.387532
黑龙江	0.42491615	0.491828	0.3399	3.374043	0.287779
上海	0.413041195	0.314092	0.4766	2.642177	0.522978
江苏	0.49659995	0.454776	0.4364	3.65403	0.542279
浙江	0.4914824	0.420203	0.4080	3.698473	0.586951
安徽	0.5455133	0.670084	0.3928	3.749953	0.485901
福建	0.50594465	0.454593	0.4551	3.571696	0.589102
江西	0.56674295	0.636801	0.3915	3.998756	0.587293
山东	0.5069026	0.475727	0.3932	3.755126	0.582819
河南	0.5400151	0.639146	0.3604	3.888753	0.505987
湖北	0.51097055	0.551653	0.4120	3.96153	0.424029
湖南	0.5448311	0.641385	0.3913	3.66188	0.546855
广东	0.475643585	0.456467	0.4577	2.961739	0.569426
广西	0.5480801	0.701513	0.3919	3.765066	0.449091
四川	0.5906937	0.707216	0.3975	3.962303	0.577191
贵州	0.71481005	1.050637	0.3858	3.304706	0.704428
云南	0.5218289	0.724234	0.3086	4.079793	0.456581
陕西	0.5489632	0.688414	0.3798	4.034963	0.502937
甘肃	0.5936634	0.855503	0.3555	3.367166	0.376074
青海	0.56324285	0.709306	0.3368	2.162741	0.560165
宁夏	0.5812846	0.704236	0.3643	3.68648	0.572311
新疆	0.77516506	0.527729	0.3773	4.237726	1.992813
全国	0.5312611	0.581359	0.3971	3.80129	0.582456

资料来源：根据课题组研究成果计算整理。

表 5-18　　　　　　　　　2004 年地区性行政垄断指数

地区	行政性垄断指数	制度类指标	结构类指标	行为类指标	绩效类指标
北京	0.423594735	0.387621	0.4857	2.144116	0.568416
天津	0.415217095	0.320383	0.5096	2.643631	0.491094
河北	0.50236315	0.481861	0.3495	4.13101	0.510047
山西	0.54846065	0.640724	0.3300	4.165836	0.513904
内蒙古	0.505759245	0.586823	0.3479	3.244901	0.570559
辽宁	0.4892875	0.443162	0.4000	3.715366	0.545737
吉林	0.5135755	0.527612	0.4132	3.89398	0.487114
黑龙江	0.47073655	0.488419	0.3171	3.634223	0.486254
上海	0.408490545	0.316145	0.4639	2.700867	0.49664
江苏	0.4982089	0.456138	0.4353	3.69166	0.540914
浙江	0.49189155	0.41821	0.4034	3.929283	0.544654
安徽	0.53739805	0.66765	0.3780	3.859756	0.43907
福建	0.49109255	0.459231	0.4366	3.70509	0.496371
江西	0.5452891	0.620482	0.3587	4.007513	0.535332
山东	0.51409205	0.46441	0.3859	3.879663	0.615021
河南	0.55996755	0.617189	0.3511	4.00869	0.620999
湖北	0.5253376	0.561391	0.3882	4.1307	0.466994
湖南	0.6745911	0.634181	0.3710	3.707533	0.716489
广东	0.483339315	0.456015	0.4478	3.249200	0.553804
广西	0.56834705	0.690502	0.3829	4.011996	0.520383
四川	0.60989715	0.676513	0.3948	3.169846	0.699753
贵州	0.6796387	1.066525	0.3725	3.296129	0.503463
云南	0.49745177	0.721407	0.2843	4.178503	0.400583
陕西	0.5708587	0.68194	0.3453	4.099746	0.621815
甘肃	0.7145919	0.852045	0.3556	3.201179	0.998906
青海	0.5153228	0.70894	0.3159	2.704776	0.34951
宁夏	0.5507331	0.70925	0.3725	3.841193	0.373102
新疆	0.435757155	0.542437	0.3581	4.179493	0.374971
全国	0.5416671	0.578472	0.3841	3.767973	0.644354

资料来源：根据课题组研究成果计算整理。

表 5-19　　2005 年地区性行政垄断指数

地区	行政性垄断指数	制度类指标	结构类指标	行为类指标	绩效类指标
北京	0.557154365	0.400938	0.4855	2.564057	1.121952
天津	0.468857495	0.34058	0.4744	2.805584	0.727761
河北	0.5010592	0.499178	0.3718	3.681066	0.556489
山西	0.52964315	0.603025	0.3627	4.081663	0.462604
内蒙古	0.49763635	0.550057	0.3765	3.473996	0.504947
辽宁	0.5467945	0.465408	0.4242	3.993833	0.713048
吉林	0.52062775	0.537942	0.3885	4.19195	0.464537
黑龙江	0.49204585	0.537582	0.3558	3.60993	0.485822
上海	0.535068095	0.360121	0.4777	2.909991	1.002711
江苏	0.5428937	0.460718	0.4293	3.379046	0.833806
浙江	0.5102581	0.427746	0.3874	3.821126	0.662518
安徽	0.55922835	0.706869	0.3988	3.702583	0.503957
福建	0.5284584	0.488469	0.4178	3.733713	0.651703
江西	0.72587855	0.64685	0.3713	3.944001	1.400417
山东	0.51450165	0.469235	0.3894	3.640576	0.660126
河南	0.5478451	0.620209	0.3546	3.79652	0.600095
湖北	0.5514388	0.607196	0.4067	3.835613	0.576687
湖南	0.5532575	0.662287	0.3647	3.670213	0.582359
广东	0.554998975	0.427269	0.4232	3.279708	0.972957
广西	0.56971355	0.687558	0.3920	3.89855	0.548057
四川	0.58575805	0.717084	0.4166	3.57204	0.481758
贵州	0.676944	1.086513	0.3858	3.616793	0.457569
云南	0.5601093	0.749898	0.3118	4.243583	0.569327
陕西	0.5664173	0.663985	0.3600	4.051473	0.494554
甘肃	0.60591345	0.839363	0.3874	3.531433	0.513794
青海	0.5089596	0.746486	0.3418	2.043599	0.264521
宁夏	0.55799635	0.693159	0.4039	4.362466	0.467218
新疆	0.67273384	1.084936	0.3332	3.863683	0.733803
全国	0.55252485	0.610024	0.3926	3.63888	0.643396

资料来源：根据课题组研究成果计算整理。

表 5-20　　　　　　　　2006 年地区性行政垄断指数

地区	行政性垄断指数	制度类指标	结构类指标	行为类指标	绩效类指标
北京	0.505447575	0.399537	0.4715	2.109855	0.981715
天津	0.44809158	0.335533	0.4635	2.763970	0.651765
河北	0.4489366	0.497086	0.3602	3.23172	0.411717
山西	0.4893895	0.610428	0.3542	3.384673	0.415554
内蒙古	0.47327914	0.516689	0.3500	3.112605	0.541026
辽宁	0.51837445	0.460021	0.4102	3.377536	0.731695
吉林	0.52795975	0.524744	0.3729	3.947283	0.591644
黑龙江	0.4663539	0.54573	0.3513	3.3503	0.408057
上海	0.51681931	0.354248	0.4689	2.698798	0.976595
江苏	0.516884945	0.454878	0.4238	3.109967	0.778565
浙江	0.5048902	0.423893	0.3890	3.700193	0.667068
安徽	0.53625895	0.706585	0.3921	3.41297	0.461399
福建	0.4733263	0.487288	0.3976	3.584846	0.431509
江西	0.54871065	0.647466	0.3617	3.818983	0.551383
山东	0.5041182	0.458309	0.3886	3.36834	0.686651
河南	0.4999896	0.608773	0.3499	3.4995	0.449501
湖北	0.5204174	0.601085	0.4022	3.44674	0.522743
湖南	0.499062175	0.662997	0.3613	3.268255	0.404158
广东	0.52623466	0.447441	0.4186	3.12526	0.838228
广西	0.5696119	0.674218	0.3897	4.18074	0.506366
四川	0.56132855	0.709191	0.4257	3.635696	0.477265
贵州	0.6397019	1.083948	0.3628	3.456333	0.374136
云南	0.568513865	0.751218	0.3104	3.73285	0.691982
陕西	0.51144	0.63234	0.3626	3.714006	0.29779
甘肃	0.58401635	0.827449	0.3847	3.170490	0.439488
青海	0.57716879	0.733406	0.3490	2.325479	0.709908
宁夏	0.51317055	0.686179	0.4025	4.214666	0.305725
新疆	0.476052125	0.561277	0.3549	3.798756	0.575626
全国	0.51771	0.585784	0.3868	3.230342	0.567116

资料来源：根据课题组研究成果计算整理。

根据表 5-10~表 5-20，我们汇总了 1985~2006 年全国和各省、市、自治区的地区性行政垄断指数，如表 5-21a 和表 5-21b 所示。

表 5-21a 各年份地区性行政垄断指数一览表（1985~2001 年）

地区	1985 年	1992 年	1997 年	2000 年	2001 年
北京	0.528850615	0.48988412	0.360161505	0.40426564	0.438132785
天津	0.5714136	0.530858135	0.42621602	0.45210131	0.412007625
河北	0.6135687	0.62437585	0.478297675	0.4783611	0.4906498
山西	0.641068	0.61951215	0.52702245	0.54491375	0.57914655
内蒙古	0.6145735	0.57859485	0.476750135	0.49180296	0.5636937
辽宁	0.58322385	0.5704592	0.4683315	0.47826295	0.48619098
吉林	0.6510974	0.59374855	0.50660835	0.56460145	0.52283975
黑龙江	0.610159	0.54843115	0.67448975	0.407185	0.46421929
上海	0.56200985	0.51897661	0.411992595	0.45804474	0.39969035
江苏	0.62391575	0.6414086	0.4726082	0.4650554	0.48245695
浙江	0.6431064	0.68273475	0.54533305	0.4951687	0.45985495
安徽	0.6720843	0.6357114	0.53383943	0.51001335	0.5515011
福建	0.65473965	0.5864311	0.49571637	0.50262715	0.4658305
江西	0.64771745	0.6686445	0.5234265	0.56214585	0.5828579
山东	0.60979805	0.615462	0.52327087	0.5208694	0.51453065
河南	0.66048955	0.6530124	0.537172625	0.53150295	0.5432872
湖北	0.60974715	0.6005272	0.51193821	0.4452445	0.5042608
湖南	0.6718592	0.61883405	0.55532795	0.53205255	0.5570521
广东	0.58375465	0.565659615	0.4507088	0.46258553	0.40685562
广西	0.68095865	0.6561903	0.4846948	0.5384208	0.567439
四川	0.67560605	0.6701397	0.4770929	0.580881	0.58000055
贵州	0.73774675	0.7122404	0.6634954	0.71973595	0.6892173
云南	0.63693135	0.602364295	0.47427768	0.49170757	0.45253788
陕西	0.6596745	0.62620845	0.53411195	0.53541235	0.580834535
甘肃	0.65983365	0.6453165	0.5352667	0.62108215	0.7369405
青海	0.58289525	0.5982562	0.4871309	0.44584855	0.504672695
宁夏	0.61072285	0.6102844	0.5147657	0.52662845	0.57536525
新疆	0.5987348	0.5580869	0.509338645	0.768505715	0.496749425
全国	0.62693225	0.6067204	0.512295155	0.51708295	0.520225

资料来源：根据课题组研究成果计算整理。

表 5-21b　　各年份地区性行政垄断指数一览表（2002~2006 年）

地区	2002 年	2003 年	2004 年	2005 年	2006 年
北京	0.41307412	0.42143511	0.423594735	0.557154365	0.505447575
天津	0.45707286	0.43045842	0.415217095	0.468857495	0.44809158
河北	0.47568845	0.4961734	0.50236315	0.5010592	0.4489366
山西	0.58134295	0.55042715	0.54846065	0.52964315	0.4893895
内蒙古	0.506623115	0.60256215	0.505759245	0.49763635	0.47327914
辽宁	0.42452514	0.47616205	0.4892875	0.5467945	0.51837445
吉林	0.46531707	0.4961442	0.5135755	0.52062775	0.52795975
黑龙江	0.432163935	0.42491615	0.47073655	0.49204585	0.4663539
上海	0.3859962	0.413041195	0.408490545	0.535068095	0.51681931
江苏	0.47739965	0.49659995	0.4982089	0.5428937	0.516884945
浙江	0.49592852	0.4914824	0.49189155	0.5102581	0.5048902
安徽	0.550969895	0.5455133	0.53739805	0.55922835	0.53625895
福建	0.483337225	0.50594465	0.49109255	0.5284584	0.4733263
江西	0.36285355	0.56674295	0.5452891	0.72587855	0.54871065
山东	0.5171906	0.5069026	0.51409205	0.51450165	0.5041182
河南	0.42845245	0.5400151	0.55996755	0.5478451	0.4999896
湖北	0.48201025	0.51097055	0.5253376	0.5514388	0.5204174
湖南	0.5385819	0.5448311	0.7745911	0.5532575	0.499062175
广东	0.435645235	0.475643585	0.483339315	0.554998975	0.52623466
广西	0.542473045	0.5480801	0.56834705	0.56971355	0.5696119
四川	0.5921825	0.5906937	0.60989715	0.58575805	0.56132855
贵州	0.73146125	0.71481005	0.6796387	0.676944	0.6397019
云南	0.515127135	0.5218289	0.49745177	0.5601093	0.568513865
陕西	0.52195194	0.5489632	0.5708587	0.5664173	0.51144
甘肃	0.5981034	0.5936634	0.7145919	0.60591345	0.58401635
青海	0.48379223	0.56324285	0.5153228	0.5089596	0.57716879
宁夏	0.66847195	0.5812846	0.5507331	0.55799635	0.51317055
新疆	0.447867405	0.77516506	0.435757155	0.67273384	0.476052125
全国	0.499242625	0.5312611	0.5416671	0.55252485	0.51771

资料来源：根据课题组研究成果计算整理。

第五节 横向比较与纵向比较

一、转型时期中国地区性行政垄断程度的动态演进

我们根据表5-21a和表5-21b绘制了转型时期中国地区性行政垄断指数的变化轨迹（如图5-8所示）。从图5-8可以直观地看出，1985年以来，中国地区性行政垄断程度是趋于下降的，地区性行政垄断指数由1985年的0.627下降到2006年的0.518。这说明，随着改革开放的不断深入，中国各地区限制自由市场竞争的制度性壁垒逐步下降，行政性垄断行为逐步减少，市场经济体制逐步完善，市场机制逐步取代行政力量，成为资源配置的基本手段。分时间段来看，1985~1992年，地区性行政垄断指数由0.627下降到0.607，七年时间下降了0.02，可见体制改革的艰难；1992~1997年，地区性行政垄断指数由0.607下降到0.512，下降幅度是历年来最大的，这说明这一时期社会主义市场经济体制建设的力度加大，成效最为明显；1997~2002年，地区性行政垄断指数由0.512下降到0.499，地区性行政垄断程度降到了历史最低水平；2002~2006年，地区性行政垄断指数又有所上升，由0.499上升到0.518。地区性行政垄断指数回升的主要原因在于一些地方改变了地区性行政垄断的形式，一些隐蔽的"软"性措施开始作用于本地经济，形成了新型的地区性行政垄断。这些软性的行政措施危害性更大，应该引起我们的高度关注。具体变化参见表5-21a、表5-21b和图5-8。

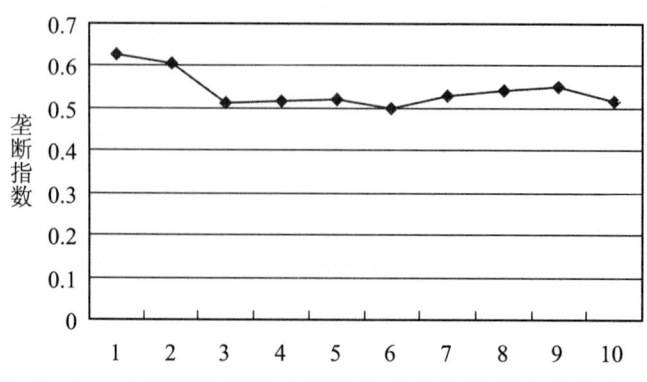

图5-8 转型时期中国地区性行政垄断指数的变化轨迹

中国内地区域整体上可划分为东中西三大经济地区（地带）。东部地区包括北京、天津、上海、江苏、浙江、广东、山东、福建、河北、辽宁、广西、海南12个省、自治区、直辖市；中部地区包括山西、内蒙古、吉林、黑龙江、安徽、江西、河南、湖北、湖南9个省、自治区；西部地区包括重庆、四川、贵州、云南、西藏、陕西、甘肃、宁夏、青海、新疆10个省、直辖市、自治区。为了比较各省市地区性行政垄断程度的动态演进和变化，我们在三大经济区的基础上将我们所分析的28个省、市、自治区（海南、重庆、西藏没有列入计算）划分为四大片：东部地区划分为两大片，北京、天津、上海、江苏、浙江、广东等6个省市为东部地区（一），山东、福建、河北、辽宁、广西等5个省、市、自治区为东部地区（二）；中部地区包括山西、内蒙古、吉林、黑龙江、安徽、江西、河南、湖北、湖南等9个省、市、自治区；西部地区包括四川、贵州、云南、陕西、甘肃、宁夏、青海、新疆等8个省市区。根据以上区域划分，我们对各区域地区性行政垄断指数的变化进行了相应的研究，研究结果显示：

（1）从1985～2006年，北京、天津、上海、江苏、浙江和广东这6个较为发达的东部省市的地区性行政垄断程度下降趋势明显，大于全国平均下降幅度。同时，这6个省、市的地区性行政垄断程度的差异不大，并且变化趋势基本一致。相对而言，浙江、江苏和广东的地区性行政垄断程度较高，并且一度在全国居于前列。这说明，经济发达地区的地区性行政垄断程度并不一定就低。

而在1985～2006年，河北、辽宁、福建、山东和广西等5个省区的地区性行政垄断程度也呈现出明显下降的趋势，这与全国的总体趋势是一致的。在这5个省区中，广西的地区性行政垄断程度一直居于较高水平。

（2）1985～2006年，中部9省区的地区性行政垄断程度表现出下降趋势，但是下降幅度较小。其中，江西、黑龙江和湖南省还出现了较大幅度的波动。

（3）从1985～2006年，西部8省区的地区性行政垄断程度是趋于下降的，但是下降的幅度是四大地区中最小的。8省区中，新疆的变动较大，贵州的地区性行政垄断程度一直较高，下降幅度较小。

二、各省市之间的横向比较

为了便于对各省市区的地区性行政垄断程度进行横向比较，我们根据表5-21a和表5-21b对28个省、市、自治区1985年、1992年、1997年、2000～2006年的地区性行政垄断指数进行了排序（见表5-22）。

表5-22　　各年份地区性行政垄断指数排序表（升序）

地区	1985年	1992年	1997年	2000年	2001年	2002年	2003年	2004年	2005年	2006年
北京	1	1	1	1	4	3	2	3	18	12
天津	3	3	3	5	3	9	4	2	1	1
河北	12	18	10	10	11	11	9	12	4	2
山西	16	17	20	22	23	24	20	20	10	7
内蒙古	13	8	8	12	20	17	26	13	3	4
辽宁	5	7	5	9	10	4	6	7	13	17
吉林	19	10	14	24	16	10	8	14	8	20
黑龙江	10	4	28	2	7	6	3	5	2	3
上海	2	2	2	6	1	2	1	1	11	15
江苏	14	21	6	8	9	12	10	11	12	16
浙江	17	27	25	13	6	16	7	9	6	11
安徽	25	20	21	15	18	23	17	18	20	21
福建	20	9	13	14	8	14	11	8	9	5
江西	18	25	19	23	26	1	22	19	28	22
山东	9	15	18	16	15	19	12	14	7	10
河南	23	23	24	18	17	5	15	22	14	9
湖北	8	12	16	3	13	13	13	17	15	18
湖南	24	16	26	19	19	21	16	28	16	8
广东	6	6	4	7	2	7	5	6	17	19
广西	27	24	11	21	21	22	18	23	23	25
四川	26	26	9	25	24	25	24	25	24	23
贵州	28	28	27	27	27	28	27	26	27	28
云南	15	13	7	11	5	18	14	10	21	24
陕西	21	19	22	20	25	20	19	24	22	13
甘肃	22	22	23	26	28	26	25	27	25	27
青海	4	11	12	4	14	15	21	16	5	26
宁夏	11	14	17	17	22	27	23	21	19	14
新疆	7	5	15	28	12	8	28	4	26	6

资料来源：根据课题组研究成果计算整理。

从表5-22可以看出，北京在1985年、1992年、1997年和2000年的地区性行政垄断程度最低。2001年和2003年是上海最低，2005年和2006年是天津最低。1985~2006年，中西部省份的地区性行政垄断程度较高，贵州的地区性行政垄断程度始终处于较高水平。

三、各省市排序变化的纵向比较

由于众所周知的原因，改革开放以来，部分经济指标的统计口径发生了变化，致使运用地区性行政垄断指数来进行纵向比较有一些瑕疵。为了弥补这一缺憾，我们运用各省市地区性行政垄断指数的排序来进行纵向比较。由于每一年对不同省市的地区性行政垄断指数进行计算时所使用的统计口径是完全一致的，因而这一比较具有较强的说服力。我们根据表5-22计算出了各年份地区性行政垄断指数排序变化表，如表5-23所示。

表5-23　　各年份地区性行政垄断指数排序变化表

地区	1985~1992年	1992~1997年	1997~2002年	2002~2006年	1985~2006年
北京	0	0	2	9	11
天津	0	0	6	-8	-2
河北	6	-8	1	-9	-10
山西	1	3	4	-17	-9
内蒙古	-5	0	9	-13	-9
辽宁	2	-2	-1	13	12
吉林	-9	4	-4	10	1
黑龙江	-6	24	-22	-3	-7
上海	0	0	0	13	13
江苏	7	-15	6	4	2
浙江	10	-2	-9	-5	-6
安徽	-5	1	2	-2	-4
福建	-11	4	1	-9	-15
江西	7	-6	-18	21	4
山东	6	3	1	-9	1
河南	0	1	-19	4	-14
湖北	4	4	-3	5	10
湖南	-8	10	-5	-13	-16
广东	0	-2	3	12	13
广西	-3	-13	11	3	-2
四川	0	-17	16	-2	-3
贵州	0	-1	1	0	0
云南	-2	-6	11	6	9
陕西	-2	3	-2	-7	-8

续表

地区	1985~1992年	1992~1997年	1997~2002年	2002~2006年	1985~2006年
甘肃	0	1	3	1	5
青海	7	1	3	11	22
宁夏	3	3	10	-13	3
新疆	-2	10	-7	-2	-1

资料来源：根据课题组研究成果计算整理。

从表5-22中可以看出，1985~2006年大部分省市区的地区性行政垄断指数的排序都发生了变化。其中，青海的地区性行政垄断程度排名上升了22位，上海和广东的地区性行政垄断程度排名上升了13位，辽宁的地区性行政垄断程度排名上升了12位，北京的地区性行政垄断程度排名上升了11位，湖北的地区性行政垄断程度的排名上升了10位。湖南的地区性行政垄断程度的排名下降了16位，福建的地区性行政垄断程度的排名下降了15位，河南的地区性行政垄断程度的排名下降了14位，河北的地区性行政垄断程度排名下降了10位，山西和内蒙古的地区性行政垄断程度排名都下降了9位，其他省市区的地区性行政垄断程度排名变化幅度不大。

第六节 小　结

课题组以ISCP框架为理论依据，构建了转型时期中国行政性垄断指数，编制了测量地区性行政垄断程度的指标体系，测度了1985~2006年中国的地区性行政垄断程度。转型时期中国地区性行政垄断指数由三级指标体系构成，包括4个一级指标，19个二级指标，49个三级指标。4个一级指标分别是制度类指标、结构类指标、行为类指标和绩效类指标。制度类指标中包括地区分权程度、晋升激励强度、地方发展水平、政府规模指数等4个二级指标，财政支出的分权水平、财政收入的分权水平等13个三级指标。结构类指标中包括国有经济比重、财政收入比重、政府消费比重、省际贸易强度、市场分割度、省际劳动力流动指数、省际产业相似度系数、产业区位商指数、产品进入率指数、资源流出率指数等10个二级指标，国有经济产值比重、政府财政收入占GDP的比重等14个三级指标。行为类指标中包括政府行为、企业谋利行为、企业自主权等3个二级指标，政府壁垒性行为、政府补贴性行为等16个三级指标。绩效类指标中包括企业绩效和产业绩效2个二级指标，总资产贡献率、产业技术进步率等6个三级指标。

通过对转型时期中国地区性行政垄断指数的测度和分析，我们得到以下主要结论：

第一，1985~2006年，全国的地区性行政垄断程度呈现出下降的总体趋势，其中1992~2002年中国地区性行政垄断指数下降最为明显。2002年以后，由于一些软性地方保护措施的抬头，地区性行政垄断指数有小幅回升，但是总体水平仍然低于改革开放初期。随着深入贯彻和落实科学发展观，区域经济相互融合发展的政策措施将逐步出台，长三角、珠三角、环渤海等区域和次区域合作步伐加快。可以预见，未来几年内中国地区性行政垄断程度将进一步下降。

第二，1985~2006年，东部省市区的地区性行政垄断程度下降幅度较大，高于全国的平均水平。改革开放初期，全国各省市的地区性行政垄断程度差距不大。随着改革的深入，东部地区率先发展，经济竞争能力显著增强，在国内的竞争优势逐步凸显，因而其实施地区性行政垄断的必要性显著下降，地区性行政垄断程度有了较大幅度的下降。

第三，1985~2006年，中部省市区的地区性行政垄断程度下降幅度与全国平均水平基本一致。改革开放以来，中部地区的地区性行政垄断程度的波动幅度较大。随着国家振兴东北等老工业基地和中部崛起等战略的实施，中部省市迎来了新一轮的良好发展机遇。可以预见，随着中部地区企业竞争力的提升，中部省市的地区性行政垄断程度将出现稳步下降的趋势。

第四，1985~2006年，西部省市区的地区性行政垄断程度下降幅度较小，低于全国平均水平。改革开放初期，西部地区的相对劣势并不明显，地区性行政垄断程度与东部地区和中部地区基本持平。随着时间的推移，西部地区在竞争能力上与东部地区的差距逐渐拉大，因而其实施地区性行政垄断的必要性显著增大，但地区性行政垄断程度下降趋势并不是十分明显。

地区性行政垄断指数是一个由众多指标构成的复合型的指标，从制度、结构、行为、绩效等方面反映了行政力量对于市场竞争的影响。从理论价值上说，转型时期中国地区性行政垄断指数的测算可以成为学术研究中的一项基础性工作，为相关理论研究提供了基础工具和基本手段，可以丰富和深化垄断与竞争理论的研究。从实践价值上说，转型时期中国地区性行政垄断指数的编制和测算为判断各省市区的地区性行政垄断程度及其动态演进提供了客观依据，为竞争政策和区域发展政策的制定提供了参考。地区性行政垄断指数作为一个评价体系，还能够用于分析各地区在体制改革、经济转型、市场化进程和区域政策效果等方面的差异，以及造成地区差异的原因。

在后续研究中，一方面，我们将对转型时期中国地区性行政垄断指数进行细化和跟踪研究，深入分析各省市地区性行政垄断程度变动的原因，从源头上分析各省市之间的地区性行政垄断指数存在差异的根本原因；另一方面，我们将利用转型时期中国地区性行政垄断指数对地区性行政垄断的资源配置效率等相关问题展开研究。

第六章

行业性行政垄断与资源配置效率

在前文中我们运用 ISCP 研究框架分析了行业性行政垄断运行的机制,并在这个框架的基础上对典型行业的行政性垄断程度进行了测算。分析结果表明,在我们所选取的电力、电信、石油及铁路行业内均存在着较强的行政性垄断,但我们目前并不清楚行政性垄断对资源配置效率产生了何种程度的影响。在新古典经济学框架下,公共权力插手资源配置过程必然造成社会福利水平的降低,这在大量的经济学文献中已经得到证明。但在转轨经济条件下,公共权力对市场竞争的限制和排斥对资源配置效率的影响分析却没有一个明确的答案,以往对这个问题的分析大多是定性分析,但我们认为取得定量的结果意义更为重要。因为如果实证结果显示行业性行政垄断使资源配置效率大大降低的话,那么我们也就证明了行政性垄断是市场经济体制确立和完善的主要障碍;如果行业性行政垄断对资源配置效率的影响较低的话,那么我们就可以采取一种更为缓和的方式来解决行政性垄断问题。在本章中,我们继续在 ISCP 分析框架下从效率的角度对行政性垄断的经济影响进行实际的测算与分析。

第一节 效率分析指标的分解与说明

为了能够全面地反映行政性垄断对资源配置效率的影响,我们设置了微观效率、产业效率以及宏观效率三个一级指标,在此基础上,我们将上述三个层面分解为相应的二级指标，在每个二级指标项下我们又分设了不同的三级指标，以便更加细致地说明问题。此外，与上面的分析相呼应，我们选择了电力、电信、石油以及铁路行业作为测算行政性垄断对资源配置效率影响的样本，分别测算行业性行政垄断对这四个行业的影响。下面我们首先对衡量指标体系进行说明。

在微观效率指标下，我们设置了要素使用效率、技术进步率以及企业盈利能力来反映行业性行政垄断对厂商这一微观主体的影响。同设计衡量行业性行政垄断程度指标体系的思路相同，在二级指标下，我们尽量全面地列出能够反映二级指标的三级指标。同样，不同的行业在三级指标的选择上也会出现差异，这同行业特征是相联系在一起的。在要素使用率下，我们设置劳动使用效率、全员劳动生产率、劳动的边际收益、劳动产出贡献率、资本使用效率、总资产贡献率、资本边际收益率及资本产出增长贡献率等三级指标，这些指标在经济学中都有明确的公式可以直接应用。一般认为，对于基础性行业而言，较强的垄断地位会限制在位厂商的技术创新能力，因为行业竞争的核心在很大程度上是技术的竞争，垄断厂商一旦能够运用垄断势力使自己避免竞争的话，对于通过技术进步来保持产业内的领导地位的热情也就会降低。应用类似的分析，我们考察在行政性垄断下厂商的技术进步率是否受到了影响。我们应用研发投入占比、企业拥有专利数量、新产品占销售收入比重、X效率以及年技术进步速度来对企业的技术进步率进行衡量。对于企业来说，企业的赢利能力是表现企业竞争力的一个重要指标，在行政性垄断下，企业的赢利也许并不是来自有效的管理、高效的运营，或者技术上的创新，高额的回报也许是行政性垄断通过对厂商的保护获取的，这一过程类似于在全社会范围内对厂商的转移支付，但是企业盈利能力与其他二级指标通过加权还是能够在一定程度上反映行业性行政垄断对资源配置效率的影响的。因此，我们在企业盈利能力下设置了净资产收益率、总资产收益率、单位资本亏损增长率、单位资本盈利增长率、成本费用利润率等五个三级指标来进行衡量。

在产业层面上，我们使用管制成本、劳动效率以及资产效率三个二级指标来进行衡量。对于课题所选取的四个行业来说，即便在行业性行政垄断不存在的情形下，政府部门一般也会对其进行管制以提高社会福利水平。此外，我们在这里对管制成本的定义也较为宽泛，这为构成它的三个三级指标所说明，这三个三级指标分别为寻租成本、行业主管部门管制费用、社会福利损失。由于对如何测算这三个指标存在着较大的争论，我们简单地说明课题研究中所使用的方法。对于寻租成本，我们使用非税负担以及销售费用占销售总额两个指标来进行衡量，此外我们还可以使用行业腐败指数作为一个替代性指标；对于行业主管部门管制费用的估算，由于课题的目的是分离出维护行政性垄断所花费的行政费用，因此处理的方法可以转换为测算资源配置效率的损失的区间。最高的上限为全部行政费用,最低的数值可以使用某个系数来降低行政性垄断所造成的行政费用。系数的来源可以直接使用报告第三部分所计算出的各产业的行政性垄断程度;在测算社会福利净损失方面有两个公式运用的最为广泛,一个是哈伯格(Harberger, 1954)[①] 提出的公式 DWL = 1/2$r^2 P_m Q_m \xi_{QP}$,另外一个是科林和穆勒(Cowling and Mueller, 1978)[②] 提出的 DWL = 1/2($P_m Q_m - cQ_m$),在行政性垄断下,我们使用修正公式来进行测算,哈伯格公式调整为:

$$DWL = \frac{1}{2} r'^2 P_m Q_m \xi_{QP}$$

其中 $r' = \dfrac{P_m Q_m - cQ_m + \Delta cQ_m}{P_m Q_m}$;科林和穆勒的计算方法调整为:

$$DWL = \frac{1}{2}(P_m Q_m - cQ_m + \Delta cQ_m)$$

其中 Δc 表示行政性垄断造成的内部生产效率损失、寻租成本等带来的企业单位成本增加。其他两个二级指标,劳动效率以及资产效率则使用标准的方法进行衡量。其中我们使用人均增加值、人均利税、每元工资增加值、每元工资利税来衡量劳动效率;使用净资产收益率、总资产贡献率、固定资产产出率以及流动资产周转次数来衡量资产效率。

在宏观层面上,我们设置了资本配置效率、收入分配效应以及能源效率三个二级指标。其中对于资本配置效率,可以使用投资效率以及投资反应系数来进行衡量。同在行业性行政垄断程度指标体系中相类似,在这里的收入分配效应似乎也具有规范经济学的倾向,但我们使用这一指标的目的仍然是希望衡量收入在劳动力间的配置效率,这一指标可以通过衡量行业收入差距以及行业收入的合理性程度来反映。能源效率是一个开放性指标,并不是一个在所有产业中必须使用的二级指标,我们可以通过寻找单位 GDP 能耗、单位 GDP 水耗、单位 GDP 污染的方式来进行测算。

第二节 电力行业内行政性垄断对资源配置效率的影响

中国电力行业的行政性垄断表现在政府通过控制市场准入决定了电力行业的市场结构和产权结构,形成了电力行业"条块分割"的行政性垄断,造成因国有产权比重过高形成的电力行业各环节低度竞争的政府完全垄断市场,具体表现

[①] A. C. Harberger. *Monopoly and resource allocation. American Economic Review*, 1954, 44, pp. 73 – 87.

[②] K. Cowling and D. Mueller, *The social costs of monopoly. Economic Journal*, 88, 1978, pp. 727 – 748.

为电力行业输配售环节过高的国有产权比重和完全垄断的市场结构、发电环节过高的国有产权比重和依靠行政力量形成的低度竞争的市场结构。在输配售电环节，从新中国成立一直到目前为止，法律上在输配售电环节的市场进入是封闭的，政府设定的市场准入壁垒成功地维持了输配售电环节的完全垄断的市场结构，虽然在2002年将国家电力公司以行政手段拆分为南北两大电网公司（国家电网公司和中国南方电网有限责任公司），但是只不过是将全国范围的完全垄断变成了地区性的完全垄断，并非引入了竞争。在发电环节，在1985年之前，中央政府在发电环节也是排斥其他资本的进入，形成了完全垄断的市场结构；在1985年以后，发电市场放松准入，各种投资主体开始进入发电领域，发电环节的市场集中度开始降低，特别是在2002年实行"厂网分开、竞价上网"，并将国家电力公司以行政手段拆分，将原国家电力公司的发电资产拆分重组成五大发电集团后，发电环节的市场集中度大大降低，仅从市场结构上来看，似乎是合意的产业组织结构，然而，这一市场结构并非是通过市场作用自发形成的，而是依靠行政力量组合而成的低集中度的产业组织结构。电力行业行政性垄断控制了电力行业的产权结构，导致中国电力行业的产权结构呈现以下两个特征：第一，国有产权占主导；第二，不同国有产权主体利益分化。由于法律禁止其他资本进入，在输配售电环节，国有资本占绝对垄断地位；在发电环节，项目审批制下对民营资本的歧视导致民营资本进入发电领域几乎是封闭的，发电环节产权结构仍以国有产权为主导，即存在以中央政府、各级地方政府的国有资本为主导的国有产权主体；不同国有产权主体利益分化，发电环节中存在中央政府、各级地方政府等以国有资本为主导的多元投资主体，它们虽然都是国有或国有控股企业，但这些投资主体的利益目标却并不一致，形成了中国电力行业"条块分割"的行政割据状态。由于政府的控制扼杀了市场竞争的活力，低效率发电企业往往难以退出市场，难以实现电力资源的优化配置，导致资源配置效率的降低。下面我们将从微观效率、产业效率和宏观效率三个层面对行政性垄断下电力行业的资源配置效率进行分析和研究。

一、微观效率层面的分析

1. 企业盈利能力

企业盈利能力（也称为获利能力）反映的是企业获取利润的能力，以下我们将从资产收益率、成本费用利润率、销售利润率三个方面，将电力企业与国内国际相关企业进行比较来分析我国电力行业的盈利能力。

（1）资产收益率。资产收益率是企业利润除以其资产所得的结果。为了剔除税率变化的影响，报告的利润采用税前利润，即利润总额，资产分别采用总资产和净资产，分别计算总资产税前利润率和净资产税前利润率，其计算公式为：总资产税前利润率＝利润总额/总资产×100％，净资产税前利润率＝利润总额/固定资产净值×100％，这两项指标值越高，企业资产的盈利能力越强；指标值越低，企业资产的盈利能力越差。这里我们根据历年《中国统计年鉴》、《中国工业经济统计年鉴》和中宏产业数据库（2004年数据）提供的数据，计算了全部国有及规模以上非国有电力企业、三资电力企业以及全部工业企业实现的税前总资产利润率和税前净资产利润率，来说明我国电力行业的资产收益率状况，具体计算结果如表6-1、表6-2和表6-3所示。通过表6-1和表6-2比较可知，三资电力企业的资产盈利能力明显好于整个电力行业的资产盈利能力，可能有以下两个方面的原因：一是三资电力企业的资产主要为发电资产，因为输配售电环节的投资建设并不对外资开放，只有发电环节对外资开放，所以导致三资电力企业基本上是发电企业，由于发电环节电价实行"成本加成"的审批制定价政策，而输配电环节没有独立的输配电价定价机制，只有销售电价，发电环节和电网环节的资产盈利能力有显著的系统性不同，二是从产权的角度看，全部国有及规模以上非国有电力企业由于以国有产权为主，三资电力企业的效率可能较国有企业更高。从表6-1和表6-3对比可以看出，与全部工业企业相比，我国全部国有及规模以上非国有电力企业在多数年份的资产收益率较低，并且随经济周期变化波动不大，这说明我国电力行业整体的盈利能力较差，且对需求变动缺乏弹性。通过表6-2和表6-3比较可知，三资电力企业与全部工业企业相比，税前总资产收益率基本上高于全部工业企业，税前净资产收益率除了个别年份三资电力企业低于全部工业企业外，其他年份二者基本相差不大。

（2）成本费用利润率及销售利润率。成本费用利润率是企业在一定时期内实现的利润与成本费用之比。其计算公式为：成本费用利润率＝利润总额/成本费用总额×100％。该项指标值越高，表明企业成本及费用投入的经济效益越高；该指标越低，则表明企业成本及费用投入的经济效益越差。这里我们根据《中国统计年鉴》（1993～2006年）提供的数据，计算了1993～2006年电力行业实现利润与营运成本之比，来说明我国电力行业的成本费用利润率状况，具体计算结果如表6-4所示。从表6-4可以看出，以2002年为分界点，我国电力企业的成本费用利润率在2002年前高于全部工业企业均值，而2002年后趋于工业企业均值；全部电力企业与三资电力企业相比，前者成本费用利润率明显低于后者，原因一是三资电力企业的资产主要为发电资产，由于电价政策不同，发电环节和电网环节的资产盈利能力有显著的系统性不同，这一点从我们后面微观效率的国际比较可以看得更清楚。二是从产权的角度看，全部国有及规模以上非国有电力企业由于以国有产权为主，三资电力企业的效率可能较国有企业更高。

表 6-1　1996~2007 年全部国有及规模以上非国有电力企业税前资产收益率

年份	1996	1997	1998	1999	2000	2001	2002	2003	2004	2005	2006
总资产（亿元）	8 653.7	11 397.0	13 399.5	15 663.3	18 626.9	20 485.3	22 304.4	25 651.0	27 300.7	39 375.5	46 456.9
固定资产净值（亿元）	5 180.4	6 482.3	8 393.1	8 725.1	10 570.7	12 141.1	13 509.5	16 013.1	17 413.6	21 907.2	26 114.87
利润总额（亿元）	285.4	285.6	328.4	305.2	457.2	530.0	576.3	699.3	708.2	1 157.7	1 689.34
税前总资产收益率	3.30	2.51	2.45	1.95	2.45	2.59	2.58	2.73	2.59	2.94	3.64
税前净资产收益率	5.51	4.41	3.91	3.50	4.32	4.37	4.27	4.37	4.07	5.28	6.47

资料来源：历年《中国统计年鉴》、《中国工业经济统计年鉴》和中经产业数据库（2004 年数据）。

表 6-2　　　　　1999~2006 年三资电力企业税前资产收益率

年份	2006	2005	2004	2003	2002	2001	2000	1999
总资产	4 228.39	4 328.9	3 082.31	2 892.22	2 596.1	2 529.8	2 182.7	1 928.76
利润总额	275.77	287.31	257.34	263.3	286.62	132.57	120.32	84.81
固定资产净值年平均余额	2 646.58	2 740.29	2 000.36	2 026.19	1 913.58	1 798.61	1 468.92	1 391.73
税前总资产利润率	6.52	6.64	8.35	9.10	11.04	5.24	5.51	4.40
税前净资产利润率	10.42	10.48	12.86	12.99	14.98	7.37	8.19	6.09

资料来源：课题组根据历年《中国统计年鉴》整理。

表 6-3　　　　　1999~2006 年全部国有及规模以上
非国有工业企业税前资产收益率

年份	2006	2005	2004	2003	2002	2001	2000	1999
总资产	291 214.5	240 706.8	195 261.7	168 807.7	146 217.8	135 402.5	126 211.2	116 968.9
利润总额	19 504.44	13 065.39	11 341.64	8 337.24	12 022.09	4 733.43	4 393.48	997.86
固定资产净值	105 805.3	89 460.49	79 749.41	66 068.38	59 482.66	55 437.43	51 792.33	47 281.43
税前总资产利润率	6.70	5.43	5.81	4.94	8.22	3.50	3.48	0.85
税前净资产利润率	18.43	14.60	14.22	12.62	20.21	8.54	8.48	2.11

资料来源：课题组根据历年《中国统计年鉴》、《中国工业经济统计年鉴》和中宏产业数据库（2004 年数据）整理。

表 6-4　　　　电力企业、三资电力企业和全部工业企业的
成本费用利润率比较　　　　　　　　　　单位：%

年份	1993	1994	1995	1996	1997	1998	1999	2000	2001	2002	2003	2004	2005	2006
电力企业	9.46	10.27	7.93	8.86	7.51	7.06	5.83	7.24	7.34	6.82	6.73	5.55	6.62	8.17
全部工业企业	4.73	5.17	3.81	3.05	3.17	2.35	3.42	5.56	5.35	5.62	6.25	6.52	6.42	6.74
三资电力企业	—	—	—	—	—	—	16.04	21.09	19.97	23.21	28.18	21.92	16.55	15.78

资料来源：课题组根据历年《中国工业经济统计年鉴》整理，电力企业统计口径为全部国有和规模以上非国有电力企业，全部工业企业的统计口径为全部国有和规模以上非国有工业企业。

（3）销售利润率。销售利润率是指企业在一定时期的销售利润总额与销售收入总额的比率，它表明单位销售收入获得的利润，反映销售收入和利润的关系。该项指标值越高，表明企业销售收入中利润比重越高；该指标越低，则表明企业销售收入中利润比重越低。这里我们根据历年《中国统计年鉴》提供的数据，来说明我国电力行业的销售利润率状况，具体结果如表6-5所示。从表6-5可以看出，以2002年为分界点，我国电力企业的销售利润率在2002年前远高于全部工业企业均值，在1994～1998年间前者甚至是后者的两倍以上，而2002年后与全部工业企业均值基本相同。

表6-5　　　　　每百元销售收入实现的利润额　　　　　单位：元

年份	1993	1994	1995	1996	1997	1998	1999	2000	2001	2002	2003	2004	2005	2006
电力产业	7.72	8.57	6.43	7.33	6.22	6.4	5.51	6.7	6.8	6.4	6.3	5.2	6.5	7.9
全部工业	4.21	4.24	3.09	2.57	2.68	2.2	3.6	6.8	5	5.2	5.8	6	6	6.3

资料来源：课题组根据《中国统计年鉴》1995～2007年的数据整理。

（4）电力产业微观效率的国际比较。我国电网企业与世界其他大型电力企业相比，资产产出率很高，但劳动生产率很低，资产利润率很低，如表6-6所示。

表6-6　　　　　电力企业微观效率的国际比较　　　　　单位：%

公司	资产产出率（营业收入/资产）	人均营业额（营业收入/雇员人数）（万美元/人）	销售利润率（利润/营业收入）	资产利润率（利润/资产）
德国 RWE	39.48	58.59	5.51	2.17
俄罗斯 GAZPROM	30.11	12.82	29.25	8.81
俄罗斯 VES	235.73	6.02	6.73	15.86
法国 AREVA	48.44	24.16	9.18	4.45
法国电力	31.46	39.26	6.35	2.00
法国环境	73.24	11.57	2.47	1.81
法国燃气	52.68	52.54	7.78	4.10
韩国电力	21.56	122.04	9.46	2.04
荷兰 GAZDNIE	419.21	10 900.00	0.24	1.02
美国 EXELON	36.34	89.56	5.99	2.18
美国杜克能源	34.62	92.86	9.63	3.33
美国多米尼昂资源	34.26	103.68	5.73	1.96
墨西哥 CFE	27.06	24.04	2.64	0.71
日本东北电力	42.05	65.41	3.26	1.37

续表

公司	资产产出率（营业收入/资产）	人均营业额（营业收入/雇员人数）（万美元/人）	销售利润率（利润/营业收入）	资产利润率（利润/资产）
日本东京电力	62.78	90.03	5.91	3.71
日本关西电力	39.20	74.26	6.24	2.45
日本中部电力	39.03	80.63	5.55	2.17
瑞典大瀑布	41.62	540.00	14.89	6.20
苏格兰电力	64.28	144.72	19.42	12.49
西班牙 ENVESA	34.68	83.26	17.46	6.05
西班牙依伯罗拉	40.57	84.88	11.77	4.78
意大利电力	71.04	81.73	11.44	8.12
英国国家电网	37.45	85.12	40.76	15.26
英国中央	109.85	70.78	7.34	8.06
英苏格兰南方能源	127.55	147.28	6.33	8.08
中国南方电网	70.83	13.74	1.59	1.13
国家电网	60.01	10.31	1.23	0.74

资料来源：根据2005年世界主要电力企业的比较整理。

以中美两国电力上市公司为样本进行比较，根据陈运辉等（2003）[①] 在对中美两国单独从事发电业务的电力上市公司比较的研究中，由于中国的电力上市公司中都是发电企业，而在美国单独从事发电业务的电力上市公司较少，为了增加可比性，我们选择了在美国的资本市场上单独从事发电业务的4家独立发电公司与国内的10家具备一定代表性的大盘股电力上市公司如华能国际、国电电力等进行比较。比较结果如表6-7所示。

表6-7　中美两国电力上市公司盈利能力比较（2002年）

		主营业务利润率（%）	销售净利率（%）	净资产收益率（%）
国内电力	绩优电力板块	32.6	20.9	12.1
	国内电力板块	30.0	14.6	7.6
美国电力上市公司		20	3.2	4.79

资料来源：数据转引自陈运辉、郑秀慧（2003）。

从表6-7可以看出美国发电公司盈利能力和国内发电上市公司相比有较大的差距，其中主营业务利润率约为国内公司的60%左右，销售净利率不到国内

---

① 陈运辉、郑秀慧：《中美两国电力上市公司比较》，载《中国电力企业管理》2003年12月。

公司的 30%，净资产收益率也不到国内公司的 50%，说明我国发电企业的盈利能力大大高于美国电力上市公司。即使在"厂网分开"后，电煤价格高涨的 2006 年、2007 年，以华能国际、国电电力为代表的电力大盘股的净资产利润率仍超过 10% 以上，远高于美国同行，结果如表 6 – 8 所示。

表 6 – 8　　　"厂网分开"国内代表性电力企业的盈利能力　　　单位：%

年份		2006	2007
净资产利润率	华能国际	13.28	13.0
	国电电力	10.7	12.75

资料来源：课题组根据上市公司数据库数据整理。

（5）结论及原因分析。对中国电力行业盈利能力进行国际国内比较以及研究其变化趋势可以得到以下结论：从国内比较来看，在中国电力行业中，发电企业尤其是三资发电企业的盈利能力显著高于国有的电网企业的盈利能力，并且三资发电企业的盈利能力显著高于全国工业企业的盈利能力；从国际比较来看，中国发电企业的盈利能力显著高于发达国家发电企业的盈利能力，中国电网企业的盈利能力显著低于国际电力企业的盈利能力，从时间来看，以 2002 年为分界点，在这之前，电力企业的销售利润率和成本费用利润率显著高于全部工业企业销售利润率和成本费用利润率，后来逐渐下降并和全部工业企业趋同。

发电企业尤其是三资发电企业的盈利能力显著高于国有的电网企业的盈利能力，原因在于中国目前实行的扭曲的审批制下的电价形成机制，由于发电环节电价实行"成本加成"的审批制定价政策，在按个别机组的成本定价和信息不对称的情况下，导致上网电价越批越高，从而形成发电企业的高利润，这一高利润在效率较高的三资发电企业中显露无遗，而输配电环节没有独立的输配电价定价机制，只有销售电价，在上网电价越批越高而销售电价没有同步提高或提高程度不够的情况下，电网企业的盈利能力长期低下。这形成了资源配置的扭曲，发电环节的高利润加速吸引资源的大量流入，导致电源的盲目建设和地方保护，而电网环节的投资不足使得电网建设相对严重滞后，使得电力资源更加难以在全国范围内优化配置。

2002 年后电力企业盈利能力下降的原因并非由于竞争效应，而是由于电煤价格的不断上涨而电价上调滞后，同时电力企业效率低下所致。

2. 要素使用效率

要素使用效率反映的是企业在生产过程中投入的各种要素投入的有效利用程度，以下我们将从资本使用效率、劳动使用效率两个方面来分析我国电力行业的要素使用效率。

（1）资本使用效率。资本使用效率反映的是在生产过程中资本投入的有效利用程度。该指标值越高，说明资本的有效利用程度越高；该指标值越低，则表明资本的有效利用程度越低。这里我们以火电发电设备的年平均利用小时数作为资本使用效率的替代指标，我国电力行业各年的固定资产使用效率非常高，在国际上一般火电发电设备平均利用小时数 4 200 小时/年为合理水平，而我国火电发电设备平均利用小时数即使在最低年份也高于 4 700 小时/年，这正说明我国长期总体处于缺电状态，我国电力行业只能保持对数量有限的资本很高的使用效率。

（2）劳动使用效率。劳动使用效率反映的是在生产过程中劳动投入的有效利用程度。该指标值越高，说明劳动的有效利用程度越高；反之则表明劳动的有效利用程度越低。在《2005 年世界主要电力企业的比较》[①] 中，进入 2005 年的世界 500 强排行榜的能源和电力企业共有 27 家，其中中国国家电网和中国南方电网公司分别位列排行榜第 32 位和 266 位。从人均销售额来看，我国电网企业雇员过多，劳动生产率低下，以人均营业额为例，人均营业额最高的达到 147 万美元/人，最低的只有 6 万美元/人。在上榜统计的 27 家公司中，中国国家电网和南方电网分别以 10.3 万美元/人和 13.74 万美元/人排在第 25 位和 23 位，人均销售额的平均数在 80±10 万美元/人，依此推得我国两个电网公司人均销售额仅及 27 家公司平均数的 1/6~1/7，由此可见劳动使用效率较低。

（3）技术进步率。全要素生产率反映了技术进步的速度，其测算方法较多，DEA 和曼奎斯特（Malmquist）指数法是特别适合小样本数据的测算方法，报告采用这种方法。根据杨淑云等（2008）[②] 用 DEA 和曼奎斯特生产率指数方法测算的中国电力行业在 1996~2003 年的全要素生产率变动发现：在考察期间中国电力行业的全要素生产率以年均 2.1% 的速度增长，这主要得益于技术进步，而效率总体上并没有提高，表现为 X 无效率。

二、产业效率指标测算

1. 管制成本

（1）内部生产效率损失。新古典经济学假设企业自己会选择在成本最小化

---

① http://www.competitionlaw.cn/show.aspx?id=1713&cid=40.
② 杨淑云：《中国电力产业的效率和生产率变动的实证研究》，载于良春主编《反行政性垄断与促进竞争政策前沿问题研究》，经济科学出版社 2008 年版。

点进行生产，也即存在完全的生产效率，而莱本斯泰因（Leibenstein，1966）[①]首先提出了 X – 非效率的概念，他认为企业实际生产中并不能完全有效率地购买和使用投入要素，使得实际发生的成本高于理论上的成本曲线，也即存在生产效率损失。行政性垄断使受垄断保护下的企业免受竞争的压力和威胁，使得垄断厂商比竞争性厂商更难以提高其内部效率，也就更难实现生产效率的最优化（丹尼斯·卡尔顿、杰弗里·佩罗夫，1998）[②]。我们假定竞争会使企业实现最大的生产效率，则在图 6 – 1 中，理论最小成本就是 AC_1，而行政性垄断导致企业成本上升为 AC_2，产生一个（$AC_2 - AC_1$）· Q_m 矩形面积的生产效率损失。

报告采用丁启军等（2008）[③] 计算内部生产效率损失的方法，先用 DEA 方法测算中国电力行业内部生产效率损失，得出企业生产的相对效率值，用 X 表示；由于 X = 最小成本/实际成本，而实际成本与最小成本的差就是我们要求的内部生产效率损失的绝对数值，所以，内部生产效率损失的估计值可以由实际成本 × (1 – X) 求得[④]。X 值如表 6 – 9 所示。

表 6 – 9　　　　　　中国电力企业的效率分值（2005 年）

公司	厂商（家）	营业收入（百万美元）	利润（百万美元）	资产（百万美元）	雇员数（人）	DEA score
国家电网	8	86 984	1 073.5	144 939.7	844 031	0.845
美国 EXELON	11	15 405	923	42 389	17 200	0.619
美国杜克能源	12	18 944	1 824	54 723	20 400	0.642
美国多米尼昂资源	13	18 041	1 033	52 660	17 400	0.716
苏格兰电力	20	14 172	2 752.9	22 047.6	9 793	1
意大利电力	23	42 320	4 839.8	59 570	51 778	1
英国国家电网	24	16 840	6 863.9	44 966.2	19 783	1

注：企业财务数据来自电监会研究室，2005 年世界主要电力企业的比较，转引自中国能源网；效率值为课题组计算整理。

报告计算的中国电网的效率值为 0.845，我们用主营业务成本作为实际成本

[①] Leibenstein. Harvey. *Allocative Efficiency Vs. X-Efficiency*. American Economic Review，1966，Vol. 56，June，pp. 392 – 415.
[②] ［美］丹尼斯·卡尔顿、杰弗里·佩罗夫，黄亚钧译：《现代产业组织》，上海人民出版社 1998 年版。
[③] 丁启军、伊淑彪：《中国行政垄断行业效率损失研究》，载《山西财经大学学报》2008 年第 12 期。
[④] 也有观点认为，用 DEA 方法测出的数值应该包含寻租成本和其他成本增加，但是由于行政垄断性企业普遍存在这些成本增加的项，其实 DEA 方法并不能反映这些项。

进行估计,如表 6-10 所示,得出 2001~2006 年我国电力产业 X 效率损失估算的结果,见表 6-11。

表 6-10　　2001~2006 年我国电力产业主营业务成本

年份	2006	2005	2004	2003	2002	2001
主营业务成本(亿元)	19 342.76	16 335.43	13 534.99	9 466.78	7 661.19	6 526.90

资料来源:2002~2007 年《中国工业经济统计年鉴》,2004~2006 年数据统计口径为主营业务收入,2001~2003 年统计口径为销售成本。

表 6-11　　2001~2006 年我国电力行业 X 效率损失估算

年份	2006	2005	2004	2003	2002	2001
电力产业 X 效率损失(亿元)	2 998.128	2 531.992	2 097.923	1 467.351	1 187.484	1 017.25
GDP(亿元)	210 871	183 867.9	159 878.3	135 822.8	120 332.7	109 655.2
电力产业 X 效率损失占 GDP 比重(%)	1.42	1.38	1.31	1.08	0.99	0.93

资料来源:本表按当年价格计算,GDP 数据来自历年《中国统计年鉴》。

(2)寻租成本。为寻求垄断特权的成本,即寻租成本,因为获取或保持企业的垄断地位可以使企业获得超额利润,此时可以将这部分超额利润看作垄断地位这种特别的"资产"所带来的租金。寻租活动属于企业的非生产性投入,这一方面意味着社会资源的极大浪费,同时也意味着企业的成本上升。丁启军(2008)[①]估计了我国电力产业 2006 年的寻租成本为 449.87 亿元,这一数值占电力产业当年主营业务成本的 2.326%,根据这一占比,其 2001~2006 年我国电力企业利润总额数据如表 6-12 所示,由表 6-12 可见,电力行业寻租成本巨大,造成了严重的资源浪费。

表 6-12　　2001~2006 年我国电力行业寻租成本

年份	2006	2005	2004	2003	2002	2001	合计
寻租成本(亿元)	449.87	379.96	314.82	220.20	178.20	151.82	1 694.87
占 GDP 比重(%)	0.21	0.21	0.20	0.16	0.15	0.14	

资料来源:课题组根据历年《中国工业经济统计年鉴》整理。

---

① 丁启军:《自然垄断行业行政垄断微观效率损失研究》,载于良春主编《反行政性垄断与促进竞争政策前沿问题研究》,经济科学出版社 2008 年版。

（3）社会福利净损失。行政性垄断首先导致配置效率的低效率，也即社会福利净损失。图 6-1 中成本曲线 AC_1 是市场竞争条件下的成本曲线，成本曲线 AC_2 是在行政性垄断条件下的成本曲线（行政性垄断下的成本曲线高于前者很多）。P_m、Q_m 分别为垄断价格、垄断产量，P_1、Q_1 分别为正常价格、正常产量。在图 6-1 中，竞争性厂商在 B 点进行生产，此时价格等于生产成本 AC_1[①]；而当厂商为行政性垄断厂商时，厂商采取垄断定价策略，实际的生产点位于 A 点，价格为 P_m，产量为 Q_m，造成了图中三角形 ADE 部分面积的社会福利净损失，经济学家一般称之为"哈伯格三角形"。

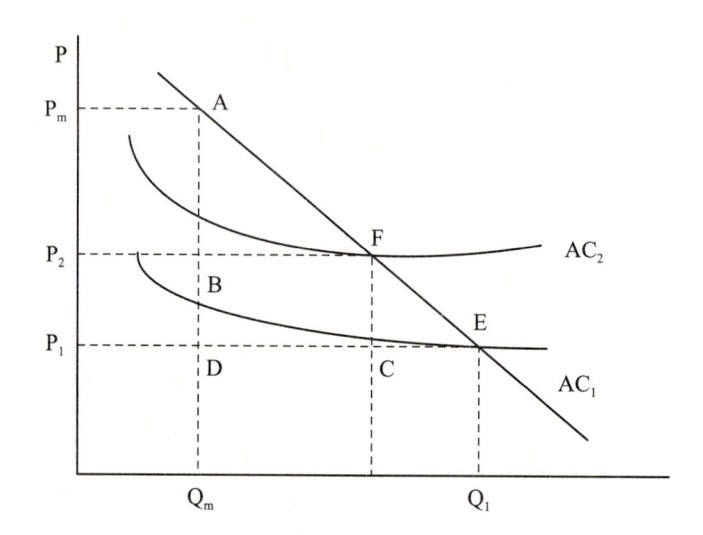

图 6-1　行政性垄断的福利净损失

社会福利净损失的估算：假设需求曲线 $D(x)$ 为直线，利用哈伯格提出的社会福利净损失公式 $DWL = \int_{q1}^{q2} D(x)dx - p_2(q_2 - q_1)$，对该式的估计可以用 $0.5\eta d^2 p_1 q_1$ 来代替[②]。其中 η 是市场需求弹性系数的绝对值，d 是潜在利润率。可表达为：$d = (p_1 - p_2)/p_1$，$\eta = (\Delta q/q)/(\Delta p/p)$，这里 $\Delta q = q_2 - q_1$，$\Delta p = p_1 - p_2$。报告以美国、英国、OECD 国家等发达成熟市场国家的电力市场作为参照系，以美国电力价格作为引入竞争情况下的市场价格，即 p_2，作为潜在最小成本，如表 6-13 所示，这些国家的平均电价为 0.05～0.06 美元/千瓦时（我们取

---

　① 为了分析方便，这里假定平均成本等于边际成本，都用 c 表示。
　② 利用 Harberger 对于垄断造成社会净损失的估计模型所得到的结果偏低，因为在这个结果中没有包括为了获得超额利润而进行的寻租活动所导致的资源浪费。Cowling 和 Mueller 提出了更为细致，结果更大的计算方法，但是我们经过研究认为他们的方法不适用于自然垄断企业的福利损失的计算，因此我们依然使用 Harberger 模型。

0.055 美元/千瓦时);假设中国电力价格是一个垄断价格,即 p_1,这里作为实际价格,如表 6-14 所示,平均在 0.4~0.5 元人民币/千瓦时之间(我们取 0.45 元/千瓦时);q_1 为某年中国用电量。电力消费需求的价格弹性根据美国的数据大约是 1.2。在具体计算时,我们利用购买力平价法(Purchasing Power Parity,简称 PPP)对汇率进行修正,依据 2005 年的数据,以美国为基础,世行将人民币的 PPP 由 2004 年的 1.9 修正为 2005 年的 3.4,我们采用人民币购买力平价 3.4 进行价格换算,那么美国的居民消费用电价折合为人民币大约为 0.19 元/千瓦时。因此社会净福利损失为:

$$DWL = 0.5\eta d^2 p_1 q_1 = 0.5 \times 1.2 [(0.45 - 0.19)/0.45]^2 \times p_1 q_1 = 0.363 p_1 q_1$$

$p_1 q_1$ 为电力产业的收入总量,如表 6-15 所示,社会净福利损失计算结果如表 6-16 所示。

通过计算,可得到我国电力行业在 2000~2006 年的社会福利净损失合计高达 17 197.50 亿元,并且在这 7 年间,社会福利净损失增长速度较快,增长了 3 倍多。

表 6-13　　　　以购买力平价(PPP)表示的主要
　　　　　　　　发达国家工业用电价格　　　　单位:美元/千瓦时

年份	2000	2001	2002	2003	2004	2005
美国	0.048	0.050	0.048	0.051	0.051	0.055
英国	0.058	0.057	0.057	0.053	0.058	—
OECD 国家	0.062	0.067	—	—	—	—

资料来源:IEA 的 2006 年统计数据 Energy Prices and Taxes 2006。

表 6-14　　　　中国 2000~2001 年平均销售电价人民币价格

年份	2000	2001	2002	2003	2004	2005
元/千瓦时	0.376	0.403	0.410	0.431	0.458	0.485

资料来源:中国 2000~2005 年平均销售电价数据转引自石良平、刘小倩:《中国电力行业规制效果实证分析》,《财经研究》2007 年第 7 期。课题组根据《电力工业"九五"总结》及《中国统计年鉴》相应年份的资料整理。

表 6-15　　　　中国电力产业收入总量　　　　单位:亿元

年份	2006	2005	2004	2003	2002	2001	2000
收入总量	22 222.45	15 461.90	13 562.88	11 113.24	8 958.07	7 712.33	6 819.67

资料来源:根据历年中国工业经济统计年鉴整理,收入总量的统计口径为:2004~2006 年数据为主营业务收入,2000~2003 年数据为销售收入。

表 6-16　　　中国电力产业行政性垄断造成的社会净福利损失估算

年份	2000	2001	2002	2003	2004	2005	2006	合计
社会净福利损失（亿元）	1 366.09	1 544.91	1 794.65	2 226.17	2 716.87	3 097.28	4 451.53	17 197.50
社会净福利损失占 GDP 比重（%）	1.38	1.41	1.49	1.64	1.70	1.68	2.11	

资料来源：课题组根据前文公式和数据计算。

2. 劳动效率

表 6-17 列出了 1993~2006 年电力行业劳动生产率情况，从表 6-17 可见，虽然中国电力行业的全员劳动生产率从 1993~2006 年增长了 3.45 倍，但与国际上的同为 500 强的电力企业相比，我国两大电网企业的劳动生产率极为低下，电力行业劳动生产率应该提高的更快。

表 6-17　　1993~2006 年中国电力行业劳动生产率情况　　单位：万元/人/年

年份	1993	1994	1995	1996	1997	1998	1999	2000	2001	2002	2003	2004	2005	2006
全员劳动生产率（%）	7.47	4.36	5.87	6.29	7.35	8.71	9.69	9.98	11.75	13.57	15.13	18.73	22.64	26.68

资料来源：课题组根据历年《中国工业经济统计年鉴》和《中国统计年鉴》整理得到。

3. 中国电力行业的效率和生产率变动实证研究

鉴于数据的可得性和报告的研究目的，1996~2003 年这段时期见证了我国电力行业从放松发电侧管制到逐步实行政企分开，再到最后实行"厂网分开，竞价上网"的市场化新体制的改革历程，报告选择该时期中国内地 28 个省级地区电力公司 8 年的平衡面板数据为样本，中国电力行业以"省为实体"的体制使得这种不同省份电力公司之间的比较具有现实意义。在这些地区中，经济发达的地区有北京、天津、上海、江苏、浙江、福建、山东和广东；经济欠发达的地区有河北、山西、辽宁、吉林、黑龙江、安徽、河南、湖北、湖南、广西和海南；经济不发达的地区有内蒙古、贵州、云南、陕西、甘肃、青海和宁夏。报告数据主要来自 1997~2004 年的《中国电力年鉴》、《中国统计年鉴》以及通过对其计算得到。DEA 方法最关键的是投入产出指标的选取，根据 DEA 指标的选择原则，按照输入和输出两类数据来划分，把越小越好的指标作为输入指标，把越大越好的数据作为输出指标。投入指标要求较全面客观地体现企业的实际生产状况，反映构成生产函数的投入要素：资本、劳动、中间投入和能源消耗，电力生产的环节可分为发、输、配、售四个环节，应尽量在每个环节上都有指标入选，而且要注意投入要素所决定的投入指标应尽可能的完备。在输出方面，要尽量从发电和供电两个方面选取输出指标。考虑到电价受到管制、投入要素的价格也并非完全市场化、价格的复杂性以及价格的波动性，报告选取实物性生产要素和产出作为评价指标，以增强评价结果的有效性。同时实物形态的指标自然满足了 DEA 方法对数据非负和非零值的要求。根据以上原则和要求，报告选择七个投入指标，分别是职工人数、厂用电率、发电煤耗、供电煤耗、装机容量、高变容量（35 千瓦以上变压器容量）和高压线长（35 千瓦及以上输电线路）七个变量；选择 2 个输出指标，分别是从发电和供电两个方面选取发电量和供电量 2 个输出指标。根据 DEA 方法对最小样本容量的要求，要求最小样本容量大于等于投入指标数乘以产出指标数的乘积，报告选择了 7 个投入指标，2 个产出指标，而样本容量为 28 个，可以满足该方法要求。

  样本描述性统计见表 6 - 18 和表 6 - 19，由表 6 - 18 和表 6 - 19 的样本数据均值增长率表可以看出，历年发电量和用电量呈现快速的增长趋势，8 年中发电量和用电量的平均增长率分别达到 8.48% 和 9.18%，特别是 1997 年我国的电力行业政企分开以后，电力工业的发展势头更是异常迅猛，1999 年后，发电量和用电量每年增长率基本保持在 9% 以上，2002 ~ 2003 年，二者分别达到 15.4% 和 16.78%。发电量和用电量的增加主要是由于中国经济快速增长产生了对电力的巨大需要，单纯从数据上看，中国这 8 年的发、用电量的增长率与国民经济 GDP 平均增长率相仿。经济的增长带动了电力行业的大量投资，表现为发电装机容量、变电设备容量和输电线长的急剧增加。发电装机容量从 1996 年的 830 万千瓦发展到 2003 年的 1 369 万千瓦，增长率高达 64.9%，年平均增长率达 7.42%。高压变压器容量从 1996 年的 2 462 万千伏安到 2003 年的 4 829 万千伏安，几乎增加了一倍，年平均增长率达十个百分点以上。另外，高压输电线路长度也急剧扩张。电力行业虽然发展迅速，但从表中可看出，电力行业的职工人数却变化不大，时有小幅度波动，8 年间的平均增长率不足一个百分点。这主要是因为随着电力行业管理体制的改革，国电公司加大"减员增效"的力度，同时发电技术的进步和设备先进性的提高减少了发电人员的需求，但同时"九五"期间我国加大了电网建设的力度，由此也带来了电网建设和维护人员的增加。从厂用电率和发电煤耗指标来看，随着发电技术的提高，我国电力行业的发电效率略有改善，但幅度不大，说明我国电力行业节能降耗的潜力和发展空间还很大。此外，从供电煤耗来看，我国的网损电量改善的幅度也很有限。

表 6-18　　　　　　样本数据投入、产出历年均值表

年份	1996	1997	1998	1999	2000	2001	2002	2003
发电量（亿千瓦时）	379	336	462	432	474	518	578	667
用电量（亿千瓦时）	320	336	347	364	405	440	503	588
职工人数（千人）	47	48	48	49	49	48	52	50
发电煤耗（克/千瓦时）	385	388	378	374	372	360	358	361
供电煤耗（克/千瓦时）	423	423	411	390	394	390	386	384
厂用电率（%）	7	7	6	6	6	6	6	6
装机容量（万千瓦）	831	891	971	1 046	1 080	1 182	1 246	1 369
高压线长（公里）	20 750	21 627	22 603	23 579	24 245	26 890	28 162	30 077
高变容量（万千伏安）	2 462	2 702	2 929	3 221	3 356	3 923	4 370	4 829

资料来源：课题组根据历年《中国电力年鉴》和《中国劳动统计年鉴》计算而得。

表 6-19　　　　　样本数据投入、产出均值逐年增长率表　　　　　单位：%

	1996~1997年	1997~1998年	1998~1999年	1999~2000年	2000~2001年	2001~2002年	2002~2003年
发电量	5.09	1.89	6.38	9.66	937.00	11.56	15.40
用电量	5.16	3.08	5.02	11.26	8.63	14.33	16.78
职工人数	3.59	-0.87	1.22	-0.08	-0.70	8.10	-4.96
发电煤耗	0.78	-2.58	-1.06	-0.53	-3.23	-0.56	0.83
供电煤耗	0.00	-2.84	-5.11	1.03	-1.02	-1.03	-0.52
厂用电率	-2.55	-0.92	-1.55	-1.58	-1.28	-1.95	0.00
装机容量	7.29	8.93	7.78	3.18	9.49	5.40	9.91
高压线长	4.23	4.51	4.32	2.82	10.91	4.73	6.80
高变容量	9.75	8.40	9.97	4.19	16.90	11.39	10.50

资料来源：课题组根据历年《中国电力年鉴》和《中国劳动统计年鉴》计算而得。

DEA 方法计算的效率值是一年内给定企业与最优企业的效率比较，因此是相对效率的测量，而不是对绝对效率的测量。效率值为 1 说明该企业是样本中最优的企业，处于生产前沿上，效率值小于 1 说明该企业与最优的企业相比无效率，处于前沿以内，效率值越小则无效率的程度越大。根据 DEA 计算的原始结果，算出电力行业的效率均值和标准差如表 6-20 所示。

在 1996~2003 年，我国电力行业纯技术效率均值在 98.1%~99.1% 之间（这意味着为了获得相同的产出，电力行业有潜力只需要消耗实际资源的 98.1% 和 99.1%），标准差在 2.0%~3.5% 之间，各省电力企业纯技术效率处于较高水平，与生产前沿接近，互相之间差别较小。由于 DEA 方法中技术效率值描述的是与研究决策单位中最佳生产单位的相对值，这说明我国在电力行业发展过程

中在纯技术效率方面比较注重整体的提高，在技术发展和应用方面没有较大的差别。

表 6 – 20　　　　中国电力行业效率：1996 ~ 2003 年

年份	观察点数	纯技术效率（PTE）均值	纯技术效率（PTE）标准差	规模效率（SE）均值	规模效率（SE）标准差
1996	28	0.9908571	0.0217131	0.9396786	0.1136545
1997	28	0.99	0.0212725	0.9355714	0.1064499
1998	28	0.9881071	0.0228689	0.9501429	0.0872097
1999	28	0.9892857	0.0207968	0.9351071	0.0977894
2000	28	0.98075	0.0347687	0.9505714	0.0785816
2001	28	0.9840714	0.0295809	0.9457143	0.0977949
2002	28	0.9829643	0.0315424	0.9292857	0.1055732
2003	28	0.9822143	0.0341732	0.9353214	0.096933

资料来源：课题组计算，样本容量为 28 个省。

相对于纯技术效率，各省电力企业的规模效率均值较低且相互间差异较大，这 8 年的规模效率均在 92.9% ~ 95.0% 之间，标准差在 7.9% ~ 11.4% 之间，且多数年份的规模效率均值处在 0.95 以下。将纯技术效率和规模效率的描述性统计指标进行对比可以看出：各省电力企业历年的纯技术效率均值系统性的显著大于规模效率均值，并且前者的标准差小于后者的标准差。说明各省的效率差异主要表现在规模效率上，而非纯技术效率上。

除个别省份外（河南 2002 年、辽宁 2001 年、山东 2003 年规模报酬递减），各电力企业规模报酬均呈现出规模报酬非减的情况，即呈现出规模报酬不变和规模报酬递增，规模效率高的企业往往运行在规模报酬不变的阶段上，理论上应该达到了有效规模，规模效率低的企业往往运行在规模报酬递增的阶段，理论上应该尚没有达到有效规模，如果企业提高规模，规模效率将提高。按照这一理论逻辑，推出可检验的假设是规模效率高的企业的实际规模应该大于规模效率低的企业的实际规模。下面对这一假设进行检验，将各省的用电量指标作为企业规模的代理变量，建立如下计量模型：

$$SE_i = a_0 + a_1 \ln(scale_i) + v_i$$

其中，i 指代表各省电力公司的指标，SE 是规模效率，scale 是企业的实际规模，在这里选用各省的用电量指标作为企业实际规模的代理变量，并取自然对数，a_1 为待确定的系数，a_0 为常数项，v_i 为误差项。回归结果如表 6 – 21 所示。由表 6 – 21 可知，规模效率与企业的实际规模之间的确存在显著的正相关关系，这一关系基本上在 1% 的水平上显著。前面的假设得到了实证检验的支持，实际规模较大的企业的规模效率统计上显著高于实际规模较小的企业,即电力企业的规模无效率原因是规模过小,应该在整体或某些环节适当扩大规模以提高效率。

表 6-21　　　　　规模效率与企业规模关系的回归结果

被解释变量 解释变量	1996年 规模效率 (SE)	1997年 规模效率 (SE)	1998年 规模效率 (SE)	1999年 规模效率 (SE)	2000年 规模效率 (SE)	2001年 规模效率 (SE)	2002年 规模效率 (SE)	2003年 规模效率 (SE)
规模(SCALE) 常数项	0.111*** 0.321	0.0886*** 0.439	0.071*** 0.549	0.079*** 0.489	0.020 0.83	0.080*** 0.474	0.092*** 0.3812	0.086*** 0.41
F值 Adj-squared	29.44*** 0.5130	6.74*** 0.3682	14.91*** 0.3401	16.69*** 0.3676	1.06 0.0021	15.60*** 0.3510	19.95*** 0.4124	19.64*** 0.4084

Malmquist 生产率指数可将生产率的增长分解为技术进步和相对效率的提高两部分,因此比其他方法提供了对生产率变动更细致的动态分析方法。对整个电力行业来说,全要素生产率(TFP)在整个考察期间以年均 2.1% 增长,这一增长全部归因于具有正的技术进步的前沿变动,而并非公司相对于前沿的效率改进。曼奎斯特指数的技术进步部分表明,前沿本身是向上移动的,给定投入条件下潜在产出年均增长 2.1%,而相对效率变动部分表明,电力公司的效率反而以年均 0.1% 恶化了。

20 世纪 90 年代末到 21 世纪初,电力行业的投资高速增长,技术进步归因于大容量、耗能低的发电机组、变压器以及高压线路的投产使用。

对于面板中的电力公司来说,发达地区的电力公司 TFP 年均增长 5%,其中技术进步贡献 4.9%,相对效率提高贡献 0.1%;欠发达地区年均 TFP 增长 0.9%,其中技术进步贡献 1.3%,相对效率贡献 -0.4%;不发达地区年均 TFP 增长 1.1%,其中技术进步贡献 1%,相对效率贡献 0.1%;大多数省电力公司均有正的技术进步,只有四个省份例外(安徽、内蒙古、贵州、宁夏四个省区的技术进步稍微小于 0,分别为 -0.4%,-0.5%,-1.7%,-0.1%),相比较而言,各个省电力公司的效率表现参差不齐,最低下降 -2.5%(吉林),最高提高 4.9%(江西),均值为 0.999,稍低于 1,并且大约有半数的电力公司的效率恶化了。无论是从整个产业还是从单个电力企业来看,全要素生产率增长主要来源于技术进步,而并非效率的提高。

三、宏观效率指标

关于行政性垄断对宏观层次的资源配置效率造成的影响,已经有部分相关文献研究行业性行政垄断对收入分配的影响（石淑华，2006）[①]，以及行业性行政垄断对社会失业以及民营经济的影响，主要的结论有：第一，认为我国转型时期垄断行业的企业依靠行政性垄断的保护获得垄断利润，并且在利益分配上更倾向于个人，从而导致行业间收入差距不断扩大。第二，行业性行政垄断造成垄断行业内的隐性失业和行业外的公开失业，但对行业性行政垄断造成的失业量尚难以计算。第三，行政性垄断行业凭借行政力量设置难以逾越的障碍，阻碍了民营经济的发展。电力行业作为典型的行政性垄断行业，与其他行政性垄断行业有一定的共性，报告下面对现有研究进行了以下两方面的补充：一是全面考察电力行业内行政性垄断度对收入分配的影响，例如现有研究仅仅考察了工资收入，没有考察电力行业员工的福利收入；二是考察电力行业内行政性垄断度对投资效率的影响；三是考察电力行业的能源效率。下面报告将主要从收入分配、投资效率和能源效率方面实证研究电力行业内行政性垄断对宏观效率的影响。

1. 电力行业收入分配

从表6-22可以看出，电力行业的平均工资远远高于全国平均工资，并且这一差距近年来有扩大的趋势。除了工资外，垄断产业的高福利也是行业收入差距扩大的重要来源，而表6-22并没有反映电力企业的高福利。根据2004年中国经济普查年鉴的统计数据，全国平均人均工资福利之和1.6561万元，而电力生产环节人均工资福利之和为2.9708万元，是全国平均数的1.7939倍；电力供应环节人均工资福利之和3.3986万元，是全国平均数的2.052倍，因此如果考虑垄断企业的高福利，垄断企业与其他工业企业的职工实际收入差距还将扩大，也就是说表6-22的职工工资比率低估了电力行业和其他行业的收入差距。垄断行业的高工资和福利收入是造成社会收入分配差距扩大的主要原因。

表6-22　　　　　电力行业工资与全国平均工资的比较

年份	电力行业平均工资（元/年）	全国平均工资（元/年）	电力行业比全国平均工资高出的百分比（%）
1993	4 319	3 371	28.1
1994	6 155	4 538	35.6
1995	7 843	5 500	42.6
1996	8 816	6 210	41.9
1997	9 649	6 470	49.1
1998	10 478	7 479	40.1
1999	11 513	8 346	37.9

---

① 石淑华：《行政垄断的经济学分析》，社会科学文献出版社2005年版。

续表

年份	电力行业平均工资（元/年）	全国平均工资（元/年）	电力行业比全国平均工资高出的百分比（%）
2000	12 830	9 371	36.9
2001	14 590	10 870	34.2
2002	16 440	12 422	32.3
2003	18 752	14 040	33.6
2004	21 805	16 024	36.1
2005	27 037	18 364	47.2
2006	31 179	21 001	48.5

资料来源：课题组根据各年《中国统计年鉴》和《中国工业统计年鉴》的资料整理。

2. 电力行业投资效率

下面报告从投资反应系数考察电力行业的投资效率，武格勒（Wurgler，2000）[①] 首次构造出估算资本配置效率的模型——行业投资反应系数，检验各国金融市场发展程度对资本配置效率的影响。该模型得到了理论界的认同和应用，在计算资本配置效率中提出的在高资本回报的行业（项目）内继续追加投资，在低资本回报率的行业（项目）内及时削减资金流入（资本对行业增长的反应系数）是资本配置效率提高的表现，其基本模型为：

$$\ln \frac{I_{i,t}}{I_{i,t-1}} = a_t + \eta_t \ln \frac{V_{i,t}}{V_{i,t-1}} + \varepsilon_{i,t}$$

其中，I 为固定资产存量；V 为利润；t 和 i 分别为年份与行业的编号；η 为弹性指标，即投资反应系数，表示固定资产的追加（或撤出）对于行业增长量的弹性变化，也即一国对处于增长中的行业增加投资、同时对处于衰退中的行业减少投资这一资源配置变化的弹性水平。若 η>0，表明当一个行业的增加值指数增加时，固定资产形成指数的增长率也会相应的增加。若 η<0，表明当一个行业的工业增加值指数增加时，固定资产形成的增长率指数反而减少。若 η=0，表明虽然各行业的成长性各自不同，但各行业吸引资金的能力与行业的成长能力无关。

对中国电力行业采用两种方案进行综合考察：（A）$I_{i,t}$ 代表第 t 年电力行业固定资产净值年平均余额，$V_{i,t}$ 代表第 t 年电力行业利润总额；（B）$I_{i,t}$ 代表第 t 年电力行业固定资产投资额，$V_{i,t}$ 代表第 t 年电力行业工业增加值，样本数据和计算结果分别如表 6-23、表 6-24 所示。

---

① Jeffrey. Wurgler. Financial markets and the allocation of capital. Journal of Financial Economics, 2000. Vol. 58（1-2），pp. 187-214.

表 6-23　　　　　　　　　　方案 A 数据

年份	固定资产投资 I_t（亿元）	I_t/I_{t-1}	工业增加值 V_t（亿元）	V_t/V_{t-1}	工业品出厂价格指数（1985=100）	工业增加值 V_t（实际）	V_t/V_{t-1}
2006	7 274.3	1.119	6 912.46	1.21	343.15	2 014.41	1.17
2005	6 503.2	1.34	5 719.79	1.25	333.16	1 716.83	1.19
2004	4 854.4	1.89	4 584.168	1.27	317.59	1 443.42	1.20
2003	2 567.09	1.153	3 606.13	1.14	299.34	1 204.70	1.11
2002	2 225.84	1.124	3 165.74	1.17	292.61	1 081.91	1.20
2001	1 980.16	0.873	2 696.3	1.16	299.19	901.20	1.17
2000	2 267.08	1.139	2 328.62	1.08	303.13	768.19	1.05
1999	1 989.96	1.027	2 161.82	1.15	294.87	733.13	1.18
1998	1 938.53	1.103	1 875.19	1.15	302.12	620.67	1.20
1997	1 757.34	1.279	1 627.1	1.24	315.04	516.47	1.24
1996	1 374.19	1.222	1 317.28	1.08	315.99	416.87	1.05
1995	1 124.15	1.088	1 221.09	1.49	307.08	397.64	1.30
1994	1 033.42	1.53	818.7	1.30	267.26	306.33	1.09
1993	675.43	1.379	627.9	1.30	223.65	280.75	1.05
1992	489.69	1.296	481.46	1.69	180.36	266.94	1.59
1991	377.75	1.129	284.12	1.17	168.88	168.24	1.10
1990	334.55	1.249	242.83	1.22	159.02	152.70	1.17
1989	267.85	1.079	199.51	1.15	152.76	130.61	0.97
1988	248.3	1.177	173.65	1.10	128.80	134.82	0.96
1987	210.88	1.305	157.62	1.10	112.00	140.73	1.02
1986	161.6	1.476	142.89	0.93	103.80	137.66	0.90
1985	109.45		153.22		100.00	153.22	

资料来源：数据来自于历年《中国统计年鉴》，2004 年的工业增加值不可得，数据为估算。

表 6-24　　　　　　　　　　方案 B 数据

年份	固定资产净值年平均余额（亿元）	y	利润总额（亿元）	x
2006	26 114.87	1.19	1 440.23	1.40
2005	21 907.16	1.26	1 029.93	1.45
2004	17 413.6	1.09	708.17	1.07
2003	16 013.09	1.19	662.43	1.30
2002	13 509.54	1.11	509.03	0.96
2001	12 141.14	1.15	529.97	1.16
2000	10 570.73	1.21	457.16	1.50
1999	8 725.06	1.04	305.15	0.93

续表

年份	固定资产净值年平均余额（亿元）	y	利润总额（亿元）	x
1998	8 393.05	1.29	328.38	1.15
1997	6 482.27	1.25	285.63	1.00
1996	5 180.4	1.17	285.41	1.44
1995	4 445.56	1.29	197.84	0.90
1994	3 451.13	1.50	218.84	1.49
1993	2 300.7	1.22	147.34	1.23
1992	1 883.62	1.26	120.02	1.32
1991	1 499.97	1.15	90.70	1.20
1990	1 299.56	1.19	75.87	1.13
1989	1 093.51		67.05	

资料来源：数据来自于历年《中国统计年鉴》，表中数值均为可变价格，未作价格调整。

由计算结果可以发现，根据方案 A 用不变价格的数据通过回归模型进行计算，得出的投资反应系数为负值，为 -0.0903，且不显著。根据方案 B 用利润数据通过回归模型进行计算得到的投资反应系数是 0.204，并且在 10% 的水平下显著，投资反应系数仍然远小于 1。将以上两个方案得出的投资反应系数，与武格勒（Wurgler，2000）[1]的对 65 国的计算结果的平均值作为参照系（资本配置效率均值为 0.429，其中美国为 0.723）进行比较，可以看出该结果与均值以及美国的数值（0.723）比较都是偏低的，故可以认为中国电力行业投资效率是低下的，表明中国电力行业资本配置效率很差。

3. 能源效率

电力行业作为我国能源产业链中一次能源的主要消费者和二次能源的重要生产者，其能源效率对促进整个能源行业的效率提高具有重要的意义，下面对电力行业的能源效率情况进行横向和纵向考察。

下面对电力行业的发电厂用电率、线路损失率和供电标准煤耗率来考察电力行业的能源利用效率情况。发电厂用电率是衡量发电机组经济性能的经济技术指标，它反映了机组设备技术水平和运行管理水平；线路损失率是反映电网公司输配电网设备技术水平以及运行管理水平的指标；供电标准煤耗是指火电厂平均每生产 1 千瓦时电能所消耗的标准煤重量，它是衡量发电技术效率的指标。表 6-25 列示了中国电力行业 1985~2002 年能源利用效率的变化情况。

---

[1] Jeffrey. Wurgler. Financial markets and the allocation of capital. Journal of Financial Economics, 2000. Vol. 58 (1-2), pp. 187-214.

表 6-25　　中国各年份电力工业能源利用效率（1985~2002 年）

年份	发电厂用电率（%）	线路损失率（%）	供电标准煤耗（克/千瓦时）
1985	6.42	8.18	431
1986	6.54	8.15	432
1987	6.66	8.48	432
1988	6.69	8.18	431
1989	6.81	8.18	432
1990	6.9	8.06	427
1991	6.94	8.15	424
1992	7	8.29	420
1993	6.96	8.52	417
1994	6.9	8.73	414
1995	6.78	8.77	412
1996	6.88	8.53	410
1997	6.8	8.2	408
1998	6.66	8.13	404
1999	6.5	8.1	399
2000	6.28	7.7	392
2001	6.24	7.55	385
2002	6.15	7.52	383
2003	—	7.71	380
2004	5.95	7.55	376
2005	5.87	7.18	370
2006	5.93	7.08	367

资料来源：1985~2002 年数据来自《中国电力年鉴（2003）》，2003~2005 年数据转引自侯朝建等发表在《中国电力》2007 年第 9 期的《我国电力产业能效指标的国际对比》；2006 年的发电厂用电率和供电标准煤耗的数据来自《中国电力年鉴（2007）》，线路损失率来自《证券时报》2008 年 1 月 15 日、《2007 年中国发电装机容量突破 7 亿千瓦》的相关报道。

从表 6-25 可以看出我国发电厂用电率 1985~1997 年从处于缓慢上升趋势到 1992 年开始大体上呈缓慢下降趋势，但在这期间发电厂用电率一直变化不大，1998 年起我国开始试点"厂网分开，竞价上网"，在发电侧引入竞争，发电厂用电率开始以较快的速度下降，特别是 2002 年全面推行"厂网分开，竞价上网"以后，发电厂用电率下降到了 6% 以下。这说明发电环节引入竞争产生了一定的预期效果，起到了促进发电企业提高效率的作用。

我国电网的线路损失率在 1985~1990 年有所波动，但波动幅度很小，但从 1991 年开始直到 1995 年线路损失率呈现上升趋势，1995 年达到最高 8.77%，1996 年依然维持在高位，从 1997 年开始处于下降趋势，但下降很缓慢，2002 年厂网分开，从原国家电力分拆出两大电网公司后，2003年和2004年的线路损失率没有下降，反而有所上升，2005年后才开始有所下降，但下降很缓慢。从1997年起线路损失率处于下降趋势可以从90年代末期我国农网和城网改造大幅提高了电网的设备技术水平得到解释，2002年的电力体制改革并没有真正打破电网企业在局部地区的完全垄断地位，也没有产生竞争效应。从供电标准煤耗率来看，我国的供电标准煤耗在1985~1990年基本处于稳定状态。从1990年开始供电标准煤耗一直处于下降的趋势，到2006年供电煤耗已经由1985年的431克/千瓦时降低到2006年的367克/千瓦时，降低了64克/千瓦时，下降了14.85%，2002年之前和之后供电煤耗一直在缓慢下降，2002年后并没有出现较大幅度的下降，因此行政性垄断程度的弱化对供电标准煤耗率的影响不明显。

但是我国的电力行业主要技术经济指标与国际先进水平比较还存在着一定差距，有的指标存在较大差距，例如日本在2002年的厂用电率只有3.45%（侯朝建等，2007）[①]。而我国在2006年平均厂用电率为5.93%。线路损失率和世界先进水平相比，还存在着较大差距，如在2001年美国、日本和法国的线路损失率为3.8%、5.1%和6.7%[②]，而我国2001年的线路损失率为7.55%，比美国高出近2倍，我国2006年的线路损失率仍高达7.08%；与国际先进水平相比，我国供电煤耗与世界先进水平国家相比，还存在较大的差距，主要原因是煤耗高的小火电机组比例高和火力发电装机容量的比重高。截至2005年年底，全国6 000千瓦以上火力发电机组为6 963台，平均单机容量仅为6.08万千瓦。其中30万千瓦及以上高效机组只有534台，仅占总容量的47.1%。由于地方行政性垄断对地方小机组的保护，关停小机组政策在地方企业中执行力度大打折扣，并没有得到地方企业积极执行。另一方面，小机组发电量的占比高于其容量占比，即小机组在上网发电方面比大机组更有优势，根据统计资料，1990~2001年，1.2万千瓦以下煤耗较高的小机组容量所占比例虽然下降了40%，但是这类机组发电量所占比例仅下降25%。同期其他机组容量所占比例上升了7%，但是发电量所占比例仅上升2%。这说明小机组比大机组相对出力更多[③]，因此，打破我国电力行业地方性行政性垄断、加大关停小机组政策的执行力度、优化火电机组的单机容量与机组类型、大容量机组优先上网发电等是提高供电煤耗的重要措施。

表6-26汇总了电力行业行政性垄断造成的效率损失，可以看出电力行业由于行政性垄断造成的效率损失是非常大的，从2001~2006年合计为2.88万亿

---

① 侯朝建等：《我国电力产业能效指标的国际对比》，载《中国电力》2007年第9期。
② 数据来自《中国电力年鉴（2004）》，世界主要国家2001年主要技术经济指标统计。
③ 数据来自《中国电力工业发展现状分析》，http://hi.baidu.com/tjjie/blog/item/ead7c7954a258f0e7af48053.htm。

元,分别占当年 GDP 比重的 2.48% ~3.74%。

表 6-26 电力行业行政性垄断效率损失汇总

年份	2006	2005	2004	2003	2002	2001	合计
社会净福利损失（亿元）	4 451.53	3 097.28	2 716.87	2 226.17	1 794.65	1 544.91	17 197.50
社会净福利损失占 GDP 比重（%）	2.11	1.68	1.70	1.64	1.49	1.41	
电力产业 X 效率损失（亿元）	2 998.13	2 531.99	2 097.92	1 467.35	1 187.48	1 017.25	11 300.13
电力产业 X 效率损失占 GDP 比重（%）	1.42	1.38	1.31	1.08	0.99	0.93	
寻租成本（亿元）	449.87	379.96	314.82	220.20	178.20	151.82	1 694.87
寻租成本占 GDP 比重（%）	0.21	0.21	0.20	0.16	0.15	0.14	
行政垄断总效率损失合计（亿元）	7 899.53	6 009.23	5 129.61	3 913.72	3 160.33	2 713.98	28 826.41
行政垄断总效率损失占 GDP 比重（%）	3.74	3.27	3.21	2.88	2.63	2.48	

资料来源：课题组根据前面的计算结果汇总得出。

第三节 电信行业内行政性垄断对资源配置效率的影响

由电信行业发展的过程来看,行政力量一直在深刻地影响着产业内的进入、定价等方面,张宇燕（1995）① 对联通公司的成立过程进行的案例分析和对电信行业内公共权力对产业内竞争行为的影响进行了深入的分析。本课题在这一部分对行政垄断对电信行业所造成的具体效率损失进行全面的分析,与课题的设计相一致,在这一部分中,将就微观效率、产业效率和宏观效率三个方面来分析和研究电信行业内的行政性垄断对资源配置效率的影响。

---

① 张宇燕：《国家放松管制的博弈——以中国联合通信有限公司的创建为例》,载《经济研究》1995 年第 6 期。

一、微观效率指标

行业性行政垄断对资源配置的微观效率具体分为经济（生产力）效率、组织管理效率和技术创新效率，后两者的效率最终体现为经济效率，而行业性行政垄断对资源配置的微观效率又主要表现为低效率，故文中重点分析电信行业的经济低效率。下面就从要素使用效率、技术进步率和企业盈利能力三方面来分析电信行业微观效率情况。

由于在计算要素使用效率和技术进步率的部分指标时需要考虑到电信行业的生产函数，这里运用道格拉斯生产函数对电信行业进行模拟。假设规模报酬不变，根据 1998~2006 年的电信业务量、电信固定资产投资和职工人数的数据对生产函数 $Y = AK^{\alpha}L^{\beta}$ 进行模拟，首先对生产函数进行变形得到：

$$\frac{\Delta Y}{Y} = A_0 + \alpha \frac{\Delta K}{K} + \beta \frac{\Delta L}{L}$$

得出参数 $\alpha = 0.344$，$\beta = 0.656$，代入生产函数可得：

$$\frac{\Delta Y}{Y} = 26.494 + 0.344 \frac{\Delta K}{K} + 0.656 \frac{\Delta L}{L}$$

下面就基于所得的生产函数进行具体指标数值的估计。

1. 要素使用率

（1）劳动使用效率。因为 $Y = AK^{\alpha}L^{\beta}$，因此劳动的边际产出为 $PM_L = \beta AK^{\alpha}L^{\beta-1} = \beta Y/L$，而 $MP_L = w$，所以 $L = \beta Y/\omega$。最后，可得到劳动使用效率为：$R_{L1} = \frac{L}{L^*} = \frac{\beta Y}{\omega L^*}$，其中 L 是理论应投入劳动量，w 为劳动工资率，这里使用电信行业的平均工资水平，L^* 为实际投入劳动量。根据数据，可得到 1998~2007 年的劳动使用效率，如表 6-27 所示。

表 6-27　　　　　　1998~2007 年电信行业劳动使用效率　　　　单位：%

1998 年	1999 年	2000 年	2001 年	2002 年	2003 年	2004 年	2005 年	2006 年	2007 年
15.02	18.36	24.32	17.79	19.25	17.78	21.84	22.93	24.89	27.93

从表 6-27 中可以看出，我国电信行业近几年的劳动使用效率除在 2001 年和 2003 年有较小波动外，总体上呈现不断上升的趋势。随着科技的发展，各运营商竞相采用新技术，使得劳动使用效率不断提高，电信行业整体实力不断加强。

（2）全员劳动生产率。这一指标可以从《通信统计年鉴》上直接获得，但由于只搜集到 2003～2005 年的《通信统计年鉴》，所以找到的数据有限。具体数据如表 6-28 所示。

表 6-28　　　　1998～2004 年电信行业全员劳动生产率　　　单位：万元/人

1998 年	1999 年	2000 年	2001 年	2002 年	2003 年	2004 年
19.5	38.7	50.4	58.8	66.9	69.8	75.2

资料来源：2003～2005 年《通信统计年鉴》。

我国电信行业全员劳动生产率"八五"期末为 4.6 万元/人，1998 年上升为 19.5 万元/人，2004 年上升为 75.2 万元/人。张纪元（2005）① 认为全员劳动生产率的标准是：发达市场≥36 万美元/人（300 万元/人），发展中市场≥9 万美元/人（75 万元/人），最高值为 78.9 万美元（652.6 万元/人），平均值为 22.9 万美元（189.4 万元/人）。据统计，2000 年我国电信行业全员劳动生产率增长率是世界平均水平的 1.24 倍，但全员劳动生产率却远远低于最高水平和世界平均水平，我国电信行业全员劳动生产率还不到日本的 1/10、韩国的 1/4，仅略高于美国和英国的 1/4。到 2004 年才达到发展中市场的水平，但仍低于世界平均水平。由此可以看出我国电信运营商的规模效益水平仍然很低。

（3）劳动产出贡献率。这一指标使用公式 $R_{L2} = \dfrac{\beta \times l}{y} \times 100\%$ 进行计算，其中 l 是劳动增长率，y 是产出增长率。根据电信业务量的增长率、职工总数增长率以及 β 值计算出电信行业 1999～2007 年的劳动产出贡献率，如表 6-29 所示。

表 6-29　　　　电信行业 1999～2007 年劳动产出贡献率　　　单位：%

1999 年	2000 年	2001 年	2002 年	2003 年	2004 年	2005 年	2006 年	2007 年
3.94	-5.61	-3.46	0.24	30.4	9.08	11.42	16.59	5.93

从表 6-29 中可以看出，在 2000 年和 2001 年我国电信行业劳动产出贡献率出现了负值，主要是由于这段期间进行的电信行业结构调整造成了其职工人数的减少，从而其劳动增量为负值。从整体来看，我国近几年的劳动产出贡献率呈现上升趋势，说明我国劳动资源工作效率得到较大的提高。

（4）资本使用效率。资本的使用效率是在相同产出中资本的理论使用量与实际使用量的比值。根据只有劳动和资本投入的两要素柯布—道格拉斯生产函数：

$$Y = AK^{\alpha}L^{\beta}$$

---

① 张纪元：《世界先进电信运营商衡量标准实证研究》，载《广东通讯技术》2005 年第 11 期。

由此可得资本的边际产出为 $MP_K = \alpha AK^{\alpha-1}L^\beta = \alpha Y/K$，又因为 $MP_K = rc$，所以，$K = \alpha Y/rc$。最后可得到资本的使用效率为 $R_{K1} = \dfrac{K}{K^*} = \dfrac{\alpha Y}{rcK^*}$。其中，$\alpha$ 是资本的弹性系数；K^* 是实际投入资本量；rc 为资本的边际成本，这里笔者用的是银行一年期贷款的平均利息率，计算出的资本使用效率如表 6-30 所示。

表 6-30　　　　1998~2007 年电信行业资本使用效率　　　　单位：%

1998 年	1999 年	2000 年	2001 年	2002 年	2003 年	2004 年	2005 年	2006 年	2007 年
9.24	9.91	11.88	9.10	15.55	19.61	26.92	35.09	39.17	41.64

在与表 6-26 的对比中可以看出，在 2004 年之前，我国电信行业的资本使用效率都低于劳动使用效率，在 2005 年以后才大幅度提高，且明显高于同期的劳动使用效率，说明我国电信行业逐渐从劳动密集型转向资本密集型。相对于其他行业，刚达到 40% 的资本使用效率属于不高的行业，说明电信行业资本使用效率提高的空间还很大。

(5) 资本产出贡献率。资本产出贡献率的计算公式为：$R_{K2} = \dfrac{\alpha k}{y} \times 100\%$，其中 k 是资本增长率，y 是产出增长率。根据电信业务量的增长率、固定资产投资增长率以及 α 值计算出电信行业 1999~2007 年的资本产出贡献率，如表 6-31 所示。

表 6-31　　　　1999~2007 年电信行业资本产出贡献率　　　　单位：%

1999 年	2000 年	2001 年	2002 年	2003 年	2004 年	2005 年	2006 年	2007 年
40.33	29.04	16.80	-24.04	9.79	-0.75	-10.45	9.89	5.46

从表 6-31 中可以看出，我国电信行业资本产出贡献率在 2002 年和 2004 年出现负值，主要是由于这两年电信固定资产投资比上年有所下降，固定资产投资增长量出现负值。最近 8 年来，我国电信行业资本产出贡献率呈现正负波动较大，但存在整体下降的趋势。这是因为电信行业是"沉没成本"较大的行业，早期建设投资较大，后期维护和新建的投资较小，所以资本的产出增长贡献率逐年降低。

2. 技术进步率

技术进步与创新的测算就生产函数而言，理论上有很多方法，而被国内外学者在实证研究中使用最广泛的是索洛余值法。索洛余值的经济含义被定义为技术指数或技术进步，但称其为技术创新更合理，技术创新是技术进步的根源。该方法最大的特点是假定生产函数为希克斯中性技术进步条件下的产出增长型函数，其一般形式为 Y = A(t)f(L, K)，这样就避免了给出 f(L, K) 的具体形式，避免了在资本 K 对人力替代弹性方面容易出现的不合理假设，可以认为索洛余值法仍然是最佳选择，这里我们采用生产函数的计量经济学方法进行测算。

（1）年技术进步速度。这是一项反映在一定时期内技术进步快慢的综合指标，表明每年技术水平变化的大小。计算公式为：a = y − αk − βl。即：年技术进步速度（％）＝总产值（或净产值）年增长速度 − 资金产出弹性 × 资金年增长速度 − 劳动产出弹性 × 劳动年增长速度，具体数据如表 6 − 32 所示。

表 6 − 32　　　　1999 ~ 2007 年电信行业年技术进步速度　　　　单位：%

1999 年	2000 年	2001 年	2002 年	2003 年	2004 年	2005 年	2006 年	2007 年
21.31	34.88	26.25	31.32	14.71	37.77	24.47	19.18	24.01

从表 6 − 32 中可以看到，我国电信行业的年技术进步速度总体上呈现了先升后降的趋势，在 2004 年达到最高值 37.77%，这主要因为传统的电话通信业务不断引入数字程控交换技术和大容量光缆线路，进行了本地电话网络扩容；同时由于无线技术和数据技术的发展，使得本地网络接入了移动电话业务、各种数据通信业务等网络设施，有了非常高的科技含量。从国外电信业的发展来看，今后电信行业的发展应将中心放在科技进步上面，用科技来带动整体发展，使电信行业从资本密集型向技术密集型过渡。但 2004 年以来，年技术进步速度开始下降，说明有阻碍其发展的因素存在，行政性垄断就是其中一个比较重要的因素。

电信技术与创新，具有广义的内涵，除了技术本身的进步与创新外，还包括了经济体制、管理方法、决策方式、环境因素等内容。测算结果表明：电信行业是典型的技术密集型产业，科技创新在电信行业更具有实际意义，技术进步与创新是电信行业发展的重要方向和途径，应不断提高技术进步与创新对业务量的贡献值。为满足社会不断增长的对新业务丰富多样的需求，电信行业还将继续不断地进行固定资产投资，包括光缆设备、程控交换设备、ATM、因特网网络设备、3G 等，而这种投资很大程度上凝结了技术进步与创新的贡献。不断产生的新技术、新业务需求会进一步推动电信技术进步与创新的发展。

（2）技术对 GDP 的拉动效果。对比通信收入增长率与 GDP 增长率的数据显示，从 1991 ~ 2007 年，通信收入增长率一直快于 GDP 增长率，见表 6 − 33。但图 6 − 2 出现了两个高峰点，一个是 1993 年，通信收入增长率达 59.1%，远高于 GDP 增长速度 13.1%；另一个高峰点是 2000 年，通信收入增长率达 42.4%，远高于 GDP 增长率 9.1%。引起这两个增长高峰的原因是：1992 年起中国固定电话开始大发展，2000 年起中国移动通信开始大发展。中国电信业发展实践证明，技术对电信业的发展起着引擎的拉动作用。现阶段通信收入的增值率已同

GDP 增长速度相近,所以,需要新的增长点去拉动中国电信业发展的第三个高峰。

表 6-33　1991~2007 年我国 GDP 增长率和通信收入增长率　　单位:%

年份	1991	1992	1993	1994	1995	1996	1997	1998	1999
GDP 增长率	9.1	14.1	13.1	12.6	9.1	9.7	9.8	5.2	4.55
通信收入增长率	31.4	42.3	59.1	48.7	43.7	35.4	33.1	35.7	40.8
年份	2000	2001	2002	2003	2004	2005	2006	2007	
GDP 增长率	9.1	7.3	9.1	10	10.1	10.4	11.1	12.2	
通信收入增长率	42.4	24.6	14.6	12.9	12.6	11.6	11.8	11.8	

资料来源:课题组根据信息产业部统计信息和中国统计年鉴整理。

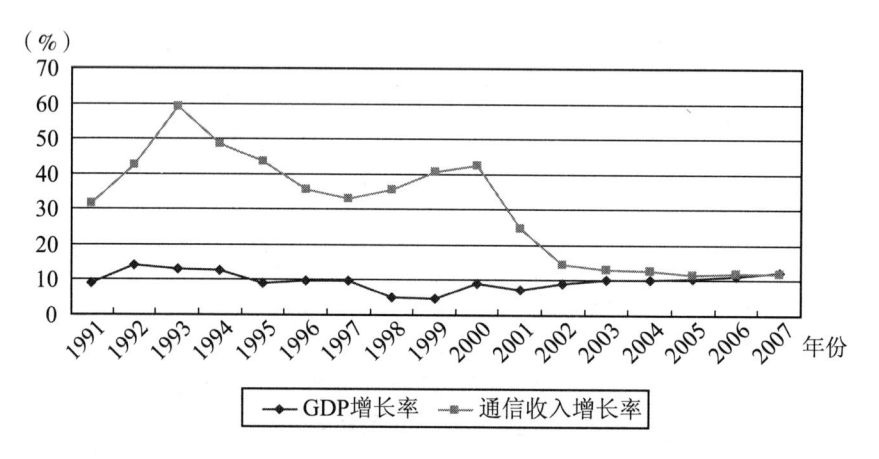

图 6-2　1991~2007 年我国 GDP 增长率和通信收入增长率

(3) X 效率。借鉴刘新梅和董康宁(2005)[①] 建立的随机边界生产函数模型,根据 1996~2003 年《国家统计年鉴》和信息产业部部门数据检索源提供的相关统计资料,可以得到 1995~2002 年电信行业的 X 效率。资料显示,随着电信业的重组,电信行业的 X 效率呈现出总体增长的趋势,但是在不同的时间段,所表现出的增长速度是不同的。

1995~1998 年期间,政府开始实施放松管制的改革策略,打破垄断、引入竞争成为这一时期中国电信业市场结构重组的核心。中国联通的组建标志着中国电信市场打破了独家垄断经营的市场格局、市场竞争初见端倪。由于中国联通的进入及寻呼业务的开展,使之电话业务与寻呼业务之间出现了一定程度的竞争,竞争导致需求的增加、价格降低、服务态度有所改善,从而使得电信业的 X 效

---

① 刘新梅、董康宁:《中国电信业市场结构与 X 效率的实证研究》,载《预测》2005 年第 4 期。

率有所提高。然而，中国电信的绝对垄断地位却没有动摇，电信市场结构的赫芬达尔—赫希曼指数一直居高不下，这也是其缓慢增长的原因。1998年初，政府管制机构发生了巨大变化，政府在邮电部、电子工业部的基础上组建信息产业部，并将广播电视部等其他部门的通信管理职能并入信息产业部，信息产业部成为电信业新的政府管制机构，政企分开，同年并酝酿出了一套电信行业重组的方案，于第二年初得以实施，所以，改革的不确定性以及相关主体利益的权衡问题使得提高运营效率的贡献在减少，由此导致X效率的均值下降。1999～2000年期间，为进一步推动中国电信市场的公平竞争，1999年2月信息产业部按照电信业务实施纵向分割，将中国电信一分为二，组建了中国电信公司（此时的中国电信主要从事固定电话业务）、中国移动通信公司以及中国卫星通信公司，同时向网通公司、吉通公司和铁通公司颁发了电信运营许可证，初步形成了六家公司电信市场竞争的格局。尽管此时的电信市场仍处于高位多寡头垄断型的市场态势（赫芬达尔指数高达0.4以上），但是由于大规模重组和拆分，使之运营商在组织机构、人员和固定资产投资、业务流程重组方面实施了更加有效的改革和治理，从而导致电信业X效率的提高。2001年底，国务院再次对中国电信实施重组，南北拆分，业务重组；加之中国移动市场竞争能力和业务范围的不断扩大，中国电信业已基本形成了由中国电信、中国网通、中国移动、中国联通四大寡头垄断的市场格局，并且四大寡头之间的实力能够形成抗衡。由于在资本集中和寡头形成过程中形成了对立的、中和的、抗衡的力量，这种抗衡力量的存在产生了寡头之间力量的较量和竞争的加剧，最终实现资源配置效率的提高。因而，2002年X效率的均值出现了大幅提高，这是第一次拆分与重组后形成的竞争机制在技术效率上的体现。

由此可见，伴随着中国电信业的重组，以及电信市场结构从高位寡头垄断型到高位多寡头垄断型的进化，电信业X效率始终处于稳步增长的态势。

3. 企业盈利能力

（1）净资产收益率。2007年，净资产收益率最高的是中国移动，达到了23.28%，其次是中国网通，为14.74%，中国电信为10.73%，最后是中国联通，为9.57%。统计资料显示，全球主流运营商的净资产收益率平均为14%左右。例如，日本前两大移动运营商NTT DoCoMo和KDDI近三年平均净资产收益率就分别为15.4%和15.8%。通过横向比较可以发现，四大运营商中，中国移动的净资产收益率远远高于国际平均水平，中国网通的净资产收益率与国际平均水平基本相当，而中国电信和中国联通的净资产收益率低于国际平均水平。四家运营商中，两家的净资产收益率都未达到国际平均水平，除了客观环境的制约，运营商更应从经营方式和管理模式等方面寻找深层原因。

（2）总资产收益率。总资产收益率是用来衡量企业盈利能力的重要指标，其计算公式为：总资产收益率＝（利润总额＋税金总额＋利息支出）/平均资产总额×100%。具体数据如下：

从表 6-34 中可以看出，我国电信行业的总资产收益率较低，说明我国电信行业大部分的运营商资产利用率较低。

表 6-34　　　　2002~2005 年我国电信业的总资产收益率

2002 年	2003 年	2004 年	2005 年
5.87%	5.23%	6.00%	7.66%

资料来源：课题组根据信息产业部统计信息整理。

（3）成本费用率。成本费用率是用来衡量企业盈利能力的重要指标，其计算公式为：成本费用率＝各年度成本费用/电信业务收入×100%，具体数据如下：

表 6-35　　　　1995~2000 年我国电信行业成本费用率　　　　单位：%

1995 年	1996 年	1997 年	1998 年	1999 年	2000 年	2001 年
87.9	88.9	86.8	88.7	64.9	64.9	70.6

从表 6-35 中可以看出，我国电信行业的成本费用率呈现较小的波动，1995~1998 年基本维持在 88% 左右，1999 年以来，成本费用率开始下降，但也大于 60%，说明我国电信行业的成本费用较高。

（4）ARPU 值。ARPU 注重的是一个时间段内运营商从每个用户所得到的利润。这是一个对于电信运营商至关重要的指标，它不仅反映了一个国家的电信消费水平，同时也是决定一个电信运营商业绩的重要指标。很明显，高端的用户越多，ARPU 越高。在这个时间段，从运营商的运营情况来看，ARPU 值高说明利润高，这段时间效益好。ARPU 是给股东的，投资商不仅要看企业现在的赢利能力，更关注企业的发展能力。ARPU 值高，则企业的目前利润值较高，发展前景好，有投资可行性（见表 6-36）。

表 6-36　　　　2002~2005 年我国电信行业 ARPU 值

年份	2002	2003	2004	2005
固定电话 ARPU	80.5	68.9	63.1	58
移动电话 ARPU	91.7	74.7	65.1	60.4

资料来源：课题组根据 2003~2005 年《通信统计年鉴》整理。

ARPU 值下降是目前世界电信运营商的一个普遍规律。虽然近年来我国电信业的发展依然还保持着较快的发展速度,但其固定通信和移动通信的 ARPU 值却在逐年下降,这已经严重困扰了我国电信业的发展。ARPU 值的下降,对于固定通信而言,固话受到移动电话的替代,固话长途也受到 IP 电话的冲击;对于移动通信而言,主要是价格战导致资费不断下降,同时新增用户中低端用户比较多。这也从另一个方面反映出现在移动市场缺乏新的业务来拉动消费需求。从信息技术普及的 S 形曲线来看,第二代移动通信将逐渐进入稳定期,需要新的技术来推动移动通信的进一步快速发展。在价格不断降低的趋势下,如果能维持 ARPU 值的平稳或较小的下降,说明行业竞争力是比较高的。

二、产业效率

行业性行政垄断对产业效率的影响,主要表现为在中央政府主管部门控制的行业中,因国有产权比重过高形成的低度竞争的完全政府垄断市场。尽管在这种市场结构中企业规模比较大,但由于中央政府主管部门的控制形成了一种特殊的行政性垄断,扼杀了市场竞争的活力,导致产业效率的降低。应当讲,在整个市场化进程中,无论国有企业是否占据主导作用,只要政企没有分开,都存在程度不同的行政性垄断。但是在改革之初,随着国有企业经营管理权的下放,大部分国有企业受到地方政府的管辖,成为地方政府及其所属部门保护的对象。无论是从政府严格控制的角度,还是从市场垄断的角度来看,这些产业都具有非常明显的完全政府垄断的性质。在已有的垄断导致福利损失的理论和估计模型中,都是关于经济垄断所造成的福利损失,并没有涉及行政性垄断。但我们认为,分析经济垄断导致福利损失的方法同样适用于行业性行政垄断。

1. 劳动效率

(1) 人均增加值。人均增加值 = 该产业增加值/该产业职工人数,计算的数据如表 6 - 37 所示。

表 6 - 37　　　　　1999 ~ 2005 年电信行业人均增加值　　　　单位:万元/人

1999 年	2000 年	2001 年	2002 年	2003 年	2004 年	2005 年
19.67	25.56	30.01	35.45	38.62	40.73	42.74

资料来源:课题组根据信息产业部统计信息整理。

从表 6 - 37 中可以看出,我国电信行业的人均增加值不断上升,这主要是由于:一是每年的电信行业增加值都不断升高,二是由于电信行业职工人数有所下降,两方面的因素影响使得我国电信行业的人均增加值不断提高。

(2)每元工资增加值。每元工资增加值=该行业增加值/该行业职工工资总额。计算数据如表6-38所示。

表6-38　　　　1999~2005年电信行业每元工资增加值　　　　单位：元

1999年	2000年	2001年	2002年	2003年	2004年	2005年
13.64	15.62	15.01	15.03	12.67	12.62	11.57

资料来源：课题组根据信息产业部统计信息整理。

从表6-38中可知，我国电信行业的每元工资增加值经历了先上升后下降的发展趋势，这主要是由于近几年像电信、电力、石油等垄断行业的工资水平大幅度提高，明显高于其他竞争行业造成的。

(3)平均每位电信职工维护电话主线数。平均每位电信职工维护电话主线数是国际常用的来衡量电信行业劳动效率的指标，表6-39列出了我国1990~2004年平均每位电信职工维护电话主线数。

表6-39　　1990~2004年我国平均每电信职工维护电话主线数　　单位：线/人

1990年	1991年	1992年	1993年	1994年	1995年	1996年	1997年
16.45	19.53	20.51	24.02	46	85	114	—
1998年	1999年	2000年	2001年	2002年	2003年	2004年	
197	222	512	—	498.9	595.1	670.6	

资料来源：课题组根据《通信统计年鉴》整理。

表6-40　　　主要国家平均每位电信职工维护电话主线数　　　单位：线/人

年份	1998	1999	2000	2004
美国	175	161	172	202
日本	370	357	462	526
瑞典	186	227	231	341
巴西	236	259	295	400

资料来源：赵会娟，《我国电信管制绩效评价——评级指标体系及资费效应分析》，载《当代经济》2007年第1期。

从表6-39、表6-40中可以看出，我国电信平均每位职工维护的主线数增长较快，2001年以来，已超过大多数国家，达到国际领先水平。而我国电信每条主线收入也由1990年的287万元，上升到1995年的2 100万元，到1999年每条主线收入已达到2 564万元。

2. 资产效率

(1)每百元固定资产增加值。这里，报告选用的指标是每百元固定资产增加值，它也能反映某产业的资产整体效率，计算公式如下：每百元固定资产增加值＝该产业增加值/该产业固定资产投资额，计算数据如表6－41所示。

表6－41　　2000～2006年电信行业每百元固定资产增加值　　单位：元/百元

2000年	2001年	2002年	2003年	2004年	2005年	2006年
94.49	85.17	85.69	124.81	141.49	159.11	188.40

资料来源：课题组根据信息产业部统计信息整理。

从表6－41中可以看出，我国电信行业的每百元固定资产增加值也呈现先降后升的趋势，尤其是2001年以后，上升幅度不断增加，2006年比2000年翻了一番多，说明我国电信行业资产效率方面发展后劲十足。

（2）固定资产产出率。固定资产产出率，也能反映某产业的资产整体效率，计算公式如下：固定资产产出率＝该产业产出/该产业固定资产投资额，这里用电信业务量来代替该产业的产出，计算数据如表6－42所示。

表6－42　　1998～2007年电信行业固定资产产出率　　单位：元/元

1998年	1999年	2000年	2001年	2002年	2003年	2004年	2005年	2006年	2007年
2.03	1.94	2.02	1.55	2.44	3.03	4.19	5.69	6.67	8.13

资料来源：课题组根据信息产业部统计信息整理。

从表6－42中可以看出，我国电信行业的固定资产产出率在早期有较小波动，后期基本上是上升趋势，尤其是2001年以来，增长幅度较大，这说明我国电信行业固定资产的产出效率较高，且呈现日益增加的态势。

3. 管制成本

（1）内部生产效率损失。内部生产效率损失反映的是由于不能完全有效地购买和使用投入要素而导致的实际成本高于理论最低成本的部分。该指标值越高，说明行业的额外生产成本越高；该指标值越低，则表明行业的额外生产成本越低。丁启军（2008）[①] 估计了我国电信和其他信息传输服务业2006年的内部生产效率损失值（1 027.28亿元），这一数值占其当年电信业务收入（6 491.8亿元）的15.82％。根据这一结果，我们运用各年的通信发展公报提供的电信行业业务收入数据计算了1998～2007年我国电信行业的内部生产效率损失值，具体计算结果如表6－43所示。从表6－43中可以看出，电信行业的内部生产效率损失数额非常大，这说明我国电信行业的内部生产效率较为低下。

---

① 丁启军：《自然垄断行业行政垄断微观效率损失研究》，载于良春主编《反行政性垄断与促进竞争政策前沿问题研究》，经济科学出版社2008年版。

表 6-43　　　1998~2007 年电信行业内部生产效率损失情况　　　单位：亿元

1998 年	1999 年	2000 年	2001 年	2002 年	2003 年	2004 年	2005 年	2006 年	2007 年
268.94	330.42	476.83	588.36	667.97	727.34	834.52	923.90	1 027.00	1 170.46

资料来源：课题组根据各运营商年报及相关网站数据整理。

（2）寻租成本。寻租成本反映的是研究对象为维持其垄断地位而进行的一种非生产性投入。该指标值越高，说明行业的非生产性投入越高；该指标值越低，则表明行业的非生产性投入越低。近年来，信息产业部封杀网络电话，电信网通宽带变相涨价，中国电信单方面大幅上调国际长途电话的接入费率等事实无疑是我国电信行业政府主动创租、企业自主寻租的最好例证。丁启军（2008）[①]估计了我国电信和其他信息传输服务业 2006 年的寻租成本是 530.3744 亿元，这一数值占其当年电信业务收入（6 491.8 亿元）的 8.17%。根据这一结果，我们运用各年通信发展公报提供的电信行业业务收入数据计算了 1998~2007 年我国电信行业的寻租成本，具体计算结果如表 6-44 所示。从表 6-44 中可以看出，电信行业的寻租成本数额很大，这说明我国电信行业的寻租行为造成了严重的资源浪费。

表 6-44　　　　1998~2007 年我国电信行业寻租成本　　　　单位：亿元

1998 年	1999 年	2000 年	2001 年	2002 年	2003 年	2004 年	2005 年	2006 年	2007 年
138.89	170.64	246.52	303.85	344.96	375.62	430.98	477.14	530.38	604.47

资料来源：课题组根据各运营商年报及相关网站数据整理。

（3）社会福利净损失。根据哈伯格三角形公式，$\int_{Q_1}^{Q_m} D(X)dx - (Q_m - Q_1)P_m$，可以用 $0.5r^2 P_m Q_m E$ 来近似替代，在替代式中，r 称为以销售收入为分母的潜在利润率，可表示为 $(P_m Q_m - P_1 Q_m)/P_m Q_m$，其中 P_1 为电信产品的美国价格，这里作为潜在最小成本；P_m 为同种电信产品的国内价格，这里作为实际价格；Q_m 为国内该电信产品的实际产量，在具体计算过程中我们引用于良春教授对 r 的取值为 0.6（于良春、于华阳，2004）[②]。E 为价格弹性的绝对值，用公式表示为 $(\Delta Q/Q)/(\Delta P/P)$，其中 Q 用电信业务总量来衡量，P 用电信业务收入与业务总量的比值来衡量，即电信业务收入/电信业务总量作为价格，通过对中国电信行业 2000~2006 年的相关数据估算得到电信产品的价格弹性 E 约等于 2.46，具体

[①] 丁启军：《自然垄断行业行政垄断微观效率损失研究》，载于良春主编《反行政性垄断与促进竞争政策前沿问题研究》，经济科学出版社 2008 年版。

[②] 于良春、于华阳：《自然垄断产业垄断的"自然性"探讨》，载《中国工业经济》2004 年第 11 期。

如表 6-45 所示。因此有"无谓损失"或净福利损失为：

$$CC = 0.5r^2 P_m Q_m E = 0.5 \times 0.6^2 \times 2.46 \times P_m Q_m = 0.4428 P_m Q_m$$

表 6-45 　　　　中国电信行业价格弹性估算表

年份	2006	2005	2004	2003	2002	2001	2000	均值
电信业务总量*	14 592	11 575.3	9 224.8	6 713.8	5 052	3 953.2	3 132.5	
收入/总量	0.44	0.5	0.56	0.69	0.81	0.9	0.98	
弹性绝对值	2.17	2.38	1.99	2.22	2.78	3.21	—	2.46

注：*各年电信业务总量均以 2000 年单价计算。
资料来源：课题组根据信息产业部统计信息整理。

通过计算，可得到我国电信行业 1995~2006 年的社会福利净损失，如表 6-46 所示，数据表明，十二年间，社会福利净损失增长速度较快，翻了 3 倍左右。

表 6-46　　　1995~2006 年我国电信行业社会福利净损失　　　单位：亿元

1995 年	1996 年	1997 年	1998 年	1999 年	2000 年
383.9	493.3	668.6	1 016.9	1 234.5	1 361.2
2001 年	2002 年	2003 年	2004 年	2005 年	2006 年
1 581.6	1 822.5	2 041.3	2 297.1	2 567.8	2 871

资料来源：课题组根据信息产业部统计信息整理。

三、宏观效率

关于行业性行政垄断对资源配置的宏观效率影响问题，报告主要分析电信行业行政性垄断对资本配置效率和收入分配效应两方面的影响。

1. 资本配置效率

（1）投资收入系数。投资越多，收入的基数就应该越大。国际上通常采用投资和收入相关系数来衡量运营商的资本配置效益。计算公式为，投资收入系数 = 年投资额/年营业收入 × 100%，根据公式，可以计算出我国 1998~2007 年的电信行业投资收入系数，数据如表 6-47 所示，同时借鉴英国电信公司 1996~2005 年的投资收入系数，并对两者进行比较。

由表 6-47、表 6-48 可以看出，我国电信业与英国电信的投资收入系数差距明显，相差近 3 倍。国际先进的电信运营商的投资和收入比例一般是在 20%~30% 左右，而我国电信运营商的比例明显过高，特别是在 2000 年和 2001 年，比例高于 70% 以上。由于我国电信运营商 2002 年已经开始进行调整，所以到 2007 年，我国电信业的投资收入系数已接近 30%。

表 6-47　　　　　1998~2007 年我国电信业投资收入系数　　　　单位：亿元

年份	1998	1999	2000	2001	2002	2003	2004	2005	2006	2007
固定资产投资	1 292	1 711	2 314	2 648	2 034	2 215	2 136	2 033	2 227	2 322
电信业务收入	2 265	3 132	3 014	3 719	4 115	4 610	5 187	5 799	6 484	7 280
投资收入系数（%）	57.0	54.6	76.8	71.2	49.4	48.0	41.2	35.1	34.3	31.9

资料来源：课题组根据信息产业部统计信息整理。

表 6-48　　　　　1996~2005 年英国电信公司投资收入系数　　　　单位：英镑

年份	1996	1997	1998	1999	2000	2001	2002	2003	2004	2005
固定资产投资	2 771	2 719	3 030	3 269	3 680	2 430	2 354	2 381	2 477	2 408
电信业务收入	14 446	14 935	15 640	16 953	18 715	20 427	20 559	18 727	18 519	18 623
投资收入系数（%）	19.2	18.2	19.4	19.3	19.7	11.9	11.4	12.7	13.4	12.9

（2）投资反应系数。参考武格勒（Wurgler，2000）[①] 的"资本配置效率"模型，考察了我国电信行业 2001~2007 年的资本配置效率。根据公式：

$$\ln \frac{I_t}{I_{t-1}} = \alpha + \eta \times \ln \frac{V_t}{V_{t-1}} + \varepsilon$$

其中，I 为行业固定资产存量，用固定资产投资来代替，V 为利润，下标 t 为年份，η 为该行业的资本配置效率。根据数据可得到：

$$\ln \frac{I_t}{I_{t-1}} = 0.167 + 0.108 \times \ln \frac{V_t}{V_{t-1}}$$

即电信行业 2001~2007 年的平均资本配置效率为 0.108。韩立岩、王哲兵（2005）[②] 利用我国 1993~2002 年间 37 个行业的 328 组观测值，测算出我国整体的资本配置效率值为 1.160，与之比较，我国电信行业的资源配置效率不高。

2. 收入分配效应

（1）行业收入差距。西方学者的研究表明，市场势力的初始分配效应，表明它会加剧收入分配中的所谓"马太效应"现象，市场势力会增加社会财富分配的不均等。而从我国的现实情况看，那些行政性垄断行业的职工收入和福利状况都远远好于其他行业，而且，这也是有目共睹的，并且已引起了社会各界的广泛关注。表 6-49 列举了 1998~2007 年我国主要行业职工的年收入情况。

[①] Jeffrey. Wurgler. *Financial markets and the allocation of capital. Journal of Financial Economics*，2000. Vol. 58（1-2），pp. 187-214.

[②] 韩立岩、王哲兵：《中国实体经济资本配置效率研究》，载《经济研究》2005 年第 1 期。

表 6-49　1998~2007 年我国各行业职工年收入情况　　单位：元

	1998年	1999年	2000年	2001年	2002年	2003年	2004年	2005年	2006年	2007年
电信和其他信息传输服务业	13 017	14 424	16 359	19 991	23 582	30 481	32 264	36 941	40 242	44 442
农、林、牧、渔业	4 528	4 832	5 184	5 741	6 398	6 969	7 611	8 309	9 430	11 086
采矿业	7 242	7 521	8 340	9 586	11 017	13 682	16 874	20 626	24 335	28 377
制造业	7 064	7 794	8 750	9 774	11 001	12 496	14 033	15 757	17 966	20 884
电力、燃气及水的生产和供应业	10 478	11 513	12 830	14 590	16 440	18 752	21 805	25 073	28 765	33 809
建筑业	7 456	7 982	8 735	9 484	10 279	11 478	12 770	14 338	16 406	18 758
交通运输、仓储和邮政业	9 808	10 991	12 319	14 167	16 044	15 973	18 381	21 352	24 623	28 434
铁路运输业	11 516	12 639	13 920	15 136	16 613	18 140	20 717	24 327	28 640	32 953
道路运输业	5 522	6 210	6 832	7 704	8 585	11 157	12 756	14 415	16 186	18 421
城市公共交通业	12 894	15 051	15 672	18 496	27 338	13 977	15 346	16 892	18 641	21 082
水上运输业	9 636	10 880	12 347	14 350	15 535	22 506	26 496	31 310	35 497	41 685
航空运输业	17 395	19 726	23 454	27 365	30 641	33 377	39 961	49 610	60 387	68 775
管道运输业	9 240	10 465	11 657	13 420	14 874	25 761	28 357	33 162	39 263	42 606
计算机服务业	15 385	19 150	28 333	30 146	38 810	41 722	47 725	52 637	60 794	60 328
批发零售业	5 865	6 417	7 190	8 192	9 398	10 939	12 923	15 241	17 736	20 888
住宿和餐饮业	11 400	13 194	16 087	20 678	28 776	11 083	12 535	13 857	15 206	17 041
金融业	10 633	12 046	13 478	16 277	19 135	22 457	26 982	32 228	39 280	49 435
房地产业	10 302	11 505	12 616	14 096	15 501	17 182	18 712	20 581	22 578	26 425
租赁、商务服务业	8 415	9 406	9 810	11 401	12 265	16 501	18 131	20 992	23 648	26 965
卫生、社会保障和社会福利业	8 493	9 664	10 930	12 933	14 795	16 352	18 617	21 048	23 898	28 258
文化、体育和娱乐	7 474	8 510	9 482	11 452	13 290	17 268	20 730	22 885	23 126	30 662
广播、电影、电视和音像业	7 999	9 188	10 388	12 669	14 577	15 098	18 446	21 654	25 465	30 522

资料来源：1999~2008 年《中国统计年鉴》。

从表 4-49 中可以发现，我国电信行业与其他行业相比，具有较高的工资水平，其中 2007 年电信行业工资水平仅次于计算机服务业、金融业。在我国，垄断经营性企业收入水平较高具有普遍性。电信行业同电力、石油、烟草等行业一样，其工资水平明显要高于社会平均工资水平，表 6-50 列举了 1998～2006 年电信行业和社会平均工资及两者的倍数。

表 6-50　　　　　1998～2007 年电信行业和社会
平均工资及两者的倍数　　　　　　　　　单位：元/年

年份	1998	1999	2000	2001	2002	2003	2004	2005	2006	2007
电信行业平均工资	13 017	14 424	16 359	19 991	23 582	30 481	32 264	36 941	40 242	44 442
社会平均工资	7 479	8 346	9 371	10 870	12 422	14 040	16 024	18 364	21 001	24 932
两者倍数	1.74	1.73	1.75	1.84	1.90	2.17	2.01	2.01	1.91	1.78

资料来源：课题组根据信息产业部统计信息整理。

从表 6-50 中可以看出，两者倍数基本上呈上升趋势，基本维持在 2 倍左右。这似乎显示电信行业职工的工资并没有想象中的那么高，这是因为从统计年鉴所得到的数据由于统计口径的要求，只统计了实际发放工资的一部分，此外，企业还会给员工发放年终奖、津贴、补贴等，甚至还有乘车、就餐、子女免费上幼儿园、报销通讯费等福利待遇，如果再加上给予职工看病优惠、补充保险以及企业年金等，两者的倍数就不止 2 倍了。

（2）行业收入合理性程度。这里我们认为，如果一个行业的工资增长速度明显大于社会平均工资的增长速度，就说明这个行业的高收入不具有合理性。图 6-3 是 1996～2006 年电信工资增长率和社会平均工资增长率的折线图。从图

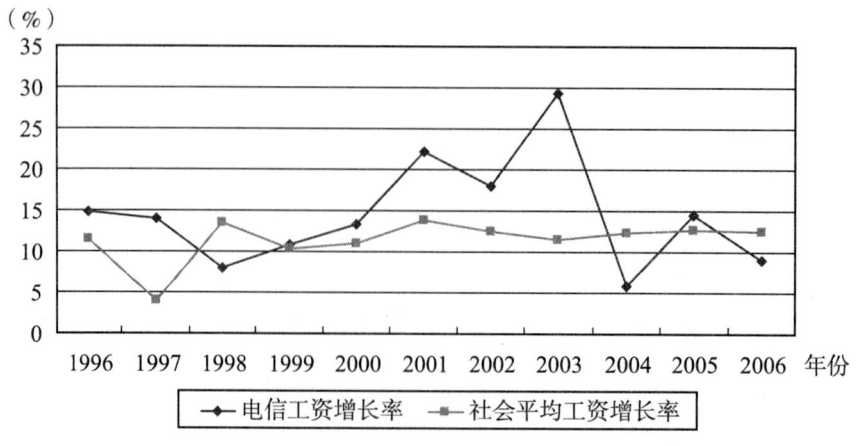

图 6-3　电信行业工资和社会平均工资增长速度

中可以看出，在大部分年份，电信行业的工资增长率都高于社会平均工资的增长率，尤其是在 2003 年，电信行业的工资增长率高达 29.26%，接近社会平均工资增长率的 3 倍，说明电信行业的高工资不具有合理性。

由以上分析可以发现，在电信行业内，可量化损失额在 1995~2008 年间增长速度较快，从 1995 年的 360.5 亿元，增加到 2008 年的 3 384.6 亿元，增长了近 3 倍。而社会福利净损失占 GDP 的比重经历了先增后减的趋势，从 1995 年的 0.6% 增加到 2008 年的 1.13%，增加了近一倍，并在 2002 年达到最高值。

第四节 石油行业内行政性垄断对资源配置效率的影响

石油行业的行政性垄断对该行业的效率损失作用机制主要体现在以下几个方面。第一，价格规制导致国内成品油价格不能反映国内供求状况，不能反映成品油的生产成本从而导致产生了两种情况，有的年份成品油价格高（炼油行业高利润）导致产生微观福利净损失和社会福利从消费者向生产者的转移；有的年份成品油价格低，出现炼厂亏损的状况，从而造成成品油的供需缺口，影响宏观经济的发展。第二，石油行业行政性垄断的市场结构导致石油企业不能形成有效竞争，没有竞争的压力导致企业产生了 X - 非效率。直观的表现就是我国石油企业的员工数量比国外的多很多；石油行业员工收入比其他行业高很多，而且存在正式工和临时工，且正式工工资高、临时工工资低；同样条件下我国石油企业的生产成本和赢利能力低于国外先进企业；60 万吨的小炼厂依然存在等等。这些现象的出现除了与竞争不充分有关外，还与下面一个因素有关。第三，我国石油企业的政企紧密关系造成企业目标偏离利润最大化。石油行业政企的紧密关系既是行政性垄断的表现和原因又是行政性垄断的结果。石油行业两大集团不仅在传统上有着密切的联系，而且在现实中两大集团与管制机构、各级政府相互之间存在着千丝万缕的联系。这样一来实际上两大集团具有很大的行政成分，领导人的目标也不再是单纯的利益最大化，而是考虑规模、员工福利、政治晋升、地方关系、人际政治关系等，公司更多地受到内部人的控制，从而造成高工资，进而又造成冗员。除了都是国有企业、高层交叉外，两大集团还有上下游的经济合作关系，所以两大集团的经济竞争也就只是停留在名义上了，根本不可能形成有效竞争，反而非常利于串谋。第四，行政干预和传统的计划经济遗留造成企业有理由低效率。企业既承担了国有资产保值增值的任务，又要受到价格规制，还要完成一系列政治任务（例如保证油品供应），这样一来，企业就非常有理由说自己亏损,说自己赚不到钱。计划经济遗留下来的冗员、懒散也是企业低效率的良好借口。这两个原因导致企业与政府信息不对称,典型的委托与代理的信息成本问题。

一、微观效率

1. 要素使用效率

要素使用效率是指石油行业中各个企业在生产过程中对劳动、资本等各生产要素的使用效率。

(1) 劳动使用效率。劳动使用效率反映的是在生产过程中劳动投入的有效利用程度,劳动生产率是劳动者生产某种产品的劳动效率。劳动生产率水平可以用单位时间内所生产的产品数量来表示。单位时间内生产的产品数量越多,劳动生产率就越高,反之,则越低。

因为 $Y = AK^{\alpha}L^{\beta}$, $MP_L = \beta AK^{\alpha}L^{\beta-1} = \beta Y/L$, 而 $MP_L = w$, 所以 $L = \beta Y/w$, $R_{L1} = L/L^* = \beta Y/wL^*$。其中 L 是理论应投入劳动量,w 为劳动工资率,L^* 为实际投入劳动量。这里我们根据《中国经济统计年鉴》(1999~2007年)提供的数据,计算了1999~2006年我国石油开采行业以及石油炼油行业的劳动使用效率,具体计算结果如表6-51所示。

表6-51　　　　　1999~2006年石油行业劳动使用效率　　　　单位:%

年份	1999	2000	2001	2002	2003	2004	2005	2006
石油开采业	-0.1507	-4.33447	-2.6423	-2.64642	-2.78813	-2.45175	-4.60063	-4.08579
炼油行业	-0.26025	-1.20862	-0.76041	-2.65621	-4.22094	-1.59583	-3.30291	-5.91736

从表6-51看出石油行业的劳动使用效率为负值,在2001~2004年有小幅提高,但整体劳动使用率较低,人员过多是一个重要原因。以中国石化为例,中国石化计划从2001~2005年减员十万人,截至2003年年底,已通过退休、自愿离职以及裁员方式裁减10.8万人。其中2003年共减员21 000人。2004年国务院和国资委批复中国石化等22家中央企业主辅分离、改制分流总体方案。这些措施都有利于石油行业劳动使用率的提高。

(2) 全员劳动生产率。全员劳动生产率是工业增加值与全部从业人员平均人数之比。考核企业经济活动的重要指标,是企业生产技术水平、经营管理水平、职工技术熟练程度和劳动积极性的综合表现。根据《中国统计年鉴》1998~2006年的相关数据得到这几年的全员劳动生产率如表6-52所示。

表6-52　　　　1998~2006年石油行业全员劳动生产率　　　　单位：元/人

年份	1998	1999	2000	2001	2002	2003	2004	2005	2006
石油开采业	104 278	129 929	382 513	337 069	345 840	328 613	359 866	562 528	641 451
炼油行业	67 788	82 409	123 716	149 217	179 753	215 798	192 010	266 352	301 371

我国石油行业的全员劳动生产率呈持续增长势头，但较日本全国全员劳动生产率而言，我国石油行业平均全员劳动生产率不足日本全国平均劳动生产率的1/10，差距较大（见表6-53）。我国石油行业全员劳动生产率低与石油行业企业职工队伍庞大且素质较低的冗员现状密切相关。我国石油行业国有比重大，行政垄断程度高，企业普遍存在富余人员多、非生产性人员多、低学历职工多的问题，这些现实存在的问题限制了全员劳动生产率的提高。

表6-53　　　2000~2004年日本全国平均全员劳动生产率　　　单位：美元/人

年份	2000	2001	2002	2003	2004
日本	442 062	661 833	582 696	561 177	612 171

（3）资本使用效率。资本的使用效率是在相同产出中资本的理论使用量与实际使用量的比值。1999~2006年石油行业资本使用效率见表6-54。根据只有劳动和资本投入的两要素柯布—道格拉斯生产函数：

$$Y = AK^{\alpha}L^{\beta}$$

由于 $MP_K = \alpha AK^{\alpha-1}L^{\beta} = \alpha Y/K$，$MP_K = rc$，所以：

$$K = \alpha Y/rc, \quad R_{K1} = K/K^* = \alpha Y/rcK^*$$

其中，R_{K1}是资本的使用效率；K^*是实际投入资本量；K为资本的理论应使用量；rc为资本的边际成本；α是资本的弹性系数；β是劳动的弹性系数；Y是投入要素的实际产出量。

表6-54　　　　1999~2006年石油行业资本使用效率　　　　单位：%

年份	1999	2000	2001	2002	2003	2004	2005	2006
石油开采业	6.313848	12.79369	10.12819	9.469708	11.0747	11.44394	18.974	16.45767
炼油行业	2.644616	3.673154	3.771165	4.796657	7.860547	3.458575	5.613505	3.204069

资料来源：课题组根据《中国经济统计年鉴》计算整理。

2. 技术进步率

技术进步率是指技术进步给产出增长带来的影响，技术进步率越高，意味着产业技术创新和吸收科技成果的能力越强。根据石油行业的特点将技术进步率分为新技术对企业生产、销售、利润的促进程度，包括R&D经费占主营业务收入比重、新产品销售收入占主营业务收入比重、年技术进步速度等几个指标，从各个不同的侧面反映石油行业技术进步率的高低。

(1) R&D 经费占主营业务收入比重。技术对于原油和天然气的开采是至关重要的，先进的技术在寻找油气资源、降低投资风险和控制产品成本等方面起着决定性作用。石化行业不仅是资本密集型行业，也是技术密集型行业。

从研发经费投入占企业营业收入的比重看出石油行业用于研发的经费较少，且近几年来呈下降趋势（见表6-55）。我国石油行业在技术专利方面与发达国家企业的差距也非常大。过去十年，埃克森美孚在美国和欧洲共取得1万多项专利。根据统计数据，从1985~2002年，埃克森美孚、壳牌和BP三大石油公司在华申请专利1 770项。2003年，埃克森美孚科研投入达6.18亿美元（约51.15亿元人民币），约占利润的2.87%。我国石油行业技术专利申请量远少于外国企业，数量尚不及外国企业的1/10。

表6-55　　　　1997~2006年石油行业研发经费投入占
企业营业收入的比重　　　　　　单位：%

年份	2000	2001	2002	2003	2004	2005	2006
石油开采业	0.93	1.20	1.20	1.00	0.50	0.40	0.20
炼油行业	0.63	0.40	0.40	0.30	0.10	0.10	0.10

资料来源：课题组根据《中国经济统计年鉴》计算整理。

虽然我国企业逐步加大研发投入，重视技术创新，但在投入规模上与跨国公司还存在巨大差距。根据中国石化2003年年报，2003年公司用于总部和研究院的科研投入达到16亿元人民币，比2002年同期增加5亿元，但仍远远低于埃克森美孚公司的研发费用。

事实证明，研发能力是企业的原动力。企业要长久、持续地赢利，就必须在技术创新上有独到之处。缺乏创新能力、技术进步慢的企业在市场占有率上会很快萎缩。因此，在全球新一轮并购与反并购的浪潮中，要想立于不败之地，就必须不懈地追求"世界领先"。

(2) 新产品销售收入占主营业务收入比重。新产品销售收入占主营业务收入比重不仅反映了企业对新技术研发的重视程度、对研发经费投入的认可，而且反映了企业对市场的了解程度。只有充分对市场需求调研，以市场需求为出发点，加大新技术成果转化为新产品的力度，新产品才会被市场接受，转化为销售收入。而石油行业新产品销售收入占主营业务收入比重近十年来一直处于较低水平（见表6-56）。

表 6-56　　　1999~2006 年石油行业新产品销售收入占
主营业务收入比重　　　　　　单位：%

年份	1999	2000	2001	2002	2003	2004	2005	2006
石油开采业	0.25	0.26	0.10	0.30	0.70	0.70	1.20	0.20
炼油行业	6.32	7.39	5.10	3.70	2.30	2.20	4.20	4.50

资料来源：课题组根据《中国经济统计年鉴》计算整理。

（3）年技术进步速度，是一项反映在一定时期内技术进步快慢的综合指标，表明每年技术水平变化的大小。计算公式为：$La = Y - \alpha K - \beta L$。即：年技术进步速度（%）= 总产值（或净产值）年增长速度 - 资金产出弹性 × 资金年增长速度 - 劳动产出弹性 × 劳动年增长速度，根据 1999~2007 年《中国工业统计年鉴》，具体数据如表 6-57 所示。

表 6-57　　　　2000~2006 年石油行业年技术进步速度　　　单位：%

年份	2000	2001	2002	2003	2004	2005	2006
石油开采业	44.7	-12.7	-9.5	13.8	9.2	35.4	-1.0
炼油行业	25.9	7.5	13.9	27.4	-88.8	189.8	8.2

从表 6-57 中可以看到，我国石油行业的年技术进步速度总体上呈现了先升后降的趋势，在 2005 年达到最高值 189.8%，这主要是因为 2005 年国务院成立了能源工作领导小组，对石油行业进行统筹规划。政府对石油行业的管理职能分散在不同的专门管理部门。主要包括发改委、建设部、国家安全生产监督管理局、商务部、国家环保总局、国家税务总局。能源工作领导小组对石油行业的管理属于综合管理，管理权限弱，管理方式是指导性的。行政垄断程度进一步降低，一定程度上促进了年技术进步速度。

3. 企业盈利能力

企业盈利能力是指企业获取利润的能力，以下我们将从净资产收益率、总资产收益率、成本费用利润率三个方面来分析我国石油行业的盈利能力。

（1）净资产收益率。净资产收益率是公司税后利润除以净资产得到的百分比，用以衡量公司运用自有资本的效率。指标值越高，说明投资带来的收益越高。净资产收益率是从所有者角度来考察企业盈利水平高低的，而总资产收益率分别是从所有者和债权人两方面来共同考察整个企业盈利水平。在相同的总资产收益率水平下，由于企业采用不同的资本结构形式，即不同负债与所有者权益比例，会造成不同的净资产利润率。

1998 年我国石油行业的净资产收益率为 8.66%，1999 年上升到 12.22%，

2000 年更是迅速提高到 46.85%。这个阶段的净资产收益率的提高与 1998~1999 年三大石油公司企业重组、资产重组相关。从 2001~2004 年净资产收益率有小幅降低，2005 年净资产收益率恢复到 2000 年水平，2006 年、2007 年更是达到 66.67% 和 71.63% 的历史高水平。

（2）总资产收益率。资产利润率也称为总资产报酬率或总资产收益率，是指利润与资产总额的对比关系，它从整体上反映了企业资产的利用效果，可用来说明企业运用其全部资产获取利润的能力。总资产收益率是分析公司盈利能力时一个非常有用的比率，也是一个衡量企业收益能力的指标。在考核企业利润目标的实现情况时，投资者往往关注与投入资产相关的报酬实现效果，并经常结合每股收益（EPS）及净资产收益率（ROE）等指标来进行判断。实际上，总资产收益率（ROA）是一个更为有效的指标。总资产收益率的高低直接反映了公司的竞争实力和发展能力，也是决定公司是否应举债经营的重要依据。

总资产收益率与净资产收益率（净利润/股东权益×100%）一起分析，可以根据两者的差距来说明公司经营的风险程度；对于净资产所剩无几的公司来说，虽然它们的指标数值相对较高，但仍不能说明它们的风险程度较小；而净资产收益率作为配股的必要条件之一，是公司调整利润的重要参考指标。总资产收益率是用来衡量企业盈利能力的重要指标：①总资产收益率指标集中体现了资产运用效率和资金利用效果之间的关系。②在企业资产总额一定的情况下，利用总资产收益率指标可以分析企业盈利的稳定性和持久性，确定企业所面临的风险。③总资产收益率指标还可反映企业综合经营管理水平的高低。其计算公式为：总资产收益率=（利润总额+税金总额+利息支出）/平均资产总额×100%。具体数据如表 6-58 所示。

表 6-58　　　　1998~2006 年我国石油行业的总资产收益率　　　　单位：%

年份	1998	1999	2000	2001	2002	2003	2004	2005	2006
石油开采业	4.14	7.28	28.09	23.07	20.73	24.70	32.41	43.81	44.78
炼油行业	0.19	0.64	0.06	-0.31	1.31	3.10	5.60	-1.84	-4.12

资料来源：课题组根据 1998~2006 年《中国工业统计年鉴》整理。

从表 6-58 中可以看出，我国石油行业的总资产收益率呈逐年增大趋势。石油开采行业资产运用效率、资金利用效果和综合管理水平逐年提高，反映了石油开采行业的企业拥有越来越强的抗风险能力。石油炼油行业资产运用效率、资金利用效果和综合管理水平近年来有所下降，反映了石油炼油行业的企业抗风险能力降低。

（3）成本费用利润率。成本费用利润率是企业一定期间的利润总额与成本、费用总额的比率。成本费用利润率指标表明每付出一元成本费用可获得多少利润,体现了经营耗费所带来的经营成果。该项指标越高,利润就越大,反映企业的经济效益越好。成本费用利润率的计算公式:

$$成本费用利润率 = 利润总额/成本费用总额 \times 100\%$$

式中的利润总额和成本费用总额来自企业的损益表。成本费用一般指主营业务成本、主营业务税金及附加和三项期间费用。具体数据如表 6-59 所示。

表 6-59　　　　1997~2006 年我国石油行业成本费用利润率　　　　单位:%

年份	1999	2000	2001	2002	2003	2004	2005	2006
石油开采业	20.00	72.54	62.43	57.33	64.13	79.84	102.76	100.00
炼油行业	0.88	0.05	-0.27	1.10	2.07	3.31	-1.00	-2.09

资料来源:课题组根据《中国经济统计年鉴》计算整理。

从表 6-59 中可以看出,我国石油开采行业的成本费用利润率呈现较小的波动,自 2003 年,成本费用率开始稳步上升,说明我国石油开采行业的成本费用利润率较高,企业效益较好。石油炼油行业成本费用利润率呈现负值,这是近几年来石油炼油行业亏损的主要原因。

二、产业效率

石油开采行业产业效率是从产业层面研究行业性行政垄断对石油行业效率的影响,主要表现为行政性垄断对石油行业劳动效率、管制成本、资产效率的影响。

1. 劳动效率

劳动效率(或工作效率)是劳动者从事创造社会财富(包括物质财富和精神财富)的效率。它反映劳动者的劳动成果与相应的劳动消耗之间的对比关系。劳动生产率的提高并不等于劳动效率的提高。劳动效率不单与劳动生产率成正比,而且与劳动的有效系数成正比。要提高劳动效率,不但要努力提高劳动生产率,更须努力提高劳动的有效值。劳动生产率只有当它运用于适合人们客观需要的方面时才能成为有效的劳动生产率,从而在生产过程中产生出相应的效率。

劳动效率反映的是在生产过程中劳动投入的有效利用程度,将更进一步细分为人均增加值、人均利税、每元工资增加值、每元工资利税。其中,人均增加值 = 该产业增加值/该产业职工人数;人均利税 = 该产业利税总额/该产业职工人数;每元工资增加值 = 该产业增加值/该产业职工工资总额;每元工资利税 = 该产业利税总额/该产业职工工资总额。

这里我们根据《中国经济统计年鉴》（1985~2007年）提供的数据，计算了 1990~2006 年我国石油开采行业和石油炼油行业人均增加值、人均利税、每元工资增加值、每元工资利税等劳动效率的各项指标，并作简单平均作为石油行业劳动效率的估计值，具体计算结果如表 6-60、表 6-61 所示。

表 6-60　　　　1990~2007 年我国石油开采业劳动效率

年份	人均增加值（元/人）	人均利税（元/人）	每元工资增加值	每元工资利税	简单均值
1990	26 780.3	155.3			13 476
1991	29 918.2	2 416.9			16 167
1992	43 471.1	-1 404.8			21 033
1993	45 946.3	2 433.3			24 189
1994	64 205.1	24 020.5			44 112
1995	73 384.4	22 090.6	7.94	2.39	23 871
1996	79 424.8	27 820	7.4	2.59	26 817
1997	99 644	36 207.8	8.22	2.99	33 965
1998	108 845	129 412.8	8.57	10.18	59 569
1999	143 845	36 939	9.95	2.56	45 199
2000	276 127.5	152 938	17.16	9.5	107 273
2001	276 546.6	143 956.2	14.84	7.72	105 131
2002	251 564.9	128 772.7	12.83	6.57	95 089
2003	328 593.8	179 679.4	14.97	8.19	127 074
2004	374 260.5	249 287.5	14.82	9.87	155 893
2005	578 601	372 189.9	18.87	12.14	237 705
2006	681 076.2	445 042.1	19.88	12.99	281 537
2007	702 704.8	415 615.5	18	10.65	279 587

资料来源：课题组计算整理。

表 6-61　　　　1990~2007 年我国石油炼油行业劳动效率

年份	人均增加值（元/人）	人均利税（元/人）	每元工资增加值	每元工资利税	简单平均
1990	39 907.8	19 149.0			29 528.4
1991	40 415.8	22 977.2			31 696.5
1992	35 998.9	25 630.3			30 814.6
1993	50 331.8	24 973.1			37 652.5
1994	59 529.7	30 785.7			45 157.7
1995	77 962.5	26 031.9	9.25	3.09	26 001.7
1996	73 614.5	23 928.9	8.04	2.61	24 388.5

续表

年份	人均增加值（元/人）	人均利税（元/人）	每元工资增加值	每元工资利税	简单平均
1997	77 657.9	24 153.1	8.04	2.50	25 455.4
1998	78 892.5	20 453.7	7.11	1.84	24 838.8
1999	82 412.7	22 824.4	6.06	1.68	26 311.2
2000	123 722.7	28 777.5	7.84	1.82	38 127.5
2001	149 206.1	30 915.5	9.48	1.96	45 033.3
2002	179 752.9	45 631.6	10.77	2.73	56 349.4
2003	216 160.2	59 026.2	10.74	2.93	68 800.0
2004	92 749.7	88 099.2	4.25	4.04	45 214.3
2005	266 349.5	24 275.5	10.33	0.94	72 659.1
2006	301 371.3	4 262.3	10.54	0.15	76 411.1
2007	384 050.1	78 448.7	12.15	2.48	115 628.3

资料来源：课题组计算整理。

从表 6-60、表 6-61 中可以看出，我国石油开采行业劳动效率在 1992 年前一直处于低效状态，1993 年石油开采行业劳动效率有了突破性进展，这与 1993 年的体制改革有密切的联系。1993 年国家撤销能源部，组建国家石油化学工业局，隶属国家经贸委，国务院在批准《化学工业部职能配置、内设机构和人员编制方案》中明确规定：化工部是国务院主管全国化工行业的职能部门，并要求化工部按照发展社会主义市场经济的要求，加强管理化工全行业（含石油化工、煤化工、盐化工、精细化工等）的职能，真正做到微观放开搞活，宏观管住管好。在 1998 年、1999 年劳动使用效率呈现波动性上升趋势。1998 年重组之前，整个石油产业是在国家计划体制下运行的，1998 年 4 月，九届全国人大一次会议通过的国务院机构改革方案提出：将化学工业部、石油天然气总公司、石油化工总公司的政府职能合并，组建国家石油和化学工业局，由国家经贸委管理。化工部和两个总公司下属的油气田、炼油、石油化工、化肥、化纤等石油化工企业以及石油公司和加油站，按照上下游结合的原则，分别组建两个特大型石油石化企业集团公司和若干个大型化工产品公司。石油上游开采产业主管部门垂直管理程度减弱。

1998 年 7 月 25 日，国家经济贸易委员会文件明确指出，我国石油天然气集团公司和中国石油化工集团公司是国家在原中国石油天然气总公司及中国石油化工总公司基础上组建的石油石化企业，经国务院同意进行国家授权投资的机构和国家控股公司的试点。两大集团公司组建后，对全资企业、控股企业、参股企业要按照《中华人民共和国公司法》进行规范。石油集团公司对有关企业的有关国有资产行使出资人权利，对有关企业中国家投资形成的国有资产依法经营、管理和监督，并相应承担国有资产保值增值责任。根据该文件，中国石油天然气集团公司和中国石油化工集团公司由兼有行业行政管理职能的国家公司，转变为真正意义上的企业实体，成为兼具三任于一身的国有投资公司、国家授权投资的机构、国家控股公司的大型石油公司，是自主经营、自负盈亏、自我发展、自我约束的法人实体。中国石油天然气总公司、中国石油化工总公司和海洋石油总公司实现公司重组，成为上下游一体化的公司集团，不再承担政府职能。这是反行政垄断关键的一步，这次反行政垄断的特点是，政府职能与企业管理分开，石油行业主管部门垂直管理程度降低、管理权限减弱；在石油行业的各个环节均实现三分天下的寡头垄断局面，出现一定程度的竞争；原油价格是在国家计委根据国际价格制定的基准价格的基础上加贴水构成。虽然，原油价格的制定仍由政府决策，但原油价格与国际原油价格挂钩，降低了垄断利润。

自 1999 年下半年起，三大集团分别进行业务、资产、债权债务、机构以及人员等方面的重组，成立了中石油、中石化、中海油三个股份有限公司并在中国香港、纽约等地上市，成为大型国有股份制企业。中石油、中石化、中海油实际上分为两部分，一部分包括了所有盈利的股份公司、优质资产，另一部分包括剩余的不良资产以及大部分非精英职工。这是在行政垄断下公司内部资产以及人员的重组。

1999 年石油行业机构及人员重组之后，石油开采行业劳动效率有显著提高。2005 年、2006 年国务院成立了能源工作领导小组，对石油行业进行统筹规划。行政垄断程度进一步降低，劳动效率进一步提高。

2. 资产效率

资产效率是企业资产创造社会财富（包括物质财富和精神财富）的效率。它反映企业资产创造的收益与相应的资产消耗之间的对比关系。

要提高资产的效率，不但要努力提高资产生产率，更须努力提高资产的有效值。资产生产率只有当它运用于适合人们客观需要的方面才能成为有效的资产生产率，从而在生产过程中产生出相应的效率。

资产效率反映的是在生产过程中资产投入的有效利用程度。资产效率不单与净资产相关，而且与总资产、固定资产都有密不可分的联系，所以根据石油行业具体特点将资产效率更进一步细分为净资产收益率、总资产贡献率、固定资产产出率、流动资产周转次数。其中，净资产收益率 = 公司税后利润/净资产；总资产贡献率 =（利润总额 + 税金总额 + 利息支出）/平均资产总额 × 100%；固定资产产出率 = 产出/固定资产总额。

这里我们根据《中国经济统计年鉴》（1985～2007 年）提供的数据，计算了 1990～2006 年我国石油开采行业净资产收益率、总资产贡献率、固定资产产出率等资产率的各项指标，并作简单平均作为石油开采行业资产效率的估计值，具体计算结果如表 6-62 所示。

表 6-62　　　　　1990~2007 年我国石油行业资产效率　　　　　单位：%

年份	石油开采业净资产收益率	石油开采业总资产贡献率	石油开采业固定资产产出率	石油开采业资产效率简单平均	炼油行业净资产收益率	炼油行业总资产贡献率	炼油行业固定资产产出率	炼油行业资产效率简单平均
1990		10.12	45.96	0.2804			140.19	1.4019
1991		11.86	45.89	0.28875			148.80	1.488
1992		8.53	45.82	0.27175		23.86	164.26	0.940596
1993	-2.72	8.83	50.12	0.187433	17.12	23.13	199.17	0.798068
1994	13.67	17.32	61.39	0.307933	7.40	20.18	171.30	0.662937
1995	11.23	18.80	52.55	0.275267	9.76	22.57	140.91	0.577508
1996	13.16	18.95	55.46	0.2919	6.08	19.20	124.76	0.500153
1997	14.66	18.76	56.18	0.298667	5.75	15.01	125.20	0.486512
1998	8.66	12.46	51.08	0.240667	0.50	9.67	96.78	0.356479
1999	12.22	15.13	46.21	0.2452	1.47	10.04	91.25	0.342525
2000	46.85	38.20	60.30	0.4845	0.16	9.66	134.86	0.482267
2001	36.32	31.20	46.53	0.380167	-0.70	9.94	127.25	0.454965
2002	32.20	28.21	43.39	0.346	3.03	12.45	128.90	0.481267
2003	38.45	33.08	48.66	0.400633	6.38	14.99	166.99	0.627871
2004	49.50	44.50	53.59	0.491967	12.12	19.31	209.29	0.802414
2005	66.67	55.32	68.29	0.634267	-4.23	8.53	241.65	0.819812
2006	71.63	57.65	72.15	0.671433	-9.61	6.20	264.56	0.87052
2007	58.01	46.50	63.36	0.559567	5.31	13.53	284.27	1.010376

资料来源：相关年份《中国经济统计年鉴》。

从表 6-62 中可以看出，我国石油行业的资产效率在 1992 年前一直处于低效状态，1993 年石油行业资产效率有了突破性进展，这与 1993 年的体制改革有密切的联系。1999~2000 年我国石油开采行业和石油炼油行业的资产效率有一个显著提高，这与 1998 年中国石油天然气总公司、中国石油化工总公司和海洋石油总公司实现公司重组以及 1999 年三大集团进行资产改革相关，特别是三大集团将不良资产从石油开采环节、原油冶炼环节剔除，是石油行业资产效率提高的主要原因。1999 年石油行业机构及人员重组之后，石油行业开采环节及炼油环节资产效率都有显著提高。尤其是 2005 年以来，增长幅度较大，说明我国石油行业资产效率较高，且呈现良性增加的态势。

3. 管制成本

在经济转轨时期，石油行业存在的行政垄断造成了高昂的社会成本。借鉴寻租理论，将行政垄断造成的管制成本分为寻租成本、社会福利净损失、非正常支出。按照以上分析，估计了我国行政垄断行业导致的管制成本，为行政垄断行业改革提供了数据参考。我们利用塔洛克四边形解释管制成本的组成，如图 6-4 所示。

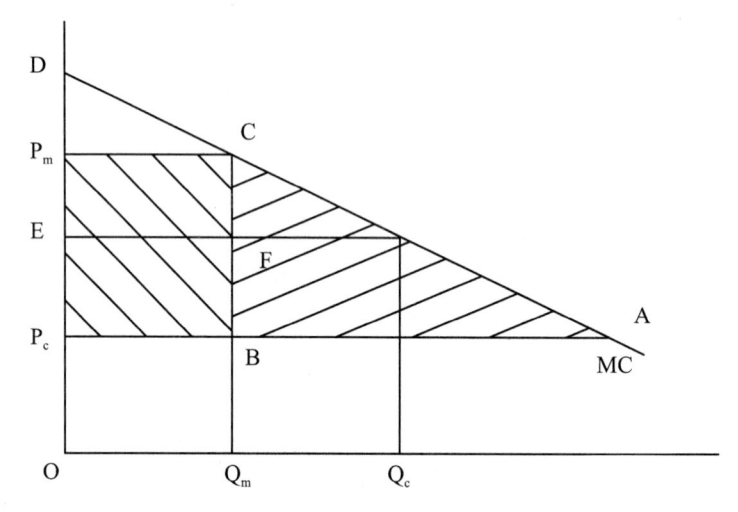

图 6-4 塔洛克四边形

纵轴表示价格，横轴表示产量，P_c 是当市场是完全竞争状态时的均衡价格（也即为边际成本），均衡产量是 Q_c。石油开采行业存在程度极深的行政垄断，垄断企业的均衡价格为 P_m，均衡产量为 Q_m，消费者剩余由 $\triangle AP_cD$ 下降为 $\triangle CP_mD$。哈伯格认为所造成的消费者剩余转化为垄断利润的部分，它只是一种收入转移，全社会的财富总量并没有因此而变化。$\triangle ABC$ 为社会净福利损失，四边形 BCP_mP_c 是石油行业行政垄断的寻租成本。

（1）内部生产效率损失。在石油行业，因为存在行政垄断等原因，企业在经营过程中无法实现成本最小化生产，存在生产效率损失，我们用内部生产效率损失来衡量石油行业实际生产成本高于理论最小成本的程度。本文参照丁启军（2008）[①] 对石油行业 2006 年内部生产效率损失值占当年主营业务成本的比值，估算了 2001～2006 年我国石油行业内部生产效率损失值，具体计算结果如表 6-63 所示。

---

① 丁启军：《自然垄断行业行政垄断微观效率损失研究》，载于良春主编《反行政性垄断与促进竞争政策前沿问题研究》，经济科学出版社 2008 年版。

表 6-63　　　　我国石油行业内部生产效率损失值　　　　单位：亿元

年份	2001	2002	2003	2004	2005	2006
内部生产效率损失	1 567.349	1 584.259	1 914.423	2 195.312	2 787.447	3 531.814

（2）寻租成本。是有关寻租的经济学分析。20 世纪 70 年代，关于腐败的寻租理论问世，并引起世界范围的反响，布坎南因寻租理论及公共选择理论获得诺贝尔经济学奖。不过，最早提出寻租概念的却是克鲁格。在克鲁格的定义中，所谓寻租就是追求非生产性的利益，或者追求管制带来的价格差。后来，斯蒂格里兹进一步提出，寻租就是从政府那里获得特殊的好处。布坎南则认为，寻租是指那些本可以用于价值生产活动的资源被用在了决定分配结果的竞争上了。也就是说，由于政府干预和行政管制，抑制了竞争，扩大了供求差额，形成了差价收入——租金。塔洛克（1999）[①] 认为，寻租成本由三部分构成：①寻求垄断租金所耗费的成本；②垄断本身所造成的福利损失；③寻租所失去的技术创新的机会及其福利损失。寻求垄断租金所耗费的成本主要包括搜集潜在垄断租金的信息成本、对政府官员的游说成本、贿赂有关人员的成本以及维持垄断租金的成本等。寻求垄断租金所耗费的成本往往与寻租人对垄断租金的预期有关。

几乎所有经济学家都同意的关键一点就是，哪里有垄断、特权和管制，哪里就有租金。可想而知，古今中外没有一个国家能完全消除垄断、特权以及管制，所以也就没有一个国家能完全消除寻租行为的存在。不过，相比市场成熟、制度完善的发达国家，转轨国家的寻租成本更加严重。

一般认为，腐败给腐败者带来租金，却对全社会造成福利的损失。根据塔洛克等人的研究，由于寻租和护租所造成的庞大成本，租金最终将会耗散，结果造成社会净福利损失。此外，哈伯格和莱本斯坦等人的研究也表明，垄断所造成的社会净福利损失（哈伯格三角形）虽然很小，消费者损失却是主要的。

中国由于长期实行计划经济和高度国有化，在主要基础设施和公共服务部门形成了行政性垄断。这种垄断带来的直接后果，就是逐渐形成了一个庞大的既得利益集团，如电力、通信、铁路、石油开采等。本书结合丁启军（2008）行业寻租成本的计算公式，给出石油行业寻租成本估计，如表 6-64 所示。

---

① ［美］塔洛克，李政军译：《寻租》，西南财经大学出版社 1999 年版。

表 6-64　　　　2000～2006 年石油行业寻租成本估算　　　　单位：亿元

2000 年	849.352
2001 年	1 006.359
2002 年	1 279.361
2003 年	1 934.596
2004 年	3 011.149
2005 年	3 859.369
2006 年	4 882.6268

（3）社会福利净损失。经济垄断会造成资源配置的低效率，社会福利净损失是其中最主要的部分。与经济垄断一样，行政垄断同样也会造成社会福利净损失。垄断厂商依据其垄断地位，限产高价。这一方面会使厂商获得大量的超额利润；另一方面会由于产品或服务提供量的减少而导致一个社会福利净损失，即经济学家一般称之为的"哈伯格三角形"。

如图 6-4 所示，DABC 为社会净福利损失，因为它所代表的那部分社会福利白白损失了，既没有为消费者所得，也没有为企业所得。DABC 的面积为社会福利净损失的估计值。它表示消费者愿意以竞争价格 P_c 购买产品，但由于行政垄断使得价格上升到 P_m，消费者转而购买其他替代品所造成的后果。DABC 又被称为哈伯格三角形，哈伯格三角形大致面积的计算公式如下：

$$DWL = \frac{1}{2} r^2 P_m Q_m x \text{ 或 } DWL = \frac{1}{2}(P_m Q_m - P_c Q_m)$$

二者的实质上是一样的，本书结合丁启军（2008）行业社会福利损失估计的计算公式，给出石油行业社会福利损失估计（见表 6-65）。

表 6-65　　2000～2006 年石油行业社会净福利损失成本估算　　单位：亿元

2000 年	2001 年	2002 年	2003 年	2004 年	2005 年	2006 年
768.8892	829.7653	1 001.697	1 407.011	2 218.275	2 928.088	3 680.161

从石油、天然气开采业的寻租成本、社会福利净损失估算可以看出，寻租成本与社会福利净损失有逐年上升的趋势，这表明尽管近几年的石油行业市场化体制变革新举措不断，我国的石油、天然气的开采业行政垄断行业势力并未减弱，反而有所增强。近年来国际油价的大幅走高、国内的油气开采业和销售市场近乎完全垄断，都使得国内三大石油巨头获得巨额垄断利润成为理所当然的事情。

三、宏观效率

关于行业性行政垄断对资源配置的宏观效率影响问题，本书主要分析石油行业行政垄断对资本配置效率和收入分配效应两方面的影响。

1. 资本配置效率

我们主要从投资效率方面来说明我国石油行业的资本配置效率。关于投资效率的衡量指标主要有两个：增量资本产出率（ICOR）和资本产出率。增量资本产出率是指增加单位总产出所需要的资本增量。如果用 K 表示资本存量，dK 表示资本增量，用 Y 表示年度总产出，dY 表示总产出增量，则增量资本产出率可以表示为：$ICOR = \dfrac{dK}{dY}$。

当 ICOR 提高时，表明增加单位总产出所需要的资本增量增大，也就意味着投资的效率下降。关于产出率，用 K 表示资本存量，用 Y 表示年度总产出，则资本产出率为：$r = \dfrac{K}{Y}$。在储蓄率一定的情况下，资本产出比可以在一定程度上反映对现有资本的利用效率：资产产出比越大，每单位产出所需要耗费的资本越多，也即投资效率越低。

这里我们根据《中国统计年鉴》以及《中国工业统计年鉴》（1999~2007年）提供的数据，计算了1999~2007年中国石油行业投资效率，这里以固定资产增量代替公式中的资本增量，来说明我国石油行业的增量资本产出率和资本产出率状况，具体计算结果如下所示。根据计算结果分析，我国石油行业的增量资本产出率呈现先下降后上升的趋势。1999年国务院出台了《关于清理整顿小炼油厂和规范原油成品油流通秩序的意见》，赋予中石油、中石化及中海油有关石油的开采、炼制、进口、批发和零售的几乎所有方面的垄断权。自1999年下半年起，三大集团分别进行业务、资产、债权债务、机构以及人员等方面的重组，成立了中石油、中石化、中海油三个股份有限公司并在中国香港、纽约等地上市，成为大型国有股份制企业。中石油、中石化、中海油实际上分为两部分，一部分包括了所有盈利的股份公司、优质资产，另一部分包括剩余的不良资产以及大部分非精英职工。这是在行政垄断下公司内部资产以及人员的重组。

2001年，为降低成本中石油累计裁员5.5万人，中石化裁员6.8万人；压缩生产成本，三大石油公司原油成本2002年较2000年下降了10%。因为一系列公司重组、资金重组导致投资效率增加。

同样，我们根据《中国统计年鉴》、《中国工业统计年鉴》（1992~2007年）

提供的数据,计算了 1999~2007 年间的数据,来说明我国石油行业的资本产出率状况,具体计算结果如表 6-66 所示。从计算结果可以看出,资本产出率呈逐年上升趋势。

表 6-66　　　　　2000~2006 年石油行业投资效率　　　　　单位:%

年份	石油开采业实物固定资产净值 ICOR	石油开采业实物固定资产 COR	石油炼油业实物固定资产净值 ICOR	石油炼油业实物固定资产 COR
2000	2.049	0.166	0.196	0.165
2001	2.845	0.182	0.491	0.174
2002	0.404	0.186	-0.106	0.164
2003	0.999	0.198	0.008	0.150
2004	0.492	0.209	0.124	0.147
2005	1.031	0.234	0.265	0.157
2006	2.121	0.268	0.480	0.171

2. 行业收入差距

行业收入差距是指不同行业间的收入差距状况,通常用它反映了行业间收入分配的不合理程度。所处行业不同,收入差距太大,这在当前已成为司空见惯的事情。其中《瞭望》周刊(2008)载文指出,据有关部门测算,在中国行业收入差距中,有 20% 是由垄断行业带来的[①]。垄断行业占有的是国家资源,享有的是国家所授予的特许经营权,他们所获得的垄断利润和特许经营所得本该通过税收上缴给国家,但由于目前的市场和分配双重机制的不健全而造成行业差距扩大。

这里我们根据《中国统计年鉴》(1999~2008 年)提供的数据,计算了 1998~2007 年石油行业与批发零售业以及农、林、牧、渔业职工平均工资水平之比,来说明我国石油行业与非行政垄断行业间的收入差距状况,具体计算结果如表 6-67 所示。该指标值越高,说明行政垄断造成的行业间收入分配的不平等程度越高;该指标值越低,则表明行政垄断造成的行业间收入分配的不平等程度越低。

可以看出,石油行业的职工平均工资水平一直是批发零售业职工平均工资水平的 2 倍左右,是农、林、牧、渔业职工平均工资水平的 3 倍左右,并且 2005 年、2006 年以来有不断扩大的趋势,这说明石油行业行政垄断造成的收入分配不平等状况在加剧。

---

① http://www.gzxw.gov.cn/Szyw/Szpl/200812/47593.shtm。

表 6-67　　　　1998~2007 年石油行业收入差距

年份	石油行业（元）	批发零售业（元）	农、林、牧、渔业（元）	石油行业/批发零售业（%）	石油行业/农、林、牧、渔业（%）
1998	12 673.5	5 865	4 528	2.161	2.799
1999	144 440.32	6 417	4 832	2.251	2.988
2000	16 096.2	7 190	5 184	2.239	3.105
2001	18 596.84	8 192	5 741	2.271	3.239
2002	19 610.26	9 398	6 398	2.087	3.065
2003	21 891.2	10 939	6 969	2.001	3.141
2004	25 311	12 923	7 611	1.959	3.326
2005	30 732.74	15 241	8 309	2.016	3.699
2006	34 312.35	17 736	9 430	1.935	3.639
2007	39 160.26	20 888	11 086	1.875	3.532

根据上面的计算得出石油行业的总损失状况如表 6-68 所示，由于成本上升的效率损失很多只是计算了 2001~2006 年的数据，所以汇总时就只是汇总了 2001~2006 年的数据。

表 6-68　　　　石油行业行政垄断效率损失汇总　　　　单位：亿元

年份	内部生产效率损失	寻租成本	社会净福利损失成本	损失合计	当年 GDP	总损失占比
2001	1 567.349	1 006.359	829.7653	3 403.473	109 655.2	0.031038
2002	1 584.259	1 279.361	1 001.697	3 865.317	120 332.7	0.032122
2003	1 914.423	1 934.596	1 407.011	5 256.03	135 822.8	0.038698
2004	2 195.312	3 011.149	2 218.275	7 424.736	159 878.3	0.04644
2005	2 787.447	3 859.369	2 928.088	9 574.904	183 867.9	0.052075
2006	3 531.814	4 882.627	3 680.161	12 094.6	210 871	0.057355
合计	13 580.6	15 973.46	12 065	41 619.06	920 427.9	0.257728

资料来源：课题组根据前面的计算结果汇总得出。

可以看出，石油行业由于行政垄断造成的效率损失较大，六年合计达到 4.1619 万亿元，占当年 GDP 的 3.1%~5.735% 之间。

第五节　铁路行业内行政性垄断对资源配置效率的影响

对铁路行业，报告根据所确定的 ISCP 研究框架从微观效率、产业效率和宏观效率三个层面对行政性垄断下铁路运输业的资源配置效率进行全面分析。为了更加详尽深入地研究问题,我们将上述三个层面分别分解为相应的二级指标,并在每个二级指标项下又分设了不同的三级指标,从而形成了一个用于系统测度行政性垄断下我国铁路运输业资源配置效率的同级指标以及各级指标之间相互联系、相互补充的体系。

一、微观效率指标

微观效率指标主要用于反映研究对象生产要素配置效率的高低,我们设置了企业盈利能力、要素使用效率和技术进步率三个指标来反映行政性垄断下我国铁路运输业的微观效率。

1. 企业盈利能力

企业盈利能力(也称为获利能力)反映的是企业获取利润的能力,以下我们将从资产收益率、成本费用利润率、单位资产收益增长率和单位成本利润增长率四个方面来分析我国铁路运输业的盈利能力。

(1)资产收益率。资产收益率是企业净利润除以其平均资产总额所得的结果。其计算公式为:资产收益率 = 净利润/平均资产总额 × 100%。该指标值越高,企业资产的盈利能力越强,从而表明企业利用资产的效果越好;该指标值越低,则表明企业利用资产的效果越差。这里我们根据《中国统计年鉴》(2002~2007年)提供的数据,计算了2001~2006年铁路运输实现利润与固定资产原值之比,来说明我国铁路运输业的资产收益率状况,具体计算结果如表6-69所示。从表6-69可以看出,我国铁路运输业的资产收益率非常低,各年均在1%以下,这说明我国铁路运输业的盈利能力很差。

表6-69　　　　　铁路运输业资产收益率情况　　　　　单位:%

年份	2001	2002	2003	2004	2005	2006
资产收益率	0.33	0.35	0.24	0.56	0.92	0.65

资料来源:《中国统计年鉴》2002~2007年各期。

(2)成本费用利润率。成本费用利润率是企业在一定时期内实现的利润与成本费用之比。其计算公式为:成本费用利润率 = 利润总额/成本费用总额 × 100%。该项指标值越高,表明企业成本及费用投入的经济效益越高;该指标越低,则表明企业成本及费用投入的经济效益越差。这里我们根据《中国统计年鉴》(2001~2006年)提供的数据,计算了2000~2005年铁路运输实现利润与营运成本之比,来说明我国铁路运输业的成本费用利润率状况,具体计算结果如

表 6-70 所示。从表 6-70 可以看出，我国铁路运输业的成本费用利润率很低，最高的年份（2005 年）也不足 6%，这说明我国铁路运输业的成本及费用投入的经济效益并不高。

表 6-70　　　　　铁路运输业成本费用利润率情况　　　　　　单位：%

年份	2000	2001	2002	2003	2004	2005
成本费用利润率	3.55	1.50	2.20	1.56	3.47	5.40

资料来源：《中国统计年鉴》2001~2006 年各期。

（3）单位资产收益增长率。单位资产收益增长率反映的是企业单位资产的获利能力的增长状况。该项指标为正，则证明企业单位资产的获利能力提高；该指标为负，则表明企业单位资产获利能力下降。在计算 2001~2006 年铁路运输业的资产收益率的基础上，我们得到了 2002~2006 年铁路运输业的单位资产收益增长率，具体计算结果如表 6-71 所示。从表 6-71 可以看出，我国铁路运输业单位资产收益的增长波动很大，在有的年份甚至出现了负增长，这说明我国铁路运输业单位资产的获利能力不具有稳定性和持久性。

表 6-71　　　　铁路运输业单位资产收益增长率情况　　　　　单位：%

年份	2002	2003	2004	2005	2006
单位资产收益增长率	4.52	-32.13	138.55	64.67	-29.18

资料来源：《中国统计年鉴》2002~2007 年各期。

（4）单位成本利润增长率。单位成本利润增长率反映的是企业单位成本的盈利能力的增长状况。该项指标为正，则证明企业单位成本的盈利能力提高；该指标为负，则表明企业单位成本盈利能力下降。在计算 2000~2005 年铁路运输业的成本费用利润率的基础上，我们得到了 2001~2005 年铁路运输业的单位成本利润增长率，具体计算结果如表 6-72 所示。从表 6-72 可以看出，我国铁路运输业单位成本利润的增长波动同样很大，并且在有的年份出现了负增长，从而表明我国铁路运输业单位成本费用的盈利能力同样也不具有稳定性和持久性。

表 6-72　　　铁路运输业单位成本费用利润增长率情况　　　　单位：%

年份	2001	2002	2003	2004	2005
单位成本费用利润增长率	-57.93	47.44	-29.26	122.26	55.76

资料来源：《中国统计年鉴》2001~2006 年各期。

2. 要素使用效率

要素使用效率反映的是企业在生产过程中投入的各种要素投入的有效利用程

度,以下我们将从资本使用效率、劳动使用效率和其他要素使用效率三个方面来分析我国铁路运输业的要素使用效率。

(1) 资本使用效率。资本使用效率反映的是在生产过程中资本投入的有效利用程度。该指标值越高,说明资本的有效利用程度越高;该指标值越低,则表明资本的有效利用程度越低。这里我们以铁路运输固定资产作为投入资本的替代指标,并根据《中国统计年鉴》(2001~2006年)提供的数据,计算了2000~2005年生产用固定资产占固定资产原值的比重,来说明我国铁路运输业各年的资本使用效率,具体计算结果如表6-73所示。从表6-73可以看出,我国铁路运输业各年的固定资产使用效率非常高,几乎接近100%,这正说明,由于长期存在巨额的资金投入缺口,我国铁路运输业只能保持对数量有限的资本很高的使用效率,以满足行政性垄断体制之下发展计划生产的需要。

表6-73　　　　铁路运输业资本使用效率情况　　　　单位:%

年份	2000	2001	2002	2003	2004	2005
资本使用效率	98.80	98.92	98.87	98.88	99.01	99.12

资料来源:《中国统计年鉴》2001~2006年各期。

(2) 劳动使用效率。劳动使用效率反映的是在生产过程中劳动投入的有效利用程度。该指标值越高,说明劳动的有效利用程度越高;该指标值越低,则表明劳动的有效利用程度越低。这里我们根据《中国统计年鉴》(2002~2007年)提供的数据,计算了2001~2006年我国铁路运输业职工人数与营业里程之比,即单位营业里程职工人数,来说明我国铁路运输业的劳动使用效率,具体计算结果如表6-74所示。从表6-74可以看出,我国铁路运输业单位营业里程职工人数略有下降,但仍维持在每公里30人左右,而美国铁路的单位营业里程职工人数仅为0.7人,这说明我国铁路运输业的劳动使用效率依然很低。

表6-74　　　铁路运输业单位营业里程职工人数情况　　　单位:人/公里

年份	2001	2002	2003	2004	2005	2006
单位营业里程职工人数	30.29	29.54	28.58	27.84	26.78	26.06

资料来源:《中国统计年鉴》2002~2007年各期。

(3) 其他要素使用效率。列车机车是铁路运输投入的另外一种重要生产要素,因而机车的使用效率也是反映铁路运输要素使用效率的一个重要指标。机车日车公里,即平均每台列车机车一昼夜行走的公里数,可以从侧面反映列车机车的使用效率。该指标值越高,说明机车的有效利用程度越高;该指标值越低,则表明机车的有效利用程度越低。这里我们根据《中国统计年鉴》(2001~2007

年）提供的数据，计算了 2001～2006 年铁路运输业货车机车日车公里和货车机车日车公里每年的环比增长率，来说明我国铁路运输业列车机车的使用效率，具体计算结果如表 6-75 所示。从表 6-75 可以看出，除 2001 年货车机车日车公里数比上年略有降低以外，铁路运输业的货车机车日车公里和客车机车日车公里都有不断提高的趋势，这说明我国铁路运输业的列车机车并未得到充分利用，其使用率仍有较大的提升空间。

表 6-75　　　　　铁路运输业列车机车使用效率情况　　　　　　单位：%

年份	2001	2002	2003	2004	2005	2006
货车机车日车公里增长率	-1.35	1.83	1.12	1.11	0.66	1.53
客车机车日车公里增长率	2.30	4.50	0.90	8.90	6.21	3.23

资料来源：《中国统计年鉴》2001～2007 年各期。

3. 技术进步率

技术进步率衡量的是企业在生产过程中采用先进技术的程度，以下我们将从更新改造投资增长率、电力机车占比和自动闭塞里程占比三个方面来分析我国铁路运输业的技术进步状况。

（1）更新改造投资增长率。更新改造投资是指在一定时期内更新改造建设的实际完成额，其增长率反映了企业在固定资产更新和技术改造方面投入增加的程度，因此，它在一定程度上也反映了企业的技术进步程度。该指标值越高，说明企业在技术进步方面的投入增长越快；该指标值越低，则表明企业在技术进步方面的投入增长越慢。这里我们根据铁道部公布的 2001～2006 年《铁道统计公报》提供的数据计算了 2001～2006 年我国铁路运输业更新改造投资增长率情况，具体计算结果如表 6-76 所示。从表 6-76 可以看出，铁路运输业更新改造投资增长时快时慢，甚至在有的年份大幅度下降，这说明我国铁路运输业在技术进步方面的资金投入没有得到稳定的保障。

表 6-76　　　　　铁路运输业更新改造投资增长率情况　　　　　　单位：%

年份	2001	2002	2003	2004	2005	2006
更新改造投资增长率	5.75	15.58	-2.54	18.15	10.38	-8.00

资料来源：《铁道统计公报》2001～2006 年各期。

（2）电力机车占比。电力机车具有功率大、热效率高、速度快、过载能力强、运行可靠和不污染环境等优点，是现代铁路机车中的佼佼者，因此，电力机车在铁路机车总量中的占比情况也是反映铁路运输业技术进步的重要指标。该指标值越高，说明铁路运输业在机车方面的技术进步程度越高；该指标值越低，则表明铁路运输业在机车方面的技术进步程度越低。这里我们根据《中国统计年鉴》（2002~2007年）提供的数据计算了2001~2006年我国铁路运输业电力机车占比情况，具体计算结果如表6-77所示。从表6-77可以看出，铁路运输业电力机车占比虽略有增长，但依然很低，这说明我国铁路运输业在机车方面的技术进步非常有限。

表6-77　　　　　铁路运输业电力机车占比情况　　　　　单位：%

年份	2001	2002	2003	2004	2005	2006
铁路电力机车占比	26.59	25.57	29.66	30.18	30.95	32.33

资料来源：《中国统计年鉴》2002~2007年各期。

（3）自动闭塞里程占比。自动闭塞里程是指装有列车自动完成闭塞状态的铁路设备里程，它是反映铁路运输线路质量高低的重要指标，其在全部营业里程中的占比情况是反映铁路现代化的重要标志之一。该指标值越高，说明铁路运输业运输线路方面的技术进步程度越高；该指标值越低，则表明铁路运输业在运输线路方面的技术进步程度越低。这里我们根据《中国统计年鉴》（2002~2007年）提供的数据计算了2001~2006年我国铁路运输业自动闭塞里程占比情况，具体计算结果如表6-78所示。从表6-78可以看出，自动闭塞里程占营业里程的比重增长十分缓慢，这说明我国铁路运输业在运输线路方面的技术进步程度不高。

表6-78　　　　　铁路运输业自动闭塞里程占比情况　　　　　单位：%

年份	2001	2002	2003	2004	2005	2006
自动闭塞里程占比	31.9	34.7	36.26	37.2	38.8	40.42

资料来源：《中国统计年鉴》2002~2007年各期。

二、产业效率指标

产业效率指标主要用于反映研究对象对整个产业的资源配置效率造成的影响，我们将从管制成本、劳动效率和资产效率三个方面说明行政性垄断下铁路运输业的产业效率。

1. 管制成本

管制成本是由于主管部门对行政性垄断行业进行管制而产生的一系列成本，它反映的是政府过度管制造成的额外损失。我们将从内部生产效率损失、寻租成本和社会福利净损失三个方面说明我国铁路运输业的管制成本情况。

(1) 内部生产效率损失。内部生产效率损失反映的是由于不能完全有效地购买和使用投入要素而导致的实际成本高于理论最低成本的部分。该指标值越高，说明行业的额外生产成本越高；该指标值越低，则表明行业的额外生产成本越低。丁启军（2008）[①] 估计了我国铁路运输业 2006 年的内部生产效率损失值（457.3 亿元），这一数值占其当年运输总收入（2 364.4 亿元）的 19.34%。根据这一占比，我们运用《中国统计年鉴》（2002~2007 年）提供的铁路运输总收入数据计算了 2001~2006 年我国铁路运输业的内部生产效率损失值，具体计算结果如表 6－79 所示。从表 6－79 可以看出，铁路运输业的内部生产效率损失数额非常大，这说明我国铁路运输业的内部生产效率较为低下。

表 6－79　　　　　铁路运输业内部生产效率损失情况　　　　　单位：亿元

年份	2001	2002	2003	2004	2005	2006
内部生产效率损失	260.3	274.7	286.9	347.1	390.5	457.3

资料来源：《中国统计年鉴》2002~2007 年各期。

(2) 寻租成本。寻租成本反映的是研究对象为维持其垄断地位而进行的一种非生产性投入。该指标值越高，说明行业的非生产性投入越高；该指标值越低，则表明行业的非生产性投入越低。丁启军（2008）估计了我国铁路运输业 2006 年的寻租成本（236.1 亿元），这一数值占其当年运输总收入（2 364.4 亿元）的 9.99%。根据这一占比，我们运用《中国统计年鉴》（2002~2007 年）提供的铁路运输总收入数据计算了 2001~2006 年我国铁路运输业的寻租成本，具体计算结果如表 6－80 所示。从表 6－80 可以看出，铁路运输业的寻租成本数额很大，这说明我国铁路运输业的寻租行为造成了严重的资源浪费。

表 6－80　　　　　铁路运输业寻租成本情况　　　　　单位：亿元

年份	2001	2002	2003	2004	2005	2006
寻租成本	134.4	141.8	148.1	179.2	201.6	236.1

资料来源：《中国统计年鉴》2002~2007 年各期。

(3) 社会福利净损失。社会福利净损失反映的是研究对象运用垄断势力造成的无谓损失。该指标越高，说明行业的无谓损失越大；该指标越低，则表明行业的无谓损失越小。具体计算结果如表 6－81 所示。从表 6－81 可以看出，铁路运输业的垄断势力造成的社会福利净损失数额巨大，这说明我国铁路运输业的行

[①] 丁启军：《自然垄断行业行政垄断微观效率损失研究》，载于良春主编《反行政性垄断与促进竞争政策前沿问题研究》，经济科学出版社 2008 年版。

政性垄断造成了大量的无谓损失。

表6-81　　　　铁路运输业造成的社会福利净损失情况　　　　单位：亿元

年份	2001	2002	2003	2004	2005	2006
社会福利净损失	219.5	231.7	242.0	292.7	329.4	385.7

资料来源：《中国统计年鉴》2002～2007年各期。

2. 劳动效率

劳动效率（或工作效率）是劳动者从事创造社会财富（包括物质财富和精神财富）工作时的效率，它反映劳动者的劳动成果与相应的劳动消耗之间的对比关系。我们将从劳动生产率、人均利税、每元工资创收和每元工资利税四个方面说明我国铁路运输业的劳动效率。

（1）劳动生产率。劳动生产率是说明每一个劳动者在单位时间内创造的劳动成果的指标，它反映的是每个劳动者生产某种产品的劳动效率。该指标值越高，说明劳动者在单位时间内创造的劳动成果越多；该指标值越低，说明劳动者在单位时间内创造的劳动成果越少。这里我们根据铁道部公布的2001～2006年《铁道统计公报》提供的数据计算了2001～2006年我国铁路运输业的劳动生产率情况，具体结果如表6-82所示。从表6-82可以看出，铁路运输业劳动生产率提高非常缓慢，这说明虽然我国铁路运输业进行的一系列改革对其劳动生产率的提高有一定作用，但成效并不明显，劳动者提供运输产品的效率依然较低。

表6-82　　　　　铁路运输业劳动生产率情况　　　　　单位：万元/人

年份	2001	2002	2003	2004	2005	2006
劳动生产率	9.375	10.1017	10.4929	12.5586	14.447	16.01

资料来源：《铁道统计公报》2001～2006年各期。

（2）人均利税。人均利税是研究对象全年的利润与上缴税收之和除以从业人数所得的结果，它是反映劳动者创造利润与税收能力的重要指标。该指标值越高，说明劳动者创造利税的平均水平越高；该指标值越低，说明劳动者创造利税的平均水平越低。这里我们根据《中国统计年鉴》（2002～2007年）和铁道部公布了2001～2006年《铁道统计公报》提供的数据计算了2001～2006年我国铁路运输业人均利税情况，具体计算结果如表6-83所示。从表6-83可以看出，近年来铁路运输业的人均利税额有一定程度的增加，但如果考虑行业劳动用工持续减少的因素，其实际的增加幅度并不大，这说明我国铁路运输业劳动者创造利润与税收的能力增加有限。

表 6-83　　　　　　　铁路运输业人均利税情况　　　　　　单位：万元/人

年份	2001	2002	2003	2004	2005	2006
人均利税	0.462491	0.588894	0.464437	0.84225	1.264886	1.160999

资料来源：《中国统计年鉴》2002~2007 年各期及《铁道统计公报》2001~2006 年各期。

（3）每元工资创收。每元工资产值是研究对象全年总收入除以工资总额所得的结果，它是用于反映单位工资投入带来的经济成果的指标。该指标值越高，说明单位工资的创收能力越强；该指标值越低，则表明单位工资的创收能力越差。这里我们根据《中国统计年鉴》（2002~2007 年）提供的数据计算了 2001~2006 年我国铁路运输业每元工资创收情况，具体计算结果如表 6-84 所示。从表 6-84 可以看出，铁路运输业每元工资创收增长缓慢，甚至在有的年份出现了一定程度的下降，这说明我国铁路运输业单位工资投入的经济效益并不高。

表 6-84　　　　　　　铁路运输业每元工资创收情况　　　　　　　单位：元

年份	2001	2002	2003	2004	2005	2006
每元工资创收	6.14	5.21	5.36	5.55	5.70	5.84

资料来源：《中国统计年鉴》2002~2007 年各期。

（4）每元工资利税。每元工资利税是研究对象全年的利润与上缴税收总额除以工资总额所得的结果，它反映的是单位工资投入创造利润与税收的能力。该指标值越高，说明单位工资带来的利税越多；该指标值越低，则表明单位工资带来的利税越少。这里我们根据《中国统计年鉴》（2002~2007 年）提供的数据计算了 2001~2006 年我国铁路运输业每元工资利税情况，具体计算结果如表 6-85 所示。从表 6-85 可以看出，铁路运输业每元工资利税有了一定幅度的增加，但增长幅度并不大，甚至在有的年份出现了一定幅度的下降，这说明我国铁路运输业单位工资投入创造利润与税收的能力依然较弱。

表 6-85　　　　　　　铁路运输业每元工资利税情况　　　　　　　单位：元

年份	2001	2002	2003	2004	2005	2006
每元工资利税	0.31	0.31	0.24	0.37	0.51	0.42

资料来源：《中国统计年鉴》2002~2007 年各期。

3. 资产效率

资产效率是指各种资产在生产过程中创造财富的效率，它是评价企业各种营运资产运作效率的重要指标。由于缺乏铁路运输业流动资产的统计数据，并且铁路运输业的营运资产主要以固定资产为主，这里我们将以铁路运输业固定资产代表其总资产来说明问题。以下我们将从净资产收益率、总资产贡献率、资产产出率和资产周转率四个方面来说明我国铁路运输业的资产效率状况。

(1) 净资产利润率。净资产利润率是净利润除以净资产总额所得的结果,它是反映资产盈利能力的重要指标。该指标值越高,说明单位净资产带来的利润越多;该指标值越低,则表明单位净资产带来的利润越少。这里我们根据《中国统计年鉴》(2002~2007年)提供的数据,计算了2001~2006年铁路运输实现利润与固定资产净值之比,来说明我国铁路运输业的净资产利润率状况,具体计算结果如表6-86所示。从表6-86可以看出,铁路运输业的净资产利润率非常低,仅在1%左右徘徊,这说明我国铁路运输业的资产盈利能力很差。

表6-86　　　　　铁路运输业净资产利润率情况　　　　　单位:%

年份	2001	2002	2003	2004	2005	2006
净资产收益率	0.46	0.48	0.33	0.77	1.29	0.90

资料来源:《中国统计年鉴》2002~2007年各期。

(2) 总资产贡献率。总资产贡献率是利润总额、税金总额和利息支出之和除以平均资产总额所得的结果,它是反映研究对象经营业绩和管理水平的重要指标。该指标值越高,说明单位总资产实现的利税越多;该指标值越低,则表明单位总资产实现的利税越少。由于缺乏铁路运输业利息支出的相关数据,这里我们根据《中国统计年鉴》(2002~2007年)提供的数据,计算了2001~2006年铁路运输业利润总额和税金总额之和与固定资产原值之比,来说明我国铁路运输业的总资产贡献率状况,具体计算结果如表6-87所示。从表6-87可以看出,铁路运输业的总资产贡献率并不高,仅在0.8%到2%之间徘徊,这说明我国铁路运输业的经营业绩和管理水平都比较差。

表6-87　　　　　铁路运输业总资产贡献率情况　　　　　单位:%

年份	2001	2002	2003	2004	2005	2006
总资产贡献率	1.05	1.18	0.85	1.40	1.93	1.63

资料来源:《中国统计年鉴》2002~2007年各期。

(3) 资产产出率。资产产出率是年产出量除以资产总额所得的结果,它是反映单位资产的生产能力的重要指标。该指标值越高,说明单位资产的生产能力越强;该指标值越低,则表明单位资产的生产能力越差。这里我们根据《中国统计年鉴》(2002~2007年)和铁道部公布的2001~2006年《铁道统计公报》提供的数据,计算了2001~2006年铁路运输业换算周转量与固定资产原值之比,来说明我国铁路运输业的资产产出率状况,具体计算结果如表6-88所示。从

表6-88可以看出，铁路运输业的资产产出率不但没有增加，反而出现了下降，这说明我国铁路运输业的固定资产的生产能力出现了下降趋势。

表6-88　　　　　铁路运输业资产产出率情况　　　　单位：吨公里/元

年份	2001	2002	2003	2004	2005	2006
固定资产产出率	2.97	2.81	2.68	2.75	2.73	2.55

资料来源：《中国统计年鉴》2002~2007年各期及《铁道统计公报》2001~2006年各期。

（4）资产周转率。资产周转率是经营收入除以资产总额所得的结果，它是反映资产周转速度快慢的重要指标。该指标值越高，说明资产的周转速度越快，企业的销售能力越强；该指标值越低，则表明资产的周转速度越慢，企业的销售能力越差。我们根据《中国统计年鉴》（2002~2007年）提供的数据，计算了2001~2006年铁路运输业运输总收入与固定资产原值之比，来说明我国铁路运输业的资产周转率状况，具体计算结果如表6-89所示。从表6-89可以看出，铁路运输业的资产周转率几乎没有什么增长，维持在0.2%左右，这说明我国铁路运输业的资产周转速度并没有什么提升。

表6-89　　　　　铁路运输业资产周转率情况　　　　　　单位：%

年份	2001	2002	2003	2004	2005	2006
资产周转率	0.21	0.20	0.19	0.21	0.22	0.22

资料来源：《中国统计年鉴》2002~2007年各期。

三、宏观效率指标

宏观效率指标是反映研究对象对宏观经济的作用和影响的指标，我们将从资本配置效率、收入分配效应和能源效率三个方面来说明行政性垄断下铁路运输业的宏观效率。

1. 资本配置效率

资本配置效率是反映研究对象的资本投入是否达到了帕累托有效的重要指标，以下我们将从投资效率和投资反应系数两个方面来说明我国铁路运输业的资本配置效率。

（1）投资效率。投资效率是反映投资的产出效果的重要指标，衡量投资效率的指标主要有两个：增量资本产出率（ICOR）和资本产出率。增量资本产出率是指增加单位总产出所需要的资本增量，而资本产出率反映的是每单位产出需要耗费的资本量。如果用 K 表示资本存量，dK 表示资本增量，用 Y 表示年度总产出，dY 表示总产出增量，则增量资本产出率可以表示为 ICOR = dK/dY，而资本产出率则可表示为 r = K/Y。上述两个指标值越低，说明投资的产出效果越好；两个指标值越高，则表明投资的产出效果越差。

这里我们根据《中国统计年鉴》（2002～2007年）提供的数据，计算了 2002～2006 年铁路运输业固定资产原值增量和换算周转量增量之比，来说明我国铁路运输业的增量资本产出率状况，具体计算结果如表 6-90 所示。从表 6-90 可以看出，铁路运输业的增量资本产出率呈现先下降后上升的趋势。这说明，我国铁路运输业的投资效率在出现了一段时间的提高以后，出现了下降的趋势。

表 6-90　　　　　铁路运输业增量资本产出率情况　　　　单位：元/吨公里

年份	2002	2003	2004	2005	2006
增量资本产出率	0.72	0.69	0.29	0.41	0.82

资料来源：《中国统计年鉴》2002～2007 年各期。

同样，我们根据《中国统计年鉴》（2002～2007年）提供的数据，计算了 2001～2006 年铁路运输业固定资产原值和换算周转量之比，来说明我国铁路运输业的资本产出率状况，具体计算结果如表 6-91 所示。从表 6-91 可以看出，铁路运输业的资本产出率的总体趋势是在不断上升，这同样说明我国铁路运输业的投资效率是在不断下降的。

表 6-91　　　　　铁路运输业资本产出率情况　　　　单位：元/吨公里

年份	2001	2002	2003	2004	2005	2006
资本产出率	0.34	0.36	0.37	0.36	0.37	0.39

资料来源：《中国统计年鉴》2002～2007 年各期。

（2）投资反应系数。投资反应系数是武格勒（Wurgler，2000）[①] 提出的衡量资本配置效率的一个重要指标。该指标值越高，说明资本配置效率越高；该指标值越低，则表明资本配置效率越低。这里我们根据参照武格勒（2000）模型，建立了铁路运输业的投资反应系数模型如下：

$$\ln \frac{I_t}{I_{t-1}} = \alpha_i + \beta_i \times \ln \frac{V_t}{V_{t-1}} + \varepsilon_i$$

其中，I_t 和 I_{t-1} 分别表示铁路运输业第 t 年末和第 t-1 年末的固定资产原值；V_t 和 V_{t-1} 分别表示铁路运输业第 t 年和第 t-1 年的利润总额；β_i 表示铁路运输业

---

① Jeffrey. Wurgler. *Financial markets and the allocation of capital. Journal of Financial Economics*, 2000. Vol. 58 (1-2), pp. 187-214.

的资本配置系数,即铁路运输业的资本配置效率;α_i 为常数项;ε_i 为随机干扰项。

以我国铁路运输业 1998~2006 年的相关数据为基础(1994~1997 年我国铁路运输业处于亏损状态,因此,只能选取 1998 年以后的相关数据作为样本数据),运用最小二乘法得到的回归结果如下:

$$\ln\frac{I_t}{I_{t-1}} = 0.0974 + 0.0036 \times \ln\frac{V_t}{V_{t-1}}$$
$$(3.58) \quad (-0.22)$$

从回归结果可以看出,铁路运输业的利润与该行业的投资存在不显著的微弱负相关关系,这说明我国铁路运输业的资本配置效率很低。

2. 收入分配效应

收入分配效应是衡量研究对象对社会收入分配造成的扭曲程度的重要指标,以下我们将从行业收入差距和行业收入合理性程度两个方面来说明铁路运输业行政性垄断造成的收入分配效应。

(1)行业收入差距。行业收入差距是指行政性垄断行业与非行政性垄断行业间的收入差距状况,它反映了行业性行政垄断造成的行业间收入分配的不平等程度。该指标值越高,说明行政性垄断造成的行业间收入分配的不平等程度越高;该指标值越低,则表明行政性垄断造成的行业间收入分配的不平等程度越低。由于农业是现实中最接近于完全竞争的行业之一,这里我们根据《中国统计年鉴》(2002~2007 年)提供的数据,计算了 2001~2006 年铁路运输业与农业职工平均工资水平之比,来说明我国铁路运输业与非行政性垄断行业间的收入差距状况,具体计算结果如表 6-92 所示。从表 6-92 可以看出,铁路运输业的职工平均工资水平一直是农业职工平均工资水平的 3 倍左右,并且近年来两者的比值有不断扩大的趋势,这说明行业性行政垄断造成的收入分配不平等状况在加剧。

表 6-92　　　　铁路运输业与农业职工平均工资水平之比

年份	2001	2002	2003	2004	2005	2006
铁路运输业与农业职工收入之比	3.08	3.09	2.85	3.01	3.24	3.33

资料来源:《中国统计年鉴》2002~2007 年各期。

(2)行业收入合理性程度。行业收入合理性程度是指行政性垄断行业的职工收入水平与其应该获得的收入水平相当的程度,它反映了行业性行政垄断对行业内收入分配造成的影响。该指标值越高,说明行政性垄断造成的行业内收入越不合理;该指标值越低,说明行政性垄断造成的行业内收入越合理。按照传统的经济学理论,工资的增长率不能快于产出的增长率,因此,我们可以通过比较铁路运输业职工工资与产出的增长速度来判定其收入的合理性程度。这里我们根据《中国统计年鉴》(2002~2007年)提供的数据,计算了2002~2006年铁路运输业职工平均工资水平增长率与完成换算周转量增长率之比,来说明我国铁路运输业的收入合理性程度,具体计算结果如表6-93所示。从表6-93可以看出,铁路运输业职工平均工资水平增长率与完成换算周转量增长率的比值除在2003年接近于1以外,其余年份均在2左右,甚至在近年来已经接近于3,这说明我国铁路运输业的职工收入并不合理,并且这种不合理程度在不断提高。

表6-93 铁路运输业工资增长率与产出增长率之比

年份	2002	2003	2004	2005	2006
工资增长率与产出增长率之比	1.82	1.71	1.11	2.64	2.91

资料来源:《中国统计年鉴》2002~2007年各期。

3. 能源利用效率

能源利用效率是说明研究对象能耗高低的重要指标,它反映了研究对象的可持续发展能力,以下我们将从内燃机车每万吨公里耗油和电力机车每万吨公里耗电两个方面说明我国铁路运输业的能源利用效率。

(1)内燃机车每万吨公里耗油。内燃机车每万吨公里耗油是指铁路内燃机车完成每万单位换算周转量所需的油量,它反映的是铁路运输业内燃机车的能源利用效率。该指标值越高,说明内燃机车的能源利用效率越高;该指标值越低,说明内燃机车的能源利用效率越低。这里我们根据《中国统计年鉴》(2002~2007年)提供的数据得到了铁路运输业2001~2006年的内燃机车每万吨公里耗油情况,具体结果如表6-94所示。从表6-94可以看出,铁路运输业内燃机车每万吨公里耗油量虽略有下降,但基本维持在25公斤左右,这说明我国铁路运输业内燃机车的能源利用效率基本上没有什么提高。

表6-94 2001~2006年铁路运输业内燃机车
能源利用效率情况   单位:公斤

年份	2001	2002	2003	2004	2005	2006
内燃机车每万吨公里耗油	25.7	25.9	25.2	25.4	24.6	24.3

资料来源:《中国统计年鉴》2002~2007年各期。

(2)电力机车每万吨公里耗电。电力机车每万吨公里耗电是指铁路电力机车完成每万单位换算周转量所需的电量,它反映的是铁路运输业电力机车的能源利用效率。该指标值越高,说明电力机车的能源利用效率越高;该指标值越低,说明电力机车的能源利用效率越低。这里我们根据《中国统计年鉴》（2002~2007年）提供的数据得到了铁路运输业2001~2006年的电力机车每万吨公里耗电情况，具体结果如表6-95所示。从表6-95可以看出，铁路运输业电力机车每万吨公里耗电量虽略有下降，但基本维持在110千瓦时左右，这说明我国铁路运输业电力机车的能源利用效率也基本上没有什么提高。

表6-95　　　　2001~2006年铁路运输业电力机车能源利用效率情况

单位：千瓦时

年份	2001	2002	2003	2004	2005	2006
电力机车每万吨公里耗电	113.1	110.8	110	111.2	111.8	110

资料来源：《中国统计年鉴》2002~2007年各期。

我国铁路运输业长期处于政府的行政性垄断之下，是转轨时期行政性垄断程度最高的几个行业之一。运用2000年以来的相关数据对各项具体指标进行实际测算的结果表明，无论是从微观效率、产业效率来看，还是从宏观效率来看，我国铁路运输业的资源配置效率都是较为低下的，而且提高非常缓慢。这说明，铁路运输业的行政性垄断扭曲了该行业的资源配置，造成了该行业的效率损失。通过对上述管制成本项下的三项指标的测算结果进行加总，我们得到了2001~2006年铁路运输业在行政性垄断下的效率损失额，并计算了其占各年GDP的比重，计算结果如表6-96所示。从表6-96可以看出，我国铁路运输业的效率损失数额巨大，并且逐年递增；虽然其各年效率损失占GDP的比重并不高，但这只是铁路运输业长期奉行政府的"低运价"政策的一种结果，是行政性垄断在铁路运输业中展现出的一种不同于其在其他行政性垄断行业表现的特殊形式，更加彰显了铁路运输业行政性垄断问题的严重性。

表6-96　　　　　　　铁路运输业效率损失情况　　　　　　单位：亿元

年份	2001	2002	2003	2004	2005	2006
效率损失	614.2	648.3	677.0	818.9	921.5	1 079.1
占GDP的比重（%）	0.56	0.54	0.50	0.51	0.50	0.51

资料来源：《中国统计年鉴》2002~2007年各期。

第七章

地区性行政垄断与资源配置效率

第一节 地区性行政垄断对资源配置效率影响的一般分析

地方政府出于自身利益考虑,运用行政手段对本地市场进行保护和封锁,这种行为虽然在一段时间内保护了本地企业的生产和产品销售,提高了本地企业的生存能力,保证了本地财政收入的稳定,但是从长远来看,由于地区性行政垄断行为有众多弊端,最终妨碍了统一、开放、竞争、有序的全国统一大市场的建立。地区性行政垄断对资源配置效率影响主要表现在以下几个方面。

一、地方市场分割妨碍了市场机制的有效运行

市场机制的有效运行需要供求机制、价格机制和竞争机制的支持,但是地方市场分割割裂了全国市场的统一性,各地区市场中的供求关系并不是市场经济条件下完全意义上的供求关系,而是受到了各地政府行政干预的供求关系,那么,以供求来调节生产和销售的机制就受到了破坏。同时,完善的价格体系可以体现真实供求关系的变化,有效调节经济运行,并且通过价格杠杆和竞争机制,把资源配置到最有效的环节,给企业以压力和动力,实现优胜劣汰,但是受到地区性行政垄断干预的价格体系无法反应商品和要素的真实供求关系,也无法完全实现

对产业结构调整和企业生产决策的上述积极作用。再者，市场机制本来需要消除行政限制、垄断干预的公开、公平、公正的竞争机制，但是地方政府的行政干预使得完全的竞争机制不能实现。

二、地方市场分割不利于资源的合理配置和分工与专业化的形成

资源在不同地区、不同部门进行合理的配置可以提高经济效率。统一的市场是一个开放和公平竞争的市场，商品和资源的流动不受人为因素的限制，可以根据资源特性、产品需求、劳动力素质等在全国范围内合理地配置资源，实现有限的资源的最合理配置。但是在地区性行政垄断存在的情况下，各地为追求自身经济利益，倾向于发展"大而全"、"小而全"的产业模式，满足于自给自足，将统一的市场人为地以行政区划为边界分割开。这种市场分割使得资源配置受到限制，比较优势基础上的分工难以实现，资源很可能被配置到一些低效率的企业，从而导致经济效率低下，资源浪费。更重要的是，各地区重复建设比较严重，面临趋同的产业结构，分工与专业化生产无法实现，在产业链不断拉长、分工不断深化的今天，各地无法依据自身优势找到整个产业链上适合自己的环节进行生产，在适应社会发展和应对外部竞争方面处于劣势。

三、地方市场分割不利于规模经济发挥作用

如果全国市场整合为一个统一的市场，国内企业便可以将全国市场视为其目标市场，并确定其细分市场，以专业化地进行产品的大规模生产。通常情况下，规模生产能够实现规模经济，降低单位产品的生产成本，从而增强企业的竞争力。但由于我国国内市场被认为划小，企业发展的市场空间也变得狭窄，产业结构趋同、生产加工业分散于各地，上述规模经济难以实现。

四、地方市场分割损害了消费者福利

在一个统一的市场中，商品是自由流动的，价格信号来指引消费者做出购买选择。一般来说，生产效率高的地区产品价格低，生产效率低的地区产品价格高，前者生产的产品就会流向后者，消费者也倾向于购买高效率地区的产品。但是，在市场分割的情况下，商品的自由流动受到阻碍，一方面，由于商品流入受

到限制，低效率地区的消费者只能购买本地生产的价高产品；另一方面，通过各种封锁进入的产品由于加入了市场封锁的成本，其销售价格也被人为地抬高了。总的来说，由于市场分割的存在，消费者，尤其是低效率地区的消费者，无法享受商品自由流动带来的福利水平的提高。

五、地方市场分割不适应经济全球化和加入 WTO 的需要

我国实行改革开放以来，各方面不断融入国际社会，与国际市场的联系也越来越密切。尤其是加入 WTO 以后，国内市场与国际市场逐渐融为一体，国内企业直接面对国外企业的竞争。国内市场应该是本土企业的"练兵场"，为企业走向国际市场提供在国内市场广泛竞争的环境，以锻炼其生产能力，增强其竞争力。但是，人为分割的市场不利于国内企业在自由竞争的环境中培养自身的竞争优势，从而与国外强劲的竞争对手展开竞争。此外，地方市场分割违背了我国向 WTO 做出的非歧视原则、透明度原则和市场准入等承诺，我国要履行此承诺，必须着力解决地方市场分割问题。

第二节　地区性行政垄断与资源配置的微观效率

中国政府的"积极而不干预"被公认为中国经济发展成功的关键之一。但地方政府在扶持经济发展的同时，也加大了和周边地区的竞争。为在经济增长的竞争中脱颖而出，以邻为壑式的地方保护和地区性行政垄断行为变得十分普遍。一直以来，从下至上、从边缘至核心的改革激励是中国经济快速增长的关键，但地区性行政垄断却存在一定的"锁定效应"：本地企业特别是国有企业希望得到政府的保护，而地方政府也有激励去保护本地企业的成长来增强本地区的财税税收和经济总量。关于地区性行政垄断如何影响经济发展以及导致的宏观层面的效率损失，目前已有较多研究，但从微观层面来分析地区性行政垄断对企业的生产决策和经营绩效有多大影响，目前研究并不多，也不深入。地区性行政垄断对市场的干预可以理解为对市场机制运行的干预，以及对法制完善进程的阻碍。从公司治理的角度看，地区性行政垄断可以看作一种外部治理机制。这种外部治理机制如何影响以及在多大程度上影响公司治理和公司绩效，即是我们研究的核心。外部治理机制通过影响股权结构、融资结构、利益相关者行为策略，最终影响公司绩效。地区性行政垄断如何影响以及多大程度上影响国有企业和民营企业的股

权结构、国有企业的改制化进程和债务结构水平,这些是我们试图探讨的。在这一节中我们将在对上市公司实证的基础上,粗略地测度地区性行政垄断程度变化对国有企业和私营企业绩效的影响。

一、相关文献回顾

目前,地区性行政垄断对资源配置效率的影响分析主要集中在宏观层面和产业层面,如地区性行政垄断对地区经济增长率、技术进步和产业结构升级和优化的影响分析。李善同等(2004)①认为,地方保护对价格的影响并不是线性的,如多数企业外地市场的销售价格比本地市场要高,这和外地销售成本增加有关。而部分行业的外地定价比本地要低,这和这些行业的产品以底价参与外地市场竞争有关,同时也有可能是因为这些行业的产品价格在本地能够维持在较高的水平。喻闻和黄季琨(1998)、李杰和孙燕群(2004)②利用产品价格的差异程度来考察,得出大米市场、烟草工业和啤酒市场分割较为普遍。分割市场使得价格偏高,投资过多,资源配置效率较低。同时,从这三个行业的地区性行政垄断行为看,地方政府保护与否的原因不是为提高企业效率,而是为了获取更多的税收和政治租金,即地区性行政垄断行为是一种政府的自利行为。郑毓盛等(2003)③将中国各省区市1978~2000年期间产生的潜在损失分解为三个具有明确经济含义的部分:技术效率损失、产出配置结构扭曲损失和要素配置结构扭曲损失。后两种损失就是市场分割和地区性行政垄断导致的损失。其研究的基本结论是:改革以来,各个省区市技术效率均有较大改善,但是,地区性行政垄断和市场分割导致的后两种损失,在改革以来虽有波动,但总的趋势是上升的,特别是1996年以来持续上升。到2000年,由于地区性行政垄断导致产出的损失达到20%。这意味着,在未来时期,仅仅通过消除地方保护的市场分割,中国就可以获得20%的增长。刘培林(2005)④通过数据包络分析方法对2000年中国30个省区市21个制造部门的经济绩效进行了分析,消除地方保护和市场分割后,中国国有及规模以上非国有的制造业部门的增加值大致可增加50%,即975亿元,比2000年全国国有及规模以上非国有企业的普通机械制造业的总增加值(840亿元)还要高,相当于河北或辽宁或湖北的全部国有及规模以上非国有的制造

---

① 李善同等:《中国国内地方保护问题的调查与分析》,载《经济研究》2004年第11期。
② 喻闻、黄季琨:《从大米市场整合程度看我国粮食市场改革》,载《经济研究》1998年第3期。李杰、孙群燕:《从啤酒市场整合程度看WTO对消除地方保护的影响》,载《世界经济》2004年第6期。
③ 郑毓盛、李崇高:《中国地方分割的效率损失》,载《中国社会科学》2003年第1期。
④ 刘培林:《地方保护和市场分割的损失》,载《中国工业经济》2005年第4期。

业的增加值。在微观层面，相关的文献研究主要集中在政府干预、市场化等因素对公司治理结构和治理绩效的影响，且主要以实证研究为主。对地区性行政垄断对公司绩效的影响程度的分析相对较少。

政府干预对公司治理有利的观点主要包括：一是加强对公司管理层的监督。政府作为最大股东，尽管不参与公司日常经营，但在抑制管理层的代理问题时，可能扮演关键角色。特别是政府高度控股的大型国有企业，政府对国企的监督是非常强的。尽管和西方式的市场化导向的市场治理模式不能相提并论，但这种政府导向的政府治理至少好过于股权过度分散、小股东选择搭便车的没有内部治理的治理状态。李涛（2005）、白重恩等（2004）、田利辉（2005）、田（Tai et al.，2004）、Tian（2008）① 持有这种观点。二是加大对国有企业的补贴。大多数国有企业都受到政府在市场准入和税收方面的扶持和帮助，特别是在国有企业经营陷入困境时，政府往往会作为政府的隐性担保人，这有利于国有企业的绩效优化。田利辉（2005）、韩朝华（2003）、李涛（2005）② 等持有此观点。

政府干预对公司治理绩效的负面影响主要包括：一是国有企业的控股股东政府往往有政治目标，这可能会带来严重行政干预，歪曲资源配置，降低公司效率。二是政府寻租。政府官员为自身利益最大化，将国有企业作为提款机，谋取私利。三是国有企业的政府股东往往处于所有者缺位的状态，对国有企业的控制权特别是现金流控制权为零，这使得国有企业存在较大的内部人控制问题。夏立军等（2005，2007）、常（Chang，2004）、李涛（2005）③ 等均认为政府干预对国有企业干预有较强的负面效果。

---

① 李涛：《国有股权、经营风险、预算软约束与公司绩效——中国上市公司的实证发现》，载《经济研究》2005 年第 7 期。白重恩等：《地方保护主义及产业地区集中度的决定因素和变动趋势》，载《经济研究》2004 年第 4 期。田利辉：《国有股权对上市公司绩效影响的 U 型曲线和政府股东两手论》，载《经济研究》2005 年第 10 期。Bai, Chong-En, Yingjuan Du, Zhigang Tao, and Sarah Y. Tong. *Local Protection and Regional Specialization*：*Evidence from China's Industries*，*Journal of International Economics*，2004，Volume 63，Issue 2，pp. 397 – 417. L. Tian, S. Estrin. *Retained State Shareholding in Chinese PLCs*：*Does Government Ownership always Reduce Corportate Value? Journal of Comparative Economics*，2008，36：74 – 89.

② 田利辉：《国有股权对上市公司绩效影响的 U 型曲线和政府股东两手论》，载《经济研究》2005 年第 10 期。韩朝华：《明晰产权与政府规范》，载《经济研究》2003 年第 2 期。李涛：《国有股权、经营风险、预算软约束与公司绩效——中国上市公司的实证发现》，载《经济研究》2005 年第 7 期。

③ 夏立军、方轶强：《政府控制、治理环境与公司价值——来自中国证券市场的经验证据》，载《经济研究》2005 年第 5 期。夏立军、陈信元：《市场化进程、国企改革策略与公司治理结构的内生决定》，载《经济研究》2007 年第 7 期。Chang and S. Wong. *Political Control and Performance in China Listed Frims*，*Journal of Comparative Economics*，2004，32：617 – 636. 李涛：《国有股权、经营风险、预算软约束与公司绩效——中国上市公司的实证发现》，载《经济研究》2005 年第 7 期。

二、基本假设

地区性行政垄断对上市公司治理的影响主要通过政府干预市场来实现。政府往往直接干预国有企业的经营。地方政府是众多国有企业（除中央企业）的大股东，控股比例极高。目前，国有企业大部分已从竞争性行业退出，主要分布在资源型行业、自然垄断性行业或进入成本高的行业。事实上，目前国有企业大部分位于高利润行业，盈利能力较强。地方政府官员在干预国有企业的经营中，能够获取较大收益，所有地方政府干预的积极性非常高；对于处于国计民生的重要行业的国有企业，即使国有企业盈利能力不足，但由于对地方经济发展十分重要。如某些国有企业位于劳动密集型行业，为地方提供大量就业，有的国有企业位于产业发展初期，但长期可能为地方政府提供稳定的税收，对于这些企业，地方政府可能会提供较多的政策优惠，也会对企业干预较多。有些国有企业可能亏损，但企业规模庞大，能为地方政府贡献较大的工业总产值或工业增加值，使得地方政府在 GDP 考核中更加主动。由于以上原因，地方政府干预国有企业的日常经营十分普遍。事实上，地区性行政垄断程度越高，国有企业占经济总体中的比重也越高，政府对国有企业干预往往也越多。

在我国，政府干预私有企业具有很强的"中国特色"。对于私营企业，地方政府尽管不直接干预其经营，但对于大的私营企业，地方政府往往会给予其较多的扶持政策，如更便宜的土地、更优惠的税收政策以及水电等价格优惠。地方政府向民营企业大献殷勤的原因很简单：留住民营企业，并鼓励扩大投资，引进新技术以提高本地区的产业结构。这种以各种优惠政策"收买"企业家方式在俄罗斯也有，但无疑在我国更加普遍，因为我国的地方政府相对而言更加富有，可控资源也较多，支付能力较强。地方政府为自己实现政治目标，如鼓励企业家参与政府主导的潜在重点产业投资，形成完善合理的有竞争力的产业结构。我们可以发现，在我国，规模较大的民营企业与政府往往有着良好的互动关系，这种良性关系使得民营企业得以较快发展，同时又为民营企业今后发展壮大提供政策支持。

由于地方保护主义，企业不得不在主要市场地区全部投资"大而全"的企业，而不是根据各地的资源禀赋来优化设计、加工、营销等各个环节，资源配置未能优化。因此，中国的外资经济之所以在民营企业有比较劳动密集型的行业能够成功的主要原因，除了民营企业的融资瓶颈之外，就是地区性行政垄断使得民营企业难以"正常成功"。由于中国的地区性行政垄断高于印度，市场分割更加严重，民营企业的规模难以扩大，故中国的民营企业在国际上的影响力不如同类的印度公司。这从近年进入世界 500 强的中国公司就可以看出，真正的民营企业几乎没有，而石化、银行等行业的大型中央企业数目却在一直增加。事实上，地区性行政垄断对中央国有企业的负面影响并不大。所以，地区性行政垄断对民营企业的发展壮大有很大的消极影响。从微观治理机制看，尽管地方政府能够为企业提供政策支持，但对企业而言，治理机制的完善对企业发展更加重要。地方政府对企业的优惠政策往往破坏了企业包括国有企业和私有企业的治理机制的建立和完善，令企业偏离利润最大化的路径。在实现部分政治目标的同时，企业不得不赚取更少的利润。在地方政府干预公司正常的运作过程中，政府对民营企业的干预相对要轻，这一点很好理解：地方政府是国有企业的直接出资人且是最大股东，出于寻租和政治目标，地方政府有很强的激励去直接干预国有企业的日常经营，特别是管理层的薪酬激励往往由地方政府直接设计，地方政府对国有企业的管理层的激励影响非常大；对于私营企业，地方政府以政策优惠来激励前者帮自己实现经济目标和政治目标，这种契约往往是非正式的，且是非强制性的，民营企业受到地方政府的直接干预并不多。因此，地区性行政垄断对私营企业的绩效影响相对要轻很多。因此我们得到如下两个假设：

假设1：地区性行政垄断程度越高，政府干预越强，政府偏离利润最大化的目标越远，企业的利润也越低。

假设2：地区性行政垄断对国有企业利润的负面影响大于民营企业。

三、数据来源与模型设计

1. 数据来源

我国上市公司自2001年度报告起才开始披露最终控制人资料，我们以2006年所有上市公司作为初选样本。最终控制人是指对上市公司拥有最大股权比例的最终股东，分为国有控股公司和私营公司。我们参照夏立军等（2005，2007）的方法，对其执行如下筛选程序：（1）剔除最终控制人不详的公司；（2）剔除中央政府控制的企业，这类公司不便考虑各地区金融歧视程度对治理绩效的影响；（3）剔除注册在西藏的上市公司。我们将国有控股公司理解为国有股东为第一大股东的公司，简称国有上市公司，最终控制人为民营企业、外资企业、高校、乡镇企业的上市公司称为私营上市公司。

我们使用的地区性行政垄断指数建立在于良春等（2007）[①] 编制的各地区地区性行政垄断指数基础上。由于数据的可能性和统计的方便性，我们剔除了西

[①] 于良春等：《转轨时期中国反行政垄断与促进竞争政策研究》，山东大学反垄断与促进竞争政策研究中心工作论文，2007，No. 2007001。

藏、重庆以及海南的上市公司样本。经过上述程序，我们最后获得 1 075 家样本公司，其中，最终控制人为各级政府的上市公司国有控股公司数量分别为 693 家，私营公司为 382 家。

我们所用到的上市公司数据全部来自北大经济研究中心上市公司数据，上市公司终极控制人由上市公司年度报告中"股本变动及股东情况"进行逐一整理，上市公司年度报告来自巨潮资讯网。

2. 模型设计

$$ROA(ROE) = C + \alpha \times Rpmindex + \beta \times \ln scale + \gamma \times Leverage + E \times Contorl + \varepsilon$$

其中 ROA 表示资产收益率，是纯利润和资产总额的比值。资产收益率指标将资产负债表、损益表中的相关信息有机结合起来，是公司运用其全部资金获取利润能力的集中体现。ROE 表示净资产收益率，即净利润与净资产的比例。目前，许多研究公司治理绩效的文献主要采用托宾 Q 以及净资产收益率为因变量，托宾 Q 为股票市值与重置成本的比值。和西方市场经济国家相比，我国众多上市公司存在较大数量的非流通股，流通股的市值好理解，即流通股股数与股票价格乘积，而非流通股的市值存在很大争议，部分学者以股票市场价格来计算，部分学者以净资产计算，还有部分学者以市场价的一定程度的折扣价来计算。此外，托宾 Q 的计算以年度最后一天的收盘价来计算，这使得托宾 Q 的客观性不足。净资产收益率是公司税后利润除以净资产得到的百分比率，用以衡量公司运用自有资本的效率。净资产收益率和资产收益率都是同类型的绩效指标，采用一种即可。因此，我们采用资产收益率代表上市公司的绩效情况。Rpmindex 代表行政性垄断指数。我们预期，地区性行政垄断程度与上市公司绩效呈反比。

根据公司财务文献的传统以及我国上市公司的特征，我们选取规模（Lnscale）、资本结构（Leveage）作为自变量。规模用以控制规模对预算约束和公司价值的影响，资本结构用以控制资本结构的影响，规模表示对总资产规模取对数。资本结构表示资产负债率，是负债总额除以资产总额的百分比（见表 7 – 1）。由于资产负债率加上股东权益和总资产的比值等于 1，所以我们使用 1 减去股东权益和总资产的比值来表示资产负债率。

Control 代表控制变量，这里主要是行业变量虚拟变量。根据中国证监会 2001 年颁布的《上市公司行业分类指引》，我们将样本公司的行业类型分为 21 类，并以农业类上市公司为参照系，设置 20 个行业虚拟变量。

表7-1　　　　　　　　　　　变量说明

自变量	定义和度量	预测方向
		因变量
		roa
Rpmindex	行政性垄断指数	-
Lnscale	对总资产规模取对数	+
Leveage	资产负债率	-
Control	行业分类，采用 scrc 行业分类法。	

值得说明的是，我们在分析上市公司绩效的影响因素中，未考虑内部治理机制因素，如董事会、股权结构、管理层的激励等因素，理由是许多实证研究表明，这些因素在实证中效果并不显著，而且所有制属性对上市公司绩效有显著影响，但由于我国公司经营的绩效很大程度上依靠资源和行业市场潜力，对内部管理的要求相对较低，故内部治理机制对绩效的影响并不明显。因此，我们未考虑内部治理机制变量。

四、实证检验

从表7-2可以看出，地区性行政垄断指数的回归系数均为负，且在1%程度显著，这意味着，地区性行政垄断对上市公司的绩效有着显著的负面影响。地区性行政垄断每上升一个单位，国有企业的资产收益率则下降9.4个百分点，而私营企业的资产收益率则下降6.6个百分点。这意味着地区性行政垄断对国有企业绩效的负面影响更大。同时，公司规模对上市公司绩效呈显著正面影响，这表明，在我国，公司规模越大，公司绩效相对越好，这可能是由于公司规模越大，公司在市场垄断、银行贷款、优惠政策获取方面可能更有优势。这也说明，我国企业之间的竞争仍然出于规模之间的竞争而不是提供的客户价值的竞争，企业更倾向于做大而不是做强。一旦企业壮大后，可以获得更多政治支持以及更多优惠，故公司规模对绩效有着较强的促进作用。资产负债率的回归系数为负数且在1%程度显著，即对上市公司的绩效也是负面的，这可能是资产负债率越高的公司，公司经营获取的现金流和收益越小，故绩效相对较差。

表 7-2　　　　　　　　　　回归结果

变量	国有企业样本 Roa	非国有企业样本 Roa
Rpmindex	-0.09428（-3.84）***	-0.06646（3.54）***
Lnscale	0.028188（4.29）***	0.027053（4.28）***
Leveage	-0.00096（-12.19）***	-0.00094（-12.05）***
Industry	控制	控制
Constant	-0.55052（-3.67）***	-0.63211（-3.7）***
Adjusted R-squared	0.193	0.187

五、地区性行政垄断程度对我国公司绩效影响的测算

为更好地测度地区性行政垄断指数对我国企业的总体影响情况，我们尝试以国有企业和私营企业为例来进行分析。近年来，我国国有企业和私营企业的总资产和利润情况如表 7-3，其中，国有企业的口径包括国有企业加上国有控股企业。国有企业（即原全民所有制工业或国营工业）指企业全部资产归国家所有，并按《中华人民共和国企业法人登记管理条例》规定登记注册的非公司制的经济组织。包括国有企业、国有独资公司和国有联营企业；国有控股企业是对混合所有制经济的企业进行的"国有控股"分类。它是指这些企业的全部资产中国有资产（股份）相对其他所有者中的任何一个所有者占资（股）最多的企业。该分组反映了国有经济控股情况。私营企业指由自然人投资设立或由自然人控股，以雇佣劳动为基础的营利性经济组织。包括按照《公司法》、《合伙企业法》、《私营企业暂行条例》规定登记注册的私营有限责任公司、私营股份有限公司、私营合伙企业和私营独资企业。

可以看出，近年来，我国国有企业和私营企业的资产规模膨胀速度非常快。据此，我们分别计算了国有企业和私营企业的平均资产收益率。可以看出，私营企业的平均资产收益率要高于国有企业，这种优势正在缩小。这可能与国有企业逐步从竞争性行业退出有关，当国有企业逐渐退出不具有比较优势的亏损较大的竞争性行业时，国有企业的利润率应该是上升的。由于治理结构的进一步优化，法治更加健全，民营企业的绩效也会同步提升。

1. 地区性行政垄断对我国公司绩效总体影响的测算

以 2006 年为例，我国地区性行政垄断指数从 0.552 下降到 0.518，下降了 0.034。从表 7-2 的回归结果看，地区性行政垄断指数如果从 0 增加到 1，则国有企业的收益率下降 9.43 个百分点，私营企业的收益率下降 6.65 个百分点。反之，如果地区性行政垄断能得到彻底消除，则国有企业的收益率上升 9.43 个百

分点，私营企业上升6.65个百分点。事实上，目前，国有企业的平均资产收益率为6.28%，而私营企业为7.88%。因此，我国地区性行政垄断程度对我国企业的绩效影响程度非常大。以2006年为例，地区性行政垄断指数为0.518，如果消除地区性行政垄断后，即地区性行政垄断指数从0.552下降到0，则国有公司和私营公司的收益率分别上升4.71个百分点、3.32个百分点，这使得国有企业和私营企业的绩效大幅提升。2006年，我国国有企业和私营企业的总资产规模分别为135 153.35亿元、40 514.83亿元。则消除地区性行政垄断将使得国有企业和私营企业利润分别增加6 366亿元、1 345亿元。

由表7-3可以发现，目前，我国地区性行政垄断使得我国国有企业和私营企业的利润分别减少6 366亿元、1 345亿元，累计7 711亿元。2006年，我国国内生产总值为210 871亿元，地区性行政垄断造成企业层面的损失占国内生产总值的3.66%。为更形象的表明地区性行政垄断对微观企业层面的影响，我们可以将该损失与各省市的GDP进行比较分析。2006年，地区性行政垄断引起的企业利润的损失相当于北京、福建、湖南、湖北等省市当年的地区市场总值，约占山东省地区生产总值的1/3。消除地区性行政垄断增加的企业利润将拉动GDP净增加近3.7个百分点，这意味着我国GDP增长的潜力仍然较大，即使在不考虑生产要素投入的前提下，地区性行政垄断消除带来的制度红利也能拉动GDP较快速度增长。在目前全球金融危机背景下，全球需求下降，企业投资意愿下降，依靠出口拉动经济增长也更加艰难，内部需求特别是消费的培育也不是一日之功，通过消除地区性行政垄断来优化制度环境，减少企业的交易成本成为明智的选择。

表7-3　　　近年来我国国有企业和私营企业盈利情况

年份	国有企业总资产（亿元）	利润总额（亿元）	平均资产收益率	私营企业总资产（亿元）	利润总额（亿元）	平均资产收益率	地区性行政垄断指数
1998	74 916.27	525.14	0.0070	1 486.98	67.25	0.0452	
1999	80 471.69	997.86	0.0124	2 289.21	121.52	0.0531	
2000	84 014.94	2 408.33	0.0287	3 873.83	189.68	0.0490	
2001	87 901.54	2 388.56	0.0272	5 901.98	312.56	0.0530	
2002	89 094.60	2 632.94	0.0296	8 759.62	490.23	0.0560	0.4992
2003	94 519.79	3 836.20	0.0406	14 525.29	859.64	0.0592	0.5313
2004	109 708.25	5 453.10	0.0497	23 724.80	1 429.74	0.0603	0.5417
2005	117 629.61	6 519.75	0.0554	30 325.12	2 120.65	0.0699	0.5525
2006	135 153.35	8 485.46	0.0628	40 514.83	3 191.05	0.0788	0.5177

备注：资产和利润总额来自2007年统计年鉴，平均资产收益率由课题组计算。

2. 地区性行政垄断程度波动的对微观资源配置效率的影响

事实上,我们还可以粗略测算年度地区性行政垄断程度变动导致的企业效率损失情况。2006年,地区性行政垄断程度下降使得国有企业资产收益率上升了0.3个百分点,私营企业资产收益率上升了0.22个百分点。折算后,国有企业利润增加了405亿元,私营企业利润增加了89亿元。同理,如果地区性行政垄断上升了同等比例,则国有企业和私营企业的利润分别减少405亿元和89亿元。近年来,我国地区性行政垄断程度年度波动幅度0.01~0.05以内,对国有企业收益率的影响在0.1~0.47个百分点之间,对私营企业收益率的影响在0.07~0.33个百分点。目前,我国国有企业和私营企业的回报率普遍低于发达市场的平均水平,地区性行政垄断的消除的确能提高二者的盈利能力。可以看出,即使是地区性行政垄断程度的微小变化,经过加总后,也可能引起企业利润发生较大程度的增减,我们可以称之为地区性行政垄断的"蝴蝶效应"。这一点可以如下理解:地区性行政垄断的微小变化,导致单个企业之间的生产决策和经营绩效变化尽管很小,对每个企业的经营决策可能不会产生关键的作用,但企业之间的经营网络却十分敏感,随着企业数量的大规模增加,外部微弱的变化也会造成企业之间的经营网络受到冲击,一旦这种冲击经过加总,则这种影响将十分巨大,产生难以预期的宏观效果,即对我国国有企业和私营企业的总体利润情况造成巨大的影响。

3. 地区性行政垄断程度波动的"杠杆效应"

此外,地区性行政垄断还存在较大的杠杆效应。在国有企业和私营企业发展水平较低,利润较低的情况下,地区性行政垄断程度的变化对二者的利润影响并不大。在劳动力成本低廉、银根宽松、环保标准较低等后发优势的前提下,市场化改革存在较强的"帕累托改进"优势,企业经营有着良好的政策基本面和市场需求做支撑,地区性行政垄断对企业经营的影响也不存在太大的负面影响,企业的发展受地区性行政垄断程度的影响也较轻。地区之间的竞争往往表现为劳动力、资本、土地等生产要素的廉价程度的竞争,制度性因素还不构成地区之间差异化竞争的关键因素,地区性行政垄断对投资者决策不会构成太大的压力。但随着改革的深入,劳动力成本上升,全球经济衰退导致外部需求不足,金融危机使得银行惜贷,产品质量标准提高,企业面临的市场外部环境逐步恶化,而市场竞争的全球化和进入管制的放松导致的供给的增加则使得企业之间的竞争更加激烈。此时,更加激烈的竞争往往意味着利润的扁平化趋势,也意味着企业的外部治理环境更加关键。此时,市场经济的成熟往往意味市场规模、制度、体制、文化、法律、政治、社会因素逐渐取代有形的生产要素成为地区长期发展的关键因素[①]。因此,目

---

① Avner Greif. The Historical and Compared Institutional Analysis. American Economic Review, 1998. Vol. 88.

前,上海、深圳等地的土地租金、住房等成本尽管远远高于中西部地区,但强大的市场容量以及良好的制度环境使得这些地区仍然成为投资的"高地"。地区性行政垄断作为一种关键的消极型制度安排,可能对地区发展产生巨大抑制作用。

随着我国经济增长以年均近10%的速度高速增长,国有企业和私营企业的利润平均增幅在20%以上,利润总额也越来越大。地区性行政垄断程度的变化会导致国有企业和私营企业利润出现更大程度的波动。因此,随着国有企业和私营企业的利润大幅增长,地区性行政垄断程度波动即使不变,其影响的企业利润也将同比增长。即如果我国地区性行政垄断程度下降,则我国国有企业和私营企业的利润会以更大幅度上升,而如果我国地区性行政垄断程度上升,国有企业和私营企业的利润可能受到更大的负面影响。

第三节 地区性行政垄断与资源配置的产业效率

地区性行政垄断是地方政府运用行政权力对市场及其竞争关系进行限制甚至是替代的行为或状态。以地方保护为主要形式的地区性行政垄断导致地区封锁和市场分割,严重影响产业效率。有学者测算,因地方性行政性垄断造成的产出损失占到GDP的20%,对某些产业来说,损失更为严重(郑毓盛、李崇高,2003;刘培林,2005)[①]。虽然学界对这种效率损失的大小有争议,但是地方行政性垄断已经严重影响了中国经济的发展早已是公认的事实。20世纪70年代后,重视效率标准、福利权衡是国际反垄断研究的重要特点。而目前对中国地方行政性垄断的研究从价值判断角度研究较多,从实际绩效角度研究较少,研究垄断的成因及表现形式为多,对效率影响研究较少,在效率影响研究中,以宏观层面居多,而对产业层面的效率影响少之又少。研究地方行政性垄断,分析成因、测量垄断程度,测度对不同产业资源配置的效率影响,从而提出解决思路,这样的研究不仅有理论意义,更可以为解决实践中的重大问题提供参考。研究地方行政性垄断这种有中国特色的垄断形式样本,不仅是有助于解决中国的发展问题,更可以丰富国际反垄断研究。

在已有的垄断导致福利损失的理论和估计模型中,大都是关于经济垄断造成的福利损失,并没有专门涉及行政性垄断。但是其研究方法仍然可以作为研究行政性垄断对效率影响的借鉴。地方保护导致地区封锁和市场分割,进而影响产

---

① 郑毓盛、李崇高:《中国地方分割的效率损失》,载《中国社会科学》2003年第1期。刘培林:《地方保护和市场分割的损失》,载《中国工业经济》2005年第4期。

效率。产业层次的效率包括技术效率和配置效率,技术效率测度的是在给定投入要素的情况下企业获取最大产出的能力或者给定产出的情况下企业最小化投入要素的能力;配置效率测度的是给定投入要素相对价格条件下企业最优化各项投入要素组合的能力(Farrell,1957)①。地方保护限制了生产可能性边界的拓展,导致技术效率和配置效率的下降,包括产出结构不合理所造成的效率损失和投入品在省际之间的不合理分配所造成的损失。各地在短期利益的驱动下,争相投入相同的产业,然后利用行政力量来保护市场,这样的情况既引致产出结构不合理,亦造成投入品在各省之间的配置不能达到最有效率的水平,而资本和劳动力等要素的流动性亦受到种种束缚,难以依靠市场的力量纠正投入品配置效率低的问题。地方保护和地方分割越严重,这两个因素所导致的效率损失就越大(郑毓盛、李崇高,2003)② 近年来利用前沿生产函数法来测算全要素生产率,并将其分解为技术进步率和规模效率的学者越来越多。方法主要有数据包络分析(DEA)和随机前沿分析(SFA)两种。DEA 方法主要优点是事先不需要设定生产函数的形式,但是其不足是无统计特征,缺少对模型本身合理性和有效性的检验。而且由于它不考虑误差项,所以将实际生产点与前沿面上的差距均视为技术无效率,当经济系统外有突发事件发生时,这将大大降低分析的有效性。SFA 则在分析之前构造生产函数形式,由于生产函数具有统计特征,所以在实证分析过程中,可以基于其统计特征做进一步的推断。而且随机前沿分析法还考虑了随机误差项,将误差项区分为两大部分:一部分为随机干扰、测量误差;另一部分为技术无效率。这显然会增强分析的有效性。还有,随机前沿计算出的技术效率值的离散程度相对较小,便于区分。当然,随机前沿分析法也有一个相对不足,那就是需要有较大样本设定一个有效的生产函数形式。

一、地区性行政垄断导致产业效率损失的机理分析

1. 测算产业层面成本效率的 DEA 模型③

对于规模报酬可变 VRS(Variable Returns to Scale)下的成本效率,我们可通过线性规划(1)求解:

$$\min_{\lambda, x_i^*} w'_i x_i^*$$

---

① Farrell, M. J. *The Measurement of Productive Efficiency*. Journal of the Royal Statistical Society, ACXX, 1957, P. 3.
② 郑毓盛、李崇高:《中国地方分割的效率损失》,载《中国社会科学》2003 年第 1 期。
③ Timothy J. Coelli. *A Guide to DEAP Version 2.1: A Data Envelopment Analysis (Computer) Program*. CEPA Working Paper 96/08.

$$\text{s.t.} \quad -y_i + Y\lambda \geq 0, \quad x_i^* - X\lambda \geq 0, \quad \sum_j \lambda_j = 1, \quad \lambda \geq 0 \qquad (1)$$

其中 w_i 是第 i 个决策单元的投入价格向量，x_i^* 是在给定投入价格向量 w_i 和产出水平 y_i 的情形下，使得第 i 个决策单元的投入成本最小化的投入数量。第 i 个决策单元的成本效率或者说经济效率 EE 为：

$$CE = w_i'x_i^* / w_i'x_i$$

接着可根据线性规划（2）求解决策单元的技术效率 TE：

$$\min_{\theta, \lambda} \theta$$

$$\text{s.t.} \quad -y_i + Y\lambda \geq 0, \quad x_i^* - X\lambda \geq 0, \quad \sum_j \lambda_j = 1, \quad \lambda \geq 0 \qquad (2)$$

通过式（3）求得配置效率 AE：

$$AE = CE/TE \qquad (3)$$

对于规模报酬不变模型 CRS（Constant Returns to Scale）的成本效率，只需要通过取消线性规划（1）和（2）的第三个约束条件求解。

2. 地区性行政垄断导致过度竞争及其产业层面效率损失的内在机理

基本假设：（1）行业的投入为 x，产出为 y。为分析方便，假定 x = (K, L)，即生产过程采用资本 K 与劳动力 L 两种要素投入，资本劳动力的相对价格比率为 q = r/w。（2）生产可能性集合为凸集。对任意的 (x, y) ∈ T（T 为生产的可能性集合），(x', y') ∈ T，以及 μ ∈ [0, 1]，有 μ(x, y) + (1 - μ)(x', y') ∈ T，则 T 为一个凸集。

3. 无成本自由处理

设 (x, y) ∈ T，若 x' ≥ x，则 (x', y) ∈ T，即在原来生产活动的基础上增加投入或减少产出进行生产都是可能的。

模型推导：

（1）参照系——完全竞争市场帕累托效率最优点。假设市场是完全竞争，资本劳动力的相对价格比率为 q = r/w，行业的生产可能性前沿曲线为 PPF。在资本—劳动力的二维相位图中，帕累托最优的效率点为 E，即资本劳动力的等成本曲线 SS′ 与生产可能性前沿曲线的切点（见图 7 - 1）。

（2）地区性行政垄断导致行业过度竞争及其产业层面成本效率损失。地区性行政垄断是地方政府运用行政权力对市场及其竞争关系进行限制或替代的行为或状态。扭曲要素价格的地区性行政垄断产生于市场经济开始建立并迅速发展的 90 年代初，并一直持续到现在，随着市场经济的建立，地方政府越来越不能直接投资于生产领域，只能通过制定各种显性的或者隐性的区域产业政策等来达到自己的目标。这一时期，地方政府的目标函数也趋于复杂化，除了利税收入的最大化以外，还包括区域就业的最大化、招商引资的最大化等等，在这些目标的驱动下,地方政府利用市场经济初期制度的不完善特别是要素市场包括资本市场、劳动力市场和土地市场等的不完善,人为地扭曲这些生产要素的价格,以达到诱使资本流向地方政府偏好的能实现地方政府政绩的最大化的产业和部门,造成了这些行业的重复建设,当行业利润率下降时,重复建设就会演变为各地政府出于保护本地利益目的而实行的地方保护和市场分割。进一步地,一旦地方保护无利可图,地方保护取消后隐性的过度竞争就会爆发。

第一,地方政府扭曲要素价格导致配置效率损失。在完全竞争市场中,行业生产所需投入要素资本和劳动力相对价格比率为 $q = r/w$。在资本相对稀缺的情况下,地方政府往往会通过一些显性或隐性的优惠政策和补贴来降低企业的生产成本,吸引资本流入地方政府偏好的该行业,从而人为地压低行业生产所需资本的价格。新的资本劳动力相对价格比率 $q' = r'/w' < q = r/w$,如图 7-1 中的等成本线的斜率变小,由 SS′ 变为 ZZ′,从而使帕累托效率最优点由 E 变为 E′,使资源配置效率损失 $1-AE$,表现在图 7-2 中,$AE = OM/OE'$,其中,$0 < AE \leq 1$。

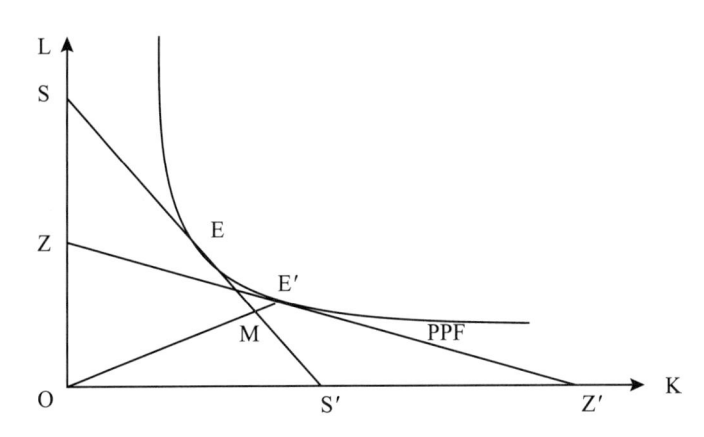

图 7-1 扭曲要素价格的地区性行政垄断导致的配置效率损失

第二,地方保护下的生产能力过剩导致技术效率 TE 的损失。地方政府追求要素价格扭曲租金的一个直接后果是地区经济结构趋同(于良春等,2007)[①] 或者叫做重复建设。这种重复建设导致相关行业的利润下降,从而危及地方就业和财政收入,于是重复建设就会演变成地方政府出于保护本地利益目的而实行的地方保护和市场分割。地方保护一方面导致本区域内更多厂商进入,另一方面会导致区域内企业联合垄断的形成,从而导致扭曲要素价格条件下的生产能力过剩,导致生产效率的损失,这实际上表现为投入的过多,但却没有充分发挥这些投入

[①] 于良春等:《转轨时期中国反行政垄断与促进竞争政策研究》,山东大学反垄断与促进竞争政策研究中心工作论文,2007,No. 2007001。

的生产能力，因此，将这种生产效率的损失称为技术效率 TE 的损失。表现在图 7-2 中，这种技术效率的损失 1 - TE = OE′/ON，其中，0 < TE ≤ 1。

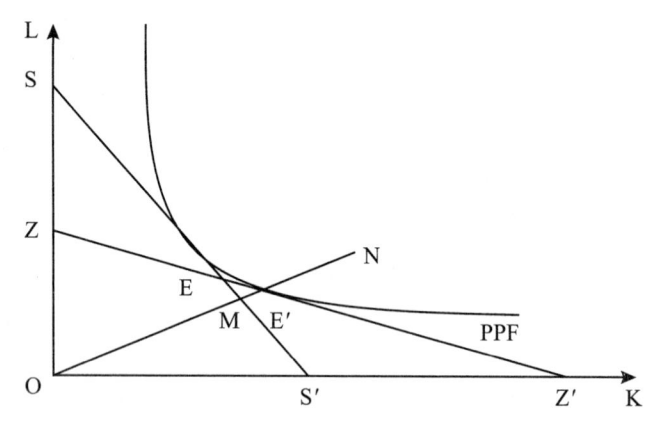

图 7-2 地方保护下的技术效率损失

于是地方保护取消前地区性行政垄断导致的成本效率损失为：1 - CE = 1 - OM/ON = 1 - (OM/OE′) × (OE′/ON) = 1 - AE × TE，显然，0 < CE ≤ 1。

第三，地方保护取消后行业过度竞争导致的成本效率 CE′的产生。当行业的利润下降达到一定程度，使得该行业的地方保护无利可图时，地方保护就会取消，潜在的行业过度竞争完全爆发出来。在市场作用下，一方面，劳动力的价格跌至 w″ < w，另一方面，资本的价格升至 r″ > r，从而导致新的资本劳动力相对价格比率 q″ = r″/w″ > q = r/w，见图 7-3 中的行业等成本线的斜率变大，由 SS′变为 WW′，从而使帕累托效率最优点由 E 变为 EE′，导致配置效率 AE′ = OM′/OE″损失 1 - AE′；并且由于供给严重大于需求，生产能力无法充分利用，由导致技术效率 TE′ = OE″/ON′损失 1 - TE′，过度竞争下的成本效率损失为：

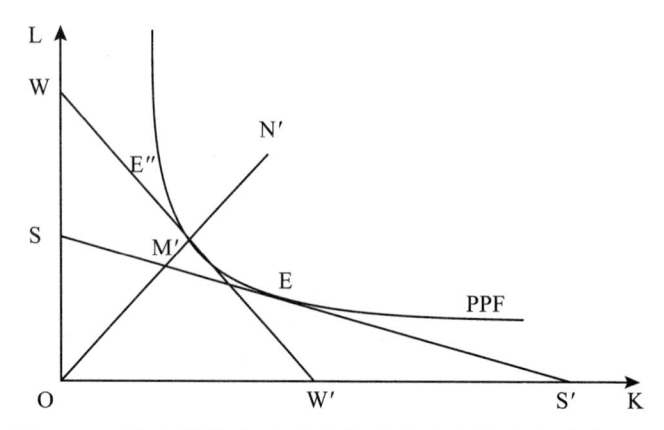

图 7-3 地方保护取消后行业过度竞争的成本效率损失

$1 - CE' = OM'/ON' = (OM'/OE') \times (OE''/ON') = AE' \times TE'$,显然,$0 < CE' \leq 1$。

综上所述,无论是要素价格扭曲进而诱发地方保护作用下的潜在过度竞争,还是地方保护取消后的真实过度竞争,其效率损失都可归结为成本效率损失,于是我们提出以下待检验假说:地区性行政垄断是导致过度竞争及其产业层面效率损失的重要因素。

二、食品工业的实证分析

1. 食品工业成本效率的测算

《中国食品工业年鉴》提供了食品加工、食品制造、饮料制造和烟草加工四个食品行业的数据,结合前文对中国 37 个行业过度竞争状态的打分评价和排序细分,我们剔除了低度竞争的烟草加工业并汇总了其他三个行业的相关数据,利用上面介绍的测算成本效率的 DEA 模型测算全国 27 个省市区食品工业的成本效率。所选取的投入指标为固定资产净值年平均余额和职工人数,产出指标为工业增加值。固定资产净值和工业增加值以 1992 年为基期,按照《新中国 55 年统计资料汇编》提供的固定资产投资价格指数和工业出厂品价格指数分别进行平减。数据年限为 1992~2004 年。

在投入价格未知的情况下,测算成本效率的关键在于计算投入的影子价格,我们借鉴李崇高等(Sung-ko Li and Ying Chu-ng, 1995)[①] 给出的求解影子价格的新方法。他们首先证明了在个体技术集合是凸锥(Convex Cone)的条件下,决策单元整体的技术可能性集合与个体技术约束集相等。另外,在生产技术满足线性齐次性(Linearly Homogeneous)以及要素投入集合是凸集(Convex Set)的条件下,生产技术满足凸性条件。由于数据包络分析方法构建的投入集合满足凸集条件,整体技术效率(TE)可以分解为三个部分:决策单元内部的技术效率、决策单元内部的要素配置效率和决策单元之间的再配置效率。将所有决策单元的投入和产出求和得到总体的投入和产出量,然后计算出整体的技术效率指数 θ。整体决策单元经过技术调整后的投入产出向量 $\left(\theta \sum_{i=1}^{n} X_i, \sum_{i=1}^{n} Y_i \right)$ 同时实现了最优的要素配置(即配置效率值为 1,实际上整体的技术效率值即为整体的成本效率值),将其代入下式,得到产出和投入的影子价格向量(μ^T, ω^T)。

---

① Sung-ko Li and Ying Chu-ng. *Measuring the Productive Efficiency of a Group of Firms*. International Advances in Economic Research. Vol. 1, No. 4. (Nov., 1995), pp. 377 – 390.

$$d_{(X_i, Y_i)} = \begin{cases} \max(\mu^T Y_i - \mu_i) \\ \omega^T X_j - \mu^T Y_j + \mu_i \geq 0, \ j = 1, 2, \cdots, n \\ \omega^T X_i = 1 \\ \omega \geq 0, \ \mu \geq 0, \ \text{free} \mu_i \end{cases}$$

使用 Lindo6.0 软件计算出影子价格后，按照测算成本效率的 DEA 模型，采用 DEAP2.1 软件对中国 27 个省份食品工业 1992~2004 年共计 13 年的成本效率进行了测算，表 7-4 给出了 27 个省份 1992~2004 年间成本效率均值。

表 7-4　　　　27 个省份 1992~2004 年食品工业成本效率均值

地区	EE	地区	EE
北京	0.877923	山东	1
天津	0.629615	河南	0.834154
河北	0.662846	湖北	0.797769
山西	0.630462	湖南	0.665385
内蒙古	0.650769	广东	0.851077
辽宁	0.509154	广西	0.604385
吉林	0.535769	四川	0.915846
黑龙江	0.390462	贵州	0.793923
上海	0.857692	云南	0.499231
江苏	0.892846	陕西	0.572615
浙江	0.751385	甘肃	0.594769
安徽	0.771077	宁夏	0.762692
福建	0.724769	新疆	0.417462
江西	0.711769		

由表 7-4 可知，1992~2004 年各省市区食品工业的成本效率均值差异明显，地区性行政垄断程度较高的地区，成本效率均值往往较低。

2. 地区性行政垄断导致过度竞争效率损失假说的实证检验

我们在引入消费水平和人均 GDP 指数两个控制变量后设立如下面板计量模型实证检验前文假说：

$$\text{Efficiency}_{jt} = a + \rho_t + \phi_j + \beta_1 \cdot \text{LMonopoly}_{jt} + \beta_2 \cdot \text{Consume}_{jt} + \beta_3 \cdot \text{GDP}_{jt} + \varepsilon_{jt}$$

计量方程中所用变量指标说明如下：

（1）成本效率值 Efficiency。通过线性规划一，采用 DEAP2.1 软件求解得到。

（2）地区性行政垄断水平 LMonopoly。借鉴于良春、付强（2008）[①] 的测度

[①] 于良春、付强：《地区行政垄断与区域产业同构互动关系分析——基于省际的面板数据》，载《中国工业经济》2008 年第 6 期。

方法，使用正负指标的算术平均值来表示。其中，正指标采用三个分指标的算术平均值来对地区性行政垄断进行测量，第一个分指标是国有经济在整个国民经济中所占的比重，用"工业总产值中国有经济所占的比重"、"全社会固定资产投资中国有经济所占的比重"、"国有经济从业人数占全部从业人数的比重"的平均值来表示；第二个分指标"政府行使地区性行政垄断的能力"用"政府财政收入占 GDP 的比重"来表示；第三个分指标"政府干预市场的能力"用"政府消费占全部最终消费的比重"来表示。负指标包括三个分指标的算术平均值来表示，第一个分指标是所有制结构的市场化，使用"工业总产值中非国有经济所占的比重"、"非国有经济从业人数占全部从业人数的比重"的算术平均值来表示；第二个分指标使用"国内生产总值与政府消费之比"来反映政府的市场化；第三个分指标使用"全社会固定资产投资中非国有经济的比重"来表示投资的市场化。估计系数符号预期为负。

（3）消费水平 Consume。使用（1）与"农村居民的家庭恩格尔系数"和"城市居民的家庭恩格尔系数"两个分指标的算术平均值差值来表示一个地区的消费水平。估计系数符号预期为负。

（4）经济发展水平 GDP。使用人均 GDP 指数表示，即某地区人均 GDP 比上全国人均 GDP。估计系数符号预期为正。

（5）ϕ_i 表示个体固定效应，ρ_t 表示时间固定效应。

相关数据来源于各期《中国统计年鉴》和《新中国 55 年统计资料汇编》。表 7－5 给出了双向固定效应模型（Two-way Fixed-effect Model）的估计结果，其中省份效应和时间效应都得到了控制，豪斯曼检验（Hausman Test）结果列在表的底部，检验拒绝了随机效应模型的零假设，从而支持了双向固定效应模型。在控制住消费水平、经济发展水平及时间个体效应后，地区性行政垄断与成本效率负相关，且在 1％ 的水平上显著，有力地支持了前文提出的理论假说，地区性行政垄断是导致行业过度竞争及其效率损失的重要因素。

表 7－5　　　　　　　　双向固定效应模型的回归结果

变量	系数值	标准差	t 统计量	p 值
常数	1.040534	0.1919582	5.43	0.000
地区性行政垄断	－0.6048775	0.2189979	－2.76	0.006
消费水平	－0.0038116	0.0019703	－1.93	0.054
经济发展水平	0.1194818	0.0453188	2.64	0.009
拟和优度	0.6564	F 统计量 p 值		0.0000
调整拟和优度	0.6108	Hausman 检验 p 值		0.0143

我们的理论分析表明，追求要素价格扭曲租金和地方保护的地区性行政垄断导致了行业过度竞争及其效率损失，无论是地方保护取消前还是地方保护取消后，过度竞争的效率损失均可归结为成本效率的损失。实证检验的结果有力地支持了这一假说。要避免这种经济转轨过程中特有的过度竞争现象，必须消除地区性行政垄断。追求要素价格扭曲租金和地方保护的地区性行政垄断之所以存在，是因为在我国目前财税和政治晋升双重激励下，处于相对"软化"的制度约束环境中的地方政府扭曲了资源的配置和妨碍了市场竞争，这一扭曲在政府间竞争的作用下进一步放大。

三、烟草制造业的实证分析

产业的效率受本产业整体垄断程度和所在地区垄断程度的双重影响，行业垄断和地区垄断是交织作用的。一方面，两种垄断是叠加起作用的，行业垄断程度高，行业与中央政府和地方政府谈判的力量集中，容易发挥利益集团的影响作用。另一方面，地方政府扶持地方产业，使各地各自为战，产业扭曲要素成本，政府帮助扶持企业打破进入行业的壁垒，使竞争主体增多，出现促进产业竞争的情况。区域内不同产业因在政府目标函数对应值不一，政府对这些产业存在偏好序列，因而保护或歧视的程度不同，各产业的效率也因此有差别见表 7-6、表 7-7。因经济发展程度和禀赋差异，各地政府目标函数有差异，同一产业在不同地区受保护或歧视程度不同，可以部分解释同一产业区域间的效率差异。

表 7-6　　　　　　　主要行业的行政性垄断程度

行业名称	CR_4	Gn	R	AMh	排序
石油和天然气开采业	45.36	98.90	47.31	61.0795	1
烟草制品业	29.15	99.34	14.49	42.0142	2
电力、热力的生产和供应业	20.28	90.00	7.84	32.2556	3
煤炭开采和洗选业	14.67	66.04	9.58	24.6652	4
有色金属矿采选业	17.27	38.78	21.27	24.4939	5
石油加工、炼焦及核燃料加工业	14.33	75.59	-2.06	22.4208	6
燃气生产和供应业	12.54	54.72	4.07	19.5572	7
水的生产和供应业	8.50	69.52	3.39	18.0353	8
黑色金属冶炼及压延加工业	11.95	43.13	5.38	17.5079	9
交通运输设备制造业	9.80	50.17	4.92	16.9971	10
以下行业省略	—	—	—	—	…

资料来源：丁启军：《行业性行政垄断及其效率损失研究》，课题组工作论文，2008。

表7-7 产业对应地方政府目标的权重

模糊语气算子	极端重要	很重要	重要	比较重要	同等重要	稍不重要	不太重要
目标	地区安全	上级评价\晋升	税收	经济发展	就业	居民满意、相邻地区同步发展	可持续发展
打分	90~100	70~90	50~70	40~50	30~40	20~30	5~20
对产业的要求	安全生产	快速发展、行业领先	税收贡献	整体经济拉动作用	大量解决就业	社会需要	环保
典型产业	煤矿食品核能	信息产业、高科技产业85	烟草加工业70	房地产、装备制造50，石油加工47	纺织业40	传统服务业	污水处理

可以认为受保护程度最严重的行业有以下特征：对行业的地方保护程度与行业的增加值率及产品销售利润率之间存在显著的正相关关系，进一步可以证明利润水平高，税收贡献大，解决就业多的产业特别是能带来显著政绩的产业受保护程度高，这些产业的特点和政府目标函数吻合程度越高，则政府越有足够的激励采取保护政策。作为研究对象，产业的选择从两方面考虑，第一是行业的垄断程度，第二是产业对于地方政府目标函数的吻合程度。

按照上述标准打分，同时对应产业垄断和地方垄断最典型的产业是烟草加工业102分，后依次为石油冶炼69分，交通装备制造业66.9分，纺织业45分。

1. 烟草加工业的垄断程度

在专卖制度与国家财政体制的共同影响下，烟草产业利税与地方财政收支极其密切。一是"烟草两税"① 收入是构成中央对地方税收返还基数的主要部分，"两税"增长能够提高中央对地方的税收返还额；二是烟草企业上交增值税的25%属地方财政所有。高额的烟草利税驱使地方政府对本地烟草产业过度干预，利用行政权力封锁本地烟草消费市场、限制和排斥异地烟草制品进入本地销售，由此导致地区分割现象严重影响中国烟草产业的集中化与规模化水平，造成整个烟草产业在空间分布上过于分散。市场结构分析：主要研究地方保护和市场分割对市场集中和产业集聚两方面的影响。

（1）市场集中度。根据烟草产业的技术特点，烟草制品更适合以大集团、

---

① "烟草两税"指烟草制品的消费税和增值税。

大公司的形式进行组织和生产。根据穆迪公司的研究，早在20世纪中期，发达国家的烟草行业已是成熟的寡头垄断市场结构，CR_4达到90%以上。20世纪90年代末，美国、英国、日本CR_4指标已分别达到97.5%、91.5%和99%。在中国，2005年底卷烟工业企业是190家，其中具有法人资格的卷烟工业企业是44家；2006年年底全国卷烟工业企业数量降至40家，其中具有法人资格的卷烟工业企业是31家。

以卷烟产量为衡量指标，测得2005年、2006年的全国各省级中烟工业公司①的CR_4分别为35.67%、38.34%，如表7-8所示。排在前四位的分别是云南中烟、湖南中烟、河南中烟、山东中烟，其中云南中烟公司旗下的红塔集团、红云集团、红河集团分别是全国排在前三位的卷烟企业，以2006年为例，全国卷烟企业的CR_3为17.98%，CR_4为39.6%，CR_8为55.83%，均远远低于发达国家20世纪90年代末的数据。根据贝恩对产业垄断和竞争类型的划分②，我国烟草产业为中下集中寡占型市场结构。

表7-8　　　　　中国烟草地区性行政垄断程度的测算

年份	CR_5(%) 值	变动率	H指数 值	变动率(%)	基尼系数 值	变动率(%)	年份	CR_5(%) 值	变动率	H指数 值	变动率(%)	基尼系数 值	变动率(%)
1983	48.07	—	665	—	0.4848	—	1995	48.22	2.57	776	6.16	0.5227	1.42
1984	47.44	-1.31	661	-0.6	0.4825	-0.47	1996	47.99	-0.48	761	-1.93	0.5456	4.38
1985	47.36	-0.17	659	-0.3	0.4837	0.25	1997	47.06	-1.94	732	-3.81	0.5288	-3.08
1986	46.82	-1.14	648	-1.67	0.4809	-0.58	1998	46.94	-0.25	736	0.55	0.5133	-2.93
1987	46.41	-0.88	640	-1.23	0.4802	-0.15	1999	47.06	0.26	727	-1.22	0.5163	0.58
1988	45.61	-1.72	634	-0.94	0.4932	2.71	2000	47.07	0.02	724	-0.41	0.4954	-4.05
1989	43.75	-4.08	625	-1.42	0.4848	-1.7	2001	45.45	-3.44	697	-3.73	0.4837	-2.36
1990	44.18	0.98	639	2.24	0.4901	1.09	2002	44.79	-1.45	689	-1.15	0.4835	-0.04
1991	44.47	0.66	645	0.94	0.4949	0.98	2003	44.29	-1.12	673	-2.32	0.4685	-3.1
1992	43.94	-1.19	646	0.16	0.4893	-1.13	2004	43.31	-2.21	656	-2.53	0.4645	-0.85
1993	45.01	2.44	678	4.95	0.4996	2.11	2005	42.03	-2.96	638	-2.74	0.4495	-3.23
1994	47.01	4.44	731	7.82	0.5154	3.16	2006	42.58	1.31	640	0.31	0.4525	0.67

资料来源：1984~2007年《中国工业经济统计年鉴》。

（2）产业集聚——较为经典的衡量空间集聚程度的方法有三种，故我们在

---

① 省级中烟公司与国家烟草总公司为母子公司关系，具有法人资格。少数省级中烟公司设有子公司，如云南中烟等。

② 贝恩分类法：CR_4介于35%~50%或CR_8介于45%~75%之间为中下集中寡占型市场结构。

测量地区性行政垄断程度时也选择这三种，分别是：CR_n指数、H指数（赫芬达尔指数）、产业空间基尼系数（Gini）（见图7-4）。

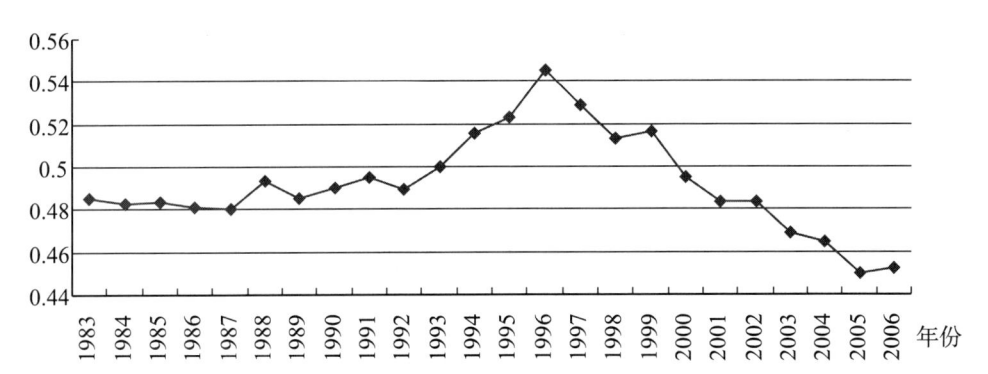

图7-4 中国烟草产业地区性行政垄断程度——空间基尼系数的变动趋势

资料来源：课题组根据表7-8绘制。

2. 烟草行业的产业效率分析

采取中国烟草产业1998~2006年间地区间的面板数据，运用数据包络分析（DEA）的方法考察行政性垄断对中国烟草产业造成的效率损失。我们在测量过程中产出指标采用地方卷烟产量指标，投入指标采用全部从业平均人数和平均资产总额指标（当年价格）。数据来源于《中国统计年鉴》（人数和资产）、《中国统计年鉴》（工业产品产量）、《中国烟草年鉴》（2003~2006）技术效率计算程序（Output Orientatea DEA程序）采用科埃利（Coelli，1996）[①]的DEAP Version2.1。

在实际测算中，"省内技术效率汇总指标"为各地方纯技术效率的加权平均值，权数为各区域产出比重；"产出结构效率汇总指标"为各地方规模效率加权平均值，权数为各区域生产前沿比重；"省际要素配置效率指标"为产业综合技术指标除去省内技术效率汇总指标和产出结构效率汇总指标之余项。根据以上原理，我们得出1998~2006年中国烟草产业整体技术效率（GTE）、省内技术效率（ATE）、产出结构效率（AAE）、省际要素配置效率（RE），具体如表7-9所示。

[①] Coelli, Tim. *A Guide to DEAP Version 2.1: A Data Envelopment Analysis (Computer) Program.* Center for Efficiency and Productivity Analysis, Dept. of Econometrics, University of New England, Australia, 1996, Working Paper 96/08.

表7-9　　　　　　　　烟草行业的产业效率

年份	综合纯技术效率	综合规模效率	省际技术效率	组合技术效率
1998	0.874	0.766	0.926	0.62
1999	0.879	0.677	0.968	0.576
2000	0.872	0.799	0.907	0.632
2001	0.889	0.788	0.875	0.613
2002	0.889	0.790	0.866	0.608
2003	0.899	0.699	0.896	0.564
2004	0.925	0.754	0.884	0.617
2005	0.926	0.759	0.818	0.576
2006	0.937	0.787	0.857	0.633

由表7-9可知，1998年到2006年烟草行业的省际技术效率为0.888，也就是说如果消除地区性行政垄断的影响，烟草加工业的效率能够提升约12%。

第四节　地区性行政垄断与资源配置的宏观效率

现有经验和文献表明，改革开放以来，地方政府在我国经济发展过程中扮演着积极角色，比如基础设施投资、招商引资、民营化、区域协调发展等等（Qian, et al., 1997；张维迎等，1998）[1]；同时过度投资、重复建设等现实问题的产生也使得地方政府行为饱受争议（江飞涛，曹建海，2009）[2]。"看得见的手"和"看不见的手"在现实中相互交错，产生了一系列特殊的经济现象和问题，地区性行政垄断就是这一时期出现的一种典型经济现象（于良春等，2009）[3]。

地区性行政垄断是指地方政府利用行政力量对市场竞争进行限制或排斥，在分权条件下，地方政府的目标随着制度环境的演变越来越复杂，包括财政收入的最大化、地方生产总值最大化、区域就业稳定最大化等等。为了达到这些目标，地方政府往往利用转轨时期软约束的制度环境特别是资本市场和土地市场等要素

---

[1] Qian, Yingyi and Barry R. Weingast. *Federalism as a Commitment to Preserving Market Incentives. Journal of Economic Perspectives*, 1997, Vol. 11, No. 4, 83-92. 张维迎，栗树和：《地区间竞争与中国国有企业的民营化》，载《经济研究》1998年第12期。

[2] 江飞涛、曹建海：《市场失灵还是体制扭曲——重复建设形成机理研究中的争论、缺陷与新进展》，载《中国工业经济》2009年第1期。

[3] 于良春、余东华：《中国地区性行政垄断测度研究》，载《经济研究》2009年第2期。

市场的不完善，内生地创造流动性，扭曲要素价格，从而诱致资本流向地方政府偏好的能实现地方政府政绩最大化的产业和部门。要素市场价格机制的扭曲进一步诱致了妨碍市场竞争的地方保护和市场分割。地区性行政垄断的危害很大，阻碍了商品和要素在全国范围内的自由流动，削弱了市场机制优化资源配置的有效性，不利于发挥地区比较优势和形成专业化分工，也不利于获得规模效益，造成了重复建设、产业结构趋同、投资效率低下等问题，还是市场无序的主要根源之一。

消除地区性行政垄断，将能够从根源上彻底解决上述一系列现实政策难题，同时将提高资源配置效率和挖掘生产率增长潜力，形成全国一体化的大市场，从而推动中国经济持续健康的快速发展。因而应深入研究地区性行政垄断形成的原因，量化测度地区性行政垄断的演进趋势及其对资源配置的扭曲效应，从而为地区性行政垄断的规制和治理提供决策依据。我们目的在于测度地区性行政垄断对制造业部门的宏观成本效率影响。

一、文献综述

地区性行政垄断的现有文献主要集中在对地方保护和市场分割的研究上，其中，定量研究主要考察地方保护和市场分割的程度及其变化趋势，一些学者认为地方保护和市场分割是趋于上升的，即国内市场一体化的程度在下降（Young，2000；Poncet，2002；郑毓盛、李崇高，2003）[1]；另外一些学者则认为中国虽然存在地方保护和市场分割，但总体趋势却是下降的，即国内市场一体化程度在加深（Xu，2002；白重恩等，2004；樊纲、王小鲁，2003；李善同等，2004；陈敏等，2007；陆铭、陈钊，2009）[2]。对同一问题的不同实证研究，出现不一样甚至完全相反的结论，降低了对这一问题研究的可信度和决策参考价值（于良

---

[1] Young, A. *The Razor's Edge: Distortions and Incremental Reform in China*. Quarterly Journal of Economics, 2000, 115: 1091–1135. Poncet, S. *Domestic Market Fragmentation and Economic Growth*, Working Paper, CERDI, 2002, Universite de Clermont-Ferrand. 郑毓盛、李崇高：《中国地方分割的效率损失》，载《中国社会科学》2003年第1期。

[2] Xu, Xinpeng. *Have the Chinese Provinces Become Integrated under Reform? China Economic Review*, 2002. 13. 116–133. 白重恩等：《地方保护主义及产业地区集中度的决定因素和变动趋势》，载《经济研究》2004年第4期。樊纲、王小鲁：《中国市场化指数：各地区市场化相对进程报告（2001）》，经济科学出版社2003年版。李善同等：《中国国内地方保护问题的调查与分析》，载《经济研究》2004年第11期。陈敏等：《中国经济增长如何发挥规模效应？——经济开放与国内商品市场分割的实证研究》，载《经济学（季刊）》2007年第3期。陆铭、陈钊：《分割市场的经济增长：为什么经济开放可能加剧地方保护》，载《经济研究》2009年第2期。

春和余东华，2009）①，他们通过构建 ISCP 框架，测算出了转型时期的中国地区性行政垄断指数，以反映行政力量对于市场竞争的影响。结果表明全国总体地区性行政垄断程度自 1985 年以来基本呈现下降趋势，说明随着改革的深入行政力量对市场经济的干预在逐步减少，市场机制在不断完善，成为配置资源的基本手段；2002 年以后地区性行政垄断有小幅回升，但是总体水平仍然低于改革开放初期，他们认为可能源于地方政府一些软性干预措施的抬头。

那么地区性行政垄断对资源配置效率产生了什么样的影响？现有实证研究主要集中在测算地方保护和市场分割的效率损失上，郑毓盛、李崇高（2003）② 把中国各省份 1978～2000 年产出的潜在损失（宏观技术效率损失）分解为三个经济含义明确的部分：省内技术效率损失、省内产出配置结构扭曲损失和省际要素配置结构扭曲损失。他们认为后两种损失的乘积即为地方分割造成的效率损失；测算结果表明改革后省内技术效率得到全面改善，但是地方市场分割造成的后两种损失在 90 年代中后期之后持续上升，2000 年地方分割的效率损失几乎达到国民经济产出的 20%。刘培林（2005）③ 认为郑毓盛、李崇高（2003）④ 将产出分解为第一产业、第二产业和第三产业失之粗糙，使用相同的方法，他将制造业细分为 21 个部门，实证结果表明地方保护和市场分割的损失仅为制造业的 5%。赵自芳、史晋川（2006）⑤ 将全国的产业组合技术效率分解为：产业纯技术效率、产业组合结构效率和产业组合规模效率。其中，后两种损失即为要素市场扭曲造成的效率损失，结果显示，在投入保持不变的情况下，可以使全国制造业总产出提高 11%。朱顺林（2005）⑥ 使用烟草业也做了类似的研究。

我们认为这些研究存在以下缺陷：一是朱顺林（2005）和赵自芳、史晋川（2006）的测算方法有误，他们并未像郑毓盛、李崇高（2003）使用影子价格对产业组合技术效率损失进行分解⑦，所使用分解方法未得到严格证明，更为让人遗憾的是他们将单个省份技术效率的加权和作为产业组合技术效率，这种度量总体效率的方法缺少数学证明；二是刘培林（2005）将制造业部门细分为 21 个行

---

① 于良春、余东华：《中国地区性行政垄断程度的测度研究》，载《经济研究》2009 年第 2 期。
② 郑毓盛、李崇高：《中国地方分割的效率损失》，载《中国社会科学》2003 年第 1 期。
③ 刘培林：《地方保护和市场分割的损失》，载《中国工业经济》2005 年第 4 期。
④ 郑毓盛、李崇高：《中国地方分割的效率损失》，载《中国社会科学》2003 年第 1 期。
⑤ 赵自芳、史晋川：《中国要素市场扭曲的产业效率损失——基于 DEA 方法的实证分析》，《中国工业经济》2006 年第 10 期。
⑥ 朱顺林：《中国区际分割与区域工业竞争优势的效应分析》，载《软科学》2005 年第 6 期。
⑦ 赵自芳和史晋川（2006）定义的产业组合技术效率与郑毓盛、李崇高（2003）定义的宏观技术效率类似。

业，而在实际计算效率损失时样本量过少[①]，导致各省份技术效率为 1 的结论，这显然与经验事实不符合，我们认为数据加总程度并不影响测算结果；三是郑毓盛、李崇高（2003）、刘培林（2005）没有清楚界定地方保护的概念，把地方保护等同于地区性行政垄断，导致所测算的效率损失有偏且有遗漏[②]。地方保护只是地区性行政垄断的表现形式之一，它反映的是地方政府利用行政权力排斥区域之间竞争的一种策略性行为。实际上，地区性行政垄断不仅涵盖了地方政府利用行政权力排斥区域之间竞争的地方保护和市场分割，还包括了地方政府运用行政力量对区域内部市场竞争的干预或排斥；地方政府往往利用转型时期制度环境的软约束攫取各种制度租金，集中表现为各种优惠政策大战，扭曲市场对资源的配置，最终发展为限制妨碍区域间竞争的地方保护和市场分割（付强，2008）[③]。在上述对地区性行政垄断概念内涵与外延认识的基础上，我们通过引入李崇高（Sung-ko Li，1995）[④]的测算宏观成本效率的 DEA 模型，从理论上探讨地区性行政垄断造成宏观成本效率损失的作用机理，从而为实证测算地区性行政垄断导致的宏观成本效率损失奠定坚实的理论基础。

二、地区性行政垄断导致宏观成本效率损失作用机理

1. 测算宏观成本效率及其分解项的 DEA 模型[⑤]

假设一个经济体存在 Q 个省份，每个省份都使用 M 种投入要素，用以生产一种产出品，每个省份都在各自生产前沿内部生产，给定产出，它们都使用了过多的生产要素，即成本效率远未达到完美，造成了资源的大量浪费。从而全国总体也位于总体生产前沿内生产，而不能达到总体生产前沿面上，我们称全国总体的成本效率为"宏观成本效率"。宏观成本效率的不完美来自三个方面：（1）各省份应该按照市场影子价格配置投入要素，尽可能降低自己的成本；（2）各省份必须努力提高自己的技术效率，使生产转到各自前沿面；（3）如果投入要素能在省份之间流动，从边际产出低的省份流向边际产出高的省份，全国的成本投入会进一步降低。也就是说宏观成本效率的损失源于三个方面，省内要素配置效

[①] DEA 方法投入产出的项数和样本量有一定的配比，比如刘培林（2005）将产出划分过细，则应当有相当的样本量。
[②] 下面我们在分析地区性行政垄断导致宏观成本效率损失作用机理和测算结果时讨论这一问题。
[③] 付强：《地区行政垄断、技术进步与粗放型经济增长——基于我国 1978~2006 年技术进步的实证测算》，载《经济科学》2008 年第 5 期。
[④] Sung-ko Li and Ying Chu-ng. Measuring the Productive Efficiency of a Group of Firms. International Advances in Economic Research. Vol. 1, No. 4. (Nov., 1995), pp. 377 - 390.
[⑤] 本节公式表述参见牛帅：《我国电力行业成本效率研究》，待发表。

率、省内技术效率和省间的要素再配置效率。

李崇高（Sung-ko Li, 1995）解决了宏观总体成本效率及其分解的度量问题。他们证明，如果单个省份的技术是凸性的技术且省份之间生产技术条件相同，可以构造一个虚拟的代表性省份，这个省份使用所有省份平均的投入生产了平均的产出，那么这个代表性省份的技术效率即为宏观成本效率[①]。利用数据包络分析方法构造出规模报酬可变的生产可能性集合前沿面为：

$$T = \left\{ (x, y): \sum_{i=1}^{n} X_i \lambda_i \leq x, y \leq \sum_{i=1}^{n} Y_i \lambda_i, 0 \leq \lambda_i, \sum \lambda_i = 1, i = 1, 2, \cdots, n \right\}$$

宏观总体成本效率可通过将 $(\bar{X}, \bar{Y})$（其中 $\bar{X} = \sum_{i=1}^{n} X_i$，$\bar{Y} = \sum_{i=1}^{n} Y_i$）代入下列线形规划式（1）求解得到，其中的 (μ^T, ω^T) 代表产出品和投入品的影子价格。

$$d_{(X_i, Y_i)} = \begin{cases} \max(\mu^T Y_i - \mu_i) \\ \omega^T X_j - \mu^T Y_j + \mu_i \geq 0, \ j = 1, 2, \cdots, n \\ \omega^T X_i = 1 \\ \omega \geq 0, \ \mu \geq 0, \ \text{free} \mu_i \end{cases} \quad (1)$$

进一步地，李崇高（Sung-ko Li, 1995）证明了利用影子价格将宏观成本效率分解为相应的三个组成部分：省内技术效率、省内要素配置效率以及省间要素再配置效率，见（2）式。

$$CE = TE \times AE \times RE = \frac{\sum_{i=1}^{n} \omega^T (\theta X_i)}{\sum_{i=1}^{n} \omega^T X_i} \times \frac{\sum_{i=1}^{n} \omega^T \tilde{X}_i}{\sum_{i=1}^{n} \omega^T (\theta X_i)} \times \frac{\sum_{i=1}^{n} \omega^T \hat{X}_i}{\sum_{i=1}^{n} \omega^T \tilde{X}_i} \quad (2)$$

其中 $\theta = \arg\min_{\theta} \{ (\theta X_i, Y_i) \in T \}$，而 $\tilde{X}_i = \arg\min_{X_i} \{ \omega^T X_i : (X_i, Y_i) \in T \}$，$\omega^T$ 为要素的价格向量。右边的第一项表示省内技术效率，等于所有省份在影子价格下经技术调整后的投入总和除以所有省份在影子价格下的实际投入的总和；右边第二项表示所有省份在影子价格下先经技术调整后又经过内部配置调整后的投入总和除以所有省份在影子价格下经技术调整过后的投入总和；需要着重说明的是右边第三项计算方法为：

$$RE = \frac{\sum_{i=1}^{n} \omega^T \hat{X}_i}{\sum_{i=1}^{n} \omega^T \tilde{X}_i}$$

---

① 省间要素再配置效率因代表性省份之间的同质性为1，同时代表性决策单元内部配置效率均经技术调整过后也假定为1，按照下面的分解式（2），代表性省份的技术效率即为宏观总体成本效率。

其中，$\hat{X}_i = \min\{X_i : (X_i, \hat{Y}_i) \in T\}$ $i = 1, \cdots, n$，而 $\hat{Y}_i$ 的计算公式为：

$$(\hat{Y}_1, \cdots, \hat{Y}_n) = \underset{\hat{Y}_1, \cdots, \hat{Y}_n}{\arg\min} \left\{ \sum_{i=1}^{n} \omega^T X_i^* : X_i^* = \min\left[X_i : (X_i, \hat{Y}_i) \in T\right], \sum_{i=1}^{n} \hat{Y}_i = \sum_{i=1}^{n} Y_i \right\} \quad (3)$$

RE 表示所有省份在影子价格下经技术、内部配置和省间要素再配置调整后的投入的总和除以所有省份在影子价格下经技术和内部配置调整后的投入总和。实际计算时可先利用线形规划（1）计算出宏观成本效率，然后按照（2）式用影子价格计算省内技术效率和省内配置效率，省间的要素再配置效率我们可通过 RE = CE/(TE × AE) 的办法倒推出来。

2. 地区性行政垄断导致宏观成本效率损失的作用机理

（1）基本假设。第一，行业的投入为 x，产出为 y。为分析方便，假定 x = (K, L)，即生产过程采用资本 K 与劳动力 L 两种要素投入，资本劳动力的相对价格比率为 q = r/w；第二，生产可能性集合为凸集。对任意的 (x, y) ∈ T（T 为生产的可能性集合），(x′, y′) ∈ T 以及 μ ∈ [0, 1]，有 μ×(x, y) + (1 − μ)(x′, y′) ∈ Tμ×(x, y) + (1 − μ)×(x′、y′) ∈ T，T 为一个凸集；第三，无成本自由处理。设 (x, y) ∈ T，若 x′ ≥ x，则 (x′, y) ∈ T，即在原来生产活动的基础上增加投入或减少产出①进行生产都是可能的。

（2）模型推导。第一，参照系——完全竞争市场帕累托效率最优点。假设全国市场是完全竞争的，资本劳动力的影子价格比率为 q = r/w，也即图 7 – 5 的左图中等成本线 ss′和右图的四条平行虚线的斜率大小。左、右图分别反映的是单个省份和全国总体的资本—劳动二维相位图。单个省份的生产可能性前沿曲线为 pp′（左图），全国总体的生产可能性前沿曲线为 PP′（右图）。单个省份按照影子价格配置资本和劳动，生产无技术效率损失，位于最优点 b 点生产，即生产可能性曲线 pp 与等成本线 ss′的交点。全国总体将位于生产前沿 PP′上的帕累托效率最优点 D 点生产。全国的宏观成本效率为 CE = OD/OD = 1。

第二，地区性行政垄断导致宏观成本效率损失的作用机理。地区性行政垄断是指地方政府运用行政权力对市场竞争进行限制或排斥。随着经济改革的深入尤其是市场经济制度的建立，我国市场化程度有了较大提高，市场在资源配置中发挥基础性作用的地位得到初步确立。计划经济时代遗留下来的外生价格扭曲租金已逐步消失，主要商品的买方市场已经形成。这一时期，地方政府的目标函数也

---

① 若 y′ ≤ y，则 (x, y′) ∈ T。

趋于复杂化，除了利税收入的最大化以外，还包括地区生产总值的最大化、区域就业的最大化等等。分税制改革以及投融资权的部分上收等改革使得地方政府难以直接投资于生产领域。由于转型时期制度环境处于软约束状态，地方政府通过攫取"制度租金"吸引资本，扭曲了要素价格，干预了市场对资源的配置，导致各地区不按比较优势分工，造成了政府偏好的价高利大、收益递增行业的重复建设，当行业利润率下降时，地方政府会对这些行业进行地方保护，进一步导致市场分割的形成。

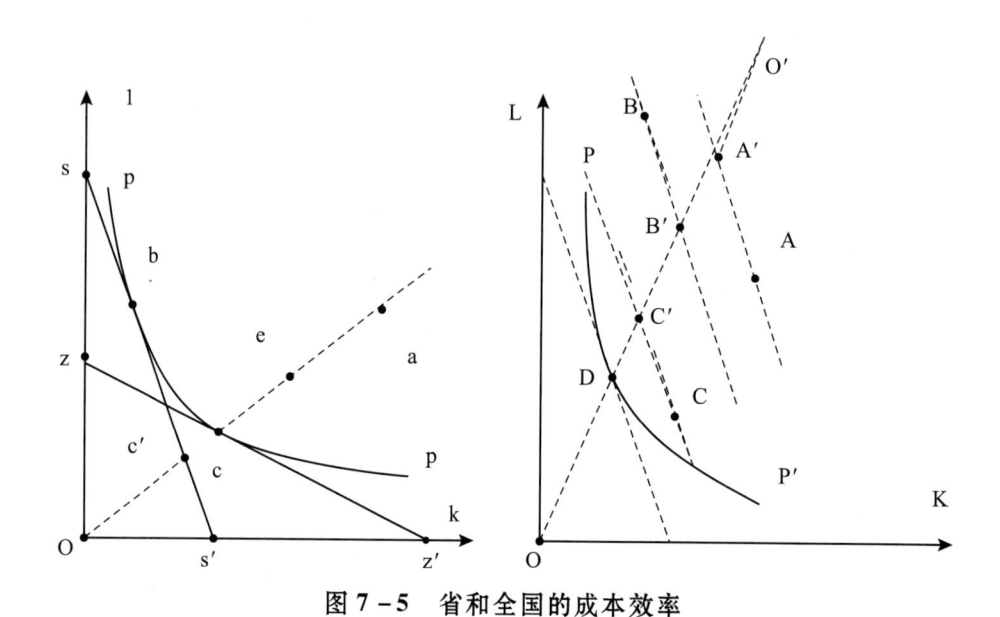

图7-5 省和全国的成本效率

注：(1) 左图中的虚线和右图中的虚线 OO′分别表示经过影子价格调整单个省份和全国总体的生产点应处的位置；(2) 左图中的 b 点代表单个省份完全竞争市场中的帕累托最优生产点；c′表示 b 点经过影子价格调整后的位置；c 点代表发生配置效率损失后的实际生产点；e 点代表由于地区性行政垄断造成技术效率损失后的实际生产点；a 点代表由于非地区性行政垄断因素造成技术效率损失后的最终生产点；(3) D 点表示全国总体在完全竞争市场中的帕累托最优生产点；O′点代表最终的实际生产点；C、B、A 点分别代表发生省内配置效率损失、地区性行政垄断造成的技术效率损失和省际间配置效率损失后的实际生产点，C′、B′、A′点分别代表 C、B、A 点经过影子价格调整后的生产点，实际转移的路径是 D、C、B、A、O′。

现有的研究往往把地方保护等同于地区性行政垄断（石淑华，2006；胡向婷，张璐，2005）①，地区性行政垄断不仅涵盖了地方政府利用行政权力排斥区域之间竞争的地方保护和市场分割，还包括了地方政府运用行政力量对区域内部

---

① 石淑华：《行政垄断的经济学分析》，社会科学文献出版社 2005 年版。胡向婷，张璐：《地方保护主义对地区产业结构的影响——理论与实证分析》，载《经济研究》2005 年第 2 期。

价格机制的干预或排斥，也即追求要素价格扭曲租金的地区性行政垄断，这种形式的地区性行政垄断诱致了妨碍区域间竞争的地方保护和市场分割（付强，2008）[①]。在上述对地区性行政垄断概念内涵与外延认识的基础上，以下我们借助测算宏观成本效率的 DEA 模型分析地区性行政垄断导致宏观成本效率损失的作用机理。

地区性行政垄断扭曲要素价格，进而企业过度使用资本替代劳动，导致省内要素配置效率损失。为了实现区域利税、产值以及就业等目标的最大化，在资本相对稀缺的情况下，地方政府往往会通过一些显性或隐性的政策内生创造流动性，吸引资本流入地方政府偏好的行业，从而人为地压低行业生产所需资本的价格。在扭曲的价格信号下，企业为了降低生产成本会更多地使用资本替代劳动（张军，2002a，b；林毅夫等，2002）[②]。扭曲的资本劳动力相对价格比率为 $q' = r'/w' <$ 影子价格 $q = r/w$，如图 7-1 中的等成本线的斜率变小，由 ss' 变为 zz'，企业将由完全竞争市场中的帕累托最优生产点 b 点转到 c 点生产，从而全国总体将由完全竞争市场中的帕累托最优生产点 D 点转到 C 点生产，c 点和 C 点分别代表单个省份和全国发生了省内配置效率损失后的实际生产点。在影子价格作用下，全国总体产生省内配置效率损失 $1 - AE = 1 - OD/OC'$，其中，$0 < AE \leq 1$。

追求要素价格扭曲租金的地区性行政垄断造成了重复建设和产能过剩；在地方保护下，过剩产能得不到有效利用和顺利退出，导致省内技术效率损失。地方政府通过攫取"制度租金"（集中表现为各种形式的优惠政策大战）吸引资本，扭曲了要素价格，干预了市场对资源的配置，诱致资本进入某些价高利大或收益递增的行业，这就导致了这些行业的重复建设和产能过剩。这种重复建设导致相关行业的利润下降，从而危及地方生产总值和财政收入，于是地方政府必然会对这些行业行使地方保护。地方保护之下，经营不善企业不能顺利退出，过剩产能得不到有效利用和顺利退出，这实际上表现为企业的投入过多，导致技术效率的损失，因此，将这种生产效率的损失称为技术效率 TE 的损失。表现在图 7-4 中，单个省份将由 c 点转到 e 点生产，全国总体将由 C 点转到 B 点生产，e 点和 B 点分别代表单个省份进一步发生了技术效率损失后的实际生产点，B' 点表示经影子价格调整生产后全国应位于的生产点位置。全国省内技术效率的损失为 $1 - TE = OC'/OB'$，其中，$0 < TE \leq 1$。

[①] 付强：《地区行政垄断、技术进步与粗放型经济增长——基于我国 1978~2006 年技术进步的实证测算》，载《经济科学》2008 年第 5 期。陆铭、陈钊（2004）系统分析了类似机制的形成，林毅夫、刘培林（2003）也提出类似观点。

[②] 张军：《资本形成、工业化与经济增长：中国的转轨特征》，载《经济研究》2002 年第 6 期。张军：《增长、资本形成与技术选择：解释中国经济增长下降的长期因素》，载《经济学（季刊）》2002 年第 1 期。林毅夫等：《中国的奇迹：发展战略与经济改革》，上海人民出版社 2002 年版。

地方保护和市场分割导致省际间要素再配置效率损失。不同省份要素价格扭曲程度以及生产技术效率的不等同必然造成投入要素在不同省份间边际产出的不一致,而地方保护和市场分割阻碍了商品和要素在全国范围内的自由流动,这就使得全国总体由 B 点转到 A 点生产,A 点表示由于市场分割阻碍了要素流动造成省际间要素再配置效率损失后全国总体的实际生产点,A′表示经过影子价格调整后全国应位于的生产点位置。反映在图中省际间要素再配置效率的损失为 $1 - RE = 1 - OB'/OA'$,其中,$0 < RE \leq 1$。

现实中,单个省份可能会在 a 点而非 e 点生产,从而造成全国总体的生产点位于 O′点而非 A 点,省内技术效率发生进一步的损失。这是因为,技术效率的损失一般有两方面原因:一是委托—代理机制的失效使得企业经营者经营管理不善以及生产者缺乏生产的积极性造成的;另一方面可能是源于追求要素价格扭曲租金的地区性行政垄断造成了重复建设和产能过剩;地方保护下,过剩产能得不到有效利用和顺利退出,导致省内技术效率损失。我们认为,民营企业由于从一开始就直接面对市场优胜劣汰的残酷竞争,其技术效率损失往往来自于后者;而国有企业的技术效率损失除了来自后者之外,还来自于国有企业由于所有者缺位造成的生产效率低下,如冗员和设备闲置,即使不存在地区性行政垄断,国有企业也因其所有权性质存在技术效率的损失。因此,单个省份的生产点将会继续由 e 点转到 a 点生产,全国总体的最终实际生产点位于 O′点而非 A 点,a 点和 O′点分别代表单个省份和全国总体由于委托—代理机制的失效进一步发生技术效率损失后的最终实际生产点。

以上我们引入测算宏观成本效率的 DEA 模型,从理论上探讨了地区性行政垄断导致宏观成本效率损失的作用机理,反过来,我们可以这样理解宏观成本效率的不完美。假如单个省份的生产点位于 a 点,全国的生产点位于 O′点。维持现有产出不变,如何通过提高资源配置和提高生产效率将投入降到最低生产点 D 点呢?首先是各省份国有企业努力提高其与民营企业的技术效率差距[①],充分利用现有生产能力,将生产点由 a 点转到 e 点生产,全国总体将由 O′点转到 A 点生产;其次消除地方保护和市场分割对要素和商品在省间的流动限制,将使得全国生产点由 A 点转到 B 点,同时地方保护的消除还将进一步提高单个省份的技术效率,使得单个省份的生产点由 e 点转到 c 点,全国总体也将由 B 点转到 C 点生产;在此基础上最后消除要素价格的扭曲,单个省份的生产点将由 c 点转到 b 点即最优点上生产,此时由于所有省份都在影子价格下配置资本劳动,竞争使得各省份无技术效率损失,从而全国总体将位于帕累托效率最优点 D 点生产,宏

---

① 这部分效率损失是由国有企业所有权性质引起的,并非地方保护下区域内垄断造成。

观成本效率趋于完美。

根据上面的理论分析，我们把省内要素配置效率和省际间要素配置效率的损失作为下限，把省内要素配置效率、省际间要素配置效率和省内技术效率损失三部分即宏观成本效率损失作为上限，可以构造一个区间 [a，b] 表示地区性行政垄断效率损失的大小范围，其中，$a = 1 - RE \otimes AE$，$b = 1 - CE = 1 - TE \otimes RE \otimes AE$。该区间的经济学含义很明确，维持现有产出不变，消除地区性行政垄断将使得全国要素投入减少 100% a ~ 100% b。之所以要构造一个区间是因为国有企业所有权性质造成的省内技术效率损失不能完全归因于地区性行政垄断。

三、测算结果和分析

1. 研究样本与数据

我们的研究样本为除去港、澳、台以及西藏的 30 个省、市和自治区的制造业[①]部门，之所以选择制造业部门是因为有些行业是全国统一垄断经营的，地方政府没有政策空间；对于资源型行业也能充分反映问题。我们将全国 30 个省、市和自治区的国有及规模以上非国有制造业作为一个经济体，汇总了 21 个制造业部门的数据，包括固定资产净值、从业人员数和工业增加值。固定资产净值、从业人员数、工业增加值数据均来源于《中国工业经济统计年鉴》（2001 ~ 2004 年、2006 ~ 2007 年），数据年限包括 1999 ~ 2003 年、2005 ~ 2006 年（2004 年数据缺乏），固定资产净值、工业增加值我们根据分省份固定资产投资价格指数和工业出厂品价格指数平减到 1999 年，分省份固定资产投资价格指数和工业出厂品价格指数来源于各期《中国统计年鉴》（2000 ~ 2007 年）。我们以固定资产净值和从业人员数为投入要素、工业增加值为产出品，使用 Lindo6.0 软件计算出影子价格和宏观成本效率 CE；利用同样的投入产出数据和影子价格，使用 DEAP2.1 软件计算了 30 个省份制造业部门的技术效率 TE 和成本效率 CE[②]；再使用影子价格、各省份制造业部门的技术效率 TE 和成本效率 CE 将全国宏观成本成本效率 CE 分解为省内技术效率 TE、省内要素配置效率 AE 和省际间要素再配置效率 RE，构造出地区性行政垄断的宏观成本效率损失区间 [a，b]，其中，

---

① 我们选取的制造业部门包括：农副食品加工业、食品制造业、饮料制造业、烟草制品业、纺织业、造纸及纸制品业、石油加工及炼焦工业、化学原料及化学制品制造业、医药制造业、化学纤维、非金属矿物制品业、黑色金属冶炼及压延加工业、有色金属冶炼及压延加工业、金属制品业、通用设备、专用设备、交通运输设备、电气机械及器材制造业、通讯设备计算机及其他电子设备制造业、仪器仪表及文化办公机械制造业、电力热力的生产和供应业。

② 计算方法参见 Timothy J. Coelli. *A Guide to DEAP Version 2.1*：*A Data Envelopment Analysis* (*Computer*) *Program*. CEPA Working Paper 96/08。

$a = 1 - RE \otimes AE$, $b = 1 - CE = 1 - TE \otimes RE \otimes AE$。

2. 测算结果及其分析

测算的结果可见表 7-10 和图 7-6。可以看出，对于全国的制造业来说，全国的宏观成本效率 CE1999~2001 年呈现上升趋势，2002~2006 年呈现出轻微的下降趋势。以 2006 年为例，制造业全国宏观成本效率损失为 29.2%，这表明若能消除现实中各种扭曲和提高效率，维持现有产出不变，可以把投入成本减少 29.2%。我们把全国宏观成本效率分割为省内技术效率、省内要素配置效率和省际间要素配置效率三部分。其中：（1）省内技术效率的损失主要来自两个方面：一方面是通过消除地方保护，从而消除企业（包括国有和民营企业）在要素价格扭曲的宏观经济环境下过度进入和地方保护下的生产能力利用不足造成的技术效率损失；另一方面是，民营企业从改革起就直接面对市场竞争，具有正常的经营管理水平，生产单位具有较高的生产积极性，其技术效率损失主要来自要素价格扭曲下过度进入造成的生产能力过剩的损失，而国有企业的技术效率损失还来自

表 7-10　　　　　　1999~2006 年制造业全国总体经济绩效

年份	1999	2000	2001	2002	2003	2005	2006
CE	0.733	0.770	0.771	0.765	0.732	0.758	0.708
TE	0.790	0.814	0.798	0.800	0.773	0.798	0.804
AE	0.983	0.971	0.981	0.973	0.974	0.982	0.932
RE	0.944	0.953	0.985	0.982	0.972	0.967	0.946

资料来源：课题组计算整理。

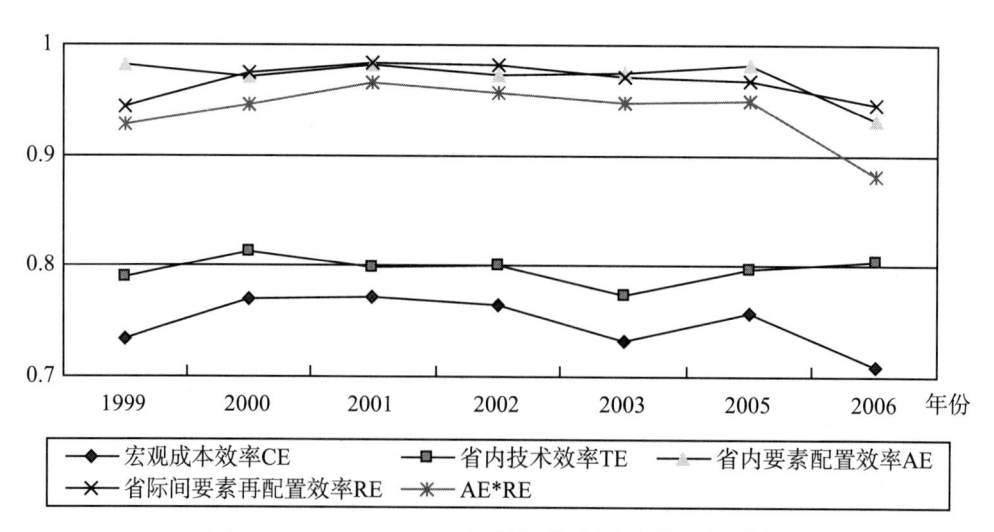

图 7-6　1999~2006 年制造业全国总体经济绩效

于其所有者缺位造成的经营管理不善、生产积极性不高造成的技术效率损失；（2）在技术效率最优化的基础上，消除要素价格扭曲造成的生产单位过度使用资本替代劳动造成的省内要素配置效率损失；（3）进一步在各省份间实现要素最优配置，消除地方市场分割，实现要素在区际间的自由流动。则全国的总体成本效率就达到完美。

根据前面的分析，考虑到国有企业的技术效率损失还有来自所有者缺位导致经营管理不善和生产者积极性不高造成的损失，省内技术效率损失则不能完全归因为外在的地区性行政垄断因素造成的损失。因此按照前文介绍的方法，我们构建区间表示地区性行政垄断造成的效率损失，我们以省内要素配置效率损失和省际间要素配置效率损失的乘积为下限，以宏观成本效率损失为上限。对于全国的制造业来说，宏观成本效率 CE 1999～2001 年呈现上升趋势，2002～2006 年呈现出轻微的下降趋势；省内要素配置效率和省际间要素再配置效率的乘积 RE⊗AE，1999～2001 年同样呈现上升趋势，2002～2006 年呈现出轻微的下降趋势。换而言之，地区性行政垄断导致的宏观成本效率损失区间的上、下限 1999～2001 年基本呈现出下降趋势，2002～2006 年基本呈现出上升趋势。说明地区性行政垄断在经历了改革以来的下降后近年来又有所抬头。以 2006 年为例，若不受地区性行政垄断的影响，包括消除地方政府人为的要素价格扭曲、地方保护和市场分割，可以在维持产出不变的情况下，使 2006 年制造业部门的投入成本减少 11.8%～29.2%。郑毓盛和李崇高（2003）与刘培林（2005）[①] 认为，消除地区性行政垄断后，我国经济的总产出能增加 20%～50%。与以上学者的研究结果相比较，我们测算的结果要低一些。

需要明确的有三个问题。一是不同于郑毓盛和李崇高（2003）、刘培林（2005）使用产出最大化的测算视角，我们的测算是基于投入最小化的视角，从而我们所涉及的效率损失指维持产出不变可使要素投入减少为原来的多少；二是数据加总并不影响测算结果的准确性，相反，刘培林（2005）由于对产出部门细分为 21 个制造业部门，而样本量过少导致各省份技术效率损失均为 1 的结论，这显然与经验事实不符合，从而他测算的地方保护和市场分割的效率损失并不能让人信服；三是与他们的研究不同，我们通过引入测算宏观成本效率的 DEA 模型，从理论上阐述了地区性行政垄断导致宏观成本效率损失的作用机理，测算结果更为准确。我们测算的效率损失是地区性行政垄断的效率损失，包括了地方保护和市场分割造成的效率损失，从而更能令人信服。

---

① 郑毓盛、李崇高：《中国地方分割的效率损失》，载《中国社会科学》2003 年第 1 期。刘培林：《地方保护和市场分割的损失》，载《中国工业经济》2005 年第 4 期。

四、小结

根据李崇高（Sung-ko Li,1995）[①]，可将宏观成本效率分解为省内要素配置效率、省内技术效率和省际间要素的再配置效率。在剖析地区性行政垄断概念内涵与外延的基础上，通过引入李崇高（Sung-ko Li,1995）的测算宏观成本效率及其分解项的 DEA 模型，从理论上探讨了地区性行政垄断造成宏观成本效率损失的作用机理。其基本逻辑是：由于地方政府目标与市场自发目标的激励不相容和外部制度环境的软约束，地方政府往往通过攫取制度租金（集中表现为各种优惠政策大战），扭曲要素价格，干预市场对资源的配置。企业在扭曲的价格信号下过度使用资本替代劳动，造成了省内要素配置效率的损失；资本在扭曲的价格信号下流入地方政府偏好的那些价高利大或收益递增行业，造成了这些行业的重复建设和产能过剩，当利润下降时危及地方财税、GDP 等政府目标时，地方政府进而采取地方保护，地方保护下过剩的产能得不到有效利用和顺利退出，造成了生产技术效率的损失；同时地方保护和市场分割阻碍了生产要素和商品在全国范围内的流动，造成了不同省份之间要素的再配置效率损失；实证部分我们构造了一个区间来度量地区性行政垄断造成的宏观成本效率损失大小。利用 1999~2006 年制造业数据，测算结果表明，地区性行政垄断造成的宏观成本效率损失上、下限 1999~2001 年均呈现下降趋势，2002~2006 年基本呈现上升趋势，说明近年来地区性行政垄断在经历下降后又有所抬头；以 2006 年为例，维持现有产出，消除地区性行政垄断可使制造业部门减少 11.8%~29.2% 的投入。地区性行政垄断造成了巨大的效率损失和资源浪费。我们测算的地区性行政垄断导致的宏观成本效率损失，仅仅反映了资源配置静态效率的损失。实际上地区性行政垄断导致了中国粗放型经济增长方式的形成和锁定，延缓技术效率提高和技术进步速度，阻碍了生产要素在全国范围内的流动，使得要素回报不能最大化，导致社会储蓄和资本积累的减缓，这还将降低人均收入向稳态水平的收敛速度。

第五节 地区性行政垄断与宏观经济运行

地区性行政垄断的存在和加剧对整个国民经济的运行具有重要影响，分析并

[①] Sung-ko Li and Ying Chu-ng. *Measuring the Productive Efficiency of a Group of Firms*. International Advances in Economic Research. Vol. 1, No. 4. (Nov., 1995), pp. 377–390.

厘清这些影响的表现和形成机制对于深刻的理解地区性行政垄断以及众多宏观经济现象具有十分重要的理论和现实意义。在以往的研究文献中,大多数学者直接将地区性行政垄断等同于地方保护和市场分割,如胡向婷等(2005)、石淑华(2006)等①,但我们认为地方保护和市场分割仅仅反映了区域之间的地区性行政垄断,是政府运用行政权力对正常的跨区域的市场竞争进行限制和替代的结果,而并没有涵盖区域内部的地区性行政垄断,即政府在本行政区内运用行政权力对市场配置资源和完全竞争进行限制和排斥的行为和状态。通过吸收和借鉴前人的优秀研究成果以及对现实经济运行中地方政府行为的实际观察,我们分离出两种重要的区域内部的地区性行政垄断形态:"追求价格租金的地区性行政垄断"和"扭曲要素价格的地区性行政垄断"。追求价格租金的地区性行政垄断主要发生于改革开放初期至 90 年代中后期,在这一时期内,地方政府为了追求利税收入的最大化,利用短缺经济(计划经济)遗留下来的外生价格扭曲(相对于地方政府而言的原材料与制成品之间的巨大"剪刀差"),直接投资于消费品制造业,典型的如纺织业,并由此产生了区域之间为争夺原材料而爆发的各种"大战",如"棉花大战"、"羊毛大战"等等,这种形式的地区性行政垄断的显著特征是替代性——地方政府配置资源对于市场配置资源的替代,其影响也比较复杂,但大体可以概括为两个方面:一方面由于地方政府之间的竞争所带来的资源配置效率显然高于原来的中央计划情形下的资源配置效率,从而推动了改革开放初期我国经济的快速发展,应该说,我国由"短缺经济"向"过剩经济"的迈进就直接得益于这种形式的地区性行政垄断;另一方面,相对于资源配置效率更高的市场经济而言,其又有众多的负面影响,典型的如区域产业同构和过度竞争;扭曲要素价格的地区性行政垄断产生于市场经济开始建立并迅速发展的 90 年代前半期,并一直持续到现在,随着市场经济的建立,地方政府越来越不能直接投资于生产领域,只能通过制定各种显性的或者隐性的区域产业政策等来达到自己的目标,这一时期,地方政府的目标函数也趋于复杂化,除了利税收入的最大化,还包括区域就业的最大化、招商引资的最大化等等,在这些目标的驱动下,地方政府利用市场经济初期制度的不完善特别是要素市场包括资本市场、劳动力市场和土地市场等的不完善,人为的降低这些生产要素的价格,使其低于正常的市场价格,以达到诱使资本流向地方政府偏好的能实现地方政府政绩最大化的产业和部门,典型的如钢铁、汽车等行业,从而造成了这些行业的重复建设和规模不经济,进而引致了新一轮的地方保护的热潮,这种形式的地区性行政垄断

---

① 胡向婷、张璐:《地方保护主义对地区产业结构的影响——理论与实证分析》,载《经济研究》2005 年第 2 期。石淑华:《行政垄断的经济学分析》,社会科学文献出版社 2005 年版。

的显著特征是限制性——地方政府对市场自发配置资源的扭曲和限制，与上一种形式的地区性行政垄断相比，扭曲要素价格的地区性行政垄断具有更多更严重的负面影响，这种负面影响不仅体现在单个行业的规模经济上，更体现在长期的经济增长方式上。本节主要对改革开放以来地区性行政垄断对产业同构和过度竞争、重复建设和规模经济以及技术进步和粗放型经济增长方式的影响进行较为系统和深入的分析，以期提供一些相对新颖的观点和视角。

一、地区性行政垄断、产业同构与过度竞争

1. 地区性行政垄断与区域产业同构互动机制的理论分析

我们借鉴豪特林的线性城市模型和动态博弈工具，系统分析了"追求价格租金"的地区性行政垄断对地区产业结构的影响机制，并对地区性行政垄断与过度竞争之间的关系进行简要说明。

模型基本框架：在一个长度为 1 的线性区域内分布着两个行政区：A 和 B。A 和 B 以线性区域的中线作为行政区的分界线，存在两个产业 X 和 Y。现在，两行政区内的厂商要在区域的两端对 X 和 Y 两种产业进行投资，最终形成两行政区的产业结构。

基本假设：首先，X、Y 行业均属于完全竞争行业，即厂商是价格接受者，$P_x = \tilde{P}_x$，$P_y = \tilde{P}_y$，而总的市场需求函数为 $P = a - Q$。根据"价格租金"产生的原因，设 X 行业是资源产业，Y 行业是资源加工业。显然，$\tilde{P}_x < < \tilde{P}_y$；其次，设 X 行业是行政区 A 的比较优势行业（A 为资源产地），Y 行业是行政区 B 的比较优势行业，则 $C_x^A < C_x^B$，$C_y^A > C_y^B$，并且，$\tilde{P}_x - C_x^j < < \tilde{P}_y - C_y^j$（上标 j 表示区域 A 和 B），这是由"价格租金"产生的原因决定的。地方政府为了实现财税收入的最大化，自然会偏好利税高的 Y 行业；为了便于说明，假设运输成本为零，则厂商成本仅由生产成本 C_i^j（i 表示行业 X，Y，j 表示区域 A 和 B）构成，对于 X 行业，其成本为 C_x^j，对于 Y 行业，其成本为 $C_y^j + C_x^j$①，另外，也可从国外进口资源，其成本为 C_x^E 且 $C_x^A < C_x^E < C_x^B$；最后，假设两地消费者对 X，Y 行业的产品需求都为 1，且均匀分布，则距离 S 既代表消费者对两区域产品的需求，也代表两区域厂商可以实现的产品销售数量，即其最佳的投资规模，下面介绍具体的模型推导过程。

---

① X 行业的产出是 Y 行业的投入，虽然当一个区域从另外一个区域买进资源产品时，需要按照市场价支付，但由于计划体制内生的极低的资源价格使差异极小以致不影响其支付，所以假设其成本仍为原产地成本。

（1）参照系——社会福利最大化。假设存在一个追求社会福利最大化的中央政府，由其实行中央集权并制定产业政策，则根据比较优势理论，应该由 A 区域专业化提供资源 X，B 区域专业化发展资源加工工业 Y，此时，中央政府的最优解为"边角解"，即区域 A 和 B 的最优产业结构为：

$$A 区域：I_x^A = 1 \qquad\qquad B 区域：I_x^B = 0$$

$$I_y^A = 0 \qquad\qquad\qquad\quad I_y^B = 1$$

此时，两区域产业结构相似系数为 0。

（2）地区性行政垄断对区域产业结构的影响。第一，区域地方政府制定区域产业政策的博弈。在地方分权的条件下，地方政府将根据产业利税的高低来决定各自的区域产业政策，表 7-11 即为区域 A 与区域 B 进行区域产业政策选择博弈的支付矩阵。在给定的约束下，区域 A 和区域 B 的地方政府 G_A，G_B 都有"仅选择 X 行业"、"仅选择 Y 行业"和"选择 X 与 Y 行业"三种选择，其中，当 G_A，G_B 都仅选择 Y 行业时，则资源只能从国外进口，而当只有一个地区仅选择 Y 行业时，其可视进口资源与从另一地买入资源哪一个成本更低来进行选择[①]，当一地仅选择 X 行业，另一地仅选择 X 行业或选择（X，Y）行业[②]时，其效用为 0（需求为 0）。

表 7-11　　　　地方政府产业政策选择博弈支付矩阵

	X	Y	(X, Y)
X	0, 0	$\tilde{P}_x - C_X^A$, $\tilde{P}_y - C_Y^B - C_X^A$	0, $\tilde{P}_x - C_X^B - C_Y^B$
Y	$\tilde{P}_y - C_Y^B - C_X^A$, $\tilde{P}_x - C_X^B$	$\tilde{P}_y - C_Y^A - C_X^E$, $\tilde{P}_y - C_Y^B - C_X^E$	$\tilde{P}_y - C_Y^A - C_X^E$, $\tilde{P}_y - C_Y^B - C_X^B$
(X, Y)	$\tilde{P}_y - C_Y^A - C_X^A$, 0	$\tilde{P}_y - C_Y^A - C_X^A$, $\tilde{P}_y - C_Y^B - C_X^A$	$\tilde{P}_y - C_Y^A - C_X^A$, $\tilde{P}_y - C_Y^B - C_X^B$

在表 7-11 的支付矩阵中，横行表示的是区域 B 政府的选择，纵列表示的是区域 A 政府的选择。通过纳什均衡的求解方法，可以求得区域 A 与区域 B 产业政策博弈存在一个占优策略纳什均衡（(X, Y)，Y）[③]，此时，中央的最优产业政策 (X, Y) 转变成为 ((X, Y)，Y)，区域 A 与区域 B 由产业结构的完全差异转变成为产业结构在 Y 行业出现趋同，产业结构相似系数大于 0。

第二，地方政府 A 对资源 X 行业实行完全封锁。给定利税收入最大化的目标，地方政府 A（用 G_A 来表示）最优的产业政策是（X, Y）。同时地方政府

---

① 在这里，由 $C_X^A < C_X^E < C_X^B$ 可知，当 A 区域仅选择 Y 行业时，其会选择进口，因为 $C_X^E < C_X^B$，而当 B 区域仅选择 Y 行业时，其会选择从 A 买入，因为 $C_X^A < C_X^E$，其他以此类推。

② 选择（X, Y）行业是指本地自给自足，自己生产自己加工，而不去进口或从另一地买进。

③ 区域 A 存在一个占优策略（X, Y），同时区域 B 也存在一个占优策略 Y。

G_A 与地方政府 G_B（区域 B 的地方政府）又处于政治晋升博弈之中，即区域 A 地方政府的税收收入不仅要实现最大化，还要在与区域 B 的地方政府的利税收入竞争中占据上风。在博弈的第一阶段，由于 G_A 选择了（X，Y）行业，则其收益为：$\Gamma_A = \tilde{P}_y - C_Y^A - C_X^A$，而 G_B 选择了 Y 行业，则其会选择从 A 区域买进，在这种情况下，$\Gamma_B = \tilde{P}_y - C_Y^B - C_X^A$，由于 $C_y^A > C_y^B$，所以，$\Gamma_A < \Gamma_B$，则 G_A 在与 G_B 的政治晋升博弈中就会处于下风。这显然是 G_A 不愿意看到的。而 $C_x^A < C_x^E$，如果地方政府 G_A 能够逼迫 G_B 采用进口的资源，使其收益变为 $\Gamma_B' = \tilde{P}_y - C_Y^B - C_x^E$。这时，由于 $C_y^A > C_y^B$，$C_x^A < C_x^E$，使得 Γ_A 与 Γ_B' 的大小无法确定，从而使 G_A 在与 G_B 的政治晋升博弈中的胜算大大增加。

在这个过程中，G_A 首先将在封锁 X 行业的资源 B_X 与开放 X 行业的资源的数量 E_X 之间进行选择，由于 $\Gamma_A < \Gamma_B$，实际上，G_A 存在着一个"边角解"——即 G_A 将会完全封锁 X 行业的资源，使 $E_X = 0$。当区域 B 政府 G_B 在得知区域 A 地方政府 G_A 封锁了其所需资源 X 之后，就会在自己发展 X 行业和进口 X 行业的资源之间进行选择，由于前文已经假定 $C_x^E < C_x^B$，所以，理性的 G_B 肯定会选择进口，而不会选择自己发展①。

总之，在第二阶段，G_A 直接选择了 X 行业的区域市场分割，而两区域在 X 行业的是否同构则取决于 C_x^E 与 C_x^B 的大小，但是如果将进口看作是自己发展的另外一种形式，则区域 A 与区域 B 之间在 X 行业已经是完全的产业同构和市场分割，而未经过地方保护。

第三，Y 行业地方保护与市场分割的形成。地方政府为了实现利税收入的最大化，会倾向于维持 Y 行业高价。通常是对 Y 行业的产品市场进行保护和分割，在各自的行政区域内进行垄断定价，并获得高额收益 Γ''。但这种地方保护和市场分割的策略性行为是有成本的，即一旦被发现，就会受到上级政府和辖区内消费者的惩罚和反对，所以，地方政府是否实行这种策略性行为取决于这种策略性行为的机会成本的大小。而实际上由于我国市场经济制度的不完善、法律法规的不健全、地方人大的"权力弱势"等使得地方政府存在着"制度软约束"，再加上中央政府与地方政府信息不对称和地方政府官员任期较短，使得政府官员具有短期化和届别机会主义的倾向，导致地方政府实行这种策略性行为的机会成本足够小，所以，收益大，成本小，这种方式显然是地方政府的首选。

因此，地方政府最终会选择在 Y 行业实行地方保护和市场分割。区域 A 与区域 B 在 X 行业和 Y 行业出现了完全的市场分割，由于运输成本为 0，所以，两区域各占 1/2 的需求，至此，两区域出现完全的产业同构，产业结构相似系数为 1。

---

① 但若 $C_x^E > C_x^B$，G_B 则将会选择自己发展而非进口。

总之，在地区性行政垄断的作用下，中央的产业政策出现了完全扭曲，由原来的（X，Y）变为（（X，Y），（X，Y））[1]，产业结构相似系数也由 0 增长到 1。地区性行政垄断将会导致区域之间的产业结构趋同。通过以上的分析和讨论，可以得出以下三个命题[2]：

命题一：地区性行政垄断与产业同构上升之间存在着较明显的正相关关系。

命题二：地区性行政垄断与产业同构之间存在互为传导媒介的可能性。

命题三：地区性行政垄断与过度竞争的关系：（1）地方政府干预资源配置是过度竞争产生的根源。（2）地方保护或市场分割是地方政府避免过度竞争的有效方式。

2. 省际产业同构度影响因素的假说、指标选取与统计描述

（1）省际产业同构度影响因素的假说与指标选取。假说一：地区性行政垄断促进产业结构趋同。如命题一所指出的，地区性行政垄断的存在将会促使省际产业结构趋同。我们采用三个分指标的算术平均值来对地区性行政垄断进行测量：第一个分指标是国有经济在整个国民经济中所占的比重，用"工业总产值中国有经济所占的比重"、"全社会固定资产投资中国有经济所占的比重"、"国有经济从业人数占全部从业人数的比重"的平均值来表示；第二个分指标"政府行使地区性行政垄断的能力"用"政府财政收入占 GDP 的比重"来表示；第三个分指标"政府干预市场的能力"用"政府消费占全部最终消费的比重"来表示。

假说二：经济发展水平差异对产业结构相似程度的影响。经济发展水平与产业结构密切相关，产业结构是衡量经济发展水平的一个重要指标，一般来讲，两地的经济发展水平越接近，产业结构越相似，反之，产业结构的差异越大。我们用人均 GDP 表示一个区域的经济发展水平，并用两地人均 GDP 的比值表示两区域经济发展水平差异，以数值大的除以数值小的，则比值越大，差异越大。

假说三：消费水平差异对产业结构相似程度的影响。一个地区的消费水平是产业结构需求方面的决定因素，一般来讲，两地需求水平越接近，则产业结构越相似，反之，则差异越大。我们用两个分指标"农村居民的家庭恩格尔系数"、"城市居民家庭恩格尔系数"的算术平均值来表示一个区域的消费水平，再用两区域消费水平的指标的比值来表示两地消费水平的差异，以数值大的除以数值小的，比值越大，差异越大。

假说四：市场因素对产业结构相似程度的影响。市场因素对于区域产业结构

---

[1] 假设 B 区域进口的 X 行业的产品可以转化为 B 区域自己发展 X 行业的产品。

[2] 其中，对于命题一与命题二的实证检验见下文，命题三的实证测算将另文给出。

的作用是双重的，一方面，市场的资源配置和优胜劣汰的功能将使各区域的工业结构稳定于自己的比较优势上面；另一方面，市场化的发展，又会在一定程度上形成重复建设以促进优胜劣汰的竞争。所以，短期来看，市场化的进行对区域产业结构影响的方向是不确定的。我们用四个分指标的算术平均值对市场因素进行衡量，第一个分指标为"所有制结构的市场化"用"工业总产值中非国有经济的比重"和"非国有经济就业人数占全部就业人数的比重"的平均值表示；第二个分指标是用"国内生产总值与政府消费之比"来衡量政府的市场化；第三个分指标用"全社会固定资产投资中非国有经济的比重"表示投资的市场化；第四个分指标"人的观念的市场化"用"农村居民家庭人均消费支出中非食品、衣着和居住支出的比重"（1－农村居民的恩格尔系数）和"城市居民家庭人均消费支出中非食品、衣着和居住支出的比重"（1－城市居民的恩格尔系数）的平均值来表示。

假说五：已存的产业结构对产业结构相似程度的影响。任何现有的产业结构都是在以前的产业结构的基础上形成的，一般来讲，上一期的产业结构越相似，则本期的产业结构越相似，反之则差异越大。我们用上一期的产业结构，即本期产业结构相似系数的滞后一期值作为已有的产业结构的衡量指标。

假说六：两区域之间资源禀赋的差异对产业结构相似程度的影响。一般来讲，资源禀赋是进行产业结构布局的基本条件，两区域之间资源禀赋的差异越大，则其产业结构的相似程度越小，反之则越大。

假说七：两区域之间距离和运输成本对产业结构相似程度的影响。一般来讲，两区域之间距离越远，运输成本越大，则两地之间进行贸易的可能性越小，专业化生产的可能性越小，则两区域之间的产业结构相似程度越大。

由于资源禀赋等的不可测量性，对第六、七种因素将不采用明确的指标进行度量，而将其包含在下文中固定效应的面板数据模型中，即由于两省之间的资源禀赋、运输距离的差异在样本期间内基本是保持不变的，故对于资源禀赋的差异以及运输距离的影响将建立个体固定效应模型。

（2）转轨过程中省际产业同构程度的统计描述。我们采用区域产业结构相似系数[①]对1983～2006年的29个省（不包括海南省和重庆市以及各省1996年、1998年及2004年的数据）的省际产业结构趋同度进行描述，即包括29个省21

[①] $S_{ij} = \sum_{k=1}^{n}(X_{ik}X_{jk}) / \sqrt{\sum_{k=1}^{n}X_{ik}^2 \cdot \sum_{j=1}^{n}X_{jk}^2}$，其中，$S_{ij}$代表产业结构相似系数，$i$，$j$代表两个相比较的地区；$n$代表工业行业数；$X_{ik}$代表地区$i$中，第$k$行业占整个工业的比重；$X_{jk}$代表地区$j$中，第$k$行业占整个工业的比重。

年的数据资料①。为了更好地反映变化趋势，我们对计算结果进行了平滑，所用的方法为一次指数平滑②，经过计算和分类，29个省、市、自治区的省际产业结构相似程度的变化趋势可以分为六种类型，图7-7中显示的即为这六种类型的典型趋势图：

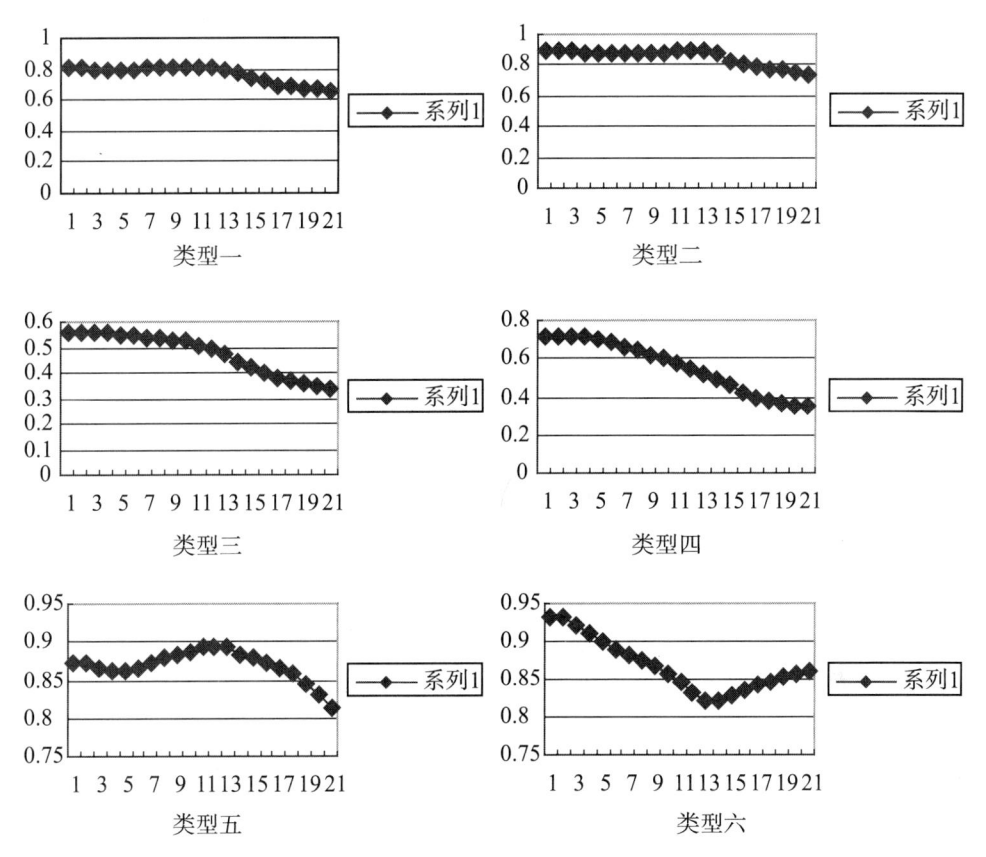

图7-7　省际工业结构相似程度的变化趋势

注：图中的系列1均指省际工业结构相似程度的平滑值曲线

其中，类型一表示的是产业结构相似程度在1997年之后开始下降，类型二表示的是产业结构相似程度在1994~1997年之间开始下降，类型三表示的是产业结构相似程度在1990~1993年之间开始下降，类型四表示的是产业结构相似程度在1990年之前开始下降，类型五表示的是产业结构相似程度先经过一定时

---

① 所有数据来源于1984~2007年《中国统计年鉴》，1989~2007年《中国工业经济统计年鉴》。
② $S_t = aX_t + (1-a)S_{t-1}$，其中，$S_t$ 为第 t 期的平滑值，S_{t-1} 为 t-1 期的平滑值。a 为平滑系数，通常取 0.1~0.3，这里取 a = 0.1。初始平滑值 S_0 一般凭经验给出，这里取与初始的实际数值一样，即 $S_0 = X_1$。

期的上升后再开始下降，类型六表示的是产业结构相似程度在经过一段时期的下降之后又出现上升趋势。之所以要按照1990年之前、1990~1993年之间、1994~1997年之间以及1997年之后这样四个时间段对产业同构程度的变化趋势进行划分，是因为中国在1990年、1994年、1997年这三个时间点上的制度环境均开始发生重大变化，1990年之前是改革开放的起步阶段，也是中国地方政府主导下改革潜能迅速释放的阶段，1990~1993年是一个调整期，可以作为一个过渡阶段，1994~1997年这一段时间是中国市场经济制度快速发育成长的阶段，并开始实行分税制改革，而1997年之后，中国结束短缺经济时代，开始进入过剩经济，市场已在资源配置中发挥基础性作用。由于每一个时间段内制度环境的不同，必然会造成对产业同构影响因素估计结果的不同。如果不加区别地放在一起进行估计，就很可能会造成偏差甚至是错误。因此，我们先按照重要时间点对其进行分类，然后再分别进行估计，不仅可以提高估计结果的准确度，还可以针对不同的类型对估计结果进行分析和解释。

表7-12中前四类的产业结构相似程度尽管开始下降时间不相同，但均为下降，占到样本总量（共406个样本）的85.7%，说明转轨以来大多数省份之间的产业结构并未出现严重的同构情况，但是从以全国作为标准的角度来看，各省与全国之间的产业同构状况仍然是比较严重的，这两个结果看似是相互矛盾的，应该如何解释呢？我们认为这与产业同构的传递性有关。

表7-12　　　　　　　　六种类型样本分布的简单归纳

类别	第一类	第二类	第三类	第四类	第五类	第六类
数目	23	37	119	170	15	43
比重	0.05665	0.09113	0.29310	0.41872	0.03695	0.10591

资料来源：课题组计算整理。

仅占样本总量10.59%比重的第六类几乎涵盖了除浙江、西藏、吉林之外的所有省份，通过对第六类样本的观察分析，可以发现有三条工业同构程度上升的传递线路[①]，这表明工业同构上升存在着选择依赖性和传递性，每一个省的产业结构并不会和其他所有省都出现严重的同构情况，仅会选择性地与其中少数几个省份出现严重的同构情况，而这少数几个省份又与其他几个省份出现同构，正是这种选择性的传递和交织的情况造成了从全国角度来看的产业同构情况较为严重的结果。

---

① 北部从新疆开始，经过甘肃、青海、宁夏、内蒙古、陕西、山西、河北、辽宁，到黑龙江结束；中部从河北、山东开始，经过河南、安徽、湖北、湖南、贵州、四川，到云南、广西结束；南部、东部从广东开始，经过福建、安徽，到上海、江苏结束。

3. 基于省际面板数据的实证检验与分析

本部分我们将对影响产业同构的因素进行实证分析，建立个体固定效应模型：

$$Y_{nm,t} = \beta_0 + \mu_{rm} + \gamma lag Y_{nm,t} + \beta_1 \cdot monopoly_{nm,t} + \beta_2 \cdot market_{nm,t} + \beta_3 \cdot consum_{nm,t} + \beta_4 \cdot econo_{nm,t} + \varepsilon_{nm,t}$$

其中，$Y_{nm,t}$ 表示两省的产业结构相似程度，$lag Y_{nm,t}$ 表示产业结构相似系数的滞后值，$monopoly_{nm,t}$ 表示两省的地区性行政垄断程度，$market_{nm,t}$ 表示两省的市场化水平，$consum_{nm,t}$ 表示两省之间消费水平的差异，$econo_{nm,t}$ 表示两省之间经济发展水平的差异，$\mu_{nm,t}$ 表示两省之间的在资源禀赋、运输距离之间的固定的不随时间改变的差异。

下面分别对以上六种类型的产业同构状况进行估计，在回归方法上主要采用面板数据中的个体固定效应模型和混合估计模型，为了选择准确、最佳的估计模型，将采用 F 检验[1]，F 检验的原假设为：对于不同横截面模型截距项相同（建立混合估计模型）。备择假设为：对于不同横截面模型的截距项不同（建立时刻固定效应模型）。根据计算出来的结果查 F 值分布表，当 $F > F\alpha(N-1, NT-N-k)$，$\alpha = 0.01$，0.05 或 0.1 时（我们取 $\alpha = 0.01$），拒绝原假设，则结论是应该建立个体固定效应模型，反之，接受原假设，则不能建立个体固定效应模型。

表 7-13 的输出结果中，对第一类的混合估计模型的估计表明，已存的产业结构、地区性行政垄断、市场化因素都与产业同构正相关，且均在 5% 的水平上显著，消费水平差异和经济发展水平差异与产业同构呈负相关的关系，这与前述理论假设都是一致的，但消费水平差异的影响并不显著；第二类的混合估计模型的估计则表明消费水平差异和经济发展水平差异与产业同构呈负相关的关系，而市场化因素则与第一类相反，呈现负相关，这就验证了假说中关于市场化因素对产业同构的两种作用，但其系数值均不显著，同类型一相比，地区性行政垄断的影响减弱了，但仍然是显著的；对于类型三和类型四面板数据，选择个体固定效应模型最佳，且其输出结果都表明已存的产业结构，地区性行政垄断，市场化因素都与产业同构正相关，且都是在 5% 的水平上显著的，但与假说不同的是，消费水平差异与经济发展水平差异与产业同构程度正相关[2]，尽管消费水平差异的系数值并不显著，并且地区性行政垄断因素的影响也突然增大，那为什么在这两类回归分析会出现与假说不一样的结果，即消费水平差异与经济发展水平差异与

---

① 其公式为：$F = [(SSEr - SSEu)/(N-1)]/[SSEu/(NT-N-k)]$，其中 SSEr，SSEu 分别表示约束模型（混合估计模型的）和非约束模型（个体固定效应模型）的残差平方和（Sum Squared Resid），非约束模型比约束模型多了 N-1 个被估参数。当模型中含有 k 个解释变量时，F 统计量的分母自由度是 NT-N-k。

② 并且类型四中个体固定效应的个体固定效应的影响也不显著了。

产业同构程度正相关，而不是负相关①，对此的一个解释为 1994 年之前，中国尚未确立市场经济体制，各省份依然处于"大而全，小而全"的发展模式当中，财政体制尚未改革，地方政府的力量相当强大，以至于其他因素对于产业同构的影响发生改变；对于类型五的面板数据，经过检验，采用混合估计模型最佳，其输出结果表明，对于区域产业结构先上升后下降的样本而言，消费水平差异的作用显著，与产业同构负相关，经济发展水平虽然也与其负相关，但并不显著，已有的产业结构，地区性行政垄断，市场化因素仍然与产业同构成正比，并且都在 5% 的水平上显著；对于类型六的面板数据，经过检验采用个体固定效应模型，其估计结果表明，地区性行政垄断对产业同构的影响在六种类型中最大且非常显著，产业结构滞后值、经济发展水平差异、消费水平差异均与产业同构程度正相关，但系数值较小，消费水平差异的系数值仍不显著。市场因素与产业同构负相关，且在 5% 的水平上显著。其估计结果很可能表明地区性行政垄断就是产业同构上升的传递因素，从而从经验上验证了上文中所提出的命题二。同样与类型三、类型四的估计结果相同，由于地区性行政垄断力量过于强大，消费水平差异和经济发展水平差异的影响也发生了改变，出现了与假说不一样的估计结果②。

以下是对上述六种类型的产业同构程度变化趋势影响因素的具体分析：

(1) 历史因素是决定产业同构程度变化的重要基本因素。表 7-13 中，作为历史因素衡量指标的产业结构相似度的滞后值的系数估计结果大而且显著，是影响产业同构程度变化趋势的重要基本因素。其中，第二种类型即产业同构在 1994~1997 年之间开始下降的类型，历史因素不仅是最重要的因素，而且成为除地区性行政垄断以外唯一的显著性因素，我们认为这是因为从 1994~1997 年这一段时间是中国市场经济制度的快速发育成长阶段，各省的产业结构开始按照市场经济的逻辑进行自主调整，并且这一切调整均必须在原来的产业结构基础上进行，而省际之间的产业同构程度要在短时间内出现重大变化，最主要的就应该归因于开始进行调整的起点即历史因素不同，所以，第二种类型中，历史因素是影响产业同构程度变化趋势的最为重要也是最为基本的因素。

(2) 地区性行政垄断作用于产业同构程度变化的三条路径。第一，直接路径。六种类型中地区性行政垄断这一因素的估计系数均显著为正，说明地区性行政垄断正如第一部分中理论分析所指出的那样，与产业同构的变化趋势具有直接的正相关关系，地区性行政垄断将会通过扭曲产业政策、歪曲资源配置以及地方保护和市场分割等行为直接导致区域产业结构趋同。表 7-13 中六种类型地区性

---

① 并且类型四中资源禀赋、运输距离（个体固定效应）的影响也不显著了。
② 更为重要的是，类型六个体固定效应的值由负变正，且很显著，很可能表明地区行政性垄断改变了资源禀赋，运输距离对产业结构的影响。

行政垄断这一因素的估计结果均能说明这一点。

第二，间接路径。地区性行政垄断会借助政府的力量扭曲经济发展水平差异、消费水平差异甚至是资源禀赋差异等因素对于区域产业同构变化趋势的作用方向，从而对区域产业同构的变化发挥间接作用。表7－13中，类型三、类型四与类型六的估计结果中，经济发展水平差异、消费水平差异与产业同构变化趋势之间均由理论分析中的负相关关系变为正相关关系，而类型六的估计结果中，资源禀赋的差异也由理论分析中的负相关关系变为正相关关系。其原因我们已在上文中予以论述，在这里还需要指出的是，虽然1997年之后，市场经济已在资源配置中发挥基础性作用，但由于各省均陷入市场有限、产品滞销、失业增加的尴尬境地，再加上"制度软约束"的存在，使得地方政府行使地区性行政垄断等策略性行为的机会成本较小，因而，一旦区域之间发生了直接的市场竞争，地方政府又会求助于地方保护、市场分割等地区性行政垄断行为，从而扭曲其他因素对于产业同构变化趋势的作用方向，类型六即是一个典型。

表7－13　六种类型省际产业同构的面板数据估计输出结果

类别 变量	第一类 混合估计 模型	第二类 混合估计 模型	第三类 个体固定 效应模型	第四类 个体固定 效应模型	第五类 混合估计 模型	第六类 个体固定 效应模型
C	—	—	-0.1156* (-3.484)	-0.0558 (-0.225)	—	0.1949* (5.817)
已存的产业结构	0.8325* (21.521)	0.9623* (53.274)	0.8765* (37.868)	0.7931* (26.544)	0.8946* (29.171)	0.7589* (23.154)
地区性行政垄断	0.1426* (3.758)	0.0756* (2.877)	0.1589* (5.051)	0.1134* (4.725)	0.1253* (6.313)	0.2879* (9.538)
市场化因素	0.0109** (2.189)	-0.0123 (-1.235)	0.0087* (5.106)	0.0064* (3.325)	0.0255* (5.744)	-0.0102** (-2.557)
消费水平差异	-0.0225 (-0.856)	-0.0056 (-1.065)	0.0326 (0.995)	0.0073 (0.389)	-0.0643* (-2.955)	0.0021 (0.125)
经济发展水平差异	-0.0059** (-2.288)	-0.0015 (-0.159)	0.0029* (3.859)	0.0071* (2.051)	-0.0017 (-0.854)	0.0094** (2.455)
拟合优度	0.937256	0.956879	0.987963	0.998506	0.998645	0.973256

注：括号内的数字表示t值。*，**，***分别表示在1%、5%、10%的水平上显著。

资料来源：1984~2007年的《中国统计年鉴》，1989~2007年的《中国工业经济统计年鉴》等，并使用Eviews6.0软件进行面板数据处理。

第三，媒介路径。在类型六的估计结果中，正如上文已经指出的，地区性行政垄断在这六种类型的估计结果中最大也最为显著，另外，市场化因素对产业同构发挥了不同于其他类型的趋异性影响，而经济发展水平差异、消费水平差异在地区性行政垄断的作用下也改变了作用方向，地区性行政垄断成为这种类型中造成产业同构程度上升唯一重要因素，这也就从实证的角度验证了上一节中所指出的形成产业同构程度上升的三条路线的根源就在于地区性行政垄断，在这里，地区性行政垄断在产业同构程度上升的过程中发挥了一种媒介的作用。

（3）市场经济对于产业同构程度变化的双重影响。第一，趋同性影响。在市场经济趋利目标的作用下，市场主体会出现"羊群效应"，对某一存在超额利润的行业进行"盲目投资"，从而造成了市场经济条件下的重复建设，这也是市场经济优胜劣汰机制发挥作用的必要条件，表7-13中，类型一、类型三、类型四与类型五均表明市场经济对于区域产业结构的趋同性影响。其中，类型三、类型四发生于市场经济体制的改革目标正式确立之前，由于那时中国还不存在真正意义上的市场主体，因此，重复建设的主体是追求财税收入最大化地方政府，而重复建设的对象是一些能够给政府部门带来高利税的行业部门，从而造成了1994年之前以省为单位的重复建设；对于类型一和类型五，由于1997年之后，中国进入过剩经济，刚刚成长起来的市场经济主体不仅要面临来自区域内的竞争，更重要的要面对来自区域外的激烈竞争，而这种来自区域外的竞争不仅会对区域内的市场主体造成影响，还会对区域地方政府造成影响，这样，区域内的市场主体希望求助于区域地方政府的保护，同时区域地方政府也愿意实施这种保护，在市场经济初期，这种保护主要是通过政策优惠来实现的，这样，各区域内的市场主体在地方保护的预期下，就会大量投资于存在优惠政策的行业和部门，这就造成了新一轮的以省为单位的重复建设。

第二，趋异性影响。在市场经济自发作用的条件下，各市场主体会根据自己的比较优势来选择投资方向，从而造成产业结构的差异。在表7-13第二种类型的估计结果中，地区性行政垄断这一影响因素的系数估计值最小，这就给市场经济自主发挥作用提供了条件，结合此类型中市场经济因素系数估计值的符号来看，市场化的确与区域产业同构的变化呈现负相关关系，分析其原因，我们认为1994~1997年之间，一方面，由于我国市场经济快速发育，并开始实行分税制改革，区域政府缺乏新环境下实施地区性行政垄断的经验，另一方面，由于刚刚成长起来的市场主体可以比较自主的根据自己的比较优势来安排投资，所以，在这一阶段市场因素对于区域产业结构的趋异性影响更为明显；对于类型六而言，市场化因素已经能够独立于地区性行政垄断而自主发挥作用，这说明在这些区域当中，市场化已经取得相当进展。

(4) 其他因素的分析。第一，经济发展水平差异的影响随着时间的推移逐步脱离地区性行政垄断而开始独立发挥作用。从前四种类型经济发展水平差异这一影响因素的系数估计值的符号来看，1994 年之前，显著为正，与理论假设不符，1994～1997 年开始不显著地为负，而 1997 年之后，则开始显著地为负，这说明经济发展水平差异在区域产业结构调整的过程中逐步脱离地区性行政垄断的影响而开始独立发挥作用。

第二，各区域产业结构调整的过程中普遍存在着忽视消费需求的倾向。在表 7-13 六种类型的估计结果中，消费水平差异这一影响因素的系数估计值除类型五外均不显著，而类型五的样本数量仅占全部样本的 3.7%（见表 7-12），这说明在各区域产业结构调整的过程中普遍存在着忽视消费水平差异对于产业结构影响的倾向。

第三，对这六种类型的实证结果进行总结：已存的产业结构对产业同构的影响最大，且都十分显著，其次是地区性行政垄断，而地区性行政垄断力量的过于强大，很可能改变其他因素对于产业结构的影响，如经济发展水平差异和消费水平差异①，消费水平差异除了在类型五的估计中是显著的之外，在其他类型的估计中都不显著，而市场化因素对产业同构的影响则是双重的（尽管有时候其影响是不显著的）②。

4. 进一步的讨论与合意产业同构度的测算模型

在上文中，我们主要对产业同构这种现象本身进行了理论和经验上的一种量的探讨，但并未对其性质进行分析。本节中，我们主要借用了陈耀（1998）③ 提出的合意的产业结构趋同和不合意的产业结构趋同的概念对此问题进行探讨，至于其具体含义④，我们将结合实证测算的模型在本节最后给出。

之所以要对区域之间的产业同构做出性质上的区分，是因为区域之间出现一定程度的产业同构是正常的、合意的，因为（1）我国地域辽阔，资源丰富，一方面，各省区之间存在一定程度上的资源相似性，即使按照比较优势来安排产业布局也不可避免地出现一定程度的相似性；另一方面，我国南北、东西跨度长，区域之间的产业布局要受运输成本的影响，过高的运输成本也会影响区域之间的专业化分工；（2）与市场化因素会促使产业结构趋同的逻辑相似，地区之间的竞争也会促使地区之间的产业结构趋同，这也是地区之间竞争机制充分发挥作用

---

① 甚至是资源禀赋、运输距离的基本影响。
② 需要重申一下，类型六的估计结果很可能表明地区行政性垄断就是我们在上文中所提及的产业同构上升的传递媒介，从而从经验上验证了我们理论分析得出的命题二。
③ 陈耀：《产业结构趋同的度量及合意与非合意性》，载《中国工业经济》1998 年第 4 期。
④ 本节中，我们只是借用了合意的产业结构趋同和不合意的产业结构趋同这一说法，其内涵则由我们结合实证测算的结果给出，与陈耀的理论分析的并不相同，见本节最后。

的必要条件。因为如果仅允许某一地区发展一种与其他地区不同的产业,势必会造成这一产业的地区垄断,从而损害全局的利益,所以,允许不同的地区适度地发展相同的产业是保证产业活力和实现社会福利最大化的必然要求;(3)我国人口众多,经济发展迅速,国内市场庞大,对于特定产品的需求规模巨大,仅靠一个或少数几个区域生产是远远不能满足国内需求的,所以,以区域特别是以省为单位发展某些产业是必需的,比如食品加工业、饮料制造业等等,这也势必会造成区域之间一定程度的产业同构。

虽然从理论上对合意的产业同构存在的原因进行说明并不困难,但要在实践中加以运用,则必须从经验上对合意的产业同构度进行测算。对于此,尚未有学者进行过探讨。我们在做此项研究的时候发现省际工业同构程度与一省的经济效益指标之间存在着某种联系,如果这种联系是这样的,即在若干年的时间序列中,有两个省它们的效益指标与它们之间的产业同构程度成倒"U"形的关系,则可建立以下模型:

$$Y_{nm,t} = c + \alpha \cdot INDU_{nm,t} + \beta \cdot INDUS_{nm,t} + \varepsilon_{nm,t}$$

其中,$Y_{nm,t}$ 表示两省的经济效益指标,$INDU_{nm,t}$ 表示两省的产业结构相似系数。其中,经济效益指标宜采用多种经济效益的加权指标,以全面反映经济效益状况。通过对该模型的估计可以计算出模型的经验参数 α,β,然后根据最优化的一阶条件:$\alpha + 2 \cdot \beta INDUS_{nm,t} = 0$ 可以得到最优的省际产业同构度的经验数值:

$$INDUS_{i,j}^{*} = -\alpha/2\beta$$

基于此模型,可以给出合意产业结构趋同的经验含义:凡是等于和低于此最优值的区域产业同构状况都属于合意的产业结构趋同,否则就是不合意的产业结构趋同。

二、地区性行政垄断、重复建设与规模经济

重复建设是一个典型的中国式概念,在西方的主流理论与文献中难觅其踪,根据魏后凯(2001)[①] 的定义,重复建设是指由于生产同类产品的企业数过多,造成全国总体生产能力出现过大,生产设备出现闲置的现象。在传统的完全竞争理论中,由于忽略产业的进入和退出障碍,重复建设的概念是不存在的,因为以利润最大化为追求目标的企业绝不会在长期得不到正常利润的情况下坚持不退出;反之,企业进入一个行业越多,说明这个行业的竞争越充分,经济就越有效

---

① 魏后凯:《从重复建设走向有序竞争——中国工业重复建设与跨地区资产重组研究》,人民出版社2001年版。

率。这种理论当然不能解释随着技术进步和管理组织的发展而带来的规模报酬递增问题，因为规模报酬递增总是与不完全竞争的市场结构联系在一起的，其更无从解释在市场经济建立过程中由于要素市场的不完善和地区性行政垄断对于要素价格的扭曲而带来的种种负面现象，因而，依据这种理论否认重复建设，尤其是规模报酬递增行业重复建设的存在是没有道理的。虽然重复建设的问题在国际学术界并没有引起注意，但在国内却是学者们一直以来讨论的焦点问题，这些讨论主要集中在重复建设的原因上面，目前为止，关于重复建设的原因主要有以下几种解释：

第一种解释是从财政激励的角度来讲的，沈立人、戴园晨（1990）[1] 指出我国改革开放以来的"地方包干"在调动地方增产节约、增收节支的积极性的同时，也带来了诸多问题，主要是强化了地方利益和地方观念，从而使地方从经济活动管理者进而成为经济活动和经济利益主体，使这些地区为了增加财政收入，不惜千方百计地发展企业，甚至不顾国家规划和区域分工原则，盲目生产，重复建设，变为一个相对的"独立王国"。可以说，这种观点较好地解释了改革开放初期到90年代初期的重复建设，如纺织业、彩电业等消费品工业的重复建设问题，但随着改革开放的深入，特别是财政分权改革的实施，这种财政激励越来越弱，但重复建设却愈演愈烈，这是这种观点所无法解释的。

第二种解释是从产权的角度进行的，张维迎等（1998）[2] 指出公有经济不仅没能消除过度进入和重复建设，反而使过度进入和重复建设问题变得更为严重，而一些私人企业间很容易实现的增强效率的兼并，在国有企业间很难进行；另一方面，一些私人企业间根本不可能发生的无效率的兼并又在政府的操作下频频出现。这种公有制经济中的重复建设和兼并障碍来自控制权的不可有偿转让性（或曰控制权损失的不可补偿性）。政府部门或企业管理者为了保证自身利益的最大化，会对并购等重组行为进行极力抵制，正如张在其文章中指出的，这种观点对于理解公有经济中的重复建设问题意义重大，但却不能解释市场经济初期非公有制经济尤其是规模报酬递增行业的重复建设，这种重复建设的主体通常并不是地方政府，不会给地方政府带来明显的控制权收益。

第三种是从政治晋升博弈的角度来解释的，周黎安（2004）[3] 指出与纯粹的经济竞争相比，我国地方官员同时处于两种竞争之中，既有为地区的经济产出和税收而竞争，同时又为各自的政治晋升而竞争，这就使得地方官员在考虑竞争利

---

[1] 沈立人、戴园晨：《我国"诸侯经济"的形成及其弊端和根源》，载《经济研究》1990年第3期。
[2] 张维迎、栗树和：《地区间竞争与中国国有企业的民营化》，载《经济研究》1998年第12期。
[3] 周黎安：《晋升博弈中政府官员的激励与合作——兼论我国地方保护主义和重复建设问题长期存在的原因》，载《经济研究》2004年第6期。

益时不仅需要计算经济收益，而且还要计算晋升博弈中的政治收益，两者的总和才真正构成对他们行为的激励，而在政治晋升博弈中，给定有限数目的人可以获得提升，一个人获得提升将直接降低另一个人提升的机会，一人所得构成另一个人所失，因此参与人面对的是一个零和博弈，这种博弈的基本特征就是促使参与人只关心自己与竞争者的相对位次，在成本允许的情况下，参与人不仅有激励做有利于本地区经济发展的事情，而且也有同样的激励去做不利于对手所在地区的事情（如阻碍外地的产品进入本地市场）；对于那些利己不利人的事情激励最充分，而对于那些既利己又利人的"双赢"合作则激励不足。这就是为什么处于政治锦标赛博弈中的政府官员不愿意合作却愿意支持"恶性"竞争的基本原因，应该说这种观点在解释中国特色的诸多问题，特别是与地方政府行为有关的问题上是有相当说服力的，但缺陷是这种解释正如周黎安自己在其文章中所指出的仅仅是诸多问题的一个基本原因，可以作为分析问题的一个出发点，如果要对问题有更深层次的理解绝不能仅仅满足于这种解释，我们就是以此理论作为出发点，探讨与重复建设和行业规模不经济的相关联的更深层次的东西。

第四种解释是从发展战略的角度来讲的，陆铭等（2004）考察了在收益递增条件下产生重复建设和区域经济分割的根源，落后地区在赶超战略的指引下，通过选择暂时不加入分工体系，虽然将失去当期分工的收益，但却可以提高自己在未来分配分工收益中的地位，甚至可以实现对发达地区的赶超，这种观点尽管解释了落后地区进行重复建设的动机，但却不能解释同为发达地区为什么也会出现重复建设，而后者相对于前者在现实中更为普遍；皮建材（2008）[①] 则延续了林毅夫和刘培林提出的中国重工业优先发展战略的历史逻辑，认为中国重复建设的根本原因是两个地区的先进部门（比如制造业部门）的技术差距太小以及宏观经济环境中存在的初级产品的价格扭曲，这种解释与第一种解释类似，也只能解释改革开放初期所出现的重复建设，却不能解释为什么随着市场化改革的深入，初级产品的价格扭曲越来越少，但重复建设依然严重的现象。

第五种解释是对第三种解释的发展，张晔、刘志彪（2005）[②] 在地方官员晋升博弈分析的基础上，引入了心理变量，建立了基于古诺—纳什均衡的羊群模型，证明了在地方官员业绩比较的收益结构和风险规避倾向的条件下，如果博弈一方对某一产业投资价值的主观评价发生改变，或是某一产业的投资回报发生相对变化，将不仅引起自身产业投资额的改变，还会导致另一方同样反应和彼此的模仿投资行为，最终导致博弈双方的重复建设和产业投资结构趋同，这种解释与

---

① 皮建才：《中国地方重复建设的内在机制研究》，载《经济理论与经济管理》2008年第4期。
② 张晔、刘志彪：《产业趋同：地方官员行为的经济学分析》，载《经济学家》2005年第6期。

政治晋升博弈的解释相似，也只是重复建设的一个基本原因，要对重复建设有更深层次的理解，不能仅限于这一层面。

我们要做的工作就是解释在市场经济初期要素市场制度还不完善的大背景下，地方政府基于政治晋升博弈的考虑行使地区性行政垄断，扭曲要素价格，实施地方保护和市场分割对于规模报酬递增行业的重复建设以及行业规模经济的影响，这一部分结构安排如下：第一，对地区性行政垄断作一简单的介绍，第二，对相关文献进行综述，第三，通过引入新贸易理论的垄断竞争模型，分析扭曲要素价格的地区性行政垄断[①]对于重复建设和行业规模报酬的影响；第四，通过一个两地区、两商品的模型分析扭曲要素价格的地区性行政垄断对于重复建设和行业规模经济的具体作用机制；第五，以规模报酬显著的钢铁、汽车行业为例，运用 DEA 模型测算了两个行业 90 年代以来省际规模效率，并观察其动态变化趋势，以与理论分析相对照，第六，通过面板数据模型对扭曲要素价格的地区性行政垄断与规模效率的关系进行实证检验，最后是简短的结论。

1. 扭曲要素价格的地区性行政垄断对重复建设和规模经济的影响

规模经济包括外部的规模经济与内部的规模经济，所谓外部的规模经济是指产品的单位成本随着整个产业规模的扩大而非单个企业规模的扩大而下降的现象，所谓内部的规模经济则是指单位产品的成本随着单个企业规模的扩大而下降的情形，我们所要探讨的规模经济为内部的规模经济，在内部规模经济的作用下，规模较大的企业通常拥有相对于规模较小的企业的成本优势因而会导致非完全竞争的市场结构，鉴于中国刚刚建立市场经济，各规模报酬递增行业都处于起步阶段，离较成熟的寡头垄断市场结构还比较远，所以，我们假定规模报酬递增行业的市场结构为垄断竞争型的，并借鉴克鲁格曼（Krugman，2000）[②] 的垄断竞争模型，分析扭曲要素价格的地区性行政垄断对于重复建设和行业规模经济的影响。

无要素价格扭曲情况下最优的厂商数目。垄断竞争模型包含两个重要的假定：一是每一个企业都有能力差异化其产品，产品差异意味着产业内的每个企业都拥有一定的市场力量，从而在一定程度上排除竞争；二是每个企业都将其竞争对手的价格看作外生的，这实际上排除了单个厂商的价格决策对于其他厂商的价格决策的影响，这也是垄断竞争模型与寡头垄断模型最重要的区别。

基于以上基本假定，我们可以得出典型的垄断竞争厂商所面对的需求函数，一般来讲，一个产业的总需求 S 越大，产业内生产同类产品的其他厂商的价格 $\bar{P}$

---

① 扭曲要素价格的地区行政性垄断包括扭曲要素价格和地方保护与市场分割两种形式。
② Paul R. Krugman. *International Economics：Theory and Policy*，2000，Fifth Edition. Addison Wesley.

越高,该厂商所面临的需求 Q 越大,反之,该产业内生产同类产品的企业数目 n 越多,该厂商所制定的价格 P 越高,其面临的需求 Q 就越少,所以,其需求函数可以表示为:

$$Q = S \times \left[\frac{1}{n} - b(P - \bar{P}) \right] \tag{1}$$

其中,b 为常数且代表对该厂商产品的需求量对于其产品价格 P 和行业内其他厂商产品的平均价格 $\bar{P}$ 的反应系数,显然,如果所有厂商都制定相同的价格,则每个厂商的市场份额相同为 1/n,如果一个厂商的价格低于 $\bar{P}$,则其会拥有较多的市场份额,反之,则只能拥有较小的市场份额,同时,为了简单起见,假设总的市场需求 S 独立于行业平均价格 $\bar{P}$,这意味着 S 代表总的市场规模,一个企业要想获得更高的市场份额只能以牺牲其他企业的市场份额为代价,如果所有厂商都制定相同的价格,则每个厂商所面临的需求量为 S/n。

对于规模报酬递增行业的成本函数,可以设其为:$C = F + c \cdot Q$,其中,C 表示总成本,F 表示独立于产量的固定成本,c 表示边际成本,Q 表示该企业的产出量,该生产函数的规模报酬递增性质可以通过其平均成本 AC 看出来:

$$AC = \frac{C}{Q} = \frac{F}{Q} + c \tag{2}$$

显然,其平均成本随着产量的增加而下降,这就是规模报酬递增所揭示的特性。为了分析上的简便,假设行业内所有的企业都是对称的,这意味着所有的企业都拥有相同的需求函数和成本函数,现在我们需要确定一般均衡情况下行业内的企业数目 n 和行业平均价格 $\bar{P}$,根据克鲁格曼(Krugman,2000)描述的方法,确定 n 和 $\bar{P}$ 要分三步:

第一步:建立平均成本 AC 与企业数量 n 之间的关系。由于假设所有企业都是对称的,所以均衡情况下,企业会制定相同的价格,所以,$P = \bar{P}$,代入(1)式,可得 $Q = \frac{S}{n}$,再代入(2)式,得:

$$AC = \frac{F}{Q} + c = n \times \frac{F}{S} + c \tag{3}$$

(3)式表明,企业的数目 n 越多,单个厂商的平均成本 AC 越大,这是因为企业的数目越多,每个企业所面临的市场需求就会越少,平均成本就会越高(这个关系在图 7-8 中用 CC 线表示)。

第二步:建立价格 P 与厂商数目 n 之间的关系。一般来讲,一个行业内的厂商越多,竞争越激烈,则价格越低,为了证明这一关系,首先将(1)式改写成为:

$$Q = \left(\frac{S}{n} + S \times b \times \bar{P} \right) - S \times b \times P \tag{4}$$

则根据（4）式是可以求得边际收益 MR 为：$MR = P - \dfrac{Q}{(S \times b)}$，厂商利润最大化的条件为：$MR = P - \dfrac{Q}{(S \times b)} = c$，重新整理得：$P = c + \dfrac{Q}{(S \times b)}$，又因为 $Q = \dfrac{S}{n}$，将其替换上式中的 Q，可以得到价格 P 与厂商数目 n 之间的关系：

$$P = c + \dfrac{1}{S \times n} \tag{5}$$

由（5）式可得，厂商的数目越多，则每个厂商可以制定的价格越低（这种关系在图 7 - 8 中用 PP 线表示）。

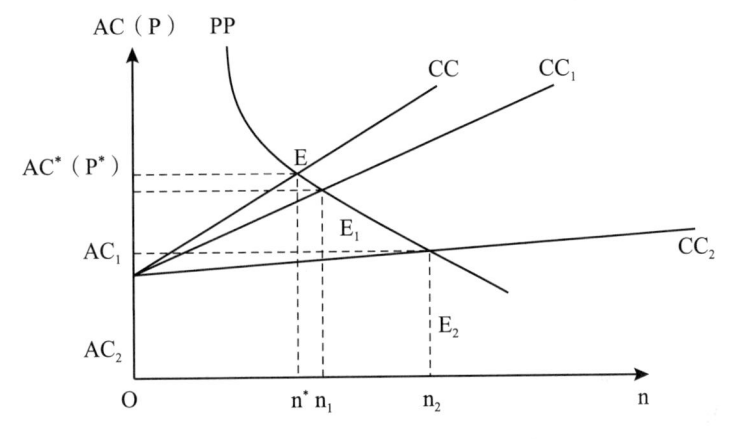

图 7 - 8 垄断竞争市场的均衡

第三步：厂商的均衡数目。由图 7 - 7 可知，CC 线与 PP 线的交点 E 确定了均衡时厂商的数目 n^* 与平均成本 $AC^*(P^*)$。在 E 点，厂商的平均成本与价格相等，利润为 0，如果厂商的数目少于 n^*，即位于 E 点左方，则价格高于平均成本，利润大于 0，就会吸引新的厂商进入，如果数量多于 n^*，即位于 E 点右方，则平均成本高于价格，厂商就会亏损，则其就会退出，直到 E 点所确定的均衡厂商数目 n^*。

2. 扭曲要素价格的地区性行政垄断对于厂商数目与行业规模经济的影响

（1）要素价格扭曲与重复建设和"虚假规模报酬递增"。要素价格扭曲主要影响厂商的固定成本，即会降低厂商投资规模报酬递增行业初始投资和追加投资，但地方政府对于要素价格的扭曲并不是一蹴而就的，假设存在 K 期，每一期地方政府都决定对要素价格扭曲 $1 - \phi_i$，$i = 1, 2, \cdots, K$，在第 k 期，地方政府对于要素价格的扭曲达到总体最高程度 $1 - \beta$，显然，$\phi_1 \cdot \phi_2 \cdots \phi_K = \beta$。则在第 i 期，由于要素价格的扭曲厂商要投资该规模报酬递增行业仅需要 $\phi_1 \cdot \phi_2 \cdots$

$\phi_i \cdot F$ 的投资，此时，（3）式变为：

$$AC = \frac{\phi_1 \cdot \phi_2 \cdots \phi_i \cdot F}{Q} + c = \frac{n \cdot (\phi_1 \cdot \phi_2 \cdots \phi_i) \cdot F}{S} + c \qquad (6)$$

上式表明，要素价格的扭曲会使 CC 线的斜率变小，即会使 CC 线围绕其与 AC 轴的交点顺时针旋转，在图 7-7 中，假设 CC 线旋转至 CC_1 线，此时，均衡点由 E 点变为 E_1 点，均衡的厂商数目由 n^* 增加到 n_1，而平均成本由 AC^* 减少到 AC_1。且随着 i 的增大，CC 线会一直向 n 轴接近，直至第 k 期，地方政府对于要素价格的扭曲达到最高限度 $1-\beta$，此时，（6）式变为：

$$AC = \frac{n \times \beta \times F}{S} + c \qquad (7)$$

假设此关系在图 7-7 中用 CC_2 表示，此时，厂商的数目为 n_2，平均成本为 AC_2。显然，$n^* < n_1 < n_2$，$AC^* > AC_1 > AC_2$，即对要素价格扭曲得越严重，行业中厂商的数目越多，重复建设越严重，而厂商的平均成本越低，体现为规模报酬递增的特性，但这种成本的降低不是由于厂商生产规模的扩大造成的①，而是由于要素价格的扭曲造成的，所以，我们将其称为"虚假的规模报酬递增"。

总之，要素价格的扭曲会导致行业中厂商的数目多于均衡时的数目，从而导致重复建设，并且会使平均成本下降，呈现"虚假的规模报酬递增"。

（2）地方保护与市场分割对于行业规模经济的锁定性影响。由（5）式和（7）式，在 n 和 F 一定的情况下，AC 的变化取决于 S 的变化，但地方保护和市场分割最主要的影响就是将市场规模 S 限制在本行政区内，所以，S 也不会发生变化，最终导致了平均成本锁定在由 PP 线和 CC_2 线所确定的 AC_2 的水平上，即地方保护和市场分割对于行业规模报酬具有锁定性的影响。

综上，本节中我们通过引入垄断竞争模型，比较了无要素价格扭曲和存在要素价格扭曲情况下厂商的最优数目以及平均成本的变化，并分析了地方保护与市场分割对于平均成本变化的影响，可以得出以下命题：

命题 1：要素价格的扭曲会导致厂商的数目多于无要素价格扭曲下最优数目，即发生重复建设，并且，这种扭曲越严重，重复建设也越严重。

命题 2：要素价格扭曲会导致平均成本呈现递减的趋势，即出现"虚假的规模报酬递增"。

命题 3：地方保护与市场分割会使平均成本由于市场规模的行政界限而被锁定。

（3）扭曲要素价格的地区性行政垄断对重复建设和规模经济的作用机制。

---

① 实际上，由于厂商数目的增多，每个厂商面临的市场需求反而是递减的，但很显然，这种递减造成的平均成本的上升被固定成本的下降抵消并还有剩余。

上一节中，我们分析了扭曲要素价格的地区性行政垄断（包括要素价格的扭曲和地方保护与市场分割）对于厂商数目（重复建设）和规模报酬的影响，本节中，我们将通过建立一个两部门、两产品的简单模型分析其具体的作用机制。

假设存在两个地区 A 和 B，存在两种产品 X 和 Y，X 为规模报酬不变的产品，其成本函数 $C_{iX} = c_{iX} \cdot Q_{iX}$（下标 i 表示区域 A 和 B，X 表示产品 X），Y 为规模报酬递增的行业，其成本函数为：$C_{iY} = F + c_{iY} \cdot Q_{iY}$（下标 i 表示区域 A 和 B，Y 表示产品 Y），其中 c_{iX} 表示生产 X 产品的边际成本，假设 A 区域具有生产 X 产品的比较优势，所以 $c_{AX} < c_{BX}$，c_{iY} 表示生产 Y 产品的边际成本，假设 B 区域具有生产 Y 产品的比较优势，则 $c_{AY} > c_{BY}$，$Q_X = Q_{AX} + Q_{BX}$，$Q_Y = Q_{AY} + Q_{BY}$ 表示两区域所形成的对于 X、Y 两种产品的市场规模，两种产品的消费者在两区域均匀分布①，且在平均成本相同的情况下，消费者更偏好于购买本区域的产品，运输成本为零。另外，为了简便起见，假设 $Q_X = Q_Y = Q$，且保持不变，两区域的地方政府从两种产品中所获得的收益 $E_i = a \cdot Q_{iX} + b \cdot Q_{iY}$，其中，a 表示从产品 X 中所获得的收益系数，b 表示从产品 Y 中所获得的收益系数，假设 $0 < a < b < 1$②，由周黎安（2004）的政治晋升理论，区域 A 的政府官员获得晋升的概率为：

$$Pr_A = \begin{cases} 0, & E_A < E_B \\ 1, & E_A > E_B \\ (0, 1), & E_A = E_B \end{cases}$$

区域 B 政府官员晋升的概率与 A 是对称的。

（4）成本最小化条件下的产业最优布局与重复建设的产生。社会福利最大化要求在产量一定的条件下，成本最小，即：

$$MinC = C_X + C_Y = C_{AX} + C_{BX} + C_{AY} + C_{BY}$$
$$= c_{AX} \cdot Q_{AX} + c_{BX} \cdot Q_{BX} + c_{AY} \cdot Q_{AY} + c_{BY} \cdot Q_{BY} + 2F$$

根据一阶条件，解得：$Q_{AX} = Q$，$Q_{BX} = 0$，$Q_{AY} = 0$，$Q_{BY} = Q$。即社会福利最大化要求两区域之间实行完全分工，由区域 A 专业化生产产品 X，区域 B 专业化生产产品 Y。这种布局下两地方政府的收益为：

$$E_A = a \cdot Q_{AX} + b \cdot Q_{AY} = a \cdot Q_{BX} + b \cdot Q_{BY} = b \cdot Q$$

由于 0，$a < b < 1$，所以 $E_A < E_B$，则 $Pr_A = 0$，即在最优化的产业布局下，区域 A 的地方政府由于利益的分配不均而处于政治晋升博弈的下峰，或者说失去了晋升

---

① 这一假设保证了每一行政其内都有 Q/2 的产品需求量。
② 这种假设表明在数量相同的条件下，地方政府从规模报酬不变的产品中所获得的收益要小于其从规模报酬递增行业中所获得的收益，从现实来看，这种假设基本是与现实相符的。

的机会。这显然是地方政府 A 最不愿意看到的结果，所以，地方政府无论如何也不会坐以待毙，其必定会利用手中的行政区权力歪曲这种最优配置，于是，地区性行政垄断产生了。在改革开放的初期，地方政府直接投资于这些产业，造成了改革开放初期的重复建设和过度投资，这就是我们在前文所提到的"追求价格租金"的地区性行政垄断，但随着改革开放和市场化的深入，地方政府越来越不（能）是市场投资的主体了，其只能通过制定相应的产业政策来引导市场投资，从而实现自己的目标，这其中很重要的形式就是"扭曲要素价格"的地区性行政垄断。地方政府通过扭曲（降低）其所偏好的产业（在本节就是指规模报酬递增的产品 Y）的要素价格，从而提高了市场主体的预期收益，进而吸引其投资于这一产业，最终造成了规模报酬递增行业的重复建设。

（5）扭曲要素价格的竞争[①]与"虚假的规模报酬递增"。在上文中，我们指出区域 A 的地方政府通过扭曲要素价格以达到吸引市场主体将资本投入其所偏好的 Y 产业，那么这种扭曲的程度有多大呢？我们知道，对于地方政府 A 来讲，其获得的收益比 B 高的越多，其被晋升的可能性越大，即地方政府 A 的目标函数为：

$$MaxE_A - E_B = a \cdot Q_{AX} + b \cdot Q_{AY} - (a \cdot Q_{BX} + B \cdot Q_{BY})$$
$$s.t. \ Q_{AX} + Q_{BX} = Q, \ Q_{AY} + Q_{BY} = Q$$

解得，$Q_{AX} = Q_{AY} = Q$。实际上，地方政府 B 有与 A 相同的目标函数，其最优解为 $Q_{BX} = Q_{BY} = Q$。

但由于地方政府 A 有激励先行动，其要取得 Y 产品全部产量 Q，必须使得其平均成本降低到区域 B 的平均成本以下，但由于平均成本受销售量的制约，在运输成本为零的假设下，其要想获得销售量，首先得保证其 Y 产品的平均成本与 B 区域 Y 产品的平均成本相等，而在平均成本相等的条件下，根据前文的假设，两区域都将自动获得 Q/2 的销售量，所以，对于地方政府 A 来讲，其扭曲要素价格的最低限度 $1 - \phi_A$ 须满足：

$$\frac{\phi_A \cdot F}{0.5Q} + c_{AY} = \frac{F}{0.5Q} + c_{BY} \text{[②]}$$

解得 $\phi_A = 1 - Q \cdot (c_{AY} - c_{BY})/2F$。所以，在地方政府 B 不扭曲要素价格的前提下，地方政府 A 只要使 $\phi_A < 1 - Q \cdot (c_{AY} - c_{BY})/2F$，就可以获得全部的 Q，从而使得 E_A 最大。但在 E_A 最大的情况下，$E_B = 0$。地方政府 B 显然也必然会最终选择扭曲要素价格，此时，区域 A，区域 B 展开了扭曲要素价格的竞争，在

[①] 这种竞争实际上表现为各种形式的"优惠政策大战"。
[②] 这里采用了平均成本的形式。

给定 $\phi_A < 1 - Q \cdot (c_{AY} - c_{BY})/2F$，地方政府 B 扭曲要素价格的最低限度 $1 - \phi_B$ 须满足：

$$\frac{\phi_A \cdot F}{0.5Q} + c_{AY} = \frac{Q_B \cdot F}{0.5Q} + c_{BY} \text{①}$$

解得 $\phi_B = \phi_A + Q \cdot (c_{AY} - c_{BY})/2F$，所以，在给定地方政府 A 扭曲要素价格 $1 - \phi_A$，$\phi_A < 1 - Q \cdot (c_{AY} - c_{BY})/2F$ 的前提下，地方政府 B 只要扭曲要素价格 $1 - \phi_B$，使 $\phi_B < \phi_A + Q \cdot (c_{AY} - c_{BY})/2F$ 成立，就可以获得全部的市场份额 Q，此时 $E_A < E_B$，地方政府 A 继续扭曲要素价格，进而地方政府 B 再扭曲价格，如此往复循环，形成了区域 A 与区域 B 之间的扭曲要素价格的竞争，这就是我们平时所说的"优惠政策大战"。但这种优惠政策大战或者说对于要素价格的扭曲是有限度的，在前文中，我们假设地方政府对于要素价格的扭曲的最高限度为 $1 - \beta$，当两地方政府都竞争到这一限度时，显然，地方政府 B 再次由于其比较优势而占据上风，可以获得整个市场 Q。

在这种优惠政策大战的作用下，无论是区域 A 内 Y 行业的平均成本 AC_A，还是区域 B 内 Y 行业的平均成本 AC_B 都呈现下降的趋势，但这种规模报酬递增是由于扭曲要素价格造成的，而不是由于市场规模扩大造成的，所以，我们称其为"虚假的规模报酬递增"。

（6）地方保护、市场分割与规模不经济的锁定。当两区域的地方政府对于要素价格的扭曲都已达到最高限度 $1 - \beta$ 时，两区域地方政府的相对利益又回到最初没有要素价格扭曲时的情形，区域 B 的地方政府由于其比较优势享有全部的 Y 产品的产量，并获得较高的收益从而在政治晋升博弈中占据上风，对于地方政府 A 来讲，其先前投资积累下来的 Y 行业的产品因为不具有比较优势而面临滞销的危险，在不能通过扭曲要素价格降低自身成本的情形下，地区性行政垄断发展到更高的形式②——地方保护与市场分割，即通过提高对方产品的成本来达到销售自己产品的目的，显然，由于区域 A 的不利地位，其仍然是地方保护的始作俑者，假设地方政府 A 决定对每一单位的来自 B 区域的 Y 行业的产品征收 t_{BY} 的税，以达到完全将其产品拒于行政边界之外的目的，此时两区域的产品的销售量均为 Q/2。所以，t_{BY} 应满足下式：

$$\frac{B \cdot F}{0.5Q} + c_{AY} = \frac{B \cdot F}{0.5Q} + c_{BY} + t_{BY}$$

解得 $t_{BY} = c_{AY} - c_{BY}$，即地方政府 A 对于来自区域 B 内 Y 行业产品所征收的"保

---

① 这个式子的得出与上文求解 ϕ_A 的逻辑是一样的。

② 这种形式的地区行政性垄断同要素价格的扭曲相比，严重损害了消费者的利益，因而从后果的严重性来讲可以作为地区行政性垄断发展的一个高级阶段。

护税"应至少能够抵消其比较优势。在地方政府 A 实施地方保护的情形下，两区域的收益分别为：

$$E_A = a \cdot Q + b \cdot 0.5Q, \quad E_B = b \cdot 0.5Q$$

此时，$E_A > E_B$，地方政府 B 为了改变这种不利的局面，也决定对来自区域 A 的 X 行业的产品征收 t_{AX} 的税，以获得来自 X 行业 0.5aQ 的收益，则 t_{AX} 应满足下式：$c_{AX} + t_{AX} = c_{BX}$，解得 $t_{AX} = c_{BX} - c_{AX}$。所以在给定地方政府 A 对 Y 行业进行地方保护的情形下，为了改变不利的晋升格局，地方政府 B 将会对 X 行业实行地方保护，其保护的最低限度也是能够抵消 A 区域在 X 行业的比较优势，此时，两区域地方政府的收益格局为：

$$E_A = a \cdot Q + b \cdot 0.5Q, \quad E_B = a \cdot Q + b \cdot 0.5Q, \quad E_A = E_B$$

根据周黎安的政治晋升理论，两区域地方政府在晋升的机会上是均等的，此时，两区域之间的竞争达到了暂时的均衡，地方保护演变为实际的市场分割，两区域之间的产品只能在本区域内销售，面临不变的 Q/2 的市场容量，两区域的 Y 行业产品的平均成本被锁定①，分别为：

$$AC_{AY} = \frac{B \cdot F}{0.5Q} + c_{AY}, \quad AC_{BY} = \frac{B \cdot F}{0.5Q} + c_{BY}$$

一般来讲，由于每个区域的能够有效提供 Q 产量的 Y 行业仅拥有 Q/2 的销售量，显然处于规模不经济的状态，所以可以进一步说，地方保护与市场分割将 Y 行业锁定在规模不经济的状态。

总之，官员晋升博弈的政治逻辑与地方政府的行政权力内生出扭曲要素价格的地区性行政垄断，并导致了规模报酬递增行业的重复建设，地方政府随即展开扭曲要素价格的竞争，并伴生出该行业的"虚假规模报酬递增"，但扭曲要素价格的限度最终使地方政府转向地方保护和市场分割，从而使该行业锁定在规模不经济的状态上。

3. 以钢铁、汽车工业为例对技术效率、规模效率的动态测算

以钢铁、汽车工业等为代表的第二次重复建设的浪潮贯穿于 20 世纪整个 90 年代，并且这种重复建设又往往是以省级行政区为单位来进行的，则我们可以猜测，在这种重复建设的背后，地区性行政垄断是一只无形的巨大"推手"。所以，对于钢铁、汽车行业的技术效率、规模效率的测算将以省际的面板数据为基础，最后通过经验测算结果对命题 2 与命题 3② 进行证伪，最后对纯技术效率与

---

① 在要素价格不能被扭曲，比较优势不能被改变的情形下，影响 Y 行业平均成本的只有市场容量这一变量，但在地方保护和市场分割的作用下，市场容量也被限制了，所以平均成本处于被锁定的状态。

② 命题 1 通过我国改革开放以来各省的实践就可以被证明是真实的，实际上，重复建设一直以来都是中国经济发展过程中面临的难题之一。

规模效率之间的变动关系加以权衡。

需要说明的是，我们对于规模效率的测算采用的是数据包络分析，即 DEA 方法中的 CCR 和 BCC 模型①，其具体计算通过 DEAP2.1 软件完成。

（1）钢铁工业技术效率、规模效率的动态测算。首先选择投入产出的指标，我们将选取 1990～2000 年 28 个省、市、自治区（不包括西藏、海南两省，重庆市的数据并入四川省）钢铁工业总产值（以 1990 年的不变价计算）作为产出指标，以钢铁工业固定资产净值年均余额作为资本投入指标（通过历年固定资产投资指数 1990 年为基期进行平减），以历年钢铁工业从业人员数作为劳动力的投入指标②，最后将计算结果加以整理见表 7-14。

表 7-14 的第 2、4、6 列给出了全国技术效率、纯技术效率、规模效率均值在这 11 年间的动态变化实际值，从这些实际值可以看出，2000 年钢铁工业的技术效率、纯技术效率、规模效率分别比 1990 年下降了 31%、27% 和 6%，其中，技术效率和纯技术效率同时在 1991 年达到最高，为 60% 和 72%，而规模效率则在 1996 年达到最高，为 91%。为了更好地反映三种效率的动态变化趋势，我们对实际效率值进行一次指数平滑，其公式为：

$$S_t = aX_t + (1-a)S_{t-1}$$

表 7-14　　　　　钢铁工业效率平均值的动态变化

年份	技术效率	平滑值	纯技术效率	平滑值	规模效率	平滑值
1990	0.585	0.585	0.713	0.713	0.820	0.820
1991	0.599	0.586	0.720	0.714	0.833	0.821
1992	0.582	0.586	0.684	0.711	0.851	0.824
1993	0.554	0.582	0.654	0.705	0.846	0.826
1994	0.577	0.582	0.655	0.700	0.881	0.832
1995	0.492	0.573	0.598	0.690	0.822	0.831
1996	0.555	0.571	0.612	0.682	0.906	0.838
1997	0.474	0.561	0.576	0.671	0.824	0.837
1998	0.442	0.550	0.534	0.658	0.828	0.836
1999	0.413	0.536	0.495	0.641	0.835	0.836
2000	0.402	0.522	0.520	0.629	0.772	0.830

资料来源：课题组整理计算。

---

① 具体参见盛昭翰、朱乔、吴广谋：《DEA 的理论、方法与应用》，科学出版社 1996 年版。
② 所有数据来源于历年《中国钢铁工业年鉴》，《中国钢铁工业五十年数字汇编》。

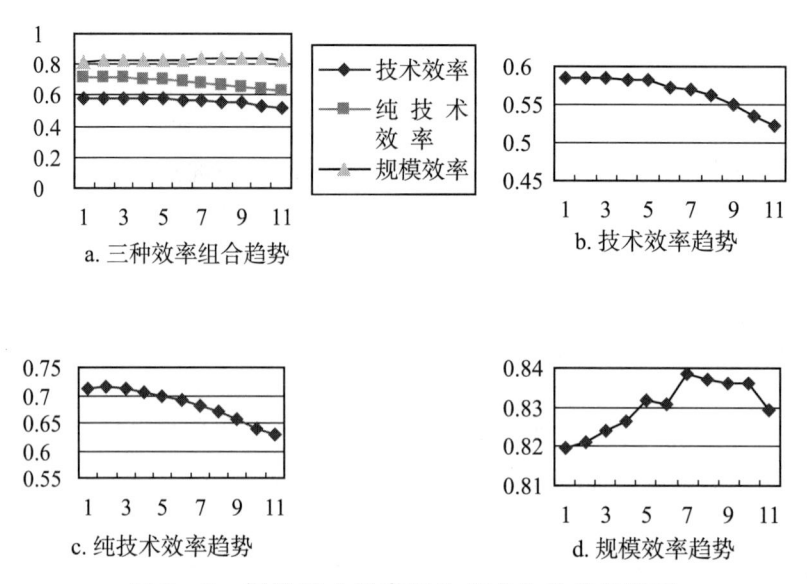

图 7-9 钢铁工业效率平均值变化趋势折线图

上式中 S_t 为第 t 期的平滑值，S_{t-1} 为 t-1 期的平滑值。a 为平滑系数，$0<a<1$（通常取 $0.1\sim0.3$），这里取 $a=0.1$。初始平滑值 S_0 一般凭经验给出，这里取与初始的实际数值一样，即 $S_0=X_1$。表 7-14 第 3、5、7 列给出了这三种效率均值的平滑值。为了更加直观地反映这种变化趋势，图 7-9 分别给出了这三种效率变化趋势的折线图（依平滑值所画），图 7-9 中，从 a 可以看出，技术效率与纯技术效率的变化表现出极度的相似性，即纯技术效率支配技术效率的变化趋势，从 b、c 可以更明显地看出，技术效率与纯技术效率 11 年间呈持续下降趋势，但与之不同的是，d 图的规模效率变化趋势图却从 1990 年开始，先是表现出一个明显的上升过程，到 1996 年之后则进入了一个持续的较为稳定的过程，1999 年之后开始下降。

（2）汽车工业技术效率、规模效率的动态测算。为了进一步对规模报酬递增行业的技术效率、规模效率的动态变化进行观察，我们选取了规模经济效应更为显著的汽车工业进行实证测算。汽车工业的统计数据允许我们从一个更长的时段内对其技术效率、规模效率的动态演变进行考察，我们选取了 1990～2003 年共 14 年 28 个省（不包括海南、西藏，同时将 1997 年之后重庆的数据并入四川省）的面板数据①，与钢铁工业相同，产出指标选择以 1990 年作为基期的各省的汽车工业总产值，但投入指标除了年均职工人数、固定资本净值年均余额（通过历年固定资产投资指数 1990 年为基期进行平减）外，还包括年均企业占

---

① 所有数据来源于历年《中国汽车工业年鉴》。

地面积。最后将计算结果加以整理。表 7-15 列出 14 年间汽车工业全国技术效率、纯技术效率、规模效率均值的实际值与平滑值，与钢铁工业的相同，为了更直观地反映这种动态变化趋势，图 7-9 给出了三种效率均值动态变化的折线图（依平滑值所画）。

表 7-15 中，2003 年与 1990 年相比，技术效率、纯技术效率分别下降了 16% 和 19%，而规模效率则上升了 3%。技术效率在 1993 年达到最大值，为 93%，纯技术效率则是在 1990 年最大，为 59%，规模效率在 1995 年达到最大值，为 95%。与钢铁工业相类似，图 7-10 中的 a 表明，技术效率与纯技术效率的变化趋势相似，即纯技术效率支配技术效率的变化趋势，从 b、c 可以看出，技术效率与纯技术效率 14 年间呈持续下降趋势，但与之不同的是，d 图的规模效率变化趋势图却从 1990 年开始，先是表现出一个明显的上升过程，然后依然是 1996 年之后，进入一个持续的较为稳定的波动过程。

总之，两个截然不同但同为规模经济显著的行业却在省际技术效率、纯技术效率和规模效率的动态演变方面表现出惊人的相似，尤其是在规模效率方面，从 1990 年开始，先是表现出一个持续的上升过程，到 1996 年之后，就进入一个持续的相对稳定的波动过程，这正好对应了我们在上一节中所提出的"虚假规模报酬递增"和"规模不经济"锁定这样两个连续的过程。下面，我们就对此进行具体分析。

表 7-15   汽车工业效率平均值的动态变化

年份	技术效率	平滑值	纯技术效率	平滑值	规模效率	平滑值
1990	0.509	0.509	0.589	0.589	0.865	0.865
1991	0.519	0.510	0.586	0.589	0.886	0.867
1992	0.487	0.508	0.534	0.583	0.912	0.872
1993	0.525	0.510	0.568	0.582	0.925	0.877
1994	0.463	0.505	0.512	0.575	0.904	0.880
1995	0.455	0.500	0.481	0.565	0.945	0.886
1996	0.384	0.488	0.412	0.550	0.932	0.891
1997	0.346	0.474	0.413	0.536	0.838	0.885
1998	0.440	0.471	0.498	0.532	0.883	0.885
1999	0.478	0.471	0.525	0.532	0.910	0.888
2000	0.420	0.466	0.463	0.525	0.907	0.890
2001	0.496	0.469	0.591	0.531	0.840	0.885
2002	0.460	0.468	0.554	0.534	0.830	0.879
2003	0.427	0.464	0.479	0.528	0.892	0.880

资料来源：课题组整理计算。

a. 三种效率组合趋势

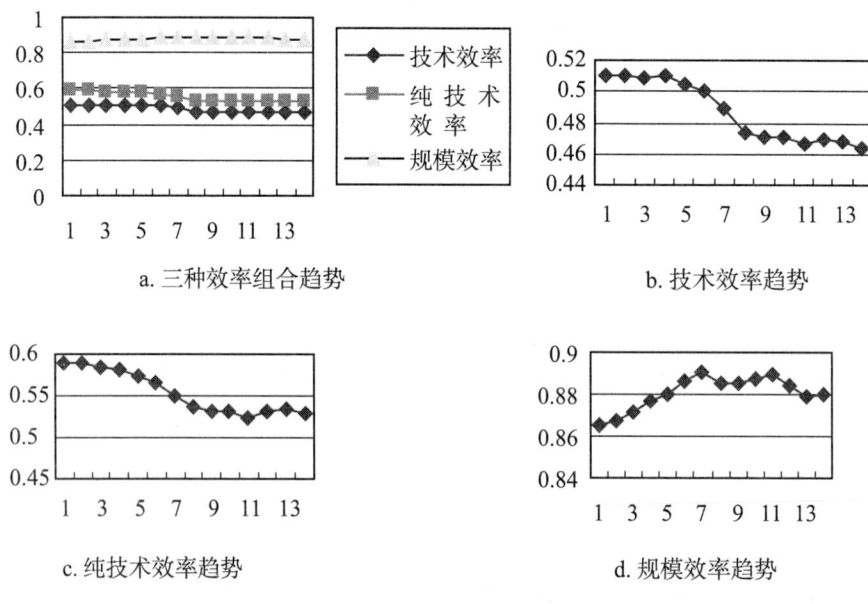

b. 技术效率趋势

c. 纯技术效率趋势

d. 规模效率趋势

图 7-10　汽车工业效率平均值变化趋势折线图

（3）基于经验测算的具体分析。第一，规模效率的动态演变及其分析。首先，无论是钢铁工业，还是汽车工业，规模效率的动态演变均呈现出一个先上升后趋于稳定或下降的过程，这是一种非常独特的现象，应该如何加以解释？我们知道，影响规模效率的因素有很多，这其中主要包括生产规模水平（供给方面）和经济发展水平（需求方面），但行业的规模水平与经济发展水平只能解释规模效率为何会上升，却不能解释为什么规模效率在经过一段时期的上升后却稳定于一个规模不经济的水平上，但我们的理论分析却有效地解释了规模效率在经过一段时期的上升后会锁定于一个规模不经济的水平上这一"奇怪"的经济现象；其次，无论是钢铁工业，还是汽车工业，规模效率由上升到锁定的转折点都在 1996 年之后，这正是我国进入过剩经济时代的开始，各省均陷入了市场狭小、产品滞销、失业增加的境地之中。在这种情形下，保护本地市场的地区性行政垄断大行其道，这其中就包括对于钢铁、汽车等规模报酬递增行业产品市场的保护，而通过上文的理论分析我们可以知道，地方保护会使规模效率锁定于规模不经济的水平上，而本节中钢铁、汽车工业规模效率的转变时点恰恰支持了我们的理论分析；最后，无论是规模效率的整个动态演变过程还是规模效率的具体转变时点，都与我们的理论分析所得出的结论相一致，从而比较好的支持了我们所提出的后两个命题。

第二，纯技术效率与规模效率变动的权衡。根据 DEA 方法测算出来行业的技术效率可以分解为两部分，纯技术效率和规模效率。通过 CRS（规模报酬不变）的 DEA 模型计算出来的为通常所说的技术效率，即给定产出实现投入最小化的程度或者给定投入实现产出最大化的程度，根据 VRS（可变规模报酬）的 DEA 模型计算出来的为纯技术效率，即从技术效率中扣除了规模效率之后剩余的部分，所以，技术效率 = 纯技术效率 × 规模效率。根据上文的理论分析，地区性行政垄断会在若干时期内带来规模效率的上升，那么问题是这种规模效率的上升是否会带来技术效率的上升？这取决于纯技术效率与规模效率的权衡关系。一般来讲，扭曲要素价格所带来的重复建设和地方保护、市场分割都会造成纯技术效率的损失，即纯技术效率的下降，那么规模效率的上升能够抵消纯技术效率的下降吗？如果能够抵消，即技术效率在一定时期内出现上升的话，那么地区性行政垄断在一定时期内的存在就是积极的，但若不能抵消，即规模效率的上升是以纯技术效率的更大幅度的下降为代价的，那么这种地区性行政垄断就是必须应该加以反对的。从本节的经验测算部分，可以得出：首先，无论是钢铁工业，还是汽车工业，纯技术效率均表现出持续的下降趋势；其次，技术效率的变化趋势与纯技术效率的变化趋势是一致的，这说明在规模效率的上升与纯技术效率下降的权衡中，纯技术效率的下降占据支配地位，从而使技术效率表现出持续下降的趋势。最后，虽然地区性行政垄断会带来规模效率的"虚假上升"，但这种上升是以纯技术效率的更大幅度的下降为代价的，所以，扭曲要素价格的地区性行政垄断从总体上来讲带来了效率的下降，是我们必须应该反对的。

4. 扭曲要素价格的地区性行政垄断与规模效率关系的实证检验

上一节中，钢铁、汽车工业规模效率的动态演变初步验证了我们所提出的几个命题，为了进一步验证地区性行政垄断与规模效率的动态演变之间的关系，我们将建立基于分省数据的面板数据模型。首先，由于影响规模效率的因素有很多，但主要包括行业规模水平和经济发展水平，所以，模型将引入行业规模水平和经济发展水平两个变量作为控制变量；其次，由于地区性行政垄断对于规模效率的影响是双重的，一方面，地区性行政垄断开始时对于要素价格的扭曲会提高规模效率，另一方面，当规模效率上升到一定水平之后，地区性行政垄断程度的上升即地方保护和市场分割的出现又会导致规模效率的下降，所以，模型将引入地区性行政垄断的平方项，最终，我们建立如下的面板数据模型：

$$SE_{jt} = \alpha + \beta_1 \cdot LM_{jt} + \beta_2 \cdot LM_{jt}^2 + \beta_3 \cdot \log SC_{jt} + \beta_4 \cdot \log EC_{jt} + \varepsilon_{jt}$$

其中，SE_{jt} 表示第 j 个省份第 t 年的规模效率值，LM_{jt} 表示第 j 个省份第 t 年的地区性行政垄断的水平，LM_{jt}^2 表示第 j 个省份第 t 年的地区性行政垄断水平的平方，$\log SC_{jt}$ 表示第 j 个省份第 t 年的行业规模水平的自然对数值，$\log EC_{jt}$ 表示第 j 个省份第 t 年的经济发展水平的自然对数值。如果我们提出的命题成立的话，则在控制经济发展水平、行业规模水平和政策性因素的影响之后，β_2 应为显著的负

值。下面我们给出各变量的具体测量指标:

(1) 地区性行政垄断水平。对于市场经济初期的地区性行政垄断水平的测量指标,既要包括直接反映地区性行政垄断程度的正指标,又要包括能够反映市场化水平但作为测量地区性行政垄断程度的负指标,更精确地说,通过反映市场化程度正指标数值的倒数来反映非市场化程度,也就是间接反映了地区性行政垄断的程度,其最终地区性行政垄断程度的测量用"直接反映地区性行政垄断程度的正指标"与"间接反映地区性行政垄断的程度的负指标的倒数"的算术平均值来表示。其中,正指标包括:第一个分指标是国有经济在整个国民经济中所占的比重,用"工业总产值中国有经济所占的比重"、"全社会固定资产投资中国有经济所占的比重"、"国有经济从业人数占全部从业人数的比重"的平均值来表示;第二个分指标"政府行使地区性行政垄断的能力"用"政府财政收入占 GDP 的比重"来表示;第三个分指标"政府干预市场的能力"用"政府消费占全部最终消费的比重"来表示;负指标包括:第一个分指标为"所有制结构的市场化"用"工业总产值中非国有经济的比重"和"非国有经济就业人数占全部就业人数的比重"的平均值表示;第二个分指标是用"国内生产总值与政府消费之比"来衡量政府的市场化;第三个分指标用"全社会固定资产投资中非国有经济的比重"表示投资的市场化。

(2) 行业规模水平,采用固定资产净值年均余额来衡量,一般来讲,行业规模越大,则规模效率越高。

(3) 经济发展水平,采用各省人均 GDP 作为各省经济发展水平的衡量指标,一般来讲,经济发展水平越高,则规模效率水平越高。

下面我们将采用 1990~2000 年钢铁工业、1990~2003 年汽车工业 27 个省(市、区)(不包括海南、西藏、宁夏[①],1996 年之后重庆市的数据并入四川省)的规模效率值作为被解释变量对上述面板数据分别进行实证检验。经过固定效应冗余检验(表 7-16)和豪斯曼检验(表 7-17),选择面板数据中的时刻固定效应模型对其进行估计,其输出结果分别见表 7-16、表 7-17、表 7-18、表 7-19、表 7-20、表 7-21。

表 7-16　　　　　　固定效应冗余检验结果(钢铁工业)

Effects Test	Statistic	d. f.	Prob.
Period F	10.568974	(10282)	0.0000
Period Chi-square	39.456935	10	0.0000

---

① 由于宁夏的部分数据不全,致使其地区性行政垄断水平无法测量,所以舍去。

表7-17　　　　　　豪斯曼检验结果（钢铁工业）

Test Summary	Chi - Sq. Statistic	Chi - Sq. d. f.	Prob.
Period random	136.356498	4	0.0000

表7-18　　　　　固定效应冗余检验结果（汽车工业）

Effects Test	Statistic	d. f.	Prob.
Period F	18.756342	(13360)	0.0000
Period Chi - square	43.365487	13	0.0000

表7-19　　　　　　豪斯曼检验结果（汽车工业）

Test Summary	Chi - Sq. Statistic	Chi - Sq. d. f.	Prob.
Period random	142.369871	4	0.0000

表7-20　　　　时刻固定效应模型输出结果（钢铁工业）

变量	系数值	标准差	t统计量	p值
常数项	-0.905648	0.289632	-4.269841	0.0000
地区性行政垄断	8.256987	1.398765	6.564897	0.0000
地区性行政垄断平方项	-12.36987	1.796587	-6.987354	0.0000
行业规模水平	0.000384	0.011056	0.050398	0.9632
经济发展水平	0.045698	0.018149	2.856875	0.0045
R^2	0.983658	F值		79.45678
校正 R^2	0.968756	D-W值		1.678965

表7-21　　　　时刻固定效应模型输出结果（汽车工业）

变量	系数值	标准差	t统计量	p值
常数项	-0.925691	0.456423	-5.987564	0.0000
地区性行政垄断	8.293025	1.654107	6.9836403	0.0000
地区性行政垄断平方项	-12.374208	1.548023	-7.698206	0.0000
行业规模水平	0.000487	0.009873	0.064920	0.9427
经济发展水平	0.0479635	0.012687	3.447412	0.0014
R^2	0.999821	F值		89.65832
校正 R^2	0.976357	D-W值		1.746213

表7-20、表7-21中，经济发展水平和行业规模水平都与行业规模效率正相关，但行业规模水平的影响并不显著，在控制行业规模水平和经济发展水平的影响之后，地区性行政垄断的平方项的系数估计值显著为负，而地区性行政垄断

的系数估计值显著为正,这就说明,地区性行政垄断一开始促进了规模效率的提高,但当地区性行政垄断发展到一定程度之后,则会阻碍行业规模效率的提高,这一实证结果较好的验证了我们所提出的地区性行政垄断对要素价格的扭曲导致了"虚假规模报酬递增"和地方保护导致了"规模不经济的"的锁定这两个命题。

三、地区性行政垄断、技术进步与粗放型经济增长方式

1. 研究背景与创新

克鲁格曼[①]指出:"亚洲取得了卓越的经济增长率,却没有与之相当的卓越的生产率增长。它的增长是资源投入的结果,而不是效率的提升。"而易纲等(2003)[②]则撰文反驳了这一观点,并提出了中国经济存在效率的四点证据。但是,中国经济增长方式之争远未结束,这其中涉及的问题繁冗复杂,我们仅从技术进步这一角度进行探讨,需要说明的是,我们所指的技术进步是指在生产中所投入的资源被充分利用(不存在技术无效率)的前提下,相同的投入所带来的产出的增长,或者相同的产出所需要的投入的减少,即通常所说的生产前沿面的移动,根据徐瑛等(2006)[③]的研究成果,我们把这种移动所标示的广义的技术进步分解为:纯(物质性)技术进步:新技术的发明或引进;结构性技术进步:经济结构的调整和优化;制度性技术进步:制度的变化。但与徐瑛通过对技术进步的剥离以求得纯技术进步的贡献率的研究取向相反,我们将结构变动与制度变动都归入广义的技术进步,这样可以最大限度地减少分析中由于替代变量的不当使用而带来的误差。

根据上文所给出的技术进步的定义,如果技术进步为 $a(a>1)$,则表明在不增加要素投入的情况下,由于新技术的发明或引进,经济结构的调整和优化或者现有制度的改进和完善,可以使产出增长 $a-1$,从而使经济增长呈现出依靠技术进步的集约型增长特性,反之,如果技术进步为 $b(b<1)$,则在投入不变的条件下,则会使产出降低 $1-b$,而要维持产出不变或者要使产出增长,则需要增加相对于前一期更多的要素投入,从而使经济增长呈现出依靠增加要素投入的粗放型增长特性,但与要素投入的数量能够被直接观察和测量不同的是,技术进步只能通过间接的方法进行测算,这就要求通过这些方法所测算的技术进步必须为

---

① [美]克鲁格曼,朱文晖等译,《萧条经济学的回归》,中国人民大学出版社1999年版。
② 易纲等:《关于中国经济增长与全要素生产率的理论思考》,载《经济研究》2003年第8期。
③ 徐瑛等:《中国技术进步贡献率的度量与分解》,载《经济研究》2006年第8期。

真实的技术进步，我们才能在此基础上根据技术进步的大小来判断经济增长的特性，但遗憾的是，我们在第三部分中通过线性规划的 DEA 方法证明在存在要素价格扭曲的情况下，所测算的技术进步将会偏离真实的技术进步，当要素价格被人为地扭曲降低时，技术进步将呈现"虚增效应"，进一步的，我们通过直观的生产函数法，证明了要素价格的扭曲将会使市场主体对于要素投入的偏好替代对于技术研发[①]投入的偏好，产生对于技术进步的"替代效应"，紧接着，我们对要素价格扭曲对于技术进步的"虚增效应"和"替代效应"的关系进行了分析，"替代效应"与"虚增效应"之间并不存在权衡关系，"替代效应"仅仅说明了"虚增效应"的完全性。在第四部分中，我们首先从纯（物质性）技术进步，结构性技术进步和制度性技术进步三个方面对"替代效应"进行了简单诠释，接着重点论述了地方保护对于技术进步的"锁定性影响"，这其中涉及地方保护对于资本进入产生的"劣币驱逐良币"效应，以及地方保护对于纯技术进步，结构性技术进步和制度性技术进步的"锁定性影响"。第五部分中，我们使用 DEA—曼彻斯特指数方法测算了 1978～2006 年共 29 年 28 个省级行政区的技术效率，技术进步率和全要素生产率，与前人单纯凭借三种效率的数值变化进行阶段划分不同，我们通过将前文的理论分析与三种效率的变化特征相结合首次明确地把这 29 年划分为三个阶段：潜能释放期（1978～1990 年），虚假技术进步期（1990～1998 年）和粗放型技术进步的锁定期（1998～2006 年），尤其是对于虚假技术进步期的分析验证了我们在第三部分中所提出的要素价格扭曲对于技术进步"虚增效应"的动态变化特征，第六部分中，我们在提出对于要素价格扭曲地区性行政垄断的测算指标的基础上，通过引入外商投资水平，人力资本水平及其交叉项和贸易开放度等四个控制变量，考察了地区性行政垄断对于技术进步的影响，而且面板数据的个体固定效应模型的输出结果较好的验证了我们所进行的理论分析与经验测定。最后，我们简单的考察了转轨以来地方政府行为与我国经济增长之间的关系，提出地方政府行为是理解和实现我国经济可持续发展的关键所在。

2. 要素价格扭曲对于技术进步的"虚增效应"与"替代效应"

要素价格扭曲对于技术进步影响较为复杂，不仅对技术进步的测算有影响，还对真实的技术进步有影响，下面，我们将分别予以探讨。

（1）要素价格扭曲对技术进步测算的影响。根据经济增长理论，技术进步是决定一国经济可持续发展的最重要的因素之一，因而，其也就成为衡量一国宏

---

① 这种技术研发是一种广义的技术研发，包括上文所提到的纯物质性技术进步，结构性技术进步和制度性技术进步。

观经济运行状况的重要指标,但与要素投入不同的是,技术进步是无形的,我们无法通过直接的观察确定技术进步的状况,只能通过相关的方法进行间接测量,这些方法主要包括利用成本函数和生产函数的计量经济学方法、指数方法、狄维塞指数法和线性规划法[①]。如果要素是在价格无扭曲的情况下使用的,那么通过这些方法测算的技术进步就基本反映了现实经济运行中技术进步的真实情况,但对于正处于市场经济初期的中国而言,由于市场经济基本制度特别是产权制度的不完善,要素价格扭曲成为地方政府发展经济过程中普遍现象[②],那么通过这些方法测算的技术进步也就不能反映中国技术进步的真实情况。鉴于我们下面将要采用数据包络分析(DEA)方法[③]对中国技术进步的情况进行经验测算,所以,本节中我们主要基于 DEA 的 CCR 模型探讨地区性行政垄断扭曲要素价格对于技术进步测算的影响。

第一,要素价格扭曲对于技术进步测算影响的静态分析。假设 t 时刻的生产可能集为:

$$P^t = \left\{ (x^t, y^t) \mid y^t \leq \sum_{j=1}^n \lambda_j y_j^t, \ x^t \geq \sum_{j=1}^n \lambda_j x_j^t, \ \lambda_j \geq 0, \ j = 1, \cdots, n, \right.$$
$$\left. x^t \equiv (x_1^t, \cdots, x_m^t) \right\}$$

而 t+1 时刻的生产可能集为:

$$P^{t+1} = \left\{ (x^{t+1}, y^{t+1}) \mid y^{t+1} \leq \sum_{j=1}^n \lambda_j y_j^{t+1}, \ x^{t+1} \geq \sum_{j=1}^n \lambda_j x_j^{t+1}, \ \lambda_j \geq 0, \ j = 1, \cdots, n, \right.$$
$$\left. x^{t+1} \equiv (x_1^{t+1}, \cdots, x_m^{t+1}) \right\}$$

若两生产可能集满足 $y = A_{(t)} f_{(x_1, \cdots, x_m)}$,其中,式中的 $A_{(t)}$ 表示技术进步指数。根据上述条件,可以得出技术进步 $TE = A_{(t+1)}/A_{(t)}$,为了讨论上的简便,现在假设两时刻之间不存在技术进步,t+1 时刻的生产集与 t 时刻的生产集相同,即 $A_{(t+1)} = A_{(t)}$,从而真实的 TE = 1。要素的正常市场价格标准化为 1,t+1 时刻地方政府决定扭曲要素价格 $1-\alpha$,$0 < \beta \leq \alpha < 1$,其中,$1-\beta$ 表示对要素价格的最高扭曲程度。那么 t+1 时刻真实的投入变为 $\alpha \cdot x^t$,而产出不变,所以 t+1 时刻在技术不变的前提下,地方政府扭曲要素价格 $1-\alpha$ 后的生产可能性集合为:

---

① Diewert, W. E. *The Theory of Total Factor Productivity Measurement in Regulated Industries.* New York: Academic Press, 1981.
② 详见靳涛:《中国转型期粗放式经济增长模式探讨》,载《改革》2005 年第 8 期。
③ DEA 方法属于线性规划方法。

$$P_\alpha^{t+1} = \left\{ (x^{t+1}, y^t) \mid y^t \leq \sum_{j=1}^n \lambda_j y_j^t, x^{t+1} \geq \sum_{j=1}^n \lambda_j \cdot \alpha x_j^t, \lambda_j \geq 0, j = 1, \cdots, n, \right.$$

$$\left. x^{t+1} \equiv (\alpha x_1^t, \cdots, \alpha x_m^t) \right\}$$

根据 CCR 模型，基于生产可能集 P^t，可以通过线性规划（8）求得时刻 t 的有效前沿面。

$$\min \theta^t(i_0) \tag{8}$$

$$\text{s.t.} \sum_{j=1}^n \lambda_j^t(i_0) x_j^t \leq \theta^t(i_0) x_{i_0}^t, \sum_{j=1}^n \lambda_j^t(i_0) y_j^t \geq y_{i_0}^t, \lambda_j^t(i_0) \geq 0, j = 1, \cdots, n$$

其中，$x_j^t \in R_m$，$j = 1, \cdots, n$，n 为样本数，$i_0 \in \{1, \cdots, n\}$。设时刻 t 有 q 个 DEA 有效的 DMU：$DMU_{s1}, \cdots, DMU_{sq}$，$I_t$ 为其下标集。

基于生产可能集 P_α^{t+1}，对 I_t 中每个下标求解线性规划（9），共求 q 次。

$$\min \chi(r) \tag{9}$$

$$\text{s.t.} \sum_{j=1}^n \lambda_j^{t+1}(r) \cdot \alpha x_j^t \leq \chi(r) x_r^t, \sum_{j=1}^n \lambda_j^{t+1}(r) y_j^t \geq y_r^t, \lambda_j^{t+1}(r) \geq 0, j = 1, \cdots, n$$

可以解得：$\chi(1) = \chi(2) = \cdots = \chi(q) = \frac{1}{\alpha}$。

综上，当扭曲要素价格的程度为 $1 - \alpha$ 时，技术进步率 $TE_\alpha = \frac{1}{q} \sum_{r=1}^q \chi(r) = \frac{1}{\alpha}$，因为 $0 < \beta < \alpha < 1$，所以，$TE_\alpha = \frac{1}{\alpha} > 1 = TE$，即地方政府对于要素价格的扭曲导致了真实的技术进步率被扭曲，出现了"虚假的技术进步"，且对要素价格扭曲的程度越严重，导致的"虚假的技术进步"也越高。这与靳涛[①]的结论是不一致的，靳涛指出，地方政府对于要素价格的扭曲会导致粗放型经济增长方式的形成和锁定，即会导致真实技术水平的下降，但是，我们的证明并不能支持他的观点，反而得出技术水平会上升的结论，尽管这种技术进步是虚假的。

第二，要素价格扭曲对于技术进步测算影响的动态分析。地方政府对于要素价格的扭曲并不是一蹴而就的，假设存在 K 期，每一期地方政府都决定对要素价格扭曲 $1 - \phi_i$，$I = 1, 2, \cdots, K$，在第 k 期，地方政府对于要素价格的扭曲达到总体最高程度 $1 - \beta$，显然 $\phi_1 \cdot \phi_2 \cdots \phi_k = \beta$。但与每一期技术进步相关的并不是这个总体的最高扭曲程度 $1 - \beta$，而是每一期的扭曲程度 $1 - \phi_i$。那么在给定的约束条件 $0 < \beta < \phi_i < 1$ 下，ϕ_i 会随着 i 的增大而表现出何种变化特征呢？首先，地方政府官员处于激烈的政治晋升博弈当中，谁的政绩大，谁就越有可能得到提

[①] 详见靳涛：《中国转型期粗放式经济增长模式探讨》，载《改革》2005 年第 8 期。

升,而对要素价格的扭曲又与政绩的创造直接相关,所以,地方政府官员在每一期都会竭尽全力的扭曲要素价格;其次,由于地方政府官员任期较短,普遍存在短视倾向,一旦本期发现的可利用的要素价格,绝对不会留在以后去扭曲;最后,对要素价格的扭曲程度与制度的完善性息息相关,随着市场制度特别是要素市场的不断完善,要素价格被扭曲的可能性会越来越小。所以,基于以上原因,地区性行政垄断每一期对于要素价格的扭曲程度必然呈现出下降的趋势,即 $1-\phi_1 > 1-\phi_2 > \cdots > 1-\phi_k$,由此可得,$\phi_1 < \phi_2 < \cdots < \phi_k$。又因为每一期技术进步与 ϕ_i 互为倒数,所以 $TE_{\phi_1} > TE_{\phi_2} > \cdots > TE_{\phi_k}$。综上分析,地区性行政垄断对于要素价格扭曲程度的动态变化决定了技术进步必然会呈现一个下降的趋势。

总之,扭曲要素价格的地区性行政垄断导致了通过相关方法测算的技术进步高于真实的技术进步率,即出现了"虚假的技术进步",同时,地区性行政垄断对于要素价格扭曲的动态变化决定了这种"虚假的技术进步"呈现出一个递减的趋势。

(2) 要素价格扭曲对真实技术进步的影响。设某区域的生产函数为 $Y = AF_{(K,R,L)}$,其中 K 表示资本,R 表示土地,L 表示劳动力;生产函数为 $Y = AF_{(K,R,L)}$ 为规模报酬递减的生产函数,假使在第 i 期 (i = 1, 2…) 需使 K、R、L 的投入量增长 a_i 倍,以使 Y 增长 b 倍,在第 i + 1 期,为了使 Y 增长相同的 b 倍,需使投入增长 a_{i+1} 倍,设 $b < a_i < a_{i+1}$①;对于技术 A 而言,为了使其增长 b 倍,则需使技术研发投入增长 d 倍,根据经验可知,$b \ll d$,K、R、L 均为竞争性市场中的投入品,在扭曲要素价格地区性行政垄断的作用下,其价格将被人为的扭曲降低,为了便于分析,假设在第 j 期 (j = 1, 2, …, n) K、R、L 的价格均被人为地降低到原来的 c_j 倍②,新的投入品为:k、r、l,其中 $k = c_1 c_2 \cdots c_j K$,$r = c_1 c_2 \cdots c_j R$,$l = c_1 c_2 \cdots c_j L$,与上文相同,最高扭曲程度为 $1 - \beta$,则 $c_1 c_2 \cdots c_n = \beta$,$0 < \beta < c_i < 1$。

第一,首先来看不存在要素价格扭曲的情形。对于规模报酬递减的生产函数 $Y = AF_{(K,R,L)}$,要使收入增加 b 倍,有三种方法:一是在第 i 期增加要素投入 a_i 倍,二是在第 i + 1 期增加要素投入 a_{i+1} 倍,三是增加技术研发投入 d 倍,现在求一个临界的 i 值,使 $a_i \leq d$,$a_{i+1} > d$,则第 i + 1 期,为使收入最大化,最佳选择是由增加资源投入转为增加研发投入,即经济增长方式由粗放型向集约型转变。

第二,存在要素价格扭曲的情形。生产函数为:

---

① 这与我国目前的生产方式的特点是相似的,根据靳涛 (2005) 的描述,中国的 ICOR ("增量资本产出率",即 Incremental Capital – Output Ratio) 在 20 世纪 90 年代初期还比较低,大约在 2 左右;1995 年以后急剧上升,最近四年提高到 5~7,即增加 5~7 元投资才能增加 1 元的 GDP 产出。

② 即被扭曲了 $1 - c$。

$$Y = AF_{(k,r,l)} = AF_{(c_1c_2\cdots c_jK, c_1c_2\cdots c_jR, c_1c_2\cdots c_jL)} \text{ ①}$$

在第 n 期，价格扭曲达到最高程度 $1-\beta$，其生产函数为：

$$Y = AF_{(c_1c_2\cdots c_jK, c_1c_2\cdots c_jR, c_1c_2\cdots c_jL)} = AF_{(\beta K, \beta R, \beta L)}$$

现在来考虑这种要素价格的扭曲对于经济增长方式的影响，在不存在价格扭曲的情形下，可以求得临界期 i，使得 $a_i \leq d$，$a_{i+1} > d$，但出现价格扭曲后，在第 i 期，为使收入增加 b 倍，仅需使投入增加 $c_1c_2\cdots c_i \cdot a_i$②，在第 i+1 期，为使收入增加 b 倍，仅需使投入增加 $c_1c_2\cdots c_{i+1} \cdot a_{i+1}$，由于 $c_i < 1$，$c_1c_2\cdots c_i < c_i < 1$，所以 $c_1c_2\cdots c_{i+1} \cdot a_{i+1} < a_{i+1}$，那么 $c_1c_2\cdots c_{i+1} \cdot a_{i+1} > d$ 就不必然满足了，假设新的临界期为 j，则 $c_1c_2\cdots c_j \cdot a_j \leq d$，$c_1c_2\cdots c_{j+1} \cdot a_{j+1} > d$，新的临界期被拖后的时间取决于要素边际生产率递减的速度与要素价格被扭曲的程度，一般来讲，要素价格被扭曲的程度越深，即 $c_1c_2\cdots c_j$ 越大，则被拖后的时间越长，要素边际生产率递减的速度越快，即 a_j 越大，则被拖后的时间越短。

（3）要素价格扭曲对于技术进步的"虚增效应"与"替代效应"及其关系。本节中，我们首先探讨了要素价格扭曲对于技术进步测算的影响，得出要素价格的扭曲会导致"虚假的技术进步"，这实际上是通过节省生产者的要素投入开支来实现的，但却反映在技术进步上，我们将其称为要素价格扭曲对于技术进步的"虚增效应"，接着我们又得出要素价格扭曲实际上会拖后真实的技术进步，使生产者对于要素投入的偏好替代了对于技术研发③的偏好，所以，我们将其称为要素价格扭曲对于技术进步的"替代效应"。"虚增效应"导致"虚假的技术进步"，但通过 DEA 模型所测算的技术进步是否包括真实的技术进步，"虚增效应"不能回答，但"替代效应"则保证了要素价格的扭曲情形下发生真实技术进步的可能性很小，从而表明通过 DEA 模型测算的技术进步基本上不能反映真实的技术进步，而是由于要素价格扭曲所带来的"虚假技术进步"，在这里，"替代效应"与"虚增效应"并不存在一个权衡的关系，"替代效应"仅仅说明了"虚增效应"的完全性。

3. 扭曲要素价格的地区性行政垄断对于真实技术进步的影响

在上文中，我们将技术进步分解为三个组成部分：纯（物质性）技术进步、结构性技术进步和制度性技术进步，下面，我们将分别从这三个角度切入，分析扭曲要素价格的地区行政垄断对于真实技术进步的影响。需要说明的是，这里所说的扭曲要素价格的地区性行政垄断包括要素价格扭曲和地方保护与市场分割两

---

① 这里实际上把扭曲后的要素作为新的投入。
② 这里实际上隐含了假设 $i < n$，如果 $i \geq n$，则 $c_1c_2\cdots c_i \cdot a_i = \beta \cdot a_i$。
③ 这里的生产者与技术研发都是广义的概念，包括纯技术、结构性技术与制度性技术的生产者与研发。

种表现形式。

（1）要素价格扭曲对于技术进步替代性影响的简单分析。上节中，我们得出要素价格扭曲对于真实的技术进步具有替代效应，那么这种替代效应是如何发生的，我们将在这一节中进行具体探讨。

第一，要素价格扭曲对于纯（物质性）技术进步的影响。纯技术进步由两部分组成，技术创新与技术引进，技术创新发生于研发部门，而价格扭曲发生于地方政府偏好的生产部门，生产部门要素价格的扭曲提高了投资者对于投资生产领域的收益预期，诱使资本由研发部门流向生产部门，这种扭曲程度越高，生产部门吸收的资本对于研发部门吸收的资本的替代作用越大；技术引进的目的是为了引进新的产品生产线或改进现有的产品生产线以增加新的替代性产品或者降低现有产品的生产成本，从而更好地适应市场需求，是生产者对于使用现有技术生产所获得的收益与引进新技术所获得的未来收益的贴现值与所需投资差额（即引进新技术的净收益）之间的一种权衡，然而，投入要素的价格扭曲会使被替代产品和原来成本较高产品的生产成本降低，从而提高了生产者对于生产现有产品和使用现有技术的收益，从而降低了生产者引进新技术的激励，所以，要素价格的降低导致了使用现有技术对于引进新技术的一种替代。

第二，要素价格扭曲对于结构性技术进步的影响。结构性技术进步主要是指区域内产业结构和区域间产业布局改善所带来的产出的增加。要素价格扭曲的直接动因是地方政府希望资本流向自己偏好的产业和部门，而不是按照市场的正常的要素价格信息来形成合理的产业结构，这就造成了区域内产业结构与区域比较优势的偏离，造成了区域内的比较优势无法充分利用，是扭曲的产业结构对于合理的产业结构的一种替代；地方政府目标函数的一致性导致了区域之间产业结构扭曲方向的趋同性，这种区域趋同的产业布局严重影响了大国优势的发挥，区域之间无法形成优势互补而极易陷入恶性竞争，是不合理的政府竞争对于良性的政府竞争协作的一种替代。

第三，要素价格扭曲对于制度性技术进步的影响，制度性技术进步包括现有制度的完善与新的有益制度的创立所带来的产出的增长。现有制度的完善显然是指市场经济制度的完善，然而要素价格的扭曲恰恰是利用现有市场制度的不完善来做文章，地方政府为了尽量多地从这种不完善的制度中获益，显然会极力阻碍市场制度的完善，这是一种不完善的制度对完善制度的替代；新的有益制度的创立需要建立在正确的价格信息之上，然而，要素价格的扭曲无法为新的有益制度的创立提供正确的价格信息，所以，建立在扭曲价格信息之上的新制度对于产出的增长也会产生扭曲作用，这是一种扭曲的制度对于新的有益制度的替代。

（2）地方保护与市场分割对于技术进步与粗放型经济增长方式的锁定性影

响。在前文的论述中，我们得出要素价格的扭曲会拖后技术进步，即会导致粗放型经济增长方式的延长，但一旦地方政府对于要素价格扭曲大到一定程度，或者要素投入的边际生产率小到一定程度，都会导致经济增长方式由粗放型向集约型的转变，从这个角度看，似乎不用对这一问题过于担心，因为这一问题的解决只是个时间问题，但实际上，对于要素价格的扭曲只是问题的开始，要素价格扭曲对于技术进步的影响也只是"恶疾"将要爆发的一个征兆，因为伴随着地方保护与市场分割的将是粗放型经济增长方式的锁定。

第一，地方保护与市场分割对于纯（物质性）技术进步的影响。地方保护与市场分割排斥了区域外企业对于区域内企业的竞争，因此，分析区域内企业的竞争关系对于理解企业的技术创新与技术引进至关重要。如果区域内企业之间能够形成有效竞争的话，则在竞争压力的作用下，企业的技术创新与技术引进所产生的纯技术进步绝对不会比面临区域外企业竞争时低。但无论是从直觉还是从经验看这种论断似乎都是站不住脚的，地方保护与市场分割情形下的区域内企业真的能够形成有效竞争吗？

地方保护下资本进入的"劣币驱逐良币"效应。从政府的干预来讲，地方保护的是企业，而不是企业的竞争力，政府的强制性行政干预是形成有效竞争的最大障碍。地方政府实施地方保护和市场分割的策略性行为是有自己的目标的，其中很重要的一个方面就是保证自己境内的企业能够活下去。活下去对于地方政府意义重大，首先，地方政府每年都可以从这些企业获得巨额的利税甚至"保护费"，从而保证政府的各项开支和正常运行，当然也保证政府官员的收入能够比较"风光"，一般来讲，这些企业与地方政府之间建立了比较密切的关系，所谓的地方保护很大程度上也就是保护这些企业；其次，企业活下去对于本地的就业意义重大，就业不仅关系到当地居民的切身利益，更与社会的稳定，官员的政绩与升迁息息相关，所以，只要这个企业能够帮助地方政府解决就业问题，它就有活下去的理由，地方政府就有保护它的动机；最后，企业活下去是吸引资本的一个"面子"工程，一个地区的企业越多，表明这个地区的"吸引力"越大，同时也是地方政府说服资本流入的有效砝码，事实上，地方政府需要的只是资本的数量，而非资本的质量，只要地方政府保证其能活下去，资本就源源不断的流入，地方政府也就有利可图，这实际上形成了一个恶性循环，真正有实力的能带来效率提升的资本绝对不会留在一个只能"活下去"的地方，因而，最终进入这个地区的资本都是一些"弱势"资本，是希望借着地方政府的保护能勉强活下去的资本，地方政府也只能进一步强化保护措施以使这些资本能够活下去，这就形成了资本进入的"劣币驱逐良币"效应。而为了保证这些企业能够活下去，地方政府是绝对不会允许有效竞争的，因为一旦形成有效竞争，地方政府想要保护的这些弱势资本和企业就会化为乌有,这种沉重的代价是每届任期只有5年地方政府官员所不能承受的。

从在位企业的行为来讲,对于本地地方保护的依赖和对于外地地方保护所形成的预期会导致其丧失进行技术创新的积极性,由于地方保护对于本地企业的保护使本地企业无法进行有效竞争,而对于外地地方保护的预期则使其彻底丧失了进行技术创新的积极性。假设两行政区 A 和 B 内各有一家企业生产同质产品,两企业技术创新的目的就是要降低成本以获得更大的市场份额。假设 A 地企业的成本为 C_A,B 地企业的成本为 C_B,通过技术创新分别可以降低成本 ΔC_A、ΔC_B,则新成本分别为 $C_A - \Delta C_A$、$C_B - \Delta C_B$,则为了取得更低的成本,两企业会积极推进技术创新,从而推进技术进步,但现在两区域政府决定对对方的企业产品征收"关税" P_B、P_A。则两企业的新成本分别为:$C_A - \Delta C_A + P_B$、$C_B - \Delta C_B + P_B$,如果 A 区域企业通过技术创新降低成本 ΔC_A,那么 B 区域就会对 A 企业征收大于或等于 ΔC_A 的"关税" P_A,结果是 A 区域企业的技术创新没有任何成效;同理,B 区域企业的技术创新也会因为 A 区域地方政府的保护而归于无效。所以,两区域的在位企业最终会选择完全依靠地方保护而放弃任何创新,导致两区域的技术进步处于停滞状态。

从新进入企业(资本)的行为来讲,对于地方保护的预期会使其丧失花费巨额初始成本引进先进技术,从而降低生产成本的积极性。如果一家企业要进入某一行业,为了在这一行业中立足,就必须有足够低的成本,这就要求新进入的企业要选择最新的技术,从而推动区域的技术进步。而企业预期进入之后会受到政府保护,那么企业就会选择落后的技术以节省初始成本,从而造成区域整体技术水平的下降。这时,地方保护不仅会造成技术进步的停滞,还会造成技术水平的下降,即出现技术进步率小于 1 的情形。

综上,地方保护与市场分割阻碍了区域内有效竞争的形成,使得在位企业失去技术创新的积极性,同时新进入企业失去引进先进技术的积极性,从而导致纯(物质性)技术进步停滞甚至倒退。

第二,地方保护与市场分割对于结构性技术进步与制度性技术进步的影响。

地方保护对于结构性技术进步的影响。从产业的角度来讲,地方保护所保护的就是本地不具有比较优势的产业,而这些产业正是地方政府通过扭曲要素价格辛苦经营起来的,如果在没有地方保护的情况下,这些不具有比较优势的产业会逐渐的为市场竞争所淘汰,从而促使资本等要素流向本地具有比较优势的产业和部门,进而提高区域的结构性技术进步。但是这种自发的市场竞争会损害地方政府的利益,这种利益主要就是从本地不具有比较优势的产业中得到的。所以,地方政府通过地方保护将这种竞争隔绝在本区域以外,从而使由市场竞争所带来的结构性技术进步迟迟不能实现。

地方保护对于制度性技术进步的影响。首先,市场经济的效率主要来自于竞争,地方保护对于竞争的限制和替代将严重地损害制度性技术进步,导致制度性技术进步的下降;其次,地方保护对于本地不具有比较优势的产业的保护将导致要素价格的持续扭曲,从而使新的建立在正确价格信号基础上的有益制度迟迟不能建立。

综上,地方保护与市场分割导致了结构性技术进步和制度性技术进步迟迟得不到改善,而且还严重损害了竞争所带来的制度性技术进步,从而对总的技术进步产生锁定性影响。

(3) 扭曲要素价格的地区性行政垄断对技术进步影响总结。首先,要素价格的扭曲会导致"虚假的技术进步",而且从动态的角度来讲,这种虚假的技术进步呈现一个递减的趋势;其次,要素价格的扭曲会延迟粗放型经济增长方式向集约型经济增长方式的转变,导致要素投入对于技术进步投入的替代,我们将前者称为要素价格扭曲对于技术进步的"虚增效应",将后者称为要素价格扭曲对于技术进步的"替代效应";最后,地方保护与市场分割会导致资本进入的"劣币驱除良币"效应,引起技术创新停滞,技术引进倒退,结构性技术进步和制度性技术进步迟迟不能实现,并且会损害制度性技术进步,从而对总体的技术进步产生锁定效应,只要地方保护不消除,这种锁定就不会改变。

4. 对中国 1978~2006 年技术进步率的经验测算与变动分析

本节中,我们在采用克勒(Keller,2000)建议的方法①对固定资产存量的数据进行处理的基础上,使用确定性非参数模型的 DEA—曼彻斯特指数法测算了中国改革开放以来 1978~2006 年共 29 年 28 个省级行政区(不包括海南、西藏两省,1996 年之后重庆市的数据并入四川省)的技术进步状况,并将 29 年间我国技术进步的动态演变划分为三个阶段,最后进行了具体分析。

使用 DEA—曼彻斯特指数法,首先需要确定投入和产出指标,我们使用地区的生产总值作为产出指标,使用固定资产存量和从业人数作为投入指标,数据主要来源于:《新中国五十五年统计资料汇编》《中国国内生产总值核算历史资料:1952~1995》《中国统计年鉴》(1983~2007 年历年)、《全国各省、自治区、直辖市历史统计资料汇编 1949~1989》,下面介绍对数据的处理,对于所有的地区生产总值以 1978 年作为基年进行平减,而对于固定资产存量的计算和处理则是最为关键的,首先将历年的固定资本形成额折算为 1978 年的不变价,然

---

① Wolfgang Keller. *Do Trade Patterns and Technology Flows Affect Productivity Growth?*. World Bank Review,14 (1),2000,pp. 17-47.

后估算 1978 年的资本存量，我们采用了克勒（Keller，2000）建议的方法，即假设起始年份以前资本存量的常态增长率和实质的资本形成量平均增长率都为 g，因而 $K_{1978} = I_{1978}/(g+\delta)$。其中 g 以 1978~2006 年固定资本形成量的平均增长率代替，δ 为折旧率，我们设 $\delta = 5\%$。然后采用永续存量法对各年的资本存量进行估算，那么 $K_t = (1-\delta)K_{t-1} + I_t$。其中 $K_0 = K_{1978}$。对数据处理完毕后，采用 DEAP2.1 软件进行计算，并将计算结果整理如下：表 7-22 第 2、3、4 列给出了 1978~2006 年间全国 28 个省平均的技术效率变动、技术进步与全要素生产率的变动，表中最后一列给出了 28 个省份在 1978~2006 年 29 年间技术进步的均值，通过这些结果可以看出：首先，1978~2006 年间技术进步的均值为 0.972 < 1，全要素生产率的变动的均值为 0.989 < 1，说明从纵向的时间序列来看，我国的经济发展以忽视技术进步的粗放型经济增长方式为主，而技术效率变动为 1.018 > 1，说明我国改革开放以来技术效率得到明显提升；其次，我国 28 个省份 1978~2006 年 29 年间的技术进步均值除北京、天津和上海外，其他均小于 1，这说明改革开放以来，我国的大部分省份的经济发展是以忽视技术进步的粗放型经济增长方式为主的；最后，从我国技术效率、技术进步和全要素生产率的变动特征来看，我国 1978~2006 年 29 年间的三种效率的动态演变可以划分为三个阶段（见表 7-23），第一阶段为 1978~1990 年，其显著特征为高的技术效率变动，较低的技术进步率和适中的全要素生产率，我们称之为"潜能释放期"，第二阶段为 1990~1998 年，其显著特征为高的技术进步率，高的全要素生产率和低的技术效率变动，我们称之为"虚假技术进步期"，第三阶段为 1998~2006 年，其显著特征为低的技术进步率，低的全要素生产率和适中的技术效率变动，我们称之为"粗放型经济增长方式的锁定期"。下面，我们将对其进行具体分析。

表 7-22　　三种效率变动的动态分布与技术进步的省际分布

年份	技术效率变动	技术进步（时间分布）	全要素生产率	省份	技术进步（省际分布）
1978~1979	1.035	0.95	0.983	北京	1.04
1979~1980	1.043	0.961	1.003	天津	1.061
1980~1981	1.063	0.925	0.984	河北	0.972
1981~1982	1.093	0.923	1.008	山西	0.966
1982~1983	1.077	0.942	1.015	内蒙古	0.968
1983~1984	1.073	0.969	1.039	辽宁	0.963
1984~1985	1.02	0.983	1.003	吉林	0.969
1985~1986	1.058	0.91	0.963	黑龙江	0.964

续表

年份	技术效率变动	技术进步（时间分布）	全要素生产率	省份	技术进步（省际分布）
1986~1987	1.071	0.931	0.998	上海	1.012
1987~1988	1.002	1.017	1.019	江苏	0.964
1988~1989	0.983	0.997	0.98	浙江	0.971
1989~1990	0.984	1.019	1.003	安徽	0.957
1990~1991	0.978	1.047	1.024	福建	0.965
1991~1992	0.978	1.078	1.054	江西	0.974
1992~1993	0.986	1	0.986	山东	0.97
1993~1994	0.966	1.065	1.029	河南	0.96
1994~1995	1.01	1.012	1.022	湖北	0.973
1995~1996	0.998	1.024	1.022	湖南	0.957
1996~1997	0.998	1.019	1.018	广东	0.968
1997~1998	1.004	1.006	1.011	广西	0.956
1998~1999	0.998	1.01	1.009	四川	0.96
1999~2000	1.009	0.922	0.931	贵州	0.956
2000~2001	1.015	0.91	0.923	云南	0.956
2001~2002	1.001	0.905	0.906	陕西	0.96
2002~2003	1.002	0.922	0.924	甘肃	0.965
2003~2004	1.01	0.942	0.951	青海	0.98
2004~2005	1.041	0.916	0.953	宁夏	0.984
2005~2006	1.013	0.914	0.926	新疆	0.963
平均	1.018	0.972	0.989	平均	0.972

表7-23　　　　　　　　三种效率的阶段变动均值

阶段	技术效率变动均值	技术进步均值	全要素生产值
1978~1990	1.0418	0.9606	0.9998
1990~1998	0.9907	1.0290	1.0194
1998~2006	1.0130	0.9187	0.9306

（1）潜能释放期：1978~1990年。高度集中的计划经济体制极大地扼制了各生产要素的生产自主权和积极性，使得各种要素的生产效率极低，所以1978年的改革以提高要素的生产积极性作为切入点，首先在农村推行家庭联产承包责任制，1983年以后，又在城市推行放权让利，扩大企业自主权的改革，这两次改革都极大地调动了要素的生产积极性，使得潜藏于计划经济体制下的产能迅速释放出来，从表7-23可以看出，这一阶段的改革使技术效率平均每年提高4%还多，另外，为了反映两次改革对技术效率变动的影响，我们对1978~1990年

12 年间的技术效率变动均值进行了平滑,所用的方法为一次指数平滑①,其实际值与平滑值见表 7-24,图 7-11 中的 a 是依表 7-24 技术效率变动平滑值所画的技术效率变动趋势的折线图,从图中可以明显看出,第一阶段的技术效率变动呈现"双峰"的特征,很显然,第一次高峰是由于农村的家庭联产承包责任制造成的,而第二次高峰是由城市的"放权让利"的改革造成的,并且,两次改革的成效具有"时滞"效应,第一次高峰于 1983 年即推行家庭联产承包责任制五年之后才出现,而第二次高峰于 1986 年即推行放权让利改革三年后才出现。由于这一时期的改革的最大功效就在于提高积极性,挖掘要素生产潜能,所以,我们将这一阶段称为"潜能释放期",同时,也正是因为这一阶段单位要素投入带来了产出的更多增长,所以,经济增长方式具有显著的粗放型特征,全要素生产率的增长主要来自于要素技术效率的改进,而非技术进步。最后,表 7-23 中 1988~1989 年,1989~1990 年的技术效率均值变动已经小于 1,并且 1989~1990 年的技术进步开始大于 1,这说明改革开放初期要素生产积极性的提高所带来的潜能已基本释放完毕,中国经济增长方式急需转变。

表 7-24 "潜能释放期"技术效率变动实际值与平滑值

年份	技术效率变动实际值	技术效率变动平滑值	年份	技术效率变动实际值	技术效率变动平滑值
1978~1979	1.035	1.035	1984~1985	1.02	1.047
1979~1980	1.043	1.036	1985~1986	1.058	1.048
1980~1981	1.063	1.039	1986~1987	1.071	1.050
1981~1982	1.093	1.044	1987~1988	1.002	1.045
1982~1983	1.077	1.047	1988~1989	0.983	1.039
1983~1984	1.073	1.050	1989~1990	0.984	1.034

表 7-25 "虚假技术进步期"技术进步实际值与平滑值

年份	技术进步实际值	技术进步平滑值	年份	技术进步实际值	技术进步平滑值
1990~1991	1.047	1.047	1994~1995	1.012	1.044
1991~1992	1.078	1.050	1995~1996	1.024	1.042
1992~1993	1	1.045	1996~1997	1.019	1.039
1993~1994	1.065	1.047	1997~1998	1.006	1.036

---

① $S_t = \alpha X_t + (1-\alpha)S_{t-1}$,其中,$S_t$ 为第 t 期的平滑值,S_{t-1} 为 $t-1$ 期的平滑值。α 为平滑系数,通常取 0.1~0.3 这里取 $\alpha = 0.1$。初始平滑值 S_0 一般凭经验给出,这里取与初始的实际数值一样,即 $S_0 = X_1$。

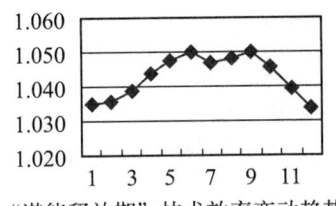

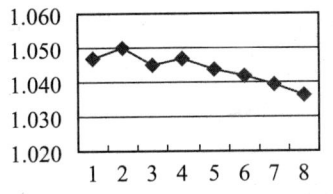

a. "潜能释放期"技术效率变动趋势　　b. "虚假技术进步期"技术进步变动趋势

图7-11　阶段一、阶段二相关效率变动趋势

（2）虚假技术进步期：1990～1998年。这一阶段最显著的特征就是高的技术进步率，表7-25显示这一时期的技术进步年均接近3%，而全要素生产率年均增长接近2%，并且全要素生产率的增长主要来自于技术进步，这似乎预示着中国经济正在实现良性转型，但事实并非如此，首先，1998年之后，技术进步重新降到1以下，从表7-23可以看出，第三阶段的技术进步率小于1，仅为0.91多，甚至低于90年代之前0.96的平均水平，如果中国经济发展已经实现转型长达8年之久，又怎么会一下倒退这么多，这说明第二阶段高的技术进步率并不是真实的技术进步，而很可能只是其他因素变动的一种反映，通过上文的分析，可以推测这种因素很有可能就是地方政府对于要素价格的扭曲；其次，如果这种技术进步是真实的，那么由于经济快速发展以及技术进步的累积效应，这8年之中技术进步应该稳定于某一个大致的区间，甚至应该呈现出一个增长的过程，但在经过对1990～1998年技术进步的实际值进行一次平滑并依平滑值（见表7-25）画出其变动趋势的折线图（见图7-11b）之后，我们发现8年之中，技术进步率呈现出一个持续下降的趋势，这显然也是真实的技术进步所无法解释的，但这却与我们在文中所提出的"虚假技术进步"的递减趋势相吻合；最后，无论是从跨阶段的技术进步的突然下降，还是阶段之内技术进步率的持续下降，都表明这一阶段所测算的高的技术进步率并不能反映真实的技术进步，而很有可能反映了地方政府对于要素价格的扭曲程度，当然，也不能否认这一阶段的确存在真实的技术进步，但这种真实的技术进步肯定要低于通过DEA—曼彻斯特指数法所测算的"虚假的技术进步"。

（3）粗放型经济增长方式的锁定期：1998～2006年。这一时期最显著的特征就是低的技术进步率，表7-23显示这一时期的技术进步远远低于1，仅为0.91多一点，这首先表明中国还远远未摆脱粗放型经济增长方式的困扰。但为什么这一时期的技术进步要比90年代之前的还要低呢？这就要归因于这一时期的地方保护了，1998年之后，中国进入过剩经济时代，再加上东南亚金融危机的影响，使中国各地均陷入市场狭小，需求不足，供过于求的尴尬境地，在这种情况下，面临激烈竞争的企业希望本地政府能够伸出援手帮助其与来自其他区域的企业竞争，同时，由于本区域企业的经营状况直接关系到当地的就业、财政和经济发展，进而关系到地方政府官员的升迁，因而地方政府也愿意帮助本地企业，所以，企业与政府一拍即合，地方保护重新抬头。正如我们在上文中所指出的，地方保护不仅会导致在位企业失去技术创新的积极性，新进入企业选择落后的生产技术，还会阻碍结构性技术进步和制度性技术进步，甚至损害制度性技术进步，从而最终使我国的经济增长陷入粗放型经济增长方式的泥淖中，并且，在地方政府面临"制度软约束"①的外部环境下，地方保护会长期存在，从而导致粗放型经济增长方式的锁定。

总之，本节的经验测算和变动分析表明90年代之后的技术进步与扭曲要素价格的地区性行政垄断有莫大的关系，为了进一步验证这种关系，我们将在下一节进行实证检验。

5. 扭曲要素价格的地区性行政垄断与技术进步关系的实证检验

本节中，我们主要是利用1990~2006年共17年27个省的面板数据，考察地区性行政垄断对于技术进步的影响，通过上文的一系列分析，可以得出：技术进步随着地区性行政垄断对于要素价格扭曲程度的加深而逐步减小，当地区性行政垄断发展到地方保护和市场分割时，技术进步停滞甚至倒退，所以，扭曲要素价格的地区性行政垄断与技术进步呈负相关关系，地区性行政垄断程度越高，技术进步越小，直至为负。这就是本节要验证的结论。

我们按照巴罗和李（Barro and Lee, 1994）、博朗斯兹坦等（Borensztein、De Gregorio and Lee, 1998）②的分析框架，并借鉴颜鹏飞等（2004）、彭旸等（2008）③等国内学者的文献，在模型中包括了影响技术进步的5个变量：地区性行政垄断、人力资本、外商直接投资、人力资本与外商直接投资的交叉项、贸易开放度，下面介绍各指标的测量：

（1）技术进步率，用 T 表示，使用我们采用DEA—曼彻斯特指数法测算的数据。

（2）扭曲要素价格的地区性行政垄断，用 L 表示，对于发生于市场经济初期扭曲要素价格的地区性行政垄断水平的测量指标，既要包括直接反映地区性行政垄断程度的正指标，又要包括能够反映市场化水平但作为测量地区性行政垄断程度的负指标，更精确地说，通过反映市场化程度正指标数值的倒数来反映非市

---

① 由于市场力量的相对弱小，中央政府与地方政府的信息不对称，地方人大的"权力弱势"以及法律法规的不健全等诸多因素使地方政府处于一个相对宽松的制度约束环境之中。

② Barro, Robert J. and Lee, Jong – Wha. *Sources of economic growth*", *Carnegie – Rochester Conference Series on Public Policy*, 1994. Vol. 40 (1), pp. 1 – 46, June. Borensztein, E., De Gregorio, J. and Lee, J – W. *How does foreign direct investment affect economic growth*? *Journal of International Economics*, 1998, Vol. 45 (1), pp. 115 – 135, June.

③ 颜鹏飞等：《技术效率、技术进步与生产率增长：基于DEA的实证分析》，载《经济研究》2004年第12期。彭旸等：《对外开放、人力资本与区域技术进步》，载《世界经济研究》2008年第6期。

场化程度，也就是间接反映了地区性行政垄断的程度，其最终地区性行政垄断程度的测量用"直接反映地区性行政垄断程度的正指标"与"间接反映地区性行政垄断的程度的负指标的倒数"的算术平均值来表示。其中，正指标包括：第一个分指标是国有经济在整个国民经济中所占的比重，用"工业总产值中国有经济所占的比重"、"全社会固定资产投资中国有经济所占的比重"、"国有经济从业人数占全部从业人数的比重"的平均值来表示；第二个分指标"政府行使地区性行政垄断的能力"用"政府财政收入占 GDP 的比重"来表示；第三个分指标"政府干预市场的能力"用"政府消费占全部最终消费的比重"来表示；负指标包括：第一个分指标为"所有制结构的市场化"用"工业总产值中非国有经济的比重"和"非国有经济就业人数占全部就业人数的比重"的平均值表示；第二个分指标是用"国内生产总值与政府消费之比"来衡量政府的市场化；第三个分指标用"全社会固定资产投资中非国有经济的比重"表示投资的市场化。

（3）人力资本水平，用 H 表示，采用"在校大学生人数占全部人口的比例"这一指标来衡量。

（4）外商投资水平，用 fdi 来表示，我们用"外商直接投资占当年 GDP 的比重"来衡量。

（5）贸易开放度，用 open 来表示，我们采用"进出口总额占当年国内生产总值的比重"来衡量。

基于以上分析，我们建立了如下的面板数据模型：

$$T_{jt} = \alpha + \beta_1 L_{jt} + \beta_2 H_{jt} + \beta_3 fdi_{jt} + \beta_4 H \cdot fdi_{jt} + \beta_5 open_{jt} + \varepsilon_{jt}$$

其中，下标 j 表示第 j 个省级行政区，t 表示第 t 个年份，j = 1，2，…，27，t = 1，2，…，17，β_1、β_2、β_3、β_4、β_5 为各变量的系数值。

通过 F 检验与豪斯曼检验，我们最终选择了个体固定效应模型，其估计结果见表 7-26。

表 7-26　　　　　　　　　个体固定效应输出结果

变量	回归系数	标准差	t 统计量	p 值
常数项	1.441897	0.035581	40.52460	0.0000
地区行政垄断	-0.337748	0.056721	-5.954545	0.0000
人力资本	-1.149795	0.091940	-12.50597	0.0000
外商直接投资（FDI）	-0.000390	8.59E-05	-4.547743	0.0000
人力资本与 FDI 交叉项	0.001413	0.000267	5.295719	0.0000
贸易开放度	0.115720	0.059988	1.929040	0.0553
R^2	0.996012	F 统计量		1 482.226
调整的 R^2	0.995340	D-W 统计量		1.658124

注：采用 Eviews5.1 软件计算。

从表 7-26 中可以看出，在控制其他影响因素后，地区性行政垄断对技术进步的影响显著为负，这就较好的验证了我们所描述的地区性行政垄断与技术进步之间的关系。同时，人力资本项的回归系数显著为负，这与颜鹏飞和彭旸的结论是一样的，但在加入人力资本的一次滞后项后，我们并未得出发现与彭旸相同的结论，人力资本的一次滞后项仍然为负，另外，外商直接投资对于技术进步的影响为负，这与颜鹏飞和彭旸的结论是不一致的，但人力资本与外商直接投资的交叉项显著为正，这说明外商直接投资只有通过相应质量的人力资本才能被吸收从而转化为本国的技术进步。最后，外贸依存度对我国技术进步有着正的促进作用。

第八章

行政性垄断的形成原因及维持机制

从竞争政策的设计及实施角度来看，行政性垄断构成了转轨经济国家在反垄断执行方面要面对的一个主要的体制性障碍，在国内较早对反垄断体系的讨论中，研究者们都认识到了这一个重要的问题（王晓晔，1996；戚聿东，1997）[①]。本书的这一部分对行政性垄断的形成原因以及维持机制进行讨论，这既为前面所进行的对行政性垄断的测算提供一个理论支持，也为以后的部分中提出解决行政性垄断问题的对策给出铺垫。

第一节 行政性垄断产生的特殊背景

对于行政性垄断形成的原因，学术界形成了一定的共识，特别是对行政性垄断的形成受计划经济的影响方面，基本不再存在什么异议。此外，卢成尤、何志红（2005）[②]认为直接或间接经济利益是导致行政性垄断的根本原因，而行政性利益集团的形成是导致行政性垄断的内在诱因，利益分配的不平衡是导致行政性垄断的外在诱因，这一判断从基本的经济学原理上对行政性垄断形成的原因给出

[①] 王晓晔：《社会主义市场经济条件下的反垄断法》，载《中国社会科学》1996年第1期；戚聿东：《资源优化配置的垄断机制——兼论我国反垄断立法的指向》，载《经济研究》1997年第2期。

[②] 卢成尤、何志红：《行政垄断的历史成因及其对策》，载《长江大学学报（社会科学版）》2005年第1期。

了说明。从发达市场经济的当前实际运行来看，尽管存在市场失灵现象，政府包括地方政府也在不同程度上干预经济运行，但其市场基本上是一体化的，或是全国统一的，因而几乎不存在像我国这样严重的行政性垄断问题。因此可以认为，我国的行政性垄断是我国从集权的计划经济体制向社会主义市场经济体制过渡过程中的产物。对这一现象产生的原因也应站在转轨经济的角度加以分析，当然，行政性垄断形成还包括文化、经济、政治等方面的原因。

一、体制转轨

我国行政性垄断产生的根本原因是当前仍在进行的由高度集权的计划经济体制向市场经济体制的转轨。在计划经济体制下，中央政府高度集权，而作为国民经济主体的企业完全隶属于政府行政系统，并受其直接计划管理。政府的管理无所不包，生产由国家统一计划，物资由国家统一配给，资金由国家统一调拨，劳动力由国家统一调配，管理者由国家统一任命，产品由国家统一分配，利润统一上缴国家，亏损统一由国家补贴；另一方面，企业则没有独立的经营权，不能自主经营、自负盈亏，完全以政府经济计划为准则。我国自1979年实行改革开放政策以来，我国社会正处于由计划经济体制向市场经济体制的转轨过程中。这是一个由国家主导的、渐进的过程，是一种自上而下的市场化转轨。这种政府主导型的市场经济构建模式不能脱离政府权力的作用，这导致市场主体与政府角色之间存在利益冲突。与此同时，我国提出建设社会主义市场经济至今仅十余年历程，全国统一开放、竞争有序的市场体系的培育需要一个过程，市场制度与市场法规的建设、打破条块分割和垄断、促进和保护公平竞争等经济体制转轨更不是一朝一夕所能完成的。

二、经济运行

传统体制是一种高度集权的计划经济体制。其基本特征是财政统收统支，同时企业的一些经济活动都由政府决定。毛泽东把这种苏联式体制的弊端概括为两条，一是"把什么都集中在中央，把地方卡得死死的，一点机动权也没有"，从而抹杀了地方利益；二是"把什么东西统统都集中在中央和省市，不给工厂一点权力，一点机动的余地，一点利益"，从而抹杀了企业利益。改革因此从放权让利开始。1979年的经济体制改革以后，我国实行财政分权和行政分权，这打破了计划经济体制的财政收入统一支配体制，以市场为取向的经济体制改革使社会主体的利益多元化。但是一个突出的问题是，改革基本没有触动行政分权体制的一个重要基础，即大量国有企业的实际上的地方所有制。地方政府仍通过种种方式保护本地企业，尤其是本地国有企业，进而保护本地企业发展所需的（本地的）市场空间，从而决定了不可能消除行政性垄断。并且在实践中一方面强调利益主体的多元化的同时，又走向了另一个极端，即利益配置的极端不合理。这体现在中央政府对地方政府及行业主管部门的放权，不断扩大它们自主管理的权力，同时实行中央财政和地方财政"分灶吃饭"，所有这些都强化了地区和部门利益，在利益机制的驱动下，一些地方政府或政府部门利用其资源优势甚至权力人为地设置壁垒，谋取局部利益。

三、政绩观

在我国的改革进程中，经济体制改革推进较快，而政治体制改革明显滞后，在相当程度上制约了经济体制改革的深化。而现行的干部考核制度特别强调对地方干部政绩的评价与考核，过分强调与所辖地方经济发展业绩进行直接挂钩，"为官一任，造富一方"，经济发展成为考核地方官员业绩的最重要指标之一，并且这种业绩又主要以上了多少项目、建了多少企业、经济增长速度多少等指标来进行简单量化和比较。地方选举制度的日益民主化，也使地方领导以发展当地经济和福利为根本目标。这样，就必然导致各地行政区首脑或部门干部强化资源配置本地化和保护本地市场。同时，政府职能部门转变不彻底，政企分离不能完全实现，政府干预微观经济的惯性使得行政权力远未退出市场。另外，政府职权的界定也不明确，部门之间的权力边界模糊，从而也给行政权的运用和超越留下了可乘之机。

四、行政传统

在封建社会，以皇权为代表的行政权的触角伸向社会的每一个角落，整个社会治理都是以行政机关为中心展开的，形成行政中心主义。在行政权起绝对作用的社会，官吏当然成为这个强制系统中的主体，将民众作为治理对象形成官本民仆的社会结构，官本位、官僚主义思想盛行。这种行政文化是一种历史的积淀，短期内难以消除，并且对现代政府行为产生着深远的影响。新中国成立后实行了30多年的高度集权的计划经济体制，在这种体制下国家完全用行政手段管理经济，企业行为完全由政府决定。传统的行政文化与计划经济体制的融合，使得从政府到公众在思想观念、价值取向等方面都适应并习惯了政府管理社会经济的方式。

第二节　行业性行政垄断的形成原因与机制

一、行业性行政垄断形成的博弈均衡

我们将行政性垄断的参与主体简化为政府部门（供给方）、既有垄断企业（需求方）以及消费者（反需求方）；用 am 表示行政性垄断程度的大小，一般来讲，am 越大，价格偏离真实成本的程度也就越大，并主要由此对各方造成影响。

1. 博弈参与各方及其支付函数确定

（1）反需求方。消费者追求的是以更低廉的价格购买到既定质量的商品和服务，因此，这个目标与行政性垄断的程度呈反向变动关系，即行政性垄断程度越高，消费者的效用就越低。用 Uc 表示消费者的效用，则其与 am 的关系如下：$Uc = Uc(am)$，$\frac{\partial Uc}{\partial am} < 0$。一般来讲，我们可以用消费者剩余 Sc 来衡量消费者的效用 Uc。

（2）需求方。垄断厂商追求的是垄断定价获取的高额利润，这个目标显然与行政性垄断程度呈正向变动关系，即行政性垄断程度越高，厂商效用越高。用 Uf 表示垄断厂商的效用，则有如下关系：$Uf = Uf(am)$，$\frac{\partial Uf}{\partial am} > 0$。一般来讲，我们可以用厂商分得的行政性垄断带来的利润 R_1 来表示 Uf。

（3）供给方。政府部门的目标函数比较复杂，并且带有一定程度的不确定性。但一般来讲，政府部门追求在厂商、消费者以及其自身经济利益之间的某种平衡，从而间接的和行政性垄断程度挂钩。我们用 Ug 表示政府部门效用，R_2 代表企业寻租给政府带来的经济利益，则 $Ug = Ug(Uc, Uf, R_2) = Ug(am)$，其中 $\frac{\partial R_2}{\partial am} > 0$。为了研究的简便，三者之间可以看作线性关系，即：

$$Ug = w_c Uc + w_f Uf + w_g R_2$$

当政府为完全代表公共利益的政府时，三者权重相同；但是一般情况下政府更注重自身经济利益，会有如下关系：$w_c = w_f < w_g$。

下面我们对行业性行政垄断的形成博弈进行分析：首先，我们首先假设行政性垄断是一个离散的量——要么不存在，其程度值为0，要么存在，其程度值为

1；在这个前提下，考察行政性垄断会不会产生的问题，如果行政性垄断为程度值1，则表示存在，否则不存在，暂不考虑行政性垄断程度在其他取值区间的变化的可能性，关于行政性垄断程度的决定的问题后面再讨论。其次，我们假定初始状态无行政性垄断（或者假定初始存在行政性垄断也可以），各方效用均为0；垄断企业作为行政性垄断的需求方通过寻租影响政府，寻租数额和垄断利润保持一个固定的比例t，总的垄断利润为R，企业分得为R_1，政府分得为R_2，比例不变，这个比例t如何决定将在后面讨论。

在这些假定的前提下，我们来探究行政性垄断产生的简单博弈过程。第一步，企业方如果不通过寻租来影响政府，则其收益为0，而如果寻租的话，则其收益为R_1；此时，企业显然会通过寻租来谋求行政性垄断地位。第二步，政府面对企业的寻租行为，如果不供给行政性垄断，则其收益保持为0，而如果供给行政性垄断的话，则其收益为R_2；此时，政府显然会选择配合企业的寻租，而供给行政性垄断。第三步，面对政府供给的行政性垄断，消费者如果平静地接受，则其收益为 -R+DWL 表示行政性垄断造成的总的消费者福利损失，可以分为两部分，其中 -R 表示转为垄断利润的损失，DWL 则表示社会福利净损失，这里为负值，而如果消费者选择反抗的话，则其收益为 EU（EU 表示消费者反抗时其预期的消费者福利损失）；此时，由于政府一般总会考虑消费者的反应，因此有 EU⩾ -R+DWL，所以消费者的理性决策是选择反抗行政性垄断的供给（当然，消费者这个大集团人数众多，组织分散，由于搭便车的存在，反抗力度一般不会太强）。第四步，如果政府可以不在意消费者的反抗之声，则政府的收益支付不受消费者影响，博弈回到第二步；而如果政府在意消费者的声音，则表示消费者的反抗会给政府带来一个负的收益，这里用 S 表示其大小，此时政府的收益变为R_2-S，博弈进入下一步。第五步，政府面临是否继续供给行政性垄断的决策，如果继续供给行政性垄断，其收益为R_2-S，而如果不继续供给，则回到初始状态，其收益为0；此时，由于R_2-S符号具有不确定性，政府是否继续供给行政性垄断也具有不确定性。当$R_2-S>0$时，行政性垄断就会产生；当$R_2-S<0$时，行政性垄断就不会产生；$R_2-S=0$时则是临界状态。

由此可见，行政性垄断是否产生，最终取决于政府的成本收益分析——当$R_2-S>0$，即政府供给行政性垄断给自身带来的收益大于消费者反抗带来的负收益时，行政性垄断会存在。一般来讲，当政府完全为公共利益的代表时，政府不存在自身利益，自然不会产生行政性垄断；当政府为理性人政府时，政府有了自身利益，就有机会产生行政性垄断。

在上面的简单博弈过程中，为了解释行政性垄断为什么产生，我们假定行政性垄断为一个既定的量，没讨论其程度决定的问题。实际上，对政府来讲，行政性垄断程度是一个可供选择的变量,在不同的 am 情况下,$R_2 - S$ 的值是不同的,政府最终选择继续供给还是不供给行政性垄断与初始选择的 am 的大小有很大的关系。进一步地讲,对政府的目标效用函数来讲,理论上存在一个"最优"行政性垄断,使得 $R_2 - S$ 的数值为正且最大,这就是政府选择供给的"最优"行政性垄断程度,之所以加引号,是因为这里的"最优"不是社会的最优。我们首先假定:

$$R = f(am), \quad R_1 = R(1-t), \quad R_2 = R \times t$$
$$DWL = u(am), \quad R_1 = f(am)(1-t), \quad R_2 = f(am)t$$

则各集团效用函数为:

$$Uc = DWL - R = u(am) - f(am), \quad Uf = R_1 = f(am)(1-t)$$
$$Ug = Ug(Uc, Uf, R_2) = w_c Uc + w_f Uf + w_g R_2$$
$$= w_c u(am) - w_c f(am) + w_f f(am)(1-t) + w_g f(am)t$$

2. 不同类型政府的决策

(1) 公共利益代表的政府的决策。公共利益代表的政府,追求社会总福利最大化,此时政府没有偏好,三个 w 相等,政府的效用函数可以简化为:

$$Ug = u(am) - f(am) + f(am)(1-t) + f(am)t = u(am) = DWL$$

由此可见,完全代表公共利益的政府,其自身效用函数和社会福利净损失的函数是一致的。显然,DWL = 0,即没有社会福利净损失时,政府效用最大,此时,相应的行政性垄断程度为 0,这同时也是对社会最优的行政性垄断程度。

(2) 理性人政府的决策。但是,事实上,政府往往不是完全代表公共利益的,这就是理性人的政府。此时,政府往往更看重其自身利益,其效用函数中三个 w 是不相同的,沿用前面的假定 $w_c = w_f < w_g$,则有如下公式变换:

$$Ug = w_c u(am) - w_c f(am) + w_f f(am)(1-t) + w_g f(am)t$$
$$= w_c DWL + (w_g - w_c)f(am)t = w_c u(am) + (w_g - w_c)f(am)t$$
$$maxUg = w_c u(am) + (w_g - w_c)f(am)t$$

最优化时:

$$\frac{dUg}{dam} = \frac{w_c du}{dam} + \frac{(w_g - w_c)tdf}{dam} = 0$$

此时解出的行政性垄断程度 am 即为政府最优决策时的行政性垄断程度。

(3) 具体函数的引入。为了加深对最优化时一般条件的理解,下面我们引入具体函数进行计算,并对具体结果进行分析。我们设 p 为价格;c 为边际成本,同时也是平均成本;am 仍然代表行政性垄断程度。

如前所述,行政性垄断的程度越大,价格与真实成本的偏离程度也越大。根据这一关系,我们有 $x(p-c) = am$ 成立;进行变化替代,有公式 $p = c + x_1 am$ 成立。我们再将需求曲线设为 $q = x_2 - x_3 p$。如此，则有：

$$R = f(am) = (p - c)(x_2 - x_3 p) = x_1 x_2 am - x_1 x_3 amc - x_1^2 x_3 am^2$$

$$DWL = u(am) = f(am) - \int_c^{c+x_1 am}(x_2 - x_3 p)dp = -\frac{1}{2} x_3 x_1^2 am^2$$

有了这两个具体的函数形式，政府效用函数 U_g 可以具体化为：

$$U_g = w_c u(am) + (w_g - w_c)f(am)t$$

$$= -\frac{1}{2} w_c x_3 x_1^2 am^2 + (w_g - w_c)(x_1 x_2 am - x_1 x_3 amc - x_1^2 x_3 am^2)t$$

此时，最大化 U_g 求出的"最优"行政性垄断的解为：

$$am = \frac{(w_g - w_c)t(x_2 - x_3 c)}{w_c x_3 x_1 + 2t(w_g - w_c)x_1 x_3}$$

对这个"最优解"进行分析，我们可以发现：第一，am 是 t 的增函数，这意味着政府部门对全部垄断利润的分配比例越高，行政性垄断程度也就越高；第二，am 是 $(w_g - w_c)$ 的增函数，这意味政府部门越看重自身的租金利益，行政性垄断程度就越高；第三，am 是 x_3 的减函数，这意味着行业的需求价格弹性越低，行政性垄断程度就越高；第四，当 $w_g = w_c$ 时，即政府完全代表公共利益时，行政性垄断程度为 0，而当 $w_g > w_c$ 时，即政府为理性人政府的一般情况，行政性垄断程度总是大于 0，这意味着政府追求其自身利益导致了行政性垄断的产生，和前面的简单博弈模型的结论一致。

（4）图形分析。下面，用图形分析政府的效用函数变形：

$$U_g = (w_g - w_c)f(am)t - [-w_c u(am)]$$

沿用引入具体函数的结果，可知 $f(am)$ 是 am 的二次函数；相应的，$(w_g - w_c)f(am)t$ 也是一个开口向下的二次函数，如图 8-1 所示。当这个函数在对称轴左边时，是一个单调增函数，am 的有效取值也只会落在这一区间，为此对称轴处的 am 其实是行政性垄断所能取的最大值，这里将其表示为 $am = \max am_1$。与此相反，$-w_c u(am)$ 是一个开口向上的二次函数，这里只给出最低点右边的有效区间，但是不影响分析。$-w_c u(am)$ 与 $(w_g - w_c)f(am)t$ 会相交于一点，由于两条曲线相交代表政府效用为 0，所以有效的 am 取值也只能在交点的左边，我们记交点处 $am = \max am_2$；根据两个 $\max am$ 的大小比较，可分为三种情况——交点位于对称轴左边、交与对称轴以及交与对称轴右边，如图 8-1 所示。交点的位置的不同其实只是决定了 am 的最大取值的不同，一般并不会影响政府最优决策时对 am 的选择；为此，我们这里只选择 $\max am_1 = \max am_2$ 时的图形进行分析，即图 8-1 中 $-w_c u(am)$ 曲线为中间那条的情形。

显然，政府只有在曲线 $(w_g - w_c)f(am)t$ 位于 $-w_c u(am)$ 之上时才会选择供给行政性垄断，因为只有此时政府的效用大于 0；进一步地，政府还会追求这两条曲线之间的距离最大，也即追求政府效用 Ug 最大——在图 8-1 中，行政性垄断为 am* 时，政府效用最大，为 Ug*，此时需满足条件 $\dfrac{-w_c du}{dam} = \dfrac{(w_g - w_c) t df}{dam}$，即两条曲线斜率相等。

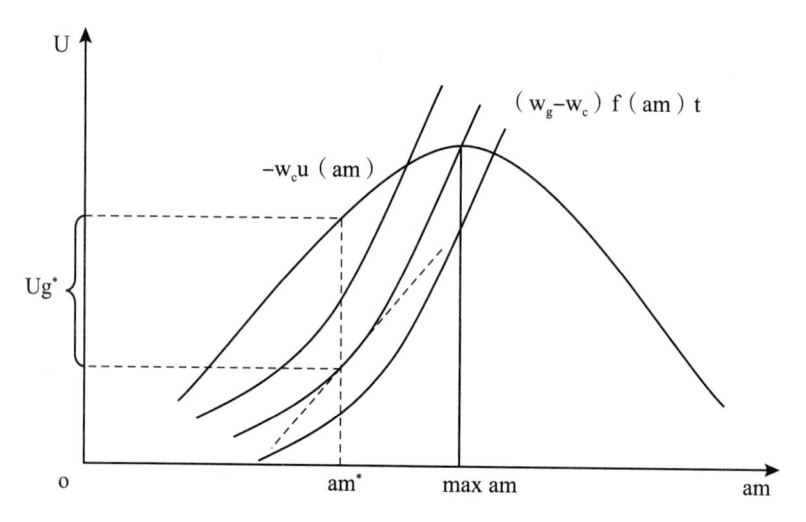

图 8-1　"最优"行政性垄断的图形分析

由于 Ug = $(w_g - w_c) f(am) t - [-w_c u(am)] > 0$ 才可存在行政性垄断，变换可得

$$(w_g - w_c) f(am) t > -w_c u(am) \Rightarrow f(am) t > \dfrac{-w_c u(am)}{w_g - w_c}$$

公式左边为 R_2，右边即为简单博弈模型中表示消费者反对给政府带来的负效用 S。由此可以得到一个重要结论：消费者给予政府的压力，不是与消费者总的福利损失成正比，而是与社会福利净损失成正比；这是因为消费者只能以社会福利净损失为限给予政府压力，而这种压力一方面来自消费者自身，另一方面可能主要是靠社会系统的呼吁——社会呼吁往往只是持中立场，强调政府应该减少社会福利净损失，但是客观上却起到了为消费者呐喊的效果。

（5）行政垄断收益的分配决定。在上面的分析中，t 被当作一个常量，并没有说明它是如何决定的。本质上讲，垄断利润就像一个大蛋糕，探讨 t 的决定其实就是探讨政府和企业之间如何来分配这块蛋糕的问题。借鉴鲁宾斯坦（Rubinstein，1982）[①] 的讨价还价模型，我们尝试分析 t 的决定过程。

[①] Rubinstein, Ariel. *Perfect Equilibrium in a Bargaining Model. Econometrica.* 1982, Vol. 50, No. 1: 97-109.

沿用前面的假设，政府部门分得份额为 t，垄断企业分得份额为 1-t，则他们面临的分配垄断利润的博弈过程如下：首先，垄断企业提出一个分配方法（1-t_1, t_1），政府部门可以接受或者拒绝这个分配方案，如果接受了，则博弈结束，按照此方案分配垄断利润；如果政府部门不接受这个方案，那么由其提出一个分配方案（1-t_2, t_2），垄断企业可以接受或者拒绝这个方案，如果接受了，则博弈结束；如果垄断企业不同意政府部门的方案，则再由其提出新的分配方案，如此一直下去，直到双方达成一个分配方案（1-t^*, t^*）；如果他们没有达成协议，则他们什么都得不到。再假设博弈双方没有耐心，协议的达成被拖延的每个时间期，他们的收益都会有一个折扣——政府部门和垄断企业的贴现因子分别为 δ_g 和 δ_f。如此，如果在 n 期双方达成最终分配协议（1-t^*, t^*），则垄断企业分得收益为 $\delta_f^{n-1}(1-t^*)$，政府部门分得收益为 $\delta_g^{n-1} t^*$。

在这个无限期轮流出价博弈中，存在唯一的子博弈精炼纳什均衡——该均衡中垄断企业和政府部门即刻达成分配方案 $\left(\frac{1-\delta_g}{1-\delta_f \delta_g}, \frac{\delta_g(1-\delta_f)}{1-\delta_f \delta_g}\right)$，即 $t^* = \frac{\delta_g(1-\delta_f)}{1-\delta_f \delta_g}$。这个结论的重要含义是：分配方案是双方参与者贴现因子的函数，无论是政府部门还是垄断企业，其贴现因子越大时，其分配的垄断利润份额也就越大。双方的贴现因子受到很多因素影响，比如垄断企业一般掌握着信息优势，这就有利于其提高其贴现因子以增加其分配份额；由于第四部分我们还将重点探讨影响 am 和 t 的众多因素，这里就不单独赘述了。

上一部分分别探讨了 am 和 t 单独决定时的情形，实际上，am 的决定受到 t 的大小的影响，同时 t 的决定也受到 am 的程度的影响，这二者是同时确定的关系。下面我们将研究这二者是如何同时决定的。

第一，am 与 t 同时决定的最优解模型。在第三部分中，t 是不可变的量，是确定的系数。但是，实际上，t 的值也可以由政府部分控制。此时，政府面临的就不单是一个最优 am 的问题了，而是同时确定 am 和 t 的问题。t 值的决定，显然不是政府能单方面决定的，而是政府和垄断企业博弈的结果。对政府来讲，其在做最优化决策时，面临着同时决定 t 和 am 的问题；此时由于垄断企业的影响，t 和 am 之间有某种关系，这种关系构成政府决策的约束条件 t = v（am）。此时，政府效用函数仍然为 Ug = w_cu(am) - w_cf(am) + w_ff(am)(1-t) + w_gf(am)t，但是 am 和 t 都是可供选择的变量，政府需要同时决定二者以便最大化其效用。此时，政府面临的问题为：

max：Ug = w_cu(am) - w_cf(am) + w_ff(am)(1-t) + w_gf(am)t

s.t.　t = v(am)

构造拉格朗日函数：

$$F = Ug + \lambda(t - v(am))$$
$$= w_c u(am) - w_c f(am) + w_f f(am)(1-t) + w_g f(am)t + \lambda(t - v(am))$$

最优条件为：
$$\begin{cases} \dfrac{w_c \partial u}{\partial am} + \dfrac{(w_f(1-t) + w_g t - w_c)\partial f}{\partial am} - \dfrac{\lambda \partial v}{\partial am} = 0 \\ w_g f - w_f f + \lambda = 0 \\ t - v(am) = 0 \end{cases}$$

解此方程组，即可同时决定的 am 和 t 的值。

第二，供求模型构建。在以上模型的当中，行政性垄断程度总是被看作是由政府在无约束或有约束条件下最大化其自身效用的情况下而决定的。下面，为了更全面的分析行政性垄断的形成和决定因素，借鉴利益集团规制理论中的一般均衡思想，我们尝试构造了一个行政性垄断程度以及寻租比例同时决定的一般供求模型。

行政性垄断的需求方是垄断企业，企业之所以有对行政性垄断的需求，是因为获取行政性垄断的地位可以帮助企业获取垄断利润，而作为代价，其往往也要付出一定的寻租成本，只要可以获取的利润大于其付出的成本，企业就会一直选择增加行政性垄断的需求。我们将"行政性垄断"视为一种商品，进一步假定这种商品也符合边际效用规律，即随着行政性垄断程度的提高，虽然企业总的可获得的垄断利润在增加，但是企业可以获取的边际垄断利润却在减少，相应的，企业愿意付出的代价也会变小，即需求曲线向右下方倾斜。以横轴表示行政性垄断的程度，记为 am，纵轴表示企业付出的寻租成本占总垄断利润的比例 t（这实际上就是行政性垄断这种特殊商品的价格），则二者的关系可表示为图中的曲线 D，即行政性垄断的需求曲线（见图 8-2）。

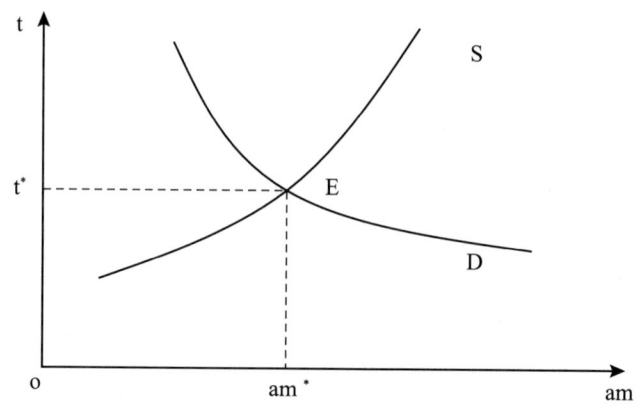

图 8-2 行政性垄断形成的供求关系

行政性垄断供给方是政府部门，政府部门之所以愿意供给行政性垄断，是因为政府从来都不是完全的公共利益的代表，而总是抓住机会为自己谋取私人利益，而行政性垄断的供给恰恰提供了这样一个机会。政府为企业提供行政保护，使其在竞争中获得优势地位，获取垄断利润，但是政府不会无偿地来做这件事情，他们需要在获取的垄断利润当中分一杯羹，也即获得一定行政租金，这就是他们提供行政性垄断供给的真正原因。政府供给行政性垄断的同时同样会给自身带来一些负面的影响，比如自身公信力的下降等等，这里我们假定，随着政府供给行政性垄断程度的增加，他们为此而要付出的种种代价越来越大，为此而要求的租金收益也就越来越大，也就是说其供给曲线向右上方倾斜。在图 8 - 2 中，曲线表示供给曲线。

行政性垄断的需求和供给曲线交于一点 E，形成均衡价格 t^* 和均衡数量 am^*，这就既决定了政府行政性垄断的程度，同时也决定了垄断利润在政企之间的利益分配。

（6）行政性垄断需求、供给的影响因素。企业对行政性垄断的需求和政府部门对行政性垄断的供给，都是寻租成本比例 t 的函数，但是 t 不是行政性垄断需求和供给的唯一决定因素。其他影响行政性垄断需求和供给的因素还有很多，它们的改变可以导致图中的需求曲线和供给曲线的移动，从而形成新的均衡点。研究这些因素对行政性垄断程度的决定作用是很重要的，鉴于此，下面我们对这些其他影响因素进行归类总结。

行政性垄断需求因素分析：第一，行政性垄断的获利程度。行政性垄断的获利程度，就是指企业获取一定的行政性垄断的保护，其据此可以获取的垄断利润的多少。一般来讲，可获利程度越大，企业愿意为此而愿意付出的代价也就越大。具体到行政性垄断的形成来讲，一定的行政性垄断的保护下，企业可以获取的垄断利润越大，企业愿意提供的寻租成本比例就越大，也就是说行政性垄断的需求曲线会向右方移动。在供给不变的情况下，这会导致行政性垄断保护程度的增加，同时导致寻租成本的增加。

进一步来讲，行政性垄断的获利程度主要由企业面临的需求曲线的形状和位置来决定。我们知道，垄断企业的 $MR = P\left(1 - \frac{1}{ed}\right)$，其中 MR 表示边际收益、P 表示价格、ed 表示价格弹性，根据 MR = MC 的决策原则，$MC = P\left(1 - \frac{1}{ed}\right)$。这样，在企业边际成本不变情况下，由需求曲线决定的价格弹性 ed 越小，P 就越大，也即 P - MC 越大，可获利程度越大，这个行业对行政性垄断保护的需求也就越大，行政性垄断程度也就会越大，这与前面的分析结论一致。

第二，信息不对称程度。所谓信息不对称，这里主要是指政府部门和被企业之间关于企业生产信息的不对称，企业可以凭借其比政府机构掌握更多的企业信息而获得信息租金，而且这种信息租金无法被政府机构察觉。一般来讲，信息不对称的程度越高，政府部门实现有效规制的难度就越大，企业愿意主动提供给政府部门的租金也就越少。这就导致在一定的行政性垄断保护下，政企之间的信息越不对称，企业对政府提供的行政性垄断需求越少，从而导致垄断利润向政府机构的分配减少，均衡行政性垄断程度也降低。

值得指出的是，虽然信息不对称程度的提高会导致均衡行政性垄断程度的降低，但是企业垄断定价的程度却丝毫不会受到影响。也就是说，虽然政府提供的行政性垄断保护减少了，但是企业的垄断地位却丝毫没有受到影响，企业获得的垄断利润也没有减少，所受影响最大的其实是政府部门和垄断企业之间的分配不公。

第三，企业内部效率环境。对于企业来讲，它们既可以寻求行政性垄断的保护来谋求垄断利润，也可以通过提高自身生产效率，实现低成本扩张来获得高于一般水平的利润额。行政性垄断保护的获得需要企业付出寻租成本，更高生产效率的获得往往也需要企业加大技术创新等的投入，也就是说，这两种获得高于一般利润的方式都是要付出代价的，二者之间存在很大程度上的可替代性。一般来讲，企业面临资源投入在这两种方式之间进行选择配置时，根据单位投入产生的超额回报相等的原则来进行。当企业通过提高生产效率的方式更容易获得高额利润时，企业就会增加对技术创新等的投入，从而减少对寻租成本的投入，引起行政性垄断需求曲线向左移动，减少行政性垄断的程度。

行政性垄断供给因素分析：第一，政府的公正程度。行政性垄断的供给首先受到政府的公正程度的影响。如果政府是完全的公共利益的代表，则政府部门就不会考虑通过提供行政性垄断保护的方式获取租金，而随着政府公正程度的减弱，政府部门越来越多的为自己的私人利益着想，其对行政性垄断的供给就会逐步增加。

政府的公正程度受很多因素的影响。一般来讲，政府的民主程度越高，政府的公正程度就越高，这是因为民主政府决策时必须要考虑选民的反应，争取民众的支持，以争取更多的选票或者连任；政府所掌握的权力越大，政府就越容易进行权租交易，政府的公正度就越低，也即绝对的权力导致绝对的腐败；政府内部权力越均衡，政府的公正程度就越高；政府受到的监督力量越大、监督体制越完善、政府的公正程度就越高。

在社会主义市场经济体制逐步建立和完善的同时，中国的政治体制改革仍然存在大量的问题，导致政府的公正程度受到很大影响，这是行政性垄断存在的最根本的原因。

第二，企业的产权结构。中国垄断性行业的企业往往具有很强的国有企业背景。与非国有企业相比，政府出于利益和政绩上的考虑，往往对国有企业提供更多更大程度上的行政性垄断保护，这就导致：企业的国有经济成分越高，行政性垄断的供给曲线就越向右移动，在需求曲线不变的情况下，行政性垄断的程度就越大，企业付出的寻租成本越少。对非国有企业来讲，如果它们想获得同样的行政性垄断保护程度，要付出的代价往往要高出很多。

第三，消费者力量和竞争厂商（包括潜在竞争厂商）力量。由于行政性垄断直接影响着消费者和竞争厂商的利益，这二者往往会强烈要求降低行政性垄断程度直至消除行政性垄断，而政府规制机构显然不能够忽略这两股力量的存在。一般来讲，这两股力量越是强大，政府机构就越容易受到影响，行政性垄断的供给就会越少。

二、行业性行政垄断产生的经济学分析

行政性垄断作为我国转型时期特有的经济现象和当前我国垄断的主要形式，其本质是政府机构利用行政权力对竞争进行限制和排斥，从而使特权企业获取产业的独占地位或达到封锁区域市场的目的。一般认为，行政性垄断会造成资源配置扭曲、社会福利损失、收入分配不均以及地方保护和区域市场分割等恶性问题，故应予以抵制和克服。事实上，历史上来看，无论是西方发达的市场经济国家还是其他的转轨经济国家，行政性垄断都是客观并普遍存在的，各国出于对社会公共利益或国家利益的考虑，通过立法赋予行政主体排除、限制市场竞争的行政权。这就启发了我们从一个更加理性、全面的视角去重新审视我国产业的行政性垄断制度。作为新制度经济学的代表之一，诺斯认为任何国家都具有双重目标，一方面国家通过不断降低交易费用以推动社会产出的最大化，获取国家税收的增加；另一方面，国家试图通过向不同的势力集团提供不同的产权，获取租金的最大化（诺思，1994）①。以上彼此冲突的两个目标恰恰反映了一个国家政治与经济的对立——出于统治的需要，一种经济上低效的制度安排在政治上却可能是合理的。政府行为并非只遵照效率原则，公平同样是政府做事的出发点，必要的时候为了公平有可能牺牲效率。在存在权力竞争和政治交易费用的情况下，可能导致无效率的产权结构及相关的制度安排。行政性垄断作为一种制度安排，它是由一系列合约组合而成，这些合约包括控制、扶持、激励、承诺多个维度，通过协调行政部门、在位的垄断厂商、潜在进入者以及消费者多个主体的关系以提

---

① ［美］诺思，陈郁、罗华平译，《经济史中的结构与变迁》，上海人民出版社1994年版。

高整个垄断产业的绩效。其中，行政部门处于中心地位，它通过利用行政权力配置资源，这是与新中国建立之初实行高度集中的计划经济体制紧密相联的。在社会经济基础极度落后的条件下，行政权力对企业生产经营活动实行全面的计划控制，对关系国计民生的基础设施和公共事业领域实行控制或扶持政策，这些曾经对于促进我国工业化进程起到了不可估量的作用。随着市场经济改革的推进，在特定的经济及政治环境下，行政性垄断在竞争性几乎不存在或竞争无效的垄断产业中建立了一种类似市场竞争的制度机制，试图限制与引导这些垄断企业的经济决策，消除各种非效率现象，以提高社会的总体福利。

由此看来，行政性垄断制度并非一无是处，在特定的经济环境中，行政性垄断作为资源配置的一种手段发挥了市场调节无法实现的作用，但在经济环境发生变价的情形下，行政性垄断以往曾发挥过的积极作用有可能成为市场经济机制构建的一个障碍，但对行政性垄断正面的、积极的分析，能够使我们全面的观察行政性垄断，并对解决行政性垄断问题提出有益的提示。报告借鉴以詹科夫、施莱泽等（2004）[①] 为代表的新比较经济学的社会制度选择分析框架，建立行政性垄断制度的一般分析框架重新思考行政性垄断制度的选择问题。

新比较经济学认为，任何一个社会都面临专制和无序这样两个核心问题。专制是政府机构及其代理人侵占个人以及财产的危险，比如通过国家以及利用监管者来限制竞争对手的进入；无序是私人侵占个人以及财产的危险，它意味着个人可以通过行贿、盗窃等来扰乱法院等公共机构，从而使进行侵占的个人逃脱惩罚，制度的功能就是控制专制和无序这两方面的危险。行政性垄断是政府机构利用行政权力对市场竞争的排斥与限制，为了研究的需要，我们把行政性垄断看作是新比较经济学社会制度选择框架中的"专制"，把市场竞争看作"无序"。图8-3描述了行政性垄断与市场竞争二者均衡时的制度可能性边界。图中横轴表示行政性垄断导致的社会成本，纵轴表示市场竞争导致的社会成本，两者相加得到的社会总成本（Total Social Cost），由图中的曲线TSC表示，该曲线向右下方倾斜并呈45°。IPF代表由行政性垄断制度与市场竞争制度的不同组合而构成的各种制度安排的可能性边界，它表示随着行政性垄断制度的逐渐增加，有多大程度的市场竞争可以被减少。或者说，IPF上的每一个点都代表这样一种制度组合——在特定的社会或产业中，只有行政性垄断程度的增强才能减少市场竞争程度，也就是说缩减行政性垄断的损失引致的是竞争带来损失。在IPF上，越是靠近左边，行政性垄断的成本越低、市场竞争的成本越高，根据制度效率递减规律，其代表的行政性垄断就越弱、市场竞争越强；越是靠近右边，行政性垄断的

[①] 詹科夫、施莱泽等：《新比较经济学》，载《比较》2004年第10期。

成本越高、市场竞争的成本越低，代表的行政性垄断就越强、市场竞争越弱。行政性垄断制度可能性边界 IPF 与社会总成本曲线 TSC 相切于 E^* 点，E^* 点把 IPF 分为左右两段，同时也把各种制度组合基本上分为三类，即 Ⅰ 类：｛弱行政性垄断，强市场竞争｝；Ⅱ 类：｛强行政性垄断，弱市场竞争｝；Ⅲ 类：｛适度行政性垄断，适度市场竞争｝。在 IPF 上，E^* 代表的是 Ⅲ 类行政性垄断制度；E_1 代表 Ⅰ 类行政性垄断制度；E_2 代表 Ⅱ 类行政性垄断。一般情况下，IPF 曲线是凸向原点的，这符合标准的新古典假设，即行政性垄断程度的边际增加只能产生越来越少的竞争程度的减少。在新比较经济学当中，IPF 的位置又被称为"文明资本"（Civic Capital），如果社会的文明资本越多，IPF 曲线就越接近原点，人们就越有可能合作。近年来很多学者都对"文明资本"的决定因素进行了深入思考，如兰德斯（Landes，1998）强调传统的文化影响，伊斯特利和利弗林（Easterly and Levine，1997），埃尔萨那等（Alesina、Baqir and Easterly，1999）显示了种族异质性及其造成的种族冲突损害制度质量，戴蒙德等（Diamond et al.，1997）以及恩格曼和索科洛夫（Engerman and Sokoloff，1997，2002）则强调要素禀赋和物理环境在塑造和限制社会制度可能性方面的作用①。考虑到各国政治经济文化背景所存在的差异，我国的"文明资本"主要取决于生产的技术方式、需求状况、人力资本的水平以及税收的征收效率等因素。以我国电信产业为例，行政性垄断制度的可能性边界，即 IPF 的位置主要取决于网络技术的变迁、需求的变化以及人力资本水平的改变。图中向下倾斜的 45°线显示了一定程度的行政性垄断和竞争下的总社会成本曲线 TSC，它是短期内决定一项制度组合是否有效率的关键所在。这里需要说明的是，在短期内文明资本是一种约束而非选择，换言之，短期内的 IPF 位置是固定不变的，IPF 与总社会成本曲线 TSC 的切点（图 8-3 中的 E^* 点）即为某一特定产业中最有效率的或均衡行政性垄断制度选择，原因是 E^* 点的社会成本最小；在长期，IPF 的位置会随着供给技术、需求等因素的变化而发生相应的变动，均衡的行政性垄断制度选择也必将发生相应变动。

---

① Landes, David. *The Wealth and Poverty of Nations*. 1998. New York, NY: W. W. Norton. Engerman, Stanley, and Ken Sokoloff. *Factor Endowments, Inequality and Paths of Development among NewWorld Economies*. 2002 NBER Working Paper#9295. Alesina, Alberto, Reza Baqir, and William Easterly. *Public Goods and Ethic Divisions*. Q. J. Econ, 1999, 114 (4). Diamond, Jared Guns, *Germs and Steel The Fate of Human Societies*. New York, NY: W. W. Norton, 1997. Engerman, Stanley, and Ken Sokoloff. *Factor Endowments, Institutions and Differential Paths of Growth Among New World Economies*. S. Haber. How Latin American Fell Behind. Stanford, CA: Stanford University Press, 1997.

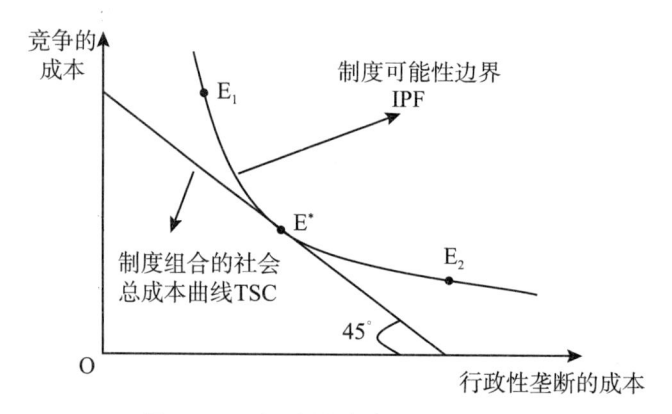

图 8-3　行政性垄断的分析框架

一个产业的最优或均衡制度选择组合必须满足两个条件：一是最优的制度选择组合必须位于给定的制度可能性边界 IPF 上；二是最优的制度选择组合成本最小，即行政性垄断与市场竞争二者的组合所造成的社会总成本最小。下面，将从短期和长期两个方面研究最优的行政性垄断制度选择。

1. 行政性垄断制度选择的短期均衡

在短期当中，由于产业诸如生产的技术方式、需求状况等因素变动不大，因此，我们可以把"文明资本"看作是给定不变的，即行政性垄断的制度可能性边界 IPF 的位置和形状都是固定的，此时 IPF 就是短期中行政性垄断制度选择的约束条件。因此，在此约束条件下，最优的行政性垄断制度选择完全取决于总社会成本曲线 TSC 的位置，如图 8-4 所示。图 8-4 中从右至左有 3 条总社会成本曲线，分别为 TSC_1、TSC_2 和 TSC_3，由三者的位置决定了它们满足 $TSC_3 < TSC_2 < TSC_1$。首先来看 TSC_3，虽然我们从图中会直观地发现，TSC_3 所代表的社会总成本是 3 条社会总成本曲线中最小的，但它与既定的制度可能性边界 IPF 既无交点又无切点。这说明产业在既定的技术和需求水平下无法实现 TSC_3 上任何一点的制度组合。其次来看 TSC_1，尽管 TSC_1 与 IPF 相交于 E_1、E_2 两点，说明产业在当前技术和需求水平条件下，可以选择 E_1 或 E_2 点所代表的行政性垄断制度组合，但这两点所造成的总社会成本却并不是在既定的 IPF 约束下最小的，仍存在可以改善的余地。换言之，如果沿着社会制度可能性边界将 E_1 点向右移动或将 E_2 点向左移动都可以实现社会总成本的降低。当沿着 IPF 从 E_1 点向右移动或将 E_2 点向左移动直到 E^* 点，即 IPF 与 TSC_2 的切点 E^* 时，社会总成本达到现有 IPF 约束条件下的最低水平。因此，E^* 点是在行政性垄断制度可能性边界 IPF 既定条件下的最优的行政性垄断制度选择，即在 E^* 点实现了行政性垄断制度选择的短期均衡。显然，当既定的制度可能性边界 IPF 和总社会成本曲线 TSC_2 相切于 E^* 点时，在既定的技术和需求水平下获得的社会总成本是最低的，故 E^* 点是

最有效率的行政性垄断制度选择的均衡点，该点对应的即是短期内均衡的行政性垄断和市场竞争制度组合。

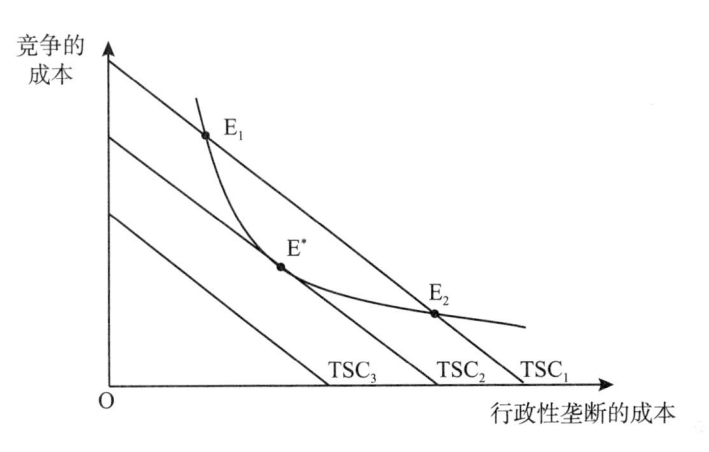

图 8-4　行政性垄断制度选择的短期均衡

2. 行政性垄断制度选择的长期均衡

从长期看，对于某一特定产业，由于生产的技术方式、需求状况、人力资本水平以及税收的征收效率等因素都有可能发生改变，因此，该产业的所能采取的行政性垄断制度可能性边界 IPF 的位置和形状都会发生相应的变动，进而影响行政性垄断制度选择的长期均衡。下面，分别从 IPF 的位置变动和形状变动来分析行政性垄断制度选择的长期均衡。行政性垄断制度可能性边界 IPF 位置的变动。以电信业为例，由于网络技术的进步以及需求水平的扩大导致了 IPF 曲线向左移动，从 IPF_1 左移到 IPF_2，如图 8-5 所示，此时变动之前的行政性垄断制度可能性边界 IPF_1 与变动前的社会总成本曲线 TSC_1 的切点为 E^*，代表此时最优的或均衡的行政性垄断制度组合。当行政性垄断制度可能性边界变动之后，变动后的 IPF_2 与变动后的社会总成本曲线 TSC_2 相切于 E^{**}，代表行政性垄断制度可能性边界变动之后的最优的行政性垄断制度组合。显然，从图中我们可以直观地发现，当最优的行政性垄断制度组合从 E^* 移动到了 E^{**} 后，$TSCE^{**} < TSCE^*$，这说明网络技术的进步以及需求水平的扩大导致的行政性垄断制度可能性边界的变动使社会总成本降低。当然究竟这种移动最终到达什么位置，则完全取决于技术的进步程度等影响"文明成本"的有关因素的水平。行政制度可能性边界的形状。行政性垄断制度可能性边界 IPF 的形状是由行政性垄断制度和市场机制的相对效率决定的。对于某个国家的某个特定产业来说，不同的时代背景和市场环境条件下，采取行政性垄断制度和市场竞争机制的相对效率是不同的。如果政府运用其权力通过行政的手段排斥和限制市场竞争更有效率，则行政性垄断制度可能

性边界 IPF 的形状较为陡峭，如图 8-6 中 IPF$_1$ 所示，此时均衡的行政性垄断制度选择位于 IPF$_1$ 与社会总成本曲线 TSC 的切点 E$_1$，而 E$_1$ 点所代表的行政性垄断制度组合是｛强行政性垄断，弱市场竞争｝，换言之，此时有效率的行政性垄断制度选择是较少地通过市场的手段来配置资源，更多运用政府权力来限制和排斥市场竞争。相反，如果对该产业采用市场竞争机制相对于行政性垄断制度更有效率，则 IPF 的形状就较为平坦，如图 8-6 中的 IPF$_2$ 所示，此时均衡的行政性垄断制度选择位于 IPF$_2$ 与社会总成本曲线 TSC 的切点 E$_2$，而 E$_2$ 点所代表的行政性垄断制度组合是｛弱行政性垄断，强市场竞争｝，换言之，此时有效率的行政性垄断制度选择是较少地运用政府权力来限制和排斥市场竞争，更多地通过市场而不是行政的手段来配置资源。

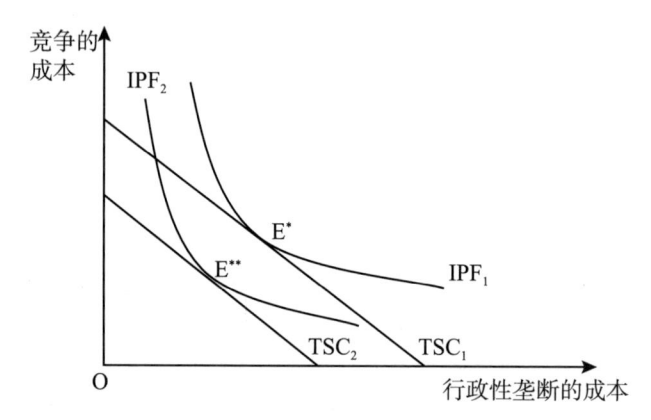

图 8-5　IPF 位置的变动与行政性垄断制度选择

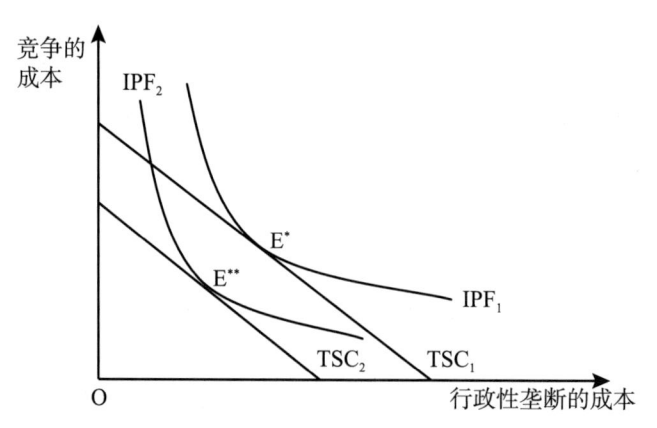

图 8-6　IPF 形状的变动与行政性垄断制度选择

第三节　地区性行政垄断的形成原因与机制

迄今为止，成功解释中国经济高速增长及其各种特有现实问题的理论主要是从中国经济发展制度激励的角度切入的，代表性的理论有财政激励理论和政治晋升激励理论。这种基于激励的理论认为，中国经济发展的巨大成功是因为"做对了激励"，而包括地区性行政垄断在内的各种现实问题的产生也是随着经济的发展而原有激励制度趋于不合理所导致。现有文献都没有意识到，财政激励、晋升激励等激励制度其实都是内生于地方政府竞争这个大框架和制度背景内，地方之间的竞争是行政分权、经济转型、制度转轨的伴生物，同时又反过来影响经济体制改革和转轨，规范有序的竞争会促进地方经济发展，而扭曲无序的竞争会导致一系列制约经济发展的特殊现象出现。计划经济体制由于中央计划者存在着巨大的信息成本而遭到摒弃，而在转轨的初期微观市场主体又不够成熟和完善，将市场竞争引入到地方政府的关系中是中国经济取得举世瞩目成就的关键因素之一。地方政府在增长的刺激下推动了转轨的深入，从国有企业的民营化到其预算约束的硬化都证明了这一点[①]。然而，随着改革的深入，中国地方政府间的竞争开始变形，没有把中国继续推向保护市场的"好"的市场经济方向发展，现实中地方保护、地方市场分割依旧严重存在，花样越来越翻新，手段越来越隐蔽；地方政府创造的巨大体制外流动性，比如大量的预算外收入、违规批地、违规减税、干预地方银行、隐性举债等等，使得地方政府扭曲地方经济成为现实可能。地方政府利用行政力量限制或排斥竞争的地区性行政垄断现象不但没有消失，反而变得更加隐蔽和更趋危害性，使得市场经济在某种程度上正朝着"坏"的方向发展。

在前期研究中，我们构造了 ISCP 框架测算了转型时期中国地区性行政垄断程度及其演进趋势，结果表明全国总体地区性行政垄断程度自 1985 年以来基本呈现下降趋势，说明随着改革的深入行政力量对市场经济的干预在逐步减少，市场机制在不断完善，成为配置资源的基本手段；2002 年以后地区性行政垄断有小幅回升，但是总体水平仍然低于改革开放初期，这可能源于地方政府一些软性干预措施的抬头。我们还测算了地区性行政垄断对资源配置效率的影响，地区性

---

① 假设地方政府追求 GDP 的增长比追求财政收入更具有现实的微观基础，已得到了实证研究的支持，参见周黎安：《晋升博弈中政府官员的激励与合作——兼论我国地方保护主义和重复建设问题长期存在的原因》，载《经济研究》2004 年第 6 期。

行政垄断造成了巨大的效率损失和资源浪费。我们一系列的研究表明地区性阻碍了商品和要素在全国范围内的自由流动，削弱了市场机制优化资源配置的有效性，不利于发挥地区比较优势和形成专业化分工，也不利于获得规模效益，造成了重复建设、产业结构趋同、投资效率低下等问题，还是市场无序的主要根源之一。随之而来的问题是，地区性行政垄断产生的原因和机制是什么？我们认为地区性行政垄断形成的原因不在于政府竞争的本身，因为历史早就证明竞争是发展的主要推动力，地区性行政垄断形成的原因在于现行的政府竞争制度的不合理和缺陷。给定合理的竞争目标，竞争者会在可供选择的范围内选择最优的手段实现自身利益的最大化，竞争是否有效果以及是否能实现竞争制度设计者的目标则取决于两个基本条件是否满足：第一，竞争者之间实力相当，具有相当程度的同质性；第二，竞争者必须要满足预算硬约束，能够独立地承担各自行为的成本和收益（杨其静、聂辉华，2008）[①]。

本节中，我们将从四个方面分析现有地方政府竞争框架下的地区性行政垄断是如何产生的：第一，地方政府竞争制度设计不合理是导致地区性行政垄断的最根本原因。现行的财税制度下财政的事权与财权不对称、转移支付体系不健全、预算外收入膨胀和财政收支的不透明使得地方政府之间的同质性较差，难以保证竞争起点的公平合理。同时在我国现行体制下地方政府掌握着大量的资源，如土地、税收优惠政策、预算外收入、隐性举债等等，预算的软约束难以保证地方政府独立承担经济发展的成本，出现了"届别机会主义"等现象。第二，地方政府竞争目标和政绩考核方式的缺陷是导致地区性行政垄断的现实原因。应该说地方政府的目标还有权利租金的最大化，但这不是我们考察的重点。我们侧重考察现行政绩考核制度与地区性行政垄断之间的关系。我们首先回顾了中国政绩考核的历史和特点，然后指出了 GDP 导向政绩考核与地区性行政垄断的关系。实证部分我们利用前期测算的地区性行政垄断指数，检验了地区性行政垄断形成的 GDP 导向政绩激励动机，结果表明一定程度的地区性行政垄断有利于当地经济的增长，但随着地区性行政垄断程度的进一步提高，经济增长就会受到损害（于良春、余东华，2009）[②]。第三，地方政府竞争手段和政府职能定位的不准确是导致地区性行政垄断的直接原因。我们回顾了西方国家政府职能演变的历史，并合理定位了转轨时期中国地方政府经济职能，并指出现有地方政府经济职能的不合理导致了地区性行政垄断的产生。地方政府经济职能的不合理主要体现在三个方面：地方政府经济职能的越位、缺位和错位。第四，地方政府竞争协调机制

[①] 杨其静、聂辉华：《保护市场的联邦主义及其批判》，载《经济研究》2008 年第 3 期。
[②] 于良春、余东华：《中国地区性行政垄断程度的测度研究》，载《经济研究》2009 年第 2 期。

的缺失导致地区性行政垄断难以在短期内消弭。我们回顾了西方国家包括美国和欧盟协调地区竞争机制的经验以及我国区域竞争协调合作的现状，指出我国地区竞争协调主要存在三方面的问题：一是缺乏中央政府的宏观总体的参与和指导，没有发挥立法协调和执法协调的作用；二是行政协议制度化和法制化程度不高，行政协调务虚而不务实；三是没有发挥市场中介组织等市场协调的作用。最后，我们以地方政府限制资本跨区域流动这一典型地区性行政垄断现象为例，构建了一个简单的模型来分析地区性行政垄断的形成机制，我们给出了三种地区性行政垄断的形成机制：一是地方政府同质，存在制度软约束情形下由"囚徒困境"引发的地区性行政垄断；二是两个竞争的地方政府之间存在差异造成的竞争不公平而内生出的制度软约束和"弱式地区"的地区性行政垄断；三是两个地方政府之间存在差异，由于内生地区性行政垄断所产生的竞争效应而引起的地区性行政垄断的扩散，这种地区性行政垄断成为示范效应下形成的地区性行政垄断。以地方政府竞争为纽带和视角的分析，实际上涉及了导致地区性行政垄断的各种成因和机制。

一、财税制度、资源控制与地区性行政垄断

在新古典经济学中，经济效率是最重要甚至是唯一目标，并且相信效率竞争这只看不见的手是实现效率的最主要机制。将市场竞争模式引入到地方政府的关系中是中国经济高速增长的关键性因素之一，然而政府间竞争的效率同样依赖于前述的两个基本条件。在我国现行的财税制度安排和地方政府掌握大量资源的情况下，以上两个条件都不能得到满足，造成了我国政府竞争制度的低效和地区性行政垄断行为的泛滥。现行的财税制度下财政的事权与财权不对称、转移支付体系不健全、预算外收入膨胀和财政收支的不透明使得地方政府之间的同质性较差，难以保证竞争起点的公平合理。同时在我国现行体制下地方政府掌握着大量的资源，如土地、税收优惠政策、预算外收入、隐性举债等等，预算的软约束难以保证地方政府独立承担经济发展的成本，出现了"届别机会主义"等现象。

1. 不合理性的财税制度导致地方政府的财力不平衡和不透明

（1）财政分权侧重收入的划分，但对支出责任的划分并不明确，造成财权上移，事权下移，财权事权严重不对称。目前，我国财政体制对收入的划分十分明确，对每个税种的分成情况都有详细的规定，如增值税按照 75∶25 的比例在中央和地方之间分成，所得税按照 60∶40 在中央和地方之间分成，消费税和海关关税等为中央税种，营业税、契税、城镇土地使用税、土地增值税等为地方性税种。但对于财政支出的划分却十分模糊，特别是涉及外部性较强的公共支出，

中央和地方政府的支出总是以谈判而不是遵照规范的制度进行，此外，在我国转轨和发展期间，基础设施不够完善，医疗、社会保险、失业保险等支出不足，公共支出压力相对较多，种类繁多，且出乎意料，许多财政支出项目未能及时在现有财政体制框架下反映，就主要支出项目而言，各级政府之间的支出责任重叠程度很高，表面上看起来各级政府都负有责任，但在实践中往往造成事权的推诿。由于上级政府在政治上仍然对下级政府享有绝对的权威，故上级政府在财政支出方面更容易出现机会主义行为，将支出问题尽量往下级政府压，将财政收入尽量往本级政府调。

上级政府向下级政府下放事权往往采取以下方式进行：一是下放亏损企业。进入90年代后半期，国有企业全面亏损，成为各级政府的沉重负担。因此，各级政府纷纷将所属企业下放。到目前为止，中央政府只负责管理巨型的、盈利能力较强的、往往具有市场垄断能力的国有企业，各级政府纷纷效仿，将部分盈利的国有企业所有权留在本级政府，将部分亏损国有企业私有化，将另一部分私有化难度较大的承担部分公共产品供给的国有企业下放至下级政府，如由地方政府补助此类国有企业，如自来水、热电等部门。二是中央政府请客，地方政府出钱。中央政府往往将一些突发性事件的政策负担部分或者全部转移到地方政府。如中央政府成立一个产业发展引导资金，往往要求各级地方政府比照执行。如当SARS爆发后，公共医疗卫生方面的投入不足成为媒体诟病的主要原因。中央政府开始要求地方政府加大对公共卫生的投入。类似的公共产品供给在逐渐下放至地方后，地方政府的支出压力陡增。此外，中央政府常常将诸如价格补贴、固定资产投资补贴等支出责任转移到地方政府。地方政府不仅要承担建设性支出以及重大工程配套资金、非公益性事业单位各种非公益性支出、行政性支出，而且还要承担由于国有企业乃至一般公共部门改革所带来的各种社会保障支出，以及各种企业亏损和价格补贴等（陶然等，2007）[①]。

（2）转移支付体系不健全，使得本着均衡各地财力的目的而设计的制度反而加剧了各地财力的不均等性。这是因为在中央政府的转移支付中有很大一块是用于税收返还的，这就意味着发达地区所获的税收返还要远远多于落后地区。根据马拴友等（2003）[②]的研究，在1998～2001年间，税收返还占转移支付总额的比重平均达62.1%，各种专项拨款占20.1%，而过渡期转移支付包括对民族地区的转移支付平均只占1.3%，这意味着转移支付的80%以上是扩大地区差距的。另外，在我国的转移支付中，一般转移支付的制度不规范，资金使用并不明

---

① 陶然等：《区域竞争、土地出让与地方财政效应：基于1999～2003年中国地级城市面板数据的分析》，载《世界经济》2007年第10期。
② 马拴友等：《转移支付与地区经济收敛》，载《经济研究》2003年第3期。

确；各种专项转移支付种类繁多，且透明性较差，未能从我国财政整体收支的角度加以权衡。转移支付机制不健全使得地方政府往往是"会哭的孩子有奶吃"，地方政府纷纷哭穷，成立类似驻京办的机构，加大对中央各部委的公关力度，尽最大努力扩大一般性转移支付。这使得地方财力和事权的缺口的相关信息被掩盖，中央政府的支付依据变得不够充分，转移支付效率较低。在转移支付中，还有一块专项转移支付。事实上，我国目前对专项资金的使用监管流于形式，资金使用效率不足，资金的审批也与实际需求没直接关系。因此，各个地方政府为获取更多转移支付，会千方百计向中央政府各部委"寻租"，争取资金支持。目前，几乎每个省市政府以及职能部门在北京都设有办事处，这其实是转移支付制度不规范情况下地方政府为创收展开竞争的产物。当转移支付并不以实际需要而是以关系和寻租强度来衡量时，部分财政困窘的地区显得更加入不敷出，财政收支压力会进一步加大。

（3）体制外收入迅速膨胀，各区域地方政府"创收"能力的不同，进一步拉大了各地区的财力差距。由于分税制使地方政府可支配的财政收入大大减少，但其支出责任不降反升，再加上地方政府还要为区域经济增长助力，因而仅靠有限的预算内收入和中央政府的转移支付已经远远不能满足地方政府的支出需要，因而开发各种体制外收入便成为地方政府的重要任务，在中西部经济不发达地区，由于其可以开发的收入源较少，地方政府只能依靠增加农业税和农业提留以及对农民的集资收费来解决，但过重的负担往往会引起农民的不满，再加上国家在 2002 年进行了全国农村税费改革，地方政府可以获得的体制外收入更是大大减少，而在东部的发达地区，地方政府得益于快速的城市化进程，可以从土地开发和土地转让中获得丰厚收入，这种制度外收入甚至超过了地方政府的规范收入，成为地方政府完成支出责任和推动经济增长的重要工具。这样就导致各地方政府所掌握的财力资源的极大不均，有的地方政府甚至都不能满足其日常的行政开支，成为名副其实的"吃饭财政"，而有的地方政府则有充足的资金以满足其经济建设的需要，甚至主动"藏富于民"，以备不时之需。

（4）财政收支透明度较低。地方政府在实施地区性行政垄断时，必须有一定的财政支出行为，而这部分支出行为往往是不符合现有法律规定的，财政信息公开不透明使得地方政府的行为受到公共舆论的约束较小，地方政府面临较强的预算软约束的机会主义行为，地方政府利用权力干预市场行为变得十分普遍。尽管财政信息公开已成为世界潮流，且越来越规范与程序化，除涉及国家秘密与公共安全等特殊项外，财政预决算的形成过程和结论应该正常公开。2008 年 5 月，国务院审议通过《中华人民共和国政府信息公开条例》正式施行，但各地方政府均不愿公开基本的财政信息。目前，许多国际组织发展出多种比较成熟的财政透明度指标,如国际货币基金组织(IMF)的《财政透明守则》、经济合作与发展组织(OECD)的《预算透明度最佳做法》,国际预算合作组织(IBP)的《预算公开调查问卷法》,日本非盈利组织"全国市民行政监察"联络会议的地方财政透明度排名调查等。目前,我国的财政透明度调查较少,表8-1是上海财经大学蒋洪教授对我国省级以上公共财政透明度的调查。我们可以发现,我国各省份的财政透明度普遍不高,即使是位居首位的福建省,得分也只有41.08,而全国各省市的平均得分只有14.23,绝大部分省份得分在20以下。这意味着我国财政透明度非常低。目前,各地方政府的非税收入(如行政事业性收费收入、国有资本经营收入、罚没收入等)、基金收入的来源并不清晰。政府的支出中,行政性支出及建设支出也并不明确,收支信息的不透明使得某些地方政府的行为往往受到较低的约束,市场正常运转的行为发生概率在增加,地区性行政垄断行为也相应增加。

表 8-1　　　　　我国省级地方政府公共财政透明度得分表

名次	省份	得分	名次	省份	得分
1	福建	41.08	15	湖北	12.47
2	内蒙古	22.26	18	湖南	12.41
3	安徽	21.16	19	江西	12.37
4	北京	20.08	20	陕西	12.24
5	辽宁	17.80	21	新疆	12.10
6	江苏	17.59	22	山西	11.70
7	天津	15.43	23	广西	11.15
8	四川	14.58	24	河北	11.09
9	河南	13.76	25	重庆	10.79
10	青海	13.49	26	宁夏	10.70
11	广东	13.40	27	黑龙江	10.55
12	西藏	12.87	28	海南	10.34
13	贵州	12.75	29	云南	9.97
14	山东	12.69	30	吉林	9.70
15	上海	12.47	30	甘肃	9.70
15	浙江	12.47			

注:(1)本项目满分为100分;(2)本项目以2006年省本级财政决算数据为调查对象。

2. 地方政府对资源的控制与预算软约束

(1)地方政府变相发放债券,造成资金软约束。李军杰(2005)[①]指出,尽

---

① 李军杰:《经济转型中的地方政府经济行为变异分析》,载《中国工业经济》2005年第1期。

管我国《预算法》明确规定，地方政府不能借债，预算不允许有赤字，各级地方政府实行的是"以收定支"的平衡预算。但地方政府还是采取各种变通举债方式获得贷款。地方政府举债的实体往往是由政府投资或控股的从事城市基础设施项目投融资和经营管理的城市建设投资公司。目前，许多省、市、县成立城市经营公司、城市建设公司、城市发展公司，这些公司行使以前隶属于某些行政部门的基础设施建设、城市绿化功能，它们一般由地方政府控股，同地方政府的关系密切，从事的是关系国计民生以及利润丰厚的房地产、基础设施建设等行业经营。这些国有企业由于其政治背景在获得贷款方面有着得天独厚的优势，这使得它们往往能充当地方政府和商业银行的桥梁，使得地方政府能够间接获取银行贷款，这部分贷款在财政收支报表中往往不能反映。据统计，中国各级地方政府控股的各类城市投资公司已达 360 家，这些投融资公司的成立很多时候是为了"政绩工程"，兴建大量的基建项目。有些地方政府由于 GDP 政绩考核的因素，有投资冲动，安排发改委搞了很多投资项目，而那些政府背景的投融资公司往往是人事上由组织部委任，考核由国资委考核，资本金由财政出，项目则由发改委审批，涉及不同部门的利益。地方政府间接获取贷款的可能性使得地方政府的预算软约束问题更加突出。这些企业的债务均是地方政府隐性债务，地方政府的财政收支困境往往由此化解。

据统计，2002 年，全国 2 860 个县市中，预算赤字县共计 706 个，占比达 25%。而 41 040 个乡镇政府的负债总额达 1 770 亿元，平均每个乡镇负债 430 万元；我国地方政府债务总计应在 1 万亿元以上。许多地方政府已濒临破产，但由于我国目前并没有使用于政府的破产法，2007 年 6 月 1 日修改的破产法也只适用于所有企业法人，我国现行破产法并没有涵盖企业之外的债务人，更没有制定地方政府"财政破产法"，这使得地方政府借债不受约束。许多地方政府债务超负荷以致濒临破产，这并非一朝一夕形成的。某位领导上任后发生的巨额债务可能是其前人遗留的。因此，地方政府官员频繁的流动性使得地方政府官员有较强的举债动机，这使得地方政府债务大幅增长。同时，地方政府债务的约束却并没有明确的规定，对债务的偿还也是拆东墙补西墙。目前，财政部已出台文件，允许地方政府发行债券，这意味着地方政府的预算约束将更加软化。

（2）地方政府人为降低资源环境和劳动力的使用成本，造成成本软约束。由于资源环境的使用成本过低，难以形成保护环境和节约资源的约束和激励，也就形成了地方政府社会性管制的软约束。环保和资源利用方面缺乏必要的准入限制和补偿标准，建设项目几乎不计环境、资源的使用成本。我国矿产资源税目前还是按照实物量征收，在煤炭等资源大幅上涨时，对资源的开采补偿明显偏低；而且地方政府控制着多种重要生产性资源的价格，比如水、电等资源，地方政府为了吸引投资和发展特定产业，人为的扭曲这些资源的价格。我们以电解铝的生产为例，电解铝产业是一种资源高度密集的产业。由于电能、氧化铝等物质在总成本中所占比重高达90%以上，而这些物质资源在我国又高度稀缺，我国企业的电解铝生产成本便天然的高于资源富集国家，电价只要达到每千瓦时0.35元左右，绝大部分电解铝生产企业便无钱可赚。20世纪90年代，当工业用电价格达到每千瓦时0.40~0.50元水平时，电解铝工业便出现了全行业亏损。于是，政府在20世纪90年代末出台了对电解铝工业的电价优惠政策，许多地方决定给予电解铝企业每千瓦时0.25元左右的电价优待。在电价优惠的支持下，电解铝生产盈利颇丰，于是各地纷纷上马到电解铝厂，只是电解铝的生产能力到2004年末时，生产能力已达到970万吨，在建、拟建的规模还有500万吨，到了2005年末，大部分电解铝厂已经陷入亏损的境地。

目前，我国劳动力市场的成本偏低主要表现在农村流向城市的农民工和其他"弱势群体"，地方政府虽然有责任建立并维护这些弱势群体的基本工资保障、基本社会保障和工作安全保障，但出于吸引资本和发展经济的目的，地方政府却人为的降低这些"弱势群体"的基本工资、基本社会保障和安全保障，从而达到降低企业用工成本的目的。这种不为劳动力提供基本保障的做法同不制定最低的环境保护标准和人为扭曲资源价格在本质上是一样的，都是一种成本软约束的行为。

（3）地方政府利用土地资源，一方面造成资金软约束，另一方面造成成本软约束。土地出让金是地方政府体制外收入的重要来源之一。地方政府通过低价征地然后高价出让，获取高额收入。中国地方政府也能够大规模征用农地并以各种低价方式进行土地出让，这与中国现有土地征用制度以及政府间财政体制有很大关系。1998年的《土地管理法》明确指出，"任何单位和个人进行建设，需要使用土地的，必须依法申请使用国有土地"，"依法申请使用的国有土地包括国家所有的土地和国家征用的原属于农民集体的土地。"尽管土地管理法明确了地方政府征用土地的必要条件是为了"公共事业"，但我国法律对"公共事业"的界定并不清楚，这为地方政府征地留下了制度性缺口。目前，我国的农村征地补偿范围主要包括征地补偿费，劳动力安置补偿费、地上附着物和青苗补偿费。前两项的补偿标准分别为该地前3年平均产值的6~10倍，两项之和低限是10倍，高限是16倍，特殊情况下最高也不得不超过30倍。事实上，土地升值部分，并未列入补偿范围。即土地升值部分为地方政府所得。法律赋予地方政府能够低价征地，使得地方政府获取土地出让金成为可能。分税制后的地方政府的财政拮据则会使这种征地大规模、大范围发生。1994年的分税制改革以来，中央上收了大量财权，特别是将增值税的75%归为中央政府，2002年以来又将地方税种中增长较快的所得税改为中央与地方的共享税。地方财力在相对减少的同时，事权和责任却在增加，这使得土地财政成为地方政府缓解收支平衡压力的主要途径。

由于土地也是重要的生产性资源，所以，地方政府除了用以出卖来获取巨额土地出让金之外，还会人为压低土地价格，以低地价甚至零地价的方式来吸引投资，发展特定产业，以实现政绩目标。这里一个比较明显的例子就是"铁本事件"。2002年初，江苏铁本钢铁有限公司筹划在常州市新北区魏村镇、镇江扬中市西来桥镇建设新的大型钢铁联合项目。该项目设计能力840万吨，概算总投资105.9亿元人民币。2002年5月，铁本公司法人代表戴国芳先后成立7家合资（独资）公司，把项目化整为零，拆分为22个项目向有关部门报批。2002年9月~2003年11月，常州国家高新技术产业开发区管委会、江苏省发展计划委员会、扬中市发展计划与经济贸易局先后越权、违规、拆项审批了铁本合资公司的建设项目。在"审批程序"完成之前，铁本在2003年6月就进入现场施工。在未依法办理用地审批手续的情况下，有关地方政府即决定实施土地的征用和拆迁工作，导致铁本公司大面积违法用地，造成大量耕地被毁。由于省级权限每次不超过35公顷，江苏省国土厅于两日内分42个批次批准了常州市2.1万亩农用地专用和土地征用，其中14个批次与铁本项目设计用地面积和位置完全相同。在土地征用和拆迁过程中，常州市新北区和镇江扬中市政府在没有履行合法的土地征用手续情况下，运用"项目推进会"等行政手段，违规以地方政府名义进行土地征用和拆迁。铁本事件就是地方政府在土地问题上的一次典型违规。

二、政绩考核、政治激励与地区性行政垄断

1. 中国地方政府政绩考核概述

"绩效"考核是一种新型的管理方法与管理工具，是一种非常重要的管理手段，它在私营部门中的功效早已有所体现。绩效考核通过设立一套考核指标，以考核结果为依据对被考核者实施奖励与惩罚，其目的是为了揭示被考核者的行为与组织绩效之间的关系。20世纪80年代以来，西方国家为了解决一系列的政府特别是地方政府管理非低效行为，分别引入了私营部门的管理方法，形成了一股"新公共管理潮流"。以政府绩效考核为工具，判断政府公共管理行为的有效性和缺失，并充分发挥政府管理机制对政府绩效提升的积极作用，从而实现促进政府职能的改进与完善。西方国家绩效考核的运用取得了巨大的成功，有效地改进了地方政府公共管理的质量和促进了经济发展。

20世纪80年代初，邓小平提出了改革党和国家领导制度的重要思想，包括强调领导干部的年轻化、知识化和专业化，引入任期制和年龄限制；1984年中

央决定适当下放干部管理权限，确定了下管一级的干部管理体制，这为建立不同于改革前的政绩考核体系奠定了基础。《中共中央国务院关于进一步加强人才工作的决定》提出要建立以业绩为根据，由品德、知识和能力要素构成的各类人才评价指标体系，要制定不同层次、不同类型的党政人才的岗位职责规范，建立符合科学发展观要求的干部政绩考核体系和考核评价标准，并把绩效评估结果作为地方领导干部晋升的依据（唐贤兴，2004）[①]。同时，《党政领导干部选拔任用工作条例》、《公务员法》等相关法律、条例与党内规章制度中也都明确提出了地方领导以绩效作为晋升依据。这意味着地方官员绩效考核的标准发生了实质性的变化，地方首长在任期内的经济绩效取代了过去一味强调的政治挂帅（周黎安，2007）[②]。在我国这种政治集权的权威体制下，生活在科层制中的各级地方领导干部要想在体制内晋升到更高的职位，或者调任到具有更大权利、可以支配更多资源的职位上去的唯一途径就是依据组织部门所评出的绩效结果。

中国是一个典型的行政和人事高度集权于上级政府直至中央政府的国家；地区与地区之间具有非常相似的结构，地方政府的经济绩效比较容易进行相互比较；跨地区之间的地方政府存在着巨大的竞争。以钱颖一为代表的第二代财政联邦主义认为，集权之下的中国地方政府之间的 W 形结构使得中国经济在很大程度上类似于一个企业组织在运转，中央政府在这个企业组织内通过分权模拟出类似于企业组织的激励机制。给定地方各级政府尚掌控着大量经济、政治和社会资源的事实，在现有的政治框架内对地方政府提供适当的激励，让他们直接分享发展地方经济的收益，将有利于他们追求经济的增长。按照经济绩效考核地方官员将地方官员置于强烈的发展经济的强政治晋升激励之下（王永钦等，2007）[③]。政绩考核激励的效果是层层放大的，每一级的地方政府都处于增长晋升格局当中，让每个官员的仕途升迁都与本地经济增长挂钩，调动其推动地方经济发展的积极性，这在相当程度上解决了监督依次递减和信息不对称的问题，大大节约了监督成本。这样一种中国特色的地方政府绩效考核取得了巨大的成功，推动了中国经济长达 30 多年的高速增长。

2. GDP 导向的政绩激励与地区性行政垄断

相关的文献也较多地关注到了中国特殊的政绩激励两方面的特征，一是官员自上而下的任免机制，二是以 GDP 为导向的政绩考核机制。相关的实证研究证

[①] 唐贤兴：《转型期公共政策的价值定位：政府公共管理中公共职能转换的方向和悖论》，载《管理世界》2004 年第 10 期。

[②] 周黎安：《中国地方政府官员的晋升锦标赛模式研究》，载《经济研究》2007 年第 7 期。

[③] 王永钦等：《中国的大国发展道路——论分权式改革的得失》，载《经济研究》2007 年第 1 期。

实了这一点，马斯金等（Maskin et al., 2000）[①] 的研究发现省级官员在中央委员会的席位与该省经济排名之间存在正相关关系；黄（Huang, 1998）[②] 对1978年以来中国官员体制的研究发现，中央对地方官员的治理通常包含着显性和隐性两个方面。显性治理往往通过可度量的经济发展指标来实现，而防止官员腐败和不忠等难以监控的事项则更多地依赖隐性治理。李和周（Li and Zhou, 2005）[③] 利用经验数据（1979~1995年）数据显示各省主要领导职位升迁与地方经济增长率正相关。基于这些研究，很多学者都认为以GDP为核心指标的政治晋升激励是理解中国经济持续增长和当前一些重大问题的线索。

以GDP为导向的政绩考核方式本身是一把双刃剑，一方面它推动着中国经济的长期而持续地高速增长，另一方面由于这种考核方式本身固有的一些缺陷，目前产生了一系列副作用，比如地区性行政垄断。王永钦等（2007）认为主要存在以下几个问题：政治组织中的激励与经济组织中的股东的偏好不同，经济组织往往追求单一的利润最大化，而政治组织特别是政治组织中的官员的偏好是不一样的；与委托人的异质性有关的是政治组织往往是多任务的，除了追求效率和经济增长之外，政治组织还要追求社会公正、收入平等、环境保护、公共服务等目标。这使得很难利用一个外部的充分统计量指标来对官员进行客观的评估。决定了政治组织与经济组织的最后一个区别，即在激励机制的设计方面，它会更多地使用相对绩效评估而非绝对绩效评估。由于上述的考核方式缺陷，以GDP为导向的政绩考核方式导致了一系列特殊的经济现象和问题，地区性行政垄断就是其中一种典型的经济现象。它存在着三种运行机制。

第一种是地方官员的政绩激励目标与市场自发运行目标的不相容。由于各个地区之间的先天性差异，或者由于改革后享受的政策差异性，任由地区之间自由竞争，可能会产生收益递增机制下的地区差距扩大，即穷的地方越来越穷，富的地方越来越富，从而地方政府的目标无法得到实现。于是，在预算软约束下，就出现了地方政府对市场竞争机制的干预或排斥，利用行政力量干预资源的配置，扶持一些具有收益递增机制的高新产业，往往造成了这些行业的重复建设和恶性竞争。从理论上说，如果当地的学习速度足够快，是有可能实现不发达地区对发达地区的赶超和实现地区间比较优势的逆转，退一步，即使不能实现对发达地区的赶超，当地也能够提升本地的经济独立能力，从而提高未来分享地区间分工收

[①] Maskin, E., Qian, Y. and Xu, C. *Incentives, Information, and Organizational Form. Review of Economic Studies*, 2000, 67, pp. 1359 – 1378.

[②] Huang, Y. *The Industrial Organization of Chinese Government*. Harvard Business School working paper 99 – 076, 1998.

[③] Li, H., Zhou, L. *Political turnover and economic performance: the incentive role of personnel control in China. Journal of Public Economics.* 2005. 89, pp. 1743 – 1762.

益时的谈判地位，获得更多地区间分工的利益。现实中，这些不发达地区对发达地区的赶超往往很难通过市场本身的检验，当企业缺乏竞争力甚至自生能力时，地方政府则有可能通过地方保护和市场分割来保护这些企业（陆铭等，2004）①。

第二种是由于自上而下的相对绩效考核将地方政府置身于激烈的竞争中，在制度软约束的情况下，由于囚徒困境诱发了地区之间相互拆台的地区性行政垄断行为。地方政府不仅有充分的激励和能力做有利于本地区经济发展的事情，而且也有同样的激励做不利于其竞争对手所在地区的事情，对于那些利己不利人的事情激励最充分，对那些利己又利人的合作则激励不足，比如对计划经济遗留下来的国有企业进行保护、采取非常规的手段如压低地价、违规减税来参与竞争等等。

第三种是在制度软约束条件下，一些地区采取地区性行政垄断在某次评估中胜出，该地区下次会继续采取地区性行政垄断措施，其他地区也会争相模仿，这种形式的地区性行政垄断是由于发现机制产生的。一是我国地方政府绩效评估中，各个地方政府通过绩效评估中的"进步学习"摸索到一条规律，那就是紧紧围绕 GDP 不放，只要抓住了这个就抓住了一切。违规批地、违规减税、干预银行运行，大肆攫取预算外收入，内生创造出大量流动性，地方政府通过直接投资或间接扶持来干预微观企业地运营。二是在绩效评估中，发现如果自身低绩效的方面是提高整体绩效的关键点的话，就会模仿已经成功获得高绩效的地方政府的行为（被称为"羊群效应"），从而提高自己的整体绩效，以便在地方政府竞争中、地方领导升迁竞争中取得有利地位。重复建设就是很好的例证。

3. 基于 GDP 导向政绩激励角度的实证检验

前文我们论证了 GDP 导向的政绩考核机制是地区性行政垄断产生的一个重要制度因素，虽然地区性行政垄断的危害很大，阻碍了商品和要素在全国范围内的自由流动，削弱了市场机制优化资源配置的有效性，不利于发挥地区比较优势和形成专业化分工，也不利于获得规模效益，往往导致重复建设、投资效率低下、地区经济结构趋同等问题，还是市场秩序无序竞争的主要根源之一。地区性行政垄断从改革以来长期而持续地存在，经历了八九十年代短暂的下降后，自 2000 年以来其程度愈演愈烈。那么地方政府为什么会采取地区性行政垄断？通过前文的分析，我们认为如果地区性行政垄断对地方政绩尤其是 GDP 的增长毫无帮助，就难以解释地方政府采取地区性行政垄断的动机。我们知道在分权条件下，地方政府的目标是多元化的，包括经济增长、就业稳定、税收收入最大化、寻租等，但经济增长的目标可能更为基本和持久，这是因为即便某些地区性行政垄断行为的目的是保持就业稳定和财政收入最大化，但是如果没有经济增长作为

---

① 陆铭等：《收益递增、发展战略与区域经济的分割》，载《经济研究》2004 年第 1 期。

支撑，保持就业稳定和财政收入最大化的目标也是无法实现的。

我们认为，在地方政府看来，一定程度的地区性行政垄断是有利于当地的经济增长的，也就是说，地区性行政垄断存在一个临界值，如果超过这个临界值，经济增长就会受到负面影响。

因此，我们提出假说：地区性行政垄断与经济增长呈现倒"U"形关系，即在地区性行政垄断程度较低时，提高地区性行政垄断的程度有利于当地的经济增长，而当地区性行政垄断程度较高时，提高地区性行政垄断的程度则会损害当地的经济增长。以下我们利用于良春、余东华（2009）[①] 构造的 1985~2006 年地区性行政垄断指数实证检验这一假说。

我们将采用一个基于巴罗（Barro，2000）[②] 经济增长的实证模型，并在此基础上增加了地区性行政垄断指数作为解释变量。这个模型的基本形式可以写作如下形式：

$$g_{it} = \alpha_0 + \alpha_1 \cdot gdp_{it-1} + \alpha_2 \cdot gdp2_{it-1} + \beta_1 \cdot monopoly_{it-1} + \beta_2 \cdot monopoly2_{it-1} + \gamma X_{it-1} + \mu_i + \varepsilon_{it}$$

其中：g_{it} 表示 i 省在 t 年的人均 GDP 增长率，monopoly 和 monopoly2 分别表示地区性行政垄断指数及其平方项，gdp 和 gdp2 分别表示人均 GDP 水平及其平方项，我们用这两个变量来考察不同地区之间是否存在"条件收敛"。μ_i 表示与特定省份相关的不可观测因素。ε_{it} 表示随机扰动项。

X 表示其他控制变量，包括：（1）k：人均资本。对资本数据的处理，我们采用 Keller 建议的方法，即首先将历年的固定资本形成额折算为 1985 年的不变价，然后估算 1985 年的资本存量，假设起始年份以前资本存量的常态增长率和实质的资本形成量平均增长率都为 g，因此 $K_{1985} = I_{1985}/(g + \delta)$。其中 g 以 1985~2006 年固定资本形成量的平均增长率代替，δ 为折旧率，我们设 $\delta = 5\%$。然后采用永续盘存法对各年的资本存量进行估算，那么，$K_t = (1 - \delta)K_{t-1} + I_t$，其中 $K_0 = K_{1985}$。然后使用估算后的资本存量数据与年底总人口的比例作为人均资本的指标；（2）l：人均劳动力，即从业人数占年底总人口的比重；（3）edu：人力资本，我们使用高等学校在校学生数占年底总人口的比重即人均受教育年限作为人力资本的指标；[③]（4）cpi：通货膨胀率；（5）open：进出口总额占 GDP 的比

[①] 于良春、余东华：《中国地区性行政垄断程度的测度研究》，载《经济研究》2009 年第 2 期。

[②] Barro, Robert J. *Inequality and Growth in a Panel of Countries*, *Journal of Economic Growth*, 2000, Springer, Vol. 5 (1), pp. 5 - 32, March.

[③] 文献中常常用滞后的入学率作为教育变量的代理。这通常是在没有人力资本的直接度量的情况下的替代处理方法，相比之下，人均教育水平是人力资本更为直接的度量。

重，即通常所说的外贸依存度。① 经济增长研究的理论基础是索罗—斯旺模型和拉姆齐模型，其经济增长的实质是人均意义上的经济增长（Barro et al.，1995）②，相应的，我们采用了人均的度量方法对解释变量中的资本、劳动力和教育这三个状态变量进行了度量。

上述数据中人均 GDP1992 年、1997～2006 年的原始数据源自于《中国统计年鉴》，并根据相应年份的 GDP 平减指数进行了平减；地区性行政垄断指数源自于良春、余东华（2009）③，其提供了 1985 年、1992 年、1997 年、2000～2006 年全国总体以及各地区地区性行政垄断指数数据，1998 年、1999 年的绩效类指标数据采用 1997 年和 2000 年的平均值，并根据制度类指标、结构类指标、行为类指标、绩效类指标的权重计算出 1998 年和 1999 年的全国总体以及各地区地区性行政垄断指数；其他变量的 1992 年、1997～2006 年的原始数据源自于《中国统计年鉴》，而 1985 年的原始数据源自于《新中国 55 年统计资料汇编》（中国统计出版社，2005）。样本中共有 28 个省、自治区、直辖市，其中四川省的数据不包含重庆。④ 海南、西藏、重庆以及港澳台地区没有被包括在样本内。⑤

利用（1）式的回归方程，表 8-2 是实证回归的结果。由方程（1）可知，当不包含控制变量 k、l、edu、cpi、open 时，我们最关心的系数 $\beta_1 = 0.836$，$\beta_2 = -0.614$，而且二者均在 5% 水平下显著。具体而言，地区性行政垄断的系数为正，而其平方项的系数为负。也就是说，由方程（1）可知，在地区性行政垄断程度较低时，提高地区性行政垄断的程度有利于当地的经济增长，而当地区性行政垄断程度较高时，提高地区性行政垄断的程度则会损害当地的经济增长。这就验证了前面提出的假说 1。对这一结果的可能解释是：在经济发展的早期，企业的规模小，本地的狭小市场就能够满足企业发展的需要，这时，提高地区性行政垄断程度是有利于本地企业发展的，从而也有利于本地的经济增长；但就今天的中国企业而言，特别是民营企业的规模不断壮大，对跨越省界的规模经济的要求势必加强，最终，民营企业会对地区性行政垄断行为说"不"。此时，若提高地区性

---

① 进出口数据经过当年人民币与美元的比价的中间价折算为人民币，折算时所使用的各年汇率取自相应年份的《中国统计年鉴》。

② Barro, Robert J & Mankiw, N Gregory & Sala-i-Martin, Xavier. *Capital Mobility in Neoclassical Models of Growth*. American Economic Review，American Economic Association，1995. Vol. 85（1），pp. 103 – 115，March.

③ 于良春、余东华：《中国地区性行政垄断程度的测度研究》，载《经济研究》2009 年第 2 期。

④ 按《新中国五十年统计资料汇编》的统计口径，历年四川的数据均剥离了重庆的成分，因此解释变量中四川的数据均为不包含重庆的统计数值。但被解释变量的四川省商品零售价格数据在 1996 年前包含了重庆。我们认为一个地区的商品零售价格不会由于其中的一小部分的剥离而有较大的变化，为了尽量提高样本容量，我们保留了这 11 个样本。

⑤ 为了与于良春、余东华（2009）的地区性行政垄断指数涉及的地区相匹配，我们剔除了西藏、海南、重庆以及港澳台地区。

行政垄断程度，就会导致企业"用脚投票"，这势必会损害本地的经济增长和经济发展。

表8-2　　　　　地区性行政垄断对经济增长的影响

	(1)	(2)	(3)	(4)	(5)	(6)
monopoly	0.836	0.848	0.816	0.808	0.714	0.652
	(2.48)**	(2.54)**	(2.40)**	(2.38)**	(2.13)**	(1.87)**
monopoly2	-0.614	-0.634	-0.608	-0.606	-0.554	-0.500
	(-2.07)**	(-2.16)**	(-2.03)**	(-2.03)**	(-1.88)*	(-1.64)*
k		0.067	0.068	0.058	0.076	0.072
		(2.86)***	(2.89)***	(2.36)**	(3.04)***	(2.85)***
l			0.021	0.024	0.022	0.025
			(0.5)	(0.57)	(0.54)	(0.61)
edu				0.854	0.515	0.540
				(1.35)	(0.82)	(0.850)
cpi					0.002	0.002
					(3.27)***	(3.33)***
open						-0.006
						(-0.66)
gdp	0.0000133	0.0000113	0.0000112	8.78e-06	0.0000107	0.0000115
	(5.01)***	(4.19)***	(4.08)***	(2.70)***	(3.27)	(3.28)
gdp2	-7.63e-10	-6.64e-10	-6.55e-10	-5.89e-10	-6.81e-10	-6.98e-10
	(-4.44)***	(-3.83)***	(-3.74)***	(-3.25)***	(-3.77)	(-3.82)
常数项	-0.204	-0.226	-0.227	-0.220	-0.439	-0.431
	(-2.12)**	(-2.37)**	(-2.37)**	(-2.30)**	(-0.438)***	(-3.70)
观察点	336	336	336	336	336	336
R-squared	0.082	0.104	0.105	0.110	0.138	0.139

注：(1) 括号中数值为 t 值；(2) ***、**、* 分别表示在1%、5%和10%水平上显著。

在方程(1)的基础上我们分别引入了控制变量 k、l、edu、cpi、open。在所有结果中，人均资本的系数都是正的，而且都很显著。而人均劳动力的系数都不太显著，这可能是因为中国长期以来存在着国有部门的富余劳动力和未进入就业统计的跨省流动的劳动力，使得劳动力的统计大大偏离实际的劳动力投入，导致劳动力的数据质量不高，造成度量的误差。人均受教育年限的符号虽然与预期一致，但是没有显著性。这可能是由于考察期内各省区的增长仍然主要依靠非熟练劳动力投入和物质资本积累推动；也可能是因为各省区人口或劳动中，高等学校在校学生数所占比重相差并不是很大。通货膨胀 cpi 的系数是正的，即 cpi 对于下一年的经济增长有正的影响，而且其系数都是高度显著的。经济开放的系数是负的，即经济开放不利于经济增长，这可能是因为随着经济开放度的不断提高，各地企业依托国际市场的巨大需求，而放弃国内市场规模的形成，也使得各地不按照比较优势进行分工合作，进而损害各地的经济增长。

我们还发现，在所有结果中，gdp 的系数均是正的，而其平方项 gdp2 的系数均是负的，而且这两个系数都是高度显著的。也就是说，经济发展水平与经济增长率之间呈现倒 U 形的关系，即人均 GDP 水平越高，经济增长率越低，经济发展水平的收敛越可能存在。这一结论验证了 β－收敛。β－收敛是指初期人均产出水平较低的经济系统趋于在人均产出增长率、人均资本增长率等人均项目上比初期人均产出水平较高的经济系统以更快的速度增长，即不同经济系统间的人均产出增长率与初始人均产出水平负相关。

三、政府职能、实现手段与地区性行政垄断

政府职能是指政府在一定时期内，根据国家和社会的发展需要而承担的职责和功能，分为政治职能、经济职能和社会公共管理职能。在我国经济发展中，地方政府既充当了裁判员又充当了运动员，或者说地方政府在做裁判员的同时急于想做运动员的事情。人们通常把地方政府这种采取的非常规竞争手段或者说经济职能不合理作为导致地区性行政垄断的主要原因。本节我们将在梳理西方国家政府经济职能演变脉络的同时，合理界定现代市场经济条件下中国地方政府经济职能的定位问题，并指出现有地方政府经济职能所面临的问题与地区性行政垄断之间的联系。

1. 西方国家地方政府经济职能的演变及启示

政府的经济职能作为政府职能的一个重要方面，指政府从社会经济生活的角度，履行对国民经济进行全局性的规划、协调、服务、监督的职能和功能，是为了达到一定目的而采取的组织和干预社会经济活动的方法、方式、手段的总称。西方国家对地方政府职能的认识的深度和广度也经历了一个长期的过程。重商主义时期，西方国家政府采取了全面的干预措施；随着资本主义的发展，西方国家开始崇尚和推动自由市场经济体制，政府较少干预市场机制的运转和企业的生产经营活动，政府在经济发展中仅仅充当"守夜人"角色，即保证国家的安全和维护社会的稳定，以及经营一些个人无力或不愿经营的公共设施和公共事业领域；大萧条宣告完全放任的自由市场经济的破产，20 世纪 30 年代到 60 年代这一时期，以凯恩斯主义为代表的政府干预思想主导着经济决策，政府不仅要在市场失灵的方面进行干预，在市场起作用的方面也要进行干预以防止市场失灵，政

府不仅要干预生产，还要干预分配以及维护公正。20世纪70年代的滞胀结束了凯恩斯时代，新自由主义分析了政府干预行为的有限性和政府失效的原因，要求限制甚至取消政府干预，要求政府退出公共服务领域，充分利用社会和市场的力量提供公共服务。20世纪90年代以来，无论是主张政府干预者还是主张政府撤退者都对自己的理论从理论和实证两个方面进行了反思。西方国家对政府经济职能的认识经历了一个由浅入深由窄到宽的螺旋式上升过程。张岩鸿根据政府介入经济生活的程度，将政府经济职能划分为四个层次：第一层次是"守夜人"职能，建立市场，制定适用于所有市场主体的规则；第二层次是宏观调控职能，通过市场参数间接调节市场主体行为；第三层次是政府管制职能，通过行政法规、命令直接干预市场主体行为；第四层次是直接管理与经营职能。这四个层次的政府职能逐步加深，层层深入[1]。

　　就地方政府而言，西方发达国家的政府职能主要体现在以下几个方面：一方面是指定中长期计划加强对经济发展的指导；二是运用财政、税收、金融、产业政策进行宏观调控；三是通过经济立法对微观经济主体各种行为进行规制；四是采取多种措施对"市场失灵"进行治理；五是积极主动地参与国民收入的初次分配与再分配；六是发展培训事业促进技术进步和管理水平的提升。

　　西方国家政府职能的演变为我们提供了可资借鉴的宝贵经验：一是要充分发挥市场在资源配置中的基础性作用，纠正客观存在的市场缺陷。一方面要求地方政府在梳理原有经济职能的基础上限制、削弱乃至返还给市场、企业或社会某些权利或职能，即放弃社会资源指令性计划配置和直接生产经营的权力，把属于企业的自主权切实还给企业，使企业真正成为自主经营、自负盈亏、自我约束的市场竞争主体；把市场调节的功能转移给市场，让市场在资源配置中起基础性作用；此外，可以充分发挥市场中介组织在监督和服务方面的作用。另一方面地方政府经济职能中又需要强化、拓展乃至增加某些职能，特别是宏观调控职能，提升政府能力，创造一个有利于市场机制良性运行和逐渐成熟的体制环境、政策环境和社会经济环境。二是强调政府在经济发展中的作用，但同时强调政府失灵仍有可能存在。强调政府在市场经济建立的阶段的重要，是以确保市场在经济运行机制中的基础性地位为前提的。政府行为在资源配置方面只能是市场机制的必要的补充者和引导者，否则会导致政府失灵。一方面政府行为要严格限制在市场出现缺位的经济活动领域，市场自己能做的事情尽可能让市场自己去完成，政府不要越俎代庖。另外一方面，政府要更多的培育、修复市场机制[2]。

---

[1] 石淑华：《行政性垄断的经济学分析》，社会科学文献出版社2006年版。
[2] 李大林：《西方发达国家地方政府职能变革及启示》，载《理论探讨》2007年第6期。

2. 中国地方政府经济职能的合理定位

政治集权经济分权体制下的地方政府承担着两方面的经济职能,一方面是要完成上级布置授权的职能事项,另一方面要完成辖区内公共管理比如基础设施、市政建设等事项。按照石淑华(2006)[①]的分析,地方政府的经济职能又可细化为四个方面。一是实行地方性宏观调控。贯彻中央政府调控的法律法规和行政命令,同时在服务于全国统一的宏观调控体系下,对地区经济按照既定的计划进行地区性调控。二是提供地方性公共物品和服务。比如基础设施建设、市政工程、教育等等。三是培育市场。包括建立现代企业制度,维护企业产权,培育市场中介组织,维护公平、合理、有序、开放和统一的市场竞争体系。四是科学管理国有资产,转变经营机制、推出竞争性领域、彻底明晰产权,从而实现国有资产的保值增值。

3. 中国地方政府的经济职能不合理与地区性行政垄断

(1)地方政府经济职能的越位:替代市场而非培育市场。中国目前尚处于由计划经济向市场经济转轨时期,市场经济体制还没有完全建立,市场主体还不够成熟,市场在资源配置中的基础性作用需要政府的培育和引导。而现实中,地方政府往往越俎代庖,地方政府不该介入的地方地方政府却过多的干预,出现了地方政府经济职能的"越位",介入了市场管辖的领域,损害竞争市场的效率,或者违背了市场经济的规律。这主要体现在以下几个方面:一是干预微观企业的运行以实现地方政府的利益,在投融资、贷款审批、税收优惠等方面偏袒国有企业,甚至一些大型的民营企业,"铁本事件"就是一个很好的例子。二是地方政府对市场的直接干预,如对土地市场的直接控制、干预银行的贷款投向和规模、甚至主动地参与市场投资充当市场中的竞争者等等。三是地方政府替代市场中介组织的作用,利用政府行为推动市场化。地方政府的越位在市场经济还未建立和刚刚建立的时候,确实推动着中国经济的高速增长,但市场化内在的高效率要求与地方政府职能之间的冲突越来越严重,严重制约着经济的进一步发展。

(2)地方政府职能的失位:地方政府本应当提供建设性公共产品和非建设性公共产品,可是在单纯追求 GDP 增长的扭曲激励,地方政府往往偏好建设性公共产品支出,而忽视了非建设性公共产品和服务的支出。典型的如人为降低资源环境和劳动力的使用成本,造成成本软约束。由于资源环境的使用成本过低,难以形成保护环境和节约资源的约束和激励,也就形成了地方政府社会性管制的软约束。我国劳动力市场的成本偏低主要表现在农村流向城市的农民工和其他"弱势群体",地方政府虽然有责任建立并维护这些弱势群体的基本工资保障、

---

① 石淑华:《行政性垄断的经济学分析》,社会科学文献出版社 2006 年版。

基本社会保障和工作安全保障，但出于吸引资本和发展经济的目的，地方政府却人为的降低这些"弱势群体"的基本工资、基本社会保障和安全保障，从而达到降低企业用工成本的目的。

（3）地方政府职能的错位：如在国有资产的管理中混淆了产权所有者与社会管理者的界限，没有形成有效的国有资产管理体制。往往处于地方政府领导或部门的利益，在企业投资、担保贷款、资产重组等方面照顾经营不善的国有企业，甚至在企业兼并重组中强行搞"拉郎配"或者强行向企业摊派地方政府的行政性支出。

四、区域协调机制缺失与地区性行政垄断

地区性行政垄断尤其是地方保护和市场分割是在一定条件下由政府竞争直接导致的一个问题，是地方政府利益诉求的扭曲表达。地区与地区之间的竞争促使双方只关心自己的利益，在成本允许的情况下，各地区不仅有激励做有利于本地区经济发展的事情，而且同样有激励做不利于其竞争对手所在地区的事情（如阻碍外地的产品进入本地市场）；对于那些利己不利人的事情激励最充分，而对于那些既利己又利人的"双赢"合作则激励不足。这就是地方保护、市场分割以及地区性行政垄断导致的重复建设恶性竞争等现象长期而持续存在的基本原因（周黎安，2004）[①]。实际上，西方国家比如美国一度地方保护主义也极为流行，但是通过州际协定有效地加强了对地方政府行为的外部约束和监督，通过立法和司法控制手段，收敛政府行为，消除地区间恶性竞争；同时州际协定改善了州际间公共事务管理，建立了地区间利益协调与合作的有效机制，促进地区间经济合作和谋求双赢。

如何协调地区间竞争，使竞争向良性有序的方向发展？应当建立一整套的多元化的协调机制。一个系统的地区间协调机制应当涵盖立法协调、执法协调、行政协调与市场协调四个层面以及一个信息资源共享的交流平台，由政府和市场共同推进。其中，立法协调、执法协调及行政协调应由政府推进。市场协调则由行业协会、商会等市场中介机构推进。政府在推进立法与执法协调方面要以法律为基础，在推进行政协调方面要以行政协议为基础。行业协会等中介机构在推进市场协调方面则以行业为代表、行业自律为基础（宣文俊，2008）。

以下我们将借鉴西方国家在地方政府竞争协调方面的经验，然后对比分析我

[①] 周黎安：《晋升博弈中政府官员的激励与合作——兼论我国地方保护主义和重复建设问题长期存在的原因》，载《经济研究》2004年第6期。

们国家在改革开放以来地区竞争协调合作机制方面所面临的问题,并指出,正是因为政府竞争协调机制的缺乏,地区性行政垄断是如何从政府竞争的框架里内生出来的。

1. 西方国家地方政府竞争协调机制的比较与借鉴

(1) 美国地方政府竞争协调的成功经验[①]。第一,立法协调。在美国处理州际关系具有宪法保障和司法制约。为限制州际壁垒,美国宪法授予国会在处理州际关系中具有优先权,即国会可以超越各州彼此对立和矛盾的法令,制定全国统一的法律。比如针对田纳西流域的协调开发,国会制定了《田纳西流域管理法》。同时在美国,州际协定在解决地区争端方面也发挥了重大的作用,所谓的州际协定指两个或两个以上的州为了解决跨州边界的争端或者更好的合作而签定的法律协定。由于美国宪法的充分保障以及本身具有的合同性质,州际协定的效力乃优先于成员州之前颁布的法规,甚至也优先于之后新制定的法规。州际协定对成员州及该州所有的公民和组织都具有约束力。

第二,执法协调。针对《田纳西流域管理法》这种国会制定的统一法律,依法成立了田纳西流域管理局。依靠有效的机构沟通区域内各行政主体的意见,推动自然资源的统一开发和有效管理。州际协定争端的解决办法是:一是司法解决,当州际协定产生的州际机关起诉一般公民的时候,行使司法管辖权的条件由州际协定本身规定,如果没有相关规定的,准用涉及其他州政府机关的起诉程序,即使州际协定没有专门规定甚至否决通过司法程序解决争端,各成员州还是有权向联邦最高法院提起诉讼。二是依靠非政府专业组织作为独立第三方的调解。从20世纪20年代开始,调解和仲裁在处理州际协定履行争端上开始广泛运用,州际协定都将聘请独立第三方进行调解作为解决争端的一种主要形式,如非政府专业组织。

第三,行政协调。美国是世界上用行政协议进行区域协调较为成功的国家,指的是由政府的行政部门通过签定行政协议的方法作为磋商沟通的一种机制。

(2) 欧盟国家的政府竞争协调机制经验的借鉴。第一,多层次、网络状况治理的区域协调体系。纵向上形成了超越国家、国家、地区多个层级的区域协调体系,并实现了各个层次的权利平衡和利益表达机制的畅通。横向上公共部门、私营机构与第三部门合力运作,区域间组织、银行、利益集团、政党、公共舆论形成了几股重要的力量。

第二,多管齐下的协调手段。欧盟国家的竞争协调是有法可依的,它奠基于

---

① 有关美国区域竞争协调合作经验参考并整理了宣文俊:《长江三角洲区域协调的重大体制与机制的创新》,载《上海经济研究》2008年第11期。

宪政和相关的法律条文上。欧盟国家通过各种精细的扶持基金等经济手段来平衡区域国家发展。欧盟国家区域协调的成功还在于一套规范的行政调控手段，严格按照政府间关系的法理尺度，很少出现中央政府或上级政府越权干预的现象，他们习惯采用自下而上的结构改革而非自上而下的行政区划调整来协调区域经济活动。

2. 中国地方政府竞争协调机制的回顾与问题

中国地方政府竞争协调合作机制的回顾[①]。第一，出台一系列政策规定鼓励开展区域合作。改革开放初期的1979年，国务院提出了区域合作的16字方针："扬长避短、发挥优势、坚持自愿、组织联合"。1980年制定了《关于推动经济联合的暂行规定》。1984年《中共关于经济体制改革的决定》明确指出："经济比较发达地区和比较不发达地区都要打破封锁，打开门户"。1986年，国务院在《关于进一步推动横向经济联合若干问题的决定》中指出，横向经济联合促进了商品连通和社会主义统一市场的形成，是对条块分割、地区封锁的有力冲击。1990年国务院又提出《关于打破地区间市场封锁进一步搞活流通的通知》，对区域经济合作及其利益予以规范。1992年党的"十二大"明确提出经济体制改革的目标是建立社会主义市场经济体制。2003年党的十六届三中全会做出了"中共中央关于完善社会主义市场经济体制若干问题的决定"。这一系列有关社会主义市场经济体制改革的文件，都对开展区域经济合作提供了有利的政策保障。

第二，通过编制计划和规划引导区域合作。国家从"六五"计划开始，就把地区经济技术协作纳入计划指导的范围。对于不需要国家综合平衡的经济联合、技术协作和物资协作的项目，则由各省、自治区、直辖市或地、市、县按照管理权限，由地方管理，其协作计划的管理范围和办法由各地根据具体情况而定。为支持地区间、地区与部门间建设横向联合项目。各类不同区域层次的区域合作规划在国家指导下相继制定和出台。

第三，发展区域合作组织及制度的作用。改革以来，为了促进不同空间层次的区域合作，各种类型的区域合作组织不断涌现，其中最为普遍的是成立经济协调会、经济协作区，建立联席会议制度，比如西南六省区市七方经济协调会、西北五省区经济协调会等等。根据相关统计，从20世纪80年代到90年代中期，全国范围内成立了100多个区域合作组织，许多组织一直延续至今。有的区域合作组织还成立了专门的常设机构，建立联络处和相应的组织制度，负责协作区日常组织协调工作。从国家层面看，在1998年机构改革前，原国家计委国土地区司专门负责全国的地区经济和工作，组织协调各地编制了诸多协作区规划、建立

---

① 汪阳江：《改革开放以来我国区域协调合作机制回顾与展望》，载《宏观经济管理》2009年第2期。

全国区域合作网络，召开经济合作会议等。

第四，长三角地区区域竞争协调合作的进程①。1992 年之前长三角地区的经济合作协调一直是由中央政府推动的，80 年代初为了打破地方市场分割，中央政府提出了地区经济联合的思路。1980 年国务院发出了《关于推动经济联合的暂行规定》，1981 年全国人大五届五次会议进一步提出了充分发挥城市的中心作用，逐步形成了以城市特别是大中城市为依托的、不同规模的开放式、网络式的经济区。1982 年国务院成立了上海市经济区规划办公室，并由原国家经贸委牵头试图构建以上海为中心的长江三角洲经济圈。这是国内首次通过依托大城市，力图大批条块分割、地区封锁，建立跨省市综合性经济区的尝试。但到 1988 年国家计委撤销上海经济区规划办公室，并同年宣告上海经济区解散。地方利益的出现极其复杂的竞争是长三角经济圈第一次试验失败的主要原因。90 年代以来，长三角区域一体化进程加速，长三角经济合作出现了一个明显变化，即地方政府开始主动介入推动区域合作。1992 年长三角 14 个城市组建了"城市协作主任联席会"，1998 年这 15 个城市成立了长三角城市经济协调会，并每年召开一次会议，在许多方面展开了有效地合作，但面临的问题依然不少，地区间恶性竞争依然不减，城市政府"议而不决，决而不行"问题突出。

3. 中国地方政府竞争协调合作所面临的问题

（1）缺乏中央政府的全面参与和宏观层面的总体指导，立法协调和执法协调不一致。我国的区域合作在新的市场经济形势下要求国家统一协调的呼声越来越大，如金融体制的市场分割，异地贷款受到严格限制等。地区主体利益不一致导致地方性形形色色的保护主义，立法、执法各自为政，严重影响了区域协调发展。缺乏中央层面的统筹区域协调发展的最高法律，各地方立法不得与之相冲突。同时成立专门的执法机构，实现行政执法地联动。

（2）地方政府之间缔结行政协议的制度化、法制化建设程度不高，行政协调不力。一是在我国行政协议的法律地位尚没有相应的法律定位。我国宪法仅是承认了地方政府之间有权缔结行政协议，但对行政协议的目的与效力、行政协议的责任条款，包括约束和纠纷解决机制、行政协议的主体构成及法律地位、行政协议缔结形式及实体内容以及对行政协议的完善和评价机制等，都没有以法律制度化的形式加以明确，二是没有确定行政协议的范围问题。三是行政协议的协调机制不明确。行政协调的本质和核心就在于利益协调，协调行政分割和地方利益。行政协议中应当考虑必要的激励和利益补偿机制，在税收和财政政策等方面给予激励和引导。

---

① 李广斌等：《由冲突到合作：长江三角洲区域协调路径思考》，载《江淮论坛》2008 年第 4 期。

（3）区域合作的市场中介组织体系还不够完善，没有充分发挥市场协调的作用。在发达国家，通过市场中介组织比如行业协会协调地区之间的竞争是一种普遍现象，市场中介组织由于其本身具有的非官方性，可以不受行政区划的限制，最能够代表市场的需求和符合市场经济发展的趋势。市场中介组织的诸多优势在我们国家却一直没有发挥出来，面临的问题主要有：市场中介组织的法律地位没有得到确立；同时市场中介组织自身的独立性差，覆盖面窄，公信力不足。

五、增长型政府竞争框架下的地区性行政垄断形成

在上一节中，我们从竞争制度设计的不合理、竞争目标与考核方式的缺陷、竞争手段与政府职能错位和竞争协调机制缺失等政府竞争的四个方面分别论述了地区性行政垄断的形成与加剧。为了更加系统全面的探讨地区性行政垄断的形成机制并据此提出有针对性的政策建议，我们在本节中通过回顾和分析我国改革开放以来的市场化改革历程，提出了增长型政府竞争的分析框架，并在此框架下对包括地区性行政垄断在内的诸多现象的形成和加剧进行了较为深入的分析，在此基础上，提出了减轻和消除地区性行政垄断，继续推进市场化改革深入进行的"三步走"渐进系统性政策建议。

1. 次优理论、法治缺失与政府主导市场化

中国的市场化改革最显著的特征就是政府主导，然而问题是为什么不在一开始的时候就按照"华盛顿共识"所提出的方案直接将企业和生产要素私有化，从而一步到位实现市场主导呢？这源于"华盛顿共识"所提出的一揽子方案实际上是建立在一系列非常严格的假设条件基础之上的（尽管它并没有明确地指出来），这其中最为主要的一个就是实行这些方案的国家的法治必须是完善或接近于完善的，从而在实行了私有化和自由化之后，可以以非常低的成本来约束市场主体的行为，使其通过正常规范的市场竞争来实现成本的降低。从而推动整个经济向前发展。然而当时的现实是，面临改革任务的中国却并不存在一个完善的法治环境，甚至不存在起码的法治意识，一旦实行了私有化和自由化，用来约束微观市场主体的成本将大到不可实行，以至于微观市场主体不是采取降低成本而是采取寻租、裙带关系甚至是暴力来达到聚敛财富的目的，经济将陷入严重混乱甚至是崩溃的地步。

根据次优理论，如果一般均衡体系中存在着某些情况，使得帕累托最优的某个条件遭到破坏，那么即使其他所有的帕累托最优条件都得到满足，结果也未必是令人满意的，换句话说，假设帕累托最优所要求的一系列条件中有某些条件没有得到满足，那么，帕累托最优状态只有在清除了所有这些得不到满足的条件之

后才能达到①。也就是说，由于不存在一个完善的法治环境，即使完全按照"华盛顿共识"的要求来实行私有化和自由化，其结果可能不如不实行私有化和自由化来得好，俄罗斯的转轨道路就是一个例证。因此，次优理论为政府主导的市场经济出现提供了某种可能性，但这种可能性能否变成现实则取决于在缺乏完善的法治环境下，规范政府主导的市场经济与规范市场主导的市场经济的成本的大小。显然，规范微观市场主体的经济行为在拥有十几亿人口而且法治缺失的中国是不现实的，但规范政府的行为则相对来说容易得多。首先，中国存在一个层级严密、组织规范、动员能力极强政府体系，中央政府牢牢掌握着地方政府官员的任免权，地方层级的政府又确立了下管一级的干部管理体制，并且每一级都实行严格的行政首长负责制，党委成为最高的行政首长，这种严格的层级设置部分替代了法治的权威性；其次，中国 M 型的层级政府体系使各个地方政府可以围绕上级政府所制订的某个目标展开竞争，从而既可以复制市场经济的竞争特性，又可以较好的控制政府的行为取向，从而使实现既定目标的效率大大提高；最后，在中国，官员的在位于不在位存在重大差别，这种重大差别所造成的负向激励使地方政府官员机会主义行为的机会成本大大提高，这无形当中部分的替代了法治的约束作用。以上三点实际上将法治与市场经济的制度特性有机的融合在一起，既取得了比中央集权性质下的计划经济更高的效率，又取得了比法治缺失环境下的市场经济更好的秩序，从而使地方政府主导的市场经济成为法治缺失条件下大国转轨的一个次优选择。

显然，保持中央集权性质下的地方分权，并使 M 型的层级政府之间形成有效的政府竞争是法治缺失的中国迈向市场化的一种极好的过渡机制。在这种过渡机制中，有三点是非常关键的：第一，中央政府的集权。只有保持中央政府的集权性质，才能有效地约束地方政府由于制度（特别是法治）缺失诱发的种种机会主义行为，将市场化所带来的不确定性因素降至最小；第二，M 型的政府层级设置，这种形式的政府架构可以模拟一个类似市场竞争的机制，在下管一级和行政首长负责制的干部管理体制下，可以促使处于同一层级的地方政府之间为了某一个上级政府的目标而形成激烈的竞争，将类似市场竞争的效率作用发挥到最大；第三，也是最重要的，这种安排的过渡性质。这涉及两个方面的问题，一是由中央政府的集权控制向法治的过渡，因为中央集权控制得好与坏取决于控制的人，中国改革开放三十年来能够走得比较好是幸运的，因为我们有一个好的中央

---

① 一般来说，次优理论的含义是：假设达到帕累托最优状态需要满足十个假设条件，如果这些条件中至少有一个不能得到满足，即被破坏掉了，那么，满足全部剩下来的九个条件而得到次优状态，未必比满足剩下来的九个条件中一部分（如满足四个或五个）而得到的次优状态更加接近于十个条件都得到满足的帕累托最优状态。

政府，但一旦控制中央政府的人变"坏"了，中国也将随之变"坏"，法治则不同，它不会随着执政者的改变而改变，相反，还会有效约束执政者"坏"的行为。当然，前提是制定法律必须要体现大部分人的利益，也就是法律必须是好的；二是地方政府主导的市场经济向保持距离型的市场经济的过渡，在后一种经济中，政府权力将远离社会经济生活，微观市场主体遵照正常的市场秩序进行竞争，整个经济平稳有序向前发展。实际上，这第三点不仅是最重要的，而且也是中国当前和以后很长一段时间要面临和解决的最困难的问题。那么，这一问题的困难性到底在哪里，下面我们就集中对其进行分析。

2. 政府主导市场化、增长型政府竞争及其悖论

上文中，我们分析了地方政府主导的市场经济作为缺少法治条件下大国转轨的一条次优路径要优于缺乏法治条件下直接实行私有化和自由化，这就意味着中国实际上是在保持中央集权的情况下向地方分权，即将企业和生产要素所有权下放给地方政府，同时保持中央政府对地方政府官员的监督和人事任免权，那么下一步就是如何让这些拥有企业和生产要素所有权的地方政府展开有效竞争了。但是问题是在改革开放之初，中国财政无论是中央政府还是地方政府都处于非常紧张的状态，这种财政紧张状况无法保证政府完成其必要的职责并开展有效的竞争，因此，中央政府的首要目标就是要改善政府的财政状况，并促使地方政府之间展开竞争。

（1）财政包干、行政分权与政府竞争格局的形成（1978~1993年）。为了提高地方政府增加财政收入的积极性，中央政府在这一段时期实行了财政包干制，即中央政府与省级政府签订财政合约，明确省级政府向中央政府上交一定数量或比重的收入，或者从中央那里获得一定数量或比重的补贴，其余的财政收入留在省内。在实行财政包干制的同时，中央政府还实行了行政性分权，将大量的国有企业下放给省、市、县级层次的地方政府，到1985年，在乡镇或乡镇以上的企业的工业总产值中，由中央政府控制的国有企业的创造的仅占20%，省市政府控制的企业占45%，县政府控制的占35%（Qian and Xu, 1993）[1]，同时，地方政府还对本地银行拥有相当的影响力，可以直接从银行贷款以发展或补贴国有或乡镇企业。这样，财政包干制下的财政收入刺激以及地方政府手中掌握的资源使地方政府兴办企业的积极性高涨，再加上转型初期传统计划经济消费品短缺、潜在需求巨大，消费品价格相对过高以及价格双轨制使得工业投资的风险较低，各级地方政府纷纷投资于各种类型的消费品工业，这样，制造各种消费品的

---

[1] Qian, Y, and C. Xu. Why China's Economic Reforms Differ: the M-Form Hierarchy and Entry/Expansions of the non-State Sector. Economics of Transition. 1993. 1: 135 – 170.

原料就会供应不足,于是就出现了各地方政府为了"找米下锅"而发生的"原材料大战",这表明政府竞争的雏形已经开始形成。

这一时期,各地方政府的财政收入增长迅速,各区域内工业化进程在地方政府的推动下突飞猛进,地方政府不仅掌握了大量的国有企业,生产资源,而且其自身可支配的财力也使其有能力作为单独的利益主体参与到政府竞争中来。应该说,这一时期是政府竞争格局的形成时期,各地方政府开始拥有自己的独立利益,但这却威胁到有效政府竞争所需要的中央政府集权这一要件,主要表现为"两个比重的下降",即政府财政收入占全国 GDP 比重的下降和中央财政收入占全部财政收入比重的下降①。所以,这一时期的政府竞争混乱而无序,各种明目张胆的地方保护和市场分割行为层出不穷②,为了建立一个良好的政府竞争秩序,中央政府需要进一步加强中央集权,主要表现为 1994 年之后经济上通过分税制改革以上收财权和通过金融业改革以硬化地方政府预算约束,政治上通过加强以 GDP 增长为核心的政绩考核以提高政府竞争的效率。

(2) 加强中央集权、区域市场化与地区性行政垄断(1994 ~   )。为了建立一个有序的政府竞争格局,中央政府在 1994 年之后开始加强中央集权。由于分税制设置了中央税、地方税以及中央地方共享税,因而其实行大大改变了政府持有企业所有权的偏好,而且明显弱化了企业和地方财政收入之间的关系。另外,分税制改革主要是上收了地方政府的财政收入权,但财政支出权却并没有多大的改变,这样,地方政府就面临极大的财政支出压力,同时,中央政府又改革了金融体系,使地方政府对本地银行分行施加压力的能力,以及向本地国有企业和乡镇企业提供信贷的能力受到越来越大的限制,再加上竞争日益激烈的市场环境下国有企业和乡镇企业的效率低下,日益成为地方政府的财政负担,这样,地方政府为了摆脱财政困局,率先走上了国企改革的市场化道路,截止到 2000 年 6 月低,在全国范围内,76% 的小型国有企业已经历了某种形式的企业改制,包括重组、出售、租赁和合资,同时,原来风光一时的乡镇企业也面临着同国有企业相同的压力,开始了大规模的私有化过程,这样,分税制改革使得地方政府面临的预算约束硬化,从而开始走上了区域市场化的道路(Qian and Roland, 1998)③。

另外,中央政府为了使地方政府竞争更加有效,开始加强了对地方政府官员的政绩考核,以 GDP 增长为中心的地方政府官员政绩考核成为政府竞争得以有

---

① 到 1993 年,两者的比重分别为 12.6% 和 22%。

② 我们认为,这一时期的地方保护和市场分割还不能算完全意义上的地区行政性垄断,因为这一时期并不存在一个真正意义上的市场,从而也就不存在政府的行政权力对市场进行限制和排斥。

③ Qian, Yingyi and Gérard Roland. Federalism and the Soft Budget Constraint, American Economic Review, December, 1998. 88 (5), pp. 1143 – 1162.

效运行的关键（周黎安，2007）①。为了扩大税基和促进经济增长，地方政府开始关注吸引投资，尤其是来自海外制造业的投资，由于这些外来资金的流动性较强，这就迫使地方政府必须付出努力来改善基础设施投资并设立各种各样的投资优惠政策来吸引稀缺的外来资本。实际上，地方政府在这一时期已经越来越不能直接投资于生产性领域，而将主要精力放在了改善区域内生产性基础设施的投资上，这直接导致了涉及地方公共利益的公共产品提供的不足。同时由于地方政府手中依然掌握着大量的生产资源，它们便展开了各种优惠政策的大战，低地价甚至零地价成为政府间争夺资本的常用策略，另外由于区域内企业发展，区域经济增长和地方政府官员考核息息相关，地方政府开始对区域内的非国有企业实行保护性政策，而对来自区域外的企业实行歧视性政策，这样，预算软约束在新的时期扩大到非国有企业上面来，政府权力渗透到社会生活的方方面面，地区性行政垄断作为政府主导的市场化进程的伴生物成为进一步推进市场化的最大障碍。

（3）晋升锦标赛、分权与增长型政府竞争。由上面的论述可知，在法治缺失的大国转轨过程中，由政府主导市场化进程可以将法治约束和市场竞争的制度特性有机结合在一起，由此而形成的政府竞争已经远远不同于西方公共经济学中经典的蒂伯特意义上的公共财政式的政府竞争，也不符合钱颖一意义上的维护市场型的财政联邦主义的第二代政府竞争理论，因为中国的政府竞争并不是市场维护性的，而是政府与市场混合型的，市场是为政府服务的，有利于政府利益的市场化行为，政府会加以维护，比如国有企业和乡镇企业的民营化，不利于政府利益的市场化行为，政府就会加以限制，比如区域内资源的流失和区域外产品的竞争，这就是典型的地区性行政垄断行为，实际上，即使在国有企业和乡镇企业民营化这种典型的市场化行为中，也掺杂着地方政府行政权力的烙印，在这里，引用谢淑丽（Susan Shirk）的话来说就是，"虽然地方官员都表白拥护市场改革，但他们心目中的改革事实上是把混合型、部分改革的体制永恒化，而非真正的市场经济"（Shirk，1993）②。从这个角度讲，周黎安所提出的以 GDP 增长为核心的政绩考核下所形成的政治晋升锦标赛模型似乎更加符合中国目前的现实情况，在中国政府主导的市场化过程中，政治永远都是理解经济问题的一个有效甚至是最重要的角度，然而，这种政治锦标赛的模型虽然有助于理解问题，但是却缺少一个可以深入分析问题并提出有效政策建议的框架，简单来说，它缺少一个作用机制的分析，我们知道问题肯定是由它产生的，但我们不知道是如何产生的，就像我们知道物体是由原子构成的，但关键是如何构成的，发现原子固然很重要，

---

① 周黎安：《中国地方政府官员的晋升锦标赛模式研究》，载《经济研究》2007 年第 7 期。
② Shirk, S. L. *The Political Logic of Economic Reform in China*, Berkeley, University of California Press 1993.

但我们不能仅仅停留在这一层面上,实际上,后面的路更长更艰难。

为了能够建立一个深入分析问题的框架,我们认为有必要提出一个新的概念,这就是"增长型政府竞争"。实际上,改革伊始中国就致力于建立一个能够将法治和市场竞争的制度特性结合在一起的政府竞争,这种政府竞争一方面要求中央政府通过集权来保证类似于法治的权威性,另一方面要求地方政府通过掌握一定的资源参与到竞争活动当中,从而取得类似于市场竞争的效率来。目前来看,前一个方面主要就是通过周黎安所提出的以经济增长为核心的政治锦标赛来实现的,其构成了增长型政府竞争的动力机制(效用函数),后一个方面则是通过财政分权、行政性分权等使地方政府掌握有一定的财政资源、生产性资源以及制度资源等来实现的,其构成了增长型政府竞争的约束机制(策略选择集),只有将动力机制和约束机制放到统一的框架下进行分析才能真正了解当前中国所取得成就和出现问题的原因,也才能提出解决问题的有效的可行的政策建议来。

(4)增长型政府竞争悖论:市场化与地区性行政垄断。实际上,增长型政府竞争作为中国政府主导市场化进程当中的策略性安排,存在着一个悖论:政府同时成为市场化的推动者和阻碍者。一方面,增长型政府竞争促使地方政府在政绩考核和政府竞争的压力下积极寻求制度创新,极大地推动了中国的市场化进程,中国近年来发生的国有企业的民营化改革和非国有经济的迅猛发展就是明证;另一方面,保证地方政府有效参与竞争的各种资源所形成的预算和制度软约束又使地方政府能够不断的干预市场的正常运行,进而形成了市场化继续前进和发展的巨大障碍,典型的如地方政府扭曲要素价格,破坏正常的市场竞争秩序以及实行地方保护和市场分割等等。要消除地区性行政垄断,继续推进市场化改革,就必须深入分析地区性行政垄断产生的原因和机制,根据原因和机制提出有针对性的政策建议,从而打破增长型政府竞争的桎梏,推动政府主导的市场化进程更快更好地发展,并最终实现法治和保持距离型的政府与市场关系的制度变革目标,而这也正是我们提出增长型政府竞争这一框架的目的所在。

3. 增长型政府竞争、地区性行政垄断与分割的准市场经济

通过上文的论述,我们知道增长型政府竞争作为一个完整的分析框架需要同时包括动力机制和约束机制,实际上,作为动力机制的以经济增长为核心的政治晋升锦标赛是一个全国统一的制度安排,其在各个参与竞争的地方政府看来是没有太大区别的,但为什么各地方政府面对同一个制度安排会做出不同的反应,这就要归结于约束机制,不同的约束机制面对同一个动力机制其反应肯定是不同的,而这才是我们应该真正关注的问题,也只有关注这一问题,才能理解我国的市场化现状并提出针对这一现状的有效可行的政策建议来。

(1)地方政府约束机制的分析。第一,地方政府所面对的制度共生性约束

条件。虽然这一节一开始强调了地方政府所面临的约束机制的不同，但作为增长型政府竞争这一统一制度安排下的各地方政府，总会面临该制度本身所定义的共同的约束条件，我们把这些约束条件称为制度共生性约束条件，其主要包括：

首先，地方政府官员对地方行政首长负责，整个地方政府对上级政府负责，地方政府主要受上级政府的约束，而来自同级的地方人大和来自其管辖居民的约束比较弱。这与上级地方政府完全控制人事任免权是直接相关的，一方面，上级政府完全控制人事任免权是为了能够有效约束地方政府的行为，另一方面，地方人大和辖区居民不能控制地方政府官员的人事任免权又使地方政府受到的来自其他方面的约束太少，这就进一步要求上级政府加强对地方政府官员人事任免权的控制。更重要的是，由于上级地方政府并不是地方政府行为的当事人，也就是说相对于地方人大和辖区居民，上级政府处于信息劣势，其只能通过设计一个有效的绩效考核机制来约束地方政府的机会主义行为，到目前为止，这种有效的政绩考核机制就是以经济增长为核心政治晋升锦标赛，因为对增长的强调强迫地方政府不得不去做大蛋糕，而来自其他同级政府也努力做大蛋糕的竞争，就给地方政府制造了一种寻求以最有效率的途径做大蛋糕的巨大压力，那么地方政府各种有损于做大蛋糕的机会主义行为就会在无形当中被减到最小。但是这里问题的关键在于为什么不将人事任免权交给地方人大和辖区居民，这根源于第一节中所提到的法治缺失环境下中国所选择的政府主导的市场化改革这一次优路径。在这一路径安排下，由于地方政府掌握有大量的资源，地方人大和辖区居民显然处于弱势地位，在缺少法治的环境下，一旦失去了中央政府控制人事任免权这一关键性约束，其后果甚至坏于直接实行私有化和自由化，此外，在没有法治约束的环境下，地方政府也会利用手中所掌握的权力和资源进行寻租，出现地方政府官员被利益集团俘获，腐败泛滥从而最终威胁到政权稳定。而在中央政府掌握人事任免权的情况下，只要中央政府是好的，这种控制人事任免权的约束就是有效的，因为好的人治实际上就是法治的一种部分替代，而法治本质上则是要将好的人治制度化、永恒化，从而既延续了好的人治的有效约束，又避免了人治所具有的寿命有限性这一不足。

其次，地方政府掌握着重要的财政资源，生产性资源和制度性资源，这是地方政府能够有效地参与到竞争中来所必需的。虽然中央政府通过分税制改革上收了地方政府的部分财权但各地方政府仍然保留着一定的财权，并且中央政府为了保证地方政府必要的财政支出，还会通过转移支付制度将上收上来的财政收入重新返还给地方政府，更重要的，由于地方政府手中还掌握着大量的生产性资源和制度性资源，其可以自行创造大量的体制外收入以弥补财政收入的不足；地方政府除了有可供自己支配的财政收入外，还掌握着一些重要生产性资源，典型的如土地，这些生产性资源是地方政府参与竞争的有效手段，既可以直接用来投入生产，更可以用来吸引外来资本以促进本地经济增长；除了土地之外，虽然中央政府通过金融体系改革已经大大削弱了地方政府对地方金融体系的控制力，但只要这些金融部门仍然留在本地，地方政府就可以通过多种途径对其施加影响，从而引导资本流向地方政府支持的行业和企业；另外，地方政府还掌握着制度性资源，这些制度资源主要就是中央政府赋予地方政府的某些优惠政策的实施权，这些优惠政策作为特殊的资源对于一地区经济的迅速发展具有重要意义，例如改革开放之初设立的经济特区、开发区等就是制度资源的典型代表，除了中央政府赋予的特殊政策之外，地方政府还被鼓励积极进行制度学习，制度试验和制度创新，应该说，我国市场化的迅速推进在很大程度上就得益于地方政府自身的制度创新。

最后，地方政府所面临的异质性约束条件。地方政府所面临的约束条件的差异最终导致了作为政府主导市场化策略性制度安排的增长型政府竞争伴生出了地区性行政垄断，并成为进一步推进市场化的最大障碍。下面，我们就来具体地分析各地区所面临的约束条件的异质性。

在上文中，虽然我们指出了各地方政府面对的一些共同的制度共生性约束条件，但是这些约束条件对于不同的地方政府是存在程度上的差异的，这就构成了各地方政府第一层次意义上的异质性。

首先，来自辖区居民约束的有限异质性与增长型政府竞争对法治的部分替代。虽然各地区的辖区居民对于地方政府的约束是相对弱化的，但约束始终还是存在的，并且由于各地区经济结构和辖区居民构成的不同，这种约束在不同的地区会表现出的一定的差异性。在一些工商业、教育比较发达的地区，辖区居民异质性大，而且手中都掌握有大量的资源，他们可以运用手中的资源来维护自身的权益，从而就在一定程度上限制了地方政府的一些机会主义行为，在这些地区，地方政府往往会表现出一定的公共利益代表性；在一些工商业不是很发达，经济结构存在较大的差异性的地区，一部分具有较大同质性的居民手中掌握着大量资源，这些居民可以运用手中的资源来影响地方政府以维护这些特殊利益集团的利益，而这种利益的维护往往是以损害其他利益集团的利益为代价的，这些地区的地方政府往往会在某种程度上被这些强势的利益集团所俘获，在一定程度上成为这些利益集团的代表者；最后，在一些农业大省，辖区内居民所掌握的资源都很有限，因而并不能通过有效的途径来影响地方政府，地方政府成为唯一的强势者，机会主义行为大行其道，这样的地方政府往往表现出一定的"利维坦"特性。但是，这三种类型的地方政府所表现出来的差异性毕竟是有限的，因为真正掌握地方政府官员命运的是上级和中央政府，一旦其自身的行为危害到经济增长这一大局时，其就会立即纠正自己的行为，这就决定了这些政府由于辖区经济结构和居民构成的不同造成的约束不同而表现出的利益代表性的差异是有限度的，一方面，其不会真正成为辖区居民的公共利益的代表，另一方面，其也不会因为某些利益集团和自身的特殊利益而过度的使用机会主义行为，这就是增长型政府竞争对政府行为所产生的特殊约束，因而我们在上文说其部分的替代了法治的作用。

其次，地方政府所掌握资源的巨大异质性及导致异质性持续扩大的三个"马太效应"。首先，在中国目前的分税制体制下，各地方政府所掌握的财政资源存在巨大的差异。这种差异主要表现在以下三个方面：第一，各地方政府经济发展水平的不同造成了税源的不同，发达地区的税源好，所获的财政收入自然多，相反，落后地区的财政收入则较为拮据；第二，本着地区均衡化目标设计的中央政府的转移支付制度反而加剧了区域之间财政资源的不均等性，这是因为在中央政府的转移支付中有很大一块是用于税收返还的，这就意味着发达地区所获的税收返还要远远多于落后地区，根据马拴友等（2003）①的研究，在1998~2001年间，税收返还占转移支付总额的比重平均达62.1%，各种专项拨款占20.1%，而过渡期转移支付包括对民族地区的转移支付平均只占1.3%，这意味着转移支付的80%以上是扩大地区差距的；第三，体制外收入的差异，由于分税制使地方政府可支配的财政收入大大减少，但其支出责任不降反升，再加上地方政府还要为区域经济增长助力，因而仅靠有限的预算内外收入和中央政府的转移支付已经远远不能满足地方政府的支出需要，因而开发各种体制外收入便成为地方政府的重要任务，在中西部经济不发达地区，由于其可以开发的收入源较少，地方政府只能依靠增加农业税和农业提留以及对农民的集资收费来解决，但过重的负担往往会引起农民的不满，再加上国家在2002年进行了全国农村税费改革，地方政府可以获得的体制外收入更是大大减少，而在东部的发达地区，地方政府得益于快速的城市化进程，可以从土地开发和土地转让中获得丰厚收入，这种制度外收入甚至超过了地方政府的规范收入，成为地方政府完成支出责任和推动经济增长的重要工具。正是以上这三点造成了各地方政府所掌握的财政资源的极大不均；其次，对地方政府所具有的生产性资源需求不均。虽然各地方政府都掌握着相当数量的生产性资源，但是由于经济发展水平和投资环境的差异，有些地区的生产性资源供不应求，而有些地区的生产性资源有供给但没需求，作为生产性资源，其不投入生产对经济发展就毫无用处，因此，各地方政府生产性资源的使用不均也是地方政府异质性的重要表现。实际上，政府所掌握的财政资源

---

① 马拴友等：《转移支付与地区经济收敛》，载《经济研究》2003年第3期。

的不均将直接影响对于该地方政府的所掌握生产性资源的需求,因为,生产性资源需要跟资本、技术相结合才能有产出,但要吸引资本、技术仅仅有生产性资源还不够,还必须要有相应的基础设施,而基础设施的建设又需要政府支出大量的财政资金,这就要求地方政府必须有可观的财政收入作保障,所以,财政资源的不均将直接影响对各区域生产性资源需求的不均,而对生产性资源需求的不均又进一步加大了地方政府未来可支配财政资源的不均,这就形成了持续扩大区域异质性的第一个"马太效应";最后,地方政府所享受的制度资源的不公平。中央政府基于发展战略的考虑,在特定时期会给予不同的地区以不同的优惠政策,但总的来说,中央政府给予东部沿海地区的制度性资源即优惠政策要远远多于中西部地区,从而使东部地区得以迅速发展;此外近年来东部沿海地区已经具有了制度资源的自生能力,其可以利用制度上的不断地学习和创新来达到保持其自身优势的目的。这种制度资源上的不公平和其自身所具有的规模报酬递增效应又形成了连续扩大地区异质性的第二个"马太效应"。同时,制度资源又与财政资源的创造和生产性资源的需求紧密相关,拥有的制度资源越多,能创造的财政资源就越多,能引致的对生产性资源的需求的就越旺盛,而财政资源越多,对生产性资源需求越旺盛,制度资源的自生能力就越强,这又形成了连续扩大地区异质性的第三个"马太效应"。

在上文中,我们分析了由于地方政府所面对的制度共生性约束的程度不同而形成的地方政府第一层次意义上的异质性,并提出了连续扩大地区异质性三个"马太效应"。下面,我们分析由于地方政府在资源、气候、地理位置等自然禀赋和历史、人文、风俗习惯等社会禀赋上所存在差异性而形成的第二层次的异质性。在这里,地方政府第一层次的异质性与第二层次的异质性的区别在于:第一层次的异质性是可以消除的,但第二层次的异质性则是不可以消除的[①]。

禀赋差异性是各地方政府不得不面对的一种不可消除的地区异质性,这种地区异质决定了一个地区的比较优势,如果该地区遵照比较优势进行发展,其就会取得竞争优势,反之,就会处于竞争劣势。这种比较优势实际上决定了一个地区最适合去发展的产业,而中国的这种地区异质性就为其实行地区专业化和区域合作奠定了一个良好的基础,但目前的现实情况是中国各地区之间存在极其相似的产业结构,也就是说各地区之间并没有按照比较优势去发展自己的竞争优势产业。而市场经济的作用之一就是发现比较优势,通过竞争将经营同一商品的所有市场主体联系在一起,并最终淘汰掉那些没有效率的生产者,保留有效率的生产

---

① 实际上,作为人文、社会风俗等的社会禀赋在经过较长的时间是可以逐渐改变的,但在可以分析的时间范围内,我们可以将其看作是不可改变的。

者，而其之所以有效率，就在于其具有某些从事这一商品生产的比较优势，那些被淘汰掉的该商品生产者再去生产其他商品，并同其他生产同一商品的市场主体进行竞争，直到找到自己适合生产的商品，也就是能够以相对较高的效率生产的商品，这就是一个典型的市场竞争过程。同理，通过市场竞争，各区域之间也可以发现自己区域最适合发展的产业，当各区域都在从事自己具有比较优势的产业时，也就实现了整体福利的帕累托最优了。但问题是为什么在改革开放后的中国，各区域之间存在明显的禀赋差异的情况下，其产业结构却具有极大的相似性，唯一的原因就是市场经济并没有在各区域的竞争中正常发挥作用，也就是存在地区性行政垄断。下面，我们就具体的分析地区性行政垄断产生和加剧的原因。

（2）第二层次区域异质性（禀赋差异）、增长型政府竞争与地区性行政垄断的产生。通过上文的分析我们知道，区域之间第二层次的异质性也就是禀赋差异决定了一区域最适合从事的产业，如果该区域从事该产业就会在竞争中取得竞争优势，但在增长型政府竞争的制度安排下，掌握着大量资源的地方政府其目标不是为了取得竞争优势，而是为了经济增长。相对于经济增长这一目标来说，地方政府就会考虑适合于本地区比较优势的产业是否比其他产业更能促进经济增长，如果不是的话，地方政府就要利用行政权力来帮助本区域发展那些更能促进经济增长而不是更适合本区域发展的产业了。而当所有的产业选择都摆在地方政府面前时，总会有而且只有那么几个产业最能满足地方政府的要求，于是，各地方政府纷纷致力于发展这几个产业，最终在各个区域之间形成了极为相似的产业结构。那么，在这整个过程中，地方政府是如何通过干预市场运行而达到自己的目标的呢①，也就是说地区性行政垄断是如何产生的呢？这里存在两种途径。

第一，如果地方政府能够直接进行产业投资，其就会直接将本来应该投资于比较优势产业的资本投入到其偏好的更能促进经济增长的产业上面去，但由于该产业并不具有竞争优势，其就会利用行政权力来干扰正常的市场竞争，通过地方保护甚至市场分割来达到保护并发展该产业以更好地促进本地区经济增长的目的。

第二，如果地方政府不能进行直接的产业投资②，而只能通过吸引外部的资本来发展该产业。为了能够吸引资本投资于该产业，地方政府通过制定区域产业政策，为投资该产业提供各种优惠的政策措施，主要是通过降低投资的成本来提高资本所有者的预期利润从而诱使资本流入该产业，这是地方政府干预市场运行

---

① 这里我们假设对于地方政府来讲，其适合发展的比较优势产业与其由于增长目标而偏好的产业是不同的，如果是相同的话，地方政府就不会干预市场运行了。

② 这一假设更符合现实。

的主要手段之一，当该产业发展起来之后，类似于第一种途径，地方政府为了保护和发展该产业从而达到经济增长的目标就会实行地方保护和市场分割，这是地方政府干预市场运行的又一种主要手段。

总之，以上两种途径简单描述了仅存在第二层次区域异质性和增长型政府竞争制度安排的情况下，地方政府是如何为了实现增长目标而干预市场经济的正常运行的。显然，在地区性行政垄断的作用下，由于市场经济无法正常发挥作用，大部分地区产业发展偏离了本地的比较优势，其结果并不是帕累托最优的，社会整体福利下降。

（3）第一层次区域异质性（制度共生性约束条件差异）、增长型政府竞争与地区性行政垄断的加剧。在上文中，我们指出，由于各区域辖区居民构成和经济结构的不同，各地方政府面对的来自辖区居民的约束是不同的，但是这种不同是有限的，发达地区辖区居民掌握的资源多些，而其地方政府的掌握的资源更多，落后地区辖区居民掌握的资源少些，同时其政府掌握的资源也少些，这样，两者也就相互抵消了。我们提出这一有限差异性的目的在于表明这一观点：从辖区居民构成的角度来考察地方政府行为并不是一个很好的切入点，因为真正起作用的是增长型政府竞争这样一种制度安排以及在这一制度安排下中央政府对地方政府的权威监督作用和地方人大与辖区居民对于地方政府的弱势监督作用。这样一种制度设计所产生的负面影响就是地方政府过度重视中央政府提出的增长目标而忽略了辖区居民的利益。这就类似于在应试教育下，虽然很多人都强调应注重素质教育的重要性，但只要这一制度不改，学习成绩对于学生来说就永远都是重要的，尽管可能不同的学生有不同的兴趣爱好，但只要这些兴趣爱好影响到了学习成绩，来自各方的压力就会自动地纠正这种"机会主义行为"，不管这种行为是真正有利于提高素质的好的兴趣爱好还是真正浪费时间的其他不良嗜好。目前，各区域政府——无论是发达地区的还是落后地区的，在财政支出上普遍存在的重视经济建设支出而忽视体现辖区居民利益的公共产品支出就是典型的例证。因此，下面我们从真正意义上的第一层次区域异质性即地方政府所掌握的财政资源、生产性资源和制度性资源的巨大差异这一角度来分析地区性行政垄断加剧的原因和表现。

第一，财政资源的异质性与地方政府产业偏好集的扩大。在上文中，我们提出了财政资源与生产性资源需求之间的一个持续扩大异质性的"马太效应"，这就意味着财政资源作为地方政府手中发展经济的一种重要手段，将成为地方政府竞争的又一个主要领域，而要扩大财政资源最主要的就是发展一些能够给地方政府带来高额财政收入的产业，因此，继有利于经济发展的产业之后，能够给地方政府带来高额税收收入的企业和产业也进入地方政府的产业偏好集内，对这些

"衣食父母",地方政府给予多种多样的优惠政策和扶持,并且为了防止税收流失,对于来自区域外的经营同种产品的企业进行种种限制,这种对于高税收产业的保护政策甚至甚于能够给地方政府带来高增长的产业;其次,对于中央政府转移支付资金的争夺也使地方政府将中央政府的产业偏好考虑在内,由于现阶段分税制下我国的转移支付制度还不规范,因而中央政府就掌握着一定的自由裁量权,这样,地方政府开始"跑部"要钱,但能否要来钱除了地方政府在"部"上"跑"的功夫外,另外一个很重要的条件就是这些钱是用来干什么的,显然,那些用来发展中央政府偏好的产业的地方政府在同等条件下更容易获得中央政府的转移支付,因此,中央政府的产业偏好也成为地方政府产业发展的重要影响因素;另外,体制外收入由于不受规范性限制在使用上更加自由因而也颇受地方政府青睐,那些能够给地方政府带来高额体制外收入的产业也因此受到地方政府行政权力的种种限制,典型的如房地产业,由于房地产业越发达,地方政府从土地出让中获益就越多,因此,地方政府采用种种手段来保护和发展房地产业,近年来,房地产业的繁荣与地方政府的机会主义行为是分不开的,这也是分析中国房地产业发展的一个重要角度,但却没有引起人们尤其是学术界的足够重视。总之,由于财政资源的严重异质及其与要素使用需求之间存在的"马太效应"导致地方政府在财政资源上的争夺异常激烈,而这种争夺最终导致了地方政府运用行政权力干预的产业领域大大扩大,在仅存在禀赋差异的情形下,地方政府的仅仅偏好增长型产业,而现在增长型产业、高税收产业、中央政府偏好的产业和能够增加体制外收入的产业都进入了地方政府的偏好集,地区性行政垄断严重加剧。

第二,生产性资源需求的异质性与以要素价格的严重扭曲为代表的优惠政策大战。在上文中,我们指出虽然各地方政府都掌握着大量的生产性资源,但真正对地方政府重要的并不是这些生产性资源的数量,而是对这些生产性资源的需求及使用情况,因为只有资源使用了才能带来经济的增长,否则就是毫无用处的。而对这些资源的需求取决于这些资源带来的净收益,也就是取决于总收益和总成本,总收益是地方政府无法左右的,但地方政府可以降低总成本,从而提高生产性资源带来的净收益,这样就能提高对于资源的需求了。目前来说,地方政府降低成本的方法主要就是扭曲要素价格,主要有:土地使用上的低地价甚至零地价,资本使用上的低利率甚至负利率,劳动力使用上的低社会保障甚至无社会保障,资源环境保护上的低要求甚至无要求。再加上地方政府之间争夺生产性资源需求的激烈竞争,这样一个区域的要素价格扭曲迅速演变成为其他区域的更严重的扭曲,这就是"优惠政策大战"爆发的简单过程了。在仅存在禀赋差异的情形下,地方政府可能仅仅扭曲增长型产业的要素价格,但由于对财政资源的争夺使地方政府的产业偏好集大大增大了，同时，要素价格扭曲可以作为财政资源不足的一种替代性工具，因为使用财政资源建设的基础设施可以提高生产性资源的边际收益从而提高净收益，而扭曲要素价格则是通过降低成本来提高净收益的，这样，生产性资源需求的异质性及其激烈争夺使要素价格扭曲不仅大大扩大而且更加严重的扭曲，地区性行政垄断程度大大加深。

第三，制度性资源的不公平、竞争秩序的混乱与准市场经济。在上文中，我们提到这种制度性资源包括两个方面：一个是中央政府给予特定地区的优惠政策，另一个是地方政府自我的制度学习和创新能力。对于第一个方面来讲，这是一种显而易见的制度不公平，再加上制度资源及其规模报酬递增性造成的制度资源异质性持续扩大的第二个"马太效应"和制度资源自生能力与财政资源、生产性资源需求之间相互作用造成的异质性持续扩大的第三个"马太效应"会使这种不公平持续存在并不断扩大，这样不享有优惠政策的地区就始终处于竞争的劣势，这就很容易诱发这些地区的策略性行为，使本来不会出现地区性行政垄断的地方出现了地区性行政垄断，使本来不严重的地区性行政垄断变得严重了，区域之间的竞争秩序受到严重影响，其实，这里的道理很简单，要想竞争有效，起码要满足机会公平，现在中央政府从外部赋予的优惠政策打破了竞争有效的前提条件，各区域之间的机会变得不平等了，更重要的，这种不平等是外部赋予的，是那些未得到优惠政策的地方政府通过自身的努力也无法得到的，正是这种"攀比"和"嫉妒"心理使区域政府之间坠入恶性竞争的"深渊"；对于第二个方面来讲，地方政府的带有增长取向的制度创新和制度学习能力会使区域内部的正常竞争规则被地方政府不断推出的潜规则所代替，这些潜规则不仅有利于经济增长，还有利于地方政府官员的私人利益最大化，这是带有增长取向的地方政府在推动制度创新和进行制度学习的过程中所形成的一种将经济增长和个人利益联合最大化个体理性均衡，一方面，区域内部的微观市场主体的确是在独立决策，自由选择，这是市场经济运行的重要表现，另一方面，微观主体进行独立决策和自由选择的规则却不是正常的市场规则而是地方政府通过制度学习和制度创新推出的潜规则，这就是真实的区域内部的市场经济，看似有序的经济运行背后隐藏的却是严重混乱的竞争秩序，我们将这种按照地方政府潜规则运行的区域内部市场经济称为"准市场经济"。在这种准市场经济中，地方政府已经将行政权力渗透到社会生活的方方面面，事实上，目前中国继续推进市场化的最大障碍并不是区域之间的保护和分割（在下文中，我们有时将其称为区域之间的地区性行政垄断），而是如何在区域内部建立一个真正基于市场规则而不是地方政府潜规则运行的市场经济（与区域之间的地区性行政垄断相对应，在下文中，我们有时将其称为区域内部的地区性行政垄断），否则即使消除了地方保护和市场分割，我们得到的也只是一个全国范围的准市场经济①，而不是真正的市场经济。现在问题是这种制度学习和制度创新能力的区域异质性是如何加剧地区性行政垄断的呢？我们知道这种区域内部的"准市场经济"是实现区域经济增长和官员个人利益最大化的个体理性均衡，也是地区性行政垄断的最高形式，这样，各地方政府在争取这种制度资源的同时，地区性行政垄断程度自然就大大加深了。

总之，地方政府在财政资源、有需求的生产性资源、制度性资源的巨大异质性以及三个"马太效应"的作用下，将行政权力渗透到更多的产业，更多的是市场（由产品市场扩展到要素市场）直至社会经济生活的方方面面，地区性行政垄断程度大大加深，直至发展到其最高形式：分割的准市场经济。

(4) 小结。

在本节的论述中，我们阐述了增长型政府竞争框架下地方政府所面临的动力机制②和约束机制，提出了地方政府所面临的两个层次的区域异质性，其中，第二层次的区域异质性即禀赋差异是地区性行政垄断产生的根源，第一层次的区域异质性即增长型政府竞争制度共生性约束条件的差异导致地区性行政垄断不断加剧，并最终发展成为能够实现区域经济增长和地方政府官员个人利益联合最大化的增长型政府竞争的个体理性均衡，同时也是政府行政权力渗透到社会经济生活的方方面面的地区性行政垄断的典型形式——分割的准市场经济。现在给出"分割的准市场经济"的一个正式定义：在区域内部，市场经济不是依照正常的规则而是按照地方政府的潜规则运行，在区域之间，各区域市场又处于相互分割的状态。其中，前一种区域内部的准市场经济是区域内部的地区性行政垄断的典型形式，后一种分割的区域市场状态是区域之间的地区性行政垄断的典型形式，所以，分割的准市场经济就是地区性行政垄断发展的典型形式。目前，中国的市场经济虽然还没有发展到这种分割的准市场经济状态，但距离这种状态并不遥远，尤其是区域内部的准市场经济状态，微观市场主体的行为决策越来越多地考虑地方政府的策略反应，正常的市场规则越来越不被重视，关系替代规则成为重要的生产要素；另一方面，虽然各区域市场之间没有出现完全分割的状态，但一轮又一轮的地方保护热潮严重威胁着全国性统一大市场的建立，事实上，这种分割的市场经济一直处于潜伏状态，其之所以不能成为现实就是在于中央政府作为一个权威的统一的全国性政府的威慑和限制作用，一旦这种权威性削弱，市场分割会立即加重，20 世纪 90 年代之前的各种严重地方保护和市场分割行为就是典

---

① 这与上文提到的谢淑丽对于中国市场化的评价是相似的。

② 由于动力机制是周黎安所提出的以经济增长为核心的政治晋升锦标赛，作为一个已知的知识，我们没有详细对其阐述，具体请见周黎安，《中国地方官员的晋升锦标赛模式研究》，载《经济研究》，2007年第 7 期。

型的案例，同时，虽然完全分割的市场经济不会由潜伏变为现实，但在目前这种状态下，全国性的统一大市场是很难建立起来的。所以，中国目前的市场化改革的现状是：潜伏的分割型区域市场结构和内部的准市场经济状态，这已经严重背离了政府主导市场化的改革目标[①]，而且如果继续沿着现在的路走，只会离原定目标越来越远，目前唯一的选择就是改变现状，限制和消除地区性行政垄断，推动市场化改革向正确的方向前进。

[①] 我们的市场化改革的目标是建立一个全国统一的真正的市场经济，政府的行政权力退出市场领域，而建立一个保持政府与市场保持距离型的市场经济。

第九章

反行政性垄断与促进竞争政策分析

拉丰（2009）[1]指出，有效竞争需要三个条件：第一，必须存在足够多的企业或者产业的潜在进入者；第二，这些企业不能缔结合谋的私下契约；第三，假如一家企业获得了主导地位，它不能运用这种地位。在这一基础上，他认为在多数发展中国家主要问题是参与者匮乏，尤其是在那些存在长期沉淀投资的基础设施领域更是如此。因此，主要问题是如何吸引本地和国外资本进入这些产业，这类关注涉及多数发展中国家的特征，在发展中国家中，拉丰强调了低效率的金融部门、机构承诺的缺乏、法律实施的缺位、消费者可用信息的稀缺等，并指出这些都是卡林等（Carlin et al.，2000）[2]所描述的"竞争性基础设施"的薄弱之处。但在我们所讨论的行政性垄断的视角下，拉丰（2009）所给出了的竞争的必要条件显然被一个更强的条件所取代了，正如本书在前面几个部分所分析的，行政性垄断的存在，几乎摧毁行政性垄断存在的产业领域使竞争得以保证的所有的条件。在本书的第五部分中，我们通过分析证明行政性垄断在一定的条件下有其积极的作用——尤其是在经济增长刚刚开始的是，行政性垄断的确能够迅速地聚集产业发展所需要的资金，而这正是许多沉淀成本非常高的产业在发展初期所遇到的最大的瓶颈。但是当市场经济体制开始发挥主导作用的情形下，行政性垄断显然是与此不相容的，在本书的这一部分中，我们开始研究解决行政性垄断的

---

[1] ［法］拉丰，聂辉华译：《规制与发展》，中国人民大学出版社2005年版。
[2] Wendy Carlin, Steven Fries, Mark Schaffer and Paul Seabright *Barter and non-monetary transactions in transition countries*: *evidence from a crosscountry Survey*. 2000. The Vanishing Rouble. Cambridge：CUP, pp. 236 – 256.

方案,由于行政性垄断是在制度转轨过程中所出现的一种特定现象,因此对行政性垄断问题解决的思路也应由制度中去寻找。幻想在一夜之间完全地解决行政性垄断问题并不是一种负责任的想法,如果转轨过程是一种渐进式的道路的话,那么作为转轨过程的一种制度特征,行政性垄断的解决也应是一种渐进式的方案。因为无论对行政性垄断所造成的效率损失有多么大的意见,提出的行政性垄断的解决方案也应与转轨的整个制度系统相容,否则将面临着不具备可实施性的问题,这也是经济学家们对三十年的转轨过程进行研究得到的一个非常重要的结论。因为对于制度设计来说,模仿或者抄袭其他国家的竞争政策设计是很容易的一件事情,但从制度的演化历史我们可以看到,任何一个国家的竞争政策都是利益集团讨价还价的结果。从这一点来看,行政性垄断问题的解决,已超出了竞争政策设计所能达到的范围,我们只有在转轨这一背景下才能够讨论行政性垄断的维持及解决问题。

第一节　转轨制度特征及其对市场竞争的影响

自 1978 年中国启动了面向市场经济体制的转轨过程以来,经济学界就转轨的一系列问题进行了深入的研究,大量的研究使经济学家们认识到,制度不仅是至关重要的,而且制度向更高效率的演进取决于初始状态和持续的政治上的支持(Gérard Roland,2000)①。在对待转轨问题的研究中,尤其是在看待转轨的制度特征方面,一直存在着较大的争论,杰夫雷等(2000)②在一篇关于转轨与宪政转型的研究文章中指出,渐进主义和国家机会主义能平稳买断,而与渐进主义相联系的双轨制又必然滋生腐败现象,在这两者之间作出选择是很困难的。他们认为,向公平、透明、平稳和确定的宪法秩序过渡是与双轨制不相容的,因为双轨制强调的是便宜行事和专断的政府权力以及非公正、不透明、不稳定和不明确的游戏规则。前者要求政府严格遵循游戏规则,而后者的特点则是政府遵循游戏规则的不确定性。另外,双轨制内在的机制使政府官员同时扮演着规则制定者、裁判员和参与者的角色。这一点与权力分治的宪法原则是不相容的。他们所讨论的转轨经济中的特征比较符合报告对行政性垄断所依托的制度特征相符合,但不同的是,杰夫雷等(2000)所提出的一揽子方案中虽然也包含着对行政性垄断问

---

① Gérard Roland. Transition and Economics: Politics, Markets and Firms, The MIT Press, 2000.
② 杰夫雷等:《经济改革与宪政转型》,载《开放时代》2000 年第 7 期。

题的解决，但这种激进主义下的解决方案却是难以实施的，以中国 30 年来的转轨经验来看，这样的方案必然会在经济体系内形成强烈的反弹。自从科尔耐（1986）① 提出预算软约束的概念以来，预算软约束对于微观经济行为和资源配置效率的扭曲作用逐步被经济学家们所认识。早期的理论认为，在预算软约束下，国有企业的管理者不会去追求利润的最大化，也不会针对市场价格的变化而做出反应，而同时他们有足够的理由来弱化其生产能力而夸大其对财政投入的需求。因此在企业和生产要素非私有化的情况下，市场价格并不能传递真实的市场信息，这造成经济的不均衡发展是长期性的，资源配置也被扭曲了。对预算软约束最具影响力的解释来自德沃特里庞和马斯金（Dewatripont and Maskin, 1995）②的工作，他们认为，预算软约束是一个内生现象：由于时间不一致性问题，政府有积极性对未完工的无效率项目追加投资，从而导致预算软约束问题。对预算软约束进行解释的另一种观点认为政策性负担是主要的诱发原因（Shleifer and Vishny, 1994）③，这一观点认为企业在承担着生产任务的同时还承担着政治任务，因而政府也有动力对企业进行补贴。预算软约束的分析框架为我们考虑行政性垄断问题提供了一个有益的视角，并同时为我们考虑解决行业中的行政性垄断问题提供了一个思路。作为一种制度现象，对行政性垄断问题的解决我们认为需要在行政性垄断形成原因的基础上进行分析，由报告前面部分可以看到，解决的方案应在给定制度环境下在利益集团之间的互动中进行寻找。

对于行政性垄断的企业来说，其收益来自于成本弱增性收益及垄断利润。自然垄断性产业的成本弱增性是指一家企业能比两家或两家以上的企业以较低的成本生产一定数量的某种产品或一组产品，那么这个企业所在产业就是自然垄断产业。所以，成本弱增性为垄断企业带来的成本的节约是它的一项收益。但是对成本弱增性作实证分析是非常困难的，有学者用避免由于新企业的"过度进入"、重复建设、过度竞争等所造成的损失来代表政府主管部门行政性垄断给企业带来的这部分收益。垄断企业的垄断利润来自于两个方面：一是制定垄断高价带来的利润。从历史上看，自然垄断本来就应该是市场竞争的结果，所谓自然垄断，是说明这种垄断是通过厂商之间的价格和非价格竞争使处于劣势的厂商被击败并退出市场，潜在竞争者又因达不到市场现有的成本价格水平而无法进入所形成的。可是在中国的现实却是，很多所谓的自然垄断产业并不是由于成本优势获取垄断

---

① [匈] 科尔耐, 高鸿业校:《短缺经济学》, 经济科学出版社 1986 年版。
② Dewatripont, M and Maskin, E. *Credit and Efficiency in Centralized and Decentralized Economies*. Review of Economic Studies, Blackwell Publishing, 1995. Vol. 62 (4), pp. 541 – 555, October.
③ A. Shleifer, R. W. Vishny. *Politicians and firms*. Quarterly Journal of Economics, 1994. Vol. 109 pp. 995 – 1024.

地位和垄断利润的，而是通过政府人为地行政干预和保护阻止竞争，从而制定垄断高价来获取的。因此这部分利润正是行业的行政性垄断给垄断厂商带来的收益。二是垄断企业凭借垄断地位非法收取的各项费用。具有垄断地位的垄断厂商凭借政府的行政保护，强迫消费者在没有选择其他卖主的权力下，不得不购买垄断厂商高价格低质量的产品和服务，而且还要接受垄断企业巧立名目收取的各种非法费用。在不消费和忍受之间，消费者只能选择后者，而这部分费用的收取就成了垄断厂商又一项高额的收益。这些高额费用其实也是一种形式的垄断高价，因此二者一起构成了图6-4中的塔洛克四边形：图中的 P_1CFP_2 四边形是一个成功的垄断者通过垄断高价获取的垄断利润，即生产者剩余的增加部分。

而对行政性垄断的企业来说，其成本可以归结为寻租成本及垄断企业低效率经营的巨大成本。寻租是指那种利用资源并通过政治过程获得特权从而构成对他人利益的损害大于租金获得者收益的行为。传统理论认为，垄断企业为了获取和维护高额的垄断利润必然会导致非生产性寻利（寻租）活动。实际上，垄断的成因不同，垄断利润对于在位厂商以及潜在厂商的影响就不一样，并不是凡垄断利润都会带来寻租这样的非生产性寻利活动。如果垄断的成因不是行政因素，而是有利的成本结构、专利技术或品牌效应，那么为什么导致的不是努力降低成本、创新技术或品牌建设这样的生产性寻利活动呢？所以寻租成本恰恰是在行政性垄断干预之下才会发生的成本。其他的垄断如经济型垄断或完全的自然垄断并没有这样的成本。此外，由于政府行业主管部门的行政保护，特别是对行业的进入规制，提高了某些产业的进入障碍，使产业内的企业免受竞争威胁，因此丧失了创新的动力，导致了生产率低下和成本增加。因为垄断厂商在没有其他厂商作为参照的情况下，比竞争厂商更难于监督内部效率，也就更难实现生产效率的最优化。更为重要的是，在公正报酬率的价格管制下，收费的变动往往是以实际发生的成本为基础进行成本核算，企业获得公正报酬并不需要通过降低成本的努力就可以做到，这就大大降低了企业追求成本最小化的积极性，造成更为严重的生产效率损失。

另一方面，从消费者的角度来说，行政性垄断的成本主要为消费者剩余的减少。图6-4中塔洛克四边形 P_1CFP_2 加上哈伯格三角 CEF：FP_2P_1E。图6-1中的 P_1CFP_2 四边形是一个成功的垄断者通过垄断高价（包括凭借垄断地位收取的各项费用）从消费者那里获取的转移收入。哈伯格三角 ABC 就是消费者剩余的损失大于生产者获取的剩余的部分。在行政性垄断存在的情形下，消费者可能会得到如下的收益，出于社会考虑，政府要保证特定产品或服务以低于成本价供给某些消费者。因为普遍服务要求要以绝大多数人承担得起的价格提供产品或服务，所以这就决定了企业服务于一小部分用户的代价是很昂贵的。那些人口密度比较低，家庭收入比较低，偏远地区的农村和山区由于建设和人工成本高，致使企业在这部分市场是以低于成本的价格向消费者提供产品和服务的，所以普遍服务的提供使某些消费者的福利增加了。但是我们必须注意，在人口稠密的城市，因为垄断企业规模经济的成本较低而利润较高，由此在城市市场中的收益可用来弥补经营农村市场带来的亏损。即出现了交叉补贴，因低价出售某种产品或服务而遭受的损失通过高价出售其他产品或服务所获得的利润作为补偿的行为。这实际上是用一部分消费者的剩余去弥补了另一小部分消费者的剩余，是整个消费者利益集内部的一个利益分配的结果。因此从整个集团利益来讲，总消费者剩余并没有因此发生改变。行政性垄断由于能够在较短的时间内通过公共权力来对一些产业进行扶持，因此能够迅速地聚集产业发展所需要的大量资金，这一点对于具备网络型特征的产业尤其重要。自然垄断产业中大多具有网络效应，如电信、电力、铁路、邮政、煤气、热力供应、自来水等产业。这种网络效应表现为两种形式，即直接网络效应与间接网络效应。直接网络效应是指消费一种产品的用户增加可以直接增加这种产品的老用户的效用。例如电信业随着新用户的进入，会使所有用户通讯范围增大；航空、铁路和公路交通运输业，增加机场和车站等消费节点，会使所有消费者增加通达地点。间接网络效应，主要是由辅助产品所构成的系统产品所引起的。消费者消费这个系统产品的效用大小取决于所提供的辅助产品的数量和质量。例如当电信业网络发展较快时，给其提供设备的供应商个数将增多，供应品种将增多，消费者可选择的范围就将增多，其效用因此而增加。

　　对于行政性垄断的实施者来说，行政性垄断的收益主要可能来自类似于腐败的好处。所谓腐败是政府官员为了谋求个人私利而滥用公共权力的行为。这里的个人私利不仅包括该政府官员的私人利益，还包括其所在集团的利益。行业行政性垄断是由政府或政府的行业主管部门为保护其特定行业的企业及其经济利益而实施的排斥、限制或妨碍其他企业参与竞争的行为，这本身就是一种典型的腐败行为。在中国转型时期，这种行业行政性垄断的最终目的不是国家利益，而是集团利益和个人利益，即国家利益部门化，部门利益个人化。所以这里实施行业行政性垄断行为的主体（实施者）是政府或政府的行业主管部门及其官员，官员的个人利益和部门的集团利益是一致的。垄断企业为了其自身的利益，通过向政府官员提供非法的、秘密的个人报酬的方式来影响法律、规章、法令和政府其他政策的制定和执行。这些直接提供非法报酬就成为实施行政性垄断行为主体的腐败收益。还有一些腐败收益来自主管部门凭借行政审批权力在审批环节利用寻租机会从非垄断企业那里获取的各种收益。而相应的成本则为行政管理费用，是指行政管理机关及其工作人员因行政权而获取的和在行政管理活动中消耗的行政资源，其构成主要有工资津贴、基本设施费用、办公经费等正式预算开支。

在市场中，未能参与行政性垄断的企业同样面临着参与竞争的成本问题，此时的成本不仅仅需要考虑产业组织理论中所涉及的经济性成本，更重要的是在这种情形下出现了非经济性成本，这些成本包括行政审批制度成本以及游说宣传成本等。行政审批是政府行使管理职能的一种表现，如果使用得当的话，对经济运行可以起到很好的调控作用。然而由于计划经济体制的长期运行以及其惯性的影响，我国目前保留了数目惊人的行政审批项目，这些内容繁多的不合理行政审批严重地影响了企业的发展。尤其在那些传统的国有经济控制的部门和领域，民营经济面临着许多市场进入的障碍。比如主要涉及电力、铁路、民航、水利、通信等领域的自然垄断性行业和涉及公共交通、环保、供水、供气、垃圾污水处理等公用基础设施的公用事业领域，目前大多没有实行政企分开，不管是以政府主管部门的形式存在还是改组为行业协会，由于他们大量的开支仍然来源于垄断企业的利润，保护垄断企业就是保护自己的利益，而保护手段就是行政审批制度。对于非垄断企业来讲，行业进入的行政审批制度成本主要由两个部分组成。一是行政审批过程的等待成本，审批步骤越多，审批天数越长等待成本越大。二是成本是得到各种审批、执照所需支付的费用。这个数字很难精确计算，因为执照审批正是许多"寻租"活跃的地方，民营企业为此支付的成本通常以多种形式出现，也难以找到公开数据。政府通过行政许可、行政审批给民营经济进入市场设置壁垒，在这一过程中滋生了大量腐败。另一方面，民营企业在与垄断企业的竞争中处于劣势地位，面对政府行政主管部门对垄断企业的偏袒，难以获得公平的竞争起点和竞争过程。随着行政体制改革的进一步深化和打破垄断的呼声越来越强烈，非垄断地位的民营企业作为一个重要的利益集团会更加积极主动地参与并影响各项政策法律的制定与执行，为自己争取公平权利，在这一过程中，非垄断企业会通过各种方式来影响决策从而发生游说宣传成本。例如，通过正式渠道向国务院法制办、国家有关部门反映意见。从中国的现实制度环境来看，利益集团影响政策过程有若干渠道，特别是在 2000 年《立法法》的颁布实施为行业利益集团参与国家政策制定过程提供了更好的制度平台。在反映意见过程中利益集团参与会议、提出议案、撰写报告和致函等都会发生相应的支出。利用国家级学术研究机构间接反映行业利益诉求也是非垄断企业采用的重要方式，这些机构的报告会成为国家发改委设计改革思路的重要参考。利用大众传媒造成社会舆论压力。大众传媒作为社会的"第四种力量"，往往能够反映社会民间的声音，起到上传下达的作用。非垄断企业利用各大报纸平面媒体、电视媒体、网络媒体，通过召开新闻发布会、发表评论员文章和研究报告等方式向国家决策机构施加舆论压力，当然这个过程中会发生相应的支出。

在上面的分析中，我们分别分析了参与行政性垄断的四种利益集团可能的成本与收益,为了能够寻找解决行政性垄断问题的方案,下面我们分析这几个利益集团在成本与收益之间的关系。行政性垄断的存在使垄断厂商获得了垄断高价带来的垄断利润,即图6-4中的塔洛克四边形的面积,而这部分面积又是消费者剩余减少总量的一部分,是从消费者转移到生产者的,本来生产者的收益和消费者的成本就相互抵消了,表面上看整个社会并没有因此变得更穷或更富,不构成社会成本。但事实是这部分垄断高价加上垄断企业非法收取的费用一起构成垄断租金(即塔洛克四边形),所以生产者的收益就是成本弱增性收益加上垄断租金。而垄断租金的一部分被用来支付垄断企业发生的成本,首先是承担了垄断厂商低效率经营的巨大成本,其次用于企业的寻租成本。这样垄断企业的净收益="成本弱增性收益"+"塔洛克四边形"-"企业低效率成本"-"寻租成本"="成本弱增性收益"+"垄断租金"-"企业低效率成本"-"寻租成本"="成本弱增性收益"+"剩余垄断租金",而剩下的这部分垄断租金就被垄断企业职工分享,成为他们的高福利收入。最终垄断企业的净收益="成本弱增性收益"+"垄断企业职工高福利收入"。而消费者利益集团的净损失(净收益)="塔洛克四边形"+"哈伯格三角"-"网络效应带来的消费者剩余的增加"。单考虑只有垄断企业和消费者这两个利益集团,那么整个社会福利的总成本就是"塔洛克四边形"+"哈伯格三角",这些损失全部是由消费者来承担的。社会福利的总收益是"成本弱增性收益"+"垄断企业职工高福利收入"+"网络效应带来的消费者剩余的增加"。由此可以得出,社会福利的净损失(净收益)="塔洛克四边形"+"哈伯格三角"-"垄断企业职工高福利收入"-"成本弱增性收益"-"网络效应带来的消费者剩余的增加"="哈伯格三角"+"垄断企业寻租成本"+"垄断企业低效率成本"-"成本弱增性收益"-"网络效应带来的消费者剩余的增加"(塔洛克四边形代表的垄断企业的垄断租金最终耗散在垄断企业职工高福利收入、垄断企业寻租成本和垄断企业低效率成本上)。接下来我们分析加入行业主管部门之后三个利益集团之间的关系,垄断企业的寻租成本就是其为了自身利益,向政府官员提供的非法、秘密的个人报酬,这就成为行业主管部门及其官员的腐败收益。所以,行政主管部门的收益="来自于垄断企业的腐败收益"="垄断企业的寻租成本"。行业主管部门行政管理活动中发生的工资津贴、基本设施费用、办公经费等正式预算开支构成其行政成本。加入行政性垄断实施者利益集团后,垄断企业的净收益和消费者的净损失(净收益)没有变化,行政主管部门的净收益(净损失)="来自于垄断企业的腐败收益"-"行政成本"="垄断企业的寻租成本"-"行政成本"。需要说明的是腐败收益最终被行政主管部门用于官员个人收益、超出财政拨款的办公支出、职工福利、基础设施建设(在各地建设各种宾馆、招待所、培训中心等)、组织出外旅游、干部出国考察等非正式预算开支。

所以最终行政主管部门的净收益（净损失）可以表示为"非正式预算开支"－"正式预算开支"。考虑三个利益集团的情况，整个社会福利的总成本增加了"行业主管部门行政成本"，社会福利的总收益增加了"行业主管部门来自于垄断企业的腐败收益"，最终社会福利净损失（净收益）在两个利益集团分析的基础上就变为："哈伯格三角"＋"垄断企业寻租成本"＋"垄断企业低效率成本"－"成本弱增性收益"－"网络效应带来的消费者剩余的增加"＋"行业主管部门行政成本"－"行业主管部门的腐败收益"＝"哈伯格三角"＋"垄断企业低效率成本"＋"行业主管部门行政成本"－"成本弱增性收益"－"网络效应带来的消费者剩余的增加"（垄断企业寻租成本与行业主管部门来自于垄断企业的腐败收益相互抵消）。由此，我们看到加入行政性垄断实施者利益集团之后社会福利净损失中的寻租成本成为垄断企业和行政管理部门的内部转移，对净损失（净收益）没有影响了，同时净损失（净收益）增加了主管部门行政成本。在加入非垄断企业利益集团后，垄断企业的净收益和消费者的净损失（净收益）没有变化，但是行政主管部门的收益增加了"来自于非垄断企业的腐败收益"，非垄断企业利益集团的净损失＝"行政审批制度成本"＋"游说宣传成本"。考虑四个利益集团的情况，整个社会福利的总成本增加了非垄断企业的"行政审批制度成本"和"游说宣传成本"，社会福利的总收益增加了"行业主管部门的非垄断企业腐败收益"。最后的社会福利净损失（净收益）在三个利益集团基础上演变为："哈伯格三角"＋"垄断企业低效率成本"＋"行业主管部门行政成本"－"成本弱增性收益"－"网络效应带来的消费者剩余的增加"＋"行政审批制度成本"＋"游说宣传成本"－"行业主管部门的非垄断企业腐败收益"＝"哈伯格三角"＋"垄断企业低效率成本"＋"行业主管部门行政成本"＋"游说宣传成本"－"成本弱增性收益"－"网络效应带来的消费者剩余的增加"。非垄断企业的行政审批成本成为行业主管部门的一项腐败收益，是集团之间的转移，没有影响社会福利。

上面我们分析了在转轨经济条件下产业竞争中的行政性垄断的制度特征，分析发现，行政性垄断由于垄断厂商与主管部门之间的利益联结而得以加强，并由此造成了经济系统内的租金损失，从资源配置效率的角度来看，这种联结最终造成了生产性效率的下降。在这一部分中，这种联结成为我们分析解决行政性垄断的一个分析的起点，下面报告以电信产业为例考察行业性行政垄断问题的解决方案。

第二节 打破行业性行政垄断的政策建议

一、特定行业打破行政性垄断的经济学分析

在《反垄断法》中,第五章专门提到了"滥用行政权力排除、限制竞争"的行为,虽然没有行政性垄断的正式提法,但是这里就是我们所谓的行政性垄断,在《反垄断法》中提到的行政性垄断主要是针对地方行政性垄断而言的,而垄断行业则在《反垄断法》总则第七条中被豁免。正是行业行政性垄断大多披着"合法外衣"的这一特点,使得对其的研究变得复杂得多,以致甚至关于行业行政性垄断的定义都没有达成一致。

下面我们以电信产业为例对这一问题进行讨论,对于电信产业来说,如报告上面的分析所述,这一产业同时具备自然垄断以及行政性垄断的特征,这使得对这一产业中反行政性垄断的分析具有一定的代表性。解决上述问题的有效方法是对行政性垄断行业进行逐一的"解剖式"的研究,这样才可以很具体地对这些行业中行政性垄断的表现有更加明确的认识,从而便于给出更有针对性的政策建议。在电信产业中,我们主要考察以下使行政性垄断存在及维持的原因,并由此给出电信产业反行政性垄断的思路,也即政府部门不适当的行政进入壁垒、规制机构低效率的规制行为、行政性垄断企业滥用其市场支配地位的垄断行为。在市场失灵,即通常认为不适合市场竞争的领域,政府往往选择设置一些进入壁垒,达到限制竞争的目的,然而,现实中,在很多市场没有失灵的领域内,政府也会设置一些行政进入壁垒,此时这些进入壁垒是不必要的,可认为是行政性垄断的一种表现。以自然垄断型为例,自然垄断产业的业务一般具有垄断性业务和可竞争性业务之分,自然垄断产业内的可竞争性业务领域不具有成本弱增性特征,并不属于市场失灵的范畴,因而政府的进入规制政策并不必要;然而现实中这些业务领域的市场进入往往也被政府部门严格控制,造成了行政权力对竞争的不适当的限制和排斥,从而形成行政性垄断。这种不适当的行政进入壁垒,大多以法律、法规条文的形式出现,对竞争的限制力度相当强。在某些不适合市场竞争的领域,政府在设置一些进入壁垒的同时,往往也会伴随着其他一些规制政策,以消除缺乏竞争可能带来的不良后果,此时,如果这些规制政策缺乏效率,造成了对垄断的放纵,也可认为是行政性垄断的一种表现。仍以自然垄断型为例,在自

然垄断业务领域，政府进行进入规制，造成了垄断的市场结构，与此同时，政府还要进行相应的价格规制，以保证获得垄断地位的企业按照边际成本或者平均成本原则定价，防止垄断定价带来的不良后果。现实中，由于政企之间的信息不对称以及可能的政企利益同盟，使得规制机构的类似价格规制等规制行为效率相当低下，根本无法对垄断后果进行很好的控制，从而成为行政性垄断的重要表现形式。另外，值得指出的是，这种形式和第一种行政进入壁垒有着很强的关联性，行政进入壁垒是否适当，一方面取决于是否存在市场失灵，另一方面也要看配套的规制政策是否有效，如果理论上不存在一个有效的配套规制政策，那么即使市场失灵，行政进入壁垒也可被认为是不适当的。在企业主体层面，如果企业的垄断市场地位是由行政性进入壁垒获得，而不是市场竞争的结果，那么，此时企业如果存在滥用其市场支配地位的垄断行为，则可认为是行政性垄断的一种表现。通过行政性进入壁垒获得市场支配力地位的经营者滥用市场支配地位的行为，与通过市场竞争获得市场支配力地位的经营者并无多大不同，这里就不多赘述。

一般认为，电信业是具有复杂技术要求的基础设施类产业，主要包括通信设备的制造和销售、借助本地网提供的市话服务、借助长话网的长话服务、基于无线网络的寻呼和移动通信服务以及其他增值业务等。电信业通常被认为是具有自然垄断特征的产业，因此政府的管制程度一直很高；但是随着技术的进步、市场需求的持续扩展，电信业的自然垄断特征变得不再那么明显，相应的，政府管制制度开始变革，放松管制、引入竞争成为主流。

从1950年邮电部成立，截止到80年代初期，全国电信业的生产和经营基本为统一管理体制，并主要由当时的邮电部进行严格控制。30年的发展，中国的电信事业取得了很大的进步，但是总体上看，当时的电信产业仍极度落后，据统计，当时中国的电话普及率甚至尚未达到非洲平均水平的一半（辛晓梦、王雅平，2000）[①]。造成这种现象的主要原因是当时邮电部实行严格的价格管制，致使电信业长期处于微利甚至亏损经营状态，自身积累不足，无法形成较大规模的持续固定资产投资。1980年以后，伴随着改革开放的进行，中国经济开始步入高速发展的新时期；电信基础设施及其服务是国民经济的基础性产业，其发展不足势必成为经济增长的瓶颈。为了解决电信业的落后状况，1980～1993年，国家放松了电信价格管制，改变了传统的计费方法，以投资回收和扩大再投资作为资费定价原则，电信事业取得了飞速的发展；但是与此同时，电信服务价格却提高了，电信业成为盈利丰厚的行业，电信业职工的高工资、高福利更是受到广泛的指责。由于电信业盈利丰厚，致使军队通信网、铁路通信网及电力通信网等专

---

① 辛晓梦，王雅平：《跨越时空：中国通信产业发展启示录》，北京邮电大学出版社2000年版。

用网强烈要求利用自身剩余通信能力为社会提供通信服务。经过电子部、电力部以及铁道部的联合公关，国务院最终同意由以上三部共同组建中国联通，1994年7月，中国联通正式成立。中国联通的成立，破除了邮电部对电信业务的独家垄断经营，从此以后，电信业进入了可竞争时代。中国联通的成立，虽然一定程度了促进了电信业的竞争，但是由于其自身市场份额过于狭小，而且同时还受到邮电部的行政限制，导致竞争效果并不明显，象征意义大于实际意义。为了解决这个问题，更大程度的在电信业引入竞争，国务院分别于1999年和2001年两次对原中国电信进行了拆分重组。1999年2月，中国电信的寻呼、卫星和移动业务被剥离出去，原中国电信被分拆为新中国电信、中国移动和中国卫星通信公司等三家公司，寻呼业务并入中国联通；此外，政府还给吉通公司（1994年1月多家大型国有企业参股组成）、网通公司（1999年8月由中国社科院为主体，联合铁道部、光电总局、上海市政府四个股东共同投资成立）和铁通公司（2000年12月成立）颁发了电信运营许可证。1999年的分拆是一种"竖切"方案，即按照业务种类进行拆分重组。在移动通信领域，此次分拆致使中国联通对中国移动的竞争力得以大幅度的提升，竞争效果明显；但是在固话领域，仍然基本是中国电信一家，促进竞争效果并不明显。为此，2001年国务院又出台了二次"横切"的改革方案，即将中国电信按地域分为南方公司和北方公司两部分，分别经营南方21个省、市、自治区和北方10个省、市、自治区的固定电信业务。北方公司和中国网通、吉通重组为新的中国网通；南方部分继续保留中国电信的名称。而且，方案规定二者相互之间可以在对方经营地域开展包括本地电话在内的所有固定电信业务，这就为日后固话领域的竞争打好了夯实的基础。两次拆分重组之后，中国电信业"5+1"的竞争格局基本形成，即除了新的中国电信、中国网通外，中国移动、中国联通、中国铁通继续单独经营，这5家公司再加上一个中国卫星通信集团形成新的市场格局。新的市场格局基本保证了每个电信业务领域竞争的存在，但是在最重要的固话本地领域和移动通信领域，基本都是双寡头垄断格局——前者虽有中国联通和中国铁通的参与，但是新中国电信和中国网通占据了绝大部分市场份额，而后者则只有中国移动和中国联通两家进行竞争。2008年5月24日，工业和信息化部、国家发改委以及财政部联合发布《关于深化电信体制改革的通告》，公告指出，鼓励中国电信收购联通CDMA业务，联通和网通合并，中国铁通并入中国移动，至此，中国电信业基本形成"三大巨头"相互竞争的市场格局。新的市场格局的形成，表面上造成了电信业行业集中度的提高，似乎不利于促进竞争，但是由于新的三家电信巨头公司都具备开展多项电信业务的资格和能力，从分业务领域来看，电信业的竞争只会更加激烈。由于此次重组将和3G牌照的发放相结合，可以预期，"三大巨头"的市场格局将会维持很长一段时间。

在对中国电信业的改革历程进行回顾之后,我们将结合对行政性垄断的界定及表现对电信业中行政性垄断问题进行分析。改革开放以前,中国实行的是大一统的计划经济体制,这种体制下是无所谓行政性垄断的,或者说是整个中央政府垄断了全国的经济运行的国家垄断。显然,这和我们现在通常所说的行政性垄断是两个概念,现在行政性垄断更多被认为是部门或地方政府追求其自身利益造成的,以和国家垄断区别。

1980~1993年,电信业的市场结构基本未发生变化,但是价格管制却放开,导致电信价格上升,电信业成为暴利行业。按照传统的规制理论,价格规制的本意乃是为了消除垄断利润,维护社会总福利最大,那么这段时期中国电信业的价格规制简直就是一种规制机构有意识的失效行为,因为规制机构的目标明显偏向垄断企业;更为重要的是,其实这已经不是部门政府的行为,而是得到中央政府默许和支持的。怎么解释这种现象呢?我们认为,鉴于当时中国电信业基础相当薄弱,电信业的发展是第一位的;为了促进电信业的发展,中央政府采取了暂时牺牲消费者利益的做法,以获得电信投资的资金;本质上讲,这是一种产业政策和反垄断之间的冲突,当时的环境决定了产业政策的优先,也就只能暂时容忍行政性垄断高价造成的损失。

十几年的垄断高价,为中国电信业的发展提供了充足的资金保证;与此同时,主要矛盾也开始转向,转为消费者与电信高价之间的矛盾,电信业的行政性垄断问题也成为主要需要解决的问题。此时,产业政策不再是第一考虑因素,中央政府开始着手解决破除行政性垄断的问题——1994年中国联通的成立,标志着这种政策转型的开始,虽然原邮电部极力反对,但是在中央政府即国务院的支持下,电信业独家垄断的格局终于得以打破。电信业后来的改革进程,都是这一政策转型的继续,即中央政府力图破除电信业的行政性垄断,以求得电信业生产效率和配置效率的提高。

明确了力图破除行政性垄断的主体之后,下面我们转向探讨中央政府是如何破除行政性垄断的。结合行政性垄断的主要表现形式,破除行政性垄断主要可以采用两种手段——第一是市场结构政策,即中央政府可以通过降低电信业的行政进入壁垒,通过市场竞争达到的合意的绩效结果;第二是有效规制政策,即中央政府可以通过提高价格规制等规制手段的效率来达到合意的绩效结果。截至目前,电信业的改革进程主要采取的是前一种破除手段;具体的,中央政府主要通过对原有垄断电信企业拆分为主、新企业进入为辅的手段构造电信业的市场结构的竞争格局,以达到提高生产效率,降低电信服务价格的目标。

竞争的市场结构,使得电信企业的生产效率有了很大幅度的提高;在生产效率提高的基础上,为了争夺消费者,电信服务价格也有了相应的下降。但是,电信业毕竟是一个特殊的行业,完全的市场竞争格局不可能达到,市场结构政策最终也只能使电信业由原来的独家垄断变为几家(目前看是三家)共存的寡头垄断。寡头垄断的市场结构比独家垄断更接近于合意的绩效目标,但是这种市场结构的价格竞争往往并不充分,如果再考虑价格合谋的可能性,有效规制政策应该成为未来破除行政性垄断的主要手段。

二、打破行业性行政垄断的政策建议

中国电信业破除行政性垄断的改革已经取得了很大的进展,但是并未达到理想的合意结果,改革还需继续推进下去;同时,很多其他行政性垄断行业的改革还刚起步甚至还没开始,整体的破除行业行政性垄断的问题更加迫切。在给行政性垄断问题所开出的方案中,大多数研究者认识到行政性垄断的根本特征与经济垄断不同,因此解决的手段也不同(于立,吴绪亮,2007)[①],他们从法经济学角度的分析认为经济垄断属于经济法范围,而行政性垄断属于宪法和行政法的范围,因此用限制经济垄断的反垄断法来限制滥用行政权力的宪政问题,在法理上存在着问题。他们因此提出的方案是修改充实行政法规,并伴之以政治体制改革,具体的操作方法则为取消现有《反垄断法》有关行政性垄断的条款,而根据宪法和行政法的法理,针对中国特色的行政性垄断,单设一部《反行政性垄断法》,再随着体制改革,使其逐渐失去作用;另一种思路为将反行政性垄断的思想从《行政许可法》、《行政诉讼法》、《行政复议法》、《行政监察法》等行政法规中体现出来。这一解决的方案与我们所设想的解决方案存在着较大的差别,在我们的考虑中,我们设制度环境在短时间不会出现很大的变化,在这种情形下来进行设计。

对于如何进一步破除行业行政性垄断,我们提出"两层次、三加二"改革思路以供参考。两层次的第一层次就是我们假定中央政府即国务院是代表社会公众利益的,其效用函数代表着社会总福利的提高(从电信业破除行政性垄断的改革进程来看,这个假定基本符合现实)。在这个假定层次下,我们认为中央政府主要可以从三点继续进行破除行政性垄断的改革。

1. 市场结构政策

对于可竞争性行业或者业务,打破行政性垄断主要宜采用市场结构政策,简

---

① 于立、吴绪亮:《关于"过度竞争"的误区与解疑——兼论中国反垄断立法的"渐进式"思路》,载《中国工业经济》2007年第1期。

言之就是"开放市场,引入竞争"。从电信业已经和正在进行的改革实践来看,其基本的途径是横向分解和纵向分解,但是这种方式由于只是把原有的一个大的国有垄断企业分成几个小的国有企业,并没有大的其他类型产权主体的进入,而且再加上分解后各企业之间相互可竞争的业务领域实际并不多,所以实际效果并不是很好。其中的主要原因在于分解之后的各厂商之间并没有能够形成有效的竞争,而且不考虑各行业产业特征的统一模式也难以起到良好的效果。例如在电力行业改革中,政府对电力行业实施了厂网分离以及组建五大发电集团的措施,从模式上看,这样的政策同时采用了纵向分拆及横向分拆,但五大发电集团在业务范围上交叉不多,由电力行业的产业特征,这些发电厂商很容易形成区域垄断,这导致行业内行政性垄断程度并不会发生明显的下降。而电信行业的分拆则由于网络规模构成行业发展的一个重要特征,这使得在电信行业内引入一个具备同样业务范围的厂商将有效地降低行业内的行政性垄断程度,并促使有效竞争的出现。因此,为了打破转轨经济条件下的行业性行政垄断,我们认为一个可行的方案仍是由政府推动的独立寡头垄断厂商在相关行业内的组建及运营。这一点在张宇燕(1995)[①]所综述的电信产业中联通公司的成立过程有着明显的体现,在位行政性垄断厂商仍掌握着大量制度及经济资源的情形下,只有同样掌握着公共权力参与方的积极参与,才能够在产业竞争领域实现以权力制约权力的目标,从而实质性地降低行业内行政性垄断的强度。

根据2005年1月12日国务院通过的《关于鼓励支持和引进非公有制经济发展的若干意见》,"在电力、电信、铁路、民航、石油等行业和领域,进一步引进市场竞争机制。对其中的自然垄断业务,积极推进投资主体多元化,非公有资本可以参股等方式进入;对其他业务,非公有资本可以独资、合资、合作、项目融资等方式进入"。为此,我们认为下一步有效地开放市场、引入竞争的关键在于:第一,树立市场竞争不是人为可以设计的信念(人为地设计市场竞争存在很多问题,比如电信业3G拍照的发放为什么定为3家而不是更多等),在原来分解的基础之上,进一步放开更有活力的非公有资本的自由进入,并主要让市场自行发挥作用,最终形成有效的多元产权主体的市场竞争格局;第二,切断政府部门与国有企业的"血缘关系",以防止市场发挥作用过程中可能发生的国有企业受"优待"的情形发生,这一方面需要实行政企分开和政资分开以切断二者的经济上的联系,同时也需要防止二者之间人事调动上的密切联系,即"旋转门"现象。

[①] 张宇燕:《国家放松管制的博弈——以中国联合通信有限公司的创建为例》,载《经济研究》1995年第6期。

即使在一些市场是否失灵存在很大争议的领域，也可以考虑"先适度放开、后谨慎观效"的策略促进市场竞争。但是，随着改革的推进，目前仍然被判定为行政性垄断的行业，基本都可认定为存在明显的市场失灵的行业，《反垄断法》第七条也对这些行业进行豁免；因此，尽管对于这些行内仍然存在的可竞争性领域要坚持放开进入的政策，但是不应该成为其进一步改革的重点。

2. 规制改革政策

对于部分市场失灵的行业或业务领域，由于存在由一个或少数几个企业生产的必要性，因此在引进投资主体多元化的同时，打破其行政性垄断主要的着眼点应该放在提高政府机构的规制效率上。

实现政企分开是垄断行业政府机构改革的首要任务。目前在中国自然垄断行业中，只有铁路和邮政两个行业的企业还没有从原来的政府附属部门变成自负盈亏、独立经营的市场主体，而其他行业起码从形式基本已经实现政企分开。在政企分开的过程中，一定要注意政资分开的重要性，因为如果政资分开不实现，政府和企业即使形式上已经分离，但是政府仍然会作为出资人对企业的经营进行干预，同时也会提供各种行政性的保护。

在政企分开、政资分开的基础上，一般认为，实现政监分开、设立独立的监管机构是目前政府规制机构改革的主要任务，但是政监分开的主要目的是实现政府监管的权威性和专业性，而单纯的政监分开并不会解决政府规制机构存在的主要问题。我们认为，政府规制机构改革的主要任务是：在政监分开的基础上，第一，为了防止监管机构与被规制企业之间可能发生的规制俘获行为，一定要维持规制程序的公开性和透明性，而且必要时要成立专门机构以监管监管者（反垄断法虽然对大部分行政性垄断行业豁免，但是中央政府可以考虑授予反垄断法执法机构监督规制机构的权力，从而实现部门政府的权力制衡）；第二，监管机构实现有效价格规制，最重要的就是能获得企业相关成本信息，当监管机构没有能力单独获得时，我们建议加大监管机构和第三方机构诸如审计署等的合作行为，以提高价格规制的有效性；第三，引入西方先进的激励性规制的思想和技术，从而破除政府规制难以同时兼顾生产效率和配置效率的难题。

3. 加强《反垄断法》的实施

《反垄断法》的出台，为我们用法律手段解决行政性垄断问题提供了可能性，但是影响其运作的因素有很多，因此其实际效果还有待检验。结合行政性垄断的主要表现形式，我们认为，在遏制行政性垄断企业的滥用市场势力行为上，《反垄断法》应该大有作为。这里有一条特别值得注意——千万不能单靠《反垄断法》执法机构的力量来进行反行政性垄断工作，一定要加强消费者、其他竞争厂商（包括潜在进入者）等外部力量的作用，让他们的声音有一个常规的诉求通道,因为他们都是直接的利益相关者,对反行政性垄断都抱有极大的热情。

两层次的第二个层次则假定中央政府也是理性人政府,并不总是代表社会公众的利益,为此,为了保证中央的政府的公正性,需要进行必要的监督以及权力制衡。这个层次的假设着眼于行业性行政垄断的长期范围内的彻底解决,因为从根本上来说,行政性垄断是公共权力在市场竞争领域内的扩张和彰显,而新制度经济学认为政治规则决定经济规则,这使得对行业性行政垄断的解决方案讨论引入到宪政经济学的范围内,对于政府来说,通过宪政将自己的手脚捆绑起来,不仅不会削弱统治者的能力,相反却会增强他的能力;也就是说,统治者将自己置于宪政之下即使从他本人的角度来看也是有利的(姚洋,2002)[①],这是从宪政的工具性的一个方面来看问题。此外,宪政工具性的另一个方面是为市场经济奠定了最高层次的法律和实质性保障,宪政的实质是权力制衡,且各方面都将自己置于统一的法律管辖之下;在宪政之下,任何一方都不可能单方面地使用法定范围以外的权力。因此,宪政为市场经济提供了稳定的法律环境和可预见性,从而大大地降低了交易成本,提高了经济运作的效率。另一方面,宪政还保证了市场经济中个人和企业不会受到来自权力机关的不规则干预和过度税收,从而为市场经济中的创新和投资提供动力。基于上述两点,姚洋得出结论认为,如果说经济增长是统治者得以维持其统治的基础的话,那么宪政对市场经济的支持,也是对统治者本身的支持。在保证社会稳定的基础的前提下,针对行业性行政垄断问题,我们认为有两点短期内是可行的。首先,对存在行业性行政垄断的厂商应使其信息更为透明,并由广泛代表性的参与方实行监督。在很大程度上来说,强权,包括行业性行政垄断所实现的市场强权得以维持的一个原因在于对相关信息的控制,在一个民主的制度环境下,如果这些信息能够为系统内其他参与人所获知的话,那么行政性垄断的维持就会面临很大的挑战。其次,加强普通民众的直接监督。普通民众也可以通过舆论的力量加强对政府的监督,使其更好地为全体人民谋福利。具体的,政府政务不涉嫌机密的,应予以公开,保证人民的知情权;政府重大事项决策,必须事前征求公众意见,不可关门决策;充分发挥新闻媒体的力量,对政府部门违规或者丑恶现象进行揭露;加强司法机构独立性和权威性,使普通民众与政府之间的冲突可以通过正规司法渠道得以解决。

[①] 姚洋:《制度与效率:与诺斯对话》,四川人民出版社2002年版。

第三节　打破地区性行政垄断的政策建议

地区性行政垄断作为行政权力与市场经济相结合的产物，目前已经严重威胁到市场化改革的继续推进，扭曲的要素价格，混乱的竞争秩序，分割的区域市场使市场经济的价格发现和竞争促进功能受到严重削弱，导致资源配置效率低下，社会福利遭受严重损失。同时，自然环境的破坏、资源能源的浪费，技术进步的停滞不前等等也使我们越来越怀疑中国经济增长的可持续性，而这种粗放型经济增长方式的产生和继续又是与地方政府的地区性行政垄断行为息息相关的，所以，要推进市场化改革和实现中国经济的可持续发展，并最终实现中华民族的"和平崛起"，就必须削弱和消除地区性行政垄断。

一、改革现行地方政府竞争制度安排

一方面，由于现行财税制度的不合理，我国各地方政府所掌握财力差距巨大，再加上财政收支的不透明，更加剧了这种财力上的不平衡性；另一方面，由于地方政府手中掌握着大量资源，具有巨大的流动性创造能力，导致其面临资金和成本上的双重软约束。这两个方面违背了竞争有效性的两个必要条件，也即竞争主体之间具有相当程度的相似性；以及竞争主体面临硬预算约束。造成我国现行的政府竞争制度效率低下，地区性行政垄断泛滥。所以，要削弱地区性行政垄断，就必须改革现行的政府竞争制度安排。

1. 改革现行的财税制度，实现各地方政府所掌握财力的平衡和透明

（1）加大财政体制改革，确保地方政府财权与事权的对称。地区性行政垄断的产生部分原因是地方政府财政收支压力太大，地方政府必须通过对部分产业的保护和干预来尽可能获得足够的财政收入，维护政府的正常运作，确保其政治权威。从这个角度看，缓解政府的收支压力是一种可行的选择，合理划分中央与地方政府的事权与财权刻不容缓。对诸如社会服务（包括医疗卫生、气象预报、消防等）、基础设施（包括交通、电力、自来水、垃圾处理、车站等）、社会管理（地方政府行政管理机构、公共秩序、公共安全等）以及地方性的文化体育事业等地方性的事务，要赋予地方相应的事权和财权。根据事项划分和分级管理的公共财政体制，明确一些事项的具体管辖归属权，改变过去按管理对象级别、隶属关系、项目大小、资金多少的"分段管理"和上下"重复管理"的模式，

提高政府管理的绩效。按照"宏观统一管理"、"微观管理下移"的原则，将规划权、政策制定权，可适当上收省市，将具体事项的管理、审批、登记、注册，以及执行性、操作性事务的处理权，可向县区政府转移。最后，在合理划分完事权之后，要以法律的形式加以确认并认真执行，这样才能真正起到约束作用，避免出现上级政府运用强制的行政命令将一些事权推给下级政府的现象。

另一方面，本着财权与事权对称的原则，还必须改革当前的财政收入制度，建立以税收为主、收费为辅、税费并存的财政收入运行机制。取消地方政府自行设置的增加本地财政收入的不规范收入形式，或者实行"费改税"，设置新税种，来提高收入的规范性，并可以纳入国家预算体系，这样既可以发挥转移支付平衡地区财力的目的，又可以抑制和减少腐败。除此之外，还必须增加地方政府的收入自主权，首先，根据税种的大小、涉及的地域和重要性程度合理划分税权，对于那些可以提供较多收入，全国普遍开征，具有宏观调控意义的大税种，应该由全国人大和中央政府相关机构享有立法权和政策调整权，对于那些提供的收入一般，重要性不大但全国开征的中等税种，可由全国人大和中央政府相关机构以立法的形式确定下来，但具体的实施细则则由地方政府来负责，对于那些提供的收入少的地方性的小税种，则可以地方政府自行确定并实施，但必须报请同级人大和中央政府批准；其次，逐步确立地方的主体税种，根据国际惯例，个人所得税和财产税可以作为地方政府的两个主要收入来源；最后，必须逐步减少生产性税种而增加消费性税种，使地方政府的注意力逐步转移到提高本地居民消费上来，一方面使广大居民能够在经济发展的过程中真正享受到生活水平的提高，另一方面也是扩大内需，带动经济发展和转变经济增长方式的有效手段。

（2）完善转移支付制度，实现其均衡地区财力的目的。首先，应该减轻转移支付中的税收返还对于区域异质的扩大作用，根据马拴友等（2003）① 的研究，有两种可供选择的方案，一是调减税收返还数量，只要切出其中的 30% 按过渡期转移支付办法分配，就可以突出转移支付的均衡功能，二是下决心触动现行财政利益分配格局，取消中央税收返还，将其作为中央可支配财力全部用于均衡性拨款；其次，要归并和简化转移支付体系，特别是要尽快地对现行专项拨款进行清理，在合理分类的基础上，该取消的取消，该合并的合并，以各地公共产品和公共服务水平基本均等化为目标，形成以一般转移支付为主体，以专项拨款为辅助的政府间转移支付结构形式；再次，要建立一个科学合理的转移支付标准，通过严格的计算和法定程序确定对各地区的转移支付额度，可以用"因素法"逐步取代"基数法"来核算转移支付数额，这些因素主要包括人口，经济

---

① 马拴友等：《转移支付与地区经济收敛》，载《经济研究》2003 年第 3 期。

发展水平，地区教育水平，地区医疗水平和地区经济结构等。对于专项转移支付，由于这些支付主要是为了实现中央政府的相关政策意图和宏观调控目标，所以必须要保证地方具有配套资金，更重要的，要加强对这些资金使用情况的监督，从资金的投入使用到项目的完成都要进行严格监督，落实责任人，从而实现专款专用，坚决纠正地方政府擅自挪用，影响中央政府宏观调控目标的违规违法行为；最后，必须尽快推进省以下的分税制改革，形成一个中央对省、省对市、市对县乡的多层次的纵向转移支付和省与省之间的横向转移支付相结合的模式。

（3）规范地方政府体制外收入，尽快将其纳入预算内外收支体系，并通过转移支付真正实现各地方政府财力的平衡。由于体制外收入并不纳入到预算体系当中，所以，转移支付的设计是无法考虑这部分收入的影响的，从而不能彻底消除地方政府之间的财力差距，这就要求中央政府尽快出台措施，将体制外收入规范化，纳入到预算内外体系当中，这样，转移支付才能消除掉这部分收入带来的差距，同时也可以大幅度地减轻腐败现象，因为这部分体制外收入是地方官员贪污腐败的主要经济来源之一。针对这部分收入的不规范甚至是不透明性，我们提出以下政策建议：第一，将那些已经发现的，具有税收性质的体制外收入规范化，设置相应的税种，通过将体制外收入纳入体制内，然后再通过转移支付来实现收入均等化，比如将土地出让金收入纳入体制内，并设置土地增值税作为地方税种；第二，对于那些已经发现的各级政府及其所属部门越权设置和巧立名目设置的不和的收费项目坚决予以取消，并对相关责任人进行惩处；第三，对于那些尚未发现的不透明的体制外收入，首先应该建立一种发现机制，我们建议设立一种举报机制，因为一般来讲地方政府获得的体制外收入都是不规范的，这样必然会损害一部分人的利益，通过设立举报机制，既可以让这部分利益受损的人的损失得到补偿，从而维护社会稳定，又可以及时发现地方政府的不规范行为，并加以纠正；第四，制定严格的法律法规，对于地方政府的违规收费行为予以严惩，增加地方政府机会主义行为的机会成本，这样，通过"举报机制"和法律威慑，就可以有效地杜绝地方政府的不规范行为，当然，这一切都是建立在中央政府与地方政府合理划分事权和财权的基础之上的，否则，地方政府既承担着大量事权，又没有相应的财权，还不能通过非正常渠道获得收入以弥补财政资金缺口，那么地方政府的各项职能就无法正常实现，也是不利于效率的提高的。这也从另一个角度说明当前中央政府对于地方政府所存在的大量不规范的体制外收入行为"睁一只眼，闭一只眼"的原因所在，也进一步佐证了制度改革必须要协调推进，否则就会"不和谐"现象。

（4）增加财政支出的透明度。地方政府实施地区性行政垄断需要较大的支出，为约束地方政府的支出行为，将其支出聚焦于公共支出，提高财政支出的透明度不可或缺。必须规范政府及其所属机构的筹集、分配和使用公共资金和资产的行为,防止公共资源的浪费和滥用,让公共收支活动最大限度地满足社会公众的愿望和要求,而不是用于政府支出,扰乱市场竞争。只有当社会舆论与新闻媒介均能了解财政支出的情况后,地方政府的支出行为才能受到约束,地区性行政垄断行为才会减少。首先,要培养"阳光"意识。尽管党中央反复要求权力公开和透明,公众对提高财政预算透明度的呼声高涨,部分地方基层政府也进行了一些可贵的实验,但整体上来看,实际的预算公开情况并不能尽如人意。财政信息以公开为原则,不公开为例外。除法律规定的保密事项外,所有财政信息一律向社会公布。对于有争议的不公开信息,政府相关部门有责任公开说明不公开的理由,必要时通过法律程序做出裁定。公共预算的首要特征就是公开性,就是预算必须向公众公开,接受公众监督,并且允许公众全程参与。公民以及各级人民代表大会有权要求政府相关部门提供财政信息;政府相关部门有责任和义务主动地或者应要求地向前者提供财政信息,并对所提供信息的完整性、及时性和真实性负责。其次,要构建信息库,科学分配公开权限。构建完整的财政信息库,将所有的财政资金都纳入该监督系统,并使该系统成为政府信息公开机构信息库的重要组成部分。这将是进一步实现财政信息公开,提高政府信息公开效率和服务质量的一个有力保证。二是要科学分配公开权限。由于担心公开"敏感"信息可能会带来各类"风险"并且承担潜在的"责任",信息的公开诉求时常会在预算单位和财政部门之间、政府业务部门和政府信息公开工作机构之间引起推诿扯皮的现象。为此,需要在预算单位和财政部门之间、政府部门内部机构之间明确公开权限,这是解决当前"敏感"信息公开难题的一大关键。必须从法律主体的角度明确公开义务主体,必须完善内部制度明确答复公开诉求的责任部门,通过这些细节的完善不断推动公开进程。

(5)财政体制改革的一个过渡性安排:按照地方政府的财政收支情况实行差别化分权。由于合理划分中央政府和地方政府事权和财权,改革转移支付体系和将体制外收入纳入体制内是一个长期的过程,也就是说,各地方政府之间掌握财力的不均衡性也将持续相当长的一段时间,但要想实现有效的政府竞争就必须使各地方政府所掌握财力的差距尽可能的小,这就出现了一个暂时性的矛盾。我们的建议是:可以实行差别化分权。对于那些财政收支状况好的地方政府减少分权的程度,而对那些财政收支状况差的地区提高分权的程度,这样就暂时缓解了各地方政府之间财力的不均等性,等到财政体制改革趋于规范化时,再实行统一分权,并通过转移支付来实现各地方政府财力的均衡。

2. 限制地方政府的流动性创造能力,硬化地方政府的预算约束

(1)规范投融资体系,避免政府的资金软约束。地区性行政垄断产生的一个重要原因是地方政府能够从银行获取信贷资金来干预市场运行或直接参与市场运行。一方面，加大银行的市场化改革力度，规范政府和银行的关系，减少政府对银行经营的干预。目前，银行经营在考虑收益性的同时，对安全性十分重视，这与我国的信用评级制度有关。我们认为，应加大商业银行的市场化改革，使得商业银行成为追求利润最大化的正常市场组织，加大相关立法，督促商业银行完善公司治理机制，如规范董事会和监事会结构，鼓励商业银行引入战略投资者，加大对管理层的监管以及激励程度，使得商业银行的经营更加规范透明，促进商业银行的市场化改革，防止商业银行的经营政治化。目前，我国商业银行的贷款主要集中在政府基础设施领域和国有企业，对中小企业和民营企业的信贷额度较小，由于优质贷款客户不足，商业银行为追求安全性，往往选择将贷款发放给政府。我国应出台信贷政策，促进信贷的公平化，鼓励商业银行加大对中小企业和民营企业的信贷支持力度，多元化的信贷渠道将使得商业银行对政府信贷客户的依赖减少，政府干预信贷决策的能力下降。另一方面，规范各种地方政府投融资公司。目前，地方政府参与和干预市场运行的主要渠道是城市商业银行以及投融资公司，这些融资平台成为政府直接参与经济发展的最重要渠道，地方政府往往通过上述融资平台来获取银行贷款，发行债券。为削弱地方政府的干预经济的能力，必须规范此类投融资公司的治理情况。如要求城市投融资平台的资产中，事业单位的资产不能计入净资产、利润主要来自财政补贴的城投公司将不鼓励发债，评级低的城投债不准进入交易市场。同时，出台相关文件，规范公司债市场的发债和地方负债的透明化，减少银行和地方政府的互相依赖。

（2）改变约束和激励机制，转变经济增长方式。培育和建立一批官方或非官方的组织机构和团体，制定并切实执行相关的法律法规，约束地方政府降低环境标准、扭曲资源价格和损害劳动力基本权利的行为，同时逐步改变地方政府的考核评价指标体系，增加包括环境保护、资源节约和劳动力权利保护等群众满意度指标的内容和权重，以促使地方政府切实鼓励技术创新，建立健全社会保障，走出一条环境保护、资源节约和劳动力福利提高的和谐发展之路。长期以来，在发展经济的过程中，我们走的是一条依靠环境的污染破坏、资源的过度浪费和劳动力的低廉便宜的粗放型经济增长之路。这一方面与我国目前的法律法规不完善有关，更与有法不依、执法不严有关。所以，我们应该逐渐培养和建立一批以环境保护、资源节约和劳动力权益保护为目标的官方或非官方组织机构和团体，承担起监督并约束地方政府行为的目的。同时，地方政府官员的政绩考核指标中也应该加入环境保护、资源节约和劳动力权益保护的内容，并且这些内容应该由本辖区居民打分给出，以增加本辖区居民对于地方政府的影响力。这样，通过专门的团体再加上广大居民的约束，就能促使地方政府将精力放在促进技术进步、保护环境和建立健全社会保障上，从而走上一条环境保护、资源节约和居民福利提高的和谐发展之路。关于法制建设和地方政府政绩考核的改革我们将在下文中专门论述。

（3）针对土地市场上存在的问题，我们提出以下建议：第一，强化农民和弱化地方政府各自在土地征用过程中的地位。一方面通过农民群体组织化，建立农民自己的组织和协会，共同与地方政府在土地征用和补偿问题上进行谈判，以尽可能地为农民争取利益，同时，这也是一个典型的讨价还价的过程，是一个正常的市场价格形成的过程，有利于推动农地的市场化。同时针对农地征用，制定相应的法规，以切实保证农民的利益，也使农民在谈判的时候有法可依，不至于发展成为暴力冲突事件；另一方面，弱化地方政府在土地征用过程中的地位。首先要逐步实现城乡土地市场的一体化，在一定程度上削弱地方政府的强势垄断地位。按照土地权能一致性的要求和物权法的规定，农地，特别是农村建设用地，与城市建设用地具有一致性，即所有权属于集体，使用权属于农民，但土地法却规定不能不能入市，这是歧视性制度设计，理应废弃；其次，准许建立农村建设用地交易市场，逐步实现农村土地市场化；最后，公共征地法制化，确定公共征地的范围，非公共利益征地只能通过市场获得。这样，通过以上的途径实现强化农民地位和弱化地方政府地位的目的。实际上，征地也是一个竞争的过程，在竞争的过程中，如果双方力量悬殊，必然造成竞争的结果极不利于"弱势"的一方，通过强化弱势的一方和弱化强势的一方，就能实现竞争双方力量上趋于一致，从而竞争的结果就会公平。这也是我们上文说参与竞争的双方必须要尽可能的相似是竞争有效性的条件之一的原因所在。

第二，加大政府职能转型，减少行政审批。地区性行政垄断对市场竞争机制的干预很大程度上是以行政审批的方式进行的，因此，要消除地区性行政垄断，必须减少政府的行政审批量，确保政府的审批不干扰市场的正常运行。各级政府在继续履行好市场调节和监管职能的同时，注重强化社会管理和公共服务职能，加强和改进政府公共管理的能力，全力建设服务型政府和公共支出型政府。认真落实《行政许可法》，尽量减少审批事项，确实不能取消的，要通过立法程序，公开办事程序，接受公众监督，杜绝各种官僚文牍和借机"寻租"的行为，减少审批周期和时间。坚持精简高效统一的原则，考虑建立行政审批中心，加快行政审批事项集中审批向联合审批、统一审批过渡，并实现当场办结。改变政府直接干预微观经济活动的做法和主要用行政手段管理经济的方式，充分运用经济和法律手段调控经济运行和实施市场监管；善于运用间接管理、动态管理和事后监督管理等手段，改进社会管理和公共服务，防止政府管理的"缺位"和"越位"。全面改革行业组织和中介机构的管理和监督体制，为社会中介组织提供发展空间，使其发挥提供服务、反映诉求、规范行为的作用，将经济活动中的社会服务性及相当一部分执行性、操作性职能转移给社会中介组织，以防止因政府干预过度而造成的政府"失灵"。割断中介机构与政府部门的从属关系，保证中介机构的独立性，防止政府通过操纵中介机构来干预市场机制的运转。关于地方政府职能转变我们将在下文中予以专门论述。

(4) 降低硬化地方政府预算约束信息成本的一个设计：火警机制。由于限制地方政府的流动性创造能力需要各方投入巨大的精力，这就意味着巨大的信息成本，而火警机制则可以有效地降低信息成本。由于地方政府创造流动性的时候是一个非帕累托改进的过程，总是会损害某一方的利益，所以，这时只要设置一个行之有效的"举报机制"，就既可以以最低的成本来获得信息，又可以补偿受损一方的利益，维持社会稳定。

二、建立区域协商合作机制

虽然通过财政体制改革可以平衡地方政府所掌握的财力，通过限制地方政府的流动性创造能力可以硬化地方政府的约束，但各地方之间仍然存在着在资源、气候、地理位置等自然禀赋和历史、人文、风俗习惯等社会禀赋上的巨大差异，也就是说，政府竞争所要求各参与主体之间的同质性仍然无法实现，这时候，就需要建立一种区域的协商合作机制来约束和激励地方政府以合理正常的方式参与竞争，从而彻底消除地区性行政垄断。

大卫·李嘉图认为区域合作是某一特定区域内不同利益主体单位的合作，资源稀缺性的约束造就了区域之间利益矛盾或冲突的一面，但同时也迫使它们必须相互依赖才能够在资源稀缺的约束下使"享受得到增进"。按照亚当·斯密的观点，相互依赖的本性则需要使其得以显现的"秩序"。殷存毅认为"秩序"涵盖的主要内容是对一种权利的界定及交易，以及相应的组织形式设计，亦即促成区域之间实现合作的约束及激励机制。从区域合作的本质来看，区域合作的成败关键是构建有助于目标实现的制度安排。我们认为一个有效的跨区域协商合作机制需要包括三个组成部分：具体负责协商合作的组织机制；能够鼓励所有区域都参加的动力机制；能够约束参加者机会主义行为的约束机制。

1. 组织机制

建立一个有效的跨区域协商合作机制即建立一个有效的"治理机制"来协调区域间的社会经济事务。罗西瑙（2001）[①] 将治理定义为一系列活动领域里的

[①] ［美］罗西瑙、张胜军、刘小林等译：《没有政府的治理》，江西人民出版社2001年版。

管理机制，与统治不同，它是一种由共同目标支持的活动，这些活动的管理主体未必是政府，也无须依靠国家的强制力量来实现；治理由共同的目标所支持，这个目标未必出自合法和正式规定的职责，也不一定依靠强制力量而使别人服从；治理既包括政府机制，也包括非正式、非政府的机制。我们可以理解为，"治理"本质上是一个意图解构和软化政府的概念，它承载了改革的内涵，即对僵硬的国家机器和官僚组织进行制度设计的改造。这主要体现在以下两方面：第一，"治理"范式试图让不同的行动者和利益团体介入决策，包括私人部门、各种非政府组织和地方团体。第二，"治理"范式试图超越僵硬的行政区划的限制，降低官僚体制的交易费用，提高制度效率。

在以实现经济协调发展为目标的区域合作中，各个成员不可避免地要进行产权的部分让渡，并由超越行政区划的组织机构来行使有各成员让渡出来的这部分权力，以制定整体性的合作发展计划，协调解决成员之间的利益矛盾冲突。在实现区域协调合作的过程中，任何一个区域作为区域合作的当事人，不可能成为组织协调者，也就是说运动员不可能同时成为裁判员，所以，有必要建立一个专门负责区域间事务的组织协调机构。需要引起我们注意的是，区域内地方政府部分决策权出让给"特殊体制"并不意味着其根据本地区实际和自身意志制定政策的权利的丧失，而是依然保持其无限的活力。这是因为，如果我们将区域内地方政府的合作视为"非零和博弈"时，它实际是权力在分配的一种形式，即集中的权力有利于解决共同的问题，增强区域成员政府的整体行动能力。"合作体制"可以以"区域合作委员会"的形式出现，同时我们必须在"合作委员会"这个层面有中央政府介入，原因有两点：一是中央政府所代表的国家利益并不总是与地方利益相一致，区域经济合作的目标或政策在有的问题上有可能偏离国家利益。这需要中央政府的约束。二是经济人的理性不可避免地使各个成员之间存在一定程度的博弈关系，如对公共资源的争夺。尽管所有行为主体都明白结果是非效率的，但每个人的独立行动都无力协调其他行为主体的活动以达到帕累托优等均衡。这就是个人理性与集体理性之间的矛盾，这就产生出典型的协调问题。虽然有合作委员会可以协调，但由博弈主体代表组成的合作委员会难免有时为"守土有责"而产生偏向，因此一种外在的约束是非常必要的，这只能是由中央政府来扮演这个外在约束角色。

2. 动力机制

如何建立有效的动力机制是中国区域合作面临的一个根本性难题，其中，如何解决不同发展水平的成员参与合作的激励问题是一大难点。对区域合作威胁最大的是成员之间的发展水平不平衡，因为发展水平不同意味着不同的利益诉求，意味着合作的利益和成本的分配是不平衡的。从微观上看，经济发展不平衡表现为各地区企业处于产业链的不同位置，这一方面有利于发挥各自的比较优势，但也容易产生各种摩擦。经济发展不均衡也体现在各地区法制环境与市场制度的差异上，这不利于深层次的合作，因为这增加了法律、政策协调等方面的成本。如果没有相应的机制来改善不平衡状况，就难免使一些合作伙伴失去合作动力。一个典型的例子就是两个地区发展同一种增长型产业，但一地区具有比较优势，另一地区则没有，在没有区域协商机制之前，不具有比较优势区域地方政府肯定会对本区域的该产业进行保护，以利于增长政绩的实现，但出现了合作机制之后，该地方政府就不能再对该产业进行保护了，那么在与具有比较优势的地区的同一产业进行竞争时，肯定就会失败，地方政府的增长利益因此受损，另一地区的增长利益则因此受益，在这种情况下，那个不具有比较优势的地区肯定没有动力参加这个区域合作组织。

成员之间能否达成一个具有约束力的、自动实施的协议，保证"合作博弈"能够重复，关键在于能否让那些落后的伙伴在合作中缩小差距。因此，必须设立一种利益补偿和利益分享机制，来弥补受损地区因为参加区域合作组织而受到的损失，这部分利益补偿金可以由那些因为参加该组织而受益的区域来出，也可以由中央政府来出，也可以共同承担，但不管如何划分，只有设立一个这样的利益补偿和利益分享机制，才能使所有的区域都有动力参与到这个区域合作组织中。我们建议建立旨在缩小合作成员之间发展差距的发展基金用于发展落后地区基础设施的建设，资助面临结构性困难的区域的转型，支持落后地区的人力资源培训。基金资助应附有条件，即接受资金资助对象大多是发展较为落后的地区，而基金出资较多的则是相对发达地区，基金资助的附加条件实质上是一种权利交换，是对欠发达地区的激励。

3. 约束机制

一个完善的制度设计既要考虑对制度所针对对象的激励机制设计，也不能忽视约束机制设计，只有激励没有约束，就会导致机会主义行为泛滥，只有约束没有激励就是死气沉沉一片，缺乏效率，区域间的协商合作机制设计也是一样。在上文中我们讲到了如何激励各区域参加到这个组织中，下面就来讲如何约束区域地方政府的机会主义行为。我们认为，最重要的约束机制就是法律。现代市场经济作为一种有效运作的体制的条件是法治，而法治则是通过其两个经济作用来为市场经济提供制度保障的。法治的第一个经济作用是约束政府，约束的是政府对经济活动的任意干预。法治的第二个经济作用是约束经济人行为，其中包括产权界定和保护，合同和法律的执行，公平裁判，维护市场竞争。法治的这两个作用在区域经济合作问题上普遍存在，而且它还增加了一些特殊内容，即约束合作成员政府对经济合作的任意干预，约束经济人行为还包括合作成员"搭便车"的行为,以及合作组织机构偏离公平原则的全力运用行为。

因此必须要制定完备的区域合作法律,区域利益补偿与利益分享条例,使地方政府的行为受到法律的严格约束。所制定的法律应包含两个层面:一是国家队区域经济合作的法律规范;二是地方性法律或法规支持。除了法律之外,司法制度更加重要,一部不能有效执行的法律甚至坏于没有法律,所以,司法非常关键。我们认为采用钱颖一(2000)①建议的"双层司法体制"是合适的,即现有的地方一层司法只判决本地区内的纠纷,而跨省的纠纷由中央一层的司法机构处理。这可以与上文中提到的"区域合作委员会"相互配合共同构成约束区域地方政府机会主义行为的有效保障。

在建立起区域协商合作机制并使其有效运行后,可以考虑运用该机制设计的激励和约束安排,进行区域之间基于禀赋差异和比较优势的专业化分工,使区域之间建立起差异化的、互补的经济和产业结构,这就为各区域之间的自主合作提供了基础,也为全国性统一大市场的形成提供了动力。一旦这种局面形成,一个真正融合为一体的全国性统一大市场的形成就指日可待了。

总之,通过建立这样一种区域协商机制,就可以避免因为地方政府所面临的区域禀赋差异而导致的地区性行政垄断,并最终形成一个区域之间基于禀赋差异和比较优势的互补性经济和产业结构,从而建立一个真正的全国性统一大市场。

4. 建立全国统一大市场的"市场化途径"——产业内市场结构寡头化

这里的产业内市场结构寡头化是指在一个产业里面,经过自由的竞争,最后形成几家大型企业共享市场份额的市场结构,这实际上是通过培育和壮大市场自身的力量来达到与地方政府的行政力量相抗衡的目的,这样,这些寡头企业就能够利用自身所掌握的巨大资源来整合市场,从而达到冲破行政区域藩篱的目的。我国彩电业的发展历程就是一个生动的例子。20世纪80年代初,由于彩电行业利润高,地方政府纷纷支持,彩电企业遍地开花,除青海和西藏外,每省至少有一家彩电企业。同时,地方保护主义盛行,彩电行业市场分割严重。随着市场经济的发育,彩电行业进入激烈竞争阶段,长虹、康佳等名牌企业通过兼并不断扩大规模,成为行业的佼佼者。中国的彩电业也在生产规模和市场份额方面实现了集中,从而打破了地区性行政垄断,形成了合理的产业布局。

三、改革地方政府的考核和激励机制

虽然有完善的政府竞争制度框架,但地方政府竞争目标的不合理仍然会导致

---

① 钱颖一:《市场与法治》,载《经济社会体制比较》2000年第3期。

地区性行政垄断加剧。长期以来，各地方政府为增长而竞争的格局造成了一轮又一轮的重复建设和投资热潮，地方保护和市场分割屡禁不止，市场秩序极为混乱，辖区居民的利益得不到有效保障，医疗卫生、教育普及和科技发展得不到应有的重视，所以，要最终消除地区性行政垄断，还必须改变地方政府的激励机制设计。

1. 我国现行的以 GDP 增长为核心的相对绩效考核存在的问题

（1）相对绩效考核本身存在的问题。首先，相对绩效考核会造成地方政府之间的恶性竞争，各地方政府之间不仅关注本区域的经济发展，更关注本区域的经济发展相对于其他区域的经济发展情况和本区域的经济发展排名，因此，各区域地方政府不仅有激励去发展本地经济，更有激励去破坏其他区域的经济发展，典型的就是地方保护和市场分割。虽然市场一体化对所有的区域的经济发展都有好处，但对于经济实力强的区域的好处要大于对经济实力弱的地区的好处，这样，落后的地区就没有激励开放市场，从而造成了形形色色的地方保护主义；其次，相对绩效考核要求参与考核的各地区面临的外部冲击和风险是共同的，这样才能真正反映出各区域地方政府发展经济所付出的真实努力，但实际上，各区域之间在资源禀赋、地理位置、历史风俗和人力资本结构等方面存在重大差异，这样就无法有效分辨出地方政府的努力在区域经济发展过程中到底发挥了多大作用，从而相对绩效考核的有效性就大打折扣；最后，由于经济发展是一个连续的过程，前一阶段的经济发展是后一阶段的经济发展的基础，而且，经济发展具有显著的马太效应，也就是好的越好，差的越差，这样，那些落后地区的经济发展就很难赶上那些先天条件优越的发达地区，成为相对绩效考核中永远的失败者，既然注定要失败，所以，偷懒甚至对本区域的居民进行掠夺要比付出努力而得不到任何回报所带来的效用大得多，所以，相对绩效考核对于那些注定要失败的参与者是没有激励效果甚至会产生负激励。

（2）以 GDP 增长为核心的绩效考核存在的问题。地方政府作为中央政府和辖区居民的代理人，其任务具有多重性，而且，同一任务有的存在多种目标，在这些任务和目标中，有些任务和目标的完成情况容易量化和考核，有些任务的完成情况不容易量化和考核，这样就造成了对不同的任务和目标进行考核的信息成本的不同，另外，在这多种任务和目标中，不同的任务和目标的重要性程度是不一样的，在不同的阶段和不同的历史条件下，地方政府应该集中力量去完成最重要的任务和目标，所以，中央政府在制定考核指标时，显然就会选择一个能够实现考核信息成本和重要性程度联合最优化的指标，对正处于发展中的转型大国来说，以 GDP 的增长作为考核指标的核心显然具有相当程度的合理性，但同时，这一考核标准也带来了一系列的问题。首先，这会导致地方政府忽略其他与短期经济增长无关但也很重要的任务，这包括能够提高辖区居民福利水平的医疗卫生条件的改善、义务教育的发展和社会保障体制的完善等等；其次，这会导致地方政府有激励去实行那些破坏社会整体福利但有利于本区域经济发展的事情，这就是个体理性导致的集体非理性，典型的除了上文提到的地方保护和市场分割外，还包括地方政府不顾国家宏观调控的大局，"逆风而行，顶风而上"，"上有政策，下有对策"，造成了宏观经济形势的失控，严重时会威胁国家的经济安全。另外，地方政府对于假冒伪劣产品的保护等破坏市场秩序的行为和对于农业经济发展的抑制等损害"弱势群体"利益的行为也是重要的表现之一；最后，这会导致地方政府过度偏爱那些能够促进短期经济发展的手段和产业，从而产生一轮又一轮的投资过热和重复建设，不仅促生了愈演愈烈的"优惠政策大战"，更造成了区域之间严重相似的产业结构，大大加剧了区域之间的市场分割程度，使区域的比较优势无法发挥，社会整体福利下降。

（3）政治集权下相对绩效考核存在的问题。政治集权和经济分权是具有鲜明中国特色的制度安排，而且在法治缺失的条件下，还是中国市场化改革的一种次优选择。这是因为面临改革任务的中国在改革之初并不存在一个完善的法治环境，甚至不存在起码的法治意识，一旦实行了私有化和自由化，用来约束微观市场主体的成本将大到不可实行，以至于微观市场主体不是采取降低成本而是采取寻租、裙带关系甚至是暴力来达到聚敛财富的目的，经济将陷入严重混乱甚至是崩溃的地步，但规范政府的行为则相对来说容易得多。首先，中国存在一个层级严密、组织规范、动员能力极强政府体系，中央政府牢牢掌握着地方政府官员的任免权，地方层级的政府又确立了下管一级的干部管理体制，并且每一级都实行严格的行政首长负责制，党委成为最高的行政首长，这种严格的层级设置部分替代了法治的权威性；其次，中国 M 型的层级政府体系使各个地方政府可以围绕上级政府所制定的某个目标展开竞争，从而既可以轻而易举的复制市场经济的竞争特性，又可以较好的控制政府的行为取向，从而使实现既定目标的效率大大提高；最后，在中国，官员的在位与不在位存在重大差别，这种重大差别所造成的负向激励使地方政府官员机会主义行为的机会成本大大提高，这无形当中部分的替代了法治的约束作用。以上三点实际上将法治与市场经济的制度特性有机的融合在一起，既取得了比中央集权性质下的计划经济更高的效率，又取得了比法治缺失环境下的市场经济更好的秩序，从而使地方政府主导的市场经济成为法治缺失条件下大国转轨的一个次优选择。但是，这种政治集权下中央政府与地方政府之间存在严重信息不对称，这样，中央政府只能通过间接的政绩指标来进行，上文指出，这个指标就是 GDP 增长，但是这种设计虽然可以保证经济增长的实现，但却无法保证不能对地方政府进行有效监督的辖区居民利益的实现，从而不能使辖区居民从经济发展的过程中享受福利的相应提高，这就是政治集权下绩效考核的最大缺点。

2. "十一五"规划指标体系对地方政府绩效考核的改进

"十一五"规划指标体系，将指标分为约束性指标和预期性指标，在22项主要经济社会指标中，约束性指标8项，分别是全国总人口，单位GDP能源消耗降低、单位工业增加值用水量降低、耕地保有量、主要污染物排放总量减少、森林覆盖率、城镇基本养老保险覆盖人数、新型农村合作医疗覆盖率；预期性指标14项，包括GDP在内的6项经济总量和结构指标全部是预期性指标，预期性指标是指国家期望的发展目标，主要依靠市场主体的自主行为实现，政府要创造良好的宏观环境，制度环境和市场环境，并适时调整宏观调控方向和力度，综合各种政策引导社会资源配置。约束性指标是在预期性基础上进一步明确并强化了政府责任的指标，是中央政府公共服务和涉及公众利益领域对地方政府和中央政府有关部门提出的工作要求，政府要通过合理配置公共资源和有效运用行政力量，确保实现。从以上"十一五"规划指标体系的简要描述中，我们可以得出对地方政府考核的一些趋向性改进：

（1）逐步改变了以GDP增长为核心的考核指标体系，开始体现科学发展观的执政理念。从"十一五"规划指标体系当中，我们可以看到经济总量指标和经济增长指标只占全部指标的1/4多一点，而且全部属于预期性指标。其中，"十一五"期间规划的年均GDP增长率为7.5%，大大低于"十五"计划完成情况9.5%，表明我国不再一味强调经济增长速度。更重要的是，这些指标全部都属于国家期望发展的目标，是预期性指标，其约束性大大减弱。在改革开放长达30年的历程当中，虽然我国的经济增长速度一直很高，并被称为"中国奇迹"，但这种"奇迹"的代价却是十分高昂的，环境污染、资源浪费、技术进步停滞不前，广大人民尤其是农民无法从经济增长中得到生活水平的相应提高，城乡差距、地区差距越来越大，就业问题越来越严重，整个社会的不和谐因素明显增多，已经威胁到社会稳定的大局，这表明以前的那种单纯强调GDP增长的绩效考核方式已经黔驴技穷，地方政府绩效考核走到了不得不改的地步了。从约束性指标我们可以看出，本次"十一五"规划将环境保护、资源节约和人民福利提高放在了政府工作的首要位置，由注重经济数量过渡到注重经济质量，体现了科学发展观的执政理念。

（2）约束性指标和预期性指标的划分为政府职能转变提供了方向，有利于政府与市场合理定位。预期性指标是指主要依靠市场主体的自主行为实现，政府要创造良好的宏观环境，制度环境和市场环境，并适时调整宏观调控方向和力度，综合各种政策引导社会资源配置。这就体现了政府对于自身职能及其与市场之间关系的正确定位，为市场经济在资源配置发挥基础性作用提供了保障，政府的主要职能是创造良好的宏观环境、制度环境和市场环境来引导市场，尤其是将GDP7.5%的增长率划定为预期性指标，主要是在政府所创造的良好环境中，由市场主体自发的经济活动完成，这就使得GDP增长于政府之间只具有间接关系，从而削弱了经济增长指标与地方政府政绩之间的关系。而约束性指标则是在预期性指标的基础上进一步强化政府的作用，而这些约束性指标无一例外的都是涉及经济质量和人民生活质量的提高方面，进一步表明政府的职能重点是在于市场不能有效发挥作用的涉及公共利益的公共产品领域，为政府的职能转型提供了前进的方向。总之，"十一五"规划指标体系中对于约束性指标和预期性指标的划分及其所包含的内容和含义界定体现了新时期党中央对于政府与市场关系的合理定位，成为继续推进政府机构改革和市场化改革的指示器，也标志着对于地方政府的考核依据将发生重大变化。

（3）约束性指标的含义和所包含的内容体现了为民执政的思想，预示着对地方政府的考核方式也将发生重要转折。约束性指标是在预期性基础上进一步明确并强化了政府责任的指标，是中央政府公共服务和涉及公众利益领域对地方政府和中央政府有关部门提出的工作要求，政府要通过合理配置公共资源和有效运用行政力量，确保实现。这就意味着地方政府将对约束性指标的实现程度负有首要责任，同时，这些约束性指标主要包括全国总人口，单位GDP能源消耗降低、单位工业增加值用水量降低、耕地保有量、主要污染物排放总量减少、森林覆盖率、城镇基本养老保险覆盖人数、新型农村合作医疗覆盖率，虽然这些指标都是可以量化的，但已经开始涉及难以量化的领域，比如环境保护、医疗卫生和人民生活水平，这些指标的设定一方面体现了为民执政的基本指导思想，另一方面也意味着居民的满意程度开始进入执政者的视野，也就是说对于地方政府的考核由原来的只注重可以量化的硬指标向可以量化的硬指标和不可量化的软指标（见下文解释）相结合的方式迈进，而对于不可量化的软指标只能通过辖区居民的打分来给出，所以，这就预示着居民满意度将作为一项重要的依据进入地方政府的考核依据，这一方面地方政府所受的外部约束大大加强，另一方面也意味着中国的官员考核方式将发生重大变化，辖区居民将会在考核中发挥越来越重要的作用，中国的民主改革将向前大大迈进。

3. 对地方政府考核的进一步改进

虽然"十一五"规划对地方政府的考核将迈出重要一步，但离目标设计仍有差距，我们认为至少还有以下方面有待完善：

（1）相对绩效考核的改进。从上文中，我们知道，"马太效应"将会使相对绩效考核的有效性大大降低，即落后者更落后，领先者永远领先，从而使注定要失败的一方失去继续努力工作的激励，甚至会出现机会主义行为和腐败。我们认为，在暂时无法改变相对绩效考核的情况下，应该从以下几个方面加以改善：首先，慎重考虑撤销地级市的决定，这是因为本来官员向上晋升的职位就是有限的，现在撤销了地级市，实行省直管县，这样，就会使县级干部往上晋升的职位大大减少，从而只有少许的领先者可以得到晋升，那些更多的无法得到晋升的地方政府官员的积极性就会严重受挫，从而恶化相对绩效考核的效果。这里实际上是要表明相对绩效考核有效必须要合理设计政府层级结构，合理设计每一级别要晋升的人数，合理设计晋升的方式，从而使得地方政府官员能够得到有效的激励，防止激励异化；其次，防止地方政府官员与地方利益集团勾结，出现地方政府官员从在地方为政得到的收益大于从晋升中得到的收益，这是相对绩效考核失效的另一条主要途径，这一方面要求必须进一步加强法制，加大对违法腐败行为的查处力度，增加腐败的机会成本，另一方面尽快转变政府职能，使政府从一般性的竞争领域退出，合理分权，使政府官员手中掌握的自由裁量权维持在一定限度内，并保持透明，接受社会监督；最后，合理设计地方政府官员的晋升方式，尽量避免将差距太大的两个区域的地方政府放在一起进行竞争，中央政府应该合理选择参与政治晋升的地区，使得这些参与同一竞争的区域的地方政府尽可能的相似，定期从那些落后但表现好的地区的地方政府中晋升官员到更高一级的行政部门，并使其成为一种晋升规则，最大程度地发挥相对绩效考核的作用。

（2）考核指标体系的合理设计。上文中指出现有的以 GDP 增长为中心的考核指标体系存在诸多弊端，而"十一五"规划开始逐渐改变这种考核标准，越来越多的引入体现和谐发展的比较全面的考核体系，但仍是不全面的。一般来讲，评价政府绩效的指标包括软指标和硬指标。软指标是指难以量化的公众的满意度，它反映人们对考核对象的意见、看法、期望值和满意度，是心理量值的反映，有相当的模糊性、不确定性和不可比性。硬指标是指可量化的指标，它反映客观事实，有确定的数量属性，只要事实清楚，原始数据真实完整，指标统计结果具有客观上的确定性，不同对象之间就具有明确的可比性。在美国，硬性指标是由美国会计总署承担的对政府的绩效审计，软性指标是由社会大众对政府进行评价，定期发布政府支持率，以增强政府执政地位的合法性和权威性。在硬性指标中，我们过去片面强调经济指标，但是新的"十一五"规划已经弱化了经济指标的地位，而强化了增长质量的指标，然而软性指标仍未明确给出，这与我国对地方政府的考核方式有关，在政治集权的情况下，作为能够对软指标进行打分的辖区居民并不能掌握地方政府官员的任免权，所以，居民满意度一直未进入考核标准。同时，我们也应该注意到，软指标由于其不可量化存在考核的困难，所以，在指标体系设计当中应当尽可能的"硬化"软指标，即划分成若干等级并赋予固定的分值，然后以恰当的方式与硬指标合并得出总的考核成绩。另外，要坚决防止和杜绝考核中的"数字造假"现象，确保考核信息的准确和可靠，这一方面要求保证统计部门的独立性，减少地方政府领导的干扰，切实切断行政部门与统计职能的联系，并对相关的弄虚作假现象予以严惩；另一方面，建立健全绩效评估的信息系统，使信息能够迅速的上传下达，为上级和其他部门提供参考，同时接受广泛的社会监督。

（3）政治集权下考核方式的改进。在上文中指出，我国对于地方政府的考核方式过于单一，仅仅由上级政府部门对地方政府进行考核不仅容易发生考核片面的情况，还容易出现上下级合谋，通过非正常渠道晋升的腐败行为。根据国外经验，我们应该将包括政府机关自我考核，上级评估，党和人民代表大会评估，独立的第三方（民间组织）评估、社会公众评估等在内的多种评估方式相结合，建立一种全方位的立体考核模式。其中，以上级评估、党和人民代表大会评估、社会评估作为主要依据，将独立的第三方评估作为主要参考，将政府机关自我考核作为一般参考。这就需要准确定位各方之间权力责任关系，被考核的政府机关要对上级政府、党和人民代表大会以及社会公众负责，上级政府要对党和人民代表大会以及社会公众负责，党和人民代表大会要对社会公众负责，这就说明社会公众的考核应该占有支配地位，但我国长期以来的政治集权实际上扭曲了这种权利责任关系，这就要求我们在以后的考核工作中，要逐步增加社会公众满意度考核比重，地方政府应该敞开大门让群众评议，这既可以改进政府的工作重点和工作方式，建立起人民满意的政府，又可以建立一条社会公众表达意见的途径，使各种不满及时化解，有利于维持社会稳定。目前，我国各地进行的"万人评议政府"活动正是朝这一方向的一种努力，但是真实效果并不明显，大多数都是"无果而终"，这表明，我国的政府评估方式改革任重而道远，社会公众评估才刚刚处于起步阶段。另外，由相对独立专业的民间第三方评估机构对地方政府考核不仅有利于形成专业的评估意见，还节省了大量的公共资源，但这类评估方式容易产生评估机构与政府机构合谋，影响评估的公正性，所以，其关键是要保持评估机构的独立性，切断评估机构与政府部门的利益联系，一旦这种评估机构可以较好的发挥作用，我国的地方政府考核方式必将产生大的飞跃。

（4）实现地方政府考核改革的一条强激励途径：设定下限，一票否决。由于地方政府所掌握的资源有限，所以其总是将有限的资源用于其所认为的最重要的用途，这样，许多其他在地方政府看来不重要但对整个社会和大众来说却是相当重要的方面就被忽略了，这其中，环境保护、资源节约和社会保障建立的长期落后就是典型的例子。我们建议，可以将这些地方政府忽略的方面设定一个合理的必须达到的下限，并根据发展的水平适时调高下限，如果其中任何一个方面达不到的话，就马上对相关责任人给予撤销其职务的处分，这种强激励必定会对政府行为产生强力的扭转作用，从而达到改革的目标。当然，这种方式首先是建立在合理划分中央地方的事权财权，以保证地方政府有能力实现其必要职能的基础之上的。

四、合理定位政府与市场关系

另外，完善的政府竞争制度框架、合理的政府竞争目标还必须与政府职能转型相配合，才能彻底消除地区性行政垄断。目前，我国地方政府在发展经济的过程中，即扮演"裁判员"，又扮演"运动员"，该管的事情没有管好，不该管而且管不好的事情却又瞎管，这就造成了政府职能与市场职能错位，行政权力与市场权力交叉，地区性行政垄断无法彻底根除。所以，要彻底消除地区性行政垄断，就必须转变政府职能。

1. 转变政府职能，增强政府的公共服务和社会管理能力

分权改革使地方政府一方面作为地方国有企业所有者的代表和地区经济的管理者，拥有较多的经济管理权，另一方面地方政府又成为利益主体。在转轨经济初期，中国地方政府经济职能强，曾经有利于促进中国的经济发展。但是随着中国社会主义市场经济体制的逐步完善、经济的全球化，地方政府如再强化其经济建设职能，不仅因地方保护而导致地方垄断甚至阻隔国内统一大市场的形成，而且会由于地方政府弱化其他职能而引发诸多社会问题。

从理论上讲，政府在市场经济中的作用主要是立足于四点考虑，即外部性、规模经济、市场不完全、分配不公平。外部性的存在要求政府在外部效应明显的领域如知识产权保护、环境污染等方面采取行动；规模经济的存在要求政府完善市场竞争机制，制定相关的规制政策，如反垄断政策；市场不完全则要求政府在信息的收集、整理、处理以及基础性的制度建设方面积极行动；而分配不公平则要求政府消除过大的收入差距。在转型初期，政府作用主要在于主动推进产业结构升级，推动工业化及产业高级化进程。但是，即使在这些市场失灵方面，限于自身组织经济活动的高成本和政府失灵因素，政府所要做的也并不全是替代市场，更多的是增进市场的作用，完善市场功能，充分发挥市场在资源配置中的基础性作用。转型中后期，按照市场经济的要求，地方政府的主要职能不应该再对经济活动进行直接干预或者直接投资经营企业，应当进行公共事务管理、提供公共服务和改善投资环境，也就是说，地方政府经济职能从"经济建设型"向"公共服务和社会管理型"转变。地方政府应当注意在思想上树立科学发展观，克服体制性障碍，正确处理好局部与全局、"管"与"放"、"统"与"松"等一系列关系，在充分发挥经济职能的前提下，更加注重发挥以下政府的公共服务和社会管理职能。

第一，保证就业，降低失业率。地方政府具体解决如何增加就业，其主要职责是：实行较为宽松的管理和税收政策，扩大自由职业者、微型企业和中小企业方面的就业机会；监督和制止一些政府机构随意检查处罚自由职业者、微型企业和中小企业。保护这些劳动者和企业不受到收费和干预的侵害；维持正常的自由职业者和中小企业工作和经营的治安环境，打击黑社会等恶势力对劳动和经营的侵害。另外，从目前国内的行业准入管制情况看，可供拓宽的政策空间非常大，特别是在容纳人力资源最为庞大的第三产业服务行业中更是如此。事实上，国内产业结构优化的瓶颈就在于服务业，而制约服务业发展的"瓶颈"又在于政策开放不足。比如金融服务行业、文化传媒行业、医疗服务行业等等，这些典型的现代服务产业始终没有全面向社会资本真正开放。行业内国有资本独大的现象非常明显，而更多潜在的市场机会却因为准入限制被阻挡在门外。与此同时，潜在而庞大的市场化就业需求，也就此被阻挡在了准入门槛之外，反而加剧了就业问题的严峻程度。在当前金融危机形势下，保增长的最直接目标理应是保就业，而为了能够实现这一调控政策目标，除了政府主导的就业岗位增加外，及时为微观经济主体创造更多的市场机遇才是最为有效的途径。

第二，建立社会安全网，保持社会稳定。地方政府的职能要求地方政府实现经济的公平，建立社会安全网，维护和保护社会稳定，给地方经济创造稳定的社会环境。建立和完善救济、低保、养老、医疗等社会保障制度，多渠道筹集资金，管理和发放好社会保障资金。现阶段，政府必须要在建立和完善农村社会保障上狠下工夫，在农村建立社会保障制度，必须要有经济支持、政策扶持以及法制把持，除了要考虑到经济变量如地区收入水平、消费水平、财富存量以外，还应该把地区习俗、文化、观念引导等隐性的、非正规的因素考虑进去。此外，权力变量（自上而下的制约和自下而上的制衡）也是一个重要的参量。农民的生产资料占有情况、职业状况、文化程度、家庭地位、声望等要素在制定社会保障制度过程中都不能不予以考虑。依据这些参量提炼出一个综合指数，才能界定政府主导实施的社会保障制度是不是真正因应农民的需求，政府的作用是不是发挥得当。对于我国农村来说，建立起适合不同地区的多层级、多类型的"梯状"社会保障体系，包括以政府为提供主体的对低收入家庭的补助、对贫困人群的社会救助制度、由农民个人、集体和国家三方共同筹建的养老保险制度、医疗保险制度，此外，政府在促使社区、企业或集体兴办补充型保障制度，以及帮助个人建立起自我保障制度方面也要发挥出独特的作用。

第三，改善投资环境。地方政府应为企业发展创造良好的外部环境，吸引外地企业来本地发展，增加就业机会，推动本地经济发展。为此地方政府应当给予外地企业国民待遇，提供信用贷款，举办社会事业，建立为企业服务的网络，进行基础设施和市政建设。实际上，就投资环境而言，投资者最看重的，就是有没有一个清晰的政府边界，也就是政府对自身与市场的角色定位，简言之是"政企关系"如何。很显然，一个天天让企业去交费，变相罚款的政府并不是投资者乐见的。一个需要投入大量精力去"搞关系"的地方自然不是让企业向往的投资乐土，而总去搞"政策倾斜"的地方政府也未必让企业真正感到安心。在市场经济条件下，政府负责生产公共品，应该做的是创造一个宽松的投资环境以及良好的商业秩序。这也就是所谓的"积极的不干预"，并不代表无为而治，而是要在公共品生产的临界值以内，做应该做的事情。其实，"积极不干预"并不是放任主义的另一个花巧名目，或者是"什么也不做"的态度的掩饰，而是一个政府对市场经济的深刻认识。如果试图分配私营部门可用的资源，强行打击市场力量，那么对一个经济体系的增长率，特别是中国这样以对外贸易为主的经济体系是有害的。所以，作为地方政府来讲，除了改善基础设施之外，真正能够转变观念，尊重市场力量才是长远的发展之道。

第四，保护生态环境。在保护环境方面市场是失灵的，第一，政府必须建立符合市场经济体制特点的环境机制和环境管理机制，采取正确的干预政策，让市场化的环境经济手段来正确处理经济发展与资源和环境的开发、利用和保护之间的关系，为社会公众提供环境产品和服务。第二，政府必须加强法制建设，坚持依法保护和治理生态环境。第三，各级政府还可以以主题功能区划分为依据，加强对自然生态的保护；加强生态的修复和环境保护，引导人口逐步有序转移，控制人为对自然生态的干预和破坏；依法全面开发建设项目，水土保持三同时制度，把人为造成的水土流失降低到最小程度。另外还要防止外来生物入侵对生态的破坏，大力推广健康养殖方式，推进农业增长方式的转变，遏制农业的病原污染等方面的问题。第四，政府必须继续完善促进循环经济发展的政策措施，进一步推进循环经济发展。要加大对清洁生产项目的支持力度，对高耗能、高排放行业实行更加严格的市场准入。继续加大对循环经济的资金投入力度，对一些节能效果明显的重点项目，要在资金上给予重点支持。落实好已有的资源综合利用税收优惠政策，对资源消耗小、循环利用率高、污染排放少的绿色产品、清洁产品和可再生能源等给予较低的消费税税率，对消耗高的消费品征收较高的消费税，抑制不合理消费。继续组织实施一批共性和关键技术攻关，积极支持相关技术服务体系建设，提高循环经济技术支撑能力。

第五，维持社会治安和正常的市场经济秩序。各地政府应通过强制和教育说服两种方式维护社会治安，通过预防和打击犯罪、规范社会成员的行为，稳定社会的秩序,以保护社会的健康、文明、有序。尤其是在当前的市场经济条件下,维护市场秩序是现代政府的首要职责,建立服务型政府,立足市场监管,提升政府服务市场的能力是规范市场秩序的根本出路。政府部门是市场规则的制订者和维持市场秩序的裁判者,这个身份无论是社会主义制度还是资本主义制度的政府,都是相同的。地方政府的所有收益只能来自税收这个唯一的途径,任何急功近利的把自己直接当成市场竞争者的角色的行为,都是违背政府在市场经济中的定位的。

2. 加大企业改革力度,实现政企分开

企业是市场经济的主体,政企不分是产生地方市场分割的微观基础。放权让利之后地方政府干扰了企业的生产决策、经营方式和投资决策,使企业长期生存在地方政府的保护和干预之下,缺乏竞争意识和对市场经济的准确认识,竞争力低下、发展后劲不足。统一的市场需要企业充分发挥经营自主权,在投融资、劳动用工、生产经营、产业结构优化等方面少受或不受外界干预、有独立的决策权。所以,必须下大力气改革现今企业的实际地方所有状况,减少地方政府在地方企业人事任免、经营决策、投融资等方面的干预。一方面要大力推进地方国有企业的产权改造、加快国有资产管理体制改革步伐,实现政企分开;另一方面要大力发展民营经济、外资经济等多种所有制经济,以市场规则来规范企业运营。

首先,积极推动地方国有企业的产权改造,大力推进非国有化。必须认真贯彻落实中共十五大、十五届四中全会以及十六大关于国有企业改革与发展的一系列政策文件精神,对国有经济实施战略性布局调整,有所为有所不为。从整个国民经济的角度来讲,除在少数行业和重点领域保持国有独资外,绝大多数国有企业都要实行股权多元化,国有股权应尽量通过出售等方式转移到其他公有制形式和居民手中。从地方角度讲,地方政府投资兴建、代理中央管理的企业,绝大部分都应转让出去。在一些公用事业领域,也可以通过特许权拍卖的方式,让其他经济成分经营,或实行国有民营,如承包、租赁等。

其次,应当加快国有资产管理体制改革步伐。当前,国有资产管理实行的是"国家所有、分级管理"的体制,这与也已形成的地方利益格局很不适应。在行政性分权体制下,地方政府投资兴建了很多企业,中央也将不少企业下放到地方政府,这些企业的重大投融资权、重要人事任免权、资产收益权等所有权力,实际上掌握在地方政府手上,地方政府成为实际的所有者。中央政府的利益则通过税收得到体现。此时仍强调国家所有、分级管理,在很大程度上已经失去了实质内容。而且,名义上没有所有权,还使地方政府对一些大中型企业难以推动产权多元化和非国有化。改革国有资产管理体制,一是承认现实,明确将大量国有企业归不同层次的地方政府所有,或拥有相机处置权,而是要求各级政府尽快实现政企分开，包括成立管人、管事和管资产相结合的国有资产管理机构，通过出售等方式加快非国有化。按照十六大报告提出的国有资产管理体制新架构和组建的基本原则：首先，中央和地方两级政府分别代表国家履行出资人职责；其次，要求两级政府设立国有资产管理机构，实行权利、义务和责任相统一，管资产和管人、管事相结合；第三，明确中央和地方政府管理的国有企业、国有资产的类型，实行分类管理。

最后，加快改制企业的公司法人治理结构建设。中共十五届四中全会明确指出，公司制是现代企业制度的一种有效组织形式，公司法人治理结构式公司制的核心。要切实推进现代企业制度建设，彻底消除国企改革过程中普遍存在的"换汤不换药"、"内部人控制"等现象，必须加速公司化进程，加快建设健全法人治理结构，其中的关键是重视完善董事会的运作方式。合理的董事会组成及运转，有助于在企业与政府之间构成一个"隔离带"，防止政府部门的无端干预。董事会组成必须充分体现股东和其他利益相关者的利益，除来自股东的代表外，职工、主要债权人、重要关联交易厂商的代表也应进入董事会，还应选聘一些社会专家学者等作为独立董事进入董事会。

3. 建立有效的约束机制

一个完善的制度设计由激励和约束两部分组成，而地区性行政垄断的产生和加剧很大程度上是因为地方政府激励过度而约束不足造成的，即法律由于缺失或执行不严而对地方政府失去了必要的约束作用。虽然在上文论述的过程中，我们也多次谈到了要制定相关的法律法规，并切实予以执行，以使地方政府的行为有法可依，违法必究，从而受到法律的监督和约束，但并不系统和完整。因此，我们认为有必要对其进行专门论述。

（1）完善法律体系，弥补法律空白，做到有法可依。第一，将反对地区性行政垄断的基本思想以法律的形式明确下来。实际上，地区性行政垄断是地方政府运用行政权力对市场及其竞争关系进行限制甚至是替代的行为或状态，其从根本上是有悖于我国的市场化改革方向的。地区性行政垄断不仅包括有损于全国大市场得以建立的地方保护和市场分割，还包括地方政府运用行政权力干预市场价格信号的形成和破坏正常的市场竞争秩序，这些行为都是有悖于公平公正的基本立法原则的，所以，我们建议在法律当中至少应体现出政府权力不得干扰市场正常运行的基本行政理念，这样，才能使建立社会主义市场经济的最终目标的实现得到切实保障。

第二，继续制定和完善约束地方政府行为、推进市场化改革的具体法律，尽量减少法律空白，使地方政府的行为有法可依。长期以来，我国的法律建设都非常迟缓，常常是被动出击，给各种机会主义行为留下了可乘之机。这就提醒我们制定法律必须要有预见性，要尽量减少各种法律空白，做到主动出击，防患于未然。首先，必须要加强相关的法律人才的培养，特别是既精通西方法律条例和其基本法制精神，又了解中国现实和熟悉中国文化的高级法律人才，才能实现中西结合，融会贯通，制定出符合中国国情的切实可行的法律来；其次，必须要首先完善基本的经济大法，建立经济领域的基本法律框架，这其中最重要的就是《反垄断法》和《反不正当竞争法》，虽然我国的《反垄断法》和《反不正当竞争法》已经出台，但一方面是过于粗糙，具体的细节和条例亟待完善，另一方面是与中国国情还相差太远，毕竟中国现实生活中存在的不是真正的垄断，而是行政性垄断，因此，有必要制定专门的《反行政性垄断法》，为市场化改革保驾护航；最后，必须根据现实情况和地区性行政垄断的具体表现，尽快出台具体的反地区性行政垄断法律和条例，比如制定《商业银行法》，规范地方政府同银行的关系，制定《土地出让法》，规范地方政府在土地出让中存在的诸多不规范行为等等，既从大处着眼，又从小处着手，不留法律空白，使地方政府的行为有法可依。

第三，清理现存的与国家大法和具体法律相违背的地方法规和条例，做到法出一门，维护国家法律的权威。改革开放以来，中央政府实行的行政性分权赋予了地方政府制定地方性法规和条例的权力，虽然这有利于地方政府的自主管理和灵活决策，但却也造成了"天高皇帝远"，"县官不如现管"，国家的正式法律在地方层面上被地区性的法规条例所取代，严重损害了国家大法的权威性，同时也必然导致国家的有关宏观调控的法令条例得不到有效贯彻，出现"上有政策，下有对策"的中央地方博弈的局面，不利于国家整体利益的实现。所以，在制定和完善国家法律体系的同时，必须清理与国家法律相违背的地方性法规和条例。另外，虽然法规条例可以清除，但具体的行为则很难监督，所以，除了对书面的地方性条例进行清除外，还应设立专门的监督监察机构和举报机构对地方政府的不规范行为进行严格查处，一经发现，从严处置，切实从制度和行为两个层面遏制地区性行政垄断的产生和加剧。

（2）建立相关的执法机构，理顺各执法机构之间的权责关系，做到有法必行。法律制定出来就要被执行，所以，在完善我国法律体系的同时，各种对应的制定法律机构也应该尽快成立，做到有法必行，这主要涉及三个方面的问题：第一，明确执法主体，一方面是要有对应的执法机构，另一方面是对应的执法机构一定要明确，不能一部法律同时有多个执行机构，不然就会出现政出多门，使执法对象无所适从；第二，首先应该合理设置我国的经济基本法——《反垄断法》的执行机构，关于我国反垄断执法机关的设置，国内理论界和有关部门曾提出过几种不同的方案。主要有三种意见：第一种意见认为，应当设立专门的反垄断执法机关，将商务部、发改委工商总局部分执法职能统一起来；第二种意见认为，对现有的行政机关依其职能进行确认，在其内部设立相对独立的专门机关；第三种意见认为，不设立专门的执法机关，由现有的有关行政机关各司其职。根据我们第一条所提出的执法主体应该明确的原则，我们主张应该单独创设专门的执法机构。这样的机构宜采取委员会制，直接隶属于国务院总理，其人事编制和财务由人事部和财政部编列预算，但在审理反垄断案件中具有高度的权威性和独立的裁决权。在具体的机构设置上，一方面，横向上，在其内部应设立多个具体功能性执行中心，比如设立专门的反行政性垄断局和反经济垄断局，另一方面，在纵向上，应当设立中央与省、自治区、直辖市两级机构。为保证其独立性，设在省、自治区、直辖市的反垄断执法机构不属地方政府领导，其经费和人事关系完全由中央反垄断执法机构统一掌握。在具体的管辖范围划分上，省级反垄断执法机构只受理本行政区域内的垄断案件，中央级反垄断执法机构管辖跨省、自治区、直辖市的垄断案件；第三，针对执法机关可能存在的不作为或乱作为情形，还应当完善对执法机关的责任追究制度，健全对于不作为行为的社会监督和司法监督机制，支持公民、法人或者其他组织对于行政不作为行为申请复议和提起诉讼，尤其要提倡公益诉讼，充分利用社会监督促进严格执法。

（3）完善司法体系，实现司法独立，建立司法审查制度。第一，建立健全司法独立制度，实现地方行政权与司法权的分离。司法权受地方政府的干预乃至控制是一种制度性的弊端，只有进行司法制度创新才能实现司法上的公正和公平，才能消除地区性行政垄断。而司法制度的创新最根本的就是实现司法的独立。首先，要建立相对独立的司法人事管理制度，在坚持党管干部的原则下，逐步建立司法干部的专门管理体制，并最终建立从中央到县级司法干部的垂直管理，在纵向上强化"条条"，在横向上弱化"块块"，同时还要建立独立的财政拨款制度，实行专款专用，减少司法机关对经济的依赖性；其次，建立法官、检察官职务、生活保障制度，从体制上消除其后顾之忧，使其专注于公正执法，最大限度地实现地方行政权力与司法权力的分离，保持司法机构及其工作人员的独立性；最后，建立司法独立审查机构和举报机制，对于违规的机构和个人予以通报批评，必要时吊销其执照，从而约束其机会主义行为。

第二，修改《行政诉讼法》，建立司法审查制度。在上文中提到，目前越来越多的地方政府以地方性法规条例的形式确认地区性行政垄断行为，披着合法的外衣，公然破坏市场竞争秩序和公平交易，然而，根据《行政诉讼法》第十二条规定，"公民、法人或其他组织对行政法规、规章制度或者行政机关制定、发布的具有普遍约束力的决定、命令提起诉讼，人民法院不予受理"。如果司法机构仅仅对行政性垄断行为进行受理，而不对造成这些行政性垄断行为的规定、条例和命令进行受理,那么,就并不能从根源上消除地区性行政垄断。虽然受理人能向行政性垄断主体的上级主管部门提请复议时一并审理,但无权起诉至人民法院申请司法保护。那么,这实际上就大大弱化了法律的约束力,所以,必须修改《行政诉讼法》,赋予行政性垄断受害人对以命令、决定和指示存在的地区性行政垄断形式提起诉讼的权利。

第三,司法独立的一个过渡机制——双层司法体系的建设。由于实现司法独立是一个长期的过程,所以,可以考虑钱颖一(2000)①提出的双层司法体系的模式,即现有的地方一层司法只判决本地区内的纠纷,而跨省的纠纷由中央一层的司法机构处理。我们建议由各个省各出一些代表,同时再由中央政府派出专门代表中央的专家组共同组成一个"区域合作委员会",在这个委员会中,各区域代表针对区域之间的事情进行协商谈判,并最终由中央政府派出的专家组做出最后裁决,如果各区域代表的协商结果有利于维护全国性统一大市场,则裁决通过,反之,则裁决不通过,需要重新协商。任何一个区域代表均有权向专家组提请损害本区域利益的其他区域的歧视性行为,专家组接到申请后,有权以合法的形式进行多种调查取证,一旦查证属实,则对相关责任人进行严惩,并对该区域整体实施适度的惩罚性措施。实际上,上文中提到的反垄断专门机构的设置上,就是采用了这种"双层司法体系"。

(4)推进政府制度改革。政府机构的设置和相关制度安排也为地区性行政垄断的产生埋下了隐患,这突出表现在目前的政府规模过于庞大,机构设置不合理,结构性矛盾突出;公务员工资收入安排不合理,区域之间存在巨大差异,公务员工资由经济发展水平决定,这就为地区性行政垄断的产生埋下了隐患,同时也不符合"小政府,大市场"的市场化改革目标,所以,必须要继续深入推进政府机构改革,防患于未然。

第一,转变政府职能和严控政府规模,提高政府办事效率。地方部门设置不合理、多头管理、政出多门,民众办事难;行政审批手续繁杂,办事效率低;行政运行成本高,政府自身费用过多;权力滥用,以权谋私等等,这些是造成地区性行政垄断的一个重要原因,也是地方政府效率低下的根源所在。伴随着中国经济的发展,行政体制改革的滞后,已经严重阻碍了经济体制改革。分散管理的行政机关不仅增加了改革的成本,而且扭曲了改革的方向。所以,下一步的政府机构改革,应该在以下两点着力:一是继续转变政府职能,合理定位政府与市场关系,这在上文中已经予以专门讨论,这里就不再赘述了;二是严格控制政府规模,地方政府机构规模的改善并不是简单的撤并机构、优化机构数量,而是通过

---

① 钱颖一:《市场与法治》,载《经济社会体制比较》2000年第3期。

机构的整合来优化地方行政系统结构乃至整个行政体制。具体而言，就是通过对地方行政管理体制存在的结构性弊端进行改革，从而优化行政组织结构体系；精简机构固然重要，但如果没有触动整个管理体制，就不能从根本上解决问题，从机构改革拓展到行政管理体制改革，既是巩固发展机构改革成果的需要，也是机构改革的必然趋势。目前，各地因地制宜，探索以大部制为改革方向的地方政府机构整合和重组是一条可行的路径。

第二，改革公务员工资制度，消除地区性行政垄断隐患。尽快颁布并执行《公务员法》或单独制定《公务员工资法》，在相关法律中，明确公务员工资提升所以能够遵循的原则、依据。公务员是借助政府平台为人民提供公共服务的人员，不是经营政府的企业家，无论身居何处，都服务于同一个政府，因此，不同地区的公务员应该有水平大体接近或差别不太悬殊的薪水。不能因为地方经济发达，就享有水平高得惊人的工资，也不能因为经济落后，只能享有水平仅能维持基本生活的收入。实际上，经济发达与不发达与本地区公务员的努力水平的关系并不大，相反，可能与中央政府的政策倾斜、区位条件优越等客观条件有关，如果仅仅根据地区经济发展程度的高低来决定公务员工资水平的高低是不合理的，这会造成公务员工资差距过大和工资增长的相互攀比，从而强化地方政府的保护主义倾向，所以，应该全盘考虑公务员工资的升降，尽快形成合理的公务员工资决定机制。

第三，实行干部易地任职和实习制度，促进区域合作和公平竞争。由于政府工作人员缺乏流动性，特别是对当地政策有相当影响力的各部门的中下层干部，这便在底层形成了一张牢固的关系网，这张网的共同收益就是来自政府的收入，其中一部分就是租金，为了确保这部分利益，这张网就形成了本地意识。任何外来势力都很难打破，地方保护主义实际上来自这张关系网及其背后的利益。如果要促进地区之间的良性竞争，首先要打破这张关系网，或者说，把这张网的边界尽可能的扩大，力求稀释背后的租金，打破关系网的最直接的做法就是干部横向交流制度，把干部的横向交流和当地人才培养，政治体制改革以及辖区间经济合作四者结合起来，具体做法为：第一步，当地每年承担的大中专毕业生和退伍军人的安置任务向在职培训转化；第二步，在当地工作五年以内的公务员必须到发达地区实习，虽然这不能完全消除关系网，但这种交流至少可以开阔视野，增加其利用关系网的机会成本，从而降低政治体制改革的机会成本，进而有利于促进区域之间的经济合作，另外，这也有利于缩小地区之间的人力资本差距，促进区域之间展开公平的良性竞争。

五、增长型政府竞争框架下的地区性行政垄断治理

根据上文的分析,我们认为要限制、消除地区性行政垄断并继续推进市场化改革,应该分三步走:第一步,通过系统性的改革消除地方政府所面临的第一层次意义上的地区异质性,从而限制、削弱地区性行政垄断,改变准市场经济状态,建立区域内的真正的市场经济;第二步,通过构建一揽子地方政府协商合作机制,来避免和利用第二层次意义上的地区异质性,从而彻底消除地区性行政垄断,构建全国性的统一大市场;第三步,推行民主政治和法治,结束政府主导市场化这一次优选择的历史使命,最终形成一个政府与市场保持距离型的真正的市场经济,从而完成市场化改革的任务。下面进行具体的分析。

消除地方政府所面临的第一层次意义上的区域异质性,限制和削弱地区性行政垄断,改变区域内部的准市场经济状态,使增长型政府竞争向"维护市场型的财政联邦主义"意义上的政府竞争模式转变。实际上,增长型政府竞争这一制度安排本质上是模拟市场竞争以尽可能地提高效率,而竞争要有效,最重要的就是竞争主体之间要具有相当程度的同质性。但由于第一层次意义上的区域异质性,使增长型政府竞争的有效性大打折扣,其主要表现就是地区性行政垄断的严重加剧,所以,要限制、削弱地区性行政垄断就必须要消除第一层次意义上的区域异质性,以增加参与竞争的地区之间的同质性,所以,这第一步的政策建议实际上是致力于完善增长型政府竞争的制度安排,以使这种制度安排所伴生出的地区性行政垄断程度降至最小,也就是说使增长型政府竞争最大程度地发挥促进市场化的作用,从而向钱颖一等所提出的"维护市场型的财政联邦主义"意义上的政府竞争模式转变。

首先,消除区域间财政资源的异质性。第一,针对由于税基不同而造成的财政收入不同,应该实行以财政状况好坏为基础的差别化分权,对于财政状况较差,甚至沦落为"吃饭财政"的地区的实行较高程度的分权,对于财政状况较好,甚至"藏富于民"的地区实行较低程度的分权;第二,本着地区均等化的目标健全和完善转移支付制度,首先,应该减轻转移支付中的税收返还对于区域异质的扩大作用。下决心触动现行财政利益分配格局,取消中央税收返还,将其作为中央可支配财力全部用于均衡性拨款;其次,要归并和简化转移支付体系,特别是要尽快地对现行专项拨款进行清理,在合理分类的基础上,该取消的取消,该合并的合并,以各地公共产品和公共服务水平基本均等化为目标,形成以一般转移支付为主体,以专项拨款为辅助的政府间转移支付结构形式;最后,要建立一个科学合理的转移支付标准,通过严格的计算和法定的程序确定对各地区

的转移支付额度；第三，如何消除各地区体制外收入差距导致的地方政府财政资源的不均是最难的，因为这部分收入很多都是不规范甚至不透明的，对此，我们提出以下政策建议：一方面将那些已经发现的体制外收入规范化，通过将体制外收入纳入体制内，然后再通过转移支付来实现收入均等化，比如将土地出让金收入纳入体制内，并设置土地增值税作为地方税种；另一方面对于那些尚未发现的不透明的体制外收入，应该首先建立一种发现机制，我们建议设立一种举报机制，因为一般来讲地方政府获得的体制外收入都是不规范的，这样必然会损害一部分人的利益，通过设立举报机制，一方面可以让这部分利益受损的人的损失得到补偿，从而维护社会稳定，另一方面可以及时发现地方政府的不规范行为，并加以纠正。总之，通过将体制外收入纳入体制内，并通过差别化分权和转移支付将财政收入多的地区的财政资源转移到财政收入差的地区，这样，地方政府即使发展了那些高税收的产业，这些多出来的税收也不会留在自己区域内，所以，通过财政资源的均等化可以有效地消除地方政府对于高税收产业的偏好，从而缩小了地方政府产业偏好集，地方行政性垄断也随之减弱。

其次，消除生产性资源需求的异质性。生产性资源的需求的异质性主要来自两个方面：一个是地方政府对于生产要素价格的严重扭曲，另一个就是来自市场方面的限制。所以，我们要解决的问题主要是如何限制地方政府对于生产要素价格的扭曲和如何消除由于市场方面的限制而带来的需求异质性。对于第一个方面，我们可以这样来理解，实际上，价格的形成最终是双方讨价还价的结果，如果双方势均力敌，那么价格就是公平的，如果一方力量过于强大，其形成的价格自然就会不利于弱势的那一方，而地方政府之所以能够严重扭曲要素价格就在于地方政府与要素所有者的力量差距过分悬殊，地方政府过于强大，而要素所有者的力量过于弱小，所以，我们的政策建议是：第一，增强要素拥有者的力量，这一方面要求要素所有者必须联合起来，共同与地方政府讨价还价，比如要素所有者可以成立专门的组织或协会，农民可以成立农民协会在土地问题上与地方政府谈判，工人可以通过工会来争取自己的社会保障和福利，银行可以共同抵制地方政府的无理要求等等。另一方面，国家必须通过专门的法律来维护要素所有者的权益，这样才能使其利益得到切实有效的维护，因为法律是由国家暴力作为支撑的，具有强制性和权威性，可以对地方政府形成有效的约束；第二，弱化地方政府的力量，这一方面要求通过改革减弱地方政府对这些生产要素的控制力，比如在银行业实行"块块"变"条条"就是在这方面进行努力的一次很好尝试。当然，具体到每一种生产要素其具体的实施方案也是不同的，在这里就不再赘述了。另一方面要求加强对地方政府的监督和惩处力度，最好也形成正式的法律，使地方政府的机会主义行为的机会成本大大提高，其自然就会减弱对要素价格的扭曲制止完全放弃；对于第二个方面，由于市场的限制，使得生产性资源需求存在短时间内难以改变的地区异质性，比如很多资本都愿意在东部沿海投资，从而使东部沿海的土地资源、劳动力资源都得到充分利用，甚至供不应求，而不愿意到中西部地区，这样，中西部地区的土地资源和劳动力资源就会闲置，甚至荒废，当地方政府不能再通过内部的降低要素价格来吸引投资的时候，就需要有一个"外部的手"来帮中西部地区一把，从而尽力减小这种异质性，所以，我们消除生产性资源需求异质性的第三条政策建议就是：中央政府对中西部地区实行政策优惠来吸引需求。总之，通过以上三条建议，就可以限制地方政府对要素价格的扭曲，同时又调节了生产性资源需求的跨区差异，从而使地区性行政垄断程度大大减弱。

最后，消除制度性资源的异质性。由于制度资源本身具有规模报酬递增的特性，所以，要消除制度性资源的异质性，需要做以下工作：不再继续给予发达地区优惠政策，同时应该赋予中西部地区更多的优惠政策，通过这种反向倾斜政策尽快弥补过去欠下的"制度账"。当前情况下，给予中西部地区的优惠政策必须因时因地制宜，切实能够落到实处，发挥作用，以实现制度赶超，但由于发达地区已经具有的制度优势及其规模报酬递增效应，这种赶超还需要一段时间；除了实现外部的平等之外，内部的潜规则运行更应该加以注意，这种潜规则一方面不断地被具有制度自生能力的地方政府创造出来，因而具有较大的隐蔽性和可变性，另一方面又因为其符合制度安排下个体的理性均衡，这种各地区的潜规则异质性就会导致各地方政府有动力不断地创造出新的潜规则，从而实现官员个人利益和增长的联合利益最大化，要消除潜规则，我们认为可以采取以下方法：一方面由于潜规则的"潜在性"，这就需要首先建立一种"潜规则"的发现机制，同上文提到的一样，可以建立一种举报机制，因为潜规则的实行不同于公平的市场规则，必然会损害一部分人的利益，这样，通过利益受损者举报的机制，可以以最有效率的方式发现潜规则；另一方面就是对潜规则的地方政府官员和相关利益人进行严惩，对最终以法律的形式确定下来，从而确立市场经济正常规则的权威性。这样，通过反向的差异化政策和对潜规则的发现及约束机制，就可以逐步消除区域之间的制度资源异质性，同时建立起市场经济规则的权威性，最终将区域内部的准市场经济变成区域层次上的真正市场经济。

总之，以上各点实际上是在继续保持增长型政府竞争的制度安排下，逐步减少各区域地方政府所面对的第一层次意义上的区域异质，从而增加政府竞争的有效性。通过这些措施的实施，使得地方政府在继续保持增长的前提下，逐步将区域内部的准市场经济转化为真正的市场经济，所以，经过这一时期的改革，增长型政府竞争越来越接近于钱颖一等提出的"维护市场型的财政联邦主义"意义上的政府竞争了。下面，我们应该继续前进，改变增长型政府竞争这一制度安排本身，建立区域合作机制，彻底消除地区性行政垄断，实现全国各区域市场的大统一。

改变增长型政府竞争制度安排，建立跨区域的协商合作机制来规避和利用第二层次意义上的地区异质性，彻底消除地区性行政垄断，构建全国统一大市场。通过上文的分析，我们知道增长型政府竞争必然会伴随地区性行政垄断，所以，要真正消除地区性行政垄断，必须要改变增长型政府竞争制度安排本身，但关键是如何改，这里首先就要清楚完善的增长型政府竞争这一制度本身所固有的缺陷。我们认为，这一制度的缺陷主要有二：一是中央政府的集权使地方政府总是倾向于忽视不能对其进行有效约束的辖区居民的利益，二是增长目标的竞争取向使其缺乏必要的动力放弃增长型产业并对其他区域开放市场，从而使地区性行政垄断无法彻底根除，阻碍了全国性统一大市场的建立。所以，改变增长型政府竞争的制度安排其目的就是为了克服这样两个缺陷，尤其是第二个缺陷，以便能够彻底消除地区性行政垄断，建立全国性的统一大市场。因此，我们提出以下政策选择：

第一，改变官员晋升的政绩标准，实行增长加居民满意度的双重考核标准，并且逐步增加辖区居民意见所占的比重。通过第一步的改革，作为增长取向的政府竞争越来越向市场维护型转变，而且作为发展中国家，增长又是必须的，所以，保留增长这一考核指标是合适的；但在中央集权的体制下，地方政府总是倾向于忽视不能对其进行有效约束的辖区居民的利益，这也是增长型政府竞争本身不能克服的问题之一，所以，这一时期应该逐步加大辖区居民的意见在考核地方政府官员能否晋升中所占的分量，一方面，这可以促使地方政府越来越对本辖区居民的负责，以使广大居民最大限度的享受经济发展所带来的红利，另一方面，这也能有效地增加居民参政议政的积极性和能力，为以后的民主政治打下良好的群众基础和能力基础。

第二，建立系统的跨区域的协商合作机制来规避和利用第二层次意义上区域异质性，彻底消除地区性行政垄断，建立全国性的统一大市场。我们认为一个有效的跨区域协商合作机制需要包括三个组成部分：具体负责协商合作的组织机制；能够鼓励所有区域都参加的动力机制；能够约束参加者机会主义行为的约束机制。下面就进行具体分析：

首先是组织机制。在实现区域协调合作的过程中，任何一个区域作为区域合作的当事人，是不可能成为组织协调者，也就是说运动员不可能同时为裁判员，所以，有必要建立一个专门负责区域间事务的组织协调机构。我们建议由各个省各出一些代表，同时再由中央政府派出专门代表中央的专家组共同组成一个

"区域合作委员会",在这个委员会中,各区域代表针对区域之间的事情进行协商谈判,并最终由中央政府派出的专家组做出最后裁决,如果各区域代表的协商结果有利于维护全国性统一大市场,则裁决通过,反之,则裁决不通过,需要重新协商。任何一个区域代表均有权向专家组提请损害本区域利益的其他区域的歧视性行为,专家组接到申请后,有权以合法的形式进行多种调查取证,一旦查证属实,则对相关责任人进行严惩,并对该区域整体实施适度的惩罚性措施。

其次是动力机制。在实现区域合作之后,由于区域之间的竞争力是不同的,很可能就会出现一些区域受益多些,而一些区域受益少些甚至受害。一个典型的例子就是两个地区发展同一种增长型产业,但一地区具有比较优势,另一地区则没有,在没有区域协商机制之前,不具有比较优势区域地方政府肯定会对本区域的该产业进行保护,以利于增长政绩的实现,但出现了合作机制之后,该地方政府就不能再对该产业进行保护了,那么在与具有比较优势的地区的同一产业进行竞争时,肯定就会失败,地方政府的增长利益因此受损,另一地区的增长利益则因此受益,在这种情况下,那个不具有比较优势的地区肯定没有动力参加这个区域合作组织,因此,必须设立一种利益补偿和利益分享机制,来弥补受损地区因为参加区域合作组织而受到的损失,这部分利益补偿金可以由那些因为参加该组织而受益的区域来出,也可以由中央政府来出,也可以共同承担,但不管如何划分,只有设立一个这样的利益补偿和利益分享机制,才能使所有的区域都有动力参与到这个区域合作组织中。

最后是约束机制。一个完善的制度设计既要考虑对制度所针对对象的激励机制设计,也不能忽视约束机制设计,只有激励没有约束,就会导致机会主义行为泛滥,只有约束没有激励就是死气沉沉一片,缺乏效率,区域间的协商合作机制设计也是一样。在上文中我们讲到了如何激励各区域参加到这个组织中,下面就来讲如何约束区域地方政府的机会主义行为。我们认为,最重要的约束机制就是法律,必须要制定完备的区域合作法律,区域利益补偿与利益分享条例,使地方政府的行为受到法律的严格约束。除了法律之外,司法制度更加重要,一部不能有效执行的法律甚至坏于没有法律,所以,司法非常关键。

在建立起区域协商合作机制并使其有效运行后,可以考虑运用该机制设计的激励和约束安排,进行区域之间基于禀赋差异和比较优势的专业化分工,使区域之间建立起差异化的、互补的经济和产业结构,这就为各区域之间的自主合作提供了基础,也为全国性统一大市场的形成提供了动力。一旦这种局面形成,一个真正融合为一体的全国性统一大市场的形成就指日可待了。通过建立这样一种区域协商机制,可以避免因为地方政府所面临的第二层次意义上的区域异质性而导致的地区性行政垄断,并最终形成一个区域之间基于禀赋差异和比较优势的互补性经济和产业结构，从而建立一个真正的全国性统一大市场。至此，政府主导市场化这一次优选择的历史使命也即将完成，改革也将进入一个新的阶段。

　　总之，以上我们所提出的政策建议目标是在保证经济增长的前提下同时消除行政性垄断，推进市场化、民主化和法治化改革，其不仅具有渐进的性质，还兼顾了改革的协调性，真正体现了"北京共识"所蕴涵的深刻思想。完全地解决行政性垄断问题是一个渐进的系统性工程，这里面不仅涉及完善政府竞争制度，建立全国性的统一大市场，转变政府职能，推进政府机构改革，而且还涉及改进政府考核方式，完善制度设计，为市场机制释放更为宽广的活动空间。所以，我们有理由相信，通过这些系统的改革措施，中国不仅会解决行政性垄断问题，实现经济的快速稳健增长，而且同时会完善市场竞争机制的制度基础，实现经济长期增长、国民福利水平不断提高这一目标的长效机制。

附表

地区性行政垄断测度研究

附表 5-1　　财政支出分权水平（1997~2005 年）

	1997 年	1998 年	1999 年	2000 年	2001 年	2002 年	2003 年	2004 年	2005 年
北京	0.021567	0.023155	0.024313	0.029367	0.030989	0.032157	0.033156	0.03818	0.037825
天津	0.0094	0.009743	0.009413	0.00914	0.010499	0.010036	0.010977	0.012173	0.012494
河北	0.025461	0.024655	0.021737	0.020866	0.021354	0.018444	0.017966	0.019886	0.02192
山西	0.013489	0.013452	0.010719	0.009939	0.009912	0.009398	0.011566	0.012528	0.015289
内蒙古	0.009737	0.010133	0.009097	0.00772	0.013948	0.007122	0.010568	0.009576	0.011831
辽宁	0.032432	0.027739	0.024816	0.021419	0.023206	0.022604	0.022427	0.02485	0.029852
吉林	0.012695	0.012773	0.010589	0.014102	0.009266	0.008118	0.006938	0.008599	0.009426
黑龙江	0.019193	0.017925	0.016842	0.014935	0.015942	0.014821	0.014613	0.013372	0.009312
上海	0.031334	0.033709	0.033185	0.032618	0.037286	0.039176	0.045951	0.054281	0.056923
江苏	0.028937	0.03092	0.030601	0.03331	0.038416	0.038096	0.042975	0.048063	0.055995
浙江	0.019807	0.019807	0.021494	0.024053	0.03325	0.033879	0.037401	0.038308	0.042111
安徽	0.020104	0.01907	0.016942	0.014444	0.013685	0.01366	0.012897	0.013577	0.013723
福建	0.025183	0.023942	0.021407	0.020764	0.021056	0.01788	0.018186	0.01769	0.017981
江西	0.014003	0.011116	0.010475	0.009393	0.009063	0.00917	0.009532	0.009122	0.010008
山东	0.045161	0.043879	0.040904	0.037681	0.042269	0.038895	0.041046	0.042612	0.044236
河南	0.024949	0.024949	0.022765	0.021375	0.019126	0.020031	0.019603	0.021018	0.022765
湖北	0.018741	0.019115	0.018867	0.016632	0.016152	0.020612	0.01382	0.013242	0.013808
湖南	0.020309	0.018094	0.015978	0.014043	0.013937	0.014928	0.014768	0.014303	0.016249
广东	0.08023	0.083758	0.082415	0.076173	0.08295	0.07619	0.075477	0.071319	0.079153
广西	0.014613	0.015025	0.012878	0.011935	0.013014	0.013604	0.012399	0.011196	0.011196
四川	0.02606	0.026184	0.022029	0.0198	0.020016	0.019612	0.019581	0.019512	0.020686
贵州	0.008162	0.00827	0.008114	0.006915	0.00772	0.007177	0.006466	0.00744	0.008249
云南	0.024999	0.021571	0.020052	0.016266	0.015843	0.014562	0.014549	0.014267	0.01451
陕西	0.011839	0.011999	0.011243	0.009185	0.010544	0.010893	0.010166	0.009205	0.011085
甘肃	0.007151	0.00715	0.006071	0.005494	0.004965	0.010425	0.005285	0.004274	0.005225
青海	0.001775	0.001855	0.001336	0.001172	0.000665	0.001369	0.001612	-0.00167	0.000765
宁夏	0.00215	0.002345	0.001456	0.001095	0.001682	0.001833	0.001917	0.001174	0.00163
新疆	0.008381	0.008768	0.007673	0.006394	0.005762	0.009679	0.007877	0.007404	0.007715

资料来源：课题组根据《中国财政年鉴》等相关资料计算整理。

附表 5-2　　　　　财政收入分权水平（1997~2005 年）

	1997 年	1998 年	1999 年	2000 年	2001 年	2002 年	2003 年	2004 年	2005 年
北京	0.014621	0.018622	0.020092	0.026515	0.028389	0.032748	0.029852	0.033595	0.035245
天津	0.004816	0.005564	0.005627	0.005618	0.006197	0.00476	0.005461	0.005765	0.0085
河北	0.012148	0.013723	0.009701	0.007682	0.00429	$-1.9E-05$	-0.0005	-0.00095	0.001721
山西	0.006318	0.006197	0.003	$8.38E-05$	-0.0028	-0.00374	-0.00276	-0.00213	0.002317
内蒙古	-0.00217	-0.00251	-0.00398	-0.00756	-0.00387	-0.01494	-0.00975	-0.01195	-0.00661
辽宁	0.016773	0.012553	0.006686	0.002001	0.003282	0.003812	0.002546	0.003169	0.007331
吉林	-0.00028	$-7.6E-05$	-0.00484	0.000125	-0.00829	-0.00944	-0.01026	-0.01145	-0.01024
黑龙江	0.006969	0.004934	-0.0019	-0.00336	-0.00571	-0.00681	-0.00539	-0.01019	-0.01259
上海	0.021614	0.024869	0.0257	0.027803	0.036819	0.03661	0.041018	0.044185	0.052086
江苏	0.013555	0.015777	0.01879	0.026421	0.03255	0.029848	0.033936	0.033742	0.045087
浙江	0.009119	0.009119	0.013289	0.020768	0.032003	0.027359	0.03151	0.027344	0.037085
安徽	0.0109	0.009163	0.005558	0.001953	-0.0034	-0.00458	-0.00532	-0.00492	-0.00326
福建	0.017355	0.017133	0.016976	0.01636	0.016627	0.012043	0.011286	0.00863	0.012146
江西	0.00504	0.000821	-0.00086	-0.00077	-0.00337	-0.00551	-0.00408	-0.00509	-0.00407
山东	0.029916	0.029471	0.030938	0.031304	0.03511	0.02797	0.028131	0.025756	0.029961
河南	0.010926	0.010926	0.006477	0.004629	0.000542	-0.00297	-0.0039	-0.00422	-0.00296
湖北	0.006544	0.004922	0.004212	0.003657	-0.00428	0.003273	-0.00376	-0.00586	-0.00435
湖南	0.006616	0.002894	$2.82E-05$	-0.00155	-0.0045	-0.00684	-0.0044	-0.00857	-0.0053
广东	0.064838	0.067429	0.074892	0.078241	0.087572	0.0694	0.063863	0.053634	0.064432
广西	0.004041	0.005188	0.003615	0.002552	-0.00051	-0.00265	-0.00251	-0.00407	-0.0036
四川	0.011499	0.011088	0.00677	0.000413	-0.00628	-0.01011	-0.00519	-0.00954	-0.00644
贵州	-0.0004	-0.00085	-0.00294	-0.00447	-0.00733	-0.00869	-0.0067	-0.00828	-0.00736
云南	0.000197	-0.00572	-0.00284	-0.00588	-0.00974	-0.00886	-0.00856	-0.00869	-0.00604
陕西	0.002758	0.002622	0.00043	-0.00619	-0.00756	-0.00792	-0.00529	-0.00828	-0.00544
甘肃	-0.00176	-0.00267	-0.00452	-0.00751	-0.00979	-0.00366	-0.00913	-0.01084	-0.00913
青海	-0.00233	-0.00264	-0.00393	-0.00443	-0.00703	-0.0066	-0.00522	-0.00872	-0.00579
宁夏	-0.00091	-0.00148	-0.00232	-0.00319	-0.00428	-0.0052	-0.00322	-0.00398	-0.00369
新疆	-0.00232	-0.00223	-0.00331	-0.00463	-0.00906	-0.00867	-0.00802	-0.00808	-0.00797

资料来源：课题组根据相关资料计算整理。

附表5-3　　　　　　　　　　人均财政支出分权度

	1997年	1998年	1999年	2000年	2001年	2002年	2003年	2004年	2005年
北京	0.811327	0.824798	0.828616	0.825827	0.830026	0.822694	0.815875	0.819018	0.827363
天津	0.733989	0.730303	0.716904	0.712009	0.707908	0.678446	0.687824	0.684395	0.717281
河北	0.441088	0.44611	0.421449	0.403132	0.386241	0.356915	0.350793	0.34998	0.373667
山西	0.463571	0.457054	0.424122	0.389743	0.376308	0.361495	0.379436	0.408686	0.465263
内蒙古	0.453811	0.458912	0.441664	0.421115	0.383489	0.369705	0.388304	0.425402	0.478952
辽宁	0.617239	0.619359	0.590869	0.560451	0.567739	0.540407	0.536287	0.529774	0.558435
吉林	0.479716	0.475333	0.451024	0.411471	0.400905	0.375926	0.382823	0.355112	0.376334
黑龙江	0.514931	0.516009	0.491676	0.473279	0.454626	0.429216	0.415358	0.404683	0.397029
上海	0.869685	0.869242	0.860095	0.848304	0.848833	0.843615	0.849424	0.851689	0.864192
江苏	0.511173	0.513535	0.50639	0.526022	0.536339	0.518845	0.539951	0.542218	0.585015
浙江	0.531937	0.531937	0.541731	0.575982	0.617445	0.60132	0.621824	0.605822	0.636689
安徽	0.401474	0.397421	0.37637	0.346534	0.311107	0.280887	0.272763	0.276662	0.295554
福建	0.592122	0.592913	0.57598	0.55576	0.542471	0.493287	0.48756	0.460687	0.492446
江西	0.383961	0.372704	0.349354	0.325835	0.319191	0.291589	0.300967	0.30168	0.317416
山东	0.491546	0.50493	0.495383	0.48354	0.485262	0.453791	0.460028	0.447868	0.479235
河南	0.363964	0.363964	0.339343	0.324091	0.294129	0.276228	0.275809	0.283937	0.307912
湖北	0.410595	0.496617	0.413843	0.393822	0.365982	0.334526	0.320355	0.316499	0.336023
湖南	0.382905	0.381442	0.354601	0.331101	0.316506	0.30126	0.305136	0.300783	0.324145
广东	0.692894	0.697203	0.695714	0.674845	0.689177	0.654042	0.643022	0.609985	0.620078
广西	0.384959	0.396048	0.379606	0.366925	0.356869	0.323788	0.313505	0.304266	0.318991
四川	0.374941	0.372895	0.347977	0.334452	0.318162	0.293841	0.296452	0.284111	0.30917
贵州	0.311866	0.314505	0.302394	0.299358	0.280806	0.258674	0.259556	0.256078	0.274195
云南	0.517974	0.510187	0.471153	0.436	0.398854	0.371073	0.363034	0.349389	0.357876
陕西	0.385423	0.399148	0.388137	0.366008	0.355643	0.335904	0.343571	0.342565	0.36947
甘肃	0.35488	0.354732	0.331527	0.303333	0.287715	0.266626	0.268353	0.263381	0.272401
青海	0.391688	0.394677	0.375633	0.369127	0.360471	0.330255	0.328997	0.31082	0.330632
宁夏	0.437067	0.458793	0.42844	0.406	0.4214	0.36396	0.360572	0.365091	0.389095
新疆	0.481366	0.490462	0.464811	0.436714	0.429794	0.430518	0.4193	0.417324	0.417668

资料来源：课题组根据相关资料计算整理。

附表 5-4　　　　　　　人均财政收入分权度显示表

	1997 年	1998 年	1999 年	2000 年	2001 年	2002 年	2003 年	2004 年	2005 年
北京	0.902971	0.900132	0.895806	0.825827	0.830026	0.822694	0.815875	0.819018	0.827363
天津	0.862811	0.852179	0.832705	0.712009	0.707908	0.678446	0.687824	0.684395	0.717281
河北	0.66925	0.647697	0.617179	0.403132	0.386241	0.356915	0.350793	0.34998	0.373667
山西	0.690451	0.675223	0.637831	0.389743	0.376308	0.361495	0.379436	0.408686	0.465263
内蒙古	0.749954	0.744292	0.720023	0.421115	0.383489	0.369705	0.388304	0.425402	0.478952
辽宁	0.800735	0.789744	0.769117	0.560451	0.567739	0.540407	0.536287	0.529774	0.558435
吉林	0.757059	0.742174	0.728334	0.411471	0.400905	0.375926	0.382823	0.355112	0.376334
黑龙江	0.741472	0.73351	0.730834	0.473279	0.454626	0.429216	0.415358	0.404683	0.397029
上海	0.931959	0.927779	0.916683	0.848304	0.848833	0.843615	0.849424	0.851689	0.864192
江苏	0.713332	0.703005	0.671032	0.526022	0.536339	0.518845	0.539951	0.542218	0.585015
浙江	0.713332	0.720297	0.70005	0.575982	0.617445	0.60132	0.621824	0.605822	0.636689
安徽	0.622807	0.610851	0.584668	0.346534	0.311107	0.280887	0.272763	0.276662	0.295554
福建	0.769433	0.755602	0.718905	0.55576	0.542471	0.493287	0.48756	0.460687	0.492446
江西	0.638509	0.626504	0.599211	0.325835	0.319191	0.291589	0.300967	0.30168	0.317416
山东	0.69382	0.688221	0.652823	0.48354	0.485262	0.453791	0.460028	0.447868	0.479235
河南	0.69382	0.581969	0.554568	0.324091	0.294129	0.276228	0.275809	0.283937	0.307912
湖北	0.650277	0.654974	0.63248	0.393822	0.365982	0.334526	0.320355	0.316499	0.336023
湖南	0.63542	0.627515	0.592748	0.331101	0.316506	0.30126	0.305136	0.300783	0.324145
广东	0.825365	0.822803	0.80238	0.674845	0.689177	0.654042	0.643022	0.609985	0.620078
广西	0.64287	0.629799	0.592155	0.366925	0.356869	0.323788	0.313505	0.304266	0.318991
四川	0.614349	0.602213	0.563739	0.334452	0.318162	0.293841	0.296452	0.284111	0.30917
贵州	0.602287	0.593935	0.583993	0.299358	0.280806	0.258674	0.259556	0.256078	0.274195
云南	0.788786	0.76068	0.733167	0.436	0.398854	0.371073	0.363034	0.349389	0.357876
陕西	0.653161	0.649309	0.634292	0.366008	0.355643	0.335904	0.343571	0.342565	0.36947
甘肃	0.671214	0.666223	0.638841	0.303333	0.287715	0.266626	0.268353	0.263381	0.272401
青海	0.782105	0.77892	0.769188	0.369127	0.360471	0.330255	0.328997	0.31082	0.330632
宁夏	0.755951	0.771304	0.735166	0.406	0.4214	0.36396	0.360572	0.365091	0.389095
新疆	0.778022	0.770827	0.741011	0.436714	0.429794	0.430518	0.4193	0.417324	0.417668

资料来源：课题组根据相关资料计算整理。

附表5-5　　　　　优惠政策及特区试验区因素得分显示表

北京	0.286	黑龙江	0.142	山东	0.572	贵州	0.142
天津	0.428	上海	0.572	河南	0.142	云南	0.142
河北	0.142	江苏	0.714	湖北	0.142	陕西	0.142
山西	0.142	浙江	3.57	湖南	0.142	甘肃	0.142
内蒙古	0.142	安徽	0.286	广东	1	青海	0.142
辽宁	0.428	福建	0.714	广西	0.142	宁夏	0.142
吉林	0.142	江西	0.142	四川	0.142	新疆	0.286

资料来源：课题组根据相关资料计算整理。

附表5-6　　　　　　　　地区分权程度指数

	1997年	1998年	1999年	2000年	2001年	2002年	2003年	2004年	2005年
北京	0.422459	0.426109	0.426586	0.412795	0.415471	0.413416	0.40992	0.413308	0.417354
天津	0.405279	0.402303	0.394846	0.366525	0.365115	0.35143	0.35602	0.354814	0.3703
河北	0.272488	0.268941	0.254965	0.202033	0.193778	0.178958	0.175987	0.175952	0.187669
山西	0.278312	0.273383	0.256226	0.19184	0.185139	0.178145	0.186927	0.200448	0.22753
内蒙古	0.28675	0.286637	0.276731	0.203739	0.189038	0.178809	0.18912	0.205096	0.230903
辽宁	0.372915	0.368914	0.355885	0.300273	0.304242	0.291927	0.289748	0.287502	0.302462
吉林	0.295269	0.290996	0.280849	0.202563	0.194828	0.18307	0.185723	0.173358	0.183368
黑龙江	0.302777	0.300485	0.292627	0.229779	0.221084	0.209149	0.203186	0.197023	0.192125
上海	0.474283	0.47471	0.470224	0.452531	0.455848	0.453878	0.459009	0.462615	0.470613
江苏	0.356474	0.355628	0.347433	0.321549	0.32872	0.320168	0.331683	0.333804	0.3574
浙江	0.359661	0.359661	0.358627	0.340677	0.363932	0.355773	0.366726	0.358792	0.375729
安徽	0.266039	0.261814	0.249896	0.18823	0.170912	0.157042	0.153048	0.155045	0.163953
福建	0.387321	0.384058	0.371385	0.329845	0.32399	0.300112	0.297433	0.284631	0.299779
江西	0.24854	0.241708	0.22979	0.162765	0.159116	0.146238	0.150861	0.150864	0.158373
山东	0.3408	0.342163	0.331711	0.290314	0.292978	0.27645	0.279777	0.274124	0.28955
河南	0.235107	0.235107	0.22191	0.165892	0.150984	0.142341	0.141847	0.145751	0.157218
湖北	0.258585	0.278717	0.254816	0.195985	0.181564	0.170111	0.160622	0.158286	0.167538
湖南	0.249381	0.245938	0.230955	0.166006	0.15875	0.151587	0.153844	0.150843	0.162528
广东	0.474249	0.476018	0.472465	0.438423	0.448497	0.427076	0.420711	0.402608	0.411342
广西	0.249658	0.249563	0.236557	0.182576	0.177604	0.157503	0.157503	0.152723	0.159455
四川	0.245241	0.241986	0.225816	0.169251	0.160464	0.148567	0.150842	0.144294	0.156531
贵州	0.22163	0.220268	0.214801	0.149462	0.140651	0.130263	0.130947	0.129246	0.137789
云南	0.31389	0.303711	0.289046	0.212737	0.195057	0.182465	0.178912	0.172679	0.177151
陕西	0.251166	0.253393	0.246873	0.179577	0.174911	0.166025	0.169905	0.168562	0.181731
甘肃	0.246285	0.244923	0.232883	0.150246	0.142585	0.135704	0.134094	0.131244	0.135901
青海	0.278179	0.278084	0.271201	0.179574	0.17498	0.161638	0.161438	0.151731	0.161854
宁夏	0.282907	0.291167	0.275816	0.196429	0.203246	0.177225	0.176165	0.17786	0.18883
新疆	0.313326	0.31386	0.300891	0.225519	0.221264	0.222561	0.217352	0.216243	0.216493

资料来源：根据课题组研究成果计算整理。

附表 5-7　　　　　　　　　晋升激励赋分

	1985~1990 年	1991~1995 年	1996~2000 年	2001~2006 年
北京	0	0.470673	0	0.92879
天津	0.885636	0.473118	1.358754	0.314515
河北	0	0.475245	0	0.612847
山西	0	0.936213	0	0.707198
内蒙古	0	0.465507	0	0.91519
辽宁	0.296336	0.468305	0.764641	0.483067
吉林	0.843911	0.76726	1.611171	0.485348
黑龙江	0.294886	0	0	0.779165
上海	1.053975	0.782512	1.835861	0.494512
江苏	0.77842	0	0	0.959462
浙江	0.474466	0	0	0.786761
安徽	0.469597	0	0	0.479471
福建	0.493279	0.723348	1.216627	0.915307
江西	-0.00614	0.771861	0.765724	0.308984
山东	0.780472	0.786326	1.566799	0.851531
河南	0.29779	0.47357	0.770642	0.909932
湖北	0	0.687472	0	0.705435
湖南	0.776697	0.296596	1.073293	0.908564
广东	0.491334	0.495467	0.986829	0.711838
广西	0	0	0	0.290903
四川	0.329681	0.310358	0.640038	0.701502
贵州	0.696087	0	0	0
云南	0	0	0	0
陕西	0	0.28838	0	0.486375
甘肃	0.29286	0	0	0.715881
青海	0.299271	0	0	0.955059
宁夏	0	0	0	0.705575
新疆	0.311993	0.311926	0.623919	0.307196

资料来源：课题组根据各地党政领导名录、新华网、各省区组织史等资料整理。

附表 5-8a　　　地区人均 GDP 指数（1985～1998 年）

	1985 年	1992 年	1993 年	1994 年	1995 年	1996 年	1997 年	1998 年
北京	2.51079	3.117154	2.726421	2.619814	2.687283	2.65881	2.655831	2.737725
天津	2.307601	2.151405	2.010318	2.084413	2.111422	2.167309	2.180368	2.193973
河北	0.778899	0.934597	0.887518	0.878037	0.91267	0.948893	0.964732	0.963197
山西	0.887201	0.876413	0.778316	0.71974	0.73297	0.747415	0.751599	0.751474
内蒙古	0.734328	0.873206	0.788243	0.769272	0.747346	0.752717	0.748108	0.75103
辽宁	1.472261	1.691895	1.659546	1.558203	1.412954	1.366166	1.38465	1.394939
吉林	0.98208	1.028972	0.949069	0.945441	0.906509	0.912586	0.87348	0.876522
黑龙江	1.225681	1.229636	0.659517	1.130291	1.122354	0.352764	0.316922	0.296026
上海	4.29607	3.963789	3.871724	3.881849	3.890348	3.936785	4.086504	4.184076
江苏	1.150075	0.978578	0.992088	1.035824	1.058689	1.06112	1.06011	1.066613
浙江	1.0521	0.625355	0.63172	0.680677	0.723728	0.732746	0.736047	0.73888
安徽	0.657304	0.634976	0.605908	0.643656	0.689431	0.685911	0.696689	0.677986
福建	0.726912	1.171453	1.20222	1.367226	1.393855	1.425196	1.469237	1.511245
江西	0.627326	0.674376	0.607322	0.606635	0.63316	0.656573	0.659395	0.657836
山东	0.951579	1.170995	1.066213	1.142036	1.182528	1.207811	1.204527	1.204255
河南	0.608244	0.665213	0.617821	0.631911	0.680395	0.708179	0.703037	0.695617
湖北	0.911909	0.909857	0.848801	0.853016	0.854755	0.90524	0.936166	0.931787
湖南	0.675622	0.738973	0.679372	0.689613	0.712638	0.729918	0.73684	0.733843
广东	0.973802	1.747787	1.738635	1.734883	1.744629	1.681286	1.654915	1.650962
广西	0.507098	0.682622	0.655877	0.682975	0.678547	0.654982	0.62337	0.603906
四川	0.606646	0.676666	0.613519	0.633443	0.632749	0.644378	0.639399	0.639909
贵州	0.48794	0.473712	0.4153	0.396508	0.380553	0.357183	0.351519	0.343438
云南	0.551748	0.74447	0.668451	0.635741	0.62515	0.656573	0.641462	0.645243
陕西	0.621253	0.728894	0.647273	0.598465	0.583871	0.585702	0.576713	0.567606
甘肃	0.623669	0.63406	0.529466	0.491486	0.469889	0.51271	0.497839	0.512046
青海	0.734541	0.865876	0.773352	0.742974	0.704423	0.662405	0.645271	0.64702
宁夏	0.674595	0.787077	0.702536	0.685528	0.683476	0.6594	0.638764	0.632649
新疆	0.836084	1.134802	0.999037	1.009271	0.989684	0.913193	0.93696	0.922897

资料来源：课题组根据《中国统计年鉴（1986～2007）》等资料计算整理。

附表 5-8b 地区人均 GDP 指数（1999~2006 年）

	1999 年	2000 年	2001 年	2002 年	2003 年	2004 年	2005 年	2006 年
北京	2.77667	2.865512	2.973534	3.011309	2.959158	2.871685	2.965043	2.903124
天津	2.235228	2.295659	2.348074	2.364753	2.448847	2.444861	2.334701	2.316145
河北	0.969842	0.977652	0.974207	0.963124	0.970348	1.001037	0.964468	0.954412
山西	0.661283	0.65541	0.636112	0.649409	0.686234	0.709048	0.81525	0.794668
内蒙古	0.748533	0.749152	0.75291	0.764265	0.82834	0.876043	1.065534	1.128335
辽宁	1.41116	1.432319	1.40281	1.372149	1.315964	1.262881	1.238566	1.22596
吉林	0.887137	0.873625	0.890093	0.880601	0.861876	0.847138	0.870905	0.884528
黑龙江	1.071706	1.092337	1.089186	1.076079	1.072048	1.076901	0.941762	0.911255
上海	4.309851	4.407672	4.355156	4.294806	4.311966	4.285829	3.358477	3.246362
江苏	1.492133	1.502052	1.505466	1.520606	1.551433	1.604464	1.602444	1.621296
浙江	1.68402	1.717411	1.707367	1.779165	1.859523	1.855305	1.807512	1.793475
安徽	0.658581	0.621008	0.608241	0.611898	0.595782	0.601955	0.56601	0.565771
福建	1.510577	1.480147	1.440224	1.426143	1.382528	1.334251	1.216579	1.208123
江西	0.652163	0.618947	0.608268	0.615914	0.616364	0.634579	0.615923	0.607578
山东	1.213494	1.219104	1.219215	1.230454	1.26088	1.311546	1.311185	1.338833
河南	0.684671	0.694556	0.690118	0.680051	0.69871	0.733846	0.740282	0.749091
湖北	0.911361	0.917115	0.910255	0.879016	0.831667	0.813662	0.745828	0.748135
湖南	0.714195	0.719453	0.705316	0.693682	0.697217	0.706491	0.680256	0.672398
广东	1.64089	1.643982	1.599593	1.583476	1.588728	1.527127	1.594288	1.594175
广西	0.580334	0.551015	0.543841	0.538779	0.550925	0.55763	0.573383	0.579332
四川	0.62286	0.610336	0.611646	0.609257	0.592367	0.62869	0.59113	0.593399
贵州	0.346317	0.339574	0.337313	0.333158	0.332549	0.326627	0.329623	0.325621
云南	0.622908	0.591566	0.566909	0.547232	0.52259	0.521751	0.511203	0.504721
陕西	0.573834	0.580412	0.585317	0.602389	0.598089	0.601103	0.645871	0.682977
甘肃	0.513153	0.489703	0.485048	0.474747	0.463745	0.462625	0.487845	0.492736
青海	0.652314	0.649042	0.6681	0.678995	0.671651	0.666893	0.655397	0.66182
宁夏	0.625758	0.617396	0.622132	0.613272	0.617564	0.610634	0.668055	0.666603
新疆	0.905172	0.953034	0.921897	0.885673	0.895288	0.867829	0.343455	0.844015

资料来源：课题组根据《中国统计年鉴（1986~2007）》等资料计算整理。

附表 5-9a   各省区公务员及财政供养人员占就业人口比例

	1985 年	1992 年	1993 年	1994 年	1995 年	1996 年	1997 年	1998 年
北京	0.051322	0.054592	0.04871	0.053983	0.046901	0.048116	0.050091	0.049656
天津	0.023752	0.031137	0.031381	0.027115	0.027976	0.028253	0.025224	0.0274
河北	0.016949	0.020193	0.018636	0.017798	0.017908	0.018106	0.018507	0.01886
山西	0.022508	0.034647	0.026379	0.025554	0.02602	0.028078	0.027845	0.027992
内蒙古	0.02722	0.030835	0.027728	0.027468	0.027526	0.028481	0.028278	0.029003
辽宁	0.023273	0.027327	0.023566	0.021302	0.020747	0.02137	0.021228	0.02222
吉林	0.021826	0.02695	0.020813	0.020317	0.021283	0.020596	0.020286	0.022885
黑龙江	0.024191	0.028773	0.026139	0.025979	0.025573	0.024882	0.023333	0.022809
上海	0.017514	0.024211	0.022297	0.020178	0.019792	0.020934	0.017917	0.021642
江苏	0.010962	0.017322	0.011969	0.011101	0.011367	0.011714	0.011694	0.012242
浙江	0.010597	0.015732	0.011245	0.011618	0.011664	0.011807	0.01248	0.013013
安徽	0.01076	0.0115	0.013217	0.012695	0.012286	0.012292	0.011892	0.012141
福建	0.018314	0.019263	0.018146	0.017015	0.017294	0.01732	0.017045	0.01825
江西	0.01515	0.019355	0.015954	0.016182	0.015589	0.016034	0.016412	0.017755
山东	0.012446	0.015527	0.013883	0.013923	0.014442	0.016625	0.016635	0.016534
河南	0.013011	0.014658	0.015421	0.014906	0.015479	0.016069	0.015288	0.015721
湖北	0.01804	0.021893	0.018527	0.019942	0.018064	0.020503	0.020453	0.020525
湖南	0.013591	0.015172	0.014341	0.014418	0.014004	0.014489	0.01451	0.015035
广东	0.018299	0.020783	0.018678	0.017119	0.017502	0.017856	0.017467	0.018194
广西	0.011633	0.015874	0.013527	0.013439	0.013599	0.015599	0.014435	0.014165
四川	0.011297	0.013075	0.012104	0.012131	0.01198	0.012263	0.012387	0.013033
贵州	0.014833	0.015157	0.015254	0.014461	0.014431	0.014376	0.013959	0.01377
云南	0.018297	0.019078	0.016144	0.016253	0.016237	0.016623	0.016551	0.016914
陕西	0.018888	0.024123	0.018568	0.019122	0.019161	0.020136	0.020476	0.019756
甘肃	0.018351	0.018514	0.018568	0.018332	0.018458	0.019147	0.019142	0.018969
青海	0.010265	0.028241	0.029032	0.027367	0.027876	0.028461	0.026763	0.026476
宁夏	0.021468	0.024955	0.023913	0.025053	0.02381	0.02559	0.024962	0.023892
新疆	0.026935	0.036919	0.032508	0.032938	0.032166	0.034693	0.033879	0.03612

资料来源：根据课题组资料计算整理。

附表5-9b　　各省区公务员及财政供养人员占就业人口比例

	1999年	2000年	2001年	2002年	2003年	2004年	2005年	2006年
北京	0.048376	0.039743	0.03924	0.028003	0.036574	0.032369	0.032262	0.03087
天津	0.028861	0.029715	0.029491	0.028006	0.031346	0.03144	0.030903	0.028103
河北	0.018716	0.018729	0.019057	0.017992	0.019589	0.019881	0.020121	0.020306
山西	0.029058	0.029689	0.029536	0.027925	0.027801	0.02836	0.029529	0.030149
内蒙古	0.029227	0.029169	0.02915	0.027446	0.029502	0.030367	0.029989	0.029395
辽宁	0.022448	0.022289	0.022214	0.021151	0.024133	0.023852	0.023626	0.023446
吉林	0.022956	0.023308	0.02334	0.021836	0.026692	0.02562	0.026105	0.026479
黑龙江	0.023488	0.023937	0.023328	0.0212	0.023481	0.024064	0.02413	0.024047
上海	0.022539	0.022399	0.021738	0.019626	0.022181	0.020995	0.021363	0.019159
江苏	0.012676	0.013032	0.012833	0.012749	0.014332	0.014435	0.014098	0.014054
浙江	0.012999	0.012879	0.012169	0.011752	0.012961	0.01269	0.013818	0.014611
安徽	0.012037	0.012114	0.011943	0.011672	0.01233	0.012187	0.012402	0.011851
福建	0.017434	0.017422	0.017116	0.015984	0.016319	0.01572	0.015249	0.014936
江西	0.017801	0.017778	0.017684	0.016844	0.018625	0.017724	0.017723	0.017655
山东	0.016284	0.016778	0.016918	0.016601	0.017609	0.017764	0.019312	0.019096
河南	0.015156	0.014494	0.01498	0.014482	0.016672	0.017137	0.017143	0.016655
湖北	0.020732	0.021039	0.02109	0.019336	0.020996	0.021393	0.020544	0.01988
湖南	0.015034	0.015397	0.016859	0.016078	0.017323	0.017246	0.017494	0.017332
广东	0.018316	0.018041	0.017008	0.016769	0.017942	0.017758	0.017168	0.017737
广西	0.01428	0.013592	0.01345	0.010713	0.012377	0.0126	0.012832	0.012616
四川	0.013372	0.013508	0.013089	0.012476	0.013937	0.013897	0.013558	0.01351
贵州	0.013624	0.013407	0.013802	0.013045	0.013707	0.014128	0.014667	0.014576
云南	0.016937	0.015706	0.015532	0.014677	0.015736	0.015827	0.015744	0.01605
陕西	0.021204	0.021105	0.021543	0.020789	0.021408	0.022145	0.02221	0.022305
甘肃	0.018954	0.019528	0.019617	0.018745	0.020169	0.018698	0.020242	0.020846
青海	0.025834	0.025818	0.025747	0.024621	0.026309	0.026179	0.025762	0.026119
宁夏	0.023475	0.022842	0.022425	0.022465	0.024107	0.023662	0.024585	0.024
新疆	0.036827	0.037388	0.037574	0.037044	0.038166	0.038626	0.039561	0.039921

资料来源：根据课题组资料计算整理。

附表 5–10a 地方支出比 GDP 比重

	1985 年	1992 年	1993 年	1994 年	1995 年	1996 年	1997 年	1998 年
北京	0.128306	0.101185	0.093847	0.066179	0.058062	0.060982	0.0853	0.093198
天津	0.153492	0.113187	0.095653	0.064153	0.055722	0.065602	0.075242	0.084714
河北	0.105003	0.079178	0.084178	0.046258	0.049924	0.04658	0.048354	0.054488
山西	0.162329	0.047168	0.05901	0.075301	0.069301	0.068218	0.07627	0.089618
内蒙古	0.208631	0.171188	0.16594	0.105687	0.105994	0.094255	0.093356	0.105998
辽宁	0.109721	0.100815	0.0901	0.060322	0.064832	0.070811	0.07846	0.081093
吉林	0.172121	0.143405	0.143808	0.08542	0.091312	0.078218	0.083557	0.093421
黑龙江	0.125704	0.038174	0.037633	0.0633	0.062019	0.05927	0.064468	0.07463
上海	0.098704	0.085269	0.085546	0.048171	0.05249	0.067852	0.077376	0.090337
江苏	0.077521	0.058923	0.05466	0.03102	0.031787	0.033338	0.037946	0.043186
浙江	0.087485	0.069824	0.0655	0.035739	0.035474	0.03691	0.03887	0.042849
安徽	0.102282	0.092522	0.067299	0.049789	0.035941	0.039872	0.050892	0.063701
福建	0.152833	0.107643	0.100957	0.050138	0.05271	0.053305	0.057186	0.060948
江西	0.143008	0.119545	0.113278	0.072119	0.067961	0.060655	0.064331	0.071194
山东	0.07539	0.066348	0.06778	0.037627	0.037654	0.036704	0.041484	0.050121
河南	0.109598	0.091008	0.088833	0.052368	0.049198	0.046329	0.050813	0.058598
湖北	0.110029	0.090965	0.080463	0.052681	0.047913	0.046192	0.047078	0.053302
湖南	0.114559	0.099398	0.10331	0.058486	0.060131	0.057227	0.058116	0.069831
广东	0.105373	0.08971	0.096552	0.051788	0.061555	0.063939	0.071851	0.075921
广西	0.164392	0.121486	0.123268	0.063197	0.066924	0.066821	0.069765	0.082505
四川	0.118058	0.104401	0.108513	0.044235	0.045628	0.060737	0.083648	0.091259
贵州	0.198112	0.178324	0.161995	0.116334	0.106956	0.104007	0.107607	0.118283
云南	0.222478	0.196748	0.257535	0.12484	0.166258	0.136583	0.142985	0.150727
陕西	0.152043	0.12132	0.11407	0.079931	0.075398	0.072759	0.077441	0.088156
甘肃	0.194505	0.168176	0.169812	0.118408	0.114159	0.101347	0.104167	0.10457
青海	0.305665	0.212751	0.205619	0.134693	0.13635	0.138149	0.142539	0.148574
宁夏	0.325405	0.190763	0.186862	0.118385	0.114286	0.100093	0.109046	0.129781
新疆	0.254811	0.13942	0.127979	0.083259	0.078426	0.077948	0.091797	0.102886

资料来源：课题组根据相关资料计算整理。

附表 5-10b 地方支出比 GDP 比重

	1999 年	2000 年	2001 年	2002 年	2003 年	2004 年	2005 年	2006 年
北京	0.108712	0.113234	0.124819	0.1023	0.111293	0.103683	0.174631	0.164777
天津	0.084672	0.084136	0.085544	0.086969	0.091027	0.08525	0.142117	0.124594
河北	0.059192	0.059256	0.062892	0.069046	0.07429	0.068013	0.1155	0.101228
山西	0.095243	0.100018	0.104125	0.096808	0.101393	0.093597	0.187253	0.192649
内蒙古	0.112687	0.121562	0.129254	0.127397	0.133672	0.129418	0.224223	0.169495
辽宁	0.081653	0.083591	0.090978	0.094917	0.10586	0.103555	0.18051	0.153791
吉林	0.100999	0.104382	0.115435	0.110992	0.122622	0.11615	0.202152	0.168032
黑龙江	0.076061	0.079748	0.095206	0.10499	0.117876	0.111958	0.165829	0.156494
上海	0.101317	0.103282	0.107768	0.106002	0.105784	0.106825	0.203925	0.173211
江苏	0.047333	0.049506	0.050952	0.055745	0.058639	0.057336	0.111533	0.093012
浙江	0.044765	0.047514	0.050983	0.053888	0.061545	0.064376	0.108642	0.093496
安徽	0.071251	0.079675	0.087717	0.091902	0.102929	0.095993	0.149825	0.152915
福建	0.063196	0.065017	0.065647	0.072563	0.074883	0.068981	0.102903	0.095698
江西	0.081008	0.087496	0.095524	0.091194	0.101058	0.098759	0.163148	0.149113
山东	0.053222	0.057105	0.058273	0.059664	0.062409	0.057293	0.097606	0.083046
河南	0.062142	0.062992	0.068141	0.073818	0.074054	0.073556	0.130473	0.115244
湖北	0.057984	0.065505	0.072166	0.087535	0.101819	0.090781	0.138236	0.138103
湖南	0.069383	0.074119	0.078614	0.083783	0.09264	0.094475	0.154808	0.140644
广东	0.080652	0.085447	0.090714	0.080009	0.083393	0.080631	0.121342	0.097439
广西	0.087458	0.096754	0.100834	0.102424	0.12465	0.122283	0.178093	0.151085
四川	0.074119	0.080027	0.082207	0.095661	0.111399	0.109978	0.16963	0.155988
贵州	0.122639	0.133957	0.15736	0.162108	0.192941	0.188741	0.310362	0.26759
云南	0.168774	0.167767	0.182218	0.17905	0.19422	0.170962	0.248648	0.223021
陕西	0.092578	0.100065	0.111979	0.120601	0.135274	0.127507	0.201211	0.18219
甘肃	0.111912	0.127461	0.137798	0.15278	0.168206	0.162281	0.254279	0.232176
青海	0.152985	0.167267	0.185147	0.200382	0.25961	0.254731	0.364202	0.334585
宁夏	0.13926	0.169899	0.165996	0.161313	0.210122	0.213288	0.29833	0.271834
新疆	0.105558	0.107003	0.111937	0.118408	0.139592	0.163493	0.234946	0.222796

资料来源：课题组根据相关资料计算整理。

附表 5-11a　地方政府行政管理费用占政府支出的比重

	1985 年	1992 年	1993 年	1994 年	1995 年	1996 年	1997 年	1998 年
北京	0.037284	0.147198	0.161748	0.240033	0.087912	0.101187	0.07351	0.070045
天津	0.030033	0.052666	0.067876	0.107696	0.111566	0.086975	0.078217	0.06616
河北	0.033845	0.132424	0.117391	0.203973	0.165893	0.155558	0.131918	0.119707
山西	0.055696	0.162389	0.161009	0.237362	0.232202	0.226493	0.182301	0.167367
内蒙古	0.14014	0.123352	0.122904	0.181351	0.169687	0.186921	0.187023	0.157462
辽宁	0.086116	0.084175	0.077858	0.116498	0.108062	0.092308	0.083775	0.077832
吉林	0.087826	0.091602	0.087867	0.135841	0.116768	0.134334	0.121175	0.101148
黑龙江	0.038091	0.122877	0.119177	0.188073	0.121578	0.120014	0.108184	0.095845
上海	0.031691	0.037793	0.043091	0.08043	0.074424	0.060177	0.051269	0.048532
江苏	0.08015	0.133084	0.137548	0.270062	0.164032	0.165759	0.143398	0.130636
浙江	0.049733	0.11321	0.119882	0.210681	0.183381	0.170228	0.162294	0.152216
安徽	0.077627	0.122251	0.137064	0.18594	0.246216	0.226011	0.174492	0.130715
福建	0.085509	0.141302	0.131981	0.254675	0.146646	0.136862	0.12857	0.118217
江西	0.0333	0.107926	0.106838	0.173296	0.16337	0.167337	0.145188	0.124611
山东	0.082846	0.10906	0.110745	0.184969	0.167392	0.183892	0.165658	0.139646
河南	0.089275	0.147996	0.141136	0.23032	0.215867	0.224266	0.17802	0.150378
湖北	0.087156	0.117207	0.126898	0.19319	0.180049	0.163921	0.155452	0.142423
湖南	0.100025	0.111302	0.099826	0.179516	0.162539	0.160209	0.150627	0.12345
广东	0.045201	0.079231	0.079512	0.166522	0.129502	0.12216	0.105397	0.100993
广西	0.097479	0.172528	0.155549	0.279944	0.17583	0.166173	0.148161	0.146615
四川	0.128011	0.128011	0.125271	0.217285	0.220465	0.214384	0.112703	0.116763
贵州	0.09165	0.170213	0.175694	0.248227	0.190236	0.19938	0.201336	0.185077
云南	0.113896	0.11399	0.083391	0.176001	0.121972	0.148334	0.130072	0.118606
陕西	0.098545	0.142179	0.153846	0.212962	0.210743	0.216674	0.190087	0.172756
甘肃	0.110417	0.137435	0.132341	0.200449	0.182048	0.183338	0.166974	0.164266
青海	0.138751	0.187433	0.177462	0.283566	0.200976	0.20623	0.168403	0.160807
宁夏	0.152284	0.105927	0.106186	0.157629	0.143814	0.143963	0.136957	0.126016
新疆	0.122727	0.19754	0.209396	0.307007	0.243857	0.239803	0.176349	0.155105

资料来源：课题组根据相关资料计算整理。

附表 5-11b   地方政府行政管理费用占政府支出比重

	1999 年	2000 年	2001 年	2002 年	2003 年	2004 年	2005 年	2006 年
北京	0.067642	0.074533	0.077029	0.079458	0.069915	0.084886	0.065353	0.064737
天津	0.065727	0.06467	0.070834	0.071157	0.074786	0.082579	0.058789	0.058858
河北	0.113473	0.12386	0.131956	0.140203	0.130382	0.139111	0.099513	0.095703
山西	0.162497	0.165379	0.179724	0.16911	0.15696	0.167268	0.103422	0.090312
内蒙古	0.149045	0.142446	0.158959	0.15295	0.142987	0.144634	0.104847	0.101179
辽宁	0.079588	0.079351	0.100153	0.102899	0.097965	0.109436	0.076354	0.076993
吉林	0.093949	0.094792	0.095388	0.101738	0.095671	0.101352	0.0715	0.078938
黑龙江	0.100281	0.099915	0.101672	0.108807	0.102369	0.106704	0.088295	0.089322
上海	0.047504	0.048123	0.053904	0.059025	0.06325	0.065217	0.04191	0.04497
江苏	0.128829	0.131113	0.140658	0.150115	0.146881	0.171804	0.108828	0.115182
浙江	0.153606	0.153342	0.173846	0.17962	0.159417	0.156928	0.11213	0.109309
安徽	0.144518	0.143554	0.147055	0.150246	0.127018	0.141199	0.103472	0.099243
福建	0.113033	0.106172	0.106324	0.101579	0.098261	0.106851	0.083219	0.081048
江西	0.121803	0.119936	0.125006	0.141003	0.126714	0.122084	0.090349	0.084207
山东	0.133525	0.127527	0.135109	0.146832	0.149022	0.152551	0.111135	0.10524
河南	0.148785	0.147823	0.151644	0.16697	0.163396	0.154859	0.108382	0.101864
湖北	0.145329	0.131801	0.132824	0.140331	0.117857	0.136687	0.121733	0.106293
湖南	0.127199	0.119792	0.132282	0.14556	0.137016	0.133072	0.099904	0.099417
广东	0.108473	0.122273	0.124547	0.138274	0.132798	0.12695	0.00986	0.10039
广西	0.145583	0.142166	0.156903	0.162443	0.13175	0.123794	0.100475	0.101143
四川	0.159905	0.159848	0.1863	0.186947	0.159232	0.162429	0.12505	0.118898
贵州	0.190736	0.182658	0.188554	0.191943	0.157449	0.161373	0.125123	0.12215
云南	0.106865	0.113537	0.118397	0.119195	0.111698	0.128597	0.101945	0.106546
陕西	0.173541	0.166366	0.171315	0.153702	0.134009	0.129183	0.09771	0.095269
甘肃	0.1721	0.156295	0.17464	0.162408	0.133016	0.127723	0.098996	0.101128
青海	0.163148	0.152189	0.165291	0.150015	0.109773	0.112648	0.092324	0.09279
宁夏	0.117752	0.100842	0.122754	0.114398	0.082603	0.076522	0.066709	0.067263
新疆	0.152898	0.151175	0.177652	0.18387	0.144729	0.135062	0.111469	0.104503

资料来源：课题组根据相关资料计算整理。

附表 5-12a 各省区政府规模指数

	1985 年	1992 年	1993 年	1994 年	1995 年	1996 年	1997 年	1998 年
北京	0.216912	0.302975	0.304306	0.360195	0.192875	0.210285	0.208901	0.212899
天津	0.207277	0.19699	0.19491	0.198964	0.195264	0.18083	0.178683	0.178275
河北	0.155798	0.231796	0.220204	0.268029	0.233725	0.220244	0.198778	0.193054
山西	0.240533	0.244205	0.246398	0.338218	0.327523	0.32279	0.286417	0.284977
内蒙古	0.375991	0.325375	0.316572	0.314506	0.303207	0.309656	0.308657	0.292462
辽宁	0.21911	0.212317	0.191523	0.198123	0.193641	0.184489	0.183463	0.181145
吉林	0.281773	0.261957	0.252488	0.241578	0.229364	0.233149	0.225018	0.217453
黑龙江	0.187986	0.189824	0.182949	0.277353	0.209171	0.204166	0.195985	0.193283
上海	0.147909	0.147274	0.150935	0.148779	0.146705	0.148963	0.146563	0.160511
江苏	0.168634	0.209329	0.204177	0.312183	0.207186	0.210811	0.193038	0.186065
浙江	0.147815	0.198766	0.196627	0.258038	0.230519	0.218944	0.213645	0.208078
安徽	0.190669	0.226272	0.217581	0.248424	0.294443	0.278174	0.237276	0.206557
福建	0.256656	0.268208	0.251084	0.321828	0.216649	0.207487	0.202801	0.197415
江西	0.191458	0.246827	0.236069	0.261597	0.246919	0.244026	0.225931	0.21356
山东	0.170682	0.190935	0.192408	0.23652	0.219489	0.23722	0.223777	0.206301
河南	0.211884	0.253662	0.24539	0.297595	0.280544	0.286664	0.244121	0.224698
湖北	0.215225	0.230066	0.225889	0.265813	0.246026	0.230616	0.222982	0.21625
湖南	0.228175	0.225872	0.217477	0.252419	0.236674	0.231925	0.223252	0.208316
广东	0.168872	0.189724	0.194742	0.23543	0.208558	0.203955	0.194716	0.195109
广西	0.273504	0.309889	0.292344	0.35658	0.256353	0.248593	0.232361	0.243285
四川	0.257366	0.245487	0.245888	0.273651	0.278074	0.287385	0.208739	0.221055
贵州	0.304594	0.363693	0.352943	0.379022	0.311623	0.317763	0.322902	0.31713
云南	0.354672	0.329815	0.357071	0.317094	0.304467	0.30154	0.289608	0.286248
陕西	0.269476	0.287622	0.286484	0.312014	0.305302	0.30957	0.288004	0.280668
甘肃	0.323273	0.324124	0.320721	0.337188	0.314665	0.303832	0.290283	0.287805
青海	0.454681	0.428425	0.412114	0.445626	0.365202	0.37284	0.337705	0.335857
宁夏	0.499157	0.321645	0.31696	0.301067	0.28191	0.269646	0.270964	0.279689
新疆	0.404473	0.373878	0.369882	0.423204	0.354449	0.352444	0.302025	0.294111

资料来源：根据课题组研究成果计算整理。

附表 5 – 12b　　　各省区政府规模指数

	1999 年	2000 年	2001 年	2002 年	2003 年	2004 年	2005 年	2006 年
北京	0.22473	0.227511	0.241088	0.209761	0.217782	0.220938	0.272246	0.260383
天津	0.179261	0.178522	0.185869	0.186133	0.197158	0.199269	0.231808	0.211554
河北	0.191382	0.201845	0.213905	0.227242	0.224261	0.227005	0.235134	0.217236
山西	0.286799	0.295086	0.313386	0.293844	0.286154	0.289225	0.320204	0.313109
内蒙古	0.290959	0.293177	0.317364	0.307794	0.306161	0.30442	0.359058	0.300069
辽宁	0.183689	0.185231	0.213345	0.218967	0.227958	0.236843	0.28049	0.254231
吉林	0.217905	0.222482	0.234163	0.234567	0.244985	0.243122	0.299758	0.273449
黑龙江	0.199831	0.2036	0.220207	0.234996	0.243726	0.242727	0.278254	0.269863
上海	0.17136	0.173803	0.183409	0.184652	0.191215	0.193037	0.267198	0.23734
江苏	0.188838	0.193651	0.204443	0.218609	0.219852	0.243575	0.234459	0.222248
浙江	0.21137	0.213735	0.236998	0.245259	0.233924	0.233994	0.234589	0.217417
安徽	0.227807	0.235342	0.246715	0.25382	0.242277	0.249379	0.2657	0.264009
福建	0.193663	0.188611	0.189087	0.190126	0.189462	0.191551	0.201371	0.191681
江西	0.220612	0.22521	0.238215	0.249042	0.246397	0.238567	0.27122	0.250975
山东	0.20303	0.201411	0.210301	0.223098	0.22904	0.227608	0.228054	0.207383
河南	0.226084	0.225309	0.234765	0.25527	0.254122	0.245552	0.255999	0.233763
湖北	0.224044	0.218344	0.22608	0.247202	0.240673	0.248861	0.280513	0.264277
湖南	0.211615	0.209309	0.227755	0.245421	0.246979	0.244792	0.272206	0.257392
广东	0.207441	0.225761	0.23227	0.235052	0.234133	0.225339	0.14837	0.215566
广西	0.247322	0.252512	0.271187	0.27558	0.268776	0.258678	0.2914	0.264844
四川	0.247396	0.253383	0.281596	0.295084	0.284568	0.286304	0.308237	0.288396
贵州	0.327	0.330022	0.359717	0.367097	0.364098	0.364242	0.450153	0.404316
云南	0.292576	0.29701	0.316147	0.312922	0.321653	0.315387	0.366338	0.345617
陕西	0.287323	0.287535	0.304837	0.295091	0.290691	0.278835	0.321132	0.299764
甘肃	0.302966	0.303284	0.332055	0.333933	0.32139	0.308702	0.373518	0.354149
青海	0.341966	0.345274	0.376184	0.375018	0.395692	0.393558	0.482288	0.453494
宁夏	0.280487	0.293583	0.311175	0.298176	0.316832	0.313472	0.389624	0.363098
新疆	0.295283	0.295566	0.327163	0.339322	0.322487	0.337181	0.385976	0.36722

资料来源：根据课题组研究成果计算整理。

附表 5–13a　　　　国有经济比重（1985 年，1992～1998 年）

	1985 年	1992 年	1993 年	1994 年	1995 年	1996 年	1997 年	1998 年
北京	0.7086	0.6563	0.6237	0.5784	0.5044	0.5006	0.5125	0.4914
天津	0.6643	0.5808	0.5627	0.5341	0.5056	0.4854	0.4937	0.4772
河北	0.4231	0.4049	0.3715	0.3227	0.3331	0.2853	0.2759	0.1963
山西	0.5587	0.5342	0.4927	0.4659	0.4571	0.4286	0.4128	0.3685
内蒙古	0.6108	0.6306	0.6140	0.5818	0.5656	0.5098	0.4712	0.4047
辽宁	0.5970	0.5813	0.4964	0.4617	0.4443	0.4100	0.4045	0.3767
吉林	0.5575	0.6034	0.5933	0.5863	0.5812	0.5628	0.5694	0.5327
黑龙江	0.6690	0.7061	0.6908	0.6512	0.6141	0.5777	0.5683	0.5042
上海	0.6944	0.5997	0.5578	0.5206	0.4519	0.4159	0.4068	0.3950
江苏	0.3246	0.2809	0.2477	0.2385	0.2435	0.2385	0.2365	0.2266
浙江	0.2874	0.2696	0.2695	0.2516	0.2531	0.2477	0.2468	0.2506
安徽	0.4332	0.4102	0.3818	0.3100	0.3125	0.2943	0.2490	0.2438
福建	0.4736	0.3463	0.3104	0.2672	0.2530	0.2287	0.2188	0.2031
江西	0.4837	0.4739	0.4580	0.3799	0.4070	0.3745	0.3618	0.3450
山东	0.4071	0.3762	0.3438	0.3043	0.3017	0.2787	0.2699	0.2617
河南	0.4317	0.4040	0.3926	0.3544	0.3332	0.3147	0.2967	0.2919
湖北	0.4969	0.5355	0.5042	0.4468	0.4094	0.3722	0.3269	0.3174
湖南	0.4496	0.4561	0.4246	0.3921	0.3779	0.3270	0.3010	0.4253
广东	0.4776	0.3888	0.3298	0.2518	0.2710	0.2539	0.2462	0.2284
广西	0.4904	0.4794	0.4302	0.3583	0.3426	0.3253	0.3065	0.2924
四川	0.4907	0.4609	0.4002	0.3659	0.3501	0.3327	0.3326	0.3460
贵州	0.5187	0.5387	0.5209	0.4897	0.4682	0.4504	0.4248	0.4172
云南	0.5417	0.5428	0.5319	0.5153	0.4985	0.4700	0.4477	0.4322
陕西	0.5474	0.5395	0.5179	0.4953	0.4524	0.4844	0.4650	0.4243
甘肃	0.6034	0.5855	0.5573	0.5438	0.5301	0.4785	0.4603	0.4283
青海	0.6491	0.6680	0.6590	0.6502	0.6278	0.6094	0.5764	0.5591
宁夏	0.6812	0.6190	0.6107	0.5909	0.5558	0.5521	0.5359	0.4842
新疆	0.7140	0.7036	0.6882	0.6714	0.6597	0.6586	0.6517	0.6197

资料来源：课题组根据各年份《中国统计年鉴》和《中国工业经济统计年鉴》整理计算。

附表 5-13b　　　　国有经济比重（1999~2006 年）

	1999 年	2000 年	2001 年	2002 年	2003 年	2004 年	2005 年	2006 年
北京	0.6006	0.5636	0.5190	0.4506	0.3976	0.2660	0.3372	0.2403
天津	0.4806	0.4809	0.4770	0.4642	0.4751	0.5293	0.3316	0.2402
河北	0.3818	0.3710	0.3441	0.3116	0.2887	0.2152	0.2531	0.1963
山西	0.5200	0.5194	0.5031	0.4443	0.3889	0.2812	0.3768	0.3142
内蒙古	0.5664	0.5412	0.4935	0.4665	0.4212	0.3009	0.3821	0.2800
辽宁	0.4907	0.4564	0.4400	0.3970	0.3589	0.2264	0.3277	0.2449
吉林	0.6290	0.6230	0.6186	0.6106	0.6015	0.5205	0.3951	0.3151
黑龙江	0.6070	0.5363	0.5271	0.5005	0.4846	0.2923	0.4699	0.4054
上海	0.4113	0.3930	0.3619	0.3302	0.3120	0.2304	0.2966	0.2353
江苏	0.2783	0.2624	0.2464	0.2238	0.2063	0.1783	0.1593	0.1173
浙江	0.3222	0.3098	0.2993	0.2781	0.1686	0.1709	0.1566	0.1282
安徽	0.3987	0.4051	0.3961	0.3666	0.3333	0.2220	0.3083	0.2645
福建	0.2947	0.2768	0.2727	0.2522	0.2308	0.2066	0.1980	0.0923
江西	0.4784	0.4712	0.4554	0.4314	0.3885	0.2426	0.3350	0.2953
山东	0.3298	0.3243	0.2986	0.2691	0.2416	0.1577	0.1684	0.1353
河南	0.3790	0.3731	0.3641	0.3495	0.3304	0.2630	0.2537	0.2012
湖北	0.4397	0.4508	0.4440	0.4240	0.3781	0.2458	0.3369	0.2944
湖南	0.4431	0.4337	0.4088	0.3881	0.3546	0.2512	0.2935	0.2646
广东	0.2745	0.2510	0.2268	0.1970	0.1875	0.1907	0.1796	0.1373
广西	0.4272	0.4160	0.3954	0.3857	0.3612	0.2539	0.3189	0.2600
四川	0.4190	0.3882	0.3792	0.3539	0.3192	0.2262	0.2690	0.2579
贵州	0.5156	0.5100	0.5046	0.4921	0.4518	0.3186	0.4293	0.3825
云南	0.5271	0.5227	0.5200	0.5008	0.4488	0.2562	0.3913	0.3773
陕西	0.5258	0.5211	0.5121	0.4908	0.4758	0.3262	0.4484	0.4083
甘肃	0.4937	0.5165	0.5075	0.4943	0.4961	0.3601	0.4967	0.4621
青海	0.5969	0.5663	0.5399	0.5232	0.5059	0.3204	0.4680	0.4363
宁夏	0.4070	0.4071	0.4046	0.3675	0.3107	0.2621	0.3698	0.3036
新疆	0.6816	0.6507	0.6118	0.5978	0.5808	0.4499	0.3306	0.4319

资料来源：课题组根据各年份《中国统计年鉴》和《中国工业经济统计年鉴》整理计算。

附表 5-14a　　　　政府财政收入比重 (1985 年, 1992~2006 年)

	1985 年	1992 年	1993 年	1994 年	1995 年	1996 年	1997 年	1998 年
北京	0.2040	0.1132	0.0974	0.0921	0.0826	0.0934	0.1160	0.1303
天津	0.2744	0.1533	0.1398	0.0692	0.0675	0.0719	0.0728	0.0759
河北	0.1138	0.0791	0.0853	0.0435	0.0421	0.0440	0.0445	0.0486
山西	0.1141	0.1017	0.1028	0.0630	0.0661	0.0644	0.0627	0.0651
内蒙古	0.0804	0.0927	0.1054	0.0532	0.0525	0.0582	0.0665	0.0753
辽宁	0.1643	0.1029	0.1063	0.0624	0.0660	0.0670	0.0637	0.0682
吉林	0.1081	0.1021	0.1112	0.0529	0.0560	0.0571	0.0573	0.0601
黑龙江	0.1054	0.0877	0.0899	0.0523	0.0503	0.0528	0.0556	0.0633
上海	0.3947	0.1665	0.1603	0.0889	0.0923	0.0994	0.1049	0.1063
江苏	0.1365	0.0713	0.0738	0.0337	0.0335	0.0372	0.0409	0.0428
浙江	0.1363	0.0867	0.0873	0.0355	0.0331	0.0337	0.0358	0.0397
安徽	0.0911	0.0688	0.0684	0.0367	0.0418	0.0490	0.0526	0.0567
福建	0.1251	0.0960	0.0980	0.0893	0.0860	0.0833	0.0838	0.0845
江西	0.1019	0.0863	0.0908	0.0935	0.0845	0.0814	0.0787	0.0787
山东	0.0992	0.0634	0.0699	0.0348	0.0358	0.0405	0.0458	0.0492
河南	0.1083	0.0813	0.0837	0.0420	0.0415	0.0443	0.0472	0.0478
湖北	0.1268	0.0865	0.0808	0.0412	0.0417	0.0419	0.0405	0.0456
湖南	0.1120	0.0930	0.0998	0.0507	0.0493	0.0492	0.0458	0.0488
广东	0.1134	0.0910	0.1010	0.0661	0.0667	0.0735	0.0744	0.0809
广西	0.1115	0.0946	0.1100	0.0520	0.0530	0.0533	0.0546	0.0629
四川	0.0942	0.0849	0.0960	0.0496	0.0483	0.0516	0.0521	0.0551
贵州	0.1224	0.1391	0.1358	0.0599	0.0616	0.0693	0.0730	0.0776
云南	0.1662	0.1767	0.2630	0.0787	0.0815	0.0872	0.0915	0.0938
陕西	0.1122	0.0946	0.0951	0.0522	0.0513	0.0575	0.0647	0.0676
甘肃	0.1327	0.1258	0.1400	0.0644	0.0613	0.0607	0.0632	0.0621
青海	0.0727	0.0932	0.1037	0.0507	0.0520	0.0523	0.0540	0.0580
宁夏	0.0961	0.0930	0.1045	0.0535	0.0529	0.0655	0.0667	0.0780
新疆	0.0755	0.0648	0.0715	0.0426	0.0464	0.0530	0.0549	0.0596

资料来源：课题组根据各年份《中国统计年鉴》和《中国工业经济统计年鉴》整理计算。

附表 5-14b　　政府财政收入比重（1999～2006 年）

	1999 年	2000 年	2001 年	2002 年	2003 年	2004 年	2005 年	2006 年
北京	0.1283	0.1392	0.1596	0.1662	0.1618	0.1738	0.1335	0.1419
天津	0.0778	0.0815	0.0889	0.0838	0.0836	0.0840	0.0897	0.0957
河北	0.0489	0.0489	0.0508	0.0494	0.0473	0.0462	0.0511	0.0532
山西	0.0725	0.0696	0.0746	0.0748	0.0757	0.0843	0.0881	0.1228
内蒙古	0.0683	0.0678	0.0643	0.0651	0.0645	0.0725	0.0712	0.0717
辽宁	0.0670	0.0633	0.0736	0.0732	0.0745	0.0771	0.0843	0.0884
吉林	0.0610	0.0557	0.0596	0.0585	0.0610	0.0562	0.0572	0.0574
黑龙江	0.0587	0.0570	0.0600	0.0597	0.0562	0.0546	0.0577	0.0625
上海	0.1070	0.1094	0.1119	0.1331	0.1449	0.1503	0.1548	0.1520
江苏	0.0446	0.0522	0.0602	0.0605	0.0640	0.0632	0.0723	0.0765
浙江	0.0458	0.0568	0.0619	0.0727	0.0752	0.0717	0.0794	0.0825
安徽	0.0599	0.0588	0.0584	0.0563	0.0556	0.0571	0.0621	0.0696
福建	0.0588	0.0597	0.0645	0.0583	0.0583	0.0551	0.0659	0.0711
江西	0.0567	0.0557	0.0607	0.0574	0.0594	0.0589	0.0623	0.0654
山东	0.0528	0.0543	0.0607	0.0578	0.0574	0.0535	0.0580	0.0614
河南	0.0488	0.0480	0.0475	0.0481	0.0480	0.0486	0.0508	0.0544
湖北	0.0504	0.0501	0.0497	0.0489	0.0481	0.0492	0.0576	0.0628
湖南	0.0500	0.0480	0.0516	0.0532	0.0579	0.0571	0.0607	0.0631
广东	0.0905	0.0942	0.1090	0.1024	0.0965	0.0884	0.0808	0.0832
广西	0.0684	0.0717	0.0801	0.0760	0.0745	0.0716	0.0694	0.0709
四川	0.0570	0.0583	0.0613	0.0599	0.0617	0.0588	0.0650	0.0703
贵州	0.0814	0.0858	0.0919	0.0914	0.0919	0.0938	0.0922	0.0994
云南	0.0930	0.0925	0.0922	0.0926	0.0929	0.0890	0.0900	0.0948
陕西	0.0715	0.0692	0.0736	0.0753	0.0739	0.0745	0.0749	0.0801
甘肃	0.0626	0.0623	0.0652	0.0656	0.0672	0.0668	0.0639	0.0620
青海	0.0594	0.0629	0.0658	0.0619	0.0616	0.0580	0.0623	0.0658
宁夏	0.0780	0.0784	0.0924	0.0804	0.0779	0.0814	0.0787	0.0863
新疆	0.0610	0.0580	0.0640	0.0729	0.0683	0.0708	0.0692	0.0721

资料来源：课题组根据各年份《中国统计年鉴》和《中国工业经济统计年鉴》整理计算。

附表 5–15a　　　　政府消费比重（1985 年、1992～1998 年）

	1985 年	1992 年	1993 年	1994 年	1995 年	1996 年	1997 年	1998 年
北京	0.2597	0.3266	0.3322	0.3324	0.2588	0.2685	0.2992	0.3040
天津	0.1567	0.2219	0.2391	0.2539	0.2118	0.2415	0.2290	0.2451
河北	0.1200	0.1639	0.2113	0.2070	0.1985	0.1998	0.1960	0.2218
山西	0.1727	0.2312	0.2040	0.2350	0.2243	0.2294	0.2721	0.2678
内蒙古	0.1725	0.2323	0.2338	0.2286	0.2174	0.2176	0.2244	0.2414
辽宁	0.1835	0.2022	0.1998	0.2208	0.2159	0.2320	0.2439	0.2573
吉林	0.1689	0.1598	0.1632	0.1800	0.1666	0.1564	0.1675	0.1803
黑龙江	0.0899	0.1599	0.1699	0.1630	0.1872	0.2133	0.2268	0.2412
上海	0.1957	0.2318	0.2085	0.2069	0.1959	0.1945	0.2026	0.2126
江苏	0.1494	0.2339	0.2131	0.2153	0.1974	0.1849	0.1997	0.2051
浙江	0.1084	0.1554	0.1620	0.1690	0.1734	0.1719	0.1922	0.2275
安徽	0.1407	0.1451	0.1431	0.1613	0.1520	0.1435	0.1419	0.1402
福建	0.1251	0.2302	0.2216	0.2247	0.1980	0.2289	0.2345	0.2521
江西	0.1653	0.2163	0.2410	0.2096	0.2032	0.2048	0.2267	0.2534
山东	0.1853	0.2766	0.2816	0.3005	0.3190	0.3348	0.2761	0.2770
河南	0.1625	0.1717	0.2345	0.2250	0.2145	0.2081	0.2127	0.2270
湖北	0.1533	0.2077	0.1956	0.1884	0.1584	0.1556	0.1607	0.1790
湖南	0.0851	0.1967	0.2017	0.2067	0.2062	0.1961	0.2124	0.2235
广东	0.1382	0.2194	0.2030	0.1775	0.1892	0.1987	0.2279	0.2389
广西	0.1886	0.2624	0.2516	0.2444	0.2413	0.2351	0.2541	0.2721
四川	0.1587	0.1765	0.1763	0.1684	0.1719	0.1791	0.1821	0.1837
贵州	0.1277	0.2138	0.1933	0.1868	0.1671	0.1652	0.1884	0.1992
云南	0.0765	0.1149	0.1190	0.1351	0.1469	0.1583	0.1804	0.2221
陕西	0.1360	0.2736	0.2666	0.2621	0.2527	0.2581	0.2580	0.2584
甘肃	0.2334	0.2538	0.2597	0.2597	0.2479	0.2138	0.2151	0.2317
青海	0.1953	0.2798	0.2541	0.2551	0.2747	0.2650	0.2640	0.2588
宁夏	—	0.2967	0.3000	0.2894	0.2603	0.2564	0.2578	0.2667
新疆	0.2224	0.2511	0.2399	0.2509	0.2491	0.2696	0.2735	0.2733

资料来源：课题组根据各年份《中国统计年鉴》和《中国工业经济统计年鉴》整理计算。

附表 5-15b　　　政府消费比重（1999~2006 年）

	1999 年	2000 年	2001 年	2002 年	2003 年	2004 年	2005 年	2006 年
北京	0.3358	0.3380	0.3773	0.3828	0.3855	0.4020	0.3650	0.3780
天津	0.2971	0.3074	0.3114	0.3371	0.3629	0.3666	0.3500	0.3650
河北	0.2320	0.2490	0.2598	0.2724	0.2848	0.3003	0.3180	0.3180
山西	0.3182	0.3110	0.3046	0.2897	0.2946	0.2746	0.2860	0.2760
内蒙古	0.2545	0.2649	0.2797	0.2430	0.2640	0.2781	0.3570	0.3390
辽宁	0.2674	0.2785	0.2921	0.2936	0.2999	0.2866	0.2880	0.2870
吉林	0.1996	0.2493	0.2705	0.2782	0.2651	0.2562	0.2700	0.2740
黑龙江	0.2502	0.2550	0.2729	0.2774	0.2814	0.2990	0.3080	0.3370
上海	0.2132	0.2188	0.2258	0.2254	0.2335	0.2408	0.2600	0.2590
江苏	0.2232	0.2412	0.2594	0.2763	0.2871	0.3129	0.2920	0.3070
浙江	0.2664	0.2944	0.2953	0.3174	0.3114	0.3190	0.2620	0.2590
安徽	0.1623	0.1706	0.1813	0.1899	0.1913	0.1901	0.2020	0.1980
福建	0.2696	0.2710	0.2869	0.3017	0.3068	0.3115	0.2740	0.2630
江西	0.2287	0.2208	0.2324	0.2364	0.2340	0.2144	0.2240	0.2390
山东	0.2592	0.2439	0.2619	0.2868	0.3102	0.3326	0.3170	0.3150
河南	0.2283	0.2445	0.2708	0.2812	0.2672	0.2678	0.2870	0.3000
湖北	0.1963	0.2083	0.2115	0.2081	0.2084	0.2104	0.2360	0.2660
湖南	0.2358	0.2520	0.2669	0.2790	0.3012	0.3058	0.2430	0.2450
广东	0.2729	0.2964	0.3311	0.3377	0.3524	0.3241	0.2210	0.2230
广西	0.2711	0.2937	0.3263	0.3183	0.3275	0.3290	0.2640	0.2760
四川	0.1870	0.1883	0.2284	0.2342	0.2352	0.2375	0.2270	0.2360
贵州	0.2173	0.2260	0.2669	0.2819	0.2938	0.3092	0.2440	0.2440
云南	0.2238	0.2801	0.3466	0.3287	0.3201	0.3098	0.2840	0.3040
陕西	0.2437	0.2207	0.2088	0.2041	0.2063	0.1952	0.2080	0.2090
甘肃	0.2348	0.2331	0.2497	0.2486	0.2192	0.2872	0.2660	0.2860
青海	0.2739	0.3019	0.3519	0.3661	0.3817	0.4292	0.4170	0.4550
宁夏	0.2939	0.3265	0.4041	0.4120	0.3916	0.3762	0.3320	0.3250
新疆	0.3248	0.3534	0.3668	0.3670	0.4079	0.4234	0.3970	0.4610

资料来源：课题组根据各年份《中国统计年鉴》和《中国工业经济统计年鉴》整理计算。

附表 5-16a　　产业相似度系数（1985 年、1992~1999 年）

	1985 年	1992 年	1993 年	1994 年	1995 年	1997 年	1999 年
北京	0.9957	0.894321	0.90529	0.885447	0.838205	0.826872	0.756078
天津	0.998131	0.943783	0.9198	0.914809	0.855404	0.832343	0.869826
河北	0.997786	0.950805	0.878664	0.913112	0.918965	0.899949	0.827243
山西	0.984747	0.645044	0.672377	0.631947	0.606335	0.576808	0.577783
内蒙古	0.994736	0.822227	0.805646	0.808416	0.796885	0.773378	0.692302
辽宁	0.996625	0.882126	0.862843	0.856409	0.866983	0.856837	0.500022
吉林	0.99376	0.759372	0.740259	0.688546	0.717725	0.687342	0.643186
黑龙江	0.986312	0.602213	0.567057	0.502097	0.53092	0.550336	0.437337
上海	0.996252	0.929104	0.90968	0.897841	0.897553	0.871959	0.89402
江苏	0.997284	0.925222	0.900527	0.904576	0.918514	0.915861	0.917177
浙江	0.997953	0.868309	0.808176	0.832178	0.886242	0.883308	0.852605
安徽	0.996078	0.960284	0.95568	0.944117	0.93157	0.887487	0.903884
福建	0.994593	0.848827	0.815331	0.808272	0.825898	0.863946	0.871163
江西	0.997865	0.955967	0.933774	0.922045	0.921445	0.911338	0.862355
山东	0.997541	0.949092	0.93124	0.935311	0.937677	0.936305	0.891923
河南	0.998119	0.94307	0.93087	0.933465	0.91593	0.883517	0.854244
湖北	0.997422	0.925525	0.904855	0.914999	0.928763	0.927175	0.882101
湖南	0.997856	0.922856	0.927632	0.909426	0.898244	0.884374	0.844591
广东	0.996543	0.869329	0.832977	0.831427	0.827137	0.828888	0.830218
广西	0.994434	0.850477	0.833768	0.829113	0.847206	0.81787	0.750463
四川	0.997414	0.957298	0.936802	0.935503	0.928981	0.902768	0.900934
贵州	0.990236	0.706915	0.787739	0.736999	0.746742	0.731228	0.66365
云南	0.981328	0.507556	0.480855	0.378862	0.387584	0.407104	0.394855
陕西	0.997456	0.918852	0.909913	0.907068	0.918157	0.909372	0.87582
甘肃	0.986331	0.860327	0.672738	0.659205	0.677843	0.687558	0.680805
青海	0.996933	0.840405	0.746568	0.641384	0.595729	0.573972	0.500543
宁夏	0.989029	0.78956	0.726323	0.69643	0.697818	0.68867	0.653904
新疆	0.987049	0.657034	0.501179	0.53583	0.493888	0.452894	0.431427

资料来源：课题组根据各年份《中国统计年鉴》和《中国工业经济统计年鉴》整理计算。

附表 5-16b　　产业相似度系数（2000~2006 年）

	2000 年	2001 年	2002 年	2003 年	2005 年	2006 年
北京	0.72666	0.753385	0.8142	0.88935	0.854976	0.837921
天津	0.848785	0.85208	0.85046	0.902476	0.873282	0.856707
河北	0.811269	0.78616	0.747054	0.683008	0.680937	0.679482
山西	0.591008	0.564292	0.539655	0.527032	0.546594	0.531776
内蒙古	0.690532	0.688711	0.698522	0.68387	0.718855	0.705575
辽宁	0.842522	0.828068	0.823442	0.809436	0.816011	0.822362
吉林	0.615897	0.569144	0.548477	0.528047	0.573252	0.579929
黑龙江	0.447688	0.437747	0.457187	0.450465	0.460581	0.462925
上海	0.896204	0.916436	0.918274	0.909978	0.890924	0.889308
江苏	0.914503	0.920769	0.925164	0.935285	0.930866	0.929733
浙江	0.855151	0.83406	0.824563	0.814087	0.815028	0.842384
安徽	0.904831	0.897599	0.887924	0.871995	0.864044	0.859147
福建	0.888868	0.902628	0.879982	0.900494	0.897737	0.90005
江西	0.848147	0.840204	0.818347	0.80366	0.804536	0.760861
山东	0.880801	0.875897	0.87835	0.863786	0.878757	0.884332
河南	0.83934	0.816072	0.794013	0.765436	0.777514	0.777363
湖北	0.880087	0.876882	0.83155	0.85528	0.842221	0.849273
湖南	0.843965	0.844288	0.851468	0.840047	0.839966	0.829216
广东	0.840011	0.825445	0.807798	0.80114	0.795453	0.801539
广西	0.736578	0.755199	0.731463	0.722501	0.761305	0.76915
四川	0.885949	0.885882	0.896973	0.895811	0.893937	0.899883
贵州	0.657151	0.660198	0.667255	0.660093	0.675201	0.644108
云南	0.375677	0.373378	0.363403	0.391537	0.520335	0.515245
陕西	0.843706	0.807947	0.807128	0.772345	0.690665	0.688296
甘肃	0.69594	0.608825	0.598552	0.574952	0.592497	0.574038
青海	0.469143	0.46497	0.44755	0.440802	0.500089	0.51872
宁夏	0.623203	0.611829	0.591923	0.596496	0.653445	0.65422
新疆	0.44615	0.467216	0.458715	0.423783	0.383705	0.372637

资料来源：课题组根据各年份《中国统计年鉴》和《中国工业经济统计年鉴》整理计算。

附表 5-17a　　市场分割度（1985 年、1992~1998 年）

	1985 年	1992 年	1993 年	1994 年	1995 年	1996 年	1997 年	1998 年
北京	0.002161	0.002439	0.002816	0.002736	0.001965	0.001537	0.011723	0.001111
天津	0.002465	0.002361	0.002231	0.004086	0.001451	0.001593	0.00293	0.000764
河北	0.001944	0.001636	0.003416	0.002873	0.000895	0.001251	0.001261	0.000891
山西	0.002131	0.001223	0.001929	0.005312	0.000706	0.000862	0.001326	0.000872
内蒙古	0.002044	0.00163	0.002071	0.003709	0.001541	0.001192	0.001568	0.000686
辽宁	0.002176	0.001052	0.002093	0.003854	0.001058	0.000888	0.001312	0.000701
吉林	0.002287	0.001361	0.002589	0.004438	0.001272	0.000978	0.00143	0.00087
黑龙江	0.00205	0.001525	0.002376	0.003523	0.0012	0.000938	0.001357	0.000919
上海	0.00321	0.001871	0.004134	0.001978	0.001434	0.002044	0.002006	0.00181
江苏	0.002394	0.001476	0.00204	0.004491	0.000777	0.001726	0.002167	0.000612
浙江	0.002105	0.001808	0.007047	0.004476	0.000845	0.000954	0.00181	0.000841
安徽	0.002131	0.003732	0.002522	0.003669	0.000893	0.000962	0.001874	0.000836
福建	0.002813	0.003021	0.002705	0.003398	0.000877	0.00129	0.001621	0.001393
江西	0.001955	0.001114	0.001881	0.004247	0.000843	0.001133	0.001479	0.001698
山东	0.002096	0.001721	0.002628	0.003449	0.000656	0.000902	0.001556	0.000616
河南	0.002094	0.00151	0.003039	0.005773	0.000787	0.002785	0.00212	0.000607
湖北	0.001942	0.001193	0.002678	0.004546	0.00076	0.001007	0.001488	0.000626
湖南	0.002764	0.00239	0.002182	0.00594	0.002411	0.001826	0.001341	0.000677
广东	0.004571	0.004264	0.00452	0.004463	0.001044	0.001367	0.001646	0.000763
广西	0.002715	0.001125	0.003871	0.004693	0.000914	0.001067	0.001655	0.001069
四川	0.001861	0.001908	0.002243	0.004851	0.00139	0.000758	0.001252	0.000551
贵州	0.002104	0.002094	0.002781	0.003573	0.001073	0.001375	0.001486	0.000581
云南	0.002222	0.001053	0.00231	0.002626	0.001881	0.000846	0.001848	0.000729
陕西	0.002321	0.001315	0.004324	0.005879	0.000925	0.000898	0.001577	0.000881
甘肃	0.002032	0.001605	0.002148	0.005021	0.000926	0.000715	0.001404	0.000615
青海	0.002317	0.002035	0.002262	0.005105	0.000659	0.001412	0.001651	0.000842
宁夏	0.003046	0.002057	0.003261	0.003139	0.001133	0.000927	0.001585	0.001117
新疆	0.002166	0.001724	0.002704	0.0017	0.000936	0.000935	0.001501	0.0008

资料来源：课题组根据各年份《中国统计年鉴》和《中国工业经济统计年鉴》整理计算。

附表 5-17b　　　　市场分割度（1999~2006 年）

	1999 年	2000 年	2001 年	2002 年	2003 年	2004 年	2005 年	2006 年
北京	0.002792	0.001648	0.000714	0.000791	0.001514	0.000758	0.000578	0.001059
天津	0.00052	0.001007	0.000984	0.00167	0.001876	0.001651	0.000451	0.000616
河北	0.000823	0.000392	0.000465	0.000452	0.000529	0.00082	0.000458	0.000685
山西	0.00049	0.000589	0.000525	0.000854	0.000912	0.001258	0.000416	0.00057
内蒙古	0.000492	0.000497	0.000556	0.000563	0.000559	0.00073	0.000633	0.000678
辽宁	0.000446	0.000507	0.001076	0.000657	0.000713	0.000688	0.000391	0.000517
吉林	0.000484	0.000375	0.000839	0.000603	0.000559	0.000747	0.000404	0.000538
黑龙江	0.000424	0.000519	0.000437	0.000694	0.00067	0.000789	0.000399	0.000555
上海	0.001298	0.000821	0.001232	0.000708	0.001289	0.000967	0.000753	0.001661
江苏	0.000359	0.000429	0.000563	0.000701	0.000535	0.001045	0.000368	0.000649
浙江	0.000371	0.000531	0.00055	0.000868	0.000463	0.001042	0.000481	0.000869
安徽	0.000577	0.000519	0.0005	0.000759	0.000814	0.001464	0.00059	0.001023
福建	0.000467	0.000463	0.000598	0.00059	0.001303	0.000975	0.000331	0.000651
江西	0.000513	0.000633	0.000677	0.000774	0.000429	0.00085	0.000607	0.000696
山东	0.000504	0.000374	0.000477	0.000394	0.000705	0.000726	0.000381	0.000481
河南	0.000581	0.000517	0.000725	0.00059	0.000745	0.000881	0.000403	0.000502
湖北	0.000731	0.000846	0.000721	0.000926	0.000574	0.000696	0.000625	0.000882
湖南	0.000425	0.000574	0.000862	0.000484	0.000544	0.00085	0.001128	0.001322
广东	0.000474	0.0006	0.000781	0.000585	0.000622	0.000878	0.000333	0.000536
广西	0.000436	0.000725	0.000722	0.000456	0.000641	0.000739	0.00036	0.000589
四川	0.000474	0.000669	0.001257	0.000739	0.000739	0.000757	0.000363	0.000537
贵州	0.000468	0.000477	0.000729	0.000581	0.000398	0.000934	0.000396	0.000557
云南	0.000469	0.000703	0.000523	0.000731	0.000865	0.00398	0.001455	0.000971
陕西	0.000565	0.000356	0.000616	0.000491	0.000869	0.000899	0.0004	0.000534
甘肃	0.000377	0.000528	0.000528	0.000649	0.000529	0.000795	0.000507	0.001069
青海	0.000365	0.000617	0.000489	0.000629	0.000654	0.001072	0.000394	0.00077
宁夏	0.000485	0.000566	0.00091	0.00057	0.000634	0.000712	0.000538	0.000783
新疆	0.001074	0.000571	0.000626	0.001407	0.001089	0.001133	0.000849	0.001683

资料来源：课题组根据各年份《中国统计年鉴》和《中国工业经济统计年鉴》整理计算。

附表 5-18a 　　　地区区位商（1985 年、1992～1999 年）

	1985 年	1992 年	1993 年	1994 年	1995 年	1997 年	1999 年
北京	0.87954	1.070246	0.92624	0.895373	1.12856	1.233402	0.871663
天津	0.991522	0.914595	0.900024	0.920384	1.104185	0.925191	0.817214
河北	0.994515	0.900068	1.120491	0.983046	0.927258	0.873755	1.298668
山西	0.930491	1.059559	0.97124	1.045293	0.898482	0.831837	1.318712
内蒙古	1.453698	1.428523	1.153955	1.226224	1.416473	1.29878	1.144721
辽宁	0.965472	0.888592	0.8459	0.919806	0.945102	0.853608	1.633664
吉林	1.178889	1.241154	1.152143	1.082718	1.417106	1.591852	0.943767
黑龙江	1.507023	1.590308	1.283287	1.301025	1.62355	1.65098	1.209972
上海	0.863046	1.03844	0.89013	0.934331	1.248503	1.299674	0.889064
江苏	0.759856	0.820931	0.842254	0.865721	0.889675	0.927898	0.877159
浙江	0.77952	0.866426	1.046409	0.924295	0.687178	0.630092	0.878504
安徽	0.818201	0.934463	0.939123	1.036541	0.943076	1.047565	1.151176
福建	1.098982	1.252159	1.391982	1.3165	1.071566	1.026705	0.786125
江西	1.280162	1.012811	1.241068	1.195532	1.240805	1.259183	1.090554
山东	0.917481	0.898939	1.012912	1.024266	0.927234	1.006177	1.092732
河南	0.803321	0.78277	0.964134	0.963914	0.775341	0.878996	1.238322
湖北	0.894042	0.963209	0.834118	0.856334	0.785399	0.804425	1.00436
湖南	1.11028	1.113975	1.026729	1.071128	0.989801	0.83906	1.20573
广东	1.100109	1.188097	1.134539	1.107147	1.159339	1.13772	0.821488
广西	1.179435	1.031259	1.225094	1.128753	1.073165	0.945057	1.406981
四川	1.037822	0.996715	0.867728	0.894446	0.875886	0.961257	1.038051
贵州	0.887341	1.111961	1.002525	1.059372	1.339717	1.389718	1.160275
云南	1.234919	1.221919	1.246311	1.30745	1.648973	1.58233	1.545895
陕西	0.795632	1.026685	0.929765	0.984817	1.104699	1.248196	1.204278
甘肃	1.165953	0.935957	0.923688	0.97159	1.16767	1.25499	1.180807
青海	1.31571	1.251375	0.952638	0.974956	1.420194	1.483996	1.386729
宁夏	1.015289	1.035521	0.800713	1.006422	1.328118	1.417931	1.214747
新疆	1.246278	1.110559	0.964952	0.955858	1.234824	1.337139	1.203762

资料来源：课题组根据各年份《中国统计年鉴》和《中国工业经济统计年鉴》整理计算。

附表 5-18b　　　　　地区区位商（2000~2006 年）

	2000 年	2001 年	2002 年	2003 年	2005 年	2006 年
北京	0.841305	0.548932	0.863657	0.848689	0.818449	0.81316
天津	0.796745	1.078423	0.81505	0.850475	0.832541	0.817914
河北	1.302401	1.19046	1.340631	1.266642	1.078491	1.094753
山西	1.35869	0.897323	1.345765	1.355538	1.138276	1.136646
内蒙古	1.189057	0.684818	1.186893	1.354572	1.371159	1.4222
辽宁	0.953296	0.666038	10.06835	1.03506	0.972134	0.982478
吉林	0.950151	0.526938	0.913953	0.860483	0.966261	0.989712
黑龙江	1.081221	0.632417	1.254909	1.305676	1.193056	1.190969
上海	0.902124	0.759353	0.830366	0.794805	0.791781	0.78353
江苏	0.893619	1.51934	0.906488	0.888736	0.891906	0.899782
浙江	0.881241	2.587365	0.880529	0.927618	0.989313	0.97938
安徽	1.173166	0.816215	1.133054	1.10632	1.046253	1.041226
福建	0.806505	1.215649	0.797875	0.81105	0.933802	0.944713
江西	1.125724	0.669997	1.120803	1.158378	1.247888	1.235801
山东	1.102001	1.277785	1.109918	1.129379	1.094017	1.069168
河南	1.268076	1.093927	1.309561	1.331802	1.318401	1.305156
湖北	1.059505	0.738551	1.031067	1.018955	1.034111	1.064186
湖南	1.211502	0.850799	1.222791	1.2603	1.333258	1.30772
广东	0.817233	1.533403	0.782777	0.764392	0.792526	0.789689
广西	1.462291	0.981548	1.173495	1.156174	1.066005	1.040011
四川	1.096856	0.83707	1.11377	1.146528	0.957731	0.917865
贵州	1.209588	0.677142	1.196839	1.22368	1.144429	1.23996
云南	1.696811	0.920362	1.664678	1.673431	1.712535	1.75505
陕西	1.198106	0.709809	1.296572	1.333759	1.356106	1.266605
甘肃	1.136983	0.712295	1.267807	1.29024	1.10534	1.083067
青海	1.275783	0.775805	1.622161	1.587537	1.658654	1.620579
宁夏	1.174382	0.75331	1.237152	1.236863	1.011265	0.956791
新疆	1.080491	0.611654	1.271142	1.278619	1.222662	1.26595

资料来源：课题组根据各年份《中国统计年鉴》和《中国工业经济统计年鉴》整理计算。

附表 5-19 政府谋利行为赋分

地区	1998年	1999年	2000年	2001年	2002年	2003年	2004年	2005年	2006年
北京	1.56	1.00	1.39	0.54	0.35	0.32	0.91	0.15	0.00
天津	0.33	0.36	0.99	0.44	0.72	1.15	0.94	0.59	0.25
河北	1.41	1.51	1.26	1.94	1.72	2.75	3.74	2.36	2.06
山西	3.59	4.25	2.38	5.00	5.00	3.29	3.35	1.67	0.99
内蒙古	0.45	0.00	0.49	1.12	1.26	1.79	1.91	1.65	1.02
辽宁	1.00	1.18	1.35	1.68	2.08	2.71	3.30	1.97	1.64
吉林	1.60	1.44	0.96	2.42	2.47	2.83	4.11	2.49	2.20
黑龙江	1.09	1.11	0.79	0.99	1.12	1.75	2.64	2.56	1.90
上海	0.21	0.53	1.34	0.00	0.00	0.00	0.00	0.00	0.01
江苏	4.31	3.32	2.71	3.94	3.97	4.30	3.93	2.20	2.16
浙江	5.00	3.96	2.73	2.96	3.44	3.55	4.35	2.34	2.77
安徽	2.07	2.34	1.38	1.65	1.87	2.73	2.91	1.45	1.27
福建	3.42	3.53	2.86	3.36	4.40	4.58	4.95	3.76	5.00
江西	3.30	3.31	2.08	4.31	4.34	4.87	5.00	3.38	3.20
山东	2.29	2.16	2.11	2.03	1.96	2.48	3.11	2.02	1.35
河南	3.02	3.26	1.74	3.61	3.17	3.45	3.79	2.73	2.16
湖北	1.74	1.74	1.38	2.09	2.10	3.09	4.26	2.74	2.13
湖南	4.67	5.00	2.10	4.95	4.27	5.00	4.88	2.84	2.57
广东	0.00	0.19	1.26	0.56	1.71	2.36	3.41	2.15	2.31
广西	3.63	2.44	1.71	2.04	2.32	3.14	3.86	2.64	2.37
海南	1.30	1.09	1.34	1.51	0.92	2.14	1.48	0.94	0.95
重庆	3.22	3.39	0.60	3.38	2.57	2.67	2.14	1.51	1.02
四川	3.53	3.18	5.00	3.76	2.99	3.34	3.45	2.03	1.86
贵州	1.60	0.97	0.77	1.38	1.76	2.34	2.90	1.82	1.60
云南	0.59	0.62	0.70	1.27	1.54	2.01	1.10	1.33	0.91
西藏	0.86	0.13	0.00	0.24	0.45	0.93	1.06	0.66	0.76
陕西	1.25	1.73	1.18	2.87	2.50	3.04	3.65	5.00	4.32
甘肃	1.39	1.60	0.83	2.94	3.41	4.00	4.16	2.57	2.61
青海	0.49	0.68	0.38	1.64	1.14	2.54	2.66	1.36	0.85
宁夏	1.19	1.60	0.99	2.13	2.90	3.70	3.57	2.23	1.66
新疆	2.53	2.66	1.23	3.12	2.25	2.09	2.35	1.69	1.60
全国	2.02	1.94	1.49	2.25	2.28	2.74	3.03	2.03	1.79

资料来源：课题组计算整理。

附表 5-20　　　　　　　　政府歧视行为赋分

地区	1997年	1998年	1999年	2000年	2001年	2002年	2003年	2004年	2005年	2006年
北京	4.47	0.38	0.24	0.00	0.00	1.34	1.24	1.11	3.12	3.01
天津	4.74	2.64	2.44	2.44	2.34	1.82	1.89	1.66	1.30	1.44
河北	4.98	4.81	4.81	4.85	4.85	4.82	4.82	4.78	4.64	4.70
山西	4.99	4.89	4.85	4.84	4.83	4.85	4.88	4.81	4.57	4.70
内蒙古	4.98	4.87	4.80	4.64	4.77	4.77	4.86	4.88	4.78	4.88
辽宁	4.88	4.10	4.10	4.07	4.02	3.91	3.92	3.85	3.58	3.81
吉林	4.97	4.79	4.71	4.75	4.69	4.67	4.53	4.63	4.61	4.69
黑龙江	4.99	4.90	4.88	4.88	4.87	4.79	4.82	4.83	4.64	4.64
上海	4.73	2.46	2.16	2.04	1.65	1.18	0.32	0.00	0.00	0.00
江苏	4.90	3.98	3.86	3.76	3.61	3.08	2.55	2.21	1.76	1.83
浙江	4.92	4.19	4.06	3.94	3.76	3.51	3.36	3.28	2.75	2.72
安徽	4.99	4.86	4.84	4.83	4.83	4.79	4.76	4.81	4.69	4.71
福建	4.82	3.49	3.59	3.73	3.63	3.16	3.14	3.04	2.89	3.12
江西	4.99	4.91	4.90	4.91	4.94	4.95	4.94	4.94	4.82	4.81
山东	4.93	4.39	4.38	4.37	4.27	4.13	4.13	4.14	3.89	3.97
河南	5.00	5.00	5.00	5.00	5.00	5.00	5.00	5.00	4.91	4.98
湖北	4.98	4.89	4.90	4.92	4.92	4.87	4.89	4.89	4.74	4.80
湖南	4.99	4.95	4.94	4.94	4.94	4.95	4.97	4.95	4.86	4.93
广东	0.00	0.00	0.00	0.62	0.44	0.00	0.00	0.23	0.04	0.16
广西	4.96	4.73	4.84	4.86	4.91	4.86	4.87	4.88	4.77	4.81
海南	4.86	3.88	4.32	4.48	4.23	4.22	4.25	4.09	4.52	4.41
重庆	4.98	4.90	4.87	4.83	4.84	4.88	4.87	4.83	4.78	4.82
四川	5.00	4.94	4.91	4.95	4.94	4.87	4.89	4.92	4.87	4.89
贵州	4.99	4.89	4.93	4.94	4.97	4.99	5.00	4.97	4.87	4.95
云南	4.98	4.84	4.84	4.88	4.87	4.86	4.90	4.88	4.76	4.80
西藏	4.94	4.71	4.63	4.83	4.95	4.92	4.95	4.97	5.00	5.00
陕西	4.97	4.66	4.70	4.78	4.82	4.86	4.89	4.90	4.71	4.82
甘肃	5.00	4.96	4.98	4.97	4.93	4.94	4.92	4.93	4.74	4.72
青海	4.99	4.96	4.98	4.96	4.95	4.99	4.95	4.88	4.90	4.83
宁夏	4.98	4.80	4.71	4.69	4.63	4.80	4.77	4.76	4.63	4.64
新疆	4.98	4.70	4.65	4.69	4.80	4.64	4.46	4.53	4.31	4.37
全国	4.77	4.24	4.22	4.24	4.20	4.14	4.09	4.05	3.98	4.03

资料来源：课题组计算整理。

附表 5-21　　　　　　　　政府补贴行为赋分

地区	1997年	1998年	1999年	2000年	2001年	2002年	2003年	2004年	2005年	2006年
北京	2.61	3.40	4.21	3.16	2.39	2.62	2.41	1.87	1.65	1.61
天津	4.39	4.58	5.00	4.15	5.00	5.00	4.13	3.37	3.05	3.17
河北	3.19	3.26	1.96	1.84	1.56	0.83	0.71	0.80	0.88	0.72
山西	0.84	1.18	0.86	0.92	0.41	0.29	0.70	0.26	0.17	0.14
内蒙古	2.00	1.82	1.47	1.58	1.18	1.01	1.28	1.33	1.59	1.13
辽宁	5.00	4.92	4.02	2.62	1.96	1.37	1.32	1.49	1.65	1.58
吉林	2.27	3.00	1.66	1.68	1.43	1.36	1.04	0.79	1.32	0.68
黑龙江	4.69	3.45	1.87	1.64	1.53	0.95	1.03	1.93	1.67	1.47
上海	3.85	5.00	4.53	5.00	4.65	4.88	5.00	5.00	5.00	5.00
江苏	3.05	3.37	3.43	3.99	3.22	2.56	2.07	2.17	1.76	1.85
浙江	3.71	3.67	3.65	3.16	3.14	2.91	2.59	2.53	2.40	2.24
安徽	2.46	3.17	2.17	1.75	2.07	1.21	1.10	1.25	1.19	1.29
福建	1.53	1.75	2.00	1.79	1.49	1.18	1.46	1.64	1.64	1.46
江西	2.17	1.92	1.03	1.22	1.45	0.64	0.66	0.71	1.03	0.88
山东	2.62	3.41	3.33	3.04	2.84	2.31	2.00	1.86	1.70	1.88
河南	2.22	2.19	1.77	1.60	1.53	0.96	0.98	0.97	1.07	1.27
湖北	1.18	1.14	0.91	0.98	0.92	0.78	1.09	0.77	0.78	0.67
湖南	1.77	1.43	1.24	1.19	1.06	0.82	0.80	0.86	0.87	0.75
广东	2.86	3.08	2.82	1.66	1.04	1.33	1.09	1.04	1.08	1.14
广西	1.49	2.10	2.12	1.10	1.40	1.10	1.11	0.91	0.89	0.82
海南	0.00	0.00	0.00	0.00	0.00	0.00	0.12	0.03	0.14	0.15
重庆	3.08	2.00	1.52	2.28	0.92	0.78	0.91	0.86	0.92	1.02
四川	3.28	3.33	2.69	1.83	1.92	1.28	1.30	0.99	0.87	1.00
贵州	1.09	1.32	0.99	1.31	0.61	0.89	0.70	0.39	0.42	0.45
云南	1.77	2.06	1.53	1.63	1.01	0.85	1.22	0.91	0.77	0.59
西藏	0.32	0.43	0.09	0.08	0.04	0.09	0.00	0.00	0.00	0.00
陕西	1.07	1.73	1.43	1.13	0.90	0.73	0.91	0.72	0.63	0.81
甘肃	0.85	0.94	0.90	1.60	1.30	0.87	0.77	0.39	0.42	0.34
青海	1.42	0.91	0.95	0.78	0.41	0.26	0.38	0.34	0.31	0.34
宁夏	1.96	1.63	2.48	2.41	1.82	1.14	1.46	1.00	0.87	0.82
新疆	0.85	0.91	0.70	0.42	0.38	0.22	0.35	0.23	0.35	0.33
全国	2.24	2.36	2.04	1.86	1.60	1.33	1.31	1.21	1.20	1.15

资料来源：课题组计算整理。

附表 5-22　　　　　　　　政府限制类行为赋分

地区	1997年	1998年	1999年	2000年	2001年	2002年	2003年	2004年	2005年	2006年
北京	0	0	0	0	0	0	0	0	0	0
天津	2.99	3.20	3.21	3.59	3.76	3.41	3.52	3.98	4.07	4.25
河北	4.54	4.67	4.61	4.84	4.94	5.00	5.00	4.96	4.96	4.94
山西	4.91	5.00	4.98	4.98	4.94	4.93	4.99	4.90	4.96	4.94
内蒙古	4.58	4.75	4.74	4.62	4.70	4.80	4.66	4.77	4.84	4.88
辽宁	3.85	4.18	4.16	4.35	4.40	4.17	4.10	4.21	4.26	4.52
吉林	4.03	4.33	4.27	4.66	4.68	4.75	4.78	4.77	4.80	4.81
黑龙江	4.12	4.40	4.37	4.59	4.77	4.77	4.81	4.83	4.85	4.87
上海	3.59	4.02	3.94	3.57	3.41	3.01	3.04	3.50	3.25	3.32
江苏	4.31	4.51	4.37	4.54	4.59	4.54	4.50	4.59	4.65	4.83
浙江	4.54	4.67	4.59	4.60	4.65	4.61	4.57	4.66	4.83	4.87
安徽	4.84	4.91	4.81	4.83	4.86	4.89	4.88	4.88	4.85	4.84
福建	4.70	4.82	4.74	4.62	4.76	4.81	4.77	4.84	4.85	4.93
江西	4.72	4.82	4.68	4.70	4.79	4.84	4.81	4.82	4.84	4.90
山东	4.42	4.62	4.59	4.71	4.75	4.76	4.67	4.66	4.66	4.95
河南	4.38	4.57	4.49	4.64	4.72	4.80	4.82	4.85	4.86	4.90
湖北	4.32	4.45	4.30	4.43	4.46	4.27	4.26	4.43	4.49	4.68
湖南	4.12	4.20	4.13	4.32	4.45	4.32	4.33	4.50	4.58	4.67
广东	4.58	4.69	4.53	4.56	4.63	4.59	4.60	4.80	4.68	4.78
广西	4.86	4.84	4.86	4.93	4.88	4.92	4.95	4.83	4.87	5.00
海南	3.57	3.90	2.94	—	3.86	4.95	4.93	5.00	4.96	4.97
重庆	4.27	4.27	2.41	3.36	3.77	3.05	2.74	3.43	4.21	4.11
四川	4.23	4.55	4.61	4.78	4.79	4.94	4.86	4.83	4.85	4.84
贵州	5.00	4.87	5.00	5.00	5.00	4.99	4.97	4.96	5.00	5.00
云南	4.47	4.19	3.91	4.16	4.09	4.33	4.23	4.52	4.71	4.89
陕西	4.10	4.56	4.35	4.51	4.66	4.43	4.47	4.70	4.68	4.79
甘肃	4.46	4.68	4.68	4.77	4.81	4.66	4.56	4.51	4.40	4.48
青海	4.03	4.92	4.80	—	4.89	4.74	4.89	4.82	4.88	4.79
宁夏	4.84	4.94	4.78	4.79	4.78	4.88	4.88	4.85	4.87	4.97
新疆	4.73	4.74	4.58	4.58	4.59	4.48	4.48	4.58	4.82	4.87
全国	4.20	4.38	4.21	4.36	4.41	4.39	4.37	4.47	4.52	4.59

资料来源：课题组计算整理。

附表 5-23　　　　　　　　　企业定价行为赋分

	1999 年	2000 年	2001 年	2002 年	2003 年	2004 年	2005 年	2006 年
北京	0.91	3.02	2.13	1.19	2.05	1.60	2.45	0.69
天津	0.52	3.14	0.82	1.12	1.07	1.36	1.23	0.64
河北	0.64	4.04	3.06	4.09	3.73	4.86	2.90	1.09
山西	1.78	3.40	3.27	4.81	4.34	5.00	4.87	1.72
内蒙古	2.59	3.40	2.86	1.20	0.39	0.00	0.00	0.00
辽宁	2.96	5.00	2.58	2.49	2.58	3.39	3.45	2.15
吉林	2.36	4.07	2.98	2.35	2.64	2.91	3.25	0.84
黑龙江	5.00	1.54	1.66	4.41	4.66	4.85	4.07	4.81
上海	0.86	3.07	1.63	1.22	1.58	1.76	2.79	1.54
江苏	0.39	2.77	2.36	1.43	1.42	2.55	2.03	0.81
浙江	0.65	2.67	2.02	0.43	0.51	2.12	2.45	2.00
安徽	0.00	2.81	2.78	2.70	3.26	3.59	3.09	2.12
福建	0.59	2.90	2.42	1.41	1.60	2.22	2.19	0.03
江西	1.16	3.37	2.48	2.53	2.22	4.13	4.39	4.67
山东	0.74	3.94	2.40	1.87	1.89	2.32	2.16	1.15
河南	0.84	3.74	3.14	3.34	3.34	4.15	3.16	1.99
湖北	1.56	3.24	2.66	2.85	3.15	3.48	3.33	1.92
湖南	1.80	3.59	2.94	2.59	2.88	3.95	3.88	2.77
广东	1.13	3.27	2.36	0.00	0.00	0.92	1.91	0.88
广西	1.02	4.61	5.15	2.06	2.75	4.61	3.10	4.17
海南	—	—	—	1.16	1.49	1.73	2.39	1.43
重庆	1.75	2.68	2.42	1.33	1.59	2.34	3.05	2.03
四川	2.18	2.44	3.06	1.30	1.59	2.84	3.03	1.54
贵州	2.16	3.07	3.72	2.88	2.99	4.19	4.28	3.00
云南	2.04	3.63	3.73	2.13	2.74	4.47	4.24	2.99
陕西	1.57	3.24	3.09	2.99	3.18	3.46	4.94	4.46
甘肃	1.63	4.67	2.43	5.00	5.00	4.38	4.93	5.00
青海	3.25	4.83	0.15	2.51	3.08	4.96	5.00	4.63
宁夏	1.62	3.57	2.75	2.61	2.26	4.90	4.19	3.26
新疆	2.75	0.00	2.14	2.39	3.95	3.64	3.90	4.38
全国	1.60	3.30	2.59	2.28	2.46	3.22	3.22	2.31

资料来源：《中国统计年鉴》2000～2007 年。

附表 5-24　　　　　　　　　企业广告行为赋分

	1998年	1999年	2000年	2001年	2002年	2003年	2004年	2005年	2006年
北京	1.34	1.53	1.15	1.08	2.46	1.29	1.44	0.71	2.02
天津	1.48	1.39	1.12	1.15	1.53	1.94	2.52	1.97	2.67
河北	1.95	3.59	3.02	3.59	3.26	5.00	5.00	1.29	1.97
山西	0.00	1.86	1.98	0.77	1.88	1.78	2.26	1.39	2.02
内蒙古	0.41	0.70	0.48	2.81	3.61	2.70	2.43	1.84	2.30
辽宁	0.81	1.05	0.94	1.45	1.25	1.34	2.32	5.00	1.78
吉林	1.71	2.22	3.27	2.50	2.53	3.32	3.93	4.82	4.78
黑龙江	1.53	3.10	1.55	1.71	1.39	1.61	1.67	1.17	2.44
上海	1.04	1.92	1.85	1.39	1.56	2.64	2.93	1.36	2.46
江苏	1.25	1.02	0.86	1.40	1.66	1.55	2.07	0.85	1.52
浙江	1.31	1.19	0.96	1.07	1.13	1.25	1.30	0.56	1.10
安徽	0.56	1.09	1.04	1.18	1.09	1.68	1.82	0.70	1.02
福建	0.67	1.00	1.13	1.42	1.16	1.00	0.91	0.23	0.70
江西	0.44	0.58	2.86	2.41	1.33	1.84	1.40	0.87	2.40
山东	0.28	0.85	1.35	5.00	1.93	2.25	3.87	1.81	2.50
河南	0.16	0.88	0.74	1.53	1.44	1.59	1.64	1.25	3.18
湖北	5.00	4.99	5.00	4.99	5.00	3.87	2.97	1.20	1.92
湖南	2.44	2.55	2.04	1.24	1.16	1.23	1.43	0.86	1.49
广东	2.20	2.58	1.82	2.10	1.67	1.37	2.18	1.24	2.14
广西	0.71	0.95	2.31	0.68	0.82	0.90	3.27	2.31	4.30
海南	0.66	1.11	3.42	1.72	3.72	2.92	1.54	1.08	3.52
重庆	—	—	—	—	—	—	2.71	0.83	3.13
四川	0.10	0.62	0.42	0.67	0.79	1.47	1.74	2.85	1.13
贵州	3.02	4.38	3.52	1.66	1.92	1.45	1.32	0.61	0.52
云南	1.91	3.61	0.51	0.71	0.82	0.97	1.50	0.59	0.27
西藏	—	0.63	0.98	0.64	0.91	1.02	0.49	0.00	0.00
陕西	0.28	0.96	0.74	0.41	0.35	0.29	4.37	2.19	5.00
甘肃	3.22	2.71	1.61	1.57	1.33	1.50	1.75	0.82	1.56
青海	0.08	0.00	0.00	0.00	0.00	0.00	0.00	0.16	0.59
宁夏	0.69	1.68	0.97	0.77	0.31	0.19	2.17	0.85	0.86
新疆	—	0.27	0.00	2.91	0.13	0.10	0.40	0.35	0.33
全国	1.26	1.70	1.59	1.68	1.60	1.67	2.11	1.35	1.99

资料来源：CCER 一般上市公司财务数据库（沪市/深市）。

附表 5-25　　　　　　　　　　企业寻租行为赋分

	1999年	2000年	2001年	2002年	2003年	2004年	2005年	2006年
北京	2.27	1.52	2.97	2.70	4.47	2.58	4.84	4.11
天津	1.75	0.00	2.38	2.76	4.71	2.00	4.78	3.94
河北	2.40	3.45	3.00	2.04	4.30	1.73	4.65	3.36
山西	3.82	3.99	4.18	3.25	4.51	2.69	4.91	3.32
内蒙古	1.33	4.93	2.59	1.40	4.30	1.90	4.77	3.57
辽宁	2.17	2.02	3.12	2.57	4.63	3.51	4.84	4.20
吉林	1.62	2.78	1.06	0.37	4.09	2.48	4.85	3.98
黑龙江	3.01	3.89	3.50	2.01	4.74	3.04	4.85	4.15
上海	1.67	4.78	2.63	2.37	4.50	2.77	4.77	4.15
江苏	2.27	0.35	3.07	2.71	4.67	3.50	4.89	4.06
浙江	1.86	3.20	2.73	2.23	4.51	3.08	4.83	4.08
安徽	2.76	4.00	2.97	2.08	4.41	2.70	4.88	3.90
福建	2.20	3.03	3.37	2.57	4.51	2.75	4.83	3.92
江西	2.34	4.60	3.33	2.73	4.55	3.32	4.83	4.11
山东	1.99	3.19	2.83	2.51	4.59	2.76	4.66	3.90
河南	1.78	4.45	2.35	2.51	4.51	3.46	4.57	3.61
湖北	1.76	2.16	2.77	2.54	4.67	3.95	4.87	4.06
湖南	1.06	3.54	2.62	2.52	4.37	1.63	4.81	3.71
广东	2.42	2.28	3.12	2.67	4.63	3.27	4.87	4.09
广西	2.87	4.27	2.71	2.47	4.60	2.35	4.91	3.76
海南	2.27	4.74	3.57	2.87	4.63	1.65	4.83	3.86
重庆	2.93	4.01	2.97	2.47	4.32	1.29	4.79	3.61
四川	2.52	4.79	2.73	2.66	4.53	3.17	4.88	3.58
贵州	5.00	5.00	4.85	3.79	5.00	3.70	4.96	5.00
云南	0.51	3.84	1.55	1.58	4.45	1.21	4.73	3.40
西藏	2.73	4.81	4.30	5.00	0.00	5.67	0.00	0.00
陕西	0.00	4.67	1.10	0.00	3.87	0.00	4.88	3.31
甘肃	2.15	4.61	3.82	2.62	4.76	5.00	4.92	4.17
青海	3.00	3.96	0.00	1.90	4.40	3.63	4.90	2.36
宁夏	2.46	4.43	5.00	3.28	4.91	4.28	5.00	3.56
新疆	1.20	4.08	2.63	2.62	4.46	2.27	4.77	3.45
全国	2.20	3.59	2.90	2.45	4.37	2.82	4.67	3.69

资料来源：《中国统计年鉴》2000~2007年。

附表 5-26　　　　　　　企业生产行为自主权赋分

地区	1997年	1998年	1999年	2000年	2001年	2002年	2003年	2004年	2005年	2006年
北京	2.77	3.43	2.96	2.24	2.32	2.44	2.40	2.51	2.76	2.86
天津	2.14	1.85	1.83	0.99	1.59	1.44	1.23	1.22	1.94	1.77
河北	0.95	1.35	1.27	1.13	1.20	1.03	1.03	0.71	0.84	0.98
山西	3.00	4.33	4.67	3.78	3.80	3.25	2.96	2.92	3.15	3.40
内蒙古	3.14	4.16	3.75	2.89	2.86	2.88	2.29	1.70	2.10	2.14
辽宁	2.64	3.31	3.02	2.13	2.61	2.59	2.40	2.18	2.40	2.31
吉林	3.41	4.27	3.73	2.79	2.68	2.16	2.09	2.01	2.40	2.20
黑龙江	2.36	3.48	3.33	1.63	2.28	2.47	2.12	2.11	1.99	1.99
上海	1.86	2.13	2.17	1.77	2.03	1.84	1.56	1.95	2.49	2.54
江苏	0.00	0.17	0.13	0.56	0.47	0.44	0.67	0.91	1.44	1.47
浙江	0.59	0.00	0.21	0.16	0.22	0.41	1.06	1.50	2.15	2.44
安徽	0.23	2.08	1.85	2.21	2.14	2.00	1.96	2.11	2.12	2.09
福建	0.09	0.00	0.26	0.63	0.76	0.59	0.70	1.24	1.76	1.90
江西	2.55	3.60	3.38	2.79	2.93	2.63	2.43	1.80	1.87	1.30
山东	0.59	0.06	0.02	0.00	0.00	0.00	0.00	0.00	0.00	0.00
河南	1.41	2.08	2.27	1.91	1.88	1.84	1.48	1.42	1.10	0.47
湖北	1.27	1.91	2.03	1.98	1.88	2.09	2.43	2.51	2.81	2.37
湖南	1.36	2.36	2.23	2.17	2.36	2.09	1.65	1.62	1.32	1.00
广东	1.09	0.96	0.73	0.70	0.83	0.53	0.92	1.12	1.76	1.97
广西	1.86	2.08	2.38	2.02	2.39	2.13	2.12	2.08	2.26	2.22
海南	2.73	2.81	4.30	3.15	2.93	2.31	2.32	2.79	3.40	3.06
重庆	3.05	3.82	3.78	3.10	3.30	2.97	2.79	2.61	3.04	2.82
四川	2.55	3.54	3.83	3.07	3.08	3.03	2.99	2.97	2.90	2.78
贵州	3.82	5.00	5.00	4.02	4.28	3.78	3.49	3.35	3.47	3.29
云南	1.91	2.58	2.92	2.65	3.19	3.31	3.30	3.30	3.56	3.59
西藏	5.00	3.48	4.94	4.71	5.00	5.00	5.00	5.00	5.00	5.00
陕西	3.32	4.33	4.16	3.31	3.48	3.13	3.38	3.25	3.33	3.21
甘肃	3.05	3.99	4.04	3.43	3.59	3.28	3.04	2.79	2.33	2.63
青海	4.05	4.61	4.55	5.00	4.57	4.19	4.16	4.14	4.06	3.59
宁夏	3.14	4.04	3.96	3.02	3.37	3.09	3.16	3.10	3.61	3.57
新疆	2.50	3.43	3.64	1.79	2.39	2.34	2.04	1.62	1.30	1.39
全国	1.59	1.97	1.90	1.56	1.67	1.53	1.54	1.60	1.89	1.92

资料来源：课题组根据相关资料计算整理。

附表 5-27　　　　　　　　企业投资自主权赋分

地区	1997年	1998年	1999年	2000年	2001年	2002年	2003年	2004年	2005年	2006年
北京	3.28	2.10	3.88	4.26	4.29	3.44	4.14	4.35	4.52	4.43
天津	2.83	2.03	3.86	4.02	3.91	3.26	4.20	3.98	4.03	3.94
河北	2.52	1.77	3.67	4.14	4.17	3.11	3.98	4.27	4.31	4.20
山西	3.12	2.76	4.47	4.75	4.60	4.13	4.24	4.18	4.50	4.35
内蒙古	3.08	2.88	4.77	4.71	4.71	4.05	4.41	4.34	3.99	3.79
辽宁	3.99	3.27	4.32	4.38	4.55	4.39	4.67	4.64	4.98	4.98
吉林	4.33	3.20	4.32	4.15	4.22	3.73	4.09	4.42	4.86	4.67
黑龙江	1.45	1.22	1.53	0.00	0.00	0.00	0.00	0.00	0.00	0.00
上海	2.55	1.75	3.52	4.03	3.90	2.56	3.79	4.06	4.48	4.46
江苏	3.31	2.35	4.03	4.44	4.43	3.92	4.51	4.69	4.78	4.68
浙江	3.05	1.69	3.47	4.13	3.97	2.86	4.10	4.43	4.68	4.65
安徽	3.25	3.24	4.53	4.68	4.46	3.62	3.98	4.59	4.66	4.74
福建	2.81	1.99	3.65	4.30	4.32	3.06	3.97	4.42	4.59	4.35
江西	4.14	3.48	4.83	4.84	4.91	4.90	4.73	4.92	4.85	4.65
山东	2.73	1.62	3.65	3.89	3.90	3.15	4.07	4.21	4.13	4.15
河南	3.22	2.15	4.06	4.35	4.40	3.75	4.40	4.49	4.32	3.85
湖北	3.34	2.42	4.07	4.43	4.29	3.35	4.38	4.44	4.33	4.30
湖南	4.14	2.98	4.44	4.68	4.56	4.15	4.50	4.65	4.75	4.61
广东	2.88	2.20	3.86	4.29	4.32	3.61	4.37	4.61	4.66	4.57
广西	4.70	3.55	4.64	4.44	4.45	4.40	4.44	4.19	4.52	4.36
海南	5.00	2.70	4.71	4.63	4.44	2.79	4.18	3.92	4.00	3.39
重庆	4.75	3.93	5.00	4.80	4.75	4.30	4.27	4.48	4.72	4.62
四川	3.45	2.30	4.39	4.49	4.43	3.68	4.50	4.71	4.52	4.40
贵州	4.05	2.95	4.71	4.69	4.59	4.48	4.63	4.45	4.70	4.40
云南	0.00	0.00	3.08	3.71	3.44	2.72	3.63	3.19	3.62	3.49
西藏	0.00	3.08	0.00	1.52	1.52	0.00	1.84	1.93	1.96	1.67
陕西	4.46	3.54	4.56	4.09	4.18	2.83	3.39	3.34	2.89	2.90
甘肃	4.32	3.98	4.97	4.85	5.00	4.75	4.91	4.74	4.98	4.75
青海	5.00	5.00	4.94	5.00	4.66	3.50	4.49	3.03	2.00	1.45
宁夏	3.88	3.61	4.82	4.76	4.87	5.00	5.00	5.00	5.00	5.00
新疆	4.25	3.45	4.72	3.00	2.77	1.62	2.25	1.36	1.35	0.07
全国	3.15	2.26	3.92	4.17	4.15	3.32	4.15	4.33	4.42	4.32

注：成本费用利润率数据中，西藏数值过高青海数值过低，对整体计算结果影响过大，故分别直接打 0 分与 5 分，计算时最大最小值分别采用云南 13.57 和海南 -2.93

资料来源：课题组根据相关资料计算整理。

附表 5-28　　企业销售自主权赋分

地区	1998 年	1999 年	2000 年	2001 年	2002 年	2003 年	2005 年	2006 年
北京	0.07	1.81	3.37	0.79	0.39	2.92	3.48	0.51
天津	0.17	0.21	0.79	0.92	0.63	1.41	0.00	0.46
河北	0.41	1.37	1.58	0.89	1.41	1.94	3.40	1.86
山西	2.18	2.59	2.39	1.75	2.82	3.09	4.77	2.62
内蒙古	1.05	0.42	0.73	1.00	1.77	1.90	3.82	2.37
辽宁	1.22	1.09	1.43	1.52	1.72	2.58	2.74	1.72
吉林	3.87	0.92	1.11	1.86	2.11	3.28	2.61	5.00
黑龙江	2.72	2.54	1.07	1.28	2.16	2.55	4.19	1.43
上海	0.00	0.66	0.12	0.22	0.76	1.20	2.21	0.72
江苏	2.57	2.81	2.11	1.75	2.56	2.92	3.08	1.41
浙江	3.32	2.59	2.40	1.83	3.23	3.26	3.58	2.42
安徽	2.51	1.88	0.70	0.80	1.84	1.96	3.03	1.80
福建	3.10	2.92	2.31	1.81	2.68	3.32	4.19	3.59
江西	2.28	1.63	1.98	1.28	2.10	2.70	2.73	1.51
山东	1.80	2.23	1.36	1.14	2.33	2.82	3.05	1.55
河南	1.10	1.24	1.21	1.03	1.59	1.94	2.82	1.51
湖北	2.00	2.07	0.00	1.28	2.14	2.05	3.52	2.20
湖南	1.36	1.23	0.56	0.31	0.00	0.00	1.69	0.00
广东	1.89	2.35	1.84	1.27	2.23	3.80	3.97	2.63
广西	2.51	2.07	1.37	1.65	2.23	2.98	3.24	4.58
海南	3.47	3.47	5.00	3.27	2.63	5.00	2.11	3.31
重庆	1.08	1.61	0.05	1.02	1.94	2.97	2.34	1.54
四川	4.03	2.53	0.98	0.93	0.88	1.53	2.42	2.12
贵州	5.00	5.00	2.68	2.91	5.00	4.08	5.00	3.56
云南	0.50	0.00	0.37	0.41	0.74	0.70	1.71	1.62
西藏	5.00	5.00	5.00	5.00	5.00	5.00	5.00	5.00
陕西	2.77	3.44	2.57	1.66	2.44	3.32	3.67	1.94
甘肃	3.15	3.36	4.22	1.81	3.01	2.89	3.24	2.45
青海	3.03	2.12	2.03	5.00	0.03	3.99	4.12	4.40
宁夏	3.50	4.03	3.05	2.00	1.66	4.63	2.92	3.74
新疆	1.15	1.37	1.61	0.00	0.12	2.34	1.78	1.08
全国	1.89	1.99	1.55	1.26	2.01	2.69	3.16	1.90

注：西藏产品销售率过低，对整体数据影响较大，故直接打 5 分，计算时最低数值采用除西藏外的各省份中的最低值作为打分依据。1997 年、2004 年销售行为代理变量——产品销售率无法直接获得，并因缺乏产品销售产值的数据而无法计算，所以无法对该行为进行打分。

资料来源：课题组根据相关资料计算整理。

附表 5-29　　　　　　　　　企业自主权行为赋分

	1997年	1998年	1999年	2000年	2001年	2002年	2003年	2004年	2005年	2006年
北京	5.60	5.60	8.65	9.87	7.40	6.26	9.46	10.34	10.76	7.81
天津	4.06	4.06	5.89	5.80	6.42	5.33	6.84	5.20	5.97	6.17
河北	3.53	3.53	6.31	6.85	6.26	5.56	6.96	8.38	8.56	7.04
山西	9.27	9.27	11.74	10.92	10.16	10.20	10.29	11.87	12.42	10.37
内蒙古	8.09	8.09	8.94	8.32	8.57	8.70	8.60	9.86	9.91	8.29
辽宁	7.80	7.80	8.43	7.93	8.68	8.70	9.65	9.56	10.12	9.00
吉林	11.34	11.34	8.97	8.04	8.76	8.00	9.47	9.04	9.88	11.87
黑龙江	7.43	7.43	7.40	2.70	3.56	4.63	4.67	6.29	6.17	3.41
上海	3.89	3.89	6.36	5.93	6.15	5.17	6.55	8.23	9.18	7.72
江苏	5.08	5.08	6.98	7.11	6.66	6.92	8.10	8.68	9.30	7.57
浙江	5.00	5.00	6.27	6.70	6.02	6.49	8.42	9.51	10.41	9.51
安徽	7.83	7.83	8.26	7.59	7.40	7.46	7.89	9.73	9.82	8.63
福建	5.09	5.09	6.84	7.25	6.89	6.33	8.00	9.85	10.53	9.84
江西	9.35	9.35	9.84	9.60	9.13	9.62	9.86	9.45	9.45	7.46
山东	3.48	3.48	5.90	5.25	5.04	5.48	6.89	7.25	7.18	5.71
河南	5.33	5.33	7.56	7.46	7.31	7.18	7.82	8.73	8.24	5.83
湖北	6.33	6.33	8.17	6.41	7.46	7.58	8.85	10.47	10.65	8.88
湖南	6.70	6.70	7.90	7.41	7.22	6.25	6.15	7.96	7.77	5.61
广东	5.04	5.04	6.94	6.83	6.42	6.37	9.09	9.70	10.39	9.16
广西	8.13	8.13	9.08	7.83	8.49	8.76	9.54	9.50	10.02	11.17
海南	8.99	8.99	12.49	12.78	10.65	7.74	11.50	8.81	9.51	9.75
重庆	8.83	8.83	10.39	7.95	9.06	9.22	10.03	9.43	10.09	8.97
四川	9.87	9.87	10.75	8.54	8.44	7.59	9.02	10.10	9.85	9.30
贵州	12.95	12.95	14.72	11.39	11.77	13.26	12.20	12.80	13.17	11.25
云南	3.08	3.08	6.00	6.74	7.04	6.77	7.63	8.20	8.89	8.70
西藏	11.56	11.56	9.94	11.23	11.52	10.00	11.84	11.93	11.96	11.67
陕西	10.64	10.64	12.17	9.97	9.32	8.39	10.10	10.26	9.89	8.04
甘肃	11.12	11.12	12.36	12.50	10.40	11.04	10.85	10.77	10.54	9.83
青海	12.63	12.63	11.61	12.03	14.22	7.72	12.64	11.29	10.18	9.44
宁夏	11.16	11.16	12.81	10.83	10.24	9.75	12.79	11.02	11.53	12.31
新疆	8.03	8.03	9.73	6.39	5.17	4.08	6.63	4.76	4.43	2.54
全国	7.65	7.65	9.01	8.26	8.12	7.63	8.98	9.32	9.57	8.48

资料来源：课题组根据相关资料计算整理。

附表 5-30a　　各省、市、自治区净资产利润率

	1994年	1995年	1996年	1997年	1998年	1999年	2000年
北京	0.092757	0.049951	0.022149	0.06617	-0.09322	-0.14014	0.079438
天津	0.099873	0.12058	0.110977	0.13112	0.091624	0.120109	0.109362
河北	0.103418	0.131405	0.117649	0.108153	0.105297	0.112861	0.08559
山西	—	0.067813	0.102789	0.131135	0.094379	0.091406	0.060295
内蒙古	—	0.097349	0.13312	0.1372	0.134696	0.086206	0.079195
辽宁	0.071955	-0.01919	0.104122	0.097289	0.094214	0.089316	0.084044
吉林	0.128461	0.178502	0.127921	0.007286	-0.1723	0.268959	0.080803
黑龙江	0.067075	0.102321	0.125763	0.108881	0.088989	0.060449	0.049748
上海	0.139138	0.120332	0.100284	0.087668	0.042697	0.036573	-0.00893
江苏	0.14643	0.268116	0.140638	0.15853	0.130968	0.108301	0.09863
浙江	0.160492	0.14015	0.126094	0.137547	0.126208	0.109866	0.107082
安徽	0.163476	0.1333	0.132471	0.119994	0.090524	0.092055	0.071843
福建	0.175239	0.130484	0.109768	0.103757	0.104441	0.068348	0.002265
江西	0.115211	0.005944	0.103286	0.109093	0.102822	0.067185	0.075019
山东	0.138858	0.126021	0.137568	0.148029	0.139749	0.112924	0.075805
河南	0.107398	0.09342	0.029163	0.057726	0.040447	0.078964	0.108543
湖北	0.136525	0.11689	0.143009	0.1297	0.077732	0.048275	-0.13741
湖南	—	—	0.14881	0.185209	0.151262	0.088224	-0.03698
广东	0.180957	0.138069	0.10854	0.072265	0.101597	0.127278	-0.00176
广西	0.063876	0.084492	0.087988	0.065467	0.107331	0.07561	0.09234
四川	0.264774	0.193459	0.178705	0.148528	0.121632	0.087594	0.036908
贵州	—	—	0.196061	0.114692	0.083188	0.038501	0.058447
云南	0.125443	0.077768	0.127771	0.092204	0.030854	0.08087	0.039063
陕西	0.166231	0.126546	0.126366	0.12879	0.107277	-0.05517	0.064637
甘肃	0.073745	0.015086	0.09797	0.090851	0.044655	0.092154	0.080401
青海	—	0.147028	0.118293	0.082064	0.066028	0.089584	0.111625
宁夏	0.113857	0.100297	0.126374	0.109327	0.085413	0.076713	0.060202
新疆	—	—	0.149349	0.13565	0.127084	0.115035	0.099494
全国	0.128872	0.109845	0.119036	0.10944	0.079485	0.079573	0.058061

资料来源：课题组根据相关资料计算整理。

附表 5-30b　　各省、市、自治区净资产利润率

	2001 年	2002 年	2003 年	2004 年	2005 年	2006 年
北京	0.099559	0.077231	0.05564	0.03634	-0.03557	0.061023
天津	0.071659	-0.01028	-0.00034	0.073364	0.027765	-0.27509
河北	0.067287	0.036454	0.038185	0.03784	-0.05725	0.136055
山西	0.058127	0.042661	0.035849	0.06471	-0.02078	-0.05789
内蒙古	0.043545	0.057584	0.047578	-0.00703	0.066728	0.08101
辽宁	0.005573	0.027377	0.058975	0.03157	-0.1195	-0.39336
吉林	0.037273	-0.0468	-0.0031	0.031942	-0.00145	-0.05015
黑龙江	-0.00539	-0.07628	-0.28399	0.006143	-0.53717	0.077836
上海	0.052069	0.066228	0.03563	0.077844	0.038662	0.001831
江苏	0.048258	-0.04461	0.047827	0.048417	0.02921	0.040028
浙江	0.069337	0.062619	0.052921	0.062699	0.037286	0.032569
安徽	0.024299	0.024349	0.028475	-0.13504	-0.30025	0.048958
福建	0.008024	0.019234	0.032436	0.018782	-0.06011	0.071567
江西	-0.01728	-1.72077	0.110087	-0.05419	4.480877	0.115965
山东	0.057158	0.241778	0.073949	0.075995	0.066185	0.064549
河南	-0.0949	-0.91945	0.066422	0.091114	0.033772	-0.05214
湖北	-0.01938	-0.09034	0.003054	0.02998	-0.26826	-0.01614
湖南	0.067583	0.03191	0.045142	6.383407	0.046877	-0.18789
广东	-0.24643	0.021466	0.116839	0.099919	-0.03056	0.081011
广西	0.0748	0.054865	-0.02344	0.073256	0.03762	-0.00187
四川	-0.07052	-0.0008	0.057927	0.354438	-0.02328	-0.02361
贵州	0.050023	-0.00575	0.058534	0.039408	0.001508	0.050846
云南	-0.75792	0.178389	0.01533	-0.29539	0.073994	0.391878
陕西	-0.01608	-0.18315	0.126942	0.039881	-0.1506	-1.29207
甘肃	0.001939	0.018569	-0.07802	-0.18214	-0.00496	0.032822
青海	0.077717	-0.0227	0.049335	-0.05543	-0.20907	0.174779
宁夏	0.072061	-0.00072	0.043326	-0.17416	-0.01733	-0.03063
新疆	0.078135	0.094664	0.034798	-0.17633	0.054158	0.075447
全国	-0.00584	-0.0738	0.030226	0.23562	0.112804	-0.0301

资料来源：课题组根据相关资料计算整理。

附表 5-31　　1996～2006 年各省、市、自治区企业净资产利润率（升序）

	1996 年		1997 年		1998 年		1999 年
北京	0.022149	吉林	0.007286	吉林	-0.1723	北京	-0.14014
河南	0.029163	河南	0.057726	北京	-0.09322	陕西	-0.05517
广西	0.087988	广西	0.065467	云南	0.030854	上海	0.036573
甘肃	0.09797	北京	0.06617	河南	0.040447	贵州	0.038501
上海	0.100284	广东	0.072265	上海	0.042697	湖北	0.048275
山西	0.102789	青海	0.082064	甘肃	0.044655	黑龙江	0.060449
江西	0.103286	上海	0.087668	青海	0.066028	江西	0.067185
辽宁	0.104122	甘肃	0.090851	湖北	0.077732	福建	0.068348
广东	0.10854	云南	0.092204	贵州	0.083188	广西	0.07561
福建	0.109768	辽宁	0.097289	宁夏	0.085413	宁夏	0.076713
天津	0.110977	福建	0.103757	黑龙江	0.088989	河南	0.078964
河北	0.117649	河北	0.108153	安徽	0.090524	云南	0.08087
青海	0.118293	黑龙江	0.108881	天津	0.091624	内蒙古	0.086206
黑龙江	0.125763	江西	0.109093	辽宁	0.094214	四川	0.087594
浙江	0.126094	宁夏	0.109327	山西	0.094379	湖南	0.088224
陕西	0.126366	贵州	0.114692	广东	0.101597	辽宁	0.089316
宁夏	0.126374	安徽	0.119994	江西	0.102822	青海	0.089584
云南	0.127771	陕西	0.12879	福建	0.104441	山西	0.091406
吉林	0.127921	湖北	0.1297	河北	0.105297	安徽	0.092055
安徽	0.132471	天津	0.13112	陕西	0.107277	甘肃	0.092154
内蒙古	0.13312	山西	0.131135	广西	0.107331	江苏	0.108301
山东	0.137568	新疆	0.13565	四川	0.121632	浙江	0.109866
江苏	0.140638	内蒙古	0.1372	浙江	0.126208	河北	0.112861
湖北	0.143009	浙江	0.137547	新疆	0.127084	山东	0.112924
湖南	0.14881	山东	0.148029	江苏	0.130968	新疆	0.115035
新疆	0.149349	四川	0.148528	内蒙古	0.134696	天津	0.120109
四川	0.178705	江苏	0.15853	山东	0.139749	广东	0.127278
贵州	0.196061	湖南	0.185209	湖南	0.151262	吉林	0.268959
	2000 年		2001 年		2002 年		2003 年
湖北	-0.13741	云南	-0.75792	江西	-1.72077	黑龙江	-0.28399
湖南	-0.03698	广东	-0.24643	河南	-0.91945	甘肃	-0.07802
上海	-0.00893	河南	-0.0949	陕西	-0.18315	广西	-0.02344
广东	-0.00176	四川	-0.07052	湖北	-0.09034	吉林	-0.0031
福建	0.002265	湖北	-0.01938	黑龙江	-0.07628	天津	-0.00034
四川	0.036908	江西	-0.01728	吉林	-0.0468	湖北	0.003054
云南	0.039063	陕西	-0.01608	江苏	-0.04461	云南	0.01533
黑龙江	0.049748	黑龙江	-0.00539	青海	-0.0227	安徽	0.028475
贵州	0.058447	甘肃	0.001939	天津	-0.01028	福建	0.032436
宁夏	0.060202	辽宁	0.005573	贵州	-0.00575	新疆	0.034798
山西	0.060295	福建	0.008024	四川	-0.0008	上海	0.03563

499

续表

	2000 年		2001 年		2002 年		2003 年
陕西	0.064637	安徽	0.024299	宁夏	-0.00072	山西	0.035849
安徽	0.071843	吉林	0.037273	甘肃	0.018569	河北	0.038185
江西	0.075019	内蒙古	0.043545	福建	0.019234	宁夏	0.043326
山东	0.075805	江苏	0.048258	广东	0.021466	湖南	0.045142
内蒙古	0.079195	贵州	0.050023	安徽	0.024349	内蒙古	0.047578
北京	0.079438	上海	0.052069	辽宁	0.027377	江苏	0.047827
甘肃	0.080401	山东	0.057158	湖南	0.03191	青海	0.049335
吉林	0.080803	山西	0.058127	河北	0.036454	浙江	0.052921
辽宁	0.084044	河北	0.067287	山西	0.042661	北京	0.05564
河北	0.08559	湖南	0.067583	广西	0.054865	四川	0.057927
广西	0.09234	浙江	0.069337	内蒙古	0.057584	贵州	0.058534
江苏	0.09863	天津	0.071659	浙江	0.062619	辽宁	0.058975
新疆	0.099494	宁夏	0.072061	上海	0.066228	河南	0.066422
浙江	0.107082	广西	0.0748	北京	0.077231	山东	0.073949
河南	0.108543	青海	0.077717	新疆	0.094646	江西	0.110087
天津	0.109362	新疆	0.078135	云南	0.178389	广东	0.116839
青海	0.111625	北京	0.099559	山东	0.241778	陕西	0.126942
	2004 年		2005 年		2006 年		
云南	-0.29539	黑龙江	-0.53717	陕西	-1.29207		
甘肃	-0.18214	安徽	-0.30025	辽宁	-0.39336		
新疆	-0.17633	湖北	-0.26826	天津	-0.27509		
宁夏	-0.17416	青海	-0.20907	湖南	-0.18789		
安徽	-0.13504	陕西	-0.1506	山西	-0.05789		
青海	-0.05543	辽宁	-0.1195	河南	-0.05214		
江西	-0.05419	福建	-0.06011	吉林	-0.05015		
内蒙古	-0.00703	河北	-0.05725	宁夏	-0.03063		
黑龙江	0.006143	北京	-0.03557	四川	-0.02361		
福建	0.018782	广东	-0.03056	湖北	-0.01614		
湖北	0.02998	四川	-0.02328	广西	-0.00187		
辽宁	0.03157	山西	-0.02078	上海	0.001831		
吉林	0.031942	宁夏	-0.01733	浙江	0.032569		
北京	0.03634	甘肃	-0.00496	甘肃	0.032822		
河北	0.03784	吉林	-0.00145	江苏	0.040028		
贵州	0.039408	贵州	0.001508	安徽	0.048958		
陕西	0.039881	天津	0.027765	贵州	0.050846		
江苏	0.048417	江苏	0.02921	北京	0.061023		
浙江	0.062699	河南	0.033772	山东	0.064549		
山西	0.06471	浙江	0.037286	福建	0.071567		
广西	0.073256	广西	0.03762	新疆	0.075447		
天津	0.073364	上海	0.038662	黑龙江	0.077836		

续表

	2004 年		2005 年		2006 年
山东	0.075995	湖南	0.046877	内蒙古	0.08101
上海	0.077844	新疆	0.054158	广东	0.081011
河南	0.091114	山东	0.066185	江西	0.115965
广东	0.099919	内蒙古	0.066728	河北	0.136055
四川	0.354438	云南	0.073994	青海	0.174779
湖南	6.383407	江西	4.480877	云南	0.391878

资料来源：课题组根据相关资料计算整理。

附表 5-32　2005 年、2006 年各省、市、自治区企业规模效率

	北京	天津	河北	山西	内蒙古	辽宁	吉林
2005 年	0.6992	0.626	0.6871	0.7108	0.582	0.7215	0.6471
2006 年	0.5613	0.4887	0.3336	0.4618	0.3876	0.6326	0.4375
	黑龙江	上海	江苏	浙江	安徽	福建	江西
2005 年	0.6186	0.7087	0.7555	0.6765	0.6271	0.5785	0.7403
2006 年	0.3519	0.5502	0.4548	0.409	0.2885	0.3155	0.2711
	山东	河南	湖北	湖南	广东	广西	四川
2005 年	0.7322	0.7253	0.5231	0.6874	0.7259	0.6645	0.6379
2006 年	0.7442	0.3711	0.3185	0.3568	0.5862	0.3384	0.3403
	贵州	云南	陕西	甘肃	青海	宁夏	新疆
2005 年	0.526	0.7342	0.5321	0.7378	0.3627	0.694	0.7301
2006 年	0.3382	0.2435	0.4131	0.4355	0.328	0.2789	0.4178

附表 5-33　各省、市、自治区企业规模效率排序（升序）

	2005 年		2006 年			2005 年		2006 年	
1	青海	0.3627	云南	0.2435	15	湖南	0.6874	内蒙古	0.3876
2	湖北	0.5231	江西	0.2711	16	宁夏	0.694	浙江	0.409
3	贵州	0.526	宁夏	0.2789	17	北京	0.6992	陕西	0.4131
4	陕西	0.5321	安徽	0.2885	18	上海	0.7087	新疆	0.4178
5	福建	0.5785	福建	0.3155	19	山西	0.7108	甘肃	0.4355
6	内蒙古	0.582	湖北	0.3185	20	辽宁	0.7215	吉林	0.4375
7	黑龙江	0.6186	青海	0.328	21	河南	0.7253	江苏	0.4548
8	天津	0.626	河北	0.3336	22	广东	0.7259	山西	0.4618
9	安徽	0.6271	贵州	0.3382	23	新疆	0.7301	天津	0.4887
10	四川	0.6379	广西	0.3384	24	山东	0.7322	上海	0.5502
11	吉林	0.6471	四川	0.3403	25	云南	0.7342	北京	0.5613
12	广西	0.6645	黑龙江	0.3519	26	甘肃	0.7378	广东	0.5862
13	浙江	0.6765	湖南	0.3568	27	江西	0.7403	辽宁	0.6326
14	河北	0.6871	河南	0.3711	28	江苏	0.7555	山东	0.7442

资料来源：课题组根据相关资料计算整理。

附表 5-34 2005~2006 年各省、市、自治区企业劳动生产率

	北京	天津	河北	山西	内蒙古	辽宁	吉林
2005 年	359.9308	189.1675	95.50714	44.39578	49.47357	158.8048	67.89517
2006 年	326.1512	169.3065	43.14971	34.16582	55.7825	181.1501	106.8866
	黑龙江	上海	江苏	浙江	安徽	福建	江西
2005 年	113.4512	299.739	199.9683	128.2157	93.6165	141.819	101.6856
2006 年	80.89542	320.9898	198.3575	152.1292	56.30075	48.96885	65.86149
	山东	河南	湖北	湖南	广东	广西	四川
2005 年	107.6086	86.6062	146.054	94.92606	275.9141	97.14793	67.69495
2006 年	138.8211	35.66197	99.78547	57.99697	215.6644	69.96803	56.92273
	贵州	云南	陕西	甘肃	青海	宁夏	新疆
2005 年	65.19799	96.46483	72.75198	84.55584	65.18948	67.2286	191.667
2006 年	61.62362	158.7146	91.97953	72.95983	81.38652	43.43918	134.7582

附表 5-35 各省、市、自治区代表性企业劳动生产率排序（升序）

	2005 年		2006 年			2005 年		2006 年	
1	山西	44.39578	山西	34.16582	15	广西	97.14793	青海	81.38652
2	内蒙古	49.47357	河南	35.66197	16	江西	101.6856	陕西	91.97953
3	青海	65.18948	河北	43.14971	17	山东	107.6086	湖北	99.78547
4	贵州	65.19799	宁夏	43.43918	18	黑龙江	113.4512	吉林	106.8866
5	宁夏	67.2286	福建	48.96885	19	浙江	128.2157	新疆	134.7582
6	四川	67.69495	内蒙古	55.7825	20	福建	141.819	山东	138.8211
7	吉林	67.89517	安徽	56.30075	21	湖北	146.054	浙江	152.1292
8	陕西	72.75198	四川	56.92273	22	辽宁	158.8048	云南	158.7146
9	甘肃	84.55584	湖南	57.99697	23	天津	189.1675	天津	169.3065
10	河南	86.6062	贵州	61.62362	24	新疆	191.667	辽宁	181.1501
11	安徽	93.6165	江西	65.86149	25	江苏	199.9683	江苏	198.3575
12	湖南	94.92606	广西	69.96803	26	广东	275.9141	广东	215.6644
13	河北	95.50714	甘肃	72.95983	27	上海	299.739	上海	320.9898
14	云南	96.46483	黑龙江	80.89542	28	北京	359.9308	北京	326.1512

资料来源：课题组根据相关资料计算整理。

附表 5-36　　　1992~2006 年中国各省（市、区）产业技术进步率排序（降序）

	1992 年			1994 年			1997 年			2000 年			2001 年	
1	贵州	1.181	1	宁夏	1.215	1	广东	1.114	1	福建	1.182	1	天津	1.158
2	青海	1.180	2	北京	1.202	2	上海	1.078	2	江西	1.180	2	甘肃	1.154
3	广东	1.166	3	新疆	1.199	3	福建	1.061	3	新疆	1.175	3	广东	1.152
4	陕西	1.162	4	青海	1.198	4	新疆	1.031	4	广东	1.173	4	上海	1.147
5	北京	1.154	5	贵州	1.196	5	广西	1.029	5	青海	1.172	5	福建	1.141
6	江西	1.152	6	吉林	1.196	6	浙江	1.023	6	浙江	1.169	6	内蒙古	1.139
7	湖北	1.151	7	河北	1.196	7	天津	1.022	7	上海	1.166	7	北京	1.138
8	广西	1.150	8	河南	1.195	8	云南	1.021	8	山西	1.164	8	江苏	1.137
9	山西	1.149	9	湖北	1.193	9	北京	1.018	9	黑龙江	1.162	9	广西	1.131
10	宁夏	1.148	10	山东	1.191	10	宁夏	1.018	10	北京	1.155	10	辽宁	1.131
11	上海	1.147	11	云南	1.187	11	青海	1.012	11	安徽	1.155	11	湖北	1.128
12	河北	1.146	12	辽宁	1.186	12	江苏	1.008	12	天津	1.149	12	吉林	1.126
13	河南	1.145	13	四川	1.185	13	山西	1.006	13	陕西	1.140	13	新疆	1.125
14	新疆	1.145	14	江苏	1.185	14	山东	1.004	14	河南	1.137	14	浙江	1.121
15	四川	1.144	15	黑龙江	1.185	15	贵州	1.003	15	湖北	1.137	15	河北	1.117
16	福建	1.143	16	湖南	1.182	16	内蒙古	0.998	16	内蒙古	1.136	16	山东	1.117
17	天津	1.143	17	安徽	1.175	17	黑龙江	0.998	17	河北	1.132	17	安徽	1.114
18	安徽	1.143	18	内蒙古	1.172	18	辽宁	0.994	18	湖南	1.127	18	四川	1.113
19	江苏	1.143	19	陕西	1.168	19	陕西	0.994	19	广西	1.124	19	宁夏	1.112
20	浙江	1.141	20	甘肃	1.164	20	吉林	0.992	20	贵州	1.123	20	黑龙江	1.109
21	黑龙江	1.141	21	天津	1.145	21	安徽	0.991	21	山东	1.123	21	湖南	1.105
22	湖南	1.141	22	广西	1.142	22	河南	0.990	22	宁夏	1.120	22	山西	1.105
23	云南	1.136	23	山西	1.141	23	四川	0.990	23	江苏	1.119	23	河南	1.105
24	内蒙古	1.136	24	浙江	1.135	24	河北	0.987	24	云南	1.119	24	陕西	1.101
25	吉林	1.135	25	福建	1.130	25	湖北	0.985	25	吉林	1.119	25	青海	1.101
26	辽宁	1.133	26	江西	1.120	26	江西	0.983	26	辽宁	1.116	26	贵州	1.094
27	山东	1.132	27	上海	1.111	27	甘肃	0.982	27	四川	1.116	27	江西	1.089
28	甘肃	1.131	28	广东	1.105	28	湖南	0.980	28	甘肃	1.107	28	云南	1.085

续表

	2002 年			2003 年			2004 年			2005 年			2006 年	
1	广西	1.319	1	天津	1.155	1	青海	1.169	1	上海	1.152	1	青海	1.146
2	云南	1.299	2	上海	1.149	2	天津	1.161	2	广东	1.140	2	广西	1.121
3	四川	1.274	3	广东	1.142	3	上海	1.156	3	贵州	1.139	3	上海	1.119
4	浙江	1.268	4	北京	1.140	4	广东	1.151	4	天津	1.135	4	天津	1.118
5	贵州	1.266	5	江苏	1.135	5	北京	1.146	5	黑龙江	1.133	5	贵州	1.116
6	新疆	1.263	6	浙江	1.130	6	湖北	1.140	6	吉林	1.130	6	湖北	1.113
7	宁夏	1.260	7	吉林	1.129	7	新疆	1.139	7	北京	1.129	7	辽宁	1.111
8	山西	1.255	8	内蒙古	1.127	8	江苏	1.134	8	湖北	1.128	8	内蒙古	1.108
9	广东	1.255	9	湖南	1.124	9	黑龙江	1.133	9	宁夏	1.127	9	福建	1.107
10	安徽	1.254	10	辽宁	1.124	10	浙江	1.132	10	新疆	1.126	10	山东	1.104
11	北京	1.254	11	福建	1.113	11	福建	1.132	11	辽宁	1.123	11	宁夏	1.102
12	黑龙江	1.254	12	山东	1.109	12	辽宁	1.130	12	河南	1.121	12	山西	1.101
13	江西	1.251	13	四川	1.108	13	安徽	1.128	13	浙江	1.120	13	广东	1.098
14	湖北	1.246	14	新疆	1.108	14	河南	1.128	14	福建	1.118	14	黑龙江	1.097
15	辽宁	1.241	15	河北	1.104	15	河北	1.126	15	湖南	1.118	15	吉林	1.097
16	湖南	1.240	16	湖北	1.100	16	湖南	1.125	16	四川	1.117	16	江西	1.096
17	上海	1.236	17	黑龙江	1.096	17	吉林	1.124	17	江苏	1.114	17	甘肃	1.091
18	陕西	1.232	18	广西	1.096	18	山西	1.124	18	安徽	1.114	18	云南	1.090
19	山东	1.230	19	陕西	1.090	19	贵州	1.121	19	广西	1.113	19	安徽	1.090
20	河北	1.230	20	云南	1.090	20	广西	1.120	20	甘肃	1.112	20	河南	1.090
21	河南	1.220	21	河南	1.089	21	江西	1.120	21	江西	1.111	21	新疆	1.090
22	吉林	1.219	22	江西	1.089	22	宁夏	1.119	22	内蒙古	1.110	22	江苏	1.087
23	江苏	1.214	23	甘肃	1.087	23	山东	1.115	23	河北	1.110	23	北京	1.087
24	福建	1.211	24	贵州	1.085	24	陕西	1.113	24	云南	1.108	24	河北	1.085
25	青海	1.208	25	山西	1.084	25	四川	1.113	25	山东	1.105	25	四川	1.082
26	内蒙古	1.204	26	安徽	1.084	26	云南	1.110	26	青海	1.104	26	浙江	1.065
27	甘肃	1.204	27	宁夏	1.072	27	甘肃	1.104	27	山西	1.103	27	湖南	1.062
28	天津	1.194	28	青海	1.041	28	内蒙古	1.093	28	陕西	1.064	28	陕西	1.043

附表 5-37　　1992~2006 年中国分地区产业技术进步率测度

	1992 年	1994 年	1997 年	2000 年	2001 年	2002 年	2003 年	2004 年	2005 年	2006 年
北京	1.154	1.202	1.018	1.155	1.138	1.254	1.140	1.146	1.129	1.087
天津	1.143	1.145	1.022	1.149	1.158	1.194	1.155	1.161	1.135	1.118
河北	1.146	1.196	0.987	1.132	1.117	1.230	1.104	1.126	1.110	1.085
山东	1.132	1.191	1.004	1.123	1.117	1.230	1.109	1.115	1.105	1.104
福建	1.143	1.130	1.061	1.182	1.141	1.211	1.113	1.132	1.118	1.107
辽宁	1.133	1.186	0.994	1.116	1.131	1.241	1.124	1.130	1.123	1.111
上海	1.147	1.111	1.078	1.166	1.147	1.236	1.149	1.156	1.152	1.119
江苏	1.143	1.185	1.008	1.119	1.137	1.214	1.135	1.134	1.114	1.087
浙江	1.141	1.135	1.023	1.169	1.121	1.268	1.130	1.132	1.120	1.065
广东	1.166	1.105	1.114	1.173	1.152	1.255	1.142	1.151	1.140	1.098
东部地区均值	1.145	1.159	1.031	1.149	1.136	1.233	1.130	1.138	1.125	1.098
吉林	1.135	1.196	0.992	1.119	1.126	1.219	1.129	1.124	1.130	1.097
黑龙江	1.141	1.185	0.998	1.162	1.109	1.254	1.096	1.133	1.133	1.097
山西	1.149	1.141	1.006	1.164	1.105	1.255	1.084	1.124	1.103	1.101
内蒙古	1.136	1.172	0.998	1.136	1.139	1.204	1.127	1.093	1.110	1.108
安徽	1.143	1.175	0.991	1.155	1.114	1.254	1.084	1.128	1.114	1.090
江西	1.152	1.120	0.983	1.180	1.089	1.251	1.089	1.120	1.111	1.096
河南	1.145	1.195	0.990	1.137	1.105	1.220	1.089	1.128	1.121	1.090
湖北	1.151	1.193	0.985	1.137	1.128	1.246	1.100	1.140	1.128	1.113
湖南	1.141	1.182	0.980	1.127	1.105	1.240	1.124	1.125	1.118	1.062
中部地区均值	1.143	1.173	0.991	1.146	1.113	1.238	1.102	1.124	1.119	1.095
广西	1.150	1.142	1.029	1.124	1.131	1.319	1.096	1.120	1.113	1.121
四川	1.144	1.185	0.990	1.116	1.113	1.274	1.108	1.113	1.117	1.082
贵州	1.181	1.196	1.003	1.123	1.094	1.266	1.085	1.121	1.139	1.116
云南	1.136	1.187	1.021	1.119	1.085	1.299	1.090	1.110	1.108	1.090
陕西	1.162	1.168	0.994	1.140	1.101	1.232	1.090	1.113	1.064	1.043
甘肃	1.131	1.164	0.982	1.107	1.154	1.204	1.087	1.104	1.112	1.091
青海	1.180	1.198	1.012	1.172	1.101	1.208	1.041	1.169	1.104	1.146
宁夏	1.148	1.215	1.018	1.120	1.112	1.260	1.072	1.119	1.127	1.102
新疆	1.145	1.199	1.031	1.175	1.125	1.263	1.108	1.139	1.126	1.090
西部地区均值	1.153	1.184	1.009	1.133	1.113	1.258	1.086	1.123	1.112	1.098
全国均值	1.147	1.171	1.011	1.143	1.121	1.243	1.107	1.129	1.119	1.097

资料来源：课题组根据相关资料计算整理。

附表5－38　　1985～2006年中国各省（市、区）规模效率排序（降序）

1985年			1992年			1994年			1997年		
1	浙江	0.974	1	上海	0.970	1	上海	0.951	1	安徽	0.983
2	安徽	0.949	2	广东	0.963	2	安徽	0.948	2	上海	0.968
3	福建	0.948	3	浙江	0.957	3	浙江	0.948	3	湖南	0.965
4	湖南	0.931	4	陕西	0.949	4	湖南	0.946	4	浙江	0.961
5	陕西	0.930	5	天津	0.942	5	江西	0.944	5	江西	0.960
6	吉林	0.925	6	河南	0.941	6	广西	0.941	6	湖北	0.955
7	河北	0.925	7	内蒙古	0.938	7	吉林	0.937	7	吉林	0.950
8	天津	0.917	8	广西	0.938	8	天津	0.936	8	陕西	0.949
9	上海	0.910	9	江西	0.935	9	广东	0.933	9	河北	0.947
10	湖北	0.909	10	吉林	0.934	10	陕西	0.932	10	黑龙江	0.944
11	河南	0.904	11	湖南	0.934	11	河南	0.930	11	四川	0.943
12	北京	0.903	12	黑龙江	0.931	12	云南	0.930	12	天津	0.942
13	江苏	0.903	13	安徽	0.930	13	福建	0.929	13	山西	0.942
14	山西	0.902	14	北京	0.929	14	黑龙江	0.924	14	广西	0.939
15	江西	0.894	15	福建	0.928	15	湖北	0.923	15	福建	0.933
16	黑龙江	0.876	16	云南	0.921	16	山西	0.920	16	河南	0.930
17	广东	0.869	17	甘肃	0.920	17	江苏	0.916	17	广东	0.927
18	山东	0.858	18	河北	0.917	18	北京	0.912	18	江苏	0.926
19	广西	0.853	19	山西	0.914	19	河北	0.903	19	北京	0.920
20	内蒙古	0.841	20	江苏	0.912	20	山东	0.895	20	云南	0.917
21	云南	0.819	21	山东	0.907	21	内蒙古	0.888	21	甘肃	0.897
22	甘肃	0.808	22	湖北	0.907	22	甘肃	0.887	22	内蒙古	0.894
23	辽宁	0.793	23	四川	0.883	23	辽宁	0.886	23	山东	0.891
24	贵州	0.757	24	辽宁	0.851	24	四川	0.880	24	辽宁	0.888
25	四川	0.749	25	贵州	0.850	25	贵州	0.872	25	贵州	0.868
26	新疆	0.693	26	新疆	0.785	26	新疆	0.735	26	新疆	0.750
27	宁夏	0.516	27	青海	0.610	27	宁夏	0.576	27	宁夏	0.598
28	青海	0.484	28	宁夏	0.607	28	青海	0.517	28	青海	0.498
2000年			2001年			2002年			2003年		
1	浙江	0.996	1	浙江	0.995	1	浙江	0.959	1	浙江	0.967
2	湖南	0.962	2	河北	0.958	2	天津	0.958	2	河北	0.957
3	河北	0.958	3	上海	0.957	3	吉林	0.948	3	北京	0.949
4	广西	0.957	4	湖南	0.955	4	北京	0.940	4	四川	0.948
5	四川	0.956	5	安徽	0.954	5	广西	0.938	5	河南	0.947
6	山西	0.955	6	四川	0.954	6	湖南	0.938	6	湖南	0.947
7	安徽	0.954	7	湖北	0.952	7	河北	0.936	7	安徽	0.946
8	上海	0.954	8	天津	0.951	8	湖北	0.932	8	湖北	0.945

续表

	2000 年			2001 年			2002 年			2003 年	
9	天津	0.954	9	广西	0.950	9	安徽	0.929	9	上海	0.943
10	湖北	0.950	10	吉林	0.947	10	上海	0.927	10	江苏	0.936
11	福建	0.947	11	山西	0.947	11	山西	0.925	11	广西	0.935
12	吉林	0.945	12	北京	0.942	12	福建	0.923	12	福建	0.932
13	陕西	0.943	13	福建	0.938	13	陕西	0.923	13	天津	0.925
14	江苏	0.943	14	江苏	0.937	14	江苏	0.921	14	江西	0.922
15	北京	0.939	15	陕西	0.936	15	河南	0.921	15	吉林	0.920
16	江西	0.934	16	江西	0.931	16	江西	0.916	16	辽宁	0.919
17	河南	0.932	17	河南	0.929	17	四川	0.910	17	黑龙江	0.916
18	黑龙江	0.927	18	山东	0.926	18	山东	0.907	18	陕西	0.911
19	辽宁	0.916	19	辽宁	0.920	19	黑龙江	0.906	19	山西	0.910
20	云南	0.903	20	黑龙江	0.909	20	辽宁	0.905	20	广东	0.902
21	山东	0.897	21	云南	0.901	21	甘肃	0.899	21	山东	0.888
22	甘肃	0.889	22	甘肃	0.891	22	云南	0.894	22	云南	0.880
23	内蒙古	0.880	23	内蒙古	0.890	23	内蒙古	0.882	23	甘肃	0.875
24	广东	0.880	24	广东	0.877	24	广东	0.872	24	内蒙古	0.873
25	贵州	0.868	25	贵州	0.851	25	贵州	0.862	25	贵州	0.862
26	新疆	0.698	26	新疆	0.787	26	新疆	0.754	26	新疆	0.706
27	宁夏	0.658	27	宁夏	0.660	27	宁夏	0.710	27	宁夏	0.694
28	青海	0.472	28	青海	0.414	28	青海	0.487	28	青海	0.392
	2004 年			2005 年			2006 年				
1	浙江	0.951	1	天津	0.936	1	天津	0.966			
2	北京	0.939	2	浙江	0.932	2	北京	0.961			
3	河北	0.934	3	北京	0.930	3	浙江	0.951			
4	江苏	0.933	4	河北	0.930	4	湖南	0.946			
5	湖南	0.931	5	湖北	0.929	5	福建	0.944			
6	四川	0.929	6	湖南	0.923	6	安徽	0.943			
7	河南	0.927	7	福建	0.921	7	四川	0.942			
8	湖北	0.926	8	四川	0.920	8	江苏	0.940			
9	上海	0.925	9	江苏	0.917	9	上海	0.940			
10	安徽	0.922	10	上海	0.913	10	广西	0.939			
11	天津	0.922	11	安徽	0.913	11	湖北	0.937			
12	陕西	0.914	12	河南	0.909	12	河北	0.935			
13	福建	0.914	13	陕西	0.909	13	陕西	0.934			
14	广西	0.907	14	山西	0.908	14	吉林	0.932			
15	内蒙古	0.902	15	内蒙古	0.905	15	黑龙江	0.932			
16	辽宁	0.901	16	广西	0.902	16	河南	0.931			

续表

	2004 年			2005 年			2006 年	
17	山西	0.899	17	辽宁	0.901	17	江西	0.931
18	吉林	0.895	18	江西	0.896	18	内蒙古	0.929
19	黑龙江	0.895	19	吉林	0.890	19	山西	0.922
20	江西	0.893	20	黑龙江	0.884	20	辽宁	0.917
21	山东	0.878	21	山东	0.863	21	云南	0.907
22	广东	0.866	22	贵州	0.860	22	山东	0.870
23	贵州	0.861	23	云南	0.857	23	甘肃	0.863
24	甘肃	0.853	24	广东	0.850	24	贵州	0.862
25	云南	0.850	25	甘肃	0.832	25	广东	0.856
26	新疆	0.675	26	宁夏	0.679	26	宁夏	0.674
27	宁夏	0.607	27	新疆	0.659	27	新疆	0.662
28	青海	0.373	28	青海	0.393	28	青海	0.437

资料来源：课题组根据相关资料计算整理。

附表 5-39　　　　产业集聚度（升序）

1992 年		1994 年		1997 年		2000 年		2001 年	
黑龙江	0.355376	海南	0.169472	四川	-2.21144	青海	-0.39468	黑龙江	0.010698
北京	0.432949	吉林	0.318443	广西	-0.33878	安徽	0.395731	安徽	0.054435
吉林	0.518348	四川	0.498052	海南	-0.00604	黑龙江	0.458153	青海	0.093275
内蒙古	0.521313	黑龙江	0.524171	天津	0.115548	新疆	0.528282	江西	0.315828
山西	0.525895	宁夏	0.581222	甘肃	0.159158	湖北	0.52999	湖北	0.363214
新疆	0.54465	内蒙古	0.593589	青海	0.23221	广西	0.533766	辽宁	0.650583
贵州	0.625633	山西	0.599613	辽宁	0.283537	陕西	0.548206	广西	0.694821
湖北	0.673574	贵州	0.614392	吉林	0.289672	云南	0.585979	河南	0.779302
天津	0.69449	湖南	0.662701	江西	0.293529	天津	0.636867	北京	0.792836
甘肃	0.705903	甘肃	0.679468	上海	0.351726	内蒙古	0.650284	山西	0.817966
辽宁	0.72217	青海	0.680002	北京	0.381046	上海	0.703834	天津	0.865305
湖南	0.728978	陕西	0.725452	内蒙古	0.451099	江西	0.706072	福建	0.870552
青海	0.761884	天津	0.725466	贵州	0.626355	河南	0.714647	内蒙古	0.990486
上海	0.763908	广东	0.73271	黑龙江	0.704787	宁夏	0.771396	陕西	0.991953
四川	0.831303	新疆	0.786328	山西	0.707457	四川	0.827986	新疆	0.994357
安徽	0.857455	福建	0.823805	江苏	0.707999	广东	0.91381	湖南	1.066539
宁夏	0.879343	河北	0.843816	宁夏	0.8077	辽宁	0.943809	广东	1.070837
陕西	0.89362	辽宁	0.961373	云南	0.846785	河北	0.946228	山东	1.084916
福建	0.912079	上海	1.00228	浙江	0.878138	山西	1.005366	河北	1.118525
江西	0.963948	江西	1.058578	湖北	0.92859	山东	1.031194	江苏	1.184662
河南	1.027479	云南	1.078289	陕西	1.000223	湖南	1.100089	浙江	1.210936
广西	1.148409	河南	1.087434	河北	1.233443	北京	1.204504	吉林	1.26196

续表

1992 年		1994 年		1997 年		2000 年		2001 年	
云南	1.182119	浙江	1.090826	广东	1.321562	江苏	1.228072	贵州	1.448192
河北	1.246771	湖北	1.113783	河南	1.433275	福建	1.343226	云南	1.457028
浙江	1.251391	广西	1.147354	山东	1.567466	吉林	1.525018	甘肃	1.683929
山东	1.28293	安徽	1.173758	福建	1.58677	浙江	1.748587	四川	1.822652
广东	1.328125	江苏	1.240404	新疆	1.604464	甘肃	1.753717	海南	2.090808
江苏	1.528456	北京	1.431783	安徽	1.688586	贵州	2.423314	上海	2.439619
海南	1.741139	山东	1.650478	湖北	1.791307	海南	3.280996	宁夏	5.313587
2002 年		2003 年		2004 年		2005 年		2006 年	
青海	0.093275	吉林	0.339092	吉林	0.285523	青海	0.745377	黑龙江	0.401581
天津	0.643518	湖北	0.468159	湖北	0.489828	海南	0.801375	北京	0.472471
湖北	0.645527	黑龙江	0.550576	甘肃	0.528503	天津	0.835311	贵州	0.537311
上海	0.665127	河南	0.554874	黑龙江	0.566316	吉林	0.895062	上海	0.567529
吉林	0.807452	新疆	0.572849	海南	0.613059	湖北	0.903449	宁夏	0.704119
山西	0.866843	上海	0.585339	陕西	0.635884	上海	0.955078	甘肃	0.72888
黑龙江	0.871684	广西	0.604336	新疆	0.688608	甘肃	0.962438	河北	0.877982
广西	0.875437	甘肃	0.624201	云南	0.724403	广西	0.963856	天津	0.885428
福建	0.876378	内蒙古	0.663171	广西	0.734328	北京	0.975471	新疆	0.92692
河北	0.886032	广东	0.690713	天津	0.78121	新疆	0.993871	云南	0.928525
贵州	0.920782	江西	0.714324	河南	0.800204	黑龙江	0.995834	湖北	0.952192
安徽	0.989261	云南	0.764805	安徽	0.800525	四川	1.015488	湖南	0.954606
浙江	0.995964	辽宁	0.766991	河北	0.8013	贵州	1.02716	陕西	0.958264
广东	1.006338	青海	0.829746	北京	0.844222	云南	1.043893	福建	0.973321
江苏	1.03355	河北	0.862948	辽宁	0.878182	河北	1.082978	山东	1.001799
宁夏	1.034991	江苏	0.980082	上海	0.93839	宁夏	1.10282	浙江	1.03924
四川	1.093203	北京	1.060035	山西	0.939449	安徽	1.107581	江苏	1.047603
湖南	1.093307	湖南	1.186451	广东	1.022132	湖南	1.140602	山西	1.080033
辽宁	1.148985	海南	1.227896	江苏	1.039781	山西	1.154693	广东	1.084142
北京	1.215836	山西	1.257911	湖南	1.074977	福建	1.163097	安徽	1.125835
云南	1.329071	福建	1.260268	江西	1.182271	浙江	1.196135	广西	1.193636
江西	1.361048	山东	1.419603	四川	1.233545	广东	1.213781	吉林	1.210487
河南	1.398381	陕西	1.47542	浙江	1.266078	江苏	1.238748	辽宁	1.242913
内蒙古	1.449249	浙江	1.51621	山东	1.2787	辽宁	1.240507	四川	1.243349
山东	1.469595	安徽	1.529551	福建	1.392667	陕西	1.323641	河南	1.351694
陕西	1.584247	四川	2.006537	宁夏	1.538206	河南	1.34126	内蒙古	1.476007
海南	1.793567	天津	2.046467	青海	1.780458	内蒙古	1.380058	江西	1.499415
甘肃	4.582269	贵州	2.609188	贵州	2.103459	山东	1.450563	青海	2.579008
新疆	10.03851	宁夏	4.788169	内蒙古	3.770626	江西	1.507727	海南	3.673677

资料来源：课题组根据相关资料计算整理。

参考文献

中文文献

［美］安德烈·施弗莱. 理解监管［M］. 中信出版社, 2005.

［美］安德烈·施弗莱和罗伯特·维什尼, 赵红军译. 掠夺之手——政府病及其治疗, 中信出版社, 2004.

［美］布坎南. 寻求租金和寻求利润［J］. 经济社会体制比较, 1988, (5).

［美］保罗·克鲁格曼. 萧条经济学的回归［M］. 中国人民大学出版社, 1999.

白重恩等. 地方保护主义及产业地区集中度的决定因素和变动趋势［J］. 经济研究, 2004, (4).

白重恩, 陶志刚, 仝月婷. 影响中国各地区生产专业化程度的经济及行政整合的因素［J］. 经济学报, 2006, 第1卷第2辑.

保罗·克鲁格曼. 萧条经济学的回归［M］. 中国人民大学出版社, 1999.

包群等. 出口贸易如何促进经济增长？——基于全要素生产率的实证研究［J］. 上海经济研究, 2006, (3).

包群. 自主创新与技术模仿: 一个无规模效应的内生增长模型［J］. 数量经济技术经济研究, 2007, (10).

曹建海. 对我国工业中过度竞争的实证分析［J］. 改革, 1999, (4).

曹士兵. 反垄断法研究［M］. 法律出版社, 1996.

陈波. 中国国内地方保护问题的调查与分析——基于企业问卷调查的研究. 经济学报, 2006, 1 (2).

陈东琪, 温银泉. 打破地方市场分割［M］. 中国计划出版社, 2002.

陈敏等. 中国经济增长如何发挥规模效应？——经济开放与国内商品市场分割的实证研究［J］. 经济学 (季刊), 2007, (10).

陈凯. 中美电信竞争力比较［M］. 人民邮电出版社, 2002.

陈耀. 产业结构趋同的度量及合意与非合意性［J］. 中国工业经济, 1998,

(4).

陈富良. 利益集团博弈与管制均衡 [J]. 当代财经, 2004, (1).

陈爱贞. 我国市场结构演变中的竞争聚类分析 [J]. 山西财经大学学报, 2005, (12).

陈星平, 钟伟军. 我国的分权与地方行政垄断 [J]. 江西社会科学, 2004, (2).

陈秀山. 我国竞争制度与竞争政策目标模式的选择 [J]. 中国社会科学, 1995, (3).

陈甬军. 中国地区间市场封锁问题研究 [M]. 福建人民出版社, 1994.

陈然方. 亲族信任、治理结构与公司绩效: 以中国家族上市公司为例 [J]. 世界经济, 2006, (4).

陈代云. 产业组织与公共政策: 规制抑或放松规制？ [J]. 外国经济与管理, 2000, (6).

陈富良. 政府的准入规则与垄断行业的市场结构 [J]. 中国铁路, 2002, (7).

陈宏平, 陇小渝. 规制的困惑——规制政策的动态演变及其成本分析 [J]. 西南师范大学学报（社会科学版）, 1999, (1).

陈家彦. 关于社会主义竞争和垄断的断想 [J]. 经济问题, 1987, (12).

陈守海. 我国油气工业上游放开的利益分析 [J]. 商业时代, 2008, (11).

陈运辉, 郑秀慧. 中美两国电力上市公司比较 [J]. 中国电力企业管理, 2003, (12).

程惠芳. 国际直接投资与开放型内生直接经济增长, 经济研究, 2002, (10).

蔡琳, 何青松. 从中国石油行业的反竞争行为看中国的反垄断问题 [J]. 生产力研究, 2008, (9).

蔡晓珊, 张耀辉. 我国原油开采业性质分析: 基于规制理论的视角 [J]. 兰州学刊, 2007, (10).

初佳颖. 政府规制下电信产业的技术效率分析 [J]. 经济纵横, 2006, (4).

戴昌钧, 蒲阳. 我国电力市场有效竞争状况实证分析 [J]. 广西电业, 2007, (3).

戴林. 我国炼油及石化行业竞争力若干影响因素分析 [J]. 国际石油经济, 2002, (5).

丹尼尔·F·史普博. 管制与市场 [M]. 上海人民出版社, 上海三联书店, 2008.

[美] 丹尼斯·卡尔顿, 杰弗里·佩罗夫. 现代产业组织 [M]. 黄亚钧等译. 上海人民出版社, 1998.

邓保同. 论行政性垄断 [J]. 法学评论, 1998, (4).

杜传忠. 产业组织演进中的企业合作——兼论新经济条件下的产业组织合作范式 [J]. 中国工业经济, 2004, (6).

[美] 德姆塞茨, 陈郁译. 竞争的经济、法律和政治维度 [M]. 上海三联书店, 1992.

丁启军. 自然垄断行业行政垄断微观效率损失研究 [R]. 经济科学出版社, 2008.

丁启军. 行业性行政垄断的判定、表现及其效率损失 [Z]. 山东大学反垄断与竞争政策研究中心工作论文（讨论稿）.

丁启军, 王会宗. 规制效率、反垄断法与行政垄断行业改革 [J]. 山东大学研究生学志, 2008, (4).

丁启军, 伊淑彪. 中国行政垄断行业效率损失研究 [J]. 山西财经大学学报, 2008, (12).

电监会研究室. 2005年世界主要电力企业的比较. 中国电力网 http://www.chinapower.com.cn/newsarticle/1041/new1041438.asp.

豆建民. 中国区域经济合作组织及其合作成效分析 [J]. 经济问题探索, 2003, (9).

樊纲, 王小鲁. 中国市场化指数：各地区市场化相对进程报告（2001）[J]. 经济科学出版社, 2003.

冯丽, 李海舰. 从竞争范式到垄断范式 [J]. 中国工业经济, 2003, (9).

冯萍, 周蓉. 电力行业上市公司治理结构对公司绩效影响的实证研究 [J]. 电力技术经济, 2004, (10).

付强. 地区行政垄断、技术进步与粗放型经济增长——基于我国1978~2006年技术进步的实证测算 [J]. 经济科学, 2008, (5).

方希桦等. 国际技术溢出：基于进口传导机制的实证研究, 中国软科学, 2004, (7).

高尚全, 尹竹. 加快推进垄断行业改革. 管理世界, 2003, (10).

各省、直辖市、自治区的各年份统计年鉴, 以及经济、财政、金融、劳动、贸易等方面的有关统计资料.

[美] 戈登·塔洛克. 寻租（对寻租活动的经济学分析）[M]. 李政军译. 西南财经大学出版社, 1999.

国务院发展研究中心"中国统一市场建设"课题组. 中国国内地方保护的

调查报告——基于企业抽样调查的分析[J].经济研究参考，2004，(6).

国务院.国务院关于投资体制改革的决定（国发[2004]20号）.中国中央政府网 http：//www.gov.cn/gongbao/content/2004/content_62883.htm.

国务院.国务院公报历期相关内容.http：//sousuo.gov.cn/gw_js/cn/gwy_index.

国家统计局.《中国统计年鉴》各年份，中国统计出版社.

国家统计局.《中国工业统计年鉴》各年份，中国统计出版社.

国家统计局.《中国贸易外经统计年鉴》各年份，中国统计出版社.

国家统计局.《中国财政统计年鉴》各年份，中国统计出版社.

国家电力监管委员会.电力监管年度报告2007[R].2008.

国家电力监管委员会.专项监管报告.2006年第5号.

高世宪.我国电力供应紧张原因分析[J].中国电力，2004，(1).

高振宇，王益.我国能源生产率的地区划分及影响因素分析[J].数量经济技术经济研究，2006，(9).

过勇，胡鞍钢.行政垄断、寻租与腐败——转型经济的腐败机理分析.经济社会体制比较，2003，(2).

韩朝华.明晰产权与政府规范[J].经济研究，2003，(2).

韩金山，谭忠富，何永秀，刘严.中国宏观经济波动对电力产业传导关系研究[J].中国电力，2006，(4).

韩立岩，王哲兵，中国实体经济资本配置效率研究.经济研究，2005，(1).

韩智勇，魏一鸣，范英.中国能源强度与经济结构变化特征研究[J].数理统计与管理，2004，(1).

侯朝建等.我国电力产业能效指标的国际对比[J].中国电力，2007，(9).

侯风云，伊淑彪.行政垄断与行业收入差距的传导机制[J].贵州财经学院学报，2008，(1).

洪银兴.市场秩序和规范[M].上海三联书店、上海人民出版社，2007.

胡向婷，张璐.地方保护主义对地区产业结构的影响——理论与实证分析[J].经济研究，2005，(2).

胡鞍钢.腐败：中国最大的社会污染.中国改革，2001，(4).

胡鞍钢，过勇.转型期防治腐败的综合战略与制度设计.管理世界，2001，(6).

胡鞍钢.反垄断：一场深刻的社会经济变革[J].中国改革，2001，(7).

胡鞍钢，过勇.从垄断市场到竞争市场：深刻的社会变革[J].改革，2002，(1).

胡寄窗. 1870年以来的西方经济学说［M］. 经济科学出版社，1996.

胡锦涛. 高举中国特色社会主义伟大旗帜，为夺取全面建设小康社会新胜利而奋斗——在中国共产党第十七次全国代表大会上的报告［M］. 人民出版社，2007.

胡汝银. 竞争与垄断，社会主义微观经济分析［M］. 上海三联书店，1988.

胡文国，吴栋. 资源配置效率指标体系的构建及我国不同性质工业企业资源配置效率的比较分析［J］. 当代经济科学，2007，(3).

胡小红. 行政垄断的概念研究［J］. 江西农业大学学报（社会科学版），2002，(9).

胡兆光. 电力可持续发展的基准限研究［J］. 中国电力，2004，(4).

胡兆光. 电力供需指数研究［J］. 中国电力，2007，(7).

胡建淼. 行政法学［M］. 法律出版社，1998.

黄肖广. 财政体制改革与地方保护主义［J］. 经济研究，1996，(2).

黄赜琳，王敬云. 地方保护与市场分割：来自中国的经验数据［J］. 中国工业经济，2006，(2).

黄朝晖，刘灵丽. 规模经济与成本浅析——从炼油规模与成本关系看规模的经济性［J］. 化工技术经济，2002，(3).

黄阜民等. 电力工业技术进步作用的定量分析与研究［J］. 华南理工大学学报（自然科学版），1999，(6).

黄海波. 电信管制：从监督垄断到鼓励竞争［M］. 经济科学出版社，2002.

贺振华. 寻租、过度投资与地方保护［J］. 南开经济研究，2006，(2).

何晓星. 再论中国地方政府主导型市场经济［J］. 中国工业经济，2005 (1).

江飞涛，曹建海，市场失灵还是体制扭曲——重复建设形成机理研究中的争论、缺陷与新进展［J］. 中国工业经济，2009 (1).

江世银. 区域产业结构调整与主导产业选择研究［M］. 上海三联书店、上海人民出版社，2003.

杰夫雷等. 经济改革与宪政转型. 开放时代，2000，(7).

姜付秀，余晖. 我国行政性垄断的危害——市场势力效应和收入分配效应的实证研究，于良春主编. 反行政性垄断与促进竞争政策前沿问题研究，经济科学出版社，2007.

姜春海，李怀. 自然垄断理论述评［J］. 当代经济研究，2003，(5).

蒋金荷. 提高能源效率与经济结构调整的策略分析［J］. 数量经济技术经济研究.

靳涛. 中国转型期粗放式经济增长模式探讨［J］. 改革，2005，(8).

纪志耿．我国铁路民营化过程中的障碍分析［J］．铁道运输与经济，2005，(3)．

季晓南．中国反垄断法研究［M］．人民法院出版社，2001．

贾利军，彭明雪．我国电力行业上市公司资本结构与公司绩效的实证分析［J］．企业经济，2007，(12)．

贾松岩，牛琦彬，郝鸿毅．中国炼油工业竞争力关键因素分析［J］．中国石油大学学报（社会科学版），2007，(4)．

金玉国．行业所有制垄断与行业劳动力价格［J］．山西财经大学学报，2001，(3)．

金碚．竞争秩序与竞争政策［M］．社会科学文献出版社，2005．

金煜，陆铭，陈钊．中国的地区工业集聚：经济地理、新经济地理与经济政策．经济研究，2006（4）．

［匈］科尔内，高鸿业校，短缺经济学［M］．经济科学出版社，1986．

［美］肯尼思·W·克拉克森，罗杰·勒鲁瓦·米勒．产业组织：理论、证据和公共政策［M］．华东化工学院经济发展研究所译．上海三联书店，1989．

孔祥俊．中国现行反垄断法理解与适用［M］．人民法院出版社，2001．

赖明勇等．关于技术外溢与吸收能力的研究综述——外商直接投资理论研究新进展．经济学动态，2003，(8)．

雷明，刘敬波．地方保护主义和地区间贸易壁垒的检验性分析［J］．北京大学学报（哲学社会科学版），2005（1）．

［法］拉丰，聂辉华译．规制与发展［M］．中国人民大学出版社，2005．

拉詹，津加莱斯．从资本家手中拯救资本主义［M］．中信出版社，2006．

李杰，孙群燕．从啤酒市场整合程度看WTO对消除地方保护的影响［J］．世界经济，2004，(6)．

李杰，黄文平，李正仕．WTO与中国区域间地方贸易保护壁垒［J］．世界经济，2005，(2)．

李善同等．中国国内地方保护问题的调查与分析［J］．经济研究，2004 (11)．

李善同，刘云中，陈波．中国国内地方保护问题的调查与分析——基于企业问卷调查的研究［J］．经济学报，2006，第1卷第2辑．

李善同等．中国国内地方保护的调查报告——基于企业抽样调查的分析．经济研究参考，2004，(6)．

李涛．国有股权、经营风险、预算软约束与公司绩效．中国上市公司的实证发现［J］．经济研究，2005，(7)．

李涛．政治庇护与改制：中国集体企业改制研究［J］．经济研究，2007，(5)．

李大林．西方发达国家地方政府职能变革及启示［J］．理论探讨，2007，(6)．

李广斌等．由冲突到合作：长江三角洲区域协调路径思考［J］．江淮论坛，2008，(4)．

李保知，罗国维．多渠道筹集资金加快铁路发展速度［J］．开发研究，1990，(5)．

李芹叶．反垄断法能否调整行政性垄断［J］．法学与实践，1995，(3)．

李琼慧，白建华，李隽．数据考量电力未来［J］．国家电网，2006，(3)．

李善民，余鹏翼．电力短缺、经济增长与政府规制［J］．经济理论与经济管理，2004，(10)．

李世英．市场进入壁垒、进入管制与中国产业的行政垄断［J］．财经科学，2005，(2)．

李郁芳．政府规制失灵的理论分析［J］．经济学动态，2002，(6)．

李郁芳．体制转轨期间政府规制失灵的理论分析［J］．暨南学报（哲学社会科学），2002，(11)．

黎华，殷继国．行政垄断的法经济学分析［J］．法学评论，2004，(5)．

林毅夫，蔡昉，李周．比较优势与发展战略——对"东亚经济"的再解释［J］．中国社会科学，1999，(5)．

林毅夫，刘培林．地方保护和市场分割：从发展战略的角度考察［J］．北京大学中国经济研究中心讨论稿，2003，No. C2004015．

林毅夫等．中国的奇迹：发展战略与经济改革（增订版）［M］．上海人民出版社，2002．

刘培林．地方保护和市场分割的损失［J］．中国工业经济，2005，(4)．

林伯强．电力短缺、短期措施与长期战略［J］．经济研究，2004，(3)．

林伯强．中国能源需求的经济计量分析［J］．统计研究，2001 (10)．

林伯强．结构变化、效率改进与能源需求预测——以中国电力为例［J］．经济研究，2003，(5)．

林伯强．电力消费与中国经济增长：基于生产函数的研究［J］．管理世界，2003，(11)．

林毅夫，刘培林．地方保护和市场分割：从发展战略的角度考察［R］．北大中国经济研究中心讨论稿，2004，(1)，NO, C2004015．

林木西，和军．自然垄断行业所有制改革研究［J］．经济社会体制比较，

2004, (2).

刘建华. 论中国烟草专卖体制下的行政垄断 [J]. 经济与管理研究, 2004, (4).

刘瑞明. 晋升激励、政治控制权收益与区域可持续发展, 区域经济论丛 (一) [M]. 中国经济出版社, 2005.

刘瑞明. 晋升激励产业同构与地方保护: 一个基于政治控制权收益的解释 [J]. 南方经济, 2007, (6).

刘志彪, 姜付秀. 我国产业行政垄断的制度成本估计 [J]. 江海学刊, 2003, (1).

刘磊, 刘益, 黄燕. 国有股比例、经营者选择及冗员间关系的经验证据与国有企业的治理失效. 管理世界, 2004, (6).

刘新梅, 董康宁. 中国电信业市场结构与 X 效率的实证研究 [J]. 预测, 2005, (4).

刘剑文, 崔正军. 竞争法要论 [M]. 武汉大学出版社, 1996.

刘小玄. 中国转轨过程中的产权和市场——关于市场、产权、行为和绩效的分析 [M]. 上海三联书店, 2003.

刘艳华, 卢鹏. 中国电信产业规制效果的实证研究 [J]. 东北财经大学学报, 2008, (1).

柳杰, 李治国. 基础设施投资与经济增长关系实证研究 [J]. 商业时代, 2007, (30).

楼旭明, 窦彩兰, 汪贵浦. 基于 DEA 的中国电力改革绩效相对有效性评价 [J]. 当代财经, 2006, (4).

鲁晓东. 后规制时期石油产业的市场结构分析 [J]. 国际石油经济, 2004, (11).

陆德明. 改造产业组织建立垄断竞争市场 [J]. 经济研究, 1988, (10).

陆铭, 陈钊, 严冀. 收益递增、发展战略与区域经济的分割 [J]. 经济研究, 2004 (1).

陆铭, 陈钊. 分割市场的经济增长: 为什么经济开放可能加剧地方保护 [J]. 经济研究, 2009 (2).

陆铭和陈钊. 中国区域经济发展中的市场整合与工业集聚 [M]. 上海三联书店, 上海人民出版社, 2006.

路江涌, 陶志刚. 区域专业化分工与区域间行业同构——中国区域经济结构的实证分析 [J]. 经济学报, 2006, 第 1 卷第 2 辑.

罗豪才. 行政法学 [M]. 北京大学出版社, 1996.

罗云辉. 过度竞争：经济学分析与治理 [M]. 上海财经大学出版社, 2004, (10).

[美] 罗西瑙, 张胜军, 刘小林等译. 没有政府的治理 [M]. 江西人民出版社, 2001.

[美] 迈克尔·波特, 陈小悦译. 竞争战略 [M]. 华夏出版社, 2005.

[英] 马歇尔. 经济学原理 [M]. 朱志泰译. 商务印书馆, 2009.

[美] 曼库尔·奥尔森. 国家兴衰探源 [M]. 吕应中等译. 商务印书馆, 1999.

马海涛, 姚潘. 铁路旅客运输服务质量浅析 [J]. 铁道运输与经济, 2000, (5).

马建堂. 结构与行为 [M]. 中国人民大学出版社, 1993.

马永红, 陈清江, 郑晓齐. 中国领先石化企业生产率增长动力探析 [J]. 管理世界, 2007, (2).

马拴友, 于红霞. 转移支付与地区经济收敛. 经济研究, 2003, (3).

倪哲慧.《反垄断法》是构建和谐经济社会的基石——从油价持续上涨引发对反垄断立法价值理念的思考 [J]. 中共福建省委党校学报, 2006, (8).

牛树海, 金凤君, 刘毅. 中国电力基础设施水平与经济发展关系研究 [J]. 华北电力技术, 2005, (4).

诺思. 经济史中的结构与变迁 [M]. 上海人民出版社, 1994.

诺思. 对政治和经济的历史发展的交易成本分析 [A]. 新制度经济学 [M]. 上海财经大学出版社, 1998.

彭伟斌. 论电信产业的有效竞争 [J]. 经济评论, 2001, (4).

彭旸等. 对外开放、人力资本与区域技术进步 [J]. 世界经济研究, 2008, (6).

皮建才. 中国地方重复建设的内在机制研究 [J]. 经济理论与经济管理, 2008 (4).

平心乔. 政府保护的动机与效果——一个实证分析 [J]. 财贸经济, 2004, (5).

漆多俊. 反垄断立法中的行政性垄断问题 [J]. 时代法学, 2006, (2).

漆多俊. 中国反垄断立法问题研究. 法学评论, 1997, (4).

戚聿东. 资源优化配置的垄断机制——兼论我国反垄断立法的指向 [J]. 经济研究, 1997, (2).

戚聿东. 关于垄断理论若干问题的再认识 [J]. 经济科学, 1994, (3).

戚聿东, 郭抒. 关于垄断与竞争关系的再认识 [J]. 学习与探索, 1999,

(2).

戚聿东. 中国产业集中度与经济绩效关系的实证分析 [J]. 管理世界, 1998, (4).

戚聿东. 中国现代垄断经济研究 [M]. 经济科学出版社, 1999.

戚聿东. 论中国反垄断的行为指向与结构规制 [J]. 经济与管理研究, 2001, (6).

戚聿东. 中国自然垄断产业改革的现状分析与政策建议 [J]. 经济学动态, 2004, (6).

戚聿东. 中国现代垄断经济研究 [M]. 经济科学出版社, 1999.

戚聿东, 张航燕. 中国行政垄断的表现、成因及其资源配置效应 [J]. 反行政性垄断与促进竞争政策前沿问题研究 [M]. 于良春主编. 经济科学出版社, 2007.

曲振涛, 杨恺钧. 规制经济学 [M]. 武汉大学出版社, 2006.

全国人大常委会法制工作委员会经济法室. 《中华人民共和国反垄断法》条文说明、立法理由及相关规定 [M]. 北京: 北京大学出版社, 2007.

[美] 乔治·J·施蒂格勒. 产业组织和政府管制 [M]. 上海: 三联书店, 1989.

[日] 青木昌彦. 政府在东亚经济发展中的作用 [M]. 北京: 中国经济出版社, 1998.

秦兴俊. 垄断的形态与反垄断的必要性 [J]. 经济问题研究, 2002, (1).

邱风. 废除行业垄断与国有企业改革的出路 [J]. 经济评论, 2002, (1).

钱颖一. 市场与法治 [J]. 经济社会体制改革, 2000, (3).

[法] 让-雅克·拉丰, 让·梯若尔. 政府采购与规制中的激励理论 [M]. 石磊, 王永钦译. 上海三联书店、上海人民出版社, 2004.

[法] 让·雅克·拉丰, 让·泰勒尔. 电信竞争 [M]. 北京: 人民邮电出版社, 2002.

[美] 斯蒂格利茨. 政府为什么干预经济 [M]. 郑秉文译. 北京: 中国物资出版社, 1988.

沈立人, 戴园晨. 我国"诸侯经济"的形成及其弊端和根源 [J]. 经济研究, 1990, (3).

沈立人. 地方政府的经济职能和经济行为 [M]. 上海远东出版社, 1998.

沈坤荣等. 中国贸易发展与经济增长影响机制的经验研究, 经济研究, 2003, (5).

石淑华. 行政垄断的经济学分析 [M]. 社会科学文献出版社, 2006.

石磊，马士国．市场分割的形成机制与中国统一市场建设的制度安排［J］．中国人民大学学报，2006，(3)．

石良平，刘小倩．中国电力行业规制效果实证分析［J］．财经研究，2007，(7)．

舒元等．我国省际技术进步及其空间扩散分析．经济研究，2007，(6)．

邵德刚．从产业组织理论看中国石油石化集团的重组［J］．国际石油经济，1999，(9)．

史丹．结构变动是影响我国能源消费的主要因素［J］．中国工业经济，1999，(11)．

史丹．中国能源效率的地区差异与节能潜力分析［J］．工业经济，2007，(1)．

史丹，吴利学，傅晓霞，吴滨．中国能源效率地区差异及其成因研究——基于随机前沿生产函数的方差分解［J］．管理世界，2008，(2)．

史际春．关于中国反垄断法概念和对象的两个基本问题［M］．法律出版社，1998．

史际春．遵从竞争的客观规律——中国反垄断法概念和对象两个基本问题［J］．国际贸易，1998，(4)．

宋则．反垄断理论研究［J］．经济学家，2001 (1)．

孙晋．反垄断法适用除外制度构建与政策性垄断的合理界定［J］．法学评论，2003，(3)．

孙亦方．市场经济转轨中的我国反垄断任务探析［J］．上海经济研究，2001，(8)．

［法］泰勒尔．产业组织理论［M］．张维迎译．中国人民大学出版社，1997．

盛昭翰，朱乔，吴广谋．DEA 的理论、方法与应用［M］．科学出版社，1996．

唐贤兴．转型期公共政策的价值定位：政府公共管理中公共职能转换的方向和悖论［J］．管理世界，2004，(10)．

唐晓华，苏梅梅．产业过度竞争测度基准及聚类分析［J］．中国工业经济，2003，(6)．

田利辉．国有股权对上市公司绩效影响的 U 型曲线和政府股东两手论［J］．经济研究，2005，(10)．

陶然等．区域竞争、土地出让与地方财政效应：基于1999~2003年中国地级城市面板数据的分析［J］．世界经济，2007，(10)．

陶志刚，仝月婷．地方保护主义及产业地区集中度的决定因素和变动趋势．经济研究，2004，（4）．

谭春平，王烨．我国电力行业发展周期分析［J］．商业时代，2007，（32）．

汪贵浦．改革提高了垄断行业的绩效吗［M］．浙江大学出版社，2005．

汪向东．深化电信改革必须彻底破除"自然垄断教条"［J］．数量经济技术经济研究，1999，（7）．

王保树．论反垄断法对行政垄断的规制［J］．中国社会科学院研究生院学报，1988，（5）．

王保树．行政垄断如何终结［J］．中国社会科学院研究生院学报，1988，（5）．

王才良．从世界各国石油工业的组织结构看中国石油工业的改革［J］．国际石油经济，1997，（7）．

王才良．世界石油工业140年［M］．石油工业出版社，2005．

王丹．中国石油产业发展路径［M］．中国社会科学出版社，2007．

王冠．行政垄断对中国石油产业结构的影响机制分析［M］．山东大学硕士学位论文，2008．

王青云等．行政法律行为［M］．群众出版社，1992．

王红梅．电信全球竞争［M］．人民邮电出版社，2002．

王建明，赵卓．我国电力产业扩展的产业组织分析［J］．经济问题，2007，（11）．

王俊豪．中国基础设施产业政府管制体制改革的若干思考［J］．经济研究，1997，（10）．

王俊豪．中国政府管制体制改革研究［M］．经济科学出版社，1999．

王俊豪．现代产业组织理论与政策［M］．中国经济出版社，2000．

王俊豪．政府管制经济学导论［M］．商务印书馆，2001．

王俊豪，王建明．中国垄断性产业的行政垄断及其管制政策［J］．中国工业经济，2007，（12）．

王俊豪．区域间比较竞争理论及其应用［J］．数量经济技术经济研究，1999，（1）．

王俊豪．论有效竞争［J］．中南财经大学学报，1995，（5）．

王明明，方勇．中国石油和化工产业结构［M］．化学工业出版社，2007．

王小强．产业重组时不我待［M］．中国人民大学出版社，2001．

王晓晔．反垄断与市场经济［M］．法律出版社，1998．

王晓晔．竞争法研究［M］．中国法制出版社，1999．

王学庆．电信业为什么要引入竞争机制［J］．通信世界，1999，（3）．

王学庆．我国电信业改革的目的、目标、对象及对策［J］．改革，2002，（3）．

王学庆．垄断性行业的政府管制问题研究［J］．管理世界，2003，（8）．

王永钦，张晏，章元，陈钊，陆铭．中国的大国发展道路——论分权式改革的得失．经济研究，2007，（1）．

王志华等．长三角省际贸易强度与制造业同构的关系分析．产业经济研究，2007，（6）．

王保树．论反垄断法对行政垄断的规制［J］．中国社会科学院研究生院学报，1998，（5）．

王传辉．反垄断的经济学分析［M］．中国人民大学出版社，2004．

王雷．中国区际贸易壁垒及其对国际竞争力的影响［J］．财贸研究，2003，（5）．

王名扬．中国行政法［M］．中国政法大学出版社，1989．

王小龙，李斌．经济发展、地区发展与地方贸易保护［J］．经济学（季刊），2002，第1卷第3期．

王先林．"入世"背景下制定我国反垄断法的两个问题［J］．法学评论，2003，（5）．

王晓华．社会主义市场经济条件下的反垄断法［J］．中国社会科学，1996，（1）．

吴宏伟．试论我国行政性垄断及其消除对策［J］．法学家，2000，（6）．

吴家庆．论地方保护主义的危害与遏制［J］．政治学研究，2001，（1）．

吴宏伟．竞争法有关问题研究［M］．中国人民大学出版社，2000．

吴炯．反不正当竞争法答问［M］．中国经济出版社，1994．

吴烨，姚加林．应改善铁路运输服务质量的现状［J］．铁道运营技术，1998，（3）．

伍萱．进一步把握弹性系数变化规律［J］．中国电力企业管理，2000，（12）．

［英］威廉·谢佩德，易家祥译．市场势力与经济福利导论［M］．商务印书馆，1980．

温观音．产权与竞争：关于行政垄断的研究［J］．现代法学，2006，（4）．

魏后凯．从重复建设走向有序竞争——中国工业重复建设与跨地区资产重组研究［M］．人民出版社，2001．

魏祥建．关于我国电信垄断的几点思考［J］．重庆工业高等专科学院学报，2001，（10）．

文海兴，王艳林．市场秩序的守护神——公平竞争法研究［M］．贵州人民出版社，1995．

邬国英等．石油化工概论［M］．中国石化出版社，2006．

万广华．谈谈技术进步度量的几个理论与应用问题［J］．数量经济技术经济研究，1994，（7）．

汪阳江．改革以来我国区域协调合作机制回顾与展望［J］．宏观经济管理，2009，（2）．

宣文俊．长江三角洲区域协调的重大体制与机制的创新［J］．上海经济研究，2008，（11）．

夏立军，方轶强．政府控制、治理环境与公司价值——来自中国证券市场的经验证据，经济研究，2005，（5）．

夏立军，陈信元．市场化进程、国企改革策略与公司治理结构的内生决定［J］．经济研究，2007，（7）．

夏大慰，罗云辉．市场经济中过度竞争存在性的理论基础［J］．经济科学，2002，（4）．

夏大慰，罗云辉．地方保护与过度竞争的形成——以分工和交易费用的关系为线索的解释［J］．东南学术，2003，（5）．

夏大慰．产业组织：竞争与规制［M］．上海财经大学出版社，2002．

夏大慰．产业经济学［M］．复旦大学出版社，1994．

夏大慰，陈代云．我国石化工业产业组织研究［J］．财经研究，2000，（12）．

肖洪涛，马思宇．透析国际电信企业排行榜［J］．通信世界，2004，（47）．

肖建华．论社会主义经济中的垄断［J］．中青年经济论坛，1987，（6）．

肖兴志．规制经济理论的产生与发展［J］．经济评论，2002，（3）．

肖兴志，孙阳．中国电力产业规制效果的实证研究［J］．中国工业经济，2006，（9）．

肖兴志，王萍．规制研究中的若干理论问题［J］．上海行政学院学报，2001，（2）．

［美］熊彼特，吴良健译．资本主义、社会主义与民主［M］．商务印书馆 1999．

谢地．政府规制经济学［M］．高等教育出版社，2003．

谢庆奎等．中国地方政府体制概论［M］．中国广播电视出版社，1998．

谢小波．经济转型中的地方竞争与区域经济协调发展［J］．浙江社会科学，2004，（4）．

辛晓梦，王雅平．跨越时空［M］．北京邮电大学出版社，2000．

肖文. "数字铁路"离我们还有多远. 新浪网 http：//tech.sina.com.cn/it/2004-03-18/0853335392.shtml.

徐世伟. 对电信垄断及其解决途径的理性思考 [J]. 重庆商学院学报, 1999, (3).

徐万国. 电荒与电力过剩均因体制缺陷. 网易新闻 http：//news.163.com/41218/0/17SKRT1B0001124T.html.

徐瑛等. 中国技术进步贡献率的度量与分解 [J]. 经济研究, 2006, (8).

[美] 小贾尔斯·伯吉斯. 管制和反垄断经济学 [M]. 上海财经大学出版社, 2003.

许培英. 我国铁路货物运输服务质量的研究及分析 [J]. 中国铁路, 2005, (2).

[英] 亚当·斯密, 唐日松译. 国富论 [M]. 华夏出版社, 2005.

严奇, 何建敏, 郭建平. 产业结构与我国电力短缺的关系分析 [J]. 汽轮机技术, 2006, (4).

严冀, 陆铭. 分权与区域经济发展：面向一个最优分权程度的理论 [J]. 世界经济文汇, 2003, (3).

姚洋, 制度与效率：与诺斯对话 [M]. 四川人民出版社, 2002.

于立, 吴绪亮. 关于"过度竞争"的误区与解疑——兼论中国反垄断立法的"渐进式"思路 [J]. 中国工业经济, 2007, (1).

于立, 唐要家. 所有权激励与公用企业的反竞争行为 [J]. 财经问题研究, 2006, (2).

于立, 王询. 当代西方产业组织学 [M]. 东北财经大学出版社, 1996.

于立, 肖兴志. 规制理论发展综述 [J]. 财经问题研究, 2001, (1).

于君博. 前沿生产函数在中国区域经济增长技术效率测算中的应用 [J]. 中国软科学, 2006, (11).

于华阳, 于良春. 行政垄断根源与运行机制的理论假说——基于制度需求供给视角 [J]. 财经问题研究, 2008, (1).

于良春. 刍议国有企业的职能定位与规模定位 [J]. 经济研究, 1998, (5).

于良春等. 转轨时期中国反行政垄断与促进竞争政策研究 [A]. 山东大学反垄断与促进竞争政策研究中心工作论文, 2007, NO.2007001.

于良春等. 地区行政垄断与区域产业同构互动关系分析——基于省际的面板数据, 中国工业经济, 2008, (6).

于良春等. 中国地区性行政垄断程度的测度研究 [J]. 经济研究, 2009, (2).

于良春. 反行政垄断与竞争政策的若干思考［A］. 经济科学出版社, 2008.

于良春等. 自然垄断产业进入管制的成本收益分析——以中国电信业为例的实证研究［J］. 中国工业经济, 2007, (1).

于良春, 彭恒文. 中国铁路运输供需缺口及相关产业组织政策分析［J］. 中国工业经济, 2005, (4).

于良春, 杨骞. 行政垄断制度选择的一般分析框架——以我国电信业行政垄断制度的动态变迁为例［J］. 中国工业经济, 2007, (12).

于良春, 杨淑云, 于华阳. 中国电力产业规制改革及其绩效的实证分析［J］. 经济与管理研究, 2006, (10).

于良春, 于华阳. 自然垄断产业垄断的"自然性"探讨［J］. 中国工业经济, 2004, (11).

于良春, 张伟. 强自然垄断定价理论与中国电价规制制度分析［J］. 经济研究, 2003, (9).

于良春等. 自然垄断与政府规制——基本理论与政策分析［M］. 经济科学出版社, 2003.

于良春等. 行政垄断测量的指标体系［Z］. 山东大学反垄断与竞争政策研究中心工作论文, 第2期.

于良春等. 行政性垄断对资源配置效率影响分析的指标体系［Z］. 山东大学反垄断与竞争政策研究中心工作论文, 第3期.

于良春, 余东华. 中国地区性行政垄断测度研究, 经济研究, 2009 (2).

杨其静, 聂辉华. 保护市场的联邦主义及其批判［J］. 经济研究, 2008, (3).

杨灿明. 地方政府行为与区域市场结构［J］. 经济研究, 2000, (11).

杨爱新. 游击"铁路线"［J］. 中国投资, 2003, (8).

杨兰品. 中国转型时期垄断问题研究［J］. 经济评论, 1999, (4).

杨兰品. 行政垄断问题研究述评［J］. 经济评论, 2005, (6).

杨兰品. 中国行政垄断问题研究［M］. 经济科学出版社, 2006.

杨磊, 徐玲玲. 中国电力产业组织结构演进的动因分析［J］. 华北电力大学学报（社会科学版）, 2005, (4).

杨嵘. 提高我国石油产业组织效率的必然选择［J］. 经济纵横, 2000, (11).

杨嵘. 我国石油产业竞争力的国际比较［J］. 石油大学学报, 2001, (4).

杨嵘. 中国石油产业市场行为分析［J］. 石油大学学报（社会科学版）, 2004, (4).

杨淑云. 中国电力产业的效率和生产率变动的实证研究［J］. 经济科学出版

社，2008.

杨治. 产业经济学导论 [M]. 中国人民大学出版社，1995.

杨兰品，张秀生. 试论发达国家的行政垄断及其启示 [J]. 当代经济研究，2005，(11).

余晖. 政府与企业：从宏观管理到微观管制 [M]. 福建人民出版社，1997.

余晖. 中国的政府管制制度 [J]. 改革，1998，(3).

余东华. 双重转型下的中国产业组织优化研究. 经济管理出版社，2009.

余东华. 地方保护能够提高区域产业竞争力吗. 产业经济研究，2008 (3).

余东华. 论中国垄断行业改革中的管制重建. 改革，2006 (6).

余东华. 地区性行政垄断、产业受保护程度与产业效率. 南开经济研究，2008 (4).

余东华. 转型时期中国反行政性垄断中违法判定原则的选择. 天津社会科学，2008 (1).

余东华，于华阳. 反行政性垄断与促进竞争政策研究新进展. 中国工业经济，2008 (2).

余东华，刘运. 地方保护与市场分割的测度与辨识. 世界经济文汇，2009 (2).

余东华，王青. 行政性垄断与区域自主创新能力. 软科学，2009 (8).

喻闻，黄季焜. 从大米市场整合程度看我国粮食市场改革. 经济研究，1998，(3).

袁家海. 电力与经济发展关系研究——方法、实证与预测 [D]. 华北电力大学博士学位论文，2006.

袁家海，丁伟，胡兆光. 电力消费与中国经济发展的协整与波动分析 [J]. 电网技术，2006，(5).

易纲等. 关于中国经济增长与全要素生产率的理论思考 [J]. 经济研究，2003，(8).

银温泉，才婉如. 我国地方市场分割的成因与治理 [J]. 经济研究，2001，(6).

颜鹏飞等. 技术效率、技术进步与生产率增长：基于DEA的实证分析 [J]. 经济研究，2004，(12).

姚树洁等. 外商直接投资与经济增长的关系研究. 经济研究，2006，(12).

臧跃茹. 关于打破地方市场分割问题的研究 [J]. 改革，2000，(6).

臧旭恒，徐向艺，杨蕙馨. 产业经济学 [M]. 经济科学出版社，2002.

曾剑秋. 电信改革发展概论 [M]. 北京邮电大学出版社，2001.

张凤林. 论行政性垄断. 辽宁大学学报（哲学社会科学版），1994，（2）.

张瑞萍. 反垄断法理论与实践探索［M］. 吉林大学出版社，1998.

张维迎，栗树和. 地区间竞争与中国国有企业的民营化［J］. 经济研究，1998，（12）.

张维迎. 企业理论与中国企业改革［M］. 北京大学出版社，1999.

张维迎，马捷. 恶性竞争的产权基础［J］. 经济研究，1999（6）.

张昕竹. 对我国竞争政策的一些思考［J］. 中国工业经济，1999，（10）.

张晏，龚六堂. 地区差异、要素流动与财政分权［J］. 经济研究，2004，（7）.

张军. 资本形成、工业化与经济增长：中国的转轨特征［J］. 经济研究，2002（6）.

张军. 增长、资本形成与技术选择：解释中国经济增长下降的长期因素［J］. 经济学季刊，2002，（1）.

张晔，刘志彪. 产业趋同：地方官员行为的经济学分析［J］. 经济学家，2005，（6）.

张宇燕. 国家放松管制的博弈——以中国联合通信有限公司的创建为例［J］. 经济研究，1995，（6）.

张丰智. 中国成品油行业行政垄断效率损失分析［J］. 武汉大学研究生学报，2009，（1）.

张军. 现代产权经济学［M］. 上海三联书店，1991.

张克中. 政府失灵、规制与我国反垄断［J］. 上海经济研究，2002，（1）.

张纪元. 世界先进电信运营商衡量标准实证研究，广东通讯技术，2005，（11）.

张淑芳. 行政垄断的成因分析及法律对策［J］. 法学研究，1999，（4）.

张树伟，刘德顺. 电力严重短缺与经济发展关系分析［J］. 电力需求侧管理，2006，（1）.

张松柏. 论社会主义商品经济的垄断模式［J］. 北方论丛，1987，（5）.

张维迎. 产权、政府与信誉［M］. 上海三联书店，2001.

张维迎. 公有制经济中的委托人——代理人关系：理论分析和政策含义［J］. 经济研究，1995，（4）.

张维迎，栗树和. 地区间竞争与中国国有企业的民营化［J］. 经济研究，1998，（12）.

张五常. 经济解释［M］. 香港花千树出版有限公司，2001-2002.

张晓阳. 社会主义经济垄断初探［J］. 贵州财经学院学报，1987，（4）.

张昕竹. 中国规制与竞争：理论和政策［M］. 社会科学文献出版社，2000.

张昕竹，让·拉丰，安·易斯塔什. 网络产业：规制与竞争理论［M］. 社会科学文献出版社，2000.

张新华. 电力市场中发电市场结构与企业竞价行为研究［D］. 重庆大学博士学位论文，2004.

张耀辉，蔡晓珊. 行政垄断、放松规制与产业绩效——基于原油开采业的实证分析［J］. 当代财经，2008，（2）.

种明钊. 竞争法［M］. 法律出版社，1997.

赵会娟. 我国电信管制绩效评价——评级指标体系及资费效应分析［J］. 当代财经，2007，（1）.

赵自芳、史晋川. 中国要素市场扭曲的产业效率损失——基于DEA方法的实证分析. 中国工业经济，2006，（10）.

周黎安. 晋升博弈中政府官员的激励与合作——兼论我国地方保护主义和重复建设问题长期存在的原因［J］. 经济研究，2004，（6）.

周黎安. 中国地方政府官员的晋升锦标赛模式研究［J］. 经济研究，2007（7）.

周飞舟. 分税制十年：制度及其影响. 中国社会科学，2006，（6）.

周惠中. 电信企业的兼并、分析和接入的规制［J］. 经济学季刊，2002（4）.

周其仁. 竞争、垄断和管制——"反垄断"政策的背景报告［J］. 北京大学中国经济研究中心，NO. C2002013.

周业安. 地方政府竞争与地区经济增长［J］. 中国人民大学学报，2003，（1）.

周业安，冯兴元，赵坚毅. 地方政府竞争与市场秩序的重构［J］. 中国社会科学，2004，（1）.

周业安，赵晓男. 地方政府竞争模式研究［J］. 管理世界，2002，（12）.

周鸿，林凌. 中国工业能耗变动因素分析：1993~2002［J］. 产业经济研究，2005，（5）.

周鲁霞，蒋志敏. 基于行政垄断的中国电力产业安全研究［J］. 管理现代化，2006，（4）.

周其仁. 论电信业改革［J］. 通信世界，2005，（9）.

周其仁. 竞争、垄断和管制——"反垄断"政策的背景报告［J］. 北京大学中国经济研究中心研究报告 No. C2002013，2002.

周小谦. "九五"期间电力弹性系数起浮的原因［J］. 中国电力企业管理，

2000,(12).

郑毓盛,李崇高.中国地方分割的效率损失[J].中国社会科学,2003,(1).

郑鹏程.行政垄断的法律控制研究[M].北京大学出版社,2002.

支春红.对我国铁路建设融资模式的思考[J].铁道运输与经济,2006,(6).

周振华.中国经济分析1995:地区发展[M].上海人民出版社,1996.

詹科夫,格莱泽等.新比较经济学[A].比较No.10[M].中信出版社,2004.

詹姆斯·N·罗西瑙.没有政府的治理:世界政治中的秩序与变革[M].江西人民出版社,2001.

朱顺林.中国区际分割与区域工业竞争优势的效应分析[J].软科学,2005,(6).

朱恒鹏.地区间竞争、财政自给率和公有制企业民营化[J].经济研究,2004,(10).

钟昌标.转型时期中国市场分割对国际竞争力的影响分析[M].上海人民出版社,2005.

植草益.微观规制经济学[M].朱绍文等译.中国发展出版社,1992.

邹艳芬,陆宇海.基于空间自回归模型的中国能源利用效率区域特征分析[J].统计研究,2005,(10).

英文文献

Andrei Shleifer and Robert W. Vishny, 1998. The Quality of Government [R]. Harvard Institute of Economic Research Working Papers 1847.

Armentano, D. T., 1990, Antitrust and Monopoly: Anatomy of a Policy Failure [M]. 2nd ed. San Francisco: Independent Institute.

A. Datta, Agarwal S. Telecommunications and Economic Growth: a Panel Data Approach [J]. Applied Economics, 2004, (15).

Alfred Kahn. The Economics of Regulation [M]. the MIT press, 1970.

Alwyn Young. The Razor's Edge: Distortions and Incremental Reform in the People's Republic of China [J]. QJE, Nov, 2000.

Anderson B. The hunt for S-shaped growth paths in technological innovation: a patent study [J]. Journal of Evolutionary Economics, 1999, (9).

Aronld C. Harberger. Monopoly and Resource Allocation [J]. American Economic Review 1954, (44).

Asha Gupta. Beyond Privatization [M]. London: Macmillan Press LTD, 2000.

Alesin, Alberto, Reza Baqir, and William Easterly. Public Goods and Ethic Divisions [J]. Q. J. Econ. 1999, 11 (4).

Bai, Chong-En, Yingjuan Du, Zhigang Tao, and Sarah Y. Tong, 2004, Local Protection and Regional Specialization: Evidence from China's Industries [R]. Journal of International Economics, Volume 63, Issue 2, July 2004, Pages 397 – 417.

Bayoumi, T., and Eichengreen, B., 1994, One Money or Many? Analyzing the Prospects for Monetary Unification Invarious Parts of the World [R]. Princeton Studies in International Finance, 76, 39.

Breen, D. A., 1977, The Monopoly value of household-goods carrier certificates [J]. Journal of Law and Economics 20, 153 – 185.

Baumol, William J., 1982. Contestable Markets: An Uprising in the Theory of Industry Structure [R]. American Economic Review, Volume (Year): 72, Issue (Month): 1 (March), Pages: 1 – 15.

Bergstrand, J. H., 1985, The gravity equation in international trade: some microeconomic foundations and empirical evidence [J]. The Review of Economics and Statistics 67, 474 – 481.

Baker R. D. Estimating most productive scale size using data envelopment analysis [J]. European Journal of Operational Research, 1984, 17 (1): 35 – 44.

Barro, Robert J., 2000, Inequality and Growth in a Panel of Countries [J]. Journal of Economic Growth, 5, 1, 87 – 12.

Borensztein, E. & De Gregorio, J. and Lee, J-W., 1998. How does foreign direct investment affect economic growth? [J]. Journal of International Economics, Vol. 45 (1), pp. 115 – 135, June.

Chang and S. Wong. Political Control and Performance in China Listed Firms [J]. Journal of Comparative Economics, 2004, 32: 617 – 636.

C. Chakraborty, Nandi B. Privatization. Telecommunications and Growth in Selected Asian Countries: an Econometric Analysis [J]. Communications and Strategies. 2003, (52).

Charnes, A., Cooper, W. W. and Rhodes, E. Measuring the Efficiency of Decision Making Units [J]. European Journal of operations Research, 1978, (2).

Coelli, T. J. A Guide to DEAP Version 2.1: A Data Envelopment Analysis (Computer) Program [R]. Centre for Efficiency and Productivity Analysis (CEPA) Working Paper, 1996, No. 8/96.

Barro, Robert J. & Lee, Jong-Wha, 1994. Sources of economic growth [R]. Carnegie-Rochester Conference Series on Public Policy, vol. 40 (1), pages 1 – 46, June.

Barro, Robert J. Inequality and Growth in a Panel of Countries [J]. Journal of Economic Growth, 2000, Springer, Vol. 5 (1), pages 5 – 32, March.

Barro, Robert J., Mankiw, N. Gregory & Sala-i-Martin, Xavier. Capital Mobility in Neoclassical Models of Growth [J]. American Economic Review, American Economic Association, 1995. Vol. 85 (1), pages 103 – 15, March.

Bacon, R. W., & Besant-Jones, J. Global electric power reform: Privatization and liberalization of the electric power industry in developing countries [J]. Annual Reviews Energy & the Environment, 2001, (26).

Bain, J. S. Barriers to New Competition [M]. Harvard University Press, 1956.

Baker R. D. Estimating most productive scale size using data envelopment analysis [J]. European Journal of Operational Research, 1984, (5).

Barry Naughton. How Much Can Regional Integration Do to Unify China's Markets? [R]. 1999, Conference for Research on Economic Development and Policy Research, Stanford University, November 18 – 20.

Baumol, W. J. Contestable Markets and the Theory of Industry Structure [M]. Harcourt College Pub, 1982.

Becker, G. S. A Theory of Competition among Pressure Groups for Political Influence [J]. The Quarterly Journal of Economics, 1983, (3).

Bortolotti, B., Fantini, M., & Siniscalco, D. Regulation and privatization: The case of electricity [R]. Working Paper. Milan: FEEM, 1999.

Charnes A., Coppper W. W., Rhodes E. Measuring the efficiency of decision making unites [J]. European Journal of Operational Research, 1978, 2 (6): 429 – 444.

D. Acemoglu, S. Johnson. Institutions, Corporate Governance and Crisis [R]. Working paper for the conference of "Global Issues in Corporate Governance, Risk and International Investment", 2002.

Delfino, J. A., Casarin, A. A. There form of the utilities sector in Argentina [R]. Discussion Paper, 2002, No. 2001.

Demsetz, Harold. Market Power, Competition and Antitrust Policy [M]. Richard D. Irvin Inc. Homeword Illinois, 1987.

Dennise C. Mueller. Public Chioce [M]. Cambridge University Press, 2002.

Denis A. Breen. The Monopoly Value of Household-Goods Carrier Operating [J]. Journal of Law and Economics, 1977.

Dewatripont, M. and Maskin, E. Credit and Efficiency in Centralized and Decentralized Economies [J]. Review of Economic Studies, Blackwell Publishing, 1995. Vol. 62 (4), pages 541–555, October.

Drake, L. Efficiency and Productivity Change in UK Banking [J]. Applied Financial Economics, 2001, (11).

Dyson, R. G., Thanassoulis E. and Boussofiane A. 1990, DEA Tutorial [R]. http://www.deazone.com/tutorial./index.htm.

Diamond, Jared, Guns, Germs and Steel. The Fate of Human [M]. Societies. New York, W. W. Norton 1997.

Easterly William and Ross Levine, African Growth Tragedy Policies and Ethnic Divisions [J]. Q. J. Econ., (4) 1997.

Engerman Stanley and Ken Sokoloff. Factor Endowments: Institutions and Differential Paths of Growth among New World Economies: A View from Economic Historians of the United States [R]. S. Haber. How Latin American Fell Behind. Stanford CA Stanford University Press 1997.

E. Berglof, S. Claessens. Corporate Governance and Enforcement [R]. 2004, *World Bank Policy Research Working Paper*, No. 3409.

E. Berglof, E. Thadden. The Changing Corporate Governance Paradigm: Implications for Transition and Developing Countries [R]. 1999, *World Bank Policy Research Working Paper*, No. 263.

Ellison, G. and Glaeser, E. Geographic Concentration in U. S. Manufacturing Industries: A Dartboard Approach [J]. Journal of Political Economy. 1997, 105 (5).

Farrell, M. J. 1957, The Measurement of Productive Efficiency [J]. Journal of the Royal Statistical Society, A CXX, Part 3, pp. 253–290.

Fan, C. Simon and Xiang dong Wei, 2003, The Law of One Price: Evidence from the Transitional Economy of China [R]. working paper, Lingnan University.

Fink Carsten, Mattoo Aaditya, Rathindran Randeep. An assessment of telecommunications reform in developing countries [J]. Information Economics and Policy, 2003, (4).

Fraquelli Giovanni, Vannoni Davide. Multidimensional performance in telecommunications, regulation and competition: analyzing the European major players [J]. Information Economics and Policy, 2000, (12).

Gérard Roland. Transition and Economics: Politics, Markets and Firms [M]. The MIT Press, 2000.

Golany B, Roll Y. An application procedure for DEA [J]. Omega., 1988, 17, (3): 237 – 250.

Gordon, H. S. The Economic Theory of a Common-property Resource: The Fishery [J]. Bulletin of Mathematical Biology, 1954, (2).

George T. Abed and Hamid R. Davood, 2000, Corruption, Structural Reforms, and Economic Performance in the Transition Economies [R]. International Monetary Fund, IMF Working Paper WPP00P132.

Hayek, F. A., 1982, The Constitution of Liberty [M]. New York, P. 84.

Harvey Leibenstein. Allocative Efficiency vs. X-Efficiency [J]. American Economic Review, 1966, (56).

Head, Keith and Thierry Mayer, 2000, Non-Europe: The Magnitude and Causes of Market Fragmentation in the EU [R]. Weltwirt Schaftliches Archiv 136: 284 – 314.

Huang, Y. The Industrial Organization of Chinese Government [R]. Harvard Business School working paper 99 – 076, 1998.

Hoover, E. M., 1936, The Measurement of Industrial Localization [J]. *Review of Economics and Statistics* 18 (4), pp. 162 – 173.

Jeffrey. Wurgler. Financial markets and the allocation of capital [J]. Journal of Financial Economics, 2000. Vol. 58 (1 – 2), pages 187 – 214.

Li, H., Zhou, L., 2005. Political turnover and economic performance: the incentive role of personnel control in China [J]. Journal of Public Economics. 89, 1743 – 1762.

Landes David, The Wealth and Poverty of Nations [M]. NewYork NY W. W. Norton 1998.

Leibenstein. Harvey. Allocative Efficiency Vs. X-Efficiency. American Economic Review [J]. 1966, Vol. 56, June, pp. 392 – 415.

Maskin, E., Qian, Y. and Xu, C. Incentives, Information, and Organizational Form [J]. Review of Economic Studies, 2000, 67, pp. 1359 – 1378.

McCallum, J., 1995, National borders matter: Canada-US regional trade patterns [J]. *American Economic Review*, 85 (3), 615 – 623.

Mundell, R. A. 1961. A Theory of Optimal Currency Areas [J]. *American Economic Review*, 51, 657 – 665.

Mody, A., & Wang, F., 1997, Explaining Industrial Growth in Coastal China:

Economic Reforms and What else? [J]. *World Bank Economic Review*, 11, 293 – 325.

Naughton, B., 2003, How Much Can Regional Integration Do to Unify China's Markets? [J]. in Nicholas Hope, Dennis.

Parsley, David C. and Shang-jin Wei, 2001, Limiting Currency Volatility to Stimulate Goods Market Integration: A Price Approach [R]. NBER Working Paper 8468.

Parsley, David C. and Shang-jin Wei, 1996, Convergence to the Law of One Price without Trade Barriers or Currency Fluctuations [J]. *Quarterly Journal of Economics*, 111, 1211 – 1236.

Parsley, David C. and Shang-jin Wei, 2000, Explaining the Border Effect: the Role of Exchange Rate Variability [R]. Shipping Cost and Geography, NBER Working Paper 7836.

Posner. Richard A. 1975, The Social Cost of Monopoly and Regulation [J]. Journal of Political Economy 807.

Philip Sidney Bagwell. The Transport Revolution [M]. London: Routledge, 1988.

Richard A. Posner. Antitrust Law [M]. The University of Chicago Press, 2001.

Tang, K. K., 1998, Economic Integration of the Chinese Provinces: A Business Cycle Approach [J]. *Journal of Economic Integration*, 13: 549 – 570.

T. Frye, E. Zhuravskaya. Rackets, Regulation, and the Rule of Law [J]. *Journal of Law, Economics and Organization*, Vol. 16, No. 2, 478 – 502.

V. Aivazian, Y. Ge and J. Qiu. Can Corporatization Improve the Performance of State-ownde Enterprises even without Privatization? [J]. *Journal of Corporate Finance*, 2005, 11: 791 – 808.

Wu, Laping, 2001. Integration of China's Major Agricultural Product Market [R]. Paper presented to the 3rd International Conference on Chinese Economy, CERDI, Clermont-Ferrand, France.

Yang, and Mu Yang Li, eds., How Far Acrossthe River? Chinese Policy Reform at the Millennium [M]. Stanford: Stanford University Press, 2003. pp. 204 – 232.

Panzar, J. C., Technological Determinants of Firm and Industry Structure [R]. in R. Schmalensee and R. D. Willig, eds., Handbook of Industrial Organization, Vol. 2. Amsterdam: North-Holland, 1989.

Philip Sidney Bagwell. The transport revolution from 1770 [M]. London: Routledge, 1988.

Poncet, S. Measuring Chinese Domestic and International Integration [J]. China Economic Review, 2003 14: 1 - 21.

Poncet, S., 2002, Domestic Market Fragmentation and Economic Growth [R]. Working Paper, CERDI, Universite de Clermont-Ferrand.

Poncet, S., 2003, Measuring Chinese Domestic and International Integration [J]. China Economic Review, 14: 1 - 21.

Poncet, S., 2005, A Fragmented China: Measure and Determinants of Chinese Domestic Market Disintegration [J]. *Review of International Economics*, 13 (3): 409 - 430.

Paul R. Krugman, International Economics: Theory and Policy [M]. 2000: 121 - 132.

Parsley, David C. and Shang jin Wei, 2001, Limiting Currency Volatility to Stimulate Goods Market Integration: A Price Approach [R]. NBER Working Paper 8468.

Qian, Y., and C. Xu, 1993, Why China's Economic Reforms Differ: the M-Form Hierarchy and Entry/Expansions of the non-State Sector [J]. Economics of Transition 1: 135 - 170.

Qian, Yingyi and Barry R. Weingast, 1997, Federalism as a Commitment to Preserving Market Incentives [J]. Journal of Economic Perspectives, Vol. 11, No. 4, 83 - 92.

Qian, Yingyi and Gérard Roland, 1998, Federalism and the Soft Budget Constraint [J]. American Economic Review, December, 88 (5), 1143 - 1162.

Qian, Y., and C. Xu, 1993, Why China's Economic Reforms Differ: the M-Form Hierarchy and Entry/Expansions of the non-State Sector [J]. Economics of Transition 1: 135 - 170.

Raghuram Rajan and Luigi Zingales. The Emergence of Strong Property Rights: Speculation from History [R]. NBER Working Papers 9478, National Bureau of Economic Research, Inc, 2003.

Redding, Stephen and Venables, Anthony J., Economic geography and international inequality [J]. Journal of International Economics, Elsevier, Vol. 62 (1), pages 53 - 82, 2004, January.

Robert J. Barro, 1991, The Stock Market and Investment [R]. NBER Working Papers 2925, National Bureau of Economic Research.

Rolf Färe, Shawna Grosskopf, Mary Norris, Zhongyang Zhang. Productivity

Growth, Technical Progress, and Efficiency Change in Industrialized Countries [J]. The American Economic Review, Vol. 84, No. 1, Mar., 1994, pp. 66 – 83.

Roll Y., B. Golany. Alternative methods of treating factor weights in DEA [J]. Omega, 1993, 21 (1): 99 – 109.

Roosevelt, F. D. 1933. Public Papers and Address [M]. New York: Russel and Russel.

Sung-ko Li and Ying Chu-ng, Measuring the Productive Efficiency of a Group of Firms [J]. International Advances in Economic Research. Vol. 1, No. 4. (Nov., 1995), pp. 377 – 390.

Shleifer and Vishny, R. Politicians and Firms [J]. *The Quarterly Journal of Economics*, 1994, Novermber.

Shirk, S. L., 1993, The Political Logic of Economic Reform in China [M]. Berkeley, University of California Press.

Tang, K. K., 1998, Economic Integration of the Chinese Provinces: A Business Cycle Approach [J]. *Journal of Economic Integration*, 13: 549 – 570.

L. Tian, S. Estrin. Retained State Shareholding in Chinese PLCs: Does Government Ownership always Reduce Corportate Value? [J]. *Journal of Comparative Economics*, 2008, 36: 74 – 89.

The World Bank, 1994, China: Internal Market Development and Regulation [M]. Washington, D. C.

Timothy J. Coelli. A Guide to DEAP Version 2.1: A Data Envelopment Analysis (Computer) Program [R]. CEPA, Working Paper 96/08.

Tinbergen, J., 1962, Shaping the world economy: Suggestions for An International Economic Policy [M]. New York, The Twentieth Century Fund.

Tirole., J., 1988, The Theory of Industrial Organization [M]. The MIT Press.

Xu, Xinpeng, 2002, Have the Chinese Provinces Become Integrated under Reform? [J]. China Economic Review, 13. 116 – 133.

Wendy Carlin, Steven Fries, Mark Schaffer and Paul Seabright Barter and non-monetary transactions in transition countries: evidence from a crosscountry Survey [R]. 2000. The Vanishing Rouble. Cambridge: CUP, 236 – 256.

Wolfgang Keller, 2000, Do Trade Patterns and Technology Flows Affect Productivity Growth? [J]. World Bank Review, 14 (1), pp. 17 – 47.

Young, A., 2000, The Razor's Edge: Distortions and Incremental Reform in China [J]. Quarterly Journal of Economics, 115: 1091 – 1135.

后　记

本书是教育部哲学社会科学研究重大课题攻关项目"转轨经济中的反行政性垄断与促进竞争政策研究"的最终研究成果。在三年的研究过程中，课题组三十多名成员开展了分工合作，将个人研究、小组讨论、集体攻关有机结合起来，推动了课题研究。研究期间，课题组先后组织了两次大型的问卷调查，收集和处理了大量数据，为实证分析提供了强有力的支撑。另外，我们在多次学术会议上进行了小型调查访问，得到了与会的专家学者的支持和帮助。在此，我们对在调查研究中给予我们帮助的专家学者、企业、政府部门和部分居民表示感谢。重大攻关课题的研究过程，是创新理论、解决重大现实问题的过程，是发展学术、服务经济社会发展的过程，也是培养人才、锻炼队伍的过程。我们向在立项、中期报告和结项过程中给予我们帮助、支持和指导的教育部社科司和有关专家学者表示感谢。

本课题的阶段性成果多次在全国性学术会议上交流，引起了热烈反响，得到了与会专家的肯定和建议，为我们继续深化研究提供了帮助。三年来，课题组先后有60多篇论文在国内外学术刊物上发表，一些期刊的编辑和匿名审稿人给予了我们很多修改建议，论文修改发表的过程也是研究推进的过程。对于来自学术界的帮助，我们深表感谢。最后需要提到的是，在研究过程中，课题组参考了大量的国内外文献资料，在此表示诚挚谢意。

本书是课题组全体成员共同努力的成果。于良春教授作为项目负责人规划申报了课题，提出了课题研究框架和基本思想，参与和组织了课题各个部分的研究工作；张昕竹教授、戚聿东教授为本课题提出了很有价值的研究思路，参与并指导课题组成员的具体研究工作，他们对于推动课题成果在政府部门决策中的应用发挥了重要作用；子课题负责人余东华、张伟、侯风云、范爱军等教授在课题研究中发挥了骨干作用，提出了很多有价值的思想并做了大量的组织和协调工作；孙日瑶、陈蔚、乔岳等教授为课题研究提出了许多建议，完善了课题的研究。课题组成员李真、王常雄、王进、付强、刘玉刚、丁启军、王会宗、杨淑云、王孝莹、杨秀玉、杨骞、于华阳、李轶男、张凤兵、孙宁、许开国、谭鹏、王青、李丽、牛帅、张丰智、姜琪、庞博、曹庆林、伊淑彪、刘运、刘长霞等参加了课题研究，做了大量艰苦细致的调查研究和统计分析工作。

教育部哲学社会科学研究重大课题攻关项目成果出版列表

书　名	首席专家
《马克思主义基础理论若干重大问题研究》	陈先达
《马克思主义理论学科体系建构与建设研究》	张雷声
《人文社会科学研究成果评价体系研究》	刘大椿
《中国工业化、城镇化进程中的农村土地问题研究》	曲福田
《东北老工业基地改造与振兴研究》	程　伟
《全面建设小康社会进程中的我国就业发展战略研究》	曾湘泉
《自主创新战略与国际竞争力研究》	吴贵生
《转轨经济中的反行政性垄断与促进竞争政策研究》	于良春
《当代中国人精神生活研究》	童世骏
《弘扬与培育民族精神研究》	杨叔子
《当代科学哲学的发展趋势》	郭贵春
《面向知识表示与推理的自然语言逻辑》	鞠实儿
《当代宗教冲突与对话研究》	张志刚
《马克思主义文艺理论中国化研究》	朱立元
《现代中西高校公共艺术教育比较研究》	曾繁仁
《楚地出土戰國簡册［十四種］》	陳　偉
《中国市场经济发展研究》	刘　伟
《全球经济调整中的中国经济增长与宏观调控体系研究》	黄　达
《中国特大都市圈与世界制造业中心研究》	李廉水
《中国产业竞争力研究》	赵彦云
《东北老工业基地资源型城市发展接续产业问题研究》	宋冬林
《中国民营经济制度创新与发展》	李维安
《中国加入区域经济一体化研究》	黄卫平
《金融体制改革和货币问题研究》	王广谦
《人民币均衡汇率问题研究》	姜波克
《我国土地制度与社会经济协调发展研究》	黄祖辉
《南水北调工程与中部地区经济社会可持续发展研究》	杨云彦
《我国民法典体系问题研究》	王利明
《中国司法制度的基础理论问题研究》	陈光中
《多元化纠纷解决机制与和谐社会的构建》	范　愉
《生活质量的指标构建与现状评价》	周长城
《中国公民人文素质研究》	石亚军
《城市化进程中的重大社会问题及其对策研究》	李　强
《中国农村与农民问题前沿研究》	徐　勇
《中国大众媒介的传播效果与公信力研究》	喻国明
《媒介素养：理念、认知、参与》	陆　晔

书　名	首席专家
《新闻传媒发展与建构和谐社会关系研究》	罗以澄
《教育投入、资源配置与人力资本收益》	闵维方
《创新人才与教育创新研究》	林崇德
《中国农村教育发展指标体系研究》	袁桂林
《高校思想政治理论课程建设研究》	顾海良
《网络思想政治教育研究》	张再兴
《高校招生考试制度改革研究》	刘海峰
《基础教育改革与中国教育学理论重建研究》	叶　澜
《中国青少年心理健康素质调查研究》	沈德立
《处境不利儿童的心理发展现状与教育对策研究》	申继亮
《WTO主要成员贸易政策体系与对策研究》	张汉林
《中国和平发展的国际环境分析》	叶自成
*《马克思主义整体性研究》	逄锦聚
*《中国现代服务经济理论与发展战略研究》	陈　宪
*《历史题材创新和改编中的重大问题研究》	童庆炳
*《西方文论中国化与中国文论建设》	王一川
*《中国抗战在世界反法西斯战争中的历史地位》	胡德坤
*《中国水资源的经济学思考》	伍新木
*《转型时期消费需求升级与产业发展研究》	臧旭恒
*《中国政治文明与宪政建设》	谢庆奎
*《中国法制现代化的理论与实践》	徐显明
*《中国和平发展的重大国际法律问题研究》	曾令良
*《知识产权制度的变革与发展研究》	吴汉东
*《中国能源安全若干法律与政策问题研究》	黄　进
*《农村土地问题立法研究》	陈小君
*《中国转型期的社会风险及公共危机管理研究》	丁烈云
*《中国边疆治理研究》	周　平
*《边疆多民族地区构建社会主义和谐社会研究》	张先亮
*《数字传播技术与媒体产业发展研究》	黄升民
*《数字信息资源规划、管理与利用研究》	马费成
*《创新型国家的知识信息服务体系研究》	胡昌平
*《公共教育财政制度研究》	王善迈
*《非传统安全合作与中俄关系》	冯绍雷
*《中国的中亚区域经济与能源合作战略研究》	安尼瓦尔·阿木提
*《冷战时期美国重大外交政策研究》	沈志华

……

*为即将出版图书